学报编辑论丛

(第25集)

主编 刘志强

上海大学出版社

内容提要

本书是由华东编协组织编辑,关于中国高校学报、学术期刊理论研究与实践经验介绍的汇编,也是系列丛书《学报编辑论丛》的第25集。全书刊载论文115篇,内容包括:学报创新与发展、编辑理论与实践、编辑素质与人才培养、媒体融合与新媒体技术应用、期刊工作研究 5 个栏目。本书内容丰富,具有理论研究和实际应用的参考价值,可供各类期刊和图书编辑出版部门及主管部门的编辑工作者和管理人员参考。

图书在版编目(CIP)数据

学报编辑论丛.2018 / 刘志强主编. — 上海:
上海大学出版社,2018.10
ISBN 978-7-5671-3253-5
I. ①学… II. ①刘… III. ①高校学报－编辑工作－文集 IV. ①G237.5－53
中国版本图书馆 CIP 数据核字(2018)第 224719 号

责任编辑 王 婧 张芳英
封面设计 柯国富
技术编辑 金 鑫

学报编辑论丛(2018)
(第 25 集)
刘志强 主编
上海大学出版社出版发行
(上海市上大路 99 号 邮政编码 200444)
(http://www.press.shu.edu.cn 发行热线 021-66135112)
出版人 戴骏豪
*
江苏凤凰数码印务有限公司印刷 各地新华书店经销
开本 787 mm×1092 mm 1/16 印张 38.25 字数 976 000
2018 年 11 月第 1 版 2018 年 11 月第 1 次印刷
ISBN 978-7-5671-3253-5/G·2793 定价:120.00 元

学报编辑论丛(2018)

(第25集)

主　办：华东编协

主　编：刘志强

副主编：赵惠祥　黄崇亚　王维朗　吴学军　徐海丽　张芳英

编　委：于国艺　王金莲　王培珍　王勤芳　方　华　方　岩
　　　　叶　敏　朱夜明　朱学春　伍传平　刘亚萍　刘志强
　　　　闫杏丽　寿彩丽　李力民　李启正　李国栋　李爱民
　　　　杨　贞　吴学军　吴赣英　余　望　张秀峰　陆炳新
　　　　陈　斌　陈石平　林国栋　罗　杰　郑美莺　赵广涛
　　　　赵惠祥　胡宝群　姚实林　夏道家　高建群　黄仲一
　　　　黄志红　黄品全　曹雅坤　鲁　敏　潘小玲　戴　兵
　　　　于　杰　王维朗　李　锋　余党会　张芳英　陈　鹏
　　　　姜春明　贾泽军　徐海丽　徐　敏　黄崇亚　廖粤新

上海大学出版社

前　言

由华东编协编辑出版的系列丛书《学报编辑论丛》之第 25 集又与广大读者见面了。这 25 集《学报编辑论丛》的出版工作前后经历了 30 年，不仅反映出中国高校自然科学学报 30 年来的发展变化，同时也记录了我国高校科技出版事业 30 年来快速发展壮大的历史进程。纵观这 25 集论丛的内容变化过程，可以发现，每一集的内容都与我国当时的科技出版热点息息相关。如本集论丛所刊载的 115 篇论文中，就有一部分论文涉及正在兴起的媒体融合模式在期刊出版中的开发与应用。

随着我国高校出版体制的不断改革与发展，高校学报将会遇到怎样的机遇和挑战，高校学报工作者应当怎样去主动面对体制上的变革，怎样改革才能使高校学报走上可持续发展的道路，怎么面对期刊评价体系，这些关系到高校学报生死存亡的问题都需要我们一线的编辑工作者和管理人员进行深入研究并提出有创建的建议。可喜的是在本集论丛中，有不少相关的研究论文涉及这些问题，如一流学科建设与学报发展、学术与出版的分离、编辑与经营的分离等新的出版模式的研究与分析，这些探讨值得广大高校学报工作者和相关管理部门领导参考和借鉴。

2018 年 11 月 14 日下午，中央全面深化改革委员会召开第五次会议，会议审议通过了 15 个文件，其中《关于深化改革培育世界一流科技期刊的意见》中强调：科技期刊传承人类文明，荟萃科学发现，引领科技发展，直接体现国家科技竞争力和文化软实力，要以建设世界一流科技期刊为目标，科学编制重点建设期刊目录，做精做强一批基础和传统优势领域期刊。短短 83 个字的"意见"，对广大科技期刊工作者来说，就似当年"科学的春天到来了"一样，迎来了自己的春天，开启了科技期刊新纪元。

我们高校自然科学学报工作者一定要抓住这百年难得的大好机遇，做好、做大、做强自己所在的期刊，为中国科技传播的发展、为中国科技期刊的壮大做自己力所能及的贡献。有新机遇，就必然会有新的挑战。如何根据中央文件精神，策划好期刊的定位和发展策略，如何激发全体员工的工作积极性，如何切实做好期刊的运营管理，这些都是需要认真思考和分析研究的。向一流期刊迈进，需要靠内容的学术质量、靠期刊的学术影响力来实现，如何提高刊物的内容质量和学术影响力，是高校自然科学学报永恒的主题，也是需要我们编辑工作者不断地去研究和实践的。在本集论文中，可以看到许多论文在这方面有很好的理论研究与经验介绍。

华东编协30多年来坚持为广大的高校学报工作者和相关人员提供一个正规的、贴近一线编辑的学术成果发表和交流平台，这就是已经连续编辑出版了24集的《学报编辑论丛》。现在，《学报编辑论丛（2018）》（第25集）又出版发行了，并且很快可在中国知网、超星APP浏览和下载。希望本集论丛能一如既往地得到编辑、学者、专家及相关人员的欢迎与热爱。

华东编协第十届理事会理事长　赵惠祥
2018年11月

目　次

学报创新与发展

国际学术期刊优先数字出版面临的挑战与应对——以 Geoscience Frontiers 期刊为例
………………………………………………………………王丽丽　高　霏 (1)

我国生命科学领域优势学科与办刊需求分析
…………………………………………岳东方　宋　婷　朱锋荣　魏　彬　于建荣 (7)

我国科技期刊国际话语权建设初探………………………………………鲁翠涛 (23)

中国英文医学期刊现状及分析——以 CNKI 收录期刊为例………………谭贝加 (29)

新工科背景下工程科技期刊的供给侧改革…………陈　庆　严海琳　陆炳新 (36)

英文版期刊出版国际合作院所"专刊"的实践与启发——以 Journal of Shanghai Jiao Tong
　　University (Science)为例………………………蒋　霞　方　华　黄龙旺　黄　伟 (42)

国际权威体育科技期刊的特点及我国体育期刊的国际化现状………………李　新 (46)

基于 WoS 和 Scopus 分析中国大陆英文数学期刊发展现状………丁　译　潘春枝　刘志强 (51)

科技期刊供给侧建设策略研究…………陈呈超　朱宝象　高　蓓　徐　环　庞　旻 (60)

"一带一路"倡议下中医药期刊面临的机遇、挑战与对策……………………张洁怡 (66)

爱思唯尔模式对地方高校学报编辑专业化发展的启示………朱建育　张永博　陈　红 (71)

高校科技期刊助力一流学科建设研究……………………………刘玉香　李力民 (75)

材料检验检测类期刊集群的出版与转型实践
…………………………………………咸　洋　胡　军　孙　丹　陈树峰　刘　乐 (80)

发挥科技期刊在地区科技进步中传播作用的研究与实践
…………………………………………张　琼　岳荣强　王　芳　何　婧　李朝晖 (85)

如何实现国内化学学科与化学学术期刊协同发展
…………………………………………段为杰　林　松　于　洋　段桂花　张淑敏 (93)

新形势下地方综合性高校学报发展刍议………………………………………罗　欢 (96)

I

论医学期刊的"+互联网"模式的现状与向"互联网+"模式的转变
................宫 鑫 张诗悦 韩宏志 姜瑾秋 李欣欣 王 丽 (101)
"双一流"背景下高校学术期刊"学研创"融合出版实验室建设策略.........王 婧 刘志强 (105)
加快实现我国科技期刊国际化的途径................................周志红 (108)
科技期刊编辑工作创新性的表现形式..................................郑晓梅 (113)
科技期刊的全球化与本土化思考.................................苏盼盼 宋 韬 (119)

编辑理论与实践

高影响力医学学报参考文献引用错误分析
................胡永国 王 洁 吴宗辉 孙 炯 戴 丽 黄文杰 朱红梅 (123)
科技期刊论文首页信息著录规范化研究...........徐 敏 姚树峰 邓文盛 陈 斐 (130)
科技论文中统计图的审查与优化....................................徐婷婷 曾礼娜 (135)
国内医学论文英文摘要写作的文献报道情况及撰写建议.....................杨美琴 (141)
期刊策划的认知与学习心理研究............苗秀芝 徐 诺 赵丽莹 张莲英 (146)
关于物理量"门尼黏度"规范使用的探讨...孙丽莉 陈春平 周田惠 姜丰辉 林 琳 (151)
科技期刊编辑应对"棘手"稿件的策略................于 洋 段为杰 王燕萍 (155)
医学期刊科技论文中单位署名的常见问题................段 佳 王 蔚 张秀峰 (159)
科技期刊整期编辑及编校加工中几类常见问题..................冼春梅 梁晓道 (163)
顺序编码制的科技期刊参考文献表中引文重复著录问题的探讨
....邱殿明 蒋 函 潘丽敏 (168)
高校学报编校质量提升的思考....................................扶文静 龙 威 (172)
关于期刊编辑工作流程优化的探讨......韩 啸 张 洁 赵莹莹 李 琦 王 健 (175)
学术期刊编辑审稿存在问题及应对策略..................................胡益波 (179)
科技期刊中应该用体重还是体质量辨析................成建军 孔旭阳 赵允南 (184)
医学期刊图稿质量现状及提升方法................................崔黎明 徐 敏 (188)
科技论文中横/竖三线表的识别及案例辨析..............................于红艳 (192)
编辑视角下提升投稿命中率的三个关键点............................李艳妮 杨 蕾 (197)
科技论文高效快速的三校方法..于红艳 (200)

关于三线表规范表达作者科学思想的研究……………………………………刘珊珊 李晓燕 (202)
医学科技论文英文题目及结构式摘要的编辑修改及质量探讨
　　………………………………………………王 卿 罗 杰 郭 昊 程春开 李 昕 (207)
从学术传播的角度谈科技论文写作…………………………………………………吴万玲 (211)
艺术类期刊论文初审刍议——以《创意设计源》为例………………………………李 治 (216)
科技论文质量把控中编辑与审稿专家的责任定位…………………………王晓丽 刘 莉 (220)
科技期刊中数学公式排版的探讨……………………………………………………周小燕 (224)
从编辑角度谈科技论文篇名的拟定………………………周江川 胡亚民 彭 熙 唐定国 (230)
科技论文编辑加工中的量纲问题……………………………………张红霞 贾丽红 庞富祥 (234)
医学科技论文作者自校清样表单的设计与应用——以《第二军医大学学报》为例
　　……………………商素芳 曾奇峰 杨亚红 魏学丽 尹 荼 余党会 孙 岩 (239)
科技期刊编校易疏漏分析……………………………………………………………龙 亮 (248)
我国英文科技期刊来稿中几类隐藏语言问题及解决策略——以 Chemical Research
　　in Chinese Universities 为例……………林 松 段为杰 于 洋 吴立航 向 政 (253)
教育类学术期刊易混词辨析…………………………………………………………潘斌凤 (258)

编辑素质与人才培养

期刊编辑与工匠精神…………………………………………………………………张艳霞 (265)
从专职化到专业化——地方高校学报编辑职业发展的突围之道……………………宋先红 (270)
从高校教师向科技期刊编辑转变的体会………………………………………………何 平 (275)
高校学报青年编辑培养策略思考……………………………………孔 倩 赵 洋 耿金花 (279)
中医药期刊英文编辑的职业素养……………………………………毛逸斐 李晓丽 赵允南 (283)
重塑新时代科技期刊编辑的工匠精神…………………………………………………刘俏亮 (289)
学术期刊编辑媒介素养的提升路径……………………………………………………罗飞宁 (293)
医学期刊青年编辑英文编校质量的影响因素和对策分析……………………………郭 昊 (298)
"互联网+"时代科技期刊美术编辑的思考…………………………………朱 欣 常志卫 (302)
从编辑界前辈的经历与素养论青年编辑成才之途径…………………………………唐 慧 (305)
出版业跨界融合背景下美术编辑的职业胜任力提升途径……………………………孙 敏 (311)

编辑如何同时把握科技期刊的审稿效率和论文质量…………………………………丁　寒 (314)
论高校学报编辑的学术境界…………………………………………………………周延云 (318)
关于"十三五"时期我国科技期刊编辑队伍建设的思考………………尚利娜　李文娟 (324)

媒体融合与新媒体技术应用

英文学术期刊微信公众平台的优越性和构建方法……………李晓晴　刘瑞芹　黄冬苹 (329)
学术期刊在新媒体时代如何有效传播学术成果………洪　鸥　国　荣　姜春明　王　宁 (338)
上海最具国际影响力英文学术期刊的新媒体构建……………………张芳英　刘志强 (342)
全媒体数字化助力科技期刊发展……………………………………………………徐海丽 (346)
高校社科期刊微信公众平台影响力提升策略——以《重庆大学学报社会科学版》为例
　　…………………………………………………………………………………胡　玥 (350)
利用 VBA 一键提取 Word 论文上网元数据………………刘永强　马昕红　樊　坤 (355)
《渔业学报(英文)》应用学术出版推广服务 TrendMD 的效果分析
　　……………………………………黄　历　刘　艳　叶宏玉　陈　鹏　齐亚丽 (360)
科技期刊移动出版面临的机遇与挑战………巩　倩　李　锋　接　潇　张　弘 (366)
学术期刊智能出版的模式与形态分析…………………………………王　婧　刘志强 (370)
利用微信二维码推广期刊论文的尝试——以《激光杂志》为例
　　………………………………………………别雄波　邓雯静　崔永忠　黄兰婷 (373)
智能化编辑加工系统的应用——以《国际检验医学杂志》为例
　　…………………………………………………………周　丽　曾蕴林　苏　畅 (377)
二维码在眼科期刊中的应用情况及分析…诸静英　谢　明　程　杰　杨美琴　徐斌靓 (382)
医学科技期刊媒体融合发展路径探究——以《康复学报》为例………………易耀森 (386)
数字环境下学术期刊开展内容增值服务的实践……………………………………孙丽华 (390)

期刊工作研究

《中国药理学报》高被引论文分析及启示……………………………朱倩蓉　吴民淑 (395)
500 篇医学高被引论文的特征分析……………………黄崇亚　卓选鹏　张　敏　欧阳丰 (404)
新形势下英文科技期刊拓展优质稿源的途径——以 Advances in Manufacturing 为例

……………………………………………………………………………………………姜春明（411）
高级科普期刊组稿之要——《自然杂志》经典专题组稿成效分析………段艳芳　方守狮（414）
基金论文特点及对办刊的启示——以《北京航空航天大学学报》为例…………李　晶（420）
《机电工程》提高论文被检索概率的探索………………………罗向阳　张　豪　周昱晨（428）
中国作者发表的肿瘤学高被引 SCI 论文特征分析及启示
　　…………………………陈汐敏　丁贵鹏　接雅俐　蒋　莉　唐　震　冯振卿（433）
基于 ESI 的英文科技期刊约稿策略——以材料科学领域为例…徐　诺　苗秀芝　程建霞（442）
入选 Scopus 数据库对提高科技期刊传播力的作用……………王继红　肖爱华　邓　群（447）
科技论文被引数据的定量分析——以《南昌大学学报(工科版)》为例……………邱俊明（454）
新创中文科技期刊的办刊策略……………………………………………………………黄江华（459）
拓宽审稿专家选择途径　多渠道提升审稿积极性………………………刘佳佳　张淑华（462）
从近 10 年《针灸推拿医学》发文情况看期刊发展
　　……………………………………张翠红　洪　珏　马晓芃　刘　婕　黄琴峰（466）
影响力指数(CI)对期刊评价的影响分析——以《陶瓷学报》为例………………吴庆文（474）
"上海文创 50 条"背景下《创意设计源》助推"非遗+文创"产业路径探讨…刘中华　焦基鹏（479）
高校学术期刊国际化路径探索——以《首都体育学院学报》为例
　　………………………………………………………………王晓虹　朱　姣　王子朴（485）
如何把握军校期刊工作的方向感………………………………李淑娟　陈　健　李正莉（492）
新媒体时代医学期刊论文外审退稿原因及策略分析…………………………姬静芳　贾泽军（496）
从"四大水刊"现象谈 Mega 期刊与传统期刊之争…………………………………郑辛甜（500）
基于数据分析的学报稿源优化建议——以《北京工业大学学报》为例
　　………………………………………………………………杨开英　吕小红　赵宪珍（504）
《建筑钢结构进展》传播及引证数据分析与思考………刘玉姝　张　瑾　何亚楣　陆　芳（509）
服务主编学术引领的主编团队建设…………………………………………………………朱建育（517）
基于康复期刊影响力提升的思考与对策……………………………………………………万　甜（522）
2017 年 5 所师范大学学报作者情况分析…………………………………………………林　磊（526）
高校期刊创刊及更名后的商标注册策略……………………………………………………陈　辉（530）
《国际麻醉学与复苏杂志》编委会职能实现的编辑部策略………………………………孙立杰（534）

功利性学术论文的由来和治理 …………………………………………………… 华启清 (538)

军队医学学报引文分析 ………………………………… 董瓅瑾　王淑琴　郝　倩 (542)

"领导重视"与高职学报质量提高 ……………………………………………… 傅美贞 (550)

2008—2017年收录《海南医学》论文文献计量学分析
………………………… 邢维春　马琪奇　王俐颖　柯宇雯　黄才胜 (555)

SCI收录电化学期刊的比较分析 ………………………………………………… 何晓燕 (560)

理工类高校学报零被引论文分析及应对措施——以《太原理工大学学报》为例
………………………………………………………………… 朱　倩　贾丽红 (564)

几种核心农业高校学报分析 …………………………………………………… 吕　晶 (572)

中国争建双一流高校之力学学科ESI数据分析 ……… 严巧赟　徐海丽　刘志强 (580)

民族地区高校科技期刊的类型及特征分析 …………………… 马殷华　李小玲 (584)

临床试验类论文科研结果的发表和学术交流计划——基于GPP3的解读与分析
………………………………………………………………………… 倪　明 (591)

编者的话 ………………………………………………………………………… 编委会 (597)
《学报编辑论丛(2019)》第26集征稿启事 …………………………………… 编委会 (598)

国际学术期刊优先数字出版面临的挑战与应对
——以 *Geoscience Frontiers* 期刊为例

王丽丽,高 霏

(中国地质大学(北京)期刊中心 Geoscience Frontiers 编辑部,北京 100083)

摘要:学术期刊优先数字出版加快了学术论文发表的速度,缩短了其公之于众的周期,提高了学术论文的影响力。学术期刊优先数字出版为学术成果快速和广泛传播带来巨大便利的同时,也面临着一些除了对学术期刊的出版管理和行业规范等以外的一些挑战。以 Geoscience Frontiers 期刊为例,探讨了国际学术期刊优先数字出版推行过程之后面临的挑战,例如:优先数字出版过早于正式出版从而引起作者不满;优先数字出版导致学术引用前置;对期刊评价指标影响的不确定性;"勘误启示"逐年增多等。针对上述学术期刊优先出版中出现的现象和面临的挑战,结合实际的工作经验提出几点应对的建议,希望对我国的学术期刊优先数字出版的发展提供可鉴路径。

关键词:国际学术期刊;优先出版;数字出版

科学技术的快速发展不但推动了各个学科和领域的发展,也推动了作者和读者对学术文章快速出版和传播的需求,使得学术期刊逐步从传统的纸质出版转型到具有竞争力的全新出版模式——优先数字出版,彻底改变了传统学术期刊优先纸质出版的流程顺序。优先数字出版是指在符合出版政策法规的前提下,在正式按期次成册印刷出版前,将编辑部录用并定稿的稿件在具备网络出版资质的数字出版平台上以单篇或整期的形式提前进行数字化出版[1],其文章不再有大的改动或者撤销[2]。这一出版方式极大地缩短了论文发表的周期,延长了知识传播的时间,保证了作者科研成果的首发权[3],保障了科研人员的自身利益,提高了期刊的影响力,扩大了期刊的知名度。目前,相比较于国内滞后的学术期刊优先数字出版,国外几大数据出版商已经构建了较为成熟和规范化的优先数字出版模式,如Nature Publishing Group、Elsevier、Springer、Wiley-Blackwell、Taylor & Francis等等。

1 国际学术期刊优先数字出版的流程

以笔者所在的 *Geoscience Frontiers* 期刊为例,该刊自 2010 年创刊伊始,就与国外大型的出版集团爱思唯尔(Elsevier)展开合作,整个出版流程与国际模式接轨,其中排版和 ScienceDirect 平台维护工作由 Elsevier 出版集团负责,而稿件的选稿、审稿、编辑、校对、印刷和发行等工作由编辑部负责。该刊采取的优先数字出版模式虽然与国外学术期刊出版模式相同,但是同样遵循与我国传统出版模式相同的原则,即"三审"和"三校一读"制度,严格把关,

---

基金项目:中国科技期刊国际影响力提升计划第 2 期(PIIJ2-A-02)

将学术价值不具备优先发表的稿件坚决拒之门外,这一点与国外期刊少有的"三校"制度不同。该刊在完成严格的编辑稿件后,将编辑后的文件发给国外出版商进行排版和优先数字出版。根据在 Elsevier 平台上期刊主页的统计数据,该期刊出版的文章从接受到优先出版的时间在 2012—2016 年基本稳定在 3.1~4.0 周[4],在此期间,编辑部完成稿件的两轮编辑(包括文字、图件和表格),Elsevier 出版商完成稿件的优先数字出版,文章标记 DOI 标识符。优先数字出版的文章首先以"Accepted Manuscript"(录用稿)的方式优先发表于 Elsevier 的 ScienceDirect 平台,表明文章已经通过同行评审和期刊主编或编委会的认可,只是没有对其排版,文内参考文献还未与文后的参考文献列表链接等等;随后在 14~20 日,Elsevier 出版机构对文章进行排版和基础编辑(这与 Elsevier 签署的合同内容有关,即期刊支付的费用越高,受到的编辑级别越高),并为作者提供校样。作者对文章进行校对之后,期刊编辑部会对校样以及作者修改之处进一步审查和校对,并将修改后的版本返还 Elsevier 生产部门,随之稿件以"Corrected Proof"(待刊稿)形式在 ScienceDirect 平台上进行标识,替换原先的"Accepted Manuscript"(录用稿),表明作者和期刊编辑部已经完成文章的校对,只是暂时还没有出版年、卷、期和页码等,最终的出版文件可能仍会有所不同等。文章在正式按期次成册时,编辑部内部会对所有文章进行最后的审查和校对,并对于因优先数字出版而造成的内容不合时宜之处,及时改正。除此之外,ScienceDirect 平台上,还有一种以"Uncorrected Proof"(编辑稿)的版本形式发表优先出版文章的声明,即文章通过同行评议和编委会接受之后,还未经过编辑,但是本刊与 Elsevier 合作 8 年以来,还未发现本刊文章有此种版本说明,这可能与本刊的出版流程相关(本刊所有的文章经过编辑初审—主编初审—编委外审—编委接受—主编接受—责编 1 编辑—责编 2 审查,才会将最终的稿件发给 Elsevier 生产部门进行优先数字出版)。总之,Elsevier 的优先数字出版平台不存在优先版本与正式版本文献冲突的问题,这一点与国内数据库中多个版本共存有所不同。

2 国际学术期刊优先数字出版面临的挑战

学术期刊优先数字出版为学术成果快速和广泛传播带来巨大便利的同时,也面临着一些除了对学术期刊的出版管理和行业规范等以外的一些挑战。近年来,国内有很多学者从不同角度对国内优先数字出版进行了研究,主要集中在国内优先数字出版的现状和存在的问题,如优先数字出版学术规范不明确[3]、优先数字出版与印刷版本的冲突[5]、优先数字出版知识产权管理[6]、优先数字出版平台出版情况混乱[7]、优先出版未能得到国内相关机构足够的重视和认可[8]等方面。这些存在的问题影响了国内优先数字出版的发展,但随着期刊优先数字出版的进一步推进,笔者在实际工作中发现国际学术期刊优先数字出版面临着一些其他的挑战。

2.1 优先数字出版过早于正式出版,引起作者不满

在 Elsevier 的 ScienceDirect 平台上可以查询到与该出版机构合作的每个期刊的出版速度,包括从文章接受到优先数字出版的时间(First Online)和从文章接受到按期次成册的时间(Final Online)。例如,2017 年在地球科学及交叉学科 188 种期刊中排名第 4,影响因子为 6.959 的 *Gondwana Research*,其 2012—2016 年的优先数字出版时间基本稳定在 2.4~4.9 周,而最终正式出版的时间从 2012 年的 31.1 周逐渐增加到 2015 年 49.6 周,随后减少到 2016 年 38.9 周[9],也就是说在文章优先数字出版 28.7~46.0 周后(7.2~11.5 月),才按期次正式出版。同样,2017 年在地球科学及交叉学科 188 种期刊中排名第 21,影响因子为 3.843 的 *Precambrian Research* 的优先数字出版时间从 2012—2016 年基本稳定在 1.8~2.2 周,而最终正式出版的时间从 2012

年的17.1周急剧减少到2014年的8.3周,随后逐步减少到2016年4.0周[10],即2016年的文章基本是在优先数字出版半个多月后即可以按期次正式出版。但是,笔者通过查询该期刊在ScienceDirect平台上优先出版的文章,发现截至2018年1月18日,仍可以查询到2017年2月优先数字出版的5篇文章还未按期次正式出版,而且随后的3~12月也有一些优先数字出版的文章仍未正式出版,其原因不详。可见,国外期刊的优先数字出版普遍早于正式按期次成册出版大约半年以上,从而引起作者的强烈不满。以笔者所在的 Geoscience Frontiers 为例,2017年该刊在地球科学及交叉学科188种期刊中排名第13,影响因子为4.256,其优先数字出版的时间在2012—2016年基本稳定在3.1~4.0周,而最终正式出版的时间从2012年的25.7周增加到2015年的45.3周,随后减少到2016年的38.1周[4],这意味着优先数字出版21.7~41.6周,即 5.4~10.4 个月后,文章才按期次正式出版。虽然笔者认为优先数字出版的文章等同于正式出版,也可以通过统一的 DOI 标识符对其进行引用,但是国外作者还是希望他们优先数字出版的文章能在当年尽快正式按期次成册出版,而国内由于相关评价机构不认可优先数字出版的文章等同于正式出版,因此国内作者更加迫切其优先数字出版的文章能够尽快见刊。近些年来,笔者收到越来越多的国内外作者关于他们优先数字出版的文章不能及时正式出版的埋怨信件。

2.2 优先数字出版导致学术引用前置

引用前置是指优先数字出版所导致的发表时间靠前的文章引用了发表时间靠后文章的现象[11],这里的发表时间指的是文章正式按期次成册出版。据李晶晶[11]统计,国内优先数字出版的优先时间绝大多数为1~2个月,因此很少会出现引用前置的问题。国外期刊由于其优先数字出版模式非常成熟,很多期刊优先数字出版的时间过早于正式出版的时间,如上一节统计,至少半年以上,这就会导致出现学术引用前置的现象。如笔者在实际工作中发现,Shigenori Maruyama 教授题为"Initiation of plate tectonics in the Hadean: Eclogitization triggered by the ABEL Bombardment"的文章于2016年12月6日在Elsevier的ScienceDirect平台优先数字出版,并于 2017 年被正式发表于 Earth-Science Reviews 的一篇题为"Growth, destruction, and preservation of Earth's continental crust"的文章引用,然而由于 Shigenori Maruyama 教授的文章属于"地球与生命"专辑,专辑全文2017年底才全部完成同行评议—特约主编接受—主编接受—编辑—校对等环节,因此该篇文章只能在 2018 年发表,从而就会出现 2017 年发表于 Earth-Science Reviews 期刊的文章引用了2018年发表于我刊论文的引用前置怪象。

2.3 对期刊评价指标影响的不确定性

优先出版的文章在正式出版之前,通过文章的DOI引用被记入即年指标和总被引频次,从而使更多读者更早阅读、下载和引用,扩大了引用范围,但是优先出版文章的引用是否对期刊的计量评价有效,还有待深入研究。李江等[12]研究了论文发表时滞与优先数字出版的情况,认为优先数字出版能将期刊影响因子提高约15%。然而,袁兴玲等[13]通过比对同时在2013年开始实施优先数字出版的《中国机械工程》和《机械工程学报》,得到优先数字出版对期刊影响因子的影响并不明显。笔者在实际工作中发现(如上一小节所述),2016年在我刊优先发表的文章在2016和2017年即被其他SCI期刊引用,可是该篇文章由于属于专辑文章,需要等到所有专辑文章同行评审完毕后,只能于2018年发表,因此丢失了于2016和2017年被他刊多次引用的频次,而只能在计算2020和2021年影响因子时才会有所贡献,然而该篇文章在2019和2020年是否会被继续多次引用,不得而知。

2.4 "勘误启示"逐年增多

研究表明,国内学术期刊进行优先数字出版的文献编校质量与发表时滞缩短时间几乎呈反比关系,即优先数字出版越早,编校质量越差[14]。笔者统计国外两大出版商 Springer 和 Elsevier 从 2007—2017 年在其各自的 SpringerLink 和 ScienceDirect 平台上发布的勘误启示(Erratum 或者 Corrigendum),发现近些年来勘误启示有逐年增加的趋势(见图 1)。虽然没有确切的证据证明这些勘误是因为优先数字出版的模式造成的,但是笔者经过调研发现,这些勘误启示中提到的内容其实都可以在严格的编辑和校对过程中避免发生。例如,*Lithos* 在 2015 年 239 卷出版了一篇题为"Corrigendum to 'Initiating intermediate-depth earthquakes: Insights from a HP–LT ophiolite from Corsica' [Lithos 206-207 (2014) 127-146]"的勘误启示,表示原文中表 2 出现了两次,却遗漏了表 1,因此应将其中一个表 2 改为表 1,并提供了表 1。*Precambrain Research* 在 2017 年 290 卷发表了一篇题为"Corrigendum to 'Chronology of the oldest supracrustal sequences in the Palaeoarchaean Barberton Greenstone Belt, South Africa and Swaziland' [Precambrian Res. 279 (2016) 123-143]"的勘误启示,表示 BA170 和 BA173 两个样品的位置遗漏在表 1 和表 3 中,请求补充新的表 1 和表 3。从上述两个例子可知,优先数字出版的文章可能存在较多编校质量问题,勘误启示可能随之增多。

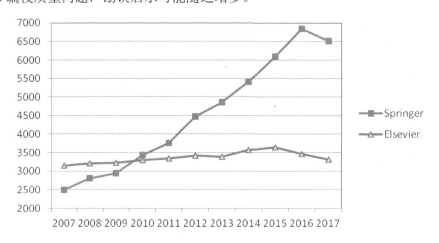

图 1　2007—2017 年两大出版商 Springer(数据来自文章类型为 article,语种为英文)和 Elsevier 发布的勘误启示概况(数据来自所有类型的期刊)

3　应对学术期刊优先出版面临挑战的建议

针对上述学术期刊优先出版中出现的现象和挑战,笔者结合实际的工作经验提出以下解决的方法。

3.1　采取 ABP 出版模式

2015 年,Elsevier 推出了 ABP(Article Based Publishing)出版流程,即文章一旦优先数字出版,就会对其安排卷期和页码,随后其他优先数字出版的文章就会被依次赋予页码,加入开放的期次中(期次以 In progress 的形式开放),直到该期内的文章凑够一期。这种流程可以同时进行几期的出版,每一期都是从页码 1 开始,因此对于专辑和不同栏目的出版,同样有效。此外,该流程有助于提高期刊的出版速度和引用情况,使得优先数字出版与正式出版不分离,缩短了与纸质期刊发表的时滞,从而实现真正意义上的优先数字出版。目前,有些 Elsevier 的地学期刊均采用了此种出版流程，例如 *Gondwana Research*、*Lithos* 和 *Precambrain Research* 等。由于我刊目前优先数字出版的文章近 100 篇，有很多文章在优先数字出版 1 年后仍未按期次正式出版，因此是时候考虑采取 ABP 出版模式了。

3.2 整本期刊优先数字出版

李晶晶通过问卷调查的形式，了解到61.32%的国内学术期刊采取整本期刊优先数字出版，33.96%的学术期刊采取单篇文章优先数字出版[11]，并通过咨询广东省新闻出版广电局新闻出版管理处和国家新闻出版广电总局新闻报刊司的有关工作人员，得到的明确答复是我国目前只对脱期出版有规制，对于超期出版和对优先数字出版优先时间并无限定。也就是说，如果优先数字出版的文章优先时间长于半年，可以考虑将整期优先出版。笔者通过搜索国外地学期刊的出版情况，发现有这类超前出版的案例，如截至2018年1月21日，*Precambrain Research* 正在出版2018年3月和4月期次，同样，*Lithos* 也已经出版到2018年3月期次。如上节所述，这两个期刊均采用了ABP出版流程，只要一期文章数目达到出版计划，就可以将这期提前正式出版。

3.3 严抓审稿和编校质量

笔者结合本刊的实际情况认为，优先数字出版的文章积压过多，无法在半年内正式出版时，可以考虑通过严抓审稿、编辑和校对环节，缓解优先数字出版积压稿件的压力。①通过分析以往出版的文章，在两年内仍未被引用的研究领域和文章类型，考虑短期内对此类文章不再受理，初审时就予以拒稿处理，加大拒稿率。②对于被拒的稿件中，如果有些是高质量的稿件，主编可以在拒稿时选择"Reject and offer transfer"按钮，建议作者改投他刊；目前，Elsevier 正在面向我刊推出在拒稿时，主编可以选择将其转投他刊的选项，作者只需点击是否愿意改投他刊的按钮，就可以直接将被拒的稿件投到他刊，无需进行重复的投稿过程。③对于专辑稿件，务必控制整个专辑的审稿、编辑和校对进度，缩短专辑内每篇文章优先数字出版的时间差；如果有些专辑稿件处理速度远慢于其他稿件，需要考虑将该稿件从专辑中去除，避免出现前述优先数字出版 1 年后仍未按期次正式出版的困境。④对于期刊副主编或者专辑特约主编接受的稿件，主编终审时要有统一的标准，杜绝出现良莠不齐的现象，对于未达到出版要求的稿件，务必返回作者进一步修改，直到达到出版要求。⑤对于有些科学内容有创新性，但是语言不过关的稿件，编辑部不再组织润色专家帮助提高稿件语言，务必返回作者进一步修改，直到稿件达到出版要求。⑥严格遵守"三审"和"三校一读"制度，避免出现国外期刊发表的勘误启示中提到的编校错误，只有通过严格编校环节的稿件，才能安排优先数字出版，不能为了快速发表而忽略编校质量。

4 结束语

学术期刊的快速数字出版已成为现实，它对文献总下载频次有较大的贡献，因此，在平衡好质量与速度的基础上，有必要推行优先数字出版[14]。目前，我国的优先数字出版尚处在起步阶段，数字出版流程还不完善，数字出版标准还不规范，无法保证论文科技成果的时效性和首发权，因此，提高我国科技期刊学术质量和国际影响力任重而道远。本文通过介绍国际学术期刊在优先数字出版进程中面临的挑战和对其如何应对的探索，希望对我国的学术期刊优先数字出版的发展提供可鉴路径。

参 考 文 献

[1] 许花桃.综合性科技核心期刊优先数字出版现状与分析[J].编辑学报,2012,24(4):368-370.
[2] 李晓光.我国科技期刊优先出版现状及对策研究[J].兰台世界,2014(12):69-70.
[3] 王书瑞.我国学术期刊优先数字出版的现状及对策分析[J].出版广角,2016(12),44-45.
[4] http://journalinsights.elsevier.com/journals/1674-9871/oapt.
[5] 黄晓红,韦挥德.学术期刊优先出版与印刷出版的冲突及其对策[J].编辑学报,2016,28(1):21-23.
[6] 向欣.优先数字出版知识产权管理初探[J].出版广角,2015(1):98-99.
[7] 周桂莲.农业科技期刊优先数字出版现状与问题分析[J].中国科技期刊研究,2014,25(1):155-158.
[8] 徐铭瞳.论我国学术期刊优先出版的现状及未来发展[J].编辑之友,2013(3):42-45.
[9] http://journalinsights.elsevier.com/journals/1342-937X/oapt.
[10] http://journalinsights.elsevier.com/journals/0301-9268/oapt.
[11] 李晶晶.我国学术期刊优先数字出版规范问题研究——以高校文科学报为样本[J].河南大学学报(社会科学版),2017,57(3):149-155.
[12] 李江,伍军红.论文发表时滞与优先数字出版[J].编辑学报,2011,23(4):357-359.
[13] 袁兴玲,郭伟,王艳丽.不同编辑流程下科技期刊优先数字出版的实施[J].编辑学报,2017,29(6):565-567.
[14] 张俊彦,黄林美,吴一迁.论学术期刊优先数字出版的质量与速度平衡[J].编辑学报,2016,28(1):7-10.

我国生命科学领域优势学科与办刊需求分析

岳东方，宋 婷，朱锋荣，魏 彬，于建荣

(中国科学院上海生命科学信息中心，上海 200031)

摘要： 近年来，随着科研事业的发展，我国科技期刊也在蓬勃发展，被 SCI 收录的中国科技期刊越来越多。本文利用美国科睿唯安 Web of Science (WoS)、Journal Citation Reports (JCR)数据库和引文分析工具，对我国生命科学领域优势学科和被 JCR 收录的中国生命科学领域科技期刊进行统计分析。结果表明：相对于我国科学家在 SCI 期刊上的年度发文量，我国主办的 SCI 期刊数量和发文量远远不足；同时，还存在着我国出版的 SCI 期刊在各学科中的分布不均问题，优势学科期刊数量少，一般学科期刊数量多。建议：对于我国科学家年度发文 1 000 篇以上，且我国没有 SCI 期刊布局的学科，宜尽快支持已有期刊的发展，提高办刊水平，或创办新刊，弥补学科空白；对于我国已有 SCI 期刊布局的，年度发文 1 000 篇以上学科，我们应继续加大支持力度；对于我国有 SCI 期刊布局的，年度发文量在 200~1 000 篇的学科，我们应持续支持；对于没有 SCI 期刊布局的，年度发文量在 200~1 000 篇的学科，如果学科发展态势良好，可以考虑进行旧刊转英文刊或进行新刊布局。

关键词： 中国；生命科学；优势学科；需求分析；科技期刊

"十二五"以来特别是党的十八大以来，党中央、国务院高度重视科技创新，做出深入实施创新驱动发展战略的重大决策部署。我国科技创新步入以跟踪为主转向跟踪和并跑、领跑并存的新阶段，正处于从量的积累向质的飞跃、从点的突破向系统能力提升的重要时期，在国家发展全局中的核心位置更加凸显，在全球创新版图中的位势进一步提升，已成为具有重要影响力的科技大国。

科技创新能力持续提升，战略高技术不断突破，基础研究国际影响力大幅增强，取得载人航天和探月工程、载人深潜、深地钻探、超级计算、量子反常霍尔效应、量子通信、中微子振荡、诱导多功能干细胞等重大创新成果。2017 年 8 月发布的《国家创新指数报告 2016—2017》，全国研发经费支出达 2 275.4 亿元，居世界第 2 位；国际科技论文数稳居世界第 2 位，被引用数升至第 2 位；国家综合创新能力跻身世界第 17 位[1]。

与我国蓬勃发展的科技创新相比，我国虽是科技论文产出大国，但却仍是科技期刊弱国。根据Journal Citation Reports (JCR，2016)的数据进行统计来看，收录期刊最多的4个国家分别是美国(4 323种)、英国(1 725种)、荷兰(926种)、德国(727种)；除此以外，收录日本期刊250种。收录期刊不足200，但接近和超过100种的国家中，有经济较发达国家，也有金砖四国等发展中国家。人口不到600万人的新加坡也有61本期刊被收录。被SCI收录的中国大陆科技期刊共计189种,居全球有期刊被SCI收录的154个国家和地区中的第7位。这与我国国际科技论文数世界排名第2位、被引用数世界排名第2的地位严重不符。

有鉴于此,中国科协、财政部、教育部、国家新闻出版广电总局、中国科学院和中国工程院等六部门经过大量调研,2013年下半年开始实施"中国科技期刊国际影响力提升计划"(简称"期刊影响力计划")[2]。这是国内迄今为止对英文科技期刊资助力度最大、覆盖面最广、影响力最深远的专项支持项目[3-5],旨在提升我国英文科技期刊国际影响力和整体学术水平,促进优秀科研成果的对外传播与交流。计划通过3~6年的努力,把一部分具有世界影响的研究成果(包括中国学者的成果)吸引到我国出版的英文期刊上发表,以提升中国期刊的国际地位。按照设计,"期刊影响力计划"除了要提升已经创办的英文科技期刊的办刊水平、经营能力,还要根据我国科研优势和世界科技发展趋势培育一批新刊、扩大期刊种数。2012年中国科协在其"学会能力提升计划"中设立了创办新刊的项目[6],2013年的"期刊影响力计划"也对创办新刊进行了资助[2]。

当前管理部门面临的最大问题是,要了解我国科技期刊的学科分布情况,以便有的放矢地进行支持,使我国科技期刊发展更为科学合理。这就需要盘点我国优势学科,同时对我国SCI源期刊的学科分类、现状等进行摸排,以明晰我国进行新刊布局的学科方向,以及进一步加大支持力度的学科方向,为科技期刊管理部门提供参考。

本文利用美国科睿唯安Web of Science (WoS)、Journal Citation Reports (JCR)数据库,对我国生命科学领域优势学科和被JCR收录的中国生命科学领域科技期刊进行统计分析,将两者的数据比对,进行办刊需求分析。

1 2011—2016 年我国科学家在 WoS 数据库所收录期刊上的平均发文量和年均增长量

在WoS数据库的核心合集中,检索我国作者在生命科学领域各个学科中发表的论文,并进行统计分析。检索策略为"AD=China AND PY=年份AND SU=**",其中**为WoS数据库中生命科学领域中的具体学科名称。各学科中我国科学家在2011—2016年的发文量取5年平均值,由于有些学科5年增量较大,增设了年度增长量,具体数值由2016年与2011年发文量之差除5而来。

WoS 生命科学相关学科共 74 个。各学科中我国作者在 2011—2016 年的发文量由于篇幅关系取 5 年平均值,增设了年度增长量一列,具体见表1(按照平均发文量降序排列)。

表1 2011—2016 年我国科学家在生命科学各个学科的平均发文量和年均增长量

学科	平均发文量/篇	年均增长量/篇
Biochemistry & Molecular Biology	11 525.4	513.4
Environmental Sciences & Ecology	9 201.4	1 343.0
Oncology	9 062.6	1 786.8
Microbiology	7 470.2	685.8
Pharmacology & Pharmacy	7 447.0	625.2
Research & Experimental Medicine	5 787.0	1 334.0
Biotechnology & Applied Microbiology	5 691.4	557.4
Cell Biology	5 325.0	972.6
Neurosciences & Neurology	4 819.4	478.2
Agriculture	4 582.4	379.4

表1 （续）

学科	平均发文量/篇	年均增长量/篇
Plant Sciences	4 205.2	385.0
Genetics & Heredity	3 746.6	509.4
Food Science & Technology	3 653.6	271.8
Surgery	3 006.2	92.6
Immunology	2 466.0	233.6
Biophysics	2 449.6	196.8
General & Internal Medicine	2 277.0	271.6
Cardiovascular System & Cardiology	1 896.4	176.8
Endocrinology & Metabolism	1 658.6	116.6
Radiology, Nuclear Medicine & Medical Imaging	1 636.6	103.0
Toxicology	1 586.8	103.2
Pathology	1 558.2	286.2
Gastroenterology & Hepatology	1 490.6	-16.0
Marine & Freshwater Biology	1 392.6	154.0
Integrative & Complementary Medicine	1 280.8	40.4
Public, Environmental & Occupational Health	1 212.6	126.2
Physiology	1 058.2	129.8
Virology	963.4	31.4
Nutrition & Dietetics	953.4	104.2
Zoology	946.2	62.4
Veterinary Sciences	901.6	-26.6
Infectious Diseases	877.6	80.4
Mathematical & Computational Biology	852.2	96.2
Obstetrics & Gynecology	783.6	46.0
Orthopedics	777.2	65.0
Ophthalmology	761.2	19.6
Urology & Nephrology	752.0	9.0
Hematology	730.2	16.4
Entomology	719.6	39.8
Fisheries	703.6	106.2
Respiratory System	678.2	88.4
Dentistry, Oral Surgery & Medicine	661.0	17.2
Psychiatry	631.0	90.4
Evolutionary Biology	497.0	23.0
Pediatrics	492.4	14.8
Reproductive Biology	484.8	38.4
Parasitology	455.4	32.4
Forestry	446.4	72.0
Medical Laboratory Technology	394.0	57.4
Geriatrics & Gerontology	363.2	50.6
Dermatology	328.6	14.8
Transplantation	315.0	-14.2

表 1 （续）

学科	平均发文量/篇	年均增长量/篇
Biodiversity & Conservation	311.6	41.4
Mycology	305.0	24.0
Developmental Biology	302.0	33.8
Rheumatology	301.8	9.6
Otorhinolaryngology	299.8	13.2
Behavioral Sciences	277.6	29.6
Paleontology	276.6	37.2
Health Care Sciences & Services	269.6	44.6
Tropical Medicine	217.4	20.2
Sport Sciences	215.0	2.8
Nursing	207.0	19.2
Anesthesiology	200.8	25.0
Medical Informatics	166.6	21.6
Rehabilitation	160.0	8.2
Anatomy & Morphology	149.6	1.4
Emergency Medicine	134.8	3.6
Legal Medicine	99.2	16.2
Allergy	78.0	8.4
Substance Abuse	64.8	3.0
Anthropology	44.0	-1.0
Medical Ethics	9.0	-2.4
Critical Care Medicine	0.0	0.0

表 1 显示，2011—2016 年，各生命科学相关学科中，我国科学家发表文章数目从 0~11 525 篇不等。年发表文章 1 000 篇以上的生命科学相关学科有 27 个，我们将这些学科定义为优势学科。发文量前 10 名的学科为极具优势学科，它们是 Biochemistry & Molecular Biology(生物化学和分子生物学)、Environmental Sciences & Ecology(环境科学与生态学)、Oncology(肿瘤学)、Microbiology(微生物学)、Pharmacology & Pharmacy(药理学与药剂学)、Research & Experimental Medicine(检验实验医学)、Biotechnology & Applied Microbiology(生物技术和应用微生物学)、Cell Biology(细胞生物学)、Neurosciences & Neurology(神经科学)、Agriculture (农业)。Biochemistry & Molecular Biology (生物化学和分子生物学)以年发文量 11 525 篇居首位，遥遥领先于第二名 Environmental Sciences & Ecology(环境科学与生态学)。年发文量在 200~1 000 篇以下为一般学科，分别为 Virolgy(病毒学)、Nutrition & Diatetics(营养学)、Zology(动物学)、Veterinary Sciences(兽医学)、Infectious Diseases(传染病)、Mathematical & Computational Biology(数学和计算生物学)、Obstetrics & Gynecology(妇产科学)、Orthopedics(整形外科学)等，共计 37 个。其中平均发文量在 200 篇以下为劣势学科，包括 Medical informatics(医学信息学)在内共计 10 个学科。

从年均增长量来看，5 年年均增长量超过 100 篇以上的学科有 26 个，其中按照年均增长量排名前 10 的学科为 Oncology(肿瘤学)、Environmental Sciences & Ecology(环境科学与生态学)、Research & Experimental Medicine(检验实验医学)、Cell Biology(细胞生物学)、

Microbiology(微生物学)、Pharmacology & Pharmacy(药理学与药剂学)、Biotechnology & Applied Microbiology(生物技术和应用微生物学)、Biochemistry & Molecular Biology(生物化学和分子生物学)、Genetics & Heredity(遗传学)、Neurosciences & Neurology(神经科学)。与 5 年平均发文量基本一致，只是排名略有变化。Genetics & Heredity(遗传学)进入年度增长量前 10，位居第 10 名，而 Agriculture(农业)没有跻身年度增长量的前 10 排行榜。在一般学科中，有两个学科，Nutrition & Dietetics(营养学)和 Fisheries(渔业)，年均增长量也超过了 100 篇。

2 我国生命科学领域期刊统计分析

在 JCR 数据库中，通过 Select Country，选择 China Mainland，检索我国入选 JCR 的所有期刊，然后选择与生命科学领域相关的期刊。

2.1 我国生命科学领域期刊基本情况

以 2017 年 6 月底公布的 JCR 报告为基础，分析我国入选 SCI 的生命科学领域的期刊(仅限中国大陆地区出版的期刊)。生命科学的范围包括生物学和医学。具体情况见表 2。

表 2 2017 年度 JCR 报告内我国出版的生命科学期刊基本情况

期刊名称	总被引频次	影响因子
Cell Research	11 885	15.606
Fungal Diversity	4 068	13.465
Bone Research	592	9.326
Molecular Plant	6 040	8.827
Journal of Molecular Cell Biology	1 655	5.988
Cellular & Molecular Immunology	2 691	5.897
Protein & Cell	1 898	5.374
Chinese Journal of Cancer	1 737	4.111
Journal of Genetics And Genomics	1 616	4.051
Journal of Integrative Plant Biology	3 773	3.962
International Journal of Oral Science	827	3.930
CNS Neuroscience & Therapeutics	2 615	3.919
Acta Pharmacologica Sinica	7 734	3.223
Journal of Diabetes	1 111	3.039
Chinese Journal of Cancer Research	957	3.000
Asian Journal of Andrology	3 118	2.996
Science China-Life Sciences	1 621	2.781
Endoscopic Ultrasound	313	2.728
Neuroscience Bulletin	1 204	2.624
Journal of Sport and Health Science	476	2.531
Biomedical And Environmental Sciences	1 825	2.204
Acta Biochimica Et Biophysica Sinica	2 826	2.200
Current Zoology	1 040	2.181

表 2 （续）

期刊名称	总被引频次	影响因子
Integrative Zoology	658	2.070
Journal of Animal Science And Biotechnology	556	2.052
Journal of Systematics And Evolution	920	2.050
Insect Science	1 313	2.026
Journal of Geriatric Cardiology	558	1.806
Neural Regeneration Research	1 886	1.769
Journal of Plant Ecology	1 034	1.754
Journal of Zhejiang University-SCIENCE B	2 132	1.676
Chinese Journal of Natural Medicines	1 047	1.667
Hepatobiliary & Pancreatic Diseases International	1 600	1.649
Frontiers of Medicine	615	1.634
Journal of Digestive Diseases	1 125	1.632
Orthopaedic Surgery	399	1.237
Asian Journal of Surgery	525	1.203
International Journal of Ophthalmology	1 054	1.177
Translational Cancer Research	375	1.167
World Journal of Pediatrics	607	1.164
Chinese Journal of Integrative Medicine	1 219	1.116
Thoracic Cancer	372	1.116
Chinese Medical Journal	7 140	1.064
Journal of Traditional Chinese Medicine	1 046	0.991
Journal of Huazhong University of Science And Technology-Medical Sciences	1 209	0.964
Asian Pacific Journal Of Tropical Medicine	1 566	0.925
Avian Research	31	0.853
International Journal of Agricultural And Biological Engineering	503	0.835
Journal of Orthopaedic Surgery	980	0.816
Interdisciplinary Sciences-Computational Life Sciences	203	0.753
Journal of Forestry Research	777	0.707
Journal of Exercise Science & Fitness	126	0.576
Asian Herpetological Research	120	0.385
Progress In Biochemistry And Biophysics	375	0.341

2017 年发布的 JCR 报告中，共有 189 种中国大陆出版科技期刊入选，其中生命科学领域的期刊共计 54 种，不包括三种本综合性学术期刊，如 Science Bulletin、Chinese Science Bulletin 和 National Science Review。影响因子最高的生命科学期刊为 Cell Research (15.606)，最低的生命科学期刊为 Progess in Biochemistry and Biophysics (0.341)。

2.2 在 JCR 数据库中，查询生命科学期刊所属的具体学科分类

按照 JCR 的学科分类，找到与生命科学和医学相关学科共计 87 个，具体分类见表 3。

表3　JCR 中与生命科学相关学科表

序号	学科
1	AGRICULTURAL ENGINEERING(农业工程)
2	AGRICULTURE, DAIRY & ANIMAL SCIENCE(农业 乳业和动物科学)
3	ALLERGY (过敏症)
4	ANATOMY & MORPHOLOGY (解剖与形态学)
5	ANDROLOGY(男科学)
6	ANESTHESIOLOGY (麻醉学)
7	ANTHROPOLOGY (人类学)
8	AUDIOLOGY & SPEECH-LANGUAGE PATHOLOGY(听力-语言病理学)
9	BEHAVIORAL SCIENCES (行为科学)
10	BIOCHEMICAL RESEARCH METHODS(生物化学研究方法)
11	BIOCHEMISTRY & MOLECULAR BIOLOGY (生物化学与分子生物学)
12	BIODIVERSITY & CONSERVATION (生物多样性与保育)
13	BIOLOGY(生物学)
14	BIOPHYSICS (生物物理)
15	BIOTECHNOLOGY & APPLIED MICROBIOLOGY (生物科技与应用微生物学)
16	CARDIOVASCULAR SYSTEM & CARDIOLOGY (心血管系统与心脏病学)
17	CELL & TISSUE ENGINEERING(细胞与组织工程)
18	CELL BIOLOGY (细胞生物学)
19	CLINICAL NEUROLOGY(临床神经病学)
20	CRITICAL CARE MEDICINE (重症医学)
21	DENTISTRY, ORAL SURGERY & MEDICINE (牙科医学、口腔外科与医学)
22	DERMATOLOGY (皮肤医学)
23	DEVELOPMENTAL BIOLOGY (发育生物学)
24	ECOLOGY(生态学)
25	EMERGENCY MEDICINE (急诊医学)
26	ENDOCRINOLOGY & METABOLISM (内分泌学与新陈代谢)
27	ENGINEERING, BIOMEDICAL(生物医学工程)
28	ENTOMOLOGY (昆虫学)
29	EVOLUTIONARY BIOLOGY (演化生物学)
30	FISHERIES (渔业)
31	FOOD SCIENCE & TECHNOLOGY (食品科技)
32	FORESTRY (林业)
33	GASTROENTEROLOGY & HEPATOLOGY (肠胃病学与肝病学)
34	GENETICS & HEREDIT(遗传学)
35	GERIATRICS & GERONTOLOGY (老年病学与老人学)
36	GERONTOLOGY(老年学)
37	HEALTH CARE SCIENCES & SERVICES (健康照护科学与服务)
38	HEMATOLOGY (血液学)
39	IMMUNOLOGY (免疫学)
40	INFECTIOUS DISEASES (传染病)
41	INTEGRATIVE & COMPLEMENTARY MEDICINE (整合与补充医学)
42	MARINE & FRESHWATER BIOLOGY (海洋与淡水生物学)

表 3 （续）

序号	学科
43	MATHEMATICAL & COMPUTATIONAL BIOLOGY (数学与计算生物学)
44	MEDICAL ETHICS (医疗伦理)
45	MEDICAL INFORMATICS (医学资讯)
46	MEDICAL LABORATORY TECHNOLOGY (医学检验技术)
47	MEDICINE, GENERAL & INTERNAL(一般内科)
48	MEDICINE, LEGAL(法医学)
49	MEDICINE, RESEARCH & EXPERIMENTAL(医学研究和实验)
50	MICROBIOLOGY (微生物学)
51	MYCOLOGY (真菌学)
52	NEUROIMAGING(神经成像)
53	NEUROSCIENCES (神经科学)
54	NURSING (护理)
55	NUTRITION & DIETETICS (营养学)
56	OBSTETRICS & GYNECOLOGY (产科学与妇科学)
57	ONCOLOGY (肿瘤学)
58	OPHTHALMOLOGY (眼科学)
59	ORNITHOLOGY(鸟类学)
60	ORTHOPEDICS (骨科学)
61	OTORHINOLARYNGOLOGY (耳鼻喉科)
62	PALEONTOLOGY (古生物学)
63	PARASITOLOGY (寄生物学)
64	PATHOLOGY (病理学)
65	PEDIATRICS (小儿科学)
66	PERIPHERAL VASCULAR DISEASE(外周血管病)
67	PHARMACOLOGY & PHARMACY (药理学与制药)
68	PHYSIOLOGY (生理学)
69	PLANT SCIENCES (植物科学)
70	PRIMARY HEALTH CARE(主要健康护理)
71	PSYCHIATRY (精神病学)
72	PUBLIC, ENVIRONMENTAL & OCCUPATIONAL HEALTH (公共、环境与职场健康)
73	RADIOLOGY, NUCLEAR MEDICINE & MEDICAL IMAGING (辐射学、核子医学与医学影像)
74	REHABILITATION (康复)
75	REPRODUCTIVE BIOLOGY (生殖生物学)
76	RESPIRATORY SYSTEM (呼吸系统)
77	RHEUMATOLOGY (风湿病学)
78	SPORT SCIENCES (运动科学)
79	SUBSTANCE ABUSE (药物滥用)
80	SURGERY (外科)
81	TOXICOLOGY (毒理学)
82	TRANSPLANTATION (移植医学)
83	TROPICAL MEDICINE (热带疾病医疗)
84	UROLOGY & NEPHROLOGY (泌尿科学与肾脏学)

表 3 （续）

序号	学科
85	VETERINARY SCIENCES (兽医学)
86	VIROLOGY (病毒学)
87	ZOOLOGY (动物学)

2.3 我国生命科学期刊所属的学科

在 87 个学科中找到我国 54 种期刊分别对应的学科，有可能一种期刊对应多个学科，也有可能一个学科对应多种期刊(见表 4)。

表 4 生命科学相关学科对应的我国生命科学期刊列表

学科	期刊数量	英文刊名
AGRICULTURAL ENGINEERING	1	International Journal of Agricultural and Biological Engineering
AGRICULTURE, DAIRY & ANIMAL SCIENCE	1	Journal of Animal Science and Biotechnology
ALLERGY	0	
ANATOMY & MORPHOLOG	0	
ANDROLOGY	1	Asian Journal of Andrology
ANESTHESIOLOGY	0	
ANTHROPOLOGY	0	
AUDIOLOGY & SPEECH-LANGUAGE PATHOLOGY	0	
BEHAVIORAL SCIENCES	0	
BIOCHEMICAL RESEARCH METHODS	0	
BIOCHEMISTRY & MOLECULAR BIOLOGY	7	Molecular Plant Journal of Genetics and Genomics Journal of Integrative Plant Biology Acta Biochimica et Biophysica Sinica Journal of Zhejiang University-SCIENCE B Journal of Huazhong University of Science and Technology-Medical Sciences Progress in Biochemistry and Biophysics
BIODIVERSITY CONSERVATION	0	
BIOLOGY	1	Science China-Life Sciences
BIOPHYSICS	2	Acta Biochimica et Biophysica Sinica Progress in Biochemistry and Biophysics
BIOTECHNOLOGY & APPLIED MICROBIOLOGY	1	Journal of Zhejiang University-SCIENCE B

表 4 （续）

学科	期刊数量	英文刊名
CARDIAC & CARDIOVASCULAR SYSTEMS	1	*Journal of Geriatric Cardiology*
CELL & TISSUE ENGINEERING	1	*Bone Research*
CELL BIOLOGY	4	*Cell Research* *Journal of Molecular Cell Biology* *Protein & Cell* *Neural Regeneration Research*
CLINICAL NEUROLOGY	0	
CRITICAL CARE MEDICINE	0	
DENTISTRY, ORAL SURGERY & MEDICINE	1	*International Journal of Oral Science*
DERMATOLOGY	0	
DEVELOPMENTAL BIOLOGY	0	
ECOLOGY	1	*Journal of Plant Ecology*
EMERGENCY MEDICINE	0	
ENDOCRINOLOGY & METABOLISM	1	*Journal of Diabetes*
ENGINEERING, BIOMEDICAL	0	
ENTOMOLOGY	1	*Insect Science*
EVOLUTIONARY BIOLOGY	0	
FISHERIES	0	
FOOD SCIENCE & TECHNOLOGY	0	
FORESTRY	1	*Journal of Forestry Research*
GASTROENTEROLOGY & HEPATOLOGY	3	*Endoscopic Ultrasound* *Hepatobiliary & Pancreatic Diseases International* *Journal of Digestive Diseases*
GENETICS & HEREDITY	1	*Journal of Genetics And Genomics*
GERIATRICS & GERONTOLOGY	1	*Journal of Geriatric Cardiology*
GERONTOLOGY	0	
HEALTH CARE SCIENCES & SERVICES	0	
HEMATOLOGY	0	
IMMUNOLOGY	1	*Cellular & Molecular Immunology*
INFECTIOUS DISEASES	0	
INTEGRATIVE & COMPLEMENTARY MEDICINE	3	*Chinese Journal of Natural Medicines* *Chinese Journal of Integrative Medicine* *Journal of Traditional Chinese Medicine*
MARINE & FRESHWATER BIOLOGY	0	
MATHEMATICAL & COMPUTATIONAL BIOLOGY	1	*Interdisciplinary Sciences-Computational Life Sciences*
MEDICAL ETHICS	0	
MEDICAL INFORMATICS	0	

表 4 （续）

学科	期刊数量	英文刊名
MEDICAL LABORATORY TECHNOLOGY	0	
MEDICINE, GENERAL & INTERNAL	1	Chinese Medical Journal
MEDICINE, LEGAL	0	
MEDICINE, RESEARCH & EXPERIMENTAL	2	Journal of Zhejiang University-SCIENCE B Frontiers of Medicine
MICROBIOLOGY	0	
MYCOLOGY	2	Fungal Diversity Mycosphere
NEUROIMAGING	0	
NEUROSCIENCES	3	CNS Neuroscience & Therapeutics Neuroscience Bulletin Neural Regeneration Research
NURSING	0	
NUTRITION & DIETETICS	0	
OBSTETRICS & GYNECOLOGY	0	
ONCOLOGY	5	Chinese Journal of Cancer Chinese Journal of Cancer Research Frontiers of Medicine Translational Cancer Research Thoracic Cancer
OPHTHALMOLOGY	1	International Journal of Ophthalmology
ORNITHOLOGY	1	Avian Research
ORTHOPEDICS	2	Orthopaedic Surgery Journal of Orthopaedic Surgery
OTORHINOLARYNGOLOGY	0	
PALEONTOLOGY	0	
PARASITOLOGY	0	
PATHOLOGY	0	
PEDIATRICS	1	World Journal of Pediatrics
PERIPHERAL VASCULAR DISEASE	0	
PHARMACOLOGY & PHARMACY	3	Cns Neuroscience & Therapeutics Acta Pharmacologica Sinica Chinese Journal of Natural Medicines
PHYSIOLOGY	0	
PLANT SCIENCES	4	Molecular Plant Journal of Integrative Plant Biology Journal of Systematics And Evolution Journal of Plant Ecology
PRIMARY HEALTH CARE	0	
PSYCHIATRY	0	

表4 (续)

学科	期刊数量	英文刊名
PUBLIC, ENVIRONMENTAL & OCCUPATIONAL HEALTH	2	*Biomedical and Environmental Sciences* *Asian Pacific Journal of Tropical Medicine*
RADIOLOGY, NUCLEAR MEDICINE & MEDICAL IMAGING	0	
SPORT SCIENCES	2	*Journal of Sport And Health Science* *Journal of Exercise Science & Fitness*
SUBSTANCE ABUSE	0	
REHABILITATION	0	
REPRODUCTIVE BIOLOGY	0	
RESPIRATORY SYSTEM	1	*Thoracic Cancer*
RHEUMATOLOGY	0	
SURGERY	2	*Asian Journal of Surgery* *Journal of Orthopaedic Surgery*
TOXICOLOGY	0	
TRANSPLANTATION	0	
TROPICAL MEDICINE	1	*Asian Pacific Journal of Tropical Medicine*
UROLOGY & NEPHROLOGY	1	*Asian Journal of Andrology*
VETERINARY	0	
VIROLOGY	0	
ZOOLOGY	3	*Integrative Zoology* *Current Zoology* *Asian Herpetological Research*

从表4可以看出，87个生命科学相关学科中，仅有39个学科中我国有期刊分布，其中有些学科中有多个刊分布，并且形成了影响因子由高到低的分布格局，高中低档的期刊都有，如CELL BIOLOGY分类中，有 *Cell Research* (15.606)、*Journal Molecular and Cell Biology* (5.988)、*Protein & Cell* (5.374)和 *Neural Regeneration Research* (1.769) 4本杂志，既有 *Cell Research* 一枝独秀，遥遥领先，又有 *Journal Molecular and Cell Biology* 和 *Protein & Cell* 在Q2区激烈竞争。其中有48个学科中我国没有期刊分布。

表3 JCR的生命科学学科分类和表1中Web of Science学科分类略有不同，表1共分为74类，而表3共分为87类。而从中可以看出，表3中大部分的分类都能够在表1中找到，而多出来的一些学科分类，可以合并入表1中的某一学科，如表3中序号2 AGRICULTURE, DAIRY & ANIMAL SCIENCE(农业 乳业和动物科学)可以并入表1中的Agrculture农业；序号5 ANDROLOGY(男科学) 可以并入表1中Urology & Nephrology泌尿学和肾病学；序号8 AUDIOLOGY & SPEECH-LANGUAGE PATHOLOGY(听力-语言病理学)，可以并入表1中的Pathology病理学；序号10 BIOCHEMICAL RESEARCH METHODS(生物化学研究方法)可以并入表1的Biochemistry & Molecular Biology生化和分子生物学；序号17 CELL & TISSUE ENGINEERING(细胞与组织工程)，可以并入表1中Cell Biology细胞生物学；序号19 CLINICAL NEUROLOGY(临床神经病学)、52 NEUROIMAGING(神经成像)可以并入表1中Neurosciences & Neurology；序号27 ENGINEERING, BIOMEDICAL(生物医学工程)可以放入表1中Radiology,

Nuclear Medicine & Medical Imaging；序号36 GERONTOLOGY可以并入表1 Geriatrics & Gerontology老年医学；66 PERIPHERAL VASCULAR DISEASE(外周血管病)可以并入表1 Pathology病理学；序号70 PRIMARY HEALTH CARE(主要健康护理)可以并入表4中58 Nursing护理学。也有的如表3中13 BIOLOGY(生物学)，则可以化解到表1生物学的各个学科中。之所以JCR分类和Web of Science分类不同，主要在于JCR是期刊分类，期刊的发表范围决定了其属于的学科，而 Web of Science是文章分类，目的不同而已。

将表 3 与表 1 对比，得到了表 5。可以看出，我国科学家发文量最高的 Biochemistry & Molecular Biology(生物化学和分子生物学)学科中，我国有 7 种期刊；在我国科学家年发文量超过 1 000 篇的 27 个学科中，Microbiology(微生物学)、Food Science & Technology(食品科技)、Radiology, Nuclear Medicine & Medical Imaging(核医学和医学成像)、Toxicology(毒理学)、Pathology(病理学)、Marian & Freshwater Biology(海洋及淡水生物学)、Physiology(生理学)等 7 个学科，我国没有期刊分布；在我国年发文量低于 1 000 篇的 47 个学科中，反而有 20 种期刊分布，它们分布在 Zoology(动物学)、Mathematics & Computational Biology(数学和计算生物学)、Ophthalmology(眼科学)、Urology & Nephrology(泌尿和肾脏)、Entomology(昆虫学)、Fisheries(渔业)、Respiratory System(呼吸系统)、Dentistry, Oral Surgery & Medicine(口腔医学)、Pediatrics(儿科)、Forestry(林业)、Mycology(真菌学)、Tropical Medicine(热带医学)和 Sport Sciences(体育科学)。

表 5　生命科学各个学科发文量及其所对应的期刊数

学科	平均发文量	年均增长量	期刊数
Biochemistry & Molecular Biology	11 525.4	513.4	7
Environmental Sciences & Ecology	9 201.4	1343	1
Oncology	9 062.6	1 786.8	5
Microbiology	7 470.2	685.8	0
Pharmacology & Pharmacy	7 447.0	625.2	3
Research & Experimental Medicine	5 787.0	1334	2
Biotechnology & Applied Microbiology	5 691.4	557.4	1
Cell Biology	5 325.0	972.6	5
Neurosciences & Neurology	4 819.4	478.2	3
Agriculture	4 582.4	379.4	2
Plant Sciences	4 205.2	385.0	4
Genetics & Heredity	3 746.6	509.4	1
Food Science & Technology	3 653.6	271.8	0
Surgery	3 006.2	92.6	2
Immunology	2 466.0	233.6	1
Biophysics	2 449.6	196.8	2
General & Internal Medicine	2 277.0	271.6	1
Cardiovascular System & Cardiology	1 896.4	176.8	1
Endocrinology & Metabolism	1 658.6	116.6	1
Radiology, Nuclear Medicine & Medical Imaging	1 636.6	103.0	0
Toxicology	1 586.8	103.2	0
Pathology	1 558.2	286.2	0

表 5 (续)

学科	平均发文量	年均增长量	期刊数
Gastroenterology & Hepatology	1 490.6	-16.0	3
Marine & Freshwater Biology	1 392.6	154.0	0
Integrative & Complementary Medicine	1 280.8	40.4	3
Public, Environmental & Occupational Health	1 212.6	126.2	2
Physiology	1058.2	129.8	0
Virology	963.4	31.4	0
Nutrition & Dietetics	953.4	104.2	0
Zoology	946.2	62.4	3
Veterinary Sciences	901.6	-26.6	0
Infectious Diseases	877.6	80.4	0
Mathematical & Computational Biology	852.2	96.2	1
Obstetrics & Gynecology	783.6	46.0	0
Orthopedics	777.2	65.0	2
Ophthalmology	761.2	19.6	1
Urology & Nephrology	752.0	9.0	1
Hematology	730.2	16.4	0
Entomology	719.6	39.8	1
Fisheries	703.6	106.2	1
Respiratory System	678.2	88.4	1
Dentistry, Oral Surgery & Medicine	661.0	17.2	1
Psychiatry	631.0	90.4	0
Evolutionary Biology	497.0	23.0	0
Pediatrics	492.4	14.8	1
Reproductive Biology	484.8	38.4	0
Parasitology	455.4	32.4	0
Forestry	446.4	72.0	1
Medical Laboratory Technology	394.0	57.4	2
Geriatrics & Gerontology	363.2	50.6	1
Dermatology	328.6	14.8	0
Transplantation	315.0	-14.2	0
Biodiversity & Conservation	311.6	41.4	0
Mycology	305.0	24.0	2
Developmental Biology	302.0	33.8	0
Rheumatology	301.8	9.6	0
Otorhinolaryngology	299.8	13.2	0
Behavioral Sciences	277.6	29.6	0
Paleontology	276.6	37.2	0
Health Care Sciences & Services	269.6	44.6	0
Tropical Medicine	217.4	20.2	1
Sport Sciences	215.0	2.8	2
Nursing	207.0	19.2	0
Anesthesiology	200.8	25	0

表 5 (续)

学科	平均发文量	年均增长量	期刊数
Medical Informatics	166.6	21.6	0
Rehabilitation	160.0	8.2	0
Anatomy & Morphology	149.6	1.4	0
Emergency Medicine	134.8	3.6	0
Legal Medicine	99.2	16.2	0
Allergy	78.0	8.4	0
Substance Abuse	64.8	3.0	0
Anthropology	44.0	-1.0	0
Medical Ethics	9.0	-2.4	0
Critical Care Medicine	0.0	0.0	0

3 分析讨论

年度发文量体现了一个学科的科研热度，而年度发文增量更是反映出学科增长的情况。根据我国科学家平均年发文量的情况，将学科分为优势学科、一般学科和劣势学科。优势学科为平均年发文量 1 000 篇以上的学科，发文量前 10 名的学科为极具优势学科，平均年发文量 200~1 000 篇为一般学科，其余为劣势学科。基于不同的学科发展状况，笔者提出以下建议。

对于没有 SCI 期刊布局的优势学科，宜积极扶植已有期刊或打造新刊，填补学科空白。在年发文量超过 1 000 篇的 27 个优势学科中，有 7 个学科没有我国出版的 SCI 期刊，甚至 Microbiology 这个极具优势学科我国出版的 SCI 期刊数量为 0，而我国科学家 2011—2016 年在这个学科的发文量为 37 361 篇。在此情况下，要大力扶植我国已有中文期刊改语种为英文刊，尽快提升办刊质量，入选 SCI，实现国际化；或者通过直接创刊出版高质量英文新刊的方式，弥补学科空白。两种方法可以并举，双管齐下，尽快打造出一系列我国优势学科的 SCI 期刊。

对于我国已有 SCI 期刊布局的优势学科，应继续加大支持力度。以 2011—2016 年平均发文量第一(11 525 篇)的 Biochemistry & Molecular Biology(生物化学和分子生物学)为例，我国布局的 7 本 SCI 期刊在 2016 年全年发文量仅为 759 篇，这与我国科学家 2011—2016 年在此领域的 SCI 期刊上平均发文 11 525 篇相比，数量相差很多。我国现有该学科 SCI 期刊体量太小，很有必要进一步加大对于此领域 SCI 期刊的支持力度，以及进一步推动我国在此领域中文期刊改为英文刊，尽快入选 SCI 而逐步提高国际影响力，吸引我国的科研成果能够在我国自己主办的 SCI 期刊上发表。

对于我国有 SCI 期刊布局的一般学科，应持续支持。对于年发文量在 200~1 000 篇的学科，我国在部分学科也有自己的 SCI 期刊分布。对于这些 SCI 期刊，要持续支持，保持发展势头。

对于没有 SCI 期刊布局的一般学科，如果学科发展态势良好，可以考虑进行旧刊转英文刊或进行新刊布局。2011—2016 年年度发文量 800~1000 篇的一般学科，有些学科的发展态势良好，年度发文增量超过 100 篇，比某些优势学科的发展态势还要好，它们是 Nutrition & Dietetics(营养学)和 Fisheries(渔业)。在 Fisheries(渔业)学科已有一本 SCI 期刊，而 Nutrition & Dietetics(营养学)没有相应的 SCI 期刊布局。对于发展态势良好的一般学科，期刊主管部门如果经费允许，建议优先资助该学科旧刊转英文刊或者新刊布局。

4 结论

总之,我国生命科学领域优势学科与期刊布局不匹配,存在优势学科SCI期刊数量少,总体质量不高,载文量少,甚至在某些学科领域的没有SCI期刊布局等现象,这就要求期刊管理部门在制定政策时,要考虑在我国优势学科与重点发展领域布局SCI期刊,继续支持原有SCI期刊的可持续发展,并加快新刊的布局或者高水平旧的中文刊的转为英文刊,让SCI期刊数量与学科发展相匹配,同时关注并将扶持政策向那些期刊弱势学科倾斜。

参 考 文 献

[1] 中国科学技术发展战略研究院.国家创新指数报告2016—2017[M].北京:科学技术文献出版社,2017.
[2] 关于中国科技期刊国际影响力提升计划项目申报的通知[EB/OL].[2013-09-18].http://www.gapp.gov.cn/news/1663/156405.shtml.
[3] 刘筱敏,马娜.中国科协科技期刊国际影响力分析[J].中国科技期刊研究,2014,25:335-339.
[4] 姚志昌.新起点·新任务·新发展——《中国科技期刊国际影响力提升计划》资助期刊的分析与展望[J].编辑学报,2014,26:342-346.
[5] 丁佐奇."中国科技期刊国际影响力提升计划"资助期刊的影响因子贡献因素分析及启示[J].中国科技期刊研究,2015,26(3):305-311.
[6] 2012年度学会能力提升专项优秀国际科技期刊奖项申报指南[EB/OL].http://www.doc88.com/p-2028733105177.html.

我国科技期刊国际话语权建设初探

鲁翠涛

(温州医科大学期刊社，浙江 温州 325035)

摘要：我国科技期刊经历了百年的发展，逐渐走出国门走向世界，但在国际学术舞台上的话语权还未体现出来。从加强我国科技期刊话语体系建设出发，阐述当前我国科技期刊争取国际话语权已具备的良好基础，分析我国科技期刊在国际学术话语权建设中存在的问题，探讨和总结加强我国科技期刊话语体系建设的各项策略以及思路。

关键词：中国科技期刊；话语权；体系建设

话语权是指某个人、单位或国家在公众场合所说话语的地位分量和作用，即所说话语的权威性、引导舆论的掌控力；而发言权是指具有发言的权利。话语权在主体资格、本质内涵、说话分量等方面，比发言权更加重要。因此从某种意义上说，谁掌握了话语权，谁就掌握了该领域的引导力、领导力和向心力[1]。

科技期刊是一种与特定学科有关的定期出版的刊物，是学术交流的媒介和载体。作为科学研究与技术应用的产物，我国现代科技期刊是晚清"西学东渐"催生的产物。新中国建立后，科技期刊在经历了曲折发展过程后，逐渐繁荣壮大。中国科学技术协会主编的《中国科技期刊发展蓝皮书 2017》(简称《蓝皮书》)显示[2]，目前我国在数量上可称为科技期刊大国，与 10 年前相比，已经取得了令人瞩目的成绩。截至 2016 年底，在办的科技期刊数量合计为 5 020 种，其中大部分是中文期刊，英文有 302 种，覆盖理、工、农、医、交叉学科等各个领域，作为科技发展链条的重要环节，在国家创新体系中占据了不可替代的位置，为我国的科技创新做出了积极的贡献。从国际影响来看，2016 年 SCI 数据库(科学引文索引)收录我国大陆期刊 179 种，EI 数据库(工程索引)收录我国大陆期刊 214 种，Medline(国际性综合生物医学信息书目数据库)收录我国大陆期刊 195 种，Scopus 数据库收录我国大陆期刊 655 种。尽管有一部分优秀科技期刊已走出国门走向世界，但我国科技期刊整体在国际学术舞台上的话语权还未显现出来。

习近平总书记曾提出："要加强优秀外文学术网站和学术期刊建设，扶持面向国外推介高水平研究成果"。中国工程院院士刘经南教授也指出："中国要成为一个以科技创新驱动为发展模式的大国、强国，其重要标志之一就是要有一批引领科技前沿发展和战略方向的国际顶尖、影响深远的学术期刊。目前，我国科技期刊正面临着从"争取发言权"到"争取话语权"的转折期，

基金项目：温州市哲学社会科学规划课题(18wsk260)；温州市公益性科技计划项目(S20170018)；中国高校科技期刊研究会 2017 年专项基金课题(CUJS2017-018)

如何从"科技期刊大国"迈向"科技期刊强国"是新时代我国科技工作者的艰巨任务和重大历史使命。

1 当前我国科技期刊在国际学术话语权建设中存在的问题

《蓝皮书》指出，尽管我国科技期刊在数量上已经形成一定规模，进入世界科技期刊大国行列，但整体质量和影响力与美、英、德、荷等科技期刊强国相比还有很大差距，科技期刊的学术竞争力和国际影响力显著滞后于科研能力的提升。尤其是近年来在信息全球化的冲击下，我国科技期刊的学术质量、数字出版、传播能力等诸方面受到国际同行更加激烈的挑战，发展形势更加严峻。我国迈向科技期刊强国任重道远。

1.1 国内外关注度低，国际学术影响力不足

总被引频次和年平均影响因子反映了科技期刊在学术交流中的影响力。2011—2016年，我国科技期刊的平均总被引频次和年平均影响因子均呈稳定增长态势，反映出我国科技期刊在学术交流中的总体地位处于明显上升的状态。但相比我国科技工作者在国际期刊上的表现，我国科技期刊发展严重滞后，其受关注程度明显处于劣势。据统计，2007年1—10月，我国科技工作者发表国际论文205.82万篇，发文总量和被引用次数排在世界第二位，仅次于美国。

根据2017年度中国学术文献大数据研究统计，我国已经是学术文献产出大国、文献出版大国和文献使用大国，我国期刊数量仅次于美国，但总体学术影响力与欧美强国仍有很大的差距[3]。我国科技期刊的总体发展水平已经落后于我国的学术创新水平，并对我国科技期刊的生存和我国学术文化话语权构成严峻的挑战。

1.2 稿件质量不高，原创性不足

据统计，2000年以来我国科技工作者的SCI论文增长超过300%，绝大部分是在海外SCI期刊发表，在上万篇高影响力论文(被引用位列各学科的前1%)中，仅有1%的论文是在我国大陆科技期刊上发表。与国际高水平科技期刊相比，我国科技期刊无论从稿源数量、稿件质量还是内容原创性方面都存在差距。究其原因，主要是国内科研成果的科学评价体系还不健全，各级机构的政策导向存在一些偏颇，导致我国科技工作者对SCI收录期刊过于推崇[4]。有研究表明，即使科技水平较高的日本和瑞典，其高质量论文或国际合作研究论文也趋向于发表在影响因子高的国际性期刊而不是本国期刊。如何转变我国科技工作者观念、扩大国际作者群和争取优质稿源等，是提升我国科技期刊国际话语权的关键。

1.3 英文摘要写作不规范，出版发行平台单一

摘要是一篇论文的精华，而英文摘要是作者与国际同行进行学术交流的必要桥梁。在当今的科技领域，英语已经成为事实上的国际交流语言。优秀的英文摘要能够帮助国际上的学者同行快速浏览到论文主旨，这是提高期刊论文国际影响力的第一步。因此，规范的英文摘要是提高论文国际可见度、推广论文新成果、扩大期刊影响力的重要途径。

需要指出的是，英文摘要的规范性写作仍然是当前我国科技期刊的短板，大部分英文摘要的语法和学术用语不严谨，结果呈现不充分，没有突出论文的创新点，影响了国外科技工作者阅读的兴趣[5]。另外，我国科技期刊的出版发行平台整体比较单一，没有有效地结合新兴媒体技术，受众面小，宣传推广力度不足。

1.4 缺乏期刊特色，栏目亮点不足

期刊特色即期刊自身所具有的区别于其他同类刊物的内容特点、学科优势、编辑技巧、版式设计等个性特征，主要表现为外在形象特色和内在性质特色。没有特色就没有优势，就没有吸引读者的魅力。科技期刊的共性是探索科技理论、传播科技知识、推广科技成果、交流学术经验，此外，科技期刊还要善于发掘自身独特的风格，塑造自身的个性和优势。

栏目是期刊的骨架，是读者认识期刊的"窗口"，体现了期刊的办刊宗旨、办刊方向、编辑思想和编辑水平，栏目的设计是突出期刊特色最直接最有效的手段。科技期刊的栏目设定要符合办刊宗旨和办刊方针，体现办刊思路[6]。因此，找准定位、打造特色和精心设计栏目，是提升我国科技期刊质量和影响力的重要手段。只有遵循"人无我有""人有我优""人优我特"的思路，才能有效地提升期刊的核心竞争力。

1.5 其他问题

此外，我国一些科技期刊存在办刊经费不足、人员编制有限、人员结构不合理等现象，这些问题都是制约我国科技期刊可持续发展和争取国际话语权的瓶颈。

2 加强我国科技期刊话语体系建设的策略

当前，中国特色社会主义进入新时代，我国科技期刊也迎来了创新发展的新机遇。如何以马克思主义为指导构建新时代我国科技期刊话语体系，成为我国科技期刊发展的历史责任和时代追求。

2.1 内容信息本土化，语言形式国际化

英语作为科学传播、交流与合作的世界性语言，是科技期刊国际化发展的重要标志之一。荷兰科技期刊出版界顺应了世界科学发展的英语化潮流，在全球科技期刊领域占据突出地位，2000 年被 SCI 收录的荷兰科技期刊数量已超过了德、日，紧随美、英，位居世界第三。从近 20 年的统计数据可以看出，非英语国家的英语论文比重普遍增长。例如，日本一直重视用英语撰写论文，瑞士、瑞典、芬兰等小语种国家，英文论文比重很高，德国、法国等科学强国，英文论文比重一直保持增长态势。相比而言，我国和俄罗斯的英语论文比重较低。

我国发展英文科技期刊，可以增加海外受众人数，扩大国际学术影响力。尽管从作者、读者的角度来说，我国发展英文版科技期刊是可行且必要的，但作为非英语国家，全英文论文的撰写在实际操作中还存在障碍。目前我国科技期刊普遍采用中英文摘要并列的呈现形式，但英文摘要在语言风格、语法用词等方面与芬兰、日本等非印欧语系的国家存在着很大的差距。此外，摘要中关于研究结果的表述不正确、创新点总结不到位等问题，也影响了海外读者的阅读兴趣。我们宜紧紧抓住英文摘要这一薄弱环节，通过规范的审校，逐字逐句完善，一点一滴地提升英文摘要质量。只有分阶段的实行"内容信息本土化，语言形式国际化"，才能逐渐实现"中国科技期刊走出国门，迈向世界"的宏伟目标。

2.2 保持特色，构建新时代我国科技期刊话语体系

特色是期刊在长期办刊过程中形成的风格和个性，它具有与同类期刊相区别的、不可重复的、独特的、鲜明的个性特点。值得注意的是，科技期刊中关注度高的论文，往往是通俗的问题，而不是复杂的问题，同时可读性强且内容是创新的。因此，打造我国有特色的科技期刊，在不影响论文学术性的前提下，内容应当尽量简洁，做到通俗表达和深度学术性的结合，同时注重前沿性和系统性。

构建新时代我国科技期刊话语体系，栏目设置应"内、外"结合，兼顾"国内读者"和"国外读者"需求。编辑出版应注重论文的"时效性"和"延续性"。内容选择应"深浅结合"，兼顾"通俗性"和"学术性"。写作风格一定要规范清新，兼顾"简约型"和"科学性"。此外，我国科技期刊应立足于我国的科技成果，才有利于形成原创性理论、原创性科学术语和原创性研究方法，建立受人关注的我国科技期刊话语体系。

2.3 国家和政府的支持

科技期刊的发展离不开国家和政府的保障与支持。中国社会主义制度具有集中力量办大事的政治优势。进入新时代，我们有能力和有信心解决我国科技期刊发展面临的各种困难，以国家自信贡献中国方案。

2006年至今，中国科协先后实施了"中国科协精品科技期刊工程""中国科技期刊国际影响力提升计划""中国科技期刊登峰行动计划"等重大支持项目，推动我国科技期刊的健康可持续发展。尤其是2013年开始实施的"中国科技期刊国际影响力提升计划"，对英文科技期刊资助力度大、目标国际化程度高、影响力深远，产生了重大的影响。2015年以来，从国家部委到科研院所，已经出台了一系列支持我国科技期刊发展的政策，国家财政对期刊的投入力度也大幅增加。2015年11月，《关于准确把握科技期刊在学术评价中作用的若干意见》发布，明确要求"大力支持我国各类公共资金资助的优秀科研成果优先在我国中英文科技期刊上发表，便于国内学术界第一时间获取和利用"。2015年12月，国务院办公厅《关于优化学术环境的指导意见》指出，要"更加注重科研成果的质量水平、创新性和社会价值，推动各类公共资金资助的科研成果优先在我国中英文期刊上发表，推进已发表科研成果在一定期限内存储到开放的公共知识库，实现公共利益最大化"。相信随着国家和政府的支持力度不断增加，我国科技期刊有望实现弯道超车。

2.4 社会评价体系改革

我国科技期刊的发展与科研评价体系息息相关，提升我国科技期刊话语权要从源头入手，不断改进和完善我国科研评价体系。《中国科学：地球科学》主编郑永飞认为："科学研究的价值在哪里，不能只看论文，而是要将评价体系回归到成果的内涵和实质上来，要对科研成果本身多讨论，将其价值和优点都分析到位，才能切实改变评价体系的指挥棒。"科学出版社副总编辑胡升华也认为，不能以文献计量代替整个科研评价，科研评价体系至少应该包括学术贡献指标(即科研成果和价值)、专业能力指标和社会影响指标3个方面的内容[7]。

最近，有关部委和部分科研机构开始采取新的科技成果评价体系。2016年，国家第四轮学科评估，由原来的"限填20篇，其中国内期刊论文不少于5篇"改为"限填30篇，其中国内论文不少于10篇"。国内期刊论文数量要求提高，比例由1/4增至1/3。第七届中国科学院学部主席团第二十次会议决定，从2019年起，要求院士候选人10篇代表性著作中，至少应有一篇在我国优秀期刊上发表。有理由相信，在国家各部门的倡导和支持下，我国科技期刊一定会实现良性发展。

2.5 多管齐下构建适应新时代发展要求的中国特色科技期刊

学术共同体作用发挥不充分、市场运行机制不顺畅、缺乏国际学术评委、国际化稿源匮乏等问题严重影响了我国科技期刊的健康发展。国内学者为此举行多次专题研讨会，胡升华[7]指出，"从期刊发展本身来看，我国科技期刊存在急需赶超的地方，这当中既涉及历史的积累不足，也涉及系统工程不完善，从平台建设、工具开发、评价体系乃至运营、专家队伍建设等，都存在需要改进的地方。"我们要加快科研体制和机制改革，激发我国科技期刊发展活力，吸纳海外评审专家和读者，从集群化规模化运作着手，提高我国科技期刊的话语权。

中国科技期刊编辑学会理事长朱邦芬院士[8]指出，我国科技期刊现行的出版经营模式与我国学者论文发表需求之间存在显著矛盾。我们要以崭新视野，拓展国内外市场。例如，可以在"一带一路"等国家战略框架下，增进与沿线国家的文化交流，促进我国科技期刊"走出去"，拓展发展的外向空间，提升文化软实力。

总之，构建新时代中国特色的我国科技期刊话语体系是一项系统工程，需要在许多方面下功夫。只有多管齐下，才能构建适应新时代发展要求的中国特色科技期刊。

3 我国科技期刊争取国际话语权已具备良好基础

习近平总书记指出："提高国家文化软实力，要努力展示中华文化独特魅力。"而经历百年沧桑不断发展壮大的科技期刊是体现新时代我国从科技大国迈向科技强国的最具代表性的"文化软实力"。构建具有中国特色的科技期刊话语体系是新时代我国科技工作者的历史使命。尽管困难重重，但我们已经在"天时、地利、人和"等几方面具备了良好基础。

3.1 我国科技工作者成果显著，国际学术影响力大

我国科技工作者经历了"走出去—发出声—争夺话语权"这样的三个阶段。从最初的发文量低、被引用少，到逐步增加发文量、开展更加广泛的国际合作，再到发文量和被引总量占据压倒性的优势，我国科技工作者在国际学术舞台上摆脱了早期的不利地位，在一定程度上掌握了话语权。

目前，我国拥有全世界最多的科技工作者，科研论文发表数量和国际学术影响力排名世界第二，仅次于美国。*Nature* 数据显示，我国在多个学科领域的研究处于世界领先水平，例如化学、物理领域排名世界第二，环保领域排名第三。我国已成为仅次于美国的科学领域世界五大领先国家(美国、中国、德国、英国和日本)。我国的国际论文正处在从"重数量"到"重质量"的转型，科技工作者整体国际影响力在不断增强。

3.2 我国国际化人才储备潜力大

近年随着国家吸引人才战略及其配套资金的支撑，我国吹响"海外优秀人才"的集结号，形成了党的十八大以来最大规模的"留学人才归国潮"。据有关资料显示，截至 2016 年底，留学回国人员总数达到 265.11 万人，其中仅 2016 年就有 43.25 万名留学人员回国，较 2012 年增加 15.96 万人，增幅达 58.48%。这些优秀的国际化人才汇集和储备，为我国科技期刊走出国门、争取国际话语权提供了雄厚的人才保障。

3.3 国家战略支持和相关部门的政策鼓励

近年来我国政府和相关部门出台了多项措施和鼓励政策，加速提升我国科技期刊在国际科技舞台上的话语权，如中国科协实施的"中国科技期刊国际影响力提升计划""中国科技期刊登峰行动计划"等。2015 年以来，从国家部委到科研院所，一系列支持我国科技期刊发展的政策相继出台，推动各类公共资金资助的科研成果优先在我国科技期刊上发表。我国科研评价体系也在不断改进和完善，加强对我国科技期刊论文成果的肯定和支持。习近平总书记也在多次讲话中强调构建中国特色话语体系的重要性。这些国家级战略的调整和实施对于我国科技期刊的健康发展起到了明显的促进作用，也为今后我国科技期刊崛起奠定了坚实基础。

3.4 雄厚的国家经济基础

1978年，我国开始对外开放和经济体制改革，经过40年的经济快速增长，已从一个低收入国家逐步发展成为中等收入国家乃至中等偏高收入国家，从改革开放初期较低的经济总量发展成为仅次于美国的全球第二大经济体。基于名义汇率计算，我国国内生产总值大约相当于美国的70%；而根据世界银行基于购买力评价的计算，我国在2016年经济总量已超过美国，跃居世界第一。雄厚的国家经济基础为我国科技期刊新时代的腾飞奠定了坚实的物质基础[9]。

4 结束语

改革开放40年来，我国科技期刊在国际舞台上逐渐崭露头角，在一些领域拥有一定的发言权。但是，我国科技期刊话语体系建设依然任重道远。我们在总结经验和成绩的同时，应该进一步看清问题、制定规划，采取更有力的举措把我国科技期刊话语体系建设推向前进。新时代，加强我国科技期刊话语体系建设，要坚持以习近平新时代我国特色社会主义思想为指导，坚持以问题为导向的思路，思考解决问题的策略方法，以国家自信贡献国家方案。充分利用我国科技期刊出版平台更多地发出中国声音，讲好中国故事，彰显我国科技期刊话语权的"软实力"，为实现中华民族的伟大复兴作出更大贡献。

参 考 文 献

[1] 构建有中国底蕴的学术体系和话语体系——光明文学遗产研究院专家座谈会综述[N].光明日报,2018-05-16.
[2] 中国科协学会服务中心.中国科技期刊发展蓝皮书(2017)[M].北京:科学出版社,2018.
[3] 董策,陈辉,俞良军.中国科技期刊国际化之路[J].编辑学报,2017,29(1):76-79.
[4] 中国科技期刊优秀稿源外流严重,路在何方?[N].光明日报,2010-08-30.
[5] 鲁翠涛,赵应征,吴健敏.从一则实例看医学期刊中英文摘要不对应问题[J].中国科技期刊研究,2010,21(2):185-187.
[6] 鲁翠涛,赵应征.国际期刊文献综述的风格特点——以 Expert Opinion on Drug Delivery 为例[J].中国科技期刊研究,2014,25(6):785-787.
[7] 叶晓楠.优化评价势在必行:中国科技期刊如何自强[N].人民日报海外版,2018-05-09.
[8] 2017中国学术期刊未来论坛[N].人民日报,2017-12-25.
[9] 蒋颖,魏众.中国问题研究国际化的新态势[EB/OL].中国社会科学网-中国社会科学报.[2018-04-10]. http://www.cssn.cn/bk/bkpd_qkyw/bkpd_bjtj/201804/t20180411_3984799.shtml.

中国英文医学期刊现状及分析
——以 CNKI 收录期刊为例

谭贝加

(海南医学院杂志社,海口 571199)

摘要:为了分析我国英文医学期刊发展的现状,通过 CNKI 网站检索出英文医学期刊,结合各期刊的门户网站信息、重要国际数据库检索结果、开放获取情况查询结果、微信公众平台搜索结果等对期刊现状进行全面梳理,并通过期刊引证报告以及 Web of Science 检索结果对其中 SCI 收录期刊的出版状况进行了进一步分析。结果表明:我国英文医学期刊在数量和质量上都有增长趋势,在国际出版合作、数据库收录及数字化出版等方面都取得了一定的成绩,但是仍存在不少问题,如英文类期刊数量在医学期刊中所占比例较低,期刊的出版周期较长,网站缺乏维护,开放获取时间滞后、途径单一,微信公众平台运营不佳,期刊总体质量不高等。

关键词:英文医学期刊;CNKI 收录情况;SCI 收录情况;稿源;数字化出版;国际合作

近年来,我国英文科技期刊发展快速,据任胜利[1]统计报道,截至 2016 年底,我国已有英文科技期刊 322 种。这些英文科技期刊的出版为国际学术交流提供了重要平台。医学期刊是科技期刊的重要组成部分,其国际化有利于促进医学成果的传播,推动国内外医学科研的合作。本文以"中国期刊全文数据库"(CNKI)收录的英文医学期刊为研究对象,通过相关资料整理,分析期刊发展的现状,以期为英文医学期刊的进一步发展提供参考。

1 研究方法

登录 CNKI 网站,按学科导航,在医药卫生科技条目下进行出版物检索。检索出英文类期刊后,结合各期刊的门户网站信息、重要国际数据库检索结果、开放获取网站查询结果、微信搜索结果等对期刊的发展现状进行了全面梳理,并通过期刊引证报告(JCR)对以及 Web of Science(WoS)检索结果对其中 SCI 收录期刊的出版状况进行了进一步分析。

在选取国际数据库时,考虑到医学期刊的专业性,本文重点研究了以下几种数据库的收录情况:俄罗斯《文摘杂志》(AJ/PЖ)、美国《化学文摘》(CA)、日本《科学技术文献速报》(JST)、美国《生物医学检索系统》(Medline)以及网络版 PubMed、美国《科学引文索引》(SCI)、荷兰《文摘与引文数据库》(Scopus)。其中 AJ/PЖ、CA、JST、SCI 被列入国际六大著名检索期刊[2],美国国立卫生研究院国立医学图书馆主办的 Medline、PubMed 是最权威的生物医学文献数据库[3],而爱思唯尔公司开发的 Scopus 数据库则是目前世界上最大的综合性文摘与引文数据库之一[4]，这些数据库都是医学领域的权威数据库。

除了期刊的官网，笔者主要通过 Open Science Directory 网站查询期刊加入其他开放获取平台情况。Open Science Directory 是一个著名的开放获取期刊查询入口，现可查到 13 000 种开放获取期刊，包括了 PMC、DOAJ 等开放获取数据库。

2 研究结果

2.1 出版数量

截至 2017 年 6 月 21 日，CNKI 收录医药卫生科技类期刊共 1 332 种，其中英文医学期刊共 87 种，这 87 种期刊中有 2 种期刊现已停刊，分别为中华医学会主办的《中华微生物学和免疫学杂志》(Journal of Microbiology and Immunology)和中华性传播感染研究会主办的《中华性传播感染杂志》(Chinese Journal of Sexually transmitted Infections)。

2.2 创刊时间

如图 1 所示，20 世纪 80 年代英文医学期刊数量增长出现了一个小高峰，随后有所回落，2000 年后进入了平稳增长期。值得注意的是，这 87 种期刊中有 7 种期刊创刊时为中文刊，后来改为了全英文刊物。

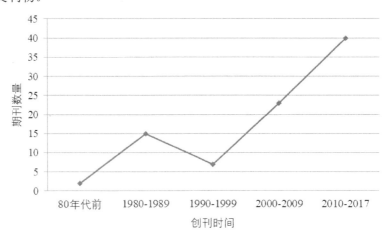

图 1 CNKI 收录英文医学期刊数量变化趋势

2.3 出版周期

从出版周期来看，这些期刊以季刊居多，多达 39 种；其次为双月刊 18 种，月刊 16 种。7 种期刊每 4 个月出刊一期，2 种期刊一年出刊 20 期。另外，还有半年刊 2 种，旬刊 1 种，周刊 1 种，半月刊 1 种。这些数据表明，我国英文医学期刊出版周期较长。

2.4 主办单位

87 种期刊中有 11 种期刊由 2 家及以上单位合作创办，76 种独办。其中有 41 种期刊为百世登出版集团有限公司出版，剩下 46 种期刊主办单位以学会、科研机构及高校为主(见图 2)。

2.5 国际出版机构合作情况

统计表明，共有 31 种期刊选择与国际出版机构合作进行出版或宣传推广，其中与爱思唯尔合作的期刊有 17 种，与施普林格合作的有 7 种，与自然出版集团合作的有 4 种，与威科合作的有 3 种。

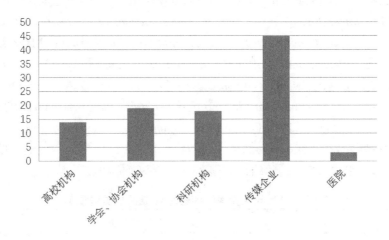

图 2　主办单位情况

2.6　数据库收录情况

检索结果显示，这 85 种在出版期刊中 CA 收录 48 种，PubMed 收录 48 种，Scopus 收录 26 种，SCI 收录 20 种，Medline 收录 18 种，AJ/PЖ 收录 2 种，JST 收录 2 种。值得一提的是，除 SCI 外，WoS 数据库新增了一个新品种，Emerging Sources Citation Index (ESCI)，ESCI 作为 WoS 核心集的一部分，扩展了 WoS 的期刊覆盖范围，提供了更多的高质量文献信息检索[5]，目前这些期刊中有 11 种已被其收录。

2.7　数字化出版情况

网站建设方面，85 种在出版期刊大多数都建立了自己的门户网站，只有 4 种未建立，此外还有 2 种期刊的网站链接无法打开。

投稿方面，除了 7 种期刊仍使用邮箱投稿，大部分期刊都使用了在线投审稿系统。这些投稿系统包括期刊官网自带的投审稿系统(48 种)、汤森路透的 ScholarOne(16 种)、爱思唯尔的 Evise(4 种)及 EES(2 种)、Aries Systems Corporation 的 Editorial Manager(3 种)、自然出版集团的 Manuscript Tracking System(3 种)及 CNKI 的期刊协同采编系统(2 种)。

开放获取方面，78 种期刊实行了开放获取出版，其中全部开放获取的期刊 62 种，部分开放获取的 16 种。34 种期刊只通过门户网站进行开放获取，44 种期刊除了门户网站外还加入了开放获取数据库或网站，包括美国国家生物技术信息中心的 PMC 数据库(39 种)、美国 EBSCO 开放获取数据库(24 种)、Free Medical Journals 网站(19 种)及瑞典隆德大学图书馆的 DOAJ 数据库(16 种)。

微信平台建设方面，共有 23 种期刊开通了微信公众号，其中 2014 年开通 5 种，2015 年 10 种，2016 年 6 种，2017 年 2 种，其主要功能包括期刊简介、消息发布、文章检索、过刊浏览、当期目录、稿件查询、资讯推送等。

优先出版方面，85 种在出版期刊中有 26 种实行了优先出版。

2.8　SCI 收录期刊情况

JCR 显示，87 种期刊中有 20 种被 SCI 数据库收录，大多位于中科院 JCR 分区 4 区(15 种)。这 20 种期刊分别为 *Acta Pharmacologica Sinica* (APS)、*Asian Journal of Andrology* (AJA)、*Asian Pacific Journal of Tropical Medicine* (APJTM)、*Biomedical and Environmental Sciences* (BES)、

Bone Research (BM)、Cellular & Molecular Immunology (CMI)、Chinese Journal of Cancer (CJC)、Chinese Journal of Cancer Research (CJCR)、Chinese Journal of Integrative Medicine (CJIM)、Chinese Journal of Natural Medicines (CJNM)、Chinese Medical Journal (CMJ)、Hepatobiliary & Pancreatic Diseases International (HPDI)、International Journal of Ophthalmology (IJO)、International Journal of Oral Science (IJOS)、Journal of Geriatric Cardiology (JGC)、Journal of Huazhong University of Science and Technology (Medical Sciences) (JHUST)、Journal of Traditional Chinese Medicine (JTCM)、Neural Regeneration Research (NRR)、Neuroscience Bulletin (NB)、World Journal of Gastroenterology (WJG)。如表1所示，大部分期刊的影响因子呈上升趋势，但总的来说影响因子偏低，只有2种期刊IF值超过了5。

表1 SCI收录英文医学期刊的IF值及总被引频次

刊名	总被引频次	近5年IF值				
		2016—2017	2015—2016	2014—2015	2013—2014	2012—2013
APS	7 734	3.223	3.166	2.912	2.496	2.354
AJA	3 118	2.996	2.644	2.596	2.53	2.14
APJTM	1 566	0.925	0.841	1.062	0.926	0.502
BES	1 825	2.204	1.906	1.653	1.257	1.154
BR	592	9.326	3.549	1.310	—	—
CMI	2 691	5.897	5.193	4.112	4.185	3.419
CJC	1 737	4.111	2.814	2.155	—	—
CJCR	957	3.000	2.201	1.935	0.932	0.448
CJIM	1 219	1.116	1.234	1.217	1.401	1.059
CJNM	1 047	1.667	1.382	1.114	—	—
CMJ	7 140	1.064	0.957	1.053	1.016	0.901
HPDI	1 600	1.649	1.724	1.517	1.167	1.259
IJO	1 054	1.177	0.939	0.705	0.500	0.119
IJOS	827	3.930	2.595	2.531	2.029	2.719
JGC	558	1.806	1.393	1.395	1.056	—
JHUST	1 209	0.964	0.838	0.834	0.779	0.581
JTCM	1 046	0.991	1.023	0.716	0.667	0.589
NRR	1 886	1.769	0.968	0.220	0.234	0.144
NB	1 204	2.624	2.322	2.509	1.832	1.365
WJG	34 794	3.365	2.787	2.369	2.433	2.547

为进一步研究这些SCI期刊论文的发表状况，笔者以2012年1月—2017年6月间各期刊发表的论文为研究对象，通过Web of Science对论文作者国家/地区进行了检索。结果显示，大部分期刊的稿源仍以国内稿件为主，只有2种期刊百分比居首位的作者国家/地区为非中国（见表2）。

笔者检索各期刊引用次数最高的论文时发现12种期刊引用次数最高的论文都为综述，故笔者对各期刊综述论文情况进行了进一步检索，结果如表3所示。结合各期刊的影响因子分析，可发现影响因子高的期刊刊登综述论文的比重也都较高。

表 2 2012 年 1 月—2017 年 6 月间 SCI 期刊收录英文医学论文作者国家/地区情况

刊名	国家/地区总数	居首位国家/地区	比率/%
APS	1 433	中国	85.095
AJA	366	美国	35.603
APJTM	491	中国	41.261
BES	597	中国	90.318
BR	82	美国	69.492
CMI	225	中国	46.973
CJC	338	中国	70.564
CJCR	383	中国	79.461
CJIM	639	中国	84.748
CJNM	491	中国	81.426
CMJ	4 101	中国	93.844
HPDI	295	中国	59.838
IJO	678	中国	53.218
IJOS	85	中国	43.814
JGC	224	中国	43.836
JHUST	854	中国	99.766
JTCM	563	中国	89.793
NRR	1 273	中国	57.550
NB	381	中国	81.237
WJG	2 328	中国	31.803

表 3 2012 年 1 月—2017 年 6 月间综述论文发表情况

刊名	篇数	百分比/%	刊名	篇数	百分比/%
APS	151	8.967	CMJ	292	6.682
AJA	316	30.739	HPDI	82	16.633
APJTM	75	6.303	IJO	76	5.965
BES	18	2.723	IJOS	34	17.526
BR	37	31.356	JGC	74	14.481
CMI	136	28.392	JHUST	27	3.154
CJC	148	30.898	JTCM	82	13.078
CJCR	67	13.900	NRR	253	11.438
CJIM	134	17.772	NB	182	38.806
CJNM	61	10.120	WJG	2768	37.814

3 结论与思考

3.1 结论

综上所述，我国英文医学期刊在数量和质量上都呈现稳步增长的趋势，在国际出版合作、数据库收录及数字化出版各方面都取得了一定的成绩，但是仍存在不少问题：

(1) 虽然期刊的数量有所增长，但是英文医学期刊所占比例仍较低。CNKI 数据库中医药卫生科技类期刊共 1 332 种，其中英文医学期刊只有 87 种，且有 2 种已经停刊。

(2) 期刊的出版周期较长。在所有出版期刊中，季刊和双月刊分别占 45.9% 和 21.2%，其中只有 30.6% 的期刊实现了优先出版。

(3) 数字化建设方面，虽然大多数期刊都建立了自己的门户网站，但是很多网站缺乏维护，更新缓慢，并没有发挥自身的门户作用。78种期刊虽然实行了开放获取出版，但是依然存在着未能全部开放获取、开放获取时间滞后、途径单一等问题；而一些期刊虽然开通了微信公众平台，但是情况不佳，功能缺失，缺乏互动，并未达到服务和辅助出版的目的。

(4) 期刊总体质量不高。虽然有20种期刊被SCI收录，但其影响因子偏低，其稿源、编委都呈本土化，国际影响力不强。

3.2 提高期刊国际影响力的建议

为打破英文医学期刊发展的困境，笔者认为可以从以下几个方面着手：

(1) 吸纳优质稿源，确保学术质量。要提高期刊的学术质量，期刊可以从多方面拓展优质稿源，如发挥专家办刊的作用，借助编委、专家的力量组稿，争取高质量稿源[6]；追踪高被引论文作者的研究动态，建立优质论文作者数据库，对其进行针对性征稿[7]；参加并组织国际学术会议，通过会议掌握医学相关领域的前沿信息并结识领域的权威专家，以此展开征稿等[8]。在组稿过程中，尤其需重视国际性稿源及综述性论文的策划和组稿工作。研究表明中外合作的论文被引频次更高[9]，提高国际稿件率尤其是欧美等发达国家的稿件率有助于提高期刊的影响因子[10]。高质量的综述论文能提升期刊的影响力[11]，笔者在对SCI收录的20种英文医学期刊论文分析时也发现，期刊引用次数最高的论文都为综述，影响因子高的期刊刊登综述论文的比重也都较高。

(2) 发展数字化出版建设，拓宽多种出版渠道。随着计算机技术和互联网技术的发展，数字化出版已成为期刊出版发展的必然趋势。要进行数字化出版，第一，要完善门户网站的建设，及时更新网站信息，扩展网站功能，丰富网站内容；第二，可实行开放获取出版，研究表明，论文开放获取出版模式可以提高读者覆盖范围、传播效率和下载频次[12]，期刊可缩短出版周期，实行单篇论文优先发表，以提高开放获取的时效性[13]；第三，可加入国际数据库，被学科相关的国际权威数据库收录是提升期刊国际影响力的重要途径之一[14]，要借助这些数据库的国际影响力和覆盖面提高期刊的被检索率及被引用率；第四，要利用好移动终端，建设好微信出版及APP出版平台，借助移动出版进一步扩大期刊的影响力。

(3) 加强国际化合作，学习"造船出海"。为了实现期刊国际化，我国英文科技期刊大多选择与国际知名出版集团合作出版[15]，医学英文期刊也不例外。本文调查结果显示，除去百世登公司出版的期刊，剩下46种期刊中有31种期刊选择与国际出版机构合作进行出版或宣传推广，通过合作我们学习到了很多编校、出版、宣传推广的经验，有助于提高期刊的国际影响力。但是这种"借船出海"的模式也存在着弊病，大多数期刊都是采取开放获取合作模式与外方合作，需向在线出版平台支付高额的费用[1]。譬如笔者所属的《亚太热带医药杂志》，每年需向爱思维尔公司支付开放获取费用60万元，由于缺乏主办单位的有效资助，这笔费用对编辑部来说负担沉重，只能设法从作者版面费中支出，而高额的版面费又会影响作者的投稿积极性，势必对期刊的稿源造成影响，造成恶性循环。要解决这些问题，急需建设我国自主的数字出版与在线营销平台，建立自己的学术出版集团，打造期刊品牌，真正做到"造船出海"。

目前我国论文产出居世界第二[16]，国家在政策上对英文科技期刊也予以了极大的支持。如由中国科协等6部委组织实施了中国科技期刊国际影响力提升计划，对英文科技期刊进行了资助[17]，这些因素为英文期刊的飞速发展提供了客观条件，我们需要抓住机遇，积极推进英文医学期刊的国际化进程，让期刊更好地走出去。

参 考 文 献

[1] 任胜利.2016 年我国英文版科技期刊发展回顾[J].科技与出版,2017,28(2):30-33.
[2] 朱诚,李晶.国际重要数据库收录中国医学期刊现状与提高中国医学期刊国际地位的建议[J].中华医学图书情报杂志,2011,20(7):1-6,64.
[3] 刘群,孙昌朋,王谦,等.入选 PubMed 数据库对提升医学期刊国际影响力的作用[J].中国科技期刊研究,2015,26(12):1344-1347.
[4] 王继红,肖爱华,张贵芬,等.Scopus 数据库研究综述[J].中国科技期刊研究,2016,27(12):1241-1247.
[5] 王继红,刘灿,肖爱华.科技期刊提升国际影响力的新平台——ESCI 数据库[J].中国科技期刊研究,2016,27(11):1215-1220.
[6] 刘岗,魏海明,王婉,等.编委在科技期刊发展中的作用探讨[J].中国科技期刊研究,2015,26(3):239-243.
[7] 代艳玲,朱拴成.提升期刊学术质量与影响力的方法与途径——选题策划与组稿[J].中国科技期刊研究,2016,27(2):157-161.
[8] 徐丁尧,步召德.科技期刊学术会议组稿策略[J].中国科技期刊研究,2017,28(2):126-130.
[9] 任锦.综述型论文对科技期刊影响力的贡献[J].科技与出版,2014,33(5):150-153.
[10] 向丽,邱敦莲.辩证看待国际稿源对英文科技期刊论文被引的贡献——"国际影响力提升计划"第一期项目的启示[J].中国科技期刊研究,2017,28(4):358-364.
[11] 何成军,张玉平.我国科技期刊 SCI 影响因子与其国际稿件率的相关性研究[J].中国科技期刊研究,2015,26(3):312-317.
[12] 齐国翠.开放获取——学术期刊低成本高显示度的重要出版策略[J].中国科技期刊研究,2015,26(7):705-709.
[13] 谭贝加.中国医学期刊开放获取的现状及分析——以 DOAJ 收录期刊为例[J].中国科技期刊研究,2014,25(9):1113-1116.
[14] 阮继,刘谦,王卓青,等.中国医学期刊的国际化之路——《癌症》杂志的探索[J].中国科技期刊研究,2015,26(3):234-238.
[15] 任胜利.2014 年我国英文版科技期刊发展回顾[J].科技与出版,2014,33(2):9-13.
[16] 陈海燕.我国英文科技期刊的发展困境与破解[J].编辑之友,2016(7):60-63.
[17] 国家新闻出版广电总局.关于中国科技期刊国际影响力提升计划项目申报的通知[EB/OL].(2013-09-18)[2017-06-28].http://www.gapp.gov.cn/news/1663/156405.shtml.

新工科背景下工程科技期刊的供给侧改革

陈 庆，严海琳，陆炳新

(南京师范大学学报编辑部，南京210097)

摘要：探讨新工科背景下，工程科技期刊的供给侧问题，为工程科技期刊的发展提供一定的参考。分析新工科背景下工程科技期刊面临的机遇和挑战，从调整期刊级别分布、提升期刊核心竞争力、增强编辑综合能力等手段来积极应对。其次，探析了工程科技期刊的供给侧改革的建议和设想。提出了工程科技期刊供给侧改革的构思：设置新工科专栏与特约稿，改革多媒体融合传播形式，仅摘要网络优先出版，与新工科关联性企业联盟。并提出相关建议：从期刊自身的优势出发，优化优质期刊，消化过剩供给，优化重组劣质期刊，培育创新新期刊，为新工科建设和发展提供更高效的科研传播平台。

关键词：新工科；工程科技期刊；供给侧改革

当前，新一轮科技革命与产业变革加剧进行，综合国力竞争越发激烈。工程教育与产业发展紧密联系、相互支撑。随着创新驱动发展，以及"中国制造2025""互联网+""网络强国""一带一路"等一系列重大战略的提出，2017年2月以来，教育部积极推进新工科建设与发展，先后形成了"复旦共识""天大行动"和"北京指南"，并发布了《关于开展新工科研究与实践的通知》及《关于推进新工科研究与实践项目的通知》[1-3]。随之，在学术界兴起了"新工科"高潮，开启了我国工程教育的"新革命"的新征程。例如，"新工科"的概念正式提出[4]，确立"新工科"的内涵、外延以及具体实施路径[5]，对"新工科"人才培养模式的思考与探索[6]等。"新工科"一鸣惊人，对反映其动态的重要媒介——工程科技期刊来说，期刊供给侧改革势在必行。

1 工程科技期刊供给侧改革的必要性

1.1 新工科的内容

新工科是相对于传统工科而言的一个动态概念，以新经济、新产业为背景[4]。从经济发展角度来说，新工科的建设是国家经济转型升级的重要举措，发展新工科刻不容缓。只有革新传统工科专业，才能提供满足新经济发展的人才。就专业分布来看，新经济中不断涌现出像移动互联网、云计算、大数据、物联网、智能制造、服务型制造、电子商务等新兴产业和业态。事实上，我国的工科发展历经从1952年强调工业化、机械化，进入自动化、电子、半导体，再到后来讲信息化、智能化。虽然我国工业保持全能型、全面性高速发展，但重大产业、战略产业、关键领域的核心技术和标准，仍由西方发达国家掌握和引领。在产业领域中，复制发达国家成熟技术多，原创性、创新性的战略技术较少。显然，传统工科已经满足不了新

基金项目：第四届江苏省科技期刊研究基金(JSRFSTP2017B01)

兴产业的要求。为保证数据来源的权威性、代表性、科学性与完整性，本文选择中国知网数据库为来源数据库进行检索。检索时间为2018年5月12日，通过使用不同的检索关键词，对新兴产业的部分专业发文量进行统计，从表1数据可见新工科发展势头之迅猛、热度之高涨。

表1　几个新兴学科发文情况统计表　　　　　　　　篇

关键词	2017年	2016年	2015年	2014年	2013年	2012年	2011年	2010年
移动互联网	1 684	2 159	2 478	2 266	1 963	1 463	1 117	600
物联网	10 086	9 380	9 859	6 392	6 400	5 843	6 016	5 108
云计算	3 450	4 295	4 582	4 689	4 461	3 786	2 743	1 377
大数据	9 210	8 210	5 839	3 310	1 191	157	9	1
3D打印	1 028	789	519	199	72	4	0	0

注：表中数据均来源于中国知网数据库。

移动互联网、物联网、云计算、大数据、3D打印等新兴学科在传统工科中并未出现，而理科最多也只做些理论性的基础研究。显然，传统理科与工科都不能单独满足新兴工科的需要。只有将科学、人文、工程互相交叉融合起来，才能为新工科时代的发展提供切实可行、合适可靠的学科基础。

1.2　工程科技期刊与新工科的关系

一门学科的成熟发展离不开完善的教材体系。新工科迅猛崛起还未构成完善的知识体系。新工科没有成熟的课程标准，没有全面、系统、标准的传统教学材料，没有对新工科现有知识和成果进行综合归纳系统阐述的范本，缺少系统学习新工科知识的主要材料，缺少教学传播的重要工具。而工程科技期刊与生俱来、责无旁贷的使命就是引领工科前进的方向，它是学术论文的载体，是工科学术研究者刊登工科最新的研究成果、展示学术水平、进行学术交流的平台。工程科技期刊不仅能很好地弥补教材空缺，还能引领新工科的发展方向，促进新工科建设，对新工科研究和创新具有重要的参考价值。因此，对新工科的发展来说，工程科技期刊是最好的传达信息的平台和工具，对新工科建设与发展的服务、创新作用毋庸置疑[7]。

同时，工程科技期刊的发展依赖工科发展，没有工科的进步发展，工程科技期刊的发展是无米之炊无本之源。工程科技期刊伴随着工科建设而产生、工科发展而发展。新工科的建设又反作用于工程科技期刊，对工程科技期刊的学术影响力具有提升作用。总之，工程科技期刊和新工科两者相互促进，相辅相成。只有将两者密切合作、鱼水交融，才能互相促进，共同提高。

1.3　工程科技期刊供给侧改革的提出

在2015年11月中央财经领导小组会议上，习近平主席提出："在适度扩大总需求的同时，着力加强供给侧结构改革。"[8] 随后，"供给侧改革"以极高的频率出现在政府各项重要会议和文件上，各种新政也不断出台[9]。此后，社会各界各自整合优化资源配置，"供需错配"的供给体系被空前地高度重视。供给侧改革是实现经济可持续增长的路径抉择，是党和国家的重大经济方针。与经济领域的改革相比，文化体制的改革有一定的滞后性，工程科技期刊属出版业，是文化产业的重要组成部分，同样受经济规律的制约。另外，随着经济与科技的不断发展，移动互联网技术的加速普及，传统纸质科技期刊出现了严重的"供需错配"矛盾。因此，应积极响应党和国家的号召，注重并落实工程科技期刊供给侧结构性改革[10]。

在过去30年中，我国工程科技期刊繁荣发展。无论是期刊的数量还是质量都历经了鼎盛时期(见表2)。但随着社会体制的变更、政府职能的转变、互联网技术的发展、电子技术的涌现、电子数据库的诞生,传统工程科技期刊的纸质发行量急剧下降,这直接影响了工程科技期刊的经济效益,甚至决定了期刊的存亡。因此,工程科技期刊供给侧的改革迫在眉睫。

表2 近年来工程科技期刊论文发量统计表   篇

来源期刊	1990年	1995年	2000年	2005年	2010年	2015年	2017年
全部期刊	10.18万	18.44万	26.31万	38.35万	58.03万	63.99万	67.4万
SCI期刊	0	0	0.48万	0.82万	1.09万	1.11万	1.13万
EI期刊	0	0.41万	0.91万	3.48万	3.69万	4.02万	3.89万
核心期刊	0	6.58万	7.41万	12.05万	16.80万	16.84万	15.91万

近来,"全媒体""自媒体""新媒体""跨媒体"等多媒体融合转型正是期刊界供给侧结构性改革最好的行动和实例[11],而"新工科"的破土而出更急切地要求我们积极调整工程科技期刊的结构与发展方向,以提高学术影响力和社会效益、经济效益为目标,主动适应读者、作者的需要。以期刊发展促进新工科建设,以新工科建设提升办刊质量,办时代所需之刊。

2 工程科技期刊面临的现状及发展要求

当前,第四次工业革命正以指数级速度展开,面对新工科的崛起,工程科技期刊原有的期刊级别、专业结构、栏目设置等已不能满足新工科的学科需求。这就迫使办刊人必须做出正确的判断、适时的改变、适度的调整,来迎接大数据时代数字技术飞速发展给期刊改革发展带来的前所未有的机遇和挑战,谋划工程科技期刊的新格局。

2.1 调整期刊级别分布

从2011年起,工程科技期刊每年的总发文量超过63万篇,但总体来看,不少工程科技期刊文章质量处于中低水平(不属于SCI期刊、EI期刊以及核心期刊),缺乏学术影响力,鲜有得到读者和作者的支持。而高端文章供给不足,存在显著的"供需错配"现象(见表2)。一方面,很多低端工程科技期刊供应过剩,缺少优质稿源,处于低水平重复出版状态。随着国家科技成果评价体系的改革以及职称与学位制度逐渐与论文数量脱钩,作者与读者流失现象更为严重[10]。另一方面,高端工程科技期刊供应严重不足,高质量科技期刊数量供不应求。由于高质量工程科技期刊每期载文量有限,且发稿周期长,远远满足不了科研人员的发文要求。同时,学术成果评估体系对发文要求的不断升级,促使大量优秀论文向国外科技期刊投送。

面对工程科技期刊的"供需错配"现象的挑战,调整工程科技期刊来源类别的分布至少要从两方面入手:一方面,进一步扶持现有优秀期刊,如增加刊期、扩充版面等。同时,适当加大优质期刊供给,增加优秀工程科技期刊的数量,以匹配国内高质量工程科技论文的产出。另一方面,消化过剩供给,减少低端期刊,淘汰过剩期刊,优化重组劣质期刊,培育创新新期刊。

2.2 提升期刊核心竞争力

在竞争日益激烈的期刊市场中,如何保持源源不断的发展动力,有效提升工程科技期刊核心竞争力,值得办刊人深入思考。核心作者是提升工程科技期刊学术竞争力和品牌建设的重要资源。培养和稳定核心作者群,使其不断为期刊提供高质量稿件,对于提高期刊的学术质量和核心竞争力有显著成效[12]。对于新工科来说,作者队伍的建设至少可以从以下三个方面入手。①关注新工科课题组和基金项目的设定情况,一般这类专家有自己稳定而优秀的科研队伍，是新工科高质量论文的重要来源。②重点关注投稿的作者中有发展前途的优秀青年投稿人，将期刊中相关联领域的最新情况、发展动态定期推送给他们，及时了解和跟踪他们的科研动态，鼓励科研，并给予恰当的引导，适时定向约稿。在越来越多的长期磨合中，培养和造就新一代新工科研究者，稳定作者队伍。③充分利用中国知网、Elseiver等中英文期刊数据库进行新工科方向的检索和统计，主动积极联系领跑新工科学术前沿的优质作者，扩大潜在作者群。

2.3 增强编辑综合能力

就新工科稿件收录的标准来看，编辑在坚守期刊办刊宗旨的同时要有适当的灵活性。在新工科发展的初级阶段，自主创新型文章偏多，文章难度系数相对不高。编辑应从供给侧改革阶段性任务出发，适当降低收稿门槛，以利于新工科的发展及工程科技期刊学术影响力的提升。随着新工科的发展，相关论文产出不断增加，论文质量和难度一定会相应提高。此时，期刊应提高要求精选优秀稿件，逐步促进新工科良性循环。

由于新工科是交叉型新兴学科，在审稿人选择上无疑增加了难度。一方面，新工科专业交叉融合，一篇文章可能涉及多个专业，学术方向种类增多，传统的一门学科知识远远不够。在文章涉及两门甚至更多门学科交叉时，应做好与多位审稿专家的沟通协调工作，让审稿专家们各自分工，合作完成审稿事项。另一方面，有目的地关注并参加新工科学术研讨活动，及时掌握新工科发展动态，了解学者专家群的构成，建立新工科审稿专家库，更科学、更合理地确定审稿人，以便更有效地完成专家通读与专家检查事项。

面对新工科带来的种种挑战，工程科技期刊编辑人员的能力必须相应提高。期刊编辑要有过硬的编校业务能力、一定的数理基础、深厚而广泛的工程类专业知识、敏锐的信息筛选能力以及与多方专家沟通协调、高效表达能力。另外，还需不断学习更新，关注学术前沿，更新知识结构[13]。这样才能更好地深度介入新工科领域、服务新工科建设。

3 工程科技期刊供给侧改革的建议和设想

每种期刊都有其存在的优势和特点，工程科技期刊供给侧的改革绝不是一刀切，而是要利用期刊的现有资源探索一条适合自己的新道路[16]。横空出世的新工科切入点小，但实用性很强，从学科可持续发展来看，是否可以作为一门新兴学科另立刊号，还需要新工科学科建设专家的研究论证。在现有工程科技期刊所提供的学术平台上，如何有效地进行期刊供给侧改革是当务之急。

3.1 新工科专栏与特约稿的设置

从工程科技期刊专业设置角度来看，由于新工科的交叉性，其很难完全属于现有期刊的某一专业模块。为了更好地宣传研究热点，反映新工科发展趋势，对新工科特设专栏能很好地解决这一问题，同时可以有计划、有重点地对同一专题做系列报道。为新工科专题进行集中、多角度、跨学科的学术探讨提供园地，从而推动学术热点在学术共同体的共同关注下使新工科不断聚焦[15]。

对中国知网数据库数据进行统计与分析，目前，刊发新工科文献最多、最具有影响力的期刊是《高等工程教育研究》。自从"新工科"的概念正式问世以来，该刊特设"新工科研究与实践"专栏，为新工科的相关研究、探讨提供园地。截至2018年5月12日，该专栏共刊发29篇新工科文献，将以上29篇文献相关数据录入Excel表格，并进行数据统计与分析。该29篇文献共被下载 69 515 次，每篇约被下载 2 397 次；共被引用 400 次，每篇约被引用 14 次。即年指标的计算公式如下：即年指标=期刊当年发表论文在当年的总被引频次/期刊当年发文总数。由公式可得，2017 年的 22 篇文献为期刊的核心即年指标提高了约 1.737。显然，新工科专栏的设立对《高等工程教育研究》影响因子的提升也将是举足轻重的。

期刊稿件的来源主要有自由稿、征稿、约稿等，其中约稿可以使期刊编辑掌握主动权，对提升期刊质量特别重要。约稿需依据期刊学科方向和选题计划，约请合适的作者就预订的题目写稿。黎贞崇[16]指出，在信息网络飞速发展的时代，科技期刊的组稿方式包括以下几种：从国家自然科学基金项目数据库约稿，从全国博士招生目录名单中约稿，从以往作者中约稿，从学术交流会上约稿，从编委中约稿，从院士候选名单中约稿，从名刊、核心期刊的作者中约稿，等等。

对于新工科来说，在约稿前深入研究新工科发展方向、分析新工科的主要作者群对提高约稿质量和成功率是事半功倍的。例如，对近年来几个新兴学科在核心工程科技期刊发文情况进行统计分析，可得如表3所示的作者群，这样更有利于确定约稿人范围，做到有的放矢。

表3　近几年几个新兴学科发文相对较多的作者统计

关键词	文献数相对较多的作者	文献数
移动互联网	巩淼淼	≥3
物联网	曹　敏，薛　武，付长友，孙彦景，张　申，李世国，丁恩杰 华　钢，孙皓月，张乃禄	≥4
云计算	王德文，朱永利，宋亚奇，张少敏，王保义，赵　硕	≥4
大数据	甄　峰，王德文，盛戈皞，朱永利，钮心毅，陈玉峰 江秀臣，文福栓	≥5
3D 打印	杨卫民，焦志伟，迟百宏，刘晓军，苗冬梅，李涤尘，李　飞	≥4

3.2 多媒体融合传播形式的改革

大数据时代，数字技术、互联网技术的到来深刻改变了人们的阅读习惯，传统媒体的生存空间受到很大挤压。工程科技期刊作为传统的纸媒，如果依然仅仅依赖纸质出版来传播，而不充分利用新媒体传播的渠道、呈现模式、分享等数字化方式，势必要被淘汰[17]。区别于传统媒体，新媒体具有实时性、互动性、多样性、主动性等优势[18]。

工程科技期刊可以利用微博、APP等网络媒体互动平台，将新工科专业文章定点推送给相关联研究者，这不仅有利于作者与读者之间就相关问题进行直接探讨，还有利于读者快速理解文章的难点，反馈交流中还能促进作者不断完善研究课题。与工程科技期刊APP相比，微信公众平台的建立和维护更方便快捷，低成本，易操作，传播速度更快。编辑部可以推进工程科技期刊微信出版模式，通过智能化移动数据终端实现对工程科技期刊的数字出版[19]。

3.3 仅摘要网络优先出版

目前，大多数编辑部已经开始尝试网络优先出版模式，但该模式依旧局限于文章整体的网络呈现，仍是严格按照传统的模式按部就班地编辑和出版，必须要等到录用稿件完全编辑校对完毕后，才以整期期刊的形式载入数据库，这大大延迟了学术传播的时间[15]。事实上，文章经编辑部录用，到期刊校对、排版，再到正式印刷出版，至少需要1个月以上的时间，若仅将已录用文章的摘要一旦通过三审，经作者同意后，便将其摘要第一时呈现在网络中，这样不仅可以极快地报道学术动态，方便同行们了解前沿动态，调动定向读者的积极性，还可以避免研究者们论文构思、撰写的雷同。

3.4 与新工科关联性企业的联盟

与老工科相比，"新工科"的显著特点是更强调学科的实用性、交叉性、综合性，更强调与企业的交叉融合。2017年3月，南京师范大学电气与自动化学院与南瑞集团公司合作办学，共建南瑞学院，这是优化学科结构，聚焦学科前沿，打造高水平学科团队与科研平台，探索校企共建的有力举措，为进一步探索"新工科"精准化人才培养新模式、联合开展科研合作和成果转化提供了重要阵地。近半年来，学报编辑部已收南瑞学院稿件20余篇，这些文章将理论和实例很好结合，实用性更强，时效性更好，及时反映新工科的研究成果、发展方向、技术需求等。事实说明，新工科关联性企业对学术展示平台的需求是迫切的。此外，编辑部若能积极激发企业投资活力，与新工科关联性企业联盟，这不仅能第一时间内掌握新工科发展的一手资料，还可以引导新工科相关联行业的企业投资工程科技期刊出版业，吸引社会资源，壮大期刊资金实力，以提高无形资产。

4 结束语

新工科异军突起，加剧了工程科技期刊"供需错配"的矛盾，其供给侧改革势在必行。供给侧改革不是一刀切，应从期刊自身的优势出发，做好"加法"和"减法"[20]，优化优质期刊，消化过剩供给，优化重组劣质期刊，培育创新新期刊。工程科技类期刊应主动适应新媒体带来的便利，顺势而为，为新工科建设和发展提供更好的科研传播平台。

参 考 文 献

[1] "新工科"建设复旦共识[J].高等工程教育研究,2017,35(1):10-11.
[2] "新工科"建设行动路线[J].高等工程教育研究,2017,35(2):24-25.
[3] 新工科建设指南("北京指南")[J].高等工程教育研究,2017,35(2):20-21.
[4] 吴爱华,侯永峰,杨秋波.加快发展和建设新工科 主动适应和引领新经济[J].高等工程教育研究,2017,35(2):1-9.
[5] 钟登华.新工科建设的内涵与行动[J].高等工程教育研究,2017,35(1):1-5.
[6] 陈慧,陈敏.关于综合性大学培养新工科人才的思考与探索[J].高等工程教育研究,2017,35(2):19-23.
[7] 高雪莲,杨慧霞,付中秋,等.专业学术期刊与学科发展相辅相成[J].编辑学报,2014,26(1):71-73.
[8] 坚定不移把供给侧结构性改革向前推进[N].南方日报,2016-05-18.
[9] 车海刚."供给侧结构性改革"的逻辑[J].中国发展观察,2015,11(11):1.
[10] 朱明,吴锋.浅谈中国科技期刊的供给侧改革:以江南大学所属科技期刊改革为例[J].科技与出版,2016,24(12):24-28.
[11] 吉海涛,郭雨梅,郭晓亮.学术期刊与新媒体的融合:机遇·挑战·对策[J].编辑学报,2015,27(5):412-415.
[12] 丁岩.基于作者群分析的科技期刊核心竞争力提升方法探索[J].中国科技期刊研究,2017,28(3):277-281.
[13] 孙姝妹.高校学报在高校教学科研中的作用[J].长春工业大学学报(社会科学版),2005,17(4):111-112.
[14] 游苏宁.对中国科技期刊的若干思考[J].编辑学报,2014,26(1):3-7.
[15] 赵强.综合性社科学术专栏建设浅议[J].中国出版,2013,36(12):21-23.
[16] 黎贞崇.科学技术期刊的组稿方式[J].编辑学报,2004,16(5):338.
[17] 苏磊,张玉,蔡裴.新媒体形势下学术期刊发展浅谈:以《航空学报》为例[J].编辑学报,2015,27(增刊1):4-7.
[18] 樊雅梦,刘国正.学术期刊融合发展与集约化经营:媒体融合下的学术期刊发展趋势[J].中国科技期刊研究,2017,28(4):340-343.
[19] 赵文义.略论学术期刊数字出版需求侧与供给侧的结构性改革[J].出版发行研究,2016,32(5):17-19.
[20] 张伟伟,李燕,赵文义,等.供给侧视域下的学术期刊数字出版发展路径[J].中国科技期刊研究,2017,28(2):151-155.

英文版期刊出版国际合作院所"专刊"的实践与启发
——以 *Journal of Shanghai Jiao Tong University(Science)* 为例

蒋 霞，方 华，黄龙旺，黄 伟

(《上海交通大学学报》编辑部，上海 200030)

摘要：面对"专业化""特色化"等学术期刊评价要求和"走出去"的形势需要，高校学报想在学术期刊竞争中立足，并坚持学报使命和发挥学报作用，需要在学术经营中破解困局，找准特色。高校学报与母体大学的学术团体尤其国际合作办学院所约稿组稿，有利于提升国际显示度，争取学术影响力的扩大。以《上海交通大学学报(英文版)》(密院专刊)为例进行初步探析，以期为高校学报的发展提供思路。

关键词：高校学报；综合性；专刊；学术期刊；国际合作

高校学报作为大学主办的综合性学术刊物，种类数量多，覆盖范围广，在国家新闻出版广电总局的官方网站进行期刊查询，以"学报"冠名的期刊将近 2 000 种，以"高校学报"命名的约 800 种，以"学院学报"命名的约 600 余种，其中大多数为综合性学术期刊[1]。高校学报创办之初的目的与一般的专业性学术期刊有所不同，为母体大学的教学科研任务承担了多种特殊的学术功能：①为主办大学的诸多学术成果提供了刊发园地；②展示相应大学的科研成果和综合学术实力；③发现、培养和扶持学术新手等等[2-3]。作为综合性期刊，高校学报对我国高校的学科建设、科研发展和学术传播有着促进作用[4]。但是随着时代的发展，特别是学术评价体系的要求，如期刊"专业化"和"特色化"，以及"走出去"的形势需要，绝大多数学报面临前所未有的挑战[5]。在新的形势下，如何对高校学报进行相应调整以提升学术影响力，积极主动地寻找本刊的学术特色，是每个高校学报编辑应当认真思索并严肃面对的问题。

习总书记在全国科技创新大会上提出"广大科技工作者要把论文写在祖国的大地上"，这是高校学报的发展机遇。各大高校自有其重点学科和优势学科，学科建设属于高校教学科研工作的重点，而学报正是展示其母体大学学术水平的重要窗口，尤其对于依附于"双一流"建设高校或"985"大学等高层次平台上的学报及其编辑来说，更需要深刻认识这一点。作为高校学报的编辑，我们应当响应号召，将学报定位为能够体现所在大学学科建设水平的"学术之窗"。抓住母体大学的重点学科和这些重点学科的学术人才，密切关注他们的科研进展和科研成果，来建立学报的特色，这已经是老生常谈，也是所有高校学报都在尽力而为的事情。但是，作为影响力一般的学报，如何争取本校杰出学者的稿源，如何说服知名专家在学报上刊发自己的科研成果，扩大高校学报影响力以达到双赢目的，这是非常值得思考的问题。因此，在加

基金资助：上海高水平高校学术期刊支持计划(上海市 2017 年文教结合经费支持项目)

强与学校科研机构联系的同时,学报也要从作者角度出发,满足他们对科研成果的传播和学校的考核评优等需求,这就对高校学报的学术经营特色提出了高要求。有鉴于此,本文拟就笔者在学报编辑工作中的经验和思考,以《上海交通大学学报(英文版)》2018年第1期的密西根学院专刊为例,从如何加强与母体大学国际合作办学院所的学术联系这一角度出发,对高校学报与国际合作办学院所举办"专刊"进行实践,并得到一些启发,以期对其未来发展提供一点思路。

1 找准国际化的学术合作院所

近年来,由于着重强调文章引用率和文章发表杂志的影响因子,在 SCI 收录等学术评价体系的影响下,高校学报作为综合类科技期刊,刊发的文章一般覆盖多学科、多领域,在 SCI 期刊收录中处于劣势,因此,无论是中文类学报,还是英文类学报,都难以避免地位尴尬的局面,甚至不能进入母体大学的某些院系考核标准。由于在专业化和国际化方面没有特色和优势,这些学报逐渐被国内作者和读者冷落。

在现有的学术评价体系下开展组稿约稿工作,高校学报在联系母体大学的科研团体或院所时就必须慎重考虑、仔细选择。通过对上海交通大学几十个工科院系的调研,我们把交大密西根学院作为学术合作和约稿组稿的重点对象。交大密院由中美两所著名大学即上海交通大学和美国密西根大学国际合作办学而成,学院的全职教师多数毕业于或曾任职于哈佛大学、牛津大学、斯坦福大学、密西根大学等世界顶尖大学,拥有一流的学者,其中外籍比例超过二分之一[6],最重要的是这些学者在发表文章时更注重学术成果的体现和传播,与国内学术体制过于关注 SCI 不同。该学院所设学科包括电子与计算机工程、机械工程、材料科学等工学学科,为《上海交通大学学报(英文版)》发文的主要领域。因此,我们英文版选择与上海交通大学密西根学院重点合作。

2 打造国际化的学术窗口

期刊影响力是吸引优秀稿源的最重要因素,能否吸引国内外尤其国际一流学者的文章,刊物的学术声誉是关键,但是高校学报虽有母体大学强大的学术背景,却往往因学报创办初心而偏重发表本校文章,本校的高水平文章又因 SCI 等学术评价体系基本上投稿给国际知名刊物。因缺乏影响力而得不到好稿源,又因稿源质量一般而无法提升影响力,如此不良循环,最终导致多数高校学报在学术界平淡无奇,排名靠后。

作为一份区域性比较强的学术期刊,如何打破这一死循环,让高校学报特别是学报英文版建立或者扩大国际影响力,我们在这次专刊组稿工作中进行了有益的尝试。交大密西根学院的特色在于国际化办学,独特的学术氛围让他们的科研人员得以在国际合作的层面上进行先进的科技探索,得以立足于科技创新的前沿。因此,在策划这期学报时,根据密院的重点学科和重点研究领域,除了挖掘和吸引本学院作者外,也向学院各个研究中心或实验室的国际合作伙伴发出邀请。这样,既能展示本校本学院的学术特色和学术力量,也可吸引校外同领域的高水平论文,既可以由此形成学报发展的切入点,也为合作学者逐渐构建一个国际化学术交流平台。

通过严格的同行评审,最终25篇文章入选《上海交通大学(英文版)》2018年第1期。虽然作为交大密西根学院专刊,第一作者和通信作者单位以本院为主,但本期文章的第二和第三合作单位体现了作者分布的国际化。对所有文章的所有合作者单位进行统计：共 88 位作者，分别位于中国、美国、加拿大、澳大利亚和德国，其中国外合作者占 11.5%，如图 1 所示；25 篇文章中国际合作成果占 24%，包括共同通信作者为国外单位，如图 2 所示。通过 Springer 网站的数据显示，专刊文章自出版不足 2 个月，总下载量已达 396 次，其中有 1 篇文章还在国外 Twitter 等社交媒体上被提及和分享。根据我们的回访调查，2 个月内即有 3~4 位作者收到请求分享原文全文的邮件。截至 2018 年 9 月，总下载量达到 1 068 次，有 3 篇文章各被引用 1 次，另有 2 篇各被分享 1 次。本期合作同时促进了后续的学术约稿工作，更多的国际知名学者通过本期发表文章的作者了解了交大学报，并愿意在明年把自己的部分稿件投到交大学报英文版来。这些信息提示，通过这类策划组稿，有利于提高高校学报的学术质量和国际知名度。

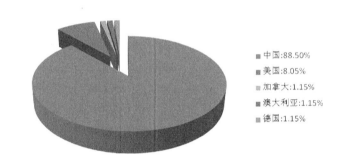

图 1　合作者的国际化情况

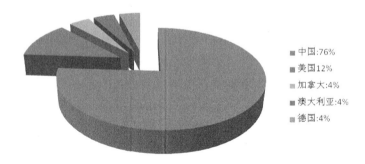

图 2　合作单位的国际化情况

通过专刊合作方式，学报体现了母体高校的国际化办学成果，构建了属于自己的学术特色。更重要的是，通过母体大学的国际化学院实现与国际知名学者的联系和沟通，体现高校学报的国际显示度，有利于逐步打开高校学报发表文章过于本校化、本土化的局面。

3　设置多元化的出版模式

多数高校学报在出版形式上比较单一化，主要表现在栏目设置和发布模式上。在栏目设置上，很多高校学报不设栏目，或者种类单调，如以学科分类为主而多年不变，很难吸引读者的关注[6]。如本刊作为上海交通大学的学报，以发表学术论著为主，对综述、述评、评论、解读等评论性栏目都涉及极少。在合作出版密院专刊的会后总结上，相应作者就对我们提出了很多关于这方面的有益建议，特别是建议综述性文章的发表比例适当增加，尤其对专业领域的长综述或短评述类文章应当给予足够重视。国外著名的综合性期刊 *Science*(美国)[7]和 *Nature*(英国)[8]等杂志很重视评论性文章，如 *Science* 的"Technical Comments" "Perspective"和 "Review"，*Nature* 的"Opinion"和"Comments"等栏目就为这类文章而设置。合作学者的意见对本刊的改进开拓了思路，因此高校学报可以根据实际情况灵活地规划合适的栏目，同时也增强期刊和作者、读者之间的互动。

在发布模式上，随着网络的发达和移动技术的升级，网络首发和移动出版也日渐被学术刊物的作者和读者所接受和欢迎。本学报通过加入 Springer 推出的 Online First 服务、中国知网 2018 年开始推行的《中国学术期刊(网络版)》，以及超星提供的移动知识服务系统等，为发布模式的多元化提供了有效方法和手段，使作者学术成果得到更广泛的传播。因此，虽然高校学报作为学术期刊，在数字化专业人员的配置和培养方面存在劣势，无法保证学术编辑都属于"数字信息处理技术"人才，但通过数字化出版平台的协助，高校学报在这方面也可以进行尝试，从而为作者和读者提供更好的出版体验和阅读模式。

4 结束语

高校学报是展示高校教学科研成果的重要窗口，承载着协助高校学科建立和培养科研人才的重要作用，其发展一直很受科技期刊界的关注[9]。虽然学术评价体系和母体学校的层次对高校学报肯定存在影响，但如能把握国内国际合作办学逐渐增多和开始重视本土发表的趋势，找准学术合作伙伴，建立学术特色，高校学报在扩大国际影响力方面仍有较大的发展空间。

参 考 文 献

[1] 中华人民共和国国家新闻出版广电总局.期刊/期刊社查询[EB/OL].[2017-12-15]. http://www.gapp.gov.cn/zongshu/magazine.shtml.
[2] 李彤.教育部推动高校名刊工程[N].人民日报,2004-05-21(11).
[3] 陈浩元,郑进保,李兴昌,等.高校自然科学学报的功能及实现措施建议[J].编辑学报,2006,18(5):323-327.
[4] 尹玉吉,李逢超,王姣.中国学刊"走出去"的理论误区与路径抉择——以高校学报为切入点[J].编辑之友,2017 (11):31-36.
[5] 交大密西根学院.办学成果概述.[EB/OL].[2018-06-30]. http://umji.sjtu.edu.cn/cn/about/ facts-and-figures/.
[6] 徐用吉,王薇.高校学报栏目设置的若干建议[J].科技与出版,2008(2): 36-37.
[7] Science. Contens [EB/OL]. [2017-12-10]. http://science.sciencemag.org/.
[8] Nature. Browse articles [EB/OL]. [2017-12-10]. http://www.nature.com/nature/articles.
[9] 赵新科.高校综合性学报专业特色化更名后的现状与思考[J].中国科技期刊研究,2017,28(2):112-116.

国际权威体育科技期刊的特点及我国体育期刊的国际化现状

李 新

(成都体育学院期刊部,成都 610041)

摘要:与我国体育事业的蓬勃发展相比,体育科技期刊的国际化发展相对滞后。以 2017 年版期刊引证报告中体育科学类(Sport Sciences)Q1 区的期刊为重点进行分析,同时介绍了国内体育期刊国际化的发展现状。研究认为,国际权威体育科技期刊的特点包括期刊定位准确,编委会国际化程度高,编辑部构成合理,发行方式灵活,数字化出版程度高。目前我国体育类英文期刊只有《运动与健康科学》1 种,难以形成较大的影响力,其他的体育科技期刊要把握好时代的东风,积极借鉴国际权威期刊的经验,走国际化之路,回应国家体育事业的快速发展。

关键词:体育科技期刊;国际化;期刊引证报告;体育科学类

学术期刊是科技和文化成果的传播载体,目前我国的科技期刊数量达到 5 000 余种,是世界出版大国,但绝大多数为汉语语种,英文期刊相对较少,仅有 300 多种[1]。虽然中国近代的体育学科从 20 世纪之初创立以来,取得了不小的成绩。但是,与其他学科、国外体育学科,或体育事业整体发展的要求来衡量,当下我国体育学科的发展仍不尽如人意[2]。反映到期刊上来说,在其他学科努力走国际化之路、英文期刊蓬勃发展之时,体育类英文期刊的发展却较为滞后。目前中国大陆只有《运动与健康科学》(JOURNAL OF SPORT AND HEALTH SCIENCE,JSHS)这一种体育类的英文期刊,这与我国竞技体育位居世界前列、全民健身运动如火如荼开展的现状是极不匹配的。《期刊引证报告》(Journal Citation Reports,JCR)是美国科学信息研究所(Institute for Scientific Information,ISI)对 SCI、SSCI 所收录的所有期刊之间的引用和被引用数据进行统计、运算,并针对每种期刊定义了影响因子等指数的报告,每年发布一次,最新版即 2017 版报告已于 2018 年 6 月发布。本文以 2017 年版 JCR 报告中体育科学类(Sport Sciences)Q1 区的期刊[3]为重点进行分析,同时介绍国内体育类英文刊的发展现状,为我国未来体育期刊的国际化发展提供思路。

1 体育科学类 SCI 期刊的现状

1.1 体育科学类 SCI 期刊总览

体育科学类 SCI 期刊整体较少,近年来基本维持在 80 本左右。中值影响因子(Median Impact Factor,MIF),表示如果期刊按照影响因子排序,该主题类目中间期刊的影响因子。学科集合影响因子(Aggregate Impact Factor,AIF),表示某个学科领域里 JCR 出版年所有期刊的一般文章和评论性文章引用该类目过去 2 年所有期刊发表的文章的情况。表 1 列出了近 10 年体育学科入选 SCI 期刊情况。结果显示，10 年来，体育学科发展迅速，2010 年以后，入选 SCI 的期刊总量由 70 本增加至 80 本左右，而从 2008 年到 2017 年，总发文量也稳步增加。最明显的变化是 MIF 和 AIF，每年都有所提高，近 3 年来，MIF 和 AIF 年均增长 0.2 左右，说明体育学科整体都有了较快发展。

表 1 近 10 年体育学科入选 SCI 期刊情况总览

年份	期刊总量	发文总量	总被引频次	中值影响因子(MIF)	学科集合影响因子(AIF)
2017	81	9 527	415 908	1.863	2.736
2016	81	8 861	354 957	1.681	2.482
2015	82	8 904	317 212	1.491	2.277
2014	81	8 846	294 561	1.534	2.209
2013	81	8 165	268 841	1.425	2.192
2012	84	8 053	245 763	1.356	2.119
2011	85	7 574	221 117	1.490	2.099
2010	80	7 088	213 794	1.190	2.131
2009	73	6 292	188 631	1.295	1.933
2008	71	5 910	167 649	1.197	1.829

1.2 2017 版 JCR 报告体育科学类 Q1 区期刊分析

2017 版 JCR 中体育学科共包含 81 种期刊，其中 Q1 区(权威期刊)有 20 本期刊。根据 SCI 期刊分区表对 SCI 论文进行评价的模式已被国内外大部分高校采纳，因为它有利于鼓励科研工作者向本学科的高级区域投稿。发表在 Q1 区(最高区)和 Q2 区的 SCI 论文，通常被认为是该学科领域的比较重要的成果。JCR 分区根据影响因子(IF 值)，某一个学科的所有期刊都按照上一年的影响因子降序排列，然后平均 4 等分(各 25%)，分别是 Q1、Q2、Q3、Q4。本文以 Q1 区期刊为例分析体育科学类国际权威刊物的特点(见表 2)。

表 2 2017 年版 JCR 报告体育科学类 Q1 期刊

排名	刊名	中文刊名	总被引	影响因子
1	BRITISH JOURNAL OF SPORTS MEDICINE	英国运动医学杂志	17 956	7.867
2	EXERCISE IMMUNOLOGY REVIEW	运动免疫学评论	740	7.105
3	SPORTS MEDICINE	运动医学	13 251	7.074
4	AMERICAN JOURNAL OF SPORTS MEDICINE	美国运动医学杂志	32 251	6.057
5	EXERCISE AND SPORT SCIENCES REVIEWS	体育运动科学评论	2 935	5.065
6	ARTHROSCOPY-THE JOURNAL OF ARTHROSCOPIC AND RELATED SURGERY	关节镜——关节镜及相关外科杂志	15 568	4.330
7	MEDICINE AND SCIENCE IN SPORTS AND EXERCISE	运动医学与科学	33 910	4.291
8	JOURNAL OF SCIENCE AND MEDICINE IN SPORT	体育科学与医学杂志	5 609	3.929
9	SCANDINAVIAN JOURNAL OF MEDICINE & SCIENCE IN SPORTS	斯堪的纳维亚医学与体育科学杂志	7 642	3.623
10	INTERNATIONAL JOURNAL OF SPORTS PHYSIOLOGY AND PERFORMANCE	国际运动生理与表现杂志	3 503	3.384

表 2 （续）

排名	刊名	中文刊名	总被引	影响因子
11	JOURNAL OF APPLIED PHYSIOLOGY	应用生理学杂志	42 698	3.256
12	KNEE SURGERY SPORTS TRAUMATOLOGY ARTHROSCOPY	膝关节外科与运动创伤关节镜	14 017	3.210
13	JOURNAL OF THE INTERNATIONAL SOCIETY OF SPORTS NUTRITION	国际运动营养杂志	1 211	3.135
14	JOURNAL OF ORTHOPAEDIC & SPORTS PHYSICAL THERAPY	骨科及运动物理治疗	6 612	3.090
15	ARCHIVES OF PHYSICAL MEDICINE AND REHABILITATION	物理医学与康复	23 438	3.077
16	PSYCHOLOGY OF SPORT AND EXERCISE	运动心理学	3 891	2.878
17	JOURNAL OF SHOULDER AND ELBOW SURGERY	肩肘外科杂志	12 263	2.849
18	SPORT EDUCATION AND SOCIETY	体育教育与社会	1 844	2.769
19	JOURNAL OF SPORTS SCIENCES	体育科学杂志	10 643	2.733
20	SPORTS HEALTH-A MULTIDISCIPLINARY APPROACH	运动健康——多学科方法	1 479	2.694

1.2.1 刊物定位准确

发文内容与期刊定位密切相关，除了特别关注基础研究的期刊，综合性期刊都重视人体研究。Q1区的20种期刊中，综合性期刊所定位的读者群体主要集中在医生、运动医学专家、物理治疗师、体育科学专家等，如《英国运动医学杂志》《运动医学》《美国运动医学杂志》，所发表的文章也都较为偏重人体相关研究，如流行病学、临床研究、运动医学实践等，而《体育科学与医学杂志》(JOURNAL OF SCIENCE AND MEDICINE IN SPORT)甚至明确提出，只接受人体研究。

1.2.2 编委会国际化程度高，编辑部构成合理

从编辑部成员内部的角度看，首先，编委会成员国际化程度高，期刊的编委通常来自多个国家。以《运动医学》(SPORTS MEDICINE)为例，该期刊的编委会包括了美国、英国、新西兰、爱尔兰、法国、澳大利亚、德国、芬兰、瑞士、比利时、加拿大、荷兰等国的专家。其次，编辑部内部分工明确，不同专业的编辑各司其职。以《肩肘外科杂志》(JOURNAL OF SHOULDER AND ELBOW SURGERY)为例，该刊的编辑部包括：主编、国际副编审、已退休的名誉主编、创刊主编、董事会、副主编、基础科学编辑、综述和特色项目编辑、社交媒体编辑、基本科学助理编辑、统计编辑、管理编辑等。虽然编辑部成员以兼职工作为主，但由于分工明确，工作仍然快捷而高效。

1.2.3 发行方式灵活

从发行的角度看，目前大部分优秀期刊都同时支持订阅和开放存取(Open Access，OA)两种形式，为作者和读者带来了很大的便利。而针对不同的用户类型，比如是否是该期刊的会员，是学生群体还是其他人员，所需订阅价格差别很大。此外，针对目前国际上纸刊订阅数量大幅下降的现实，不少期刊都更为重视电子刊的发行，针对纸质刊和电子刊分别进行定价。

例如，订阅《英国运动医学杂志》(BRITISH JOURNAL OF SPORTS MEDICINE)的纸刊和电子刊，每年296欧元，如果只订阅电子刊，则需要每年175欧元。

1.2.4 数字化出版程度高

"数字出版是指利用数字技术进行内容编辑加工，并通过网络传播数字内容产品的一种新型出版方式，其主要特征为内容生产数字化、管理过程数字化、产品形态数字化和传播渠道网络化"，而数字出版"海量存储、搜索便捷、传输快速、成本低廉、互动性强、环保低碳"的特点也深受众多优秀期刊的青睐[4]。以《肩肘外科杂志》为例，该杂志依托于Elsevier出版集团，从用户视角，该期刊的网站界面友好，可读性强，充分利用了数字出版模式。①实现优先出版。为抢占学科高地、尽快发表优质文章，在整期发表之前，该杂志会将录用的稿件先通过电子版的形式单篇在网站上优先发布，实现了重点内容的快速传播。②语义出版。采用结构化的XML技术，识别摘要或参考文献。同时，基于Elsevier的ClinicalKey平台，该杂志定位于临床实践，服务于一线医生，为便于更好地向读者传播手术方案，会将相关的技术操作视频直接放到网站上，使医生能够直观了解手术步骤，扩大了文章本身的影响，提升了论文的附加值。

2 国内体育类英文刊的国际化现状

2.1 《运动与健康科学》一枝独秀

2012年，上海体育学院主办的英文期刊《运动与健康科学》创刊，创刊6年来，发展迅速。2014年1月刊物被SCI和SSCI两大数据库同时收录，2016年8月，获国家六部委"中国科技期刊国际影响力提升计划"B类项目资助；2016年12月，荣获"中国高校杰出科技期刊"奖，而在2017年6月公布的JCR报告2016版中，JSHS影响因子升至2.531，进入Q1区。虽然在刚公布的JCR报告中，JSHS排名有所下降，从18位降至21位，但影响因子仍然比去年有所提高，影响因子达到2.591，总被引频次707次。《运动与健康科学》目前在中国体育类英文期刊中一枝独秀，运转良好，但毕竟与我国体育事业发展的总体要求相比，仅此一本英文刊物远远不够，无法形成大规模的影响力。

2.2 其他刊物积极筹备

虽然《运动与健康科学》到目前为止取得了很大的成功，但它也仅是中国大陆目前为止唯一的体育类英文期刊，难以形成期刊方阵，缺少集群优势[5]。期刊集群化能使单刊的优势放大，各刊通过优势互补实现借力发展，从而提升刊群的整体水平，而刊群的发展又为单刊提供更多的资源、更好的平台，实现良性互动[6]。目前，国内还有国家体育总局体育科学研究所、北京体育大学、成都体育学院等单位正在积极筹备英文期刊，虽然还未正式出版发行，但都在有条不紊的进行之中。中国的体育期刊如果能够借助《运动与健康科学》跨越式发展的良机，借鉴该刊成功的经验，结合自身的特色和优势，发展自己的英文期刊，形成中国体育的英文刊群，不仅有助于单刊的进一步发展，对体育学科的未来也大有裨益。

2.3 对国内体育类英文期刊发展的启示

针对体育学领域国际权威期刊的分析及我国体育期刊国际化发展的现状，本文提出以下思考。①刊物定位要准确，针对体育学科的特点及目前国际上的热点组织稿件，同时也要兼顾影响因子的构成特征，除了研究论文和综述外，也要重视述评类文章对期刊被引量的影响。②主编是刊物的灵魂，期刊申办及发展过程中，主编在相关学科具有深厚的国际影响力十分重要。主编的学术能力和学术资源不仅关系到刊物的定位、发展,而且也是刊物顺利进行组稿、约稿的重要前提。③出版发行方面,要和国际上大型出版公司合作,如 Elsevier、Springer 等,直接利用大型出版商成熟的经验和技术完成网络出版和传统出版。通过"借船出海",实现中国期刊国际化的重任。④合理的编辑部构成也尤为关键。编辑部编辑承担着编委和作者沟通桥梁的作用,需要处理大量的邮件往来工作,因此,良好的编辑素养、专业素养和英语素养也是刊物成功的重要条件。

3 结束语

科技期刊是科技文献的主要载体,是积聚前沿、尖端科技信息与文献资源的主要平台。在国家加快建设创新型国家的道路上,国家有关部委先后出台了一系列支持中国科技期刊发展的政策和办法,不断加大支持力度。体育科技期刊要把握好时代的东风,积极借鉴国际权威期刊的经验,走国际化之路,回应国家体育事业的快速发展。

参 考 文 献

[1] 詹媛.我国科技期刊数量达到 5020 种[EB/OL].[2018-01-29].http://www.xinhuanet.com/tech/2018-01-29/c_112 2330364.htm.

[2] 易剑东,熊学敏.当前我国体育学科发展的问题[J].体育学刊,2014,21(1):1-10.

[3] Clarivate Analytics. InCites journal citation reports [EB/OL].[2018-06-06]. http://jcr.incites.homsonreuters.com/JCRJournalHomeAction.action?pg=JRNLHOME&categoryName=SPORT%20SCIENCES&categories=XW.

[4] 中华人民共和国新闻出版总署.关于加快我国数字出版产业发展的若干意见[EB/OL].[2017-06-14].http://www. gapp.gov.cn/contents/1832/113636.html.

[5] 张慧.我国体育学术期刊国际化发展的实践与思考——以被 SCI/SSCI 收录的《运动与健康科学》(英文版)为例[J].科技与出版,2015(10):87-90.

[6] 邢海涛.集群化是科技期刊发展必由之路[J].编辑之友,2009(6):39-40.

[7] 王宏江,孙君志.国际权威体育科学期刊影响因子构成特征分析[J].中国科技期刊研究,2014,25(12):1519-1523.

基于 WoS 和 Scopus 分析中国大陆英文数学期刊发展现状

丁 译，潘春枝，刘志强

(上海大学期刊社，上海 200444)

摘要：统计并简要分析中国大陆 14 种被 Web of Science (WoS)收录的数学期刊的 JCR 指标、被 Scopus 数据库收录情况、CiteScore (CS)指标等，了解中国大陆数学领域高影响力期刊的现状及其与全球同行期刊之间的差距。同时结合中国大陆科技期刊发展概况，对中国大陆数学期刊的发展提出一些思考。

关键词：数学期刊；Web of Science (WoS)；计量指标；英文科技期刊；Scopus

数学是研究数量关系和空间形式的科学，包括纯粹数学、应用数学与计算数学、统计学与数据科学等学科。数学既是自然科学的基础，也是众多重大技术发展的基础[1]。数学学科是国家自然科学基金委员会根据《国家中长期科学和技术发展规划纲要(2006—2020 年)》制定的优先突破学科，着眼于推动数学各分支学科进一步交叉融合，使其获得新的发展动力与活力；同时推动应用数学更加满足实际需求，使数学在解决科学技术发展以及国家重大经济社会发展的问题中发挥更加积极的作用[1]。因此，分析中国大陆高影响力数学期刊的现状及其与全球同类期刊之间的差异很有必要。

众所周知，在所有的科技期刊中，Web of Science (WoS)收录的科技期刊相对水平较高。评价这些科技期刊的基本指标则是科睿唯安(原汤森路透知识产权与科技事业部)每年发布的期刊引证报告(Journal Citation Reports, JCR)。另外，2004 年底由 Elsevier 公司推出的被称为当今世界最大的文摘和引文数据库 Scopus，具有与 WoS 相当的引文检索分析与科学评价功能，近年来已逐渐得到行业公认。为此，本研究选取中国大陆被 JCR(截至 2018 年 6 月 26 日)收录的数学期刊为研究对象，统计和分析这些期刊的基本情况、JCR 指标以及它们在 Scopus 中的基本指标，并与数据库中同类数学期刊作比较，希望可以从中得到一些可以促进中国数学期刊发展的有用信息。

在 WoS 中选取学科数学与计算生物学(Mathematical & Computational Biology)、数学(Mathematics)、应用数学(Mathematics, Applied)和数学的跨学科应用(Mathematics, Interdisciplinary Applications)，可得中国大陆地区有 14 种数学期刊被 SCIE 收录。

1 14 种数学期刊概况

被 SCIE 收录的 14 种数学期刊的刊名、ISSN、创刊年、刊期、主办单位、国际编委比例及出版机构等基本情况(查询时间截至 2017 年 12 月 31 日)如表 1 所示。从创刊时间看，这 14

基金项目：上海高水平高校学术期刊支持计划(2018)

表1 被SCI收录的中国大陆14种数学期刊概况

刊名(英文)	刊名(中文)	ISSN	创刊年	刊期	主办单位	国际编委比例/%	出版商
Applied Mathematics and Mechanics-English Edition	应用数学和力学(英文版)	0253-4827	1980	月刊	上海大学、中国力学学会	23.33	Springer
Science China-Mathematics	中国科学：数学(英文版)	1674-7283	1952	月刊	中国科学院、国家自然科学基金委员会	39.51	Springer
Journal of Computational Mathematics	计算数学(英文版)	0254-9409	1983	双月刊	中国科学院计算数学与科学工程计算研究所	63.64	Global Science Press
Interdisciplinary Sciences: Computational Life Sciences	交叉科学：计算生命科学	1913-2751	2009	季刊	上海交通大学	30.77	Springer
East Asian Journal on Applied Mathematics	东亚应用数学杂志	2079-7362	2011	季刊	厦门大学数学科学学院、香港环球科学出版社	44.44	Global Science Press
Acta Mathematica Scientia	数学物理学报	0252-9602	1981	双月刊	中国科学院武汉物理与数学研究所	26.32	Elsevier
Advances in Applied Mathematics and Mechanics	应用数学和力学进展	2070-0733	2009	双月刊	湘潭大学	56.25	Cambridge University Press
Journal of Systems Science & Complexity	系统科学与复杂性学报(英文版)	1009-6124	1988	双月刊	中国科学院系统科学研究所	46.88	Springer
Acta Mathematica Sinica-English Series	数学学报(英文版)	1439-8516	1985	月刊	中国数学会	11.11	Springer
Applied Mathematics-A Journal of Chinese Universities Series B	高校应用数学学报B辑(英文版)	1005-1031	1993	季刊	浙江大学	15.38	Springer
Algebra Colloquium	代数集刊	1005-3867	1994	季刊	中国科学院数学与系统科学研究院、苏州大学	45.83	World Scientific
Chinese Annals of Mathematics Series B	数学年刊(B辑)	0252-9599	1980	双月刊	复旦大学	40.00	上海科学技术文献出版社有限公司
Frontiers of Mathematics in China	中国数学前沿	1673-3452	2006	双月刊	高等教育出版社	27.78	高等教育出版社
Acta Mathematicae Applicatae Sinica-English Series	应用数学学报(英文版)	0168-9673	1984	季刊	中国科学院应用数学研究所、中国数学会	30.43	Springer

种期刊中，创刊最早的是 Science China-Mathematics(中国科学：数学，1952 年)，最新的是 East Asian Journal on Applied Mathematics(东亚应用数学杂志，2011 年)；从刊期看，月刊 3 种(21%)，双月刊 5 种(36%)，季刊 6 种(43%)；从第一主办单位看，5 种为 高校主办，9 种为非高校主办，其中 7 种为中科院主办；从国际编委比例看，9 种期刊国际编委比例达到 30%以上，3 种有国际主编；从出版机构看，12 种期刊与国际出版商合作出版。

2 基于 JCR 的 14 种数学期刊影响力分析

根据 JCR(截至 2018 年 6 月 26 日)统计，2017 年收录全球数学期刊共 604 种，其中数学与计算生物学 59 种，数学 309 种，应用数学 252 种，数学的跨学科应用 103 种；其中收录美国期刊 191 种，英国期刊 93 种，荷兰期刊 54 种，德国期刊 52 种，收录中国大陆地区期刊 14 种，约占被收录期刊总数的 2%，这说明中国大陆目前高水平的、具有国际影响力的数学期刊数量不多。

2.1 基本计量指标统计与分析

中国大陆 14 种数学期刊和全球 IF 最高的 10 种数学期刊，它们的排序(按影响因子)、被收录论文数、被引频次、影响因子、即年指标、JCR 分区等基本计量指标，如表 2 和表 3 所示。表 4 列出被 JCR 收录的 604 种数学期刊被收录论文数、被引频次、影响因子、即年指标等计量指标的平均值。

表 2 中国大陆 14 种数学期刊在 WoS 中的基本计量指标

序号	刊名	被收录论文数	被引频次	影响因子↓	IF5	即年指标	分区
1	应用数学和力学(英文版)	118	2 089	1.538	1.525	0.398	Q1(54/252)
2	中国科学：数学(英文版)	138	1 210	1.206	0.983	0.196	Q1(46/309) Q2(89/252)
3	计算数学(英文版)	40	826	1.026	0.964	0.125	Q1(64/309) Q2(116/252)
4	交叉科学-计算生命科学	50	251	0.796	0.781	0.180	Q4(54/59)
5	东亚应用数学杂志	52	100	0.68	0.684	0.135	Q3(187/252)
6	数学物理学报	125	1 029	0.661	0.651	0.344	Q3(172/309)
7	应用数学和力学进展	80	350	0.636	0.833	0.325	Q4(199/252)
8	系统科学与复杂性学报(英文版)	91	619	0.53	0.661	0.297	Q4(92/103)
9	数学学报(英文版)	120	1 573	0.527	0.555	0.133	Q3(230/309) Q4(227/252)
10	高校应用数学学报 B 辑(英文版)	34	193	0.507	0.368	0.118	Q4(229/252)
11	代数集刊	46	445	0.394	0.417	0.174	Q4(274/309) Q4(243/252)
12	数学年刊(B 辑)	75	645	0.392	0.512	0.120	Q4(276/309)
13	中国数学前沿	90	386	0.377	0.575	0.144	Q4(279/309)
14	应用数学学报(英文版)	92	586	0.273	0.405	0.033	Q4(249/252)
	均数	82.214	735.857	0.682	0.708	0.194	

从表 2 可以看出，中国大陆只有 1 种期刊《中国科学：数学(英文版)》在数学分类中属于

Q1，排名 46/309，在应用数学分类中属于 Q2，排名 89/252；影响因子最高的《应用数学和力学(英文版)》在应用数学分类中属于 Q1，排名 54/252；另有 2 种期刊属于 Q3，10 种期刊属于 Q4。这说明中国大陆被 JCR 收录的 14 种数学期刊的 IF 均比较低，排序靠后。

表 3 2017 年 JCR 收录 IF 最高的 10 种数学期刊的基本计量指标

序号	刊名	国家	刊期	子学科	被收录论文数	被引频次	IF2	IF5	即年指标
1	Acta Numerica	美国	年刊	数学	6	1 826	9.727	11.414	0.667
2	Wiley Interdisciplinary Reviews-Computational Molecular Science	英国	双月刊	数学与计算生物学	35	4 131	8.836	17.237	1.543
3	Archives of Computational Methods in Engineering	荷兰	季刊	数学的跨学科应用	38	1 523	6.605	6.915	1.447
4	Briefings in Bioinformatics	英国	双月刊	数学与计算生物学	92	4 731	6.302	7.065	3.511
5	Bioinformatics	英国	半月刊	数学与计算生物学	792	95 300	5.481	8.561	0.872
6	SIAM Review	美国	季刊	应用数学	25	8 047	4.886	5.505	2.240
7	Annals of Mathematics	美国	双月刊	数学	40	11 695	4.768	4.693	0.825
8	Advances in Nonlinear Analysis	德国	季刊	数学、应用数学	22	290	4.674	2.786	0.500
9	Journal of the American Mathematical Society	美国	季刊	数学	25	3 371	4.625	4.138	2.000
10	Computer Method in Applied Mechanics and Engineering	荷兰	15 期/年	数学的跨学科应用	484	26 508	4.441	4.499	1.388
	均数				155.9	15 742	6.035	7.281	1.499

从表 2 和表 4 中可以看出，中国大陆被收录论文数最多的是《中国科学：数学(英文版)》(143 篇)，14 种期刊的平均值为 82.214 篇，小于 604 种期刊的平均值(93.887 篇)；被引频次最多的是《应用数学和力学(英文版)》(2 089)，14 种期刊的平均值为 735.857，小于 604 种期刊的平均值(2 477.533)；影响因子最高的也是《应用数学和力学(英文版)》(1.538)，14 种期刊的平均值为 0.682，小于 604 种期刊的平均值(1.191)；5 年影响因子最高的也是《应用数学和力学(英文版)》(1.525)，14 种期刊的平均值为 0.708，小于 604 种期刊的平均值(1.330)；即年指标最高的是《应用数学和力学进展》(0.325)，14 种期刊的平均值为 0.194，小于 604 种期刊的平均值(0.325)。综上可见，中国大陆 14 种数学期刊的被收录论文数、被引频次、影响因子、

即年指标均小于 604 种期刊的平均值。

表 4 2017 年 JCR 收录的 604 种数学期刊的基本计量指标平均值

样本	被收录文章数	被引频次	影响因子	5 年影响因子	即年指标
中国大陆 14 种期刊	82.214	735.857	0.682	0.708	0.194
604 种期刊	93.887	2 477.533	1.191	1.330	0.325
IF 最高的 10 种期刊	155.9	15 742.2	6.035	7.281	1.499

从表 3 和表 4 中可以看出，全球 IF 最高的 10 种数学期刊中 4 种为美国的期刊，3 种为英国的期刊，2 种为荷兰的期刊，1 种为德国的期刊。被收录文章数最多的是 *Bioinformatics*(792 篇)，10 种期刊的平均值为 155.9，大于 604 种期刊的平均值(93.887)；被引频次最多的也是 *Bioinformatics*(95 300)，10 种期刊的平均值为 15 742.2，大于 604 种期刊的平均值(2 477.533)。影响因子最高的是 *Acta Numerica*(9.727)，10 种期刊的平均值为 6.035，大于 604 种期刊的平均值；即年指标最高的是 *Briefings in Bioinformatics*(3.511)，10 种期刊的平均值为 1.499，大于 604 种期刊的平均值。综上可见，IF 最高的 10 种数学期刊的被收录论文数、被引频次、影响因子、即年指标的平均值均大于 604 种期刊的平均值。

单独看中国大陆的 14 种期刊与 IF 最高的 10 种期刊：

(1) 14 种期刊被收录论文数的平均值是 IF 最高的 10 种期刊的平均值的 52.7%，被引频次的平均值仅为后者平均值的 4.67%，说明中国大陆数学期刊国际影响力较小，刊登论文的质量较低，没有被国际数学界广泛引用。

(2) 影响因子的平均值仅为后者的 11.3%，说明中国大陆数学期刊前两年发表的文章被引频次少，反映中国大陆数学期刊出版周期较长，而论文数较大。

(3) 即年指标的平均值为后者的 12.9%，说明中国大陆数学期刊当年刊登的论文，当年影响非常小；发表成果的首发性、时效性不够。

显然，作为中国大陆数学期刊领域的高端期刊，影响因子和总被引频次的平均值远低于国际整体平均值，尤其缺乏在国际舞台上有竞争优势的顶级期刊，这与中国大陆数学学科在国际的学术影响力和地位是不相称的。

2.2 14 种期刊 5 年被收录论文数和影响因子

被收录的 14 种数学期刊 2013—2017 年的被收录文章数平均值和影响因子平均值如表 5 所示。可以看出，这 14 种期刊这 5 年的平均影响因子在稳步上升的同时，被收录论文数在逐步减少，直到 2017 年出现小幅度回升。这与中国大陆期刊的平均年载文量近年来呈现持续下降的态势(4 年间下降了 13.77%)[2]是一致的，与 JCR 收录全部期刊的平均年载文量相对稳定且略有上升(4 年间的增幅为 6.62%)的态势正好相反。

表 5 14 种期刊 5 年被收录论文数和 IF 的平均值

年份	2013 年	2014 年	2015 年	2016 年	2017 年
被收录论文数	83.21	87.14	82.00	78.93	82.21
IF	0.538	0.550	0.548	0.554	0.682

2.3 "中国科技期刊国际影响力提升计划"资助效果简析

这 14 种数学期刊中，《应用数学和力学(英文版)》获第一期和第二期 B 类资助，《中国科学：数学(英文版)》获第一期 C 类资助,《计算数学(英文版)》获得第一期和第二期 B 类资助,《数学物理学报》获第二期 B 类资助,《系统科学与复杂性学报》获第二期 C 类资助。

以 2013—2017 年的 JCR 数据为基础,可以看出,受到"提升计划"第一期(2013—2016 年)资助的期刊在影响力指标(见表 6)方面提升显著,其中《应用数学和力学(英文版)》总被引频次增加 75.55%,影响因子提高 91.77%;《中国科学:数学(英文版)》总被引频次增加 154.74%,影响因子提高 69.86%。值得注意的是,这 3 本期刊的年载文量在 2013—2017 年间也呈现出下降的趋势。

表 6 受到"提升计划"第一期资助的期刊影响力指标

期刊	指标	2013 年	2014 年	2015 年	2016 年	2017 年	变化量	增幅/%
应用数学和力学(英文版)	总被引频次	1 190	1 331	1 412	1 842	2 089	899	75.55
	影响因子	0.802	1.128	0.922	1.205	1.538	0.736	91.77
	载文量	118	125	119	121	118	0	
中国科学:数学	总被引频次	475	569	787	1002	1210	735	154.74
	影响因子	0.71	0.657	0.761	0.956	1.206	0.496	69.86
	载文量	196	193	168	148	143	-53	
计算数学	总被引频次	815	737	647	683	826	11	1.35
	影响因子	1.049	0.603	0.731	0.641	1.026	-0.023	-2.19
	载文量	36	42	36	6	40	4	

3 基于 Scopus 的 14 种数学期刊影响力分析

Scopus 数据库于 2004 年 11 月由 Elsevier 公司推出,是目前全球最大的文摘和引文数据库,截至 2018 年 5 月底共收录全球 5 000 多家出版商的 22 800 多种期刊、丛书、会议论文集等连续出版物,其中同行评议期刊 21 950 多种(包括 3 600 多种完全开放获取期刊),约占总数的 96.27%。由于 Scopus 收录全球超过 40 种语言的科研文献,其覆盖内容在国家分布上显得更为广泛。2016 年 12 月,Elsevier 依托 Journal Metrics (JM)平台公布了衡量期刊影响力的重要指标 CiteScore (CS),CS 被定义为:某期刊前 3 年发表的文献在统计当年被引用次数除以该刊前 3 年发表的文献数。CS 和 IF 是同类指标,都是某期刊一定引证时间窗口内论文的篇均被引频次。由于 CiteScore 能够覆盖 Scopus 内所有的活跃期刊,其数量是 JCR 中有影响因子期刊的 2 倍,其引入可增加行业公平性[3]。

依据 Scopus 官网,截至 2018 年 4 月,Scopus 数据库收录数学期刊(筛选条件:学科分类 Mathematics+类型 Journal)1 520 种。这里需要指出的是,Scopus 和 JCR 的学科分类方式不同。

2016 年 JCR 收录的中国大陆 14 种数学期刊在 Scopus 数据库中的主要计量指标如表 7 所示,按照 CS 2016 降序。可以看出,CS 和 IF 由于所用引证时间窗口不同,同一期刊的 CS 和 IF 差异明显;与 JCR 中的排名相比,其中有 5 种期刊排名没有变动,其余 9 种有明显差异。通过数值计算,可得这 14 种数学期刊的 CS 和 IF 的皮尔逊相关系数为 0.98,这可以说明 CS 和 IF 是高度相关的。

4 中国英文科技期刊和发表论文的现状

近年来,在期刊管理部门的重点关注和科学界的大力支持下,中国英文版科技期刊在数量变化、学术影响力、品牌显示度等诸方面均呈现出良好的快速发展态势[4-7]。

表7　Scopus数据库中的指标

	序号	刊名	CS 2016↓	IF 2016	SJR 2016	SNIP 2016
	1	应用数学和力学(英文版)	1.28	1.205	0.412	0.841
	2	中国科学：数学(英文版)	0.93	0.956	0.921	1.010
	3	计算数学(英文版)	0.86	0.641	0.588	0.884
7→	4	应用数学和力学进展	0.81	0.763	0.508	0.692
8→	5	系统科学与复杂性学报(英文版)	0.75	0.556	0.341	0.671
	6	数学物理学报	0.64	0.483	0.578	0.841
4→	7	交叉科学-计算生命科学	0.63	0.753	0.222	0.270
13→	8	中国数学前沿	0.58	0.333	0.386	0.584
5→	9	东亚应用数学杂志	0.54	0.426	0.456	0.465
12→	10	数学年刊(B辑)	0.51	0.362	0.401	0.605
9→	11	数学学报(英文版)	0.47	0.446	0.412	0.723
10→	12	高校应用数学学报B辑(英文版)	0.40	0.247	0.275	0.387
11→	13	代数集刊	0.30	0.343	0.472	0.631
	14	应用数学学报(英文版)	0.26	0.242	0.201	0.340
		均数	0.64	0.554	0.441	0.639

据《中国科技期刊发展蓝皮书(2017)》[8]统计，中国英文科技期刊数量近年来呈加速发展态势，302种英文科技期刊中有32.78%(99种)为2010—2016年创办。仅2016年，在国家新闻出版广电总局的重视下以及在中国科协、财政部、教育部、国家新闻出版广电总局、中国科学院、中国工程院六部委组织实施的"中国科技期刊国际影响力提升计划"的大力促进下，中国共创办了19种英文版科技期刊(其中4种为中英文双语种期刊)。2016年也有少量中文版科技期刊变更为英文版出版，少量英文版期刊根据学科发展的需要变更刊名，以调整刊载内容的学科范围。

据不完全统计[7]，2017年度中国大陆有18种英文科技期刊被SCI收录，其中一半是2013年以来创办的新期刊。

发表论文方面，据《中国科技期刊发展蓝皮书(2017)》统计：

(1) 2007—2016年中国被SCI收录期刊发表论文占同期全球论文总数的1.68%，年发表论文总数增加了41.81%；同期，中国作者发表的SCI论文数增加了242.02%。十年间中国SCI收录期刊发表论文的"引文影响力"为5.86，是同期中国全部SCI论文"引文影响力"(12.80)的45.78%。显示出中国SCI收录期刊的论文产出规模和影响力还相对较低。

(2) 2007—2016年中国机构在SCI收录中国科技期刊发文数仅占中国SCI论文总数的9%；同期中国SCI期刊发表论文的总被引次数仅占中国全部论文总被引次数的4%，在一定程度上说明中国作者把大部分优秀论文发表在国外SCI收录的期刊上了。

5　数学期刊发展思考

期刊国际化是世界经济全球化趋势在出版业的反映，也是学术交流、学术思想传播跨越地域限制的重要体现[9]。英文期刊既要服务于国内的科研，又承担对外宣传展示和国际交流的功能。近年来，在国家政策扶持下，中国英文学术期刊迎来办刊高潮，涌现出一批崭露头角的优秀英文期刊[10]。可以看出，目前中国大陆英文科技期刊处于重要的发展机遇期。针对数学期刊，通过本研究的统计分析，我们对中国数学期刊的国际化发展有进一步的思考：

(1) 创办更多英文数学期刊。

据统计，日本的学术期刊总数为1 619种，其中英文学术期刊621种，英文期刊占期刊总量的38.35%；法国有学术期刊639种，其中英文期刊217种，英文期刊占比为32.92%；德国有学术期刊1 844种，其中英文期刊979种，占比53.09%[11]。而目前中国大陆有302种英文科技期刊，仅占科技期刊总数的6.20%，这与中国的科技发展水平不相匹配，也影响中国科技工作者通过自己的英文期刊进行国际学术交流。

伴随着国家"双一流"建设战略的实施，我们有实力办好更多的国际化数学期刊。此外，诸如"中国科技期刊国际影响力提升计划"(以下简称"期刊影响力计划")及相关支持条件的出台，使得中国英文版科技期刊在运行经费和政策环境方面面临着前所未有的发展机遇，许多有条件的期刊在学术影响力提升和国际化发展方面也进行了一些有益的尝试，并取得不少成功的经验。这也为后续英文版期刊的创办作了很好的准备。

(2) 加强数学期刊与数学学科的合作。

学科建设和期刊发展是相互依赖、相辅相成的。学科建设推动期刊质量提高，促使其办出特色。同时，期刊通过自身主动的、有目的的服务，又促进学科建设[12]。2017年，中国提出"双一流"建设战略，北京大学、清华大学、北京师范大学等，均有世界一流数学学科建设，我们要抓住这一有利时机，改革创新，努力发挥数学期刊对数学学科建设的积极作用，争取优秀科研成果，吸引好的论文在中国数学期刊上发表。

(3) 打造国际化期刊编辑队伍。

科技期刊能力建设的根本在于编辑出版人才，一流的编辑办一流的期刊[8]。一是要瞄准国际社会共同关注的重大问题，提升选题策划和稿件组织能力；二是要引进国际办刊力量、提升办刊人员国际化素质，把英文期刊真正办成国际化期刊。

(4) "借船出海"。

中国SCI期刊中，仅有13种期刊未与国际出版商合作(占中国SCI期刊总数的7.26%)，利用自己或国内出版单位提供的平台。换句话讲，目前中国高影响因子的科技期刊，无一例外地都依赖于海外出版商所提供的发展平台[8]。"借船出海"，可大大地提高期刊的出版效率，快速提升期刊影响因子，扩大期刊认知度，增强期刊品牌影响力，如中国大陆被SCI收录的14种数学期刊，其中12种都与国际出版机构合作。在与国际出版机构合作的过程中，我们无疑可以学到很多国际化的学术质量标准、编辑出版质量控制、宣传推广等方面的经验，为打造中国自主出版品牌提供基础。

当然，要"借船出海"更要"造船出海"，这是科技期刊国际化转型升级的必然选择。我们期待在一个能与国际期刊平等交流对话的中国学术期刊大平台上，不断开拓走向世界的道路。

参 考 文 献

[1] 国家自然科学基金委员会.国家自然科学基金"十三五"发展规划[R/OL].(2016-06-16) [2018-03-20].http://

www.nsfc.gov.cn/nsfc/cen/bzgh_135/index.html

[2] 任胜利,宁笔,严谨.2017年我国英文版科技期刊发展回顾[J].科技与出版,2018(3): 47-52.

[3] DA SILVA J A T, MEMON A R. CiteScore: a cite for sore eyes, or a valuable, transparent metric? [J]. Scientometrics, 2017, 111(1):553-556.

[4] 任胜利.2014年我国英文版科技期刊发展回顾[J].科技与出版,2015(2): 9-12.

[5] 杜耀文,宁笔.成绩 挑战:2015年度我国英文版科技期刊发展回顾[J].科技与出版,2016(2):28-34.

[6] 任胜利.2016年我国英文版科技期刊发展回顾[J].科技与出版,2017(2): 30-33.

[7] 宁笔.2017年SCI新收录中国大陆期刊及简析[EB/OL].(2018-01-09)[2018-03-20].http://blog.sciencenet.cn/home.php?mod=space&uid=408109&do=blog&id=1091926.

[8] 中国科协学会服务中心.2017中国科技期刊发展蓝皮书[M].北京:科学出版社,2018.

[9] 汪沁.从学术规范角度看我国英文社科期刊的国际化进程[J].出版科学,2017,25(4): 101-104.

[10] 清华大学图书馆,中国科学文献计量评价研究中心.中国英文学术期刊国际国内引证报告(2016)[M].北京:《中国学术期刊(光盘版)》电子杂志社有限公司,2016.

[11] 初景利.从"借船出海"到"造船出海"[J].科学新闻,2015(22):33-35.

[12] 郭俊仓,何博雄.科技期刊发展与学科建设的关系[J].中国科技期刊研究,1999,10(4): 256-258.

科技期刊供给侧建设策略研究

陈呈超,朱宝象,高 蓓,徐 环,庞 旻

(《中国海洋大学学报(自然科学版)》编辑部,山东 青岛 266100)

摘要:科技期刊在新媒体融合发展的大背景下,迫切需要更为优质的稿源、数据支持和多元化出版,从而能够为读者提供更为精准的知识服务,这为期刊供给侧建设提供了总体要求和发展方向。为探究科技期刊的供给侧发展策略,本文探讨了科技期刊供给侧建设的内涵,分析了供给侧建设的动因,结合目前科技期刊供给侧建设的现状,设计出科技期刊供给侧建设五位一体的实施标准,阐述其在办刊中的具体实施策略,以期提高办刊质量和服务水平,提升期刊的学术影响力。

关键词:科技期刊; 供给侧; 媒体融合; 数字出版; 多元出版

当前,关于供给侧结构性改革的相关研究主要集中在工业、经济范畴[1],在文化领域中的广播、电视媒体的供给侧建设问题稍有涉及[2],取得良好效果。有关科技期刊供给侧建设的讨论也逐渐成为学者研究和关注的热点,作者在中国知网以关键词"供给侧"查询到 34 520 条文献,以"期刊供给侧"仅查询到 7 条文献。文献数量虽少,但涉及的面很广,包括国家层面的科技期刊供给侧问题[3]、个刊供给侧建设实践的案例[4]、从内容建设进行的供给侧建设[5],以及针对新媒体知识服务和数字化发展的供给侧探讨[6-7],且研究颇为全面深入。赵大良[8]思考了科技期刊的供给侧建设,从供给侧的含义、科技期刊出版宗旨、出版定位等角度阐述科技期刊进行结构调整、质量提升、转变方式、增加效益等方面应着手的改革。受上述文献的启发,本文拟梳理和探讨科技期刊供给侧建设的策略和方法,并结合办刊实际,总结出有利于科技期刊实施供给侧建设的五位一体的实践标准,并阐述了实施该标准的具体策略。

1 科技期刊供给侧建设的内涵

需求-供给分析是微观经济学中分析市场供求关系的一种基本方法,供不应求或供过于求,都会导致市场商品价格的变化,企业在产品投入市场前,需要充分了解消费者对产品的需求,包括显性需求和潜在需求,以制定供给侧策略来提高产品质量和服务。所谓的"供给侧",即供给方面,是指国民经济的平稳发展取决于经济中需求和供给的相对平衡。"供给侧结构性改革"是指从国民经济的供给端入手,针对经济结构性问题的制度性矛盾而推进的改革,旨在使供给和需求相匹配,在结构调整中提升经济增长的速度与质量,改善人民生活福祉。

科技期刊作为产品,是一种连续出版物。期刊出版工作由编辑、复制和发行构成,编辑是指以生产出版物的精神文化内容为目的,策划、组织、审读、选择和加工作品的一种专业性的精神生产活动,它是出版物复制和发行的前提,是整个出版工作的中心环节。科技期刊编辑出版流程主要包含三个环节:①甄别具有潜在受众的内容;②精制其内容;③传播其内容至尽可能多的受众，也就是我们常说的稿源建设、质量控制、出版传播。科技期刊的工作特点和流程决定了其供给侧建设主要是在内容建设和质量控制环节进行改革，以满足出版传播和学术交流的需求。张伟伟等[6]指出：学术出版工作改革的方向是知识服务提供，需求侧需要的是知识，即解决问题的方法和方案，因此学术期刊在供给侧需要提供的不再是干巴巴的信息，而是知识服务。周骥等[3]指出：我国学术期刊出版主要存在着供给需求不平衡，体现在内容生产、出版形式、资源配置和人力资源四个方面。陈晓峰等[5]探索了学术期刊可实施的知识服务模式，助推学术期刊供给侧建设，提出："新时期学术期刊供给侧建设的核心要求将会是精准知识服务，这将会对期刊传播力与学术影响力提升产生决定性影响。"朱明等[4]指出，当前我国科技期刊供给端存在的显著问题是高质量科技期刊缺乏，而中低端产品生产过剩，造成供给不足，满足不了当前的学术需求。分析上述等文献得到，科技期刊供给侧建设的内涵主要包括两层面的含义：一是国家层面，扶持一定数量的精品、优质期刊，多渠道满足日益多元化的学术和科研需求；二是个刊层面，提供高质量论文、学术内容、精准知识服务，满足和引领学术交流和科研需求。

2 供给侧建设的动因

十九大报告中指出：在中国特色社会主义新时代，社会主要矛盾已转化为人民日益增长的美好生活需要和不平衡不充分的发展之间的矛盾。要着力解决好发展不平衡不充分问题，需要大力提升发展质量和效益，更好满足人民在经济、政治、文化、社会、生态等方面日益增长的需要，更好推动人的全面发展、社会全面进步。这是我国在经济领域大力推进供给侧建设的根本原因。

科技期刊是原始创新的重要平台，是科研成果集中记录和交流传播的基本载体，是发现和培养科技人才的重要手段，也是国家科技软实力的重要标志。近年来，随着国家科技投入持续加大、科研水平不断提高和出版事业的快速发展，我国科技期刊取得了长足发展，学术水平、总体质量和国际认知度不断提升，为推动我国科技发展和学术创新做出了突出贡献。但科技期刊在国家创新体系中的功能定位还不够清晰，在论文学术质量、信息传播时效性以及市场竞争力等方面与发达国家相比尚存在一定差距，在学术评价中还存在着标准单一化、程序程式化、方法简单化、方式机械化的现象[9]。朱作言等[10]指出，我国学术期刊的主要矛盾是"我国的科技期刊数量和质量远不能满足科研成果产出的需要"，即"论文跟不上科学研究的步伐"，这种主要矛盾也是决定科技期刊进行供给侧建设的主要动因。

网络信息时代，新型科研范式的产生，学术社交网络出现和应用，使科学研究与交流的方式、方法发生着改变。科学研究是学术出版的源头活水，必将带来学术出版范式的改变，有关学术出版的概念、目标和任务需要重新认识，学术期刊作为学术出版的主要组成部分，亦将随之质变。学术交流系统中科研人员对学术资源的需求形式、信息获取方式、信息组织和呈现方式、传播方式、共享方式、保存方式的改变要求科技期刊顺势而动，从供给侧做出相应改变[11]。为此，科技期刊的出版模式、流程、形态、功能必将发生改变，从供给侧提供的内容亦必将进行全方位调整。

新媒体融合发展，使得终端用户学者的需求发生深刻变化，读者获取信息方式和自身阅读方式以及对内容的需求亦发生变化。读者获取信息的方式由主动越来越多地被精准推送、推荐阅读所替代，若没有精悍的内容提要，读者很难花相当的时间深入阅读，来了解论文研究，读者不再局限于获取这个信息，需求侧需要的是解决问题的方法和方案，需要精准的知识服务提供[6]。

为此，科技期刊的发展趋势正朝国际化、专业性、数字化和知识服务化方向迈进。刊网融合、数据出版、多元出版、新媒体传播、快速发表等，致使(倒逼)学术期刊在供给侧内容提供上也需要发生变化，内容提供不仅仅是单一的论文，需要数据、视频、拓展知识等大量的信息，多而不乱，广却不散。

3 供给侧建设的现状分析

本文选取 CSCD 核心库中收录的 81 种高校主办的科技期刊，通过查阅各刊近两年发表的论文，发现这些期刊的来稿中策划稿和专辑稿的比例虽有增加，但还是以自由来稿为主，自由来稿约占所有来稿的 80%；策划稿在所有发稿中的占比小于 10%，20%的期刊会每年出版 1~2 期专辑刊。高校主办的医学类期刊和英文期刊近些年在稿源建设方面改革力度颇大，多依靠领域专家以专辑或专题形式出刊，策划稿、专辑发稿占总发文的 40%左右，甚至更高，如《山东大学学报(医学版)》2017 年出版 6 期专题刊；《航空学报》持续跟踪领域研究热点，深入实验组组织出版专刊、专栏，2017 年就出版专栏 3 期；CJA 依靠领域专家坚持出版国际专栏。这些期刊通过加强稿源建设，优化稿源结构，增发优质稿件，通过专题、专辑出版形式，获得广大读者的青睐，取得很好的学术效果。

笔者在 2016 年编辑学术会议期间，通过超星问卷系统调研了 141 名科技期刊编辑人员，情况如下：①各期刊稿源情况。自由来稿占 38%，编辑约稿 23%，专家组稿占 13%，会议征稿 9%，主编约稿占 13%。②发文中策划稿占发稿比例，65 人选 10%以下，51 人选 10%~50%，12 人选 50%以上，13 人选无策划稿件。随机抽查的结果可作为科技期刊在稿源中约稿、策划稿占比的平均水平，对比表明高校科技期刊主动约稿和策划稿的比例低于平均水平。可见目前专业性科技期刊愈来愈注重稿源建设的策划和约稿问题，注重以专题、专辑和专栏的刊登形式，正在加大力度着手供给侧建设，不断优化稿源结构，提高稿源质量。

笔者又查阅 81 种高校期刊网站、微信公众平台建设情况和服务内容，发现大部分期刊网站功能包含：期刊介绍、编委会、投稿指南、期刊订阅、广告合作、下载中心、友情链接、动态新闻、留言板、联系我们等。网刊系统包括：当期目录、过刊浏览、高级检索、优先出版功能模块、推荐热点文章功能模块、百度学术高引排行功能模块、按索引类型展示文章模块、论文下载、点击排行、专题文章、论文图标功能展示、E-mail Alert、文章多媒体分享功能，部分期刊全文支持 HTML 格式，有些期刊启用 iPad 移动阅读平台。大部分科技期刊的微信公众平台也只是网站内容的翻版，缺少与作者互动的信息内容。由此表明：网站和移动媒体的功能和服务基本上都是围绕纸版论文内容展开，缺少多元化的出版内容、相关链接的知识拓展，以及精准服务的数据支持和实验过程，文章中很少嵌入二维码，对知识和阅读加以延伸。

相反，有些专业性强的科技期刊，基于社会化服务思维对网站功能拓展或成立期刊网联盟，围绕这种社会化服务思维，以用户为中心，发展出了专业、丰富、多层次、个体化、精准、快速、互动的信息传播模式，甚至包括引入商业模式。这些围绕用户需求而创建的创新增值服务为科技期刊网站带来了新的多元面貌，展现出新的发展活力[12]。如"中国光学期刊网"及"光电汇""中国船舶期刊网""中国水产期刊网""肿瘤科学网""自动化仪表"网站和"《肝脏》杂志"网站都可提供行业期刊集群服务，以及其他创新增值服务。可见，这些内容已经打破了科技期刊传统的内容建设，更加注重论文相关的知识服务，并且是满足社会重要需求的精准服务，这些专业性科技期刊正在尝试进行供给侧建设，值得学习和借鉴。

4 供给侧建设的实践标准和策略

受上述参考文献和部分科技期刊的具体案例启发，本文梳理提出科技期刊实施供给侧建设的实践标准和具体策略(见图1)。

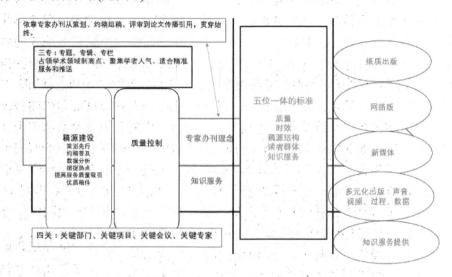

图 1 科技期刊供给侧建设实践标准和策略

图 1 中包含三部分内容：最右侧是科技期刊供给侧的内容展现形式，包括数字化、新媒体融合、多元出版形式和知识服务，此部分内容已在文献[2-7]已做详细讨论；中间是本文提出的五位一体的实践标准，是用来评判供给侧建设的尺度；最左侧是供给侧建设的具体策略。

五位一体的实践标准包含：质量、时效、稿源结构、读者群体、知识服务。质量：包含论文本身的学术质量+同行评议的质量和公正性+编校质量，优质稿源是影响科技期刊学术质量的核心要素，优质稿源建设是提高科技期刊学术影响力的最实质性内容，是切实促进科技期刊质量建设的根本，因此质量是衡量供给侧建设实践的最主要标准。时效：包含论文研究内容的时效和稿件处理的高效，时效性也是学术论文的重要特征，前沿性，热点问题的研究能够引起学者的广泛关注，为此遴选颇具时效性的稿源特别重要；审理高效是作者选刊的重要标准，作者期望自己的研究成果能在短时间公布于众，因此审理速度也是吸引高质量论文，衡量供给侧建设的重要因素。稿源结构：主要指优质稿件，策划稿、约稿、"三专"稿占总发稿的比例，这是衡量供给侧建设最可直接的量化指标。读者群体：是指所发论文的研究领域是否有较多数量的科研和从业人员，是否符合社会所需的广泛应用技术或产业发展需求，此类文章也会得到很好的认可，也是对创新驱动发展的落实，是供给侧建设的重要指标。知识服务：是科技期刊提升学术影响力，凝聚学者用户，拓展学术服务的重要途径，科技期刊根据读者需求，甄选和提供优质和精准知识服务，必将成为供给侧建设实践的评判指标。

五位一体的实践标准，并非相互独立，而是相互融合，互为一体，共同指导科技期刊供给侧建设。本文将围绕此标准，结合一些科技期刊的实践经验，阐述供给侧建设的具体策略。

(1) 明确期刊定位。近年来，期刊专业化改造，以及新创办的专业化英文期刊，逐渐在其学科领域内形成品牌，对一些综合性期刊造成强劲冲击。因此一些综合性科技期刊一定要依据自身的优势学科，进行特色定位。如江南大学利用优势学科，重点扶持高端刊物；改革综合性学报，进行专业化办刊；重组刊号资源，扶持新兴产业刊物等措施着手供给侧建设试验[4]，取得良好效果。如中国海洋大学学报服务学校"双一流"建设，探索在国际学术期刊转型发展中目标定位，首先依托中国海洋大学海洋生命交叉综合领域的优势学科和青岛海洋科学与技术国家实验室的优势资源，申请创办新刊《海洋生命科学与技术(英文)》取得成功，新刊定位于发展成为支撑海洋生命科学与技术学科群交叉融合发展的一流国际学术交流平台；同时以国际一流的涉海专业性学术期刊为目标定位，改革谋划中国海洋大学学报英文版的办刊工作；以国内一流、国际知名的涉海综合性学术期刊为目标定位，加大学报中文版质量提升。

(2) 吸引优质稿源。优质稿源建设是期刊加快学术资源"供给侧"改革的重要举措。但近些年，优质稿源"外流"已为常态，特别是一些自由来稿充足，在学者当中(无论从作者投稿还是从同行专家角度)，期刊已被定位在某个"学术层次"上，这些期刊更难突破瓶颈，要吸引优质稿源，需要采取一系列措施来加大供给侧建设。当下很多期刊加强专家办刊的机制，依靠领域专家进行专辑组稿，将专家办刊的理念从策划组稿、约稿、评审到传播引用贯彻始终；很多期刊通过跟踪"四关"(关键部门、项目、会议、作者)，强化"三专"(专辑、专题、专栏)和特色栏目建设，以及通过加强质量控制，逐步提升论文发表门槛。制定出台相关配套办法，出台"三专"建设和特色栏目策划组稿的实施办法，保证"三专"的出版质量，规范出版流程；制定"优稿优酬"办法，对期刊的优稿优酬支付标准进行规范和提高，加大吸引高端学术资源(高端作者群、名作等)的力度。

(3) 采用分而治之的策略，快速发表优质论文。当期刊进入一种常态化，稿源水平也基本固定下来，审稿的门槛和尺度也会在一段时间维持在特定水准上。供给侧建设重要的措施就是要甄选出更有学术价值的论文，区别对待，对于这些论文，应开辟绿色通道，加快优先数字出版速度，加大传播和精准推送力度。为了避免在处理时间上抹杀这些优质论文，需要整体上提高审理效率，笔者通过尝试，认为将稿件处理时间(从作者投稿到录用确定)定在2个月内85%的论文是可以完成的，在此前提下，根据评审意见和编委诊断，精准遴选优秀稿件，快速排版和校对，及时优选发表和传播，整个过程可以在4个月内完成，这就需要编辑与审稿专家和编委做及时沟通，让他们明确加急的意图，还需要期刊的排版能力，优先出版等措施予以保障。对于学术水平较为一般的论文，可以通过加大退稿或发表增刊的方式进行"包容"，将退稿率控制在60%左右，唯有这样，期刊才能留住和吸引更优质稿件，摒弃劣质稿源，逐步提高审稿门槛。

(4) 优化稿源结构，加大策划、约稿力度。当前，许多科技期刊越来越注重办刊的前期工作，加强学术信息搜集与分析、选题策划，跟踪学术会议和前沿热点，从省部级重点基金项目、从发文中分析活跃作者和热点研究方向、从产业应用需求中分析研究趋势，组织学术会议加大组稿，依靠领域专家策划学术选题，通过组织专栏、专辑，加大约稿力度。这些措施，对于优化稿源结构至关重要，可以帮助期刊逐渐摆脱"低水平"循环。作者认为，供给侧建设较为理想的目标是策划稿、组稿的比例最好达到50%，优质稿占总发稿的比例应在40%以上，特约综述稿每年在10篇以上，为此，科技期刊需要充分依靠专家办刊机制，发挥专家在办刊过程中的作用，依托重要学术资源。比如涉海期刊，目前中国科学院、国家海洋局、农牧渔业部、地质矿产部、石油部、交通部等部局，以及沿海各省、市、自治区和一些高等院校等有 100 多个海洋研究机构，涉海科技期刊应精准服务于这些研究机构的学术研究，响应国家重大战略需求，有层次、有侧重地服务和引领这些机构科学研究与学术交流。

(5) 关注读者需求，提高知识服务。知识服务是指从各种显性和隐性知识资源中按照人们的需要有针对性地提炼知识和信息内容，搭建知识网络，为用户提出的问题提供知识内容或解决方案的信息服务过程。其特点就在于，它是一种以用户需求为中心的，面向知识内容和解决方案的服务。有研究表明科技期刊供给侧建设的核心要求是精准知识服务，科技期刊要运用互联网思维，大数据技术，加强学术信息资源建设，加大数据分析，充分利用新媒体，黏住用户。对于来稿分析，编辑除基本初审外，还应在知网、百度学术等学术平台进行学术拓展，获得文章相关学术信息，包含相似文章、相关研究作者、相关机构，作者和读者需求，包括显性和隐性需求，编辑要积累学术信息认知，增强策划能力，拓展服务作者读者的知识需求，帮助作者、读者进行研究选题，提高增值服务水平。科技期刊需要通过网站和新媒体技术，增强网刊数据，拓展知识链接，优化呈现内容，增强数据支持、过程出版，实现精准推送、快速传播。这些功能的实现，在技术上已经不成问题，涌现出相当多的数据公司，如超星、玛格泰克、北京仁和和 RAYS 编辑系统等，关键是编辑如何采集和拓展供给侧的精品内容，为此科技期刊要重视知识服务方面的内容建设，调整和重组人员结构，做好分工。

5 结束语

本文根据科技期刊供给侧建设的基本现状，结合科技期刊发展趋势和要求，剖析了科技期刊供给侧建设的内涵和动因，梳理和总结相关文献的经验做法和自身办刊体会，提出评判供给侧建设五位一体的实践标准和具体策略，有些策略或源自实际办刊经验，已付诸实践，或源自科技期刊的规划设计，对于提高供给侧建设具有一定的指导。但本文在调查研究方面还不够深入，有些好的做法和经验难免疏漏，提出的标准和策略还不够全面，未来在办刊的实践中应需不断完善优化，实时总结出指导办刊的有效策略。

参 考 文 献

[1] 龚刚.论新常态下的供给侧建设[J].南开学报(哲学社会科学版),2016(2):13-20.
[2] 郭晓璇.从供给侧建设谈传统媒体的转型[J].新闻研究导刊,2016(13):280.
[3] 周骥,侯海燕.期刊出版业供给侧结构性改革[J].科技与出版,2017(11):23-28.
[4] 朱明,吴锋.浅谈中国科技期刊的供给侧建设[J].科技与出版,2016(12):24-28.
[5] 陈晓峰,云昭洁,万贤贤.媒体融合精准知识服务助推学术期刊供给侧建设[J].中国科技期刊研究,2017,28(9):805-809.
[6] 张伟伟,李燕,赵文义,等.供给侧视域下的学术期刊数字出版发展路径[J].中国科技期刊研究,2017,28(2):151-155.
[7] 赵文义.略论学术期刊数字出版需求侧与供给侧的结构性改革[J].出版发行研究,2016(5):16-20.
[8] 赵大良.学术期刊出版的供给侧思考[R].2017 中国学术期刊未来论坛,北京.2017.
[9] 中国科学技术协会,教育部,国家新闻出版广电总局,中国科学院,中国工程院.关于准确把握科技期刊在学术评价中作用的若干意见[EB/OL].(2015-11-11) [2018-8-12].http://www.gapp.gov.cn/news/1663/268504.shtml.
[10] 朱作言,郑永飞.如何办好中国科技期刊[N].光明日报,2017-12-21.
[11] 初景利,盛怡瑾.科技期刊发展的十大主要态势[J].中国科技期刊研究,2018,29(6):531-540.
[12] 黄文华.科技期刊基于社会化服务思维的网站功能拓展探索——以上海市部分科技期刊网站为例[M]//科技期刊发展与导向(第十辑).上海:上海大学出版社,2016:112-115.

"一带一路"倡议下中医药期刊面临的机遇、挑战与对策

张洁怡

(上海中医药大学附属曙光医院《中医临证杂志》编辑部,上海 200003)

摘要:在分析"一带一路"倡议下中医药期刊面临机遇和挑战的基础上,提出相应的对策。"一带一路"倡议的实施,为中医药期刊走向世界提供了良好的机遇。中医药期刊总体实力不强、期刊定位不明、复合型人才缺乏是其所面临的极大挑战,应对策略包括明确期刊定位,了解读者需求,依托现有平台逐步实现国际化办刊,注重人才(尤其是翻译人才)培养,提升编辑素质(尤其是外向型办刊素质)等。

关键词:"一带一路"; 中医药文化传播; 中医药期刊; 国际化办刊

1 "一带一路"倡议给中医药期刊带来的机遇

"一带一路"倡议是十八大以来以习近平总书记为核心的党中央提出的伟大构想,是实现中华民族伟大复兴的中国梦的重要举措,是促进全球和平合作和共同发展的中国方案[1]。中医药是"一带一路"倡议重要的文化载体,不仅提供了特色鲜明的中国文化传播新途径,同时也再造了中医药海外发展的丰厚土壤。虽然"一带一路"横跨欧、亚、非三大洲,沿线各个国家文化存在差异性,但各国人民对于健康的追求是共存的。中医药文化作为中华文明的瑰宝,凝聚着五千多年灿烂文明的结晶,当前正处在天时、地利、人和的大好发展机遇,理应在"一带一路"建设中发挥更加重要的积极作用。据2016年第4次中国国家形象全球调查,中医药已经一跃成为最具有代表性的中国元素,选择比例达到50%,而在2012年第一次调查中,中医药还没有进入前十名[2]。

中医药期刊作为中医药经典医学理论和有效临床经验总结的重要载体,必将在中医药文化传播中起到重要作用。中医药期刊编辑正面临着前所未有的关注,摆在业者面前首要任务是充分利用这一机会,提升期刊的影响力。如何运用好这个机遇,将期刊做好做强,如何帮助中医中药走上国际舞台,是每一个中医药期刊编辑必须思考的问题和必须承担的重要责任。

2 中医药期刊在"一带一路"倡议下面临的挑战

"一带一路"沿线国家地域广、人口多、文化多样,它横跨亚、欧、非三大洲,沿线的各个国家之间在种族、宗教、语言、教育、科技等方面存在很大差异,其政治立场、利益诉求、行为模式也不尽相同。虽然文化的差异性会造成交流的困难和障碍,但是这种差异性不仅是对话交流的基础,更是各个国家之间寻求广泛共识的动力所在。

2.1 中医药期刊总体实力不强

与建成世界科技强国的战略目标相比，当前我国中医药期刊的总体发展规模和水平还存在较大差距，大多数期刊在"走出去"方面的实力还不够强。要实现中医药期刊的国际化，需要期刊的编辑、出版工作不局限于本土，而要参与到全球科技信息交流中，在国际交流中不断提高办刊质量与服务读者的水平。随着我国科技创新工程的开展，科研投入逐步加大。这些年，我国科研水平和产出有了较大进步，根据中国科学技术信息研究所发布的2013年我国科研国际论文产出状况报告，2013年SCI数据库收录世界科技论文总数为170.97万篇，其中中国科技论文为23.14万篇，仅次于美国，连续5年位列世界第二位。然而，在我国5 000多种科技期刊中，被SCI收录的期刊仅有190多种[3]。由此可见我国期刊的国际认可度及国际影响力还不是很高[4-5]。我国的科技出版目前的现状可以用"论文产出量大，科技期刊不强"来形容。中医药期刊作为科技期刊中的重要一部分，其总体状况也是如此，笔者将其概括为"数量不少，质量不高"。以上海的中医药期刊为例，目前全市有《上海中医药杂志》《上海中医药大学学报》《中医药文化》《中医文献杂志》《上海针灸杂志》《中成药》等多种中文期刊，刊名虽不同，但内容往往相似，容易形成无序竞争，不利于期刊长远发展。

2.2 中医药期刊自身定位不明

有学者指出[6]，追求学术期刊在世界的领先地位，唯一的途径应从追求学术上在世界的领先地位开始，否则只能舍本求末。中国的科技期刊如果一味地追求世界领先，没有把真正能体现学术特点的知识推广普及应用到广大医疗工作者中去，无疑是对自身定位出现了偏差，失去了办刊的意义。中医药的生命力根植于其深厚的历史底蕴、历代医家的提炼传承和确切的临床疗效。中医药期刊应紧紧围绕这几个中心办刊，切忌完全按照西医的模式肢解中医，要保留中医最为精华的本质内容，对海外读者讲好中医故事。更不能一味盲目地追求现代化热点抓人眼球，却忽略了中医药传播最根本的精华所在，反而不利于刊物的发展。借鉴国际、立足本土，才是中医药期刊在"一带一路"视野下应该承担的责任，也是杂志更好的发展策略[7]。

2.3 中医药期刊缺少复合型人才

人才是事业走向成功的关键，中医药期刊也是如此。由于中医药知识体系博大精深，语言高度凝练又多含古文，对于非中医专业的国内读者已稍显困难，对于国外读者来说更显晦涩难懂，翻译过程中稍有偏差就容易造成"失之毫厘，差之千里"的尴尬情况。如三盘落地势是《健身气功·易筋经》中的一节功法名称。出自《易筋经》，原文为："目注牙龇，舌抵上腭，睛瞪口裂，两腿分跪，两手用力抓地，反掌托起，如托千斤，两腿收直。"但在英语版的《健身气功·易筋经》书籍中出现了将"三盘落地"译为"three plates falling on the floor"(三个盘子掉在地上)，这种译法显然是缺乏健身气功专业知识的一种"硬译"[8]。又如，中医学病证名"五心烦热"常被望文生义地直译为"five hearts"，这在现代解剖学中显然是无法理解的。"五心"中的"心"原意并非"心脏(heart)"，也非"中心(center)"，却为心胸和两手足心。故而该病证翻译为"vexing heat in the chest, palms and soles"才较为妥当[9]。这就对中医类科技期刊的编辑提出了很高的要求。中医类科技期刊要成功走向国际化，得到国际认可，让国外读者能读懂、读通，进而能了解学习中医药文化的精髓是每个编辑必须达到的标准。这就需要编辑通晓中医的理法方药和中医文化的精髓，并能很好地将两者有机结合，此外，还要精通外语，对语言环境能熟练操作，才能对译稿做出正确判断，运用技巧，在尊重原稿的前提下将文字改通顺、改地道。目前，整个期刊行业中的中医英语编辑多为英语教育背景或中医专业出身，能达到通晓中医、精通英语的复合型人才少之又少。这就造成了很多本应潜力巨大的中医类期刊在"走出去"的道路上举步维艰，得不到认可。因此，中医药期刊要被国外读者认可，从业人员必须符合复合型人才的要求，即既懂得中医药理论与实践，又有扎实的外语(特别是)英语功底和翻译技巧；如果要在"一带一路"沿线国家和地区发行的话，对其风土人情、语言特点等的了解，也是必不可少的。

3 中医药期刊走向国际化的对策

3.1 明确期刊定位，了解读者需求

在"一带一路"推动中医药文化交流传播的有利格局下，中医药期刊应牢牢把握住机遇，重新审视期刊的学术定位和读者定位。在国际化的进程中，多借鉴与国际医学领域高度接轨的西医类期刊的有效办刊经验，分析自身弊端，从而取长补短。如已被 SCI 收录的《肿瘤》杂志主办和协办了多次国际性的学术会议，并成功实现国外作者约稿；引入国际化审稿系统 ScholarOne，更好地融入国际化办刊环境；并对原来的编委会进行了调整，编委会国际化程度得到提高，保障了审稿的国际化；开通全英文版杂志网站，让国外读者更高效地搜索到学术前沿文章[10]。以曙光医院的中-捷中医中心为例，中心建成以来发展趋于稳定，捷克当地对该中心的中医医疗需求强烈，除了门诊量爆满外，医院派出常驻中捷中心医生开设的养生课程也受到热捧。表明当地不但对中医药医疗需求度高，对中医药文化理论知识的探求也热度不减。曙光医院的《中医临证杂志》应及时定位，可针对在当地中医诊疗中的有效案例和经验总结进行组稿约稿，同时也可通过两地互通的学术交流活动尝试向当地中医药医疗工作者约稿，了解沿线民众需求，组建专栏。另外，可以依托曙光医院官网的《中医临证杂志》专栏，及时更新期刊动态，使期刊的电子版对外推广更具时效性、可读性。

3.2 依托现有平台，实现国际化办刊

《运动与健康科学》(英文版)是中国第一种被 SCI 和 SSCI 数据库同时收录对体育类学术期刊。该刊自 2012 年创刊即采取了全放国际化发展战略，编委会成员来自中国、美国、加拿大、英国、德国等多个国家和地区，国际编委占 75%以上。"运动""健康"也是中医药期刊的重点之一，因此，该刊的成功经验为中医药期刊破解困境提供了极好的样板。再如：《肿瘤》杂志引进了包括美国、英国、法国、瑞士、瑞典、新加坡、芬兰、加拿大、意大利等十多个国家和地区专家组成的国际性编委会。外聘了两位母语为英语的美国肿瘤学博士作为编辑，与编辑部一起处理稿件，使稿件的科学性和语言表达都得到较大的提高[10]。江苏科技出版社在 2009 年邀请美国中医师麦孟竹到出版社里工作一个月，期间对江苏科技出版社出版的《中医十大类方》一书进行翻译。该书的英文版在美国出版后受到了广泛关注。他们的经验都可以被中医药期刊借鉴。同时，对于中医药期刊而言，还有许多已有平台可以利用。如"十二五"期间，中医药已在 183 个国家和地区广泛传播，与外国政府、国际组织签订的中医药合作协议达 86 项。其中，"一带一路"沿线国家已建立了 9 个中医中心、7 所中医孔子学院[11]。中医药文化对外交流的纽带越来越多，平台越来越宽广。中医药科技期刊在向外推广的同时，也要借助这些平台，发掘海外中医中药专家，建立更多的交流，有机会将他们请进来。依靠平台与外方专家交流，不但能及时了解国外读者群阅读需求，也能依靠专家的实践经验规范中医药翻译。

3.3 注重人才培养，提升编辑素质

在中医类科技期刊越来越趋于国际化的形势下，英文编辑作为期刊编辑队伍中的一个重要组成部分，应该接受更专业的继续教育来提高自身素质。随着科技期刊国际化发展进程的加快，越来越多的科技期刊英文编辑已经意识到"只有提升自己的综合素质才能适应出版行业国际化的发展需求"。

3.3.1 编辑要拓宽学术视野、提高应变能力

"一带一路"倡议把中医药引向更广阔的国际舞台，这是展示中医药文化的良好契机。以往海外对中医药的理解相对比较片面。由于中医药理论系统博大精深，有时反而限制了海外中医爱好者对中医药文化精髓的探索，仅仅停留在针灸、推拿和草药等比较浅层次的理解。随着"一带一路"倡议的提出，带动了沿线国家中医药立法，为中医药的准入打开了大门。以上海中医药大学附属曙光医院与捷克赫拉德茨·克拉洛韦大学医院合作共建的中国-捷克"中医中心"为例，中国-捷克"中医中心"门诊部自 2015 年开张以来运行良好，病人络绎不绝。日均门诊量达 50~60 人次，预约的患者排队至次年。病人大多来自捷克当地，多见顽固性颈肩腰腿痛和各种神经系统疾病，如头痛、神经炎、中风等，此外还有消化科、妇科、皮肤科疾病[12]。曙光医院的《中医临证杂志》可以借此契机，抓住这几个关键点，组稿选题时着重于这些热点，或适时策划中捷中心中医药文化交流专刊。一方面将曙光医院优势病种的诊疗经验总结后推广到捷克当地，另一方面读者反馈后凝练选稿范围，助推中捷双方更深层的中医药文化交流。

3.3.2 翻译要一专多能、相互学习

中医药期刊要面向国外读者，面向"一带一路"沿线的专家和民众，英文翻译是不可或缺的。英文编辑作为中医药科技期刊队伍中的一支特殊群体，教育背景可能与其他期刊编辑的对口专业不尽相同。有些以外语为教育背景的编辑缺乏专业知识的系统学习，有些专业知识对口的期刊编辑在英文编辑岗位上需要进一步提高外语文字水平。不同专业背景的英文期刊编辑参加继续教育的目的和需求也应各不相同。不少有外语高等教育背景的期刊编辑都有一定的英文水平，但编校工作中涉及的专业知识往往让英文编辑感觉到不小的难度。以中医类期刊为例，中医药知识经过数千年的凝练，往往言简意赅，以文言文为其特点。中医类期刊的英文编辑在继续教育中需特别注重古汉语英译技巧的学习和培养。平时需多注意用心积累科技期刊里常用的一些生僻的专业性英文词汇。另外，可以通过多参加专业领域的沙龙讨论、会议交流、参观考察的方式学习领域内的编校知识，或者在工作中创造条件与"一带一路"沿线的期刊同行进行交流学习提升业务水平。近年来，上海市新闻出版局和上海市期刊协会举办了不少涉外的继续教育培训班，其中一些培训班邀请了海外资深出版领域专家讲课，期刊英文编辑应主动抓住机遇，多参与到培训中，除了学习最新编校知识，也能在培训交流中增进自身专业水平。

4 结束语

"一带一路"的倡议不但为中国进一步敞开了面向全世界的大门，也为介绍中医中药这块中华文明的瑰宝铺就了历史舞台。中医药期刊在这样有利的新形势下，需及时调整定位，优化人才梯队建设；认清自身的优势与弊端，多借鉴同行的宝贵经验；在"一带一路"的平台依托下，开阔视野加快国际化进程。才能在传播中医药文化的道路上谋求新的发展。

参 考 文 献

[1] 国家发展和改革委员会,外交部,商务部.推动共建丝绸之路经济带和 21 世纪海上丝绸之路的愿景与行动[EB/OL].[2015-04-01].http://www.mofcom.gov.cn/article/resume/n/201504/20150400929655.shtml.
[2] 胡以仁,朱民,严暄暄,等."一带一路"战略下基于海外中医药中心的中医传播与发展[J].世界科学技术-中医药现代化,2017,19(6):1012-1015.
[3] 中国科学技术信息研究所.2017年版中国科技期刊引证报告(核心版)[M].北京:科学技术文献出版社,2017.
[4] 游苏宁.中国科技期刊的追求与出路[J].中国科技期刊研究,2009,20(3):390-391.
[5] 刘筱敏,马娜.中、日、法、德四国科技期刊论文及影响力特征分析[J].中国科技期刊研究,2014,25(12):1499-1503.
[6] 于嫒.期刊国际化与中国科技期刊发展研究[D].北京:中国科学院研究生院(文献情报中心),2004.
[7] 向晓莉.论医学科技期刊的国际化及社会责任——结合《中国计划生育和妇产科》杂志的办刊体验[J].科教文汇(中旬刊),2016(6):149-151.
[8] 张磊,姚剑文."一带一路"战略下健身气功文化传播对策研究[J].武术研究,2017,2(12):116-119.
[9] 张洁怡.试论中医术语翻译之"信、达、雅"[J].上海中医药大学学报,2013,27(6):13-15.
[10] 阮继,刘谦,王卓青,等.中国医学期刊的国际化之路——《癌症》杂志的探索[J].中国科技期刊研究,2015,26(3):234-238.
[11] 吴镇聪."一带一路"建设视域下中医药文化对外传播研究[J].福建农林大学学报(哲学社会科学版),2016(4):78-82.
[12] 姚嘉文,胡峻,王见义,等."一带一路"战略下的海外中医中心运营现状初探——以中国-捷克"中医中心"为例[J].中医药文化,2017(4):43-48.

爱思唯尔模式对地方高校学报编辑专业化发展的启示

朱建育，张永博，陈 红

(上海应用技术大学《应用技术学报》期刊社，上海 200235)

摘要：针对我国地方高校学报(科技类)长期存在的编辑队伍规模小、专业化分工缺失、人才资源分散等现状，借鉴国际著名图书与期刊出版集团平台和期刊编辑团队专业化工作模式，提出通过建立虚拟集群化出版平台、编辑队伍虚拟集群化，明确编辑岗位职责与晋升途径，有利于地方高校学报编辑专业化发展。

关键词：高校学报；编辑专业化；虚拟集群化

我国高校学报普遍存在规模小、管理分散、出版力量薄弱等问题，普通地方高校学报，更是存在编辑队伍的规模小、编辑职责定位模糊、缺乏专业化分工等问题[1-2]。一名编辑同时承担多学科组稿、编辑、校对以及编务等工作，还要面对新技术、新媒体以及学科发展的冲击，心理压力普遍偏大，边缘化的管理模式和编辑定位，导致编辑对职业发展前景比较困惑。这些都不利于专业化编辑队伍的建设和稳定，也严重影响了学报的学术内涵和影响力等。业内专家对此现象早已开展研究：有从导致优秀科研论文外流的科研评价导向的问题开展研究[2-3]；有的提出将编辑与出版分离、学术与经营分开的模式推广到学术期刊进行改革[4]；还有的建议将科技期刊定位精品化、国际化，构建科技期刊数字化平台和集约化发展[4-5]；或参考国际出版集团的编辑出版流程、出版方式、生产流程等与国际出版集团合作，分层办刊，通过行业、地域整合，提高学术质量，实现高校学报专业化发展[6]；对地方高校学报的发展，也已有思考依托行业领域开展相关研究[7-8]。但从编辑队伍专业化发展提升高校学报发展，通过地方高校虚拟整合，建立集群化平台，从编辑专业化建设和发展角度思考集群化、专业化编辑队伍建设并不多见。

1 国际优秀期刊支持编辑专业化的一般模式

国际优秀期刊的出版都依托于一定规模的出版集团，如励德·爱思唯尔集团、施普林格出版集团、牛津大学出版社等为代表的专业出版集团。这些集团最显著的优势是专业的团队合作和强大的数字资源优势以及品牌的力量和创新的商业模式，不仅在科技图书和期刊的出版专业分工明确，编辑、出版与市场营销分工，还有强大的数字化信息技术团队以及数字化信息分析和支持服务系统。借助数字化、专业化、移动化、社交媒体、大数据等新技术，具备对编辑出版从业人员的技能和素养和团队建设提供了强大的支持和服务功能；专业化的编辑团队在期刊吸引读者的内容选择和定位、开展专题策划等方面，起到关键的作用。专业出版集团通过建立有效的专业分工的编辑出版工作团队，在对专业编辑团队的建设和编辑职业能力提升和支持服务体系等方面采取的措施、采用数字技术的网络支持平台，以及作者和读者的一体化模式等，值得国内高校科技期刊借鉴。

2 Elsevier 集团的期刊专业化分工与编辑出版模式

爱思唯尔出版社(Elsevier)[9]是一家经营科学、技术和医学(STM)信息产品及出版服务的世界一流科技出版集团。公司每年出版的 3 000 余种期刊主要聚焦医药、医疗、健康、化学等科学技术领域。同所有大型专业出版集团一样，专业化、集约化、规模化和国际化是其重要的特色。公司分工明确，具有强大的编辑、出版、市场和营销、信息技术等团队，公司对科技期刊和图书的编辑团队给予强大的技术支持，负责技术、市场和发行部门的员工将在编辑负责出版期刊的整个过程中密切联系，并提供服务。

2.1 专业分工明确，编辑与出版营销分工并得到广泛支持

在爱思唯尔，岗位职责分明，编辑们得到专业团队，如：出版人(Publisher)、内容出版专家(Publishing Content Specialist)和期刊经理(Journal Manager)等的支持。出版人主要职责包括制定期刊长期战略和实施、总体负责期刊、负责任命/更换编辑和编委成员、提供期刊数据分析等以及配合编辑制定选题策划；内容出版专家主要协助编辑负责特定内容出版和所有非出版相关事务，包括负责专题征文、采用爱思唯尔编辑系统(EES)协助专题论文提交等；期刊经理负责产品有关事务，在专题出版过程中支持作者、编辑和审稿专家，确保文章排版、编校并及时出版支持客座编辑采用 EES 处理论文，协调专题从收稿到出版的所有工作，并灵活提供 EES 支持。除此以外，编辑团队还得到了出版行政人员、EES 培训员和支持系统以及文献计量学专家等的支持。这些团队专业分工明确，以围绕期刊编辑出版，相互联系，提供支持服务等。

2.2 编辑职业发展和培训以及网络平台支持

精细的专业化分工为编辑的专业化发展和爱思唯尔高品质的出版提供了保障。公司利用现代信息技术，如网络平台，提供编辑业务支持和能力培训。编辑指南(Editor Welcome Pack)详尽地描述了编辑角色，是一款由新编辑和经验丰富的编辑以及工作人员共同开发的能有效支持编辑工作的工具。而定期召开的全球范围内的编辑交流会议，由编辑会议(Editors Conference)公司提供教育培训，定期召开爱思唯尔的期刊编辑会议，通过论坛形式，使得编辑们能够与在不同国家和不同学科的爱思唯尔期刊编辑间交流沟通。通过培训提升编辑能力，编辑在线更新(Editors' Update)已经从 Elsevier.com 季度在线时事通讯，发展成为一个专用的更强大的在线资源中心，为使用该编辑系统的编辑和作者们定期组织更新网络研讨会(Update Webinars)。

3 地方高校学报群和编辑群专业化发展

3.1 通过建立虚拟集群化出版集团平台，实现编辑专业化发展，服务地方高校学报

参考爱思唯尔出版集团旗下的科技期刊的出版模式[9]，可以组建虚拟的地方高校学报期刊出版集团和网站，统一负责出版和发行工作，将学报出版分为编辑、出版和发行 3 个部分。学报编辑负责期刊选题、策划、组稿、审稿、编辑加工，集团统一负责期刊的出版、发行和信息化以及技术服务等多个环节。可以通过现有知名高校出版社组建学报期刊网站和支持服务系统，在其原来出版平台上增加地区高校期刊出版服务，加强集团平台的建设，编辑、出

版、营销和支持服务等业务分工，建立规范合理的编辑出版流程，出版集团统一负责出版和发行，并开展信息化建设工作，为涉及期刊相关的审稿系统、编辑、审稿专家、读者等各类提供相关的服务和支持。

在所属上海市教委的45家科技期刊中，有近90%的期刊已采用数字化的编校系统和远程审稿系统。因此，上海地区期刊具备了虚拟集群化和期刊网站统一托管和服务的基本条件。在具备专业分工和统一网站建设的高校出版集团平台多学报的期刊网建设，为虚拟的编辑团队的专业分工和合作提供了现实可能。

虚拟集群化出版集团平台能够优化刊物编辑出版流程，通过平台系统，实施编辑出版。各高校学报负责期刊出版计划、编辑组稿和编校工作，编辑在期刊的出版过程中，将得到市场营销和信息技术团队等的服务和支持，从而实现各学报小而全的期刊资源的优化整合，建立统一的品牌，对外发行、推广和营销。虚拟集约化的地方高校期刊群，能在不同学报间实现信息共享、稿源共享、编辑共享，既能突出学校学科特色，将有利于提升学报的内涵，同时有利于编辑专业化发展，有助于推动上海地区高校期刊的品牌建设。

3.2 明确编辑岗位职责、内涵，分工明确，有助于编辑专业化发展

对于单一的高校学报而言，编辑队伍的专业化建设需要通过制度得以保障，可以采用专职和兼职双轨并行的模式实现。而明确的工作内涵和目标以及编辑的专业化发展晋升发展空间是建设一支稳定高效的专业化编辑队伍的重要保障。

结合编辑工作内容，可设立主编、学科编辑、编辑(学科编辑助理)以及编务等几类岗位职责。主编负责多学科的编辑出版，定期召开学科编辑和专栏建设会议，协调不同学科专栏；学科编辑在主编的领导下分学科开展相关工作，关注本行业领域国内外本学科及相关学科领域的研究动态，追踪重点和重大科研项目突出刊物的前沿性以及创新性，做好该学科的选题策划工作，积极主动向专家约稿，加强与作者沟通、定期追踪作者的最新科研情况，加强与作者的长期合作和联系；编辑(或学科编辑助理)协助学科编辑落实编辑和出版等具体工作，落实同行评议，联系作者、根据出版要求进行文字和编校等工作；编务项目经理(有虚拟的高校统一平台负责)则负责印刷、出版和发行等工作。

通过出版集团规范的编辑流程以及系统提供服务支持和编辑业务所需的模板和格式等，便于编辑专注编辑事务，提升业务能力，提升应对信息化、数字化等新技术大潮冲击的能力。

3.3 学报专业化建设有利于编辑专业化发展

结合学报的专栏建设，借鉴客座主编模式，设置兼职的专栏主编和专栏编辑岗位。专栏主编制定专栏主题和组稿计划，专栏编辑即学科编辑，协助主编，做好专题策划，落实约组稿工作。

《应用技术学报》在开展专业化期刊建设中[7]，以学校特色学科为学科依托，结合学校应用技术定位和人才培养的目标以及服务社会和企业，从企业中选择专栏主编和专栏编委。聘请行业背景的专栏主编，开展专业化的编辑队伍和兼职编辑队伍建设，通过专题办刊，突出应用技术和学科特色，编辑学科能力强化，专题策划和组稿能力得以提高。

4 结束语

借助虚拟集群化出版平台，实现编辑专业化发展。通过建立虚拟地方高校学报平台，展示地方多所高校和行业专家的研究成果。不同学报各取所需互通有无，各有侧重相辅相成，

实现多种题材稿源的资源调整、零散稿源的汇聚组稿专题,对各自期刊的强势专题所涉行业产生较强的影响,有利于提升期刊的整体影响力。中国知网、万方及地方等平台开始尝试提供"域出版"类型的学术期刊出版平台服务[10-11]。这种地方高校学报的平台合作与集群策略,在期刊界当前的高速发展和激烈竞争模式下,是优化现有资源、实现高效的信息传播和资源交流的一条优势路线。

结合各学报现有的数字化平台,整合建立由高校出版社为主的高校期刊出版集团和专业网站,将对实现编辑、出版与发行分工、编辑队伍专业化建设,以及学报出版的内涵和质量提升极为重要,将突破高校学报囿于个体学报以及大学学报文理综合、多刊一面、缺乏特色的窘境,为从整体上提升地方高校学报办刊水平及专业化发展提供可能性。不同高校学报的虚拟整合,有利于提升期刊的整体影响力,实现社会效益和经济效益。专业化的编辑队伍及建设将有效地促进科技期刊的专业化发展,提高学报的办刊质量,创建高校期刊品牌,彰显高校学科和科研特色。

致谢:Elsevier Inc. Science & Technology Books Division, Waltham, MA, USA

参 考 文 献

[1] 陈佳,黄崇亚.引导科研成果在国内科技期刊发表的策略[J].编辑学报,2018,30(2):121-124.
[2] 刘津,田雨,李兰欣.学术期刊媒体融合发展困局与破局之策[J].编辑学报,2018,30(1):4-7.
[3] 姚志昌,段瑞云,曹召丹,等.SCI效应下高校学报发展的启示[J].中国科技期刊研究,2018,29(2):102-112.
[4] 赵惠祥,钱俊龙,丁玉薇.上海市中文科技期刊可持续发展的思路和策略研究[J].中国科技期刊研究,2014,25(9):1132-1137.
[5] 刘志强,王婧,张芳英,等.上海高校期刊的现状与发展思考[J].科技与出版,2014(8):98-103.
[6] 赵利辉,袁德成.期刊出版中流水线式的流程管理值得借鉴[J].中国期刊研究,2014,25(5):671-674.
[7] 朱建育.综合性学报专业化转型及思考:以《应用技术学报》为例[M]//科技期刊发展与导向(第11辑).上海:上海大学出版社,2018:32-38.
[8] 唐银辉.我国学术期刊出版准集团化改革研究:基于中外出版集团的经营模式[J].南京理工大学学报(社会科学版),2012,25(5):73-80.
[9] Elsevier[EB/OL]. [2018-06-03].http://www.elsevier.com.
[10] 高仪婷.域出版:新型出版与传播模式的探析与思考[J].科技与出版,2017(9):101-106.
[11] 杨继成,杨占山,张军亮,等.河北省高校学术期刊数字化出版平台建设路径探讨[J].石家庄铁道大学学报(社会科学版),2018,12(2):107-110.

高校科技期刊助力一流学科建设研究

刘玉香，李力民

(《江西农业大学学报》编辑部，南昌 330045)

摘要：高校科技期刊是依托本校优势学科创办的以公开发表学术科研论文成果为主要任务的综合型学术刊物，它担负着培养学科人才、促进科学研究和加快学术成果转化的重要作用，是展示高校学科建设水平的一个重要窗口。在新的发展时期，高校科技期刊必须紧紧围绕为学科建设服务这一宗旨，充分发挥自身的传播功能，以学术期刊为牵引提升学科水平和学科团队建设，并通过提高编辑人员的综合素质，加快稿件处理周期和提高审稿效率，促进科研成果出版等途径来助力一流学科建设。

关键词：高校科技期刊；"双一流"；学科建设

2017年9月21日，世界一流大学和一流学科(简称"双一流")[1-2]建设高校及建设学科名单正式公布。这标志着以习近平总书记为核心的党中央所部属的我国高等学校"双一流"建设进入正式实施阶段，也标志我国加快高等教育事业现代化、建设高等教育强国梦进入了新篇章[3]。建设世界一流大学和一流学科是党中央、国务院做出的重大战略决策，对于提升我国教育发展水平、增强国家核心竞争力具有十分重要的意义。此次"双一流"建设的提出不仅为高校科技期刊编辑部提供了参与高校核心工作的机会，为编辑部提供了制造"亮点"的机会，更是为期刊部自身的发展提供了目标。"双一流"将在新形势、新任务和新思路下对地方高校带来了一次前所未有的发展契机，同时也对地方高校科技期刊的长远发展提出了新要求和新挑战。

高校科技期刊是以反映本校教学科研成果为主的，由高等学校主办或承办的一种学术型刊物，它是以学校的建设和发展服务为目标，以展示本校教学科研成果为主要职责，担负着发现和培育科研人才以及搭建国内外学术交流平台为重要任务的核心部门[4]。学科建设是高校建设的重要组成部分，学科建设的主要任务之一就是培养高质量的各类学术人才，培养提高青年教师学术水平，培养各类研究生学术水平，等等。此外，学科建设在高等教育发展中的战略地位是显而易见。学科建设是高等教育学校发展建设的核心，世界一流大学的学科建设之所以名列前茅，与其高水平的人才培养、科研实力、学术水平和社会声誉是分不开的[5]，同时学科建设水平的提高又是通过期刊出版的学术成果得以实现。因此，在新的发展时期，高校科技期刊要获得学术界的关注，引起学术界的注意，就必须要紧紧围绕为学科建设服务这一目标和主要任务上来，通过打造符合新时期发展需要的学术期刊来提升学术期刊影响力，进而提升高校学科建设水平和学校建设风貌，做展示学校学术水平与实力的优秀平台[6]。

基金项目：中国高校科技期刊研究会青年基金资助项目(CUJS-QN-2018-016)
通信作者：李力民，E-mail: llimin8450@163.com

1　高校科技期刊在学科建设中的作用

学术论文是高校科学研究成果的重要体现之一，高校科技期刊作为学术论文公开发表的平台，大多情况下都是依托高校优势学科创办的，显然，高校的发展目标就是期刊的办刊导向，高校的重点学科、优势学科就是期刊的重点内容和优势栏目[7]。学术论文是判断一流学科的重要内容之一，作为学术成果的载体，科技期刊具有提升学术水平、培养学科人才、促进科学研究、促进成果转化等重要作用[8]。

高校科技期刊作为信息交流的工具，其涉及的学科范围很广，具有传播信息速度快的特点，这对于不同学科的教师和科研人员来说，就可以在同一平台上进行学术交流和探讨，碰撞出不同的学术思想，这就为学科建设营造了一种浓厚的学术氛围，同时对科技期刊的建设也是有帮助的，可以克服期刊的内向性和封闭性，对促进期刊的开放性和走向国际化具有重要意义。科技期刊在发表科研人员学术成果的同时，又为作者提供了同行间最新的研究现状、热点问题和发展前沿，使他们拓宽了自己的研究思路，从中获得灵感和启发，使其在研究中少走弯路，加快科学研究的进程，获得更为理想的研究成果，这些无疑起到了引领科研前沿、促进学科建设的作用，较好地体现了高校科技期刊办刊的宗旨。

青年教师和研究生是高校科技期刊最主要的作者群之一，他们大多处于科研的起步阶段，通过在科技期刊上发表论文，开展学术交流活动，调动了青年教师和研究生的科研积极性，培养了他们的科研能力和良好的科学精神，从而为高校培养了一大批热衷科研的人才，充分地展示出自身在推动学科建设方面的重要作用[9]。此外，高校科技期刊在促进原有学科的发展、新兴学科和特色学科的产生上还起到了重要的作用。

2　高校科技期刊助力一流学科建设方法

高校科技期刊作为高校传递、交流科研信息的基本平台和引领科研方向的重要窗口，既是高校教学及科研工作的深化和延伸，又是高校工作者实现教学与科研相融合的重要园地。因此，高校科技期刊如何有效地促进学科建设，显得尤为迫切和重要。

2.1　以学术期刊为学科建设发展提供对外传播的窗口

高校学术期刊的诞生之初便是为了满足高校学科发展的需要，它是依托学科而生的。随着高校科研的深入和学术交流的发展，学术界迫切需要一个平台来展现学术研究的成果，在这种环境下，学术期刊应运而生。学术期刊作为传播媒介的重要组成部分，尤其代表着学科建设发展的水平，不断地向社会各界科研人士输出最新的研究成果和动态。学术期刊的发展依赖于学科的发展，而学术期刊又引领者学科的发展发现，不断促进学科人才的培养和不断成长。两者是相依共存，互相促进的关系。高校科技期刊的质量好坏直接代表着高校的学科水平高低，是展示高校学科水平的窗口和媒介。

在"双一流"建设的背景下，高校科技期刊应利用自身的传播功能，以学校实际学术发展情况为基础，不断地推进学科学术建设高地，并始终以学科建设服务为宗旨。在期刊自身的建设过程中，通过依靠高校学科科研队伍的学术影响力，通过连续性地刊登其论文及最新研究成果，提升学科研究的质量，间接带动所在高校学科水平的不断提升，同时可大力加强和提升学术传播的力度，打造符合新时期学术期刊发展的要求，通过筛选发表高质量与影响力的论文，为高校学科发展建设和风貌建设提供优秀的平台。

2.2 以学术科技期刊为牵引提升学科水平

高校学术科技期刊作为大学出版的重要组成部分，通过期刊平台发表学术论文研究的成果，显示高校学科建设情况，高校通过大力加强学科建设，不断深化研究生教育改革，持续优化调整学科布局，开拓高校学科建设新局面，对高校"双一流"建设起到了强有力的推进作用。

以学术期刊为牵引提升学科水平，就必须建立以学术期刊为核心的一流学科发展模式。对于一些已经有相当基础的学科发展，发展势头很好，只是与顶尖水平尚有差距；或是传统性很强，但近些年发展相对滞后，被其他高校学科超越；以及目前为学校的优势学科，但因为学校的传统和积淀未能形成"一流学科"的，这种正在或准备冲击"一流学科"的学科类型，都适合此种模式，可以用学术期刊平台来提升助力学科水平的发展。

学术期刊应致力于探索、丰富和完善以科技期刊为核心的学科发展模式，力求发掘一种以学术期刊为核心的学科建设模式。发展期刊只是手段，打造一流学科才是目标，对于一些发展中的学科，学术期刊就应该以国际顶尖期刊为目标，对学科的发展注入一股强大的发展力量，使一些有潜力的学科，但是与顶级学科尚有差距的发展中的学科给予更大的发挥空间和更多的发展资源。

当前一流学科的发展模式，就是人才加国际化的模式。王思华[10]强调了高校中层队伍的建设问题，提出了世界一流大学和一流学科的创建需要一流的师资力量、一流的学生资源和一流的学术团队，还需要一流的治理，要创建世界一流大学和一流学科，实现大学治理，就必须要重视高校中层干部队伍的建设，力争科学化、制度化和国际化。方阳春等[11]提出一流学科建设的重点必须培养一流的学科带头人，优秀的学科带头人是大学一流学科核心竞争力的关键所在，要高度重视学科带头人的遴选和培养，提出了一流学科带头人必须定位为领袖型的学者，并阐述了优化学科带头人遴选和培育机制的对策和方法。刘晓黎等[12]提出研究教育国际化、导师队伍国际化、课程体系"在地国际化"、校际国际化等对策是支撑"双一流"建设的新要求和新动力。众多学者的研究表明一流学科的发展，离不开国际化的人才，离不开国际化的师资队伍，人才加国际化的模式是一流学科建设过程中的必然趋势。

2.3 以学术期刊助推一流学科团队建设

高校科技期刊在助推一流学科团队中作用力显著，学科建设过程中学科团队是主要的推动力量，学科团队的水平从根本上决定了学术科研水平的高低，而学术科研水平的高低一定程度上决定了学科建设的水平。高校科技期刊通过长时间的品牌打造计划，使高校的学术成果大大增加，是高校特色学科得以彰显，培育出了一批具有学科科研精神的专业性人才，为一流学科团队的建设注入了大批有活力的新鲜力量。同时，人才培养还为高校科技期刊带来了丰富的稿源，在稿件内容质量上也得到了保障。为教学科研服务是高校学术期刊的首要功能，高校学术期刊在高校学科建设中充当服务者角色[13]。高校学术期刊应深度参与本校的学科建设工作，使得期刊发展与学科建设同时进行，形成良性的互动过程，助力高校形成一支世界一流的科研队伍。

高校学术期刊是各个学科专业的研究生进步的阶梯。研究生教育水平的高低是反映高校知名度及科研学术水平的一个重要内容，随着我国研究生招生人数的逐年增加，研究生已经成为了高校学术期刊最主要的作者群。在校研究生处于科研初始阶段，学术水平和科研能力尚不成熟。他们通过撰写论文，发表在本校学术期刊上，提高了研究生的科研热情，增强了他们从事科研活动的信心，从而为高校的学科建设储备了一大批优秀人才。因此，在"双一流"高校建设过程中，高校学术期刊在本校的科研队伍的扩大、学科建设的推进上起到了十分重要的作用。

2.4 以提高编辑人员的综合素质为学科做贡献

为了充分发挥学术期刊对学科建设的促进作用，编辑不仅要做好本职工作，而且还必须要有较高的思想、道德、文化、政治素质。本着对每一位作者负责任的态度，应该认真对待每一篇来稿。编辑部应有计划地组织编辑人员参加业务知识培训和进修，更新已有的编辑学知识；尽量多参加各种各样的学术交流活动，提升自己的业务知识能力，学习他人办刊经验，了解最新的学术动态、热点问题等等。同时还应该鼓励编辑人员积极申报科研项目，参与学院的项目，在不影响工作的基础上积极参与大型的学术会议，这不仅可以提高编辑的自身素质，还对编辑的发展非常重要。编辑人员只有在各个方面得到提高，才有可能为期刊的发展贡献自己的力量，为学科的建设做出应有的贡献。

2.5 以加快稿件处理周期、提高审稿效率促进科研成果出版

伴随着科研竞争日趋激烈，科研成果辈出则成为高校最大的竞争优势。高校学术期刊要想吸引更多的投稿作者和稿源，就要提高服务意识，站在作者的角度为其切身考虑，对质量较好的稿件，尽可能缩短稿件处理的周期，加快审稿速率，尽快出版。

对于编辑部来说，应该加快初审时间。编辑初审是对稿件的一种形式审查，是对每篇稿件能否发表做质量把关，确定是否有进一步送外审的必要。编辑人员在初审时，既要快速，又要具备发现问题的能力，应该通读全文，仔细审查，严格把关。在稿件较多的情况下，初审时间一般要控制在一周内完成。对于稿件质量较好且书写规范的稿件可加快初审时间，尽快送外审；对于稿件质量具有一定学术价值可达到出版要求但书写欠规范的稿件，编辑应耐心审查，提出具体问题且给予一定的审改要求后退回作者修改，待作者修改返回后再送专家外审，这样既保证了稿件的质量，减少了专家因写作不规范影响对稿件的学术价值判断，还缩短了专家处理稿件的时间，加快了稿件外审的进程；而对于一些欠缺学术价值，缺乏创新、写作混乱、达不到发表要求的稿件应该尽快退稿。

专家复审是编辑人员决定论文质量好坏、稿件是否录用的重要依据，进而判断论文是否有出版的价值。一般稿件在编辑初审过后，会送 2 个专家进行外审，审稿周期大约在 20 天左右。在遇到有重大科研价值或是突出创新价值的稿件时，这时编辑人员就必须具备敏锐的学术鉴别能力，可与审稿专家联系，尽量将审稿时间缩短来争取稿件尽快出版的时间。稿件通过专家审稿后，不仅可以得到高质量的评审意见，编辑在评阅审稿意见的时候还可以掌握稿件的不足之处，为后续加工处理稿件提供了严谨科学的依据，同时间接使编辑在专业知识方面得以提升，并提高了业务知识技能和工作效率。

专家外审结束后，编辑应尽快反馈审稿意见给作者修改，这是体现编辑业务知识能力和工作责任心的表现。编辑要根据审稿意见进行整理、筛选并撰写反馈意见。反馈意见必须准确、有针对性地说明稿件存在的问题，使作者可以清晰明了、有的放矢地进行修改，使论文质量得到真正的提高。为了缩短稿件周期，使稿件尽快出版，编辑退修改的时候应大致规定作者应该返回修改稿和修改说明的时间，对逾期未返回修改稿的作者应该电话或邮件询问原因，提醒作者尽快返回。

3 结束语

建设世界一流大学和一流学科是党中央基于提升我国教育发展水平、增强国家核心竞争力和奠定长远发展基础而提出的具有重大现实意义的战略举措。高校科技期刊不仅要抓住"双一流"这一机遇，发扬期刊引领创新的优势，不断保持为学科建设及科研人员服务的办刊思想，大力发挥自身的传播功能，更要以学术期刊为牵引提升学科水平和学科团队建设，并通过提高编辑人员的综合素质，加快稿件处理周期，提高审稿效率，促进科研成果出版等途径来助力一流学科建设。

参 考 文 献

[1] 国务院.统筹推动世界一流大学和一流学科建设的总体方案(国发[2015]64号)[Z].2015-10-24.
[2] 教育部财政部国家发展改革委.关于印发《统筹推进世界一流大学和一流学科建设实施方法(暂行)》的通知:教研[2017]2号[R].2017-01-24.
[3] 范军."双一流"建设更需要一流的大学出版[J].出版科学,2017,25(6):1.
[4] 刘岩,刘新军.论高校学报在学科建设中的作用及推动学科发展的实现途径[J].中国科技期刊研究,2012,23(2):297-300.
[5] 陆振康.一流学科建设是创建世界一流大学的重中之重[J].江苏高教,2004(5):45-47.
[6] 杨光宗,刘钰婧.高校学术期刊与一流学科建设:引领、推动及发展[J]出版科学,2018,26(3):19-22.
[7] 中国科学技术协会.中国科协组织中国科技期刊年度优秀论文遴选推介[EB/OL].[2016-10-25].http://news.sciencenet.cn/htmlnews/2016/6/349803.shtm
[8] 游苏宁,陈浩元.立足本土力挺主业面向世界勇立潮头[J].编辑学报,2015,27(1):1-4.
[9] 蒋亚儒.高校学报与学科建设的互动关系[J].陕西科技大学学报,2012,30(6):164-167.
[10] 王思华.大学治理与高校中层干部队伍建设——基于创建世界一流大学和一流学科的发展目标[J].中国矿业大学学报(社会科学版),2015,17(6):92-96.
[11] 方阳春,贾丹,陈超颖.世界一流学科带头人的科学遴选和培养机制研究[J].中国高教研究,2016(5):21-24.
[12] 刘晓黎,张莉,刘磊.研究生教育国际化支撑"双一流"建设的对策研究[J].研究生教育研究,2016(4):11-15.
[13] 岳岭.高校学报在学科建设中的角色定位[J].出版广角,2014(18):73-75.

材料检验检测类期刊集群的出版与转型实践

咸 洋,胡 军,孙 丹,陈树峰,刘 乐

(上海材料研究所,上海 200437)

摘要: 在数字化转型、融合与发展的大趋势下,作为期刊集群式的小型出版机构,与我国其他科技期刊一样,材料检验检测类期刊经历了探索新的办刊策略、将纸媒与新媒体融合等不同阶段。经过 5 年的尝试和实践,形成了通过新媒体平台的掌上阅读、FLASH 阅读等模式提高传统纸媒阅读量,通过发行电子期刊来弥补发行量锐减,以及通过运营公众号、办行业会议等方式来扩充广告客户产品展示的渠道等行之有效的举措。

关键词: 转型发展;新媒体融合;期刊出版工作

本文基于材料检验检测类期刊集群的出版实践,谈一谈材料检验检测类期刊出版中所面临的现状和实施的一些举措,预测未来对我们每一位纸媒人的要求,谈一谈十九大精神在期刊出版工作中的指导意义和贯彻落实[1]。

1 科技期刊传统出版现状及面临的问题

进入 21 世纪以来,几乎所有的传统纸媒,包括报纸、期刊、杂志,大家都面对着读者日益匮乏、运营模式难以为继、人才流失、内容结构单一等诸多问题。基于拥有 5 种检验检测类专业期刊的一个期刊集群,相继甚至同时碰到了种种困境,那么到底应以何种姿态寻求发展,而又该如何涅槃重生,以下对出版现状和共同面临的问题进行了梳理。

(1) 受传播方式局限,纸媒的时效性差。纸质无论在成本还是便捷性上都无法与千千万万网络终端的手机、电脑相比。在信息快餐的时代下,相对于纸媒的出版而言,可能在几个小时甚至更多天前,读者已经通过其他途径获得了需要的信息,因此也没有了再次阅读的必要[2]。

(2) 发行量下降,广告投放量下滑。据世纪华文的监测数据显示,早在 2014 年全国报纸总体零售量就已下滑了 30.5%[3]。而据美国杂志协会的一份分析报告中杂志产业专家 Baird Davis 曾预测:到 2017 年,杂志的报摊销售量会比 10 年前减少 68%,杂志数字端的付费订阅只会占到整个杂志发行收入的 8%[4]。相较之大众文学的报纸、杂志,科技期刊作为传统的小众媒体,其受众面更窄、更专业,在原本远小于大众读物的发行量基础上,每本期刊每年订阅量可能都在以成百上千的数量骤减,因此所面对的是如此巨大甚至堪称"断崖式"下滑量。

(3) 广告投放量的大幅下跌。由于受到版面、出版周期和服务形式的限制,传统纸质广告在吸引投资者目光的方面本身存在一定的短板。而随着新媒体的兴起,全媒体时代的到来,现如今广告投放有了多元化的方式,对于同类信息,纸质广告的信息量很难与开放性的网络信息量相媲美,往往用户或读者想再了解相类似的信息事件时,网站上的相关链接就成了首选[5]。

2 传统出版工作基础上的策略

2.1 塑造"内容为王"的核心价值特点

从被动的接收读者的投稿,向把握和引领行业的话语权转变。每本期刊每年组织至少三次专题策划和报道,在广泛收集行业信息,以及编委、审稿专家、读者的意见后,设计专题方向,然后通过邀请行业领军人物撰稿,组织挑选优秀的来稿,精心编辑内容,以提高期刊的品质,增加期刊的社会影响力,以平衡订阅量的下降和拉升广告投放量。

2.2 与行业协会、学会密切合作

保持与行业内学术组织良好合作关系,实现互惠互利,挖掘行业资源为我所用。通过举办行业交流会、研讨会、培训会,出版年度报告、会议增刊等不同形式的活动,实现多方位、多角度、多平台的发展、融合、创新和增收。

2.3 期刊赠阅

每期赠送一定数量的期刊。由于发行量在年年萎缩,导致仓库里积压了很多往年的期刊,所以与其闲置乃至最终变成废品,不如进行合理的赠阅。但赠阅的规模不易过大,同时赠阅前要对受赠单位进行合理的筛选。通过开展网上问卷调查和分析 5 年的发行数据,确定要统计和归纳的主要项目包括如下:①读者的地区分布;②停止订阅的客户人群所属行业;③停止订阅的客户人群年龄分布;④订阅量大幅下滑的单位所属行业;⑤订阅量大幅下滑的单位性质(事业单位、高校、科研院所、企业等);⑥订阅渠道分布(邮发、网上、电话、E-mail 等);⑦支付方式(邮汇、银行转账、支付宝、网银等);⑧同类期刊订阅的欲望排序;⑨是否存在一定的经济困难。

经过对上述数据的分析,对目前发行部的工作方向、工作内容进行合理的调整。首先:开辟快捷、受欢迎的订阅方式和支付方式,提升服务质量;其次,根据地区、行业、人群特征分布,进行有针对性的回访和销售。同时根据征集到的那些喜欢我们期刊但有一定的经济困难或偏远地区、邮寄成本较高的读者,每期进行定时、定点的赠送服务。当然赠送对象可以每年有一定的调整,进一步扩大潜在的读者群。

3 与新媒体的融合机制

将信息的战场延伸到移动端,主动适应时代与技术的进步。成立新媒体部,对网站进行改版,开通期刊公众号。每期将期刊上的优秀论文,经过重新的加工和编排,在新媒体平台上再次发布。

随着信息技术不断地发展,各种不同形式的新媒体涌现,传播已经迈入新媒体时代。相对于报刊、户外、广播、电视传统意义上的媒体,新媒体被形象地称为"第五媒体"[6]。新媒体以其形式丰富、互动性强、渠道广泛、覆盖率高、精准到达、性价比高、推广方便等特点在现代传媒产业中占据越来越重要的位置。新媒体体现了科学技术的进步、内容方式的转变、传播语境的变化、传统话语权的解构与转变。每个媒体人都面临着同样的问题,是墨守成规,还是突破转型。

期刊集群在转型的道路上,经历了新媒体部的设置、成立和正式运营等阶段。

(1) 组织结构。新媒体部采用了"$3+x+y$"的人员配置结构:"3"指的是 3 名正式员工;其中

1人主要负责整个部门的运营和技术，1人负责内容的审定，1人负责采编。"x"指的是我们雇用了多名从事专业工作的、有着良好的文字功底、喜欢在公开的论坛、媒介上发表个人专业见解的人作为兼职网编，此外还雇用了理工科且外语能力很强的人作为兼职翻译。"y"指的是将一些机械性、重复性的劳动，如内容的美工、排版及上传等工作，进行了外包。

(2) 集中精力、相互借鉴。比如在公众号的运营方面，首先集中精力重点打造某一个精品公众号，然后形成一套可被其他公众号套用的操作流程。具体是先选出一个公众号，来探索如何将这个公众号运营好，在专号专人的制度下，制定明确的工作计划和目标，包括关注人数、发布内容的频次、发布内容的针对性、如何抢抓热点等。最终，探索出一条比较成功的发展线路，然后再将整个流程加以修改、完善并用于其余几个公众号的运营上。

(3) 内容为王，作有思想的媒体人。新媒体平台所发布的内容，转载内容都应经过严格筛选、审查及再加工等步骤。努力做原创，即使是现成的东西，也要尽量避免从东搬到西这样简单粗暴的方式，要通过在加工、专家评论、读者探讨等有思想的行为使信息变活。

(4) 赢利模式。随着网站的日趋成熟和公众号影响力的扩大，新媒体部就可以逐步探索如何从"非盈利的服务模式向服务+适当的盈利"转型。因为对于任何一个媒体平台，在投入大量的原始启动资金，积累了大批的专业读者之后，为了维持其正常的、良性的发展，都不得不寻求盈利点以弥补运营成本。如以微信公众号为例，存在以下主流四种盈利模式：①自身作为平台的流量主，平台提供广告资源。拥有极大阅读量的自媒体，可以接平台的广告资源，以点击计费，获取平台分成收入。典型的有 UC 订阅号、微信公众号、头条号、企鹅号，这些平台都为自媒体提供文章下的广告资源，自媒体通过输出内容，有广告点击，获取收益。此种模式是很多草根自媒体谋生的主要手段之一，相对门槛低，容易见效果。②作为广告主，接品牌推广软文广告。自媒体都具有极大的号召力，并且粉丝认同其自媒体推荐的东西，粉丝对运营人员具有个人情感的属性，黏性比较高，所以推广效果好。③内容付费。产生优质内容的自媒体都会有付费内容的模式，让优质的内容给付费的粉丝，也为付费粉丝产出更优质的内容。微信付费阅读一直在内测，上线后更为这种模式提供一个好的平台。④微电商模式。自媒体输出内容集聚了与自身垂直细分领域的粉丝，为粉丝提供产品和服务，实现微电商模式的变现。主要是选品适合粉丝的需求，并与自身账号定位一致。比如，基于"材料检验检测类期刊集群"下运营的公众号平台，可以尝试了推介一些材料检测类的专业丛书等。

未来，相信通过不断地提高相关人员在经营方面的能力，一定会获得更多的经济增长点。

4 未来出版工作对媒体人的新要求

4.1 肩负新使命

从 1815 年中国第一份中文报刊《察世俗每月统纪传》创刊到 1915 年《青年杂志》出版的 100 年间，中国大陆和海外总共出版了近 2 000 种中文报刊。报刊是近代社会表达政治意向、传播思想文化和社会信息的重要工具，在近代中国政治、经济发展和社会、文化变迁中扮演着十分重要的角色[7]。随着新中国的成立，中国的发展强大，中国的报刊业也得到了蓬勃的发展。可以说中国报刊的发展与中国近现代历史发展的线索基本一致，它是近现代中国各个时期社会政治、经济、文化、科技各方面发展和变迁的缩影。

2017 年，2 月 6 日，习近平总书记主持召开中央全面深化改革领导小组第三十二次会议并发表重要讲话。他强调，要增强新闻舆论工作队伍事业心、归属感、忠诚度，为新闻事业长远健康发展提供坚实有力的人才支撑。

新媒体使得人人都有一支麦克风,在发声的同时也伴随着谣言的屡次出现,网络上以讹传讹的现象更为恶劣和严重,其中既有因对事件了解不深刻而导致的误解,又有别有用心者的恶意诽谤,其结果都将给当事人带来巨大伤害。正是由于新媒体越来越多的成为"虚假新闻"的传播源头,"拨开云雾"的职责就落到了传统媒体的肩上。面对新媒体上的众说纷纭,普通公众往往难分真伪,而恰好直面当事人的采访,实地调查,专业考证是拥有采访权的传统媒体的优势所在。同时,在传统报刊的层层审查中保证了其新闻的真实性可靠性,充当了把关人的角色。真实性是新闻的生命力,而传统报刊也应当誓死捍卫这一原则,在社会上挑起"公信力"的大梁,公众更愿意相信报刊上所刊登发布的消息。

比如"适量饮酒有益健康"似乎已经是我们的共识,可以达到软化血管促进代谢之类的功效。而近日发表在世界著名医学杂志《柳叶刀》上的一篇文章指出:酒精根本不存在所谓的"安全摄入量",无论摄入量高低,饮酒对身体都是有害的[8]。再比如,经历了今年的假疫苗事件后,网上盛传疫苗太危险,最好别打。诚然疫苗事件的爆发值得每一个消费者保持足够的警惕,但总体而言接种疫苗是安全的,并由此所获得的收益远大于可能由其带来的危害。所以作为媒体平台,在发布专业领域的专业咨询的同时,发布一些该领域的科普类的信息,不仅有助于提高媒体本身的被关注度,还做到了肩负起该有的使命,引导所涉及的领域的舆论朝着正确的方向发展的责任。

4.2 拥有新思想

纸媒工作者,首先必然也必须成为一名纸媒的忠实粉丝,他应该具备迷恋纸媒阅读体验的特质,并坚信纸媒永远不会消亡。记得看到过这样一句话:别觉得整天上网就有知识,你看到的不过是大量的信息,有了互联网照样可能无知。未来,媒体热潮可能在哪个媒介上发生,真心觉得还要看新材料、新技术的应用趋势。从信息材料、能源材料、生物材料、汽车材料、纳米材料、稀土材料、钢铁材料、有色金属合金材料、化工材料、生态环境材料到军工材料等;没有这些材料及相应的生产检测技术,就没有我们追捧的小到苹果手机、无人汽车、人工智能,大到航空母舰、航天卫星、宇宙飞船。而我们所耕耘的几本科技期刊,正是耕耘在新材料、新技术报道的期刊。

时代在进步、在改变,物竞天择,适者生存的法则永远不变。百年之后,可能更久,全球纸质媒体经历过多次大浪淘沙过程后,存在的数量将不会很多。但在变革的时代,如果能率先找到盈利模式、具有独特竞争力,那一定是存活下来的优质品。那个时候,纸质媒体可能已经成为社会精英阶层的专属品,通过阅读专业期刊获得所需的信息,将成为高端人士的标志。

此前,北欧研究者 Anna Viljakainen 与 MarjaToivonen 的研究曾提出了一个全新的杂志发展视角——价值共创。Anna Viljakainen 与 MarjaToivonen 的研究结合未来学和前瞻性观点来分析杂志背景下市场服务的行业性转变,论证了产业如何在供给上增加服务性来调整竞争策略,以及如何将相应的发展作为"价值共建"的服务关系——分析杂志产业如何价值共建为提供了一个核心日益服务化的产品,提出服务主导(Service-Doninant Logic,SDL)逻辑下的价值共创[4]。那时,未来纸媒的从业者,必须有过硬的新闻素质和文字驾驭能力,期刊绝不仅是作者投来什么稿件而发表什么稿件;而是读者需要看到什么信息,行业需要我们整合什么信息,我们则发表什么信息。作为媒体人,可能路漫漫其修远兮,但吾辈必将上下而求索。

参 考 文 献

[1] 习近平.决胜全面建成小康社会 夺取新时代中国特色社会主义伟大胜利——在中国共产党第十九次全国代表大会上的报告[EB/OL].[2017-10-27].http://news.xinhuanet.com/politics/19cpcnc/2017-10/27/c1121867529.htm.

[2] 马崇俊,胡鹏.新媒体环境下传统报纸的困境与对策研究[J].今传媒,2016(12):84-85.

[3] 2014年全国报纸零售量下滑 30% 都市报首当其冲[EB/OL].[2018-07-05].http://news.sina.com.cn/m/2015-04-03/101531678706.shtml.

[4] 世界杂志产业十年:发展状况与趋势研究[EB/OL].[2017-07-20].http://www.sohu.com/a/158696648_465245.

[5] 严飞,谭穗枫.全媒体背景下科技期刊的广告营销[J].编辑学报,2014(10):26-30.

[6] 冯静.第五媒体在与传统媒体互动中的传播策略调适[J].学习与探索,2016(8):147-152.

[7] 姚琦.中国近代报刊业的发展与百年社会变迁[J].社会科学辑刊,2001(6):122-127.

[8] VASILY V. Alcohol use and burden for 195 countries and territories, 1990–2016: a systematic analysis for the Global Burden of Disease Study 2016 [J]. The Lancet, 2018(392):1015-1035.

发挥科技期刊在地区科技进步中传播作用的研究与实践

张 琼,岳荣强,王 芳,何 婧,李朝晖

(新疆农业科学院农业经济与科技信息研究所《新疆农业科学》编辑部,乌鲁木齐 830091)

摘要:统计分析 2013—2015 年《新疆农业科学》刊登论文数,以及统计这两年获得科技进步奖的项目产出论文在《新疆农业科学》上论文发表的情况。通过分析刊登论文的学科分布,《新疆农业科学》加大此类项目的论文刊登比例,以不断提升刊物的学术质量与影响力。

关键词:科技期刊;科技进步;科技论文;学科分布;机构分布

1 材料与方法

1.1 材料

以《新疆农业科学》为研究对象,统计 2013—2015 年《新疆农业科学》刊登论文的学科分布、机构分布等指标,统计获得新疆科技进步奖中农业奖项产出论文在《新疆农业科学》发表的数量和比例,统计这些获得科技进步奖在《新疆农业科学》发表的学科分布。通过分析学科分布,《新疆农业科学》加大此类项目的论文刊登比例,以不断提高刊物的学术质量与影响力[1-6]。

检索 2013—2015 年《新疆农业科学》发表的所有文章→统计总发文量、学科分布、基金论文比、机构分布、通讯作者档次等→分类整理、加工、分析所有论文信息。

检索 2013—2015 年新疆科技进步奖中农业奖项数量→统计一、二、三等奖数量及在《新疆农业科学》发表论文的数量→分类整理、加工、分析所有论文信息。

1.2 方法

相关信息的采集、加工、整理、分析。采用文献计量学、数理统计和数值比较的统计分析方法,将统计与分析的数据做柱形图。

2 结果与分析

2.1 2013—2015 年各年度新疆科技进步奖农业类项目学科分布及在《新疆农业科学》发表论文数量

新疆地处我国西北边陲,面积 166 万平方公里,占我国国土总面积六分之一,是我国西

基金资助:中国高校科技期刊研究会专项基金资助(CUJS2017-013);中国高校科技期刊研究会项目(MGKJQY1617);新疆农业科学院青年基金项目(xjnkq-2018013);自治区公益性科研院所基本科研业务经费资助项目(KY2015020);新疆农业科学院青年基金项目(xjnkq-2017017);新疆农业科学院青年基金项目(xjnkq-2016016)

北的农业大省,耕地面积达 7 685 万亩,基本农田面积约 5 330 万亩。丰富的光热资源,独特的气候、地理等自然条件孕育了棉花、哈密瓜、加工番茄、葡萄等优势特色农业生产资源。特别是"一带一路"新疆作为"丝绸之路经济带"的前沿核心区,新疆农业发展迎来了前所未有的历史机遇。以市场为导向不断调整和优化农业产业结构,《新疆农业科学》依托特色棉花、粮食、畜牧业、林果"四大基地"和棉花、粮食、林果、畜牧、特色农产品和设施农业"六大产业"的建设组稿,突出刊登优势农作物和特色林果种植业的科技成果,提升《新疆农业科学》区域影响力。统计分析表明,2013 年获得新疆科技进步奖中农业奖项 15 项在《新疆农业科学》上发表论文 227 篇,其中:一等奖"新疆棉花持续高产高效生产技术体系研究与推广应用"等 3 项,论文 122 篇;二等奖"新疆测土配方施肥技术研发与应用"等 7 项,论文 73 篇;三等奖"陆地棉资源优质纤维稳定性与分子标记的研究及应用"等 5 项,论文 32 篇。

2014 年获得新疆科技进步奖中农业奖项 18 项,在《新疆农业科学》上发表论文 379 篇,其中:一等奖 3 项绵羊"高效转基因技术研究"等 4 项,论文 90 篇;二等奖"新疆核桃品种创新和规模化发展关键技术研发与集成应用"等 8 项,论文 200 篇;三等奖"新疆主要特色果树营养特性及高效施肥技术研究与应用"等 6 项,论文 89 篇。

2015 年获得新疆科技进步奖中农业奖项 14 项,在《新疆农业科学》上发表论文 297 篇,其中:一等奖"新疆褐牛种质资源利用创新及产业化生产"等 3 项,论文 74 篇;二等奖"新疆特殊生物资源功能基因克隆鉴定及在棉花中的应用研究"3 项,论文 50 篇;三等奖"细羊毛生产关键技术研究和应用"8 项,论文 71 篇

在《新疆农业科学》发表论文的获得 2013—2015 年新疆科技进步奖项的数量稳定增加,项目总数量为 41 项。2013—2015 年度新疆科技进步奖项目在《新疆农业科学》发表论文数量快速增加,由 2013 年 51 篇增加到 2015 年 108 篇。《新疆农业科学》刊登论文数量由 339 篇增加到 351 篇,期刊刊登论文数量保持稳定,如表 1 所示。

表 1 2013—2015 年新疆科技进步奖农业类项目在《新疆农业科学》发表论文情况

年度	项目数量/个	在《新疆农业科学》发表论文数/篇
2013 年	15	227
2014 年	18	379
2015 年	14	195
合计	47	801

《新疆农业科学》从农业发展及农业科技的实际出发,始终坚持学术交流与自治区农业生产、农业科技的紧密结合,跟进学术前沿,追踪科技创新成果,在促进农业学术与科技信息交流,推动新疆农业科技进步,加速新疆农业科研、生产工艺的发展等方面发挥了重要作用。

尤其是在国务院《国家科学技术奖励条例》(以下简称《条例》)颁布实施的 18 年间,在宣传、传播新疆农业科学技术成果的方面作用显著统计表明,从获新疆科技进步奖项在《新疆农业科学》刊登论文的目学科分布来看,共有 10 个学科领域,按学科获奖项目多少排序,依次为:作物栽培育种(11 项,309 篇),畜牧业(13 项,157 篇),林学与园艺(7 项,130 篇),土壤肥料(6 项,140 篇),植物保护(6 项,51 篇),农业机械(2 项,4 篇),食品加工(2 项,10

篇)。由排序可看出，新疆农业领域发展方向及学科发展情况符合新疆粮、棉、特色林果及畜牧业特色农业发展。通过项目组努力，《新疆农业科学》的影响力计量指标大幅度提高，项目实施以来，总被引频次达到 4 400 次，表明《新疆农业科学》在学术交流中被使用的程度和影响较高；研究期间 5 年平均影响力因子 1.031，较研究前的 0.692 增加了 33.93%，由此提升了《新疆农业科学》刊登论文的创新性、科学性、前沿性，使得《新疆农业科学》办刊质量与水平大幅度提升。具体情况如表 2~表 3、图 1~图 5 所示。

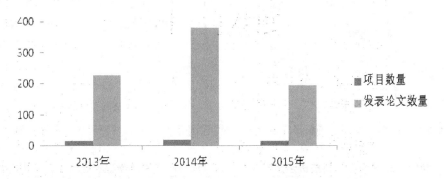

图 1　2013—2015 年新疆科技进步奖农业类项目在《新疆农业科学》发表论文数

表 2　2013—2015 年各年度新疆科技进步奖农业类项目学科分布及在《新疆农业科学》发表论文数

年度	学科	项目数量/个	论文数量/篇
2013 年	作物栽培育种	5	145
	畜牧业	3	23
	林学与园艺	2	29
	土壤肥料	1	17
	植物保护	2	11
	农业机械	1	1
	农产品加工	1	1
2014 年	作物栽培育种	3	120
	畜牧业	6	94
	林学与园艺	2	70
	土壤肥料	4	73
	植物保护	3	22
2015 年	作物栽培育种	3	44
	畜牧业	4	40
	林学与园艺	3	31
	土壤肥料	1	50
	植物保护	1	18
	农业机械	1	3
	农产品加工	1	9

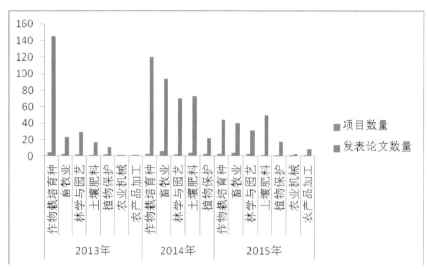

图 2　2013—2015 年各年度新疆科技进步奖农业类项目学科分布及在《新疆农业科学》发表论文数

表 3　2013—2015 年新疆科技进步奖农业类项目学科分布及在《新疆农业科学》发表论文数

学科	项目数量/个	论文数量/篇
作物栽培育种	11	309
畜牧业	13	157
林学与园艺	7	130
土壤肥料	6	140
植物保护	6	51
农业机械	2	4
农产品加工	2	10
合计	47	801

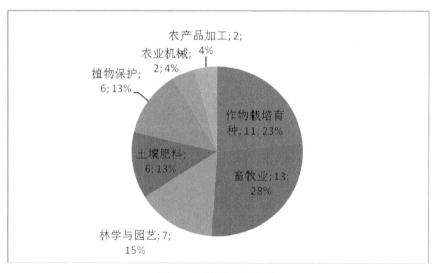

图 3　各学科项目数量

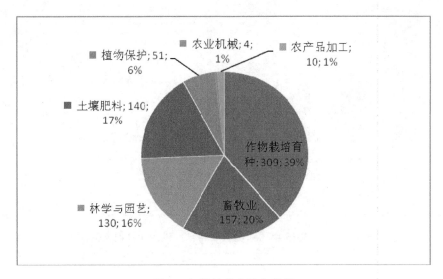

图 4 各学科发表论文数量

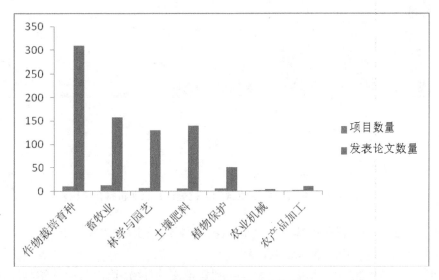

图 5 获奖项目学科发表论文数量

2.2 发挥科技期刊的"龙头""龙尾"作用，加大发表新疆农业的优势学科和领域刊载论文的数量，为新疆科技进步服务

统计分析表明，《新疆农业科学》刊登新疆权威涉农农业高校和科研机构论文数保持稳定并不断增长。其中：新疆农业大学共刊登615篇，占36.15%，排第一；新疆农业科学院381篇，占22.39，排第二；石河子大学235篇，占13.91，排第三。使《新疆农业科学》不仅是本区域科研新成果、新技术、新产品的展示平台，而且成为反映区域内各个科研机构和大专院校从事农业科研工作进展、动态和创新能力的信息平台，客观反映和展现农业科研团队和个人的研究方向、科研动态、科研产出和综合研究实力。具体如图6和图7所示。

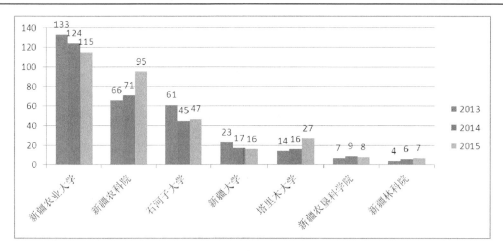

图 6　2013—2015 年《新疆农业科学》机构刊登论文数(篇)

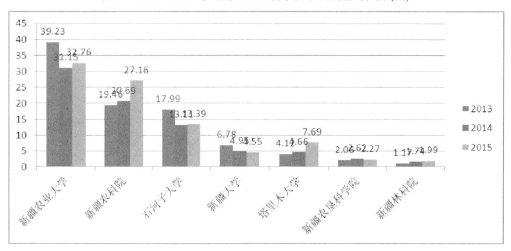

图 7　2013—2015 年《新疆农业科学》刊登论文主要机构数量比例(%)

2.3　新疆涉农主要高校和科研机构在在《新疆农业科学》刊登论文数及比例

2.3.1　新疆农业大学刊登论文的数量及比例

研究表明，2013—2015 年新疆农业大学共刊登论文共计 615 篇，其中林学与园艺学院刊登 138 篇，占论文总数的 22.42%，列第一。新疆农业大学林学与园艺学院等 6 个学院科研综合实力和水平较高，优势比较突出，发表的论文学术水平较高，尤其是反映新疆特色学科林果、作物、畜牧等方面，提高了《新疆农业科学》反映干旱和半干旱大农业特色水平，如图 8 和图 9 所示。

2.2.2　新疆农业科学院刊登论文的数量及比例

数据统计表明，2013—2015 新疆农科院共计刊登科技论文 381 篇，从研究所的分布来看，园艺所 64 篇排第一。新疆农科院科研论文发表数量较高的研究所主要有：园艺所、土肥所、植保所、经作所、微生物所、粮作所均保持了稳定的发展态势，这些研究所科研工作比较活跃，项目研究取得的阶段性成果较多，研究团队科研创新、交流能力较强，如图 10 和图 11 所示。

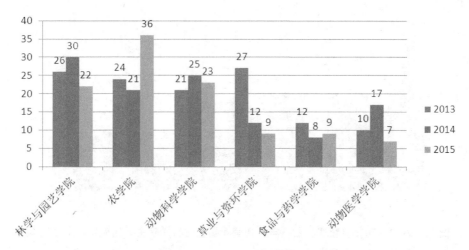

图 8　2013—2015 年《新疆农业科学》刊登新疆农业大学主要学院论文数量(篇)

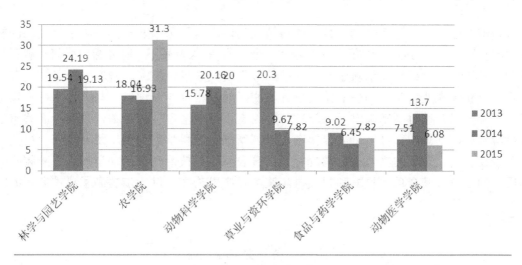

图 9　2013—2015 年《新疆农业科学》刊登新疆农业大学主要学院论文比例(%)

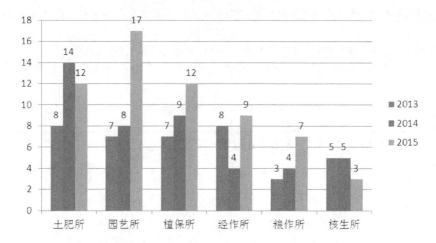

图 10　2013—2015《新疆农业科学》刊登新疆农业科学院主要研究所论文数(篇)

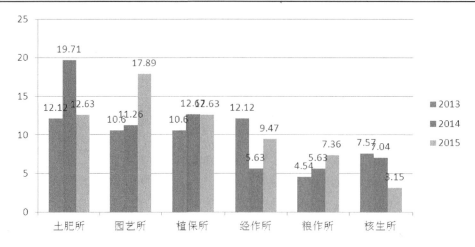

图 11　2013—2015《新疆农业科学》刊登新疆农业科学院主要研究所论文比例(%)

3　结论

《新疆农业科学》是新疆创刊最早的科技期刊，也是我国西北干旱、半干旱生态区极具代表性的省级农业综合性学术期刊。在国家"一带一路"的大背景下，研究探讨如何刊载科技成果推动科技进步，介绍和展示新疆农业科技的最新研究成果，扩大新疆农业的影响具有重大的意义。《新疆农业科学》刊登的论文统计表明，通过跟踪科研项目、与项目主持人保持密切联系、各学科专家对《新疆农业科学》刊登论文进行严格审核与把关，以及开展编辑学研究项目等措施，刊登的稿件质量明显提高。以《新疆农业科学》为例，统计了获得科技进步奖的项目在刊物上发表的文章相关情况等，充分表明了科技期刊在推动科技进步所起到的支撑作用，通过刊登基金项目论文和科技进步奖项目产出论文，进一步提高了科技期刊的影响力。

参 考 文 献

[1]　张琼,王芳,何婧.《新疆农业科学》近五年科技论文数的统计分析与比较研究[J].传播与版权,2018(2):26-30.

[2]　岳荣强,张琼,王芳,等.科技期刊对科技进步的作用——以《新疆农业科学》为例[J].科技视界,2017(10):47-48.

[3]　张琼,王芳,程平,等.《新疆农业科学》2012年刊登科技论文统计与分析[J].农业图书情报学刊,2013(9):64-67.

[4]　何婧,张琼,王芳,等.2010—2014年新疆农业科学院发表论文统计、分析与评价研究[J].传播与版权,2016(2):31-34.

[5]　张琼,王芳,何婧,等.2015年《新疆农业科学》刊登科技论文的统计、分析与评价[J].传播与版权,2016(3):59-61;64.

[6]　张琼,王芳,何婧,等.2014与2015年《新疆农业科学》刊登科技论文计量指标对比分析[J].传播与版权,2016(4):13-16.

如何实现国内化学学科与化学学术期刊协同发展

段为杰,林 松,于 洋,段桂花,张淑敏

(吉林大学《高等学校化学学报》编辑部,长春 130012)

摘要:化学学科作为自然科学的重要分支,对社会和国家的高速发展尤为重要。随着国家对化学学科发展的重视和科研经费的大力投入,国内化学家发表了很多具有重大影响力的学术论文,但其中绝大部分论文都发表在国外刊物上,尤其是那些高被引作者的论文具有较高的价值,但这些作者对国内刊物的支持微乎其微。若国内化学界较为杰出的化学家每年都能在国内化学期刊发表一篇质量较好的论文,那么,对国内化学期刊的影响力的提升和发展起到的积极作用可想而知。

关键词:基金;学术论文;高被引;数据库;学术期刊;协同发展;论文流失

近几十年来,世界化学学科得到了迅速发展,国内的化学领域也是人才辈出[1]。截至2017年底,化学学科进入全球基本科学指标数据库(ESI)[2]前1%的国内大学和科研院所已达120余家,成为高被引作者的化学领域的科学家已达200余人。可见,在世界化学学科领域,国内化学家的国际影响力得到了逐年提升,在很多领域都做出了较为突出的贡献。我国,评价一个科研工作者的研究成果,大多以发表的学术论文质量和数量为重要指标。大量化学学科的优秀论文在国外化学期刊的刊出极大促进了这些期刊影响因子的迅速提升,而由于种种原因,国内化学期刊往往会被忽视和冷落,导致其影响力逐渐下降。针对如此严峻形势,2015年中国科学技术协会、教育部、国家新闻出版广电总局、中国科学院和中国工程院五部委联合发文,发布《关于准确把握科技期刊在学术评价中作用的若干意见》[3],鼓励国内科研工作者将优秀论文尽量刊发在国内期刊,但3年来,效果不够明显。国内化学期刊中,仅有几家在编委会的大力呼吁下取得了一定效果。至于能否得到相关化学工作者持之以恒的支持,尚未可知。况且,这几家国内化学期刊发表的优秀论文均为约稿,即大部分稿件不是作者主动投的。若能促使作者主动投稿,那么国内化学期刊必将获益匪浅!所以,探讨一下原因和解决措施还是很有意义的。尤其近两年国家针对大学提出的"双一流"建设计划[2],国内一些大学的化学学科被列为一流学科。建设一流化学学科,希望国内化学期刊也能得到迅速发展,实现国内化学学科与化学期刊的协同发展。

1 原因分析

众所周知,国内学术评价体系中,无论是教师评职称还是学生毕业,发表在国外SCI影响因子较高的期刊比发表在国内影响因子较低期刊上的文章似乎更令人信服[4]。直接导致大量优秀学术论文涌向了国外刊物,造成了国外刊物发展越来越好,国内刊物却举步维艰的状况[5]。

一个完善的学术评价体系不但会促进学术界的良性发展，乃至对国家发展都具有重大意义。我国的学术评价在20世纪80年代才开始提出且实行，而国外一些发达国家在20世纪20年代就陆续展开了学术评价研究。故国外一些较为成熟的学术评价机制值得我们借鉴，如美国国家政府层面和社会学术团体两个层次的科研评价机构，澳大利亚的卓越评价体系等[6]。所以，国内相关部门或机构应对学术评价机制进行改革，如采用第三方学术评价机构。

进入21世纪以来，国家对引进人才非常重视，很多高端人才回国参加工作。但是，国家出基金开展科研，学术论文却大多刊发在了国外科技期刊，给人一种学术论文流失的遗憾。有趣的是，作者自己发表的文章，作者所在单位还需花费大量资金购买回来才能使用。这不相当于一篇文献花了两份钱，资助部门出了基金资助作者开展研究，作者单位又出了资金购买文献，怎么感觉都有点不合适。令人难以接受的是，国外那些大出版商将由作者的科研成果组成的数据库出售给各个大学和科研院所，获得高额利润，而相关作者却没有丝毫受益。所以，不如将文章适当地投到国内期刊。

希望国内的科研工作者们不要只为了评职称，研究生不要只为了毕业，就不顾一切，唯SCI影响因子论。国内学术期刊的发展，同样需要大家。支援国内刊物，实现双赢，对作者和学术期刊都有益处。

2 应对措施

根据以上简短分析的国内学术期刊发展不利的部分原因，仅从国内化学期刊编辑的角度提出一些应对措施，希望能起到一些抛砖引玉的作用。

2.1 鼓励投稿、免除版面费

采取鼓励为主，奖励为辅的方法，向国内化学工作者极力宣传。利用开会、网络(邮件、微信[7]及QQ)和实地拜访等方式向相关作者介绍国内化学刊物的现状，分析国外刊物的不当之处及投国内刊物的有利之处，激发其投稿的欲望。

对优秀学术论文免除版面费，甚至对影响力较高的文章作者进行适当奖励，并在刊出后大力推送宣传其文章，引起国内外同行的注意和引用；同时，在文章刊出两年内定期向作者通报被引频次，若能得到国外优秀期刊的引用，及时告知作者，让其了解在国内刊物发表的文章也能被国外刊物引用。对优秀稿件，一切从速，各个环节均加速处理[8]，从送审到online 45天内完成。这样，作者会感觉他们得到了极大尊重，再有稿件时，自然会想到我们国内学术刊物。这样，作者会逐渐改变对国内刊物的态度。

积极及时地关注优秀作者的科研动向，利用一切机会多和其进行交流。最好能和作者成为朋友，至少达到较熟悉，且留下个好印象的目的。这样，即使他们不能及时投稿，一旦有急于发表的且质量较好的稿件，我们刊物会比其他刊物优先得到这个稿件。转变作者投稿的态度，从被动到主动是个漫长的过程，需要耐心地积极争取每一个，积少成多，随着优秀稿源的逐渐增多，刊物影响力的提升也就水到渠成了。

2.2 鼓励及奖励引用

引导作者向其他刊物投稿，尤其是向国外刊物投稿时，引用国内刊物发表的文章。其实，很多学术期刊编辑部都遇到过此类情况，建议作者他引时，作者并未当面拒绝，但是真正有效的引用却很难实施。不知何种原因，也许是认为引用国内刊物的文章会多少影响其论文质量的档次，总是不愿引用。笔者曾经找了一些较为熟悉的作者，尝试让他们向国外期刊投稿时引用我刊文献,并提供了一些相关文章,但是,事与愿违,反馈回来的结果是第一作者不愿引用。曾经有位教授给学生建议,如果国内刊物的文章对你的确有帮助,那就应该引用;若无帮助,不能强求。不过,就是有帮助的,也未被引用。可见,在学术论文的他引方面,也需转变作者对国内刊物的态度。鼓励无效果,采取适当奖励的方式。奖励不宜多,主要还是改变作者的看法,和他们交朋友,达到变被动引用为主动引用的目的。

2.3 挖掘审者和作者的潜力

国内化学领域的很多专家虽然不向我刊投稿或投稿较少,但他们给我刊审稿。针对审稿专家要挖掘其潜力,和审者处好关系,鼓励他们适当向同行介绍我们刊物,向我们推荐审者。再者,审者也有可能变成作者,谁都有可能遇到急于发表的稿件,他们自然就会向我刊投稿。而投稿质量较好的作者,可以适当选取录用为审者。他们既投稿又审稿,才会为刊物的发展及影响力的提升贡献力量。如此,他们会尽心尽力,作为作者投了稿件,希望尽快得到审理结果;作为审者,邀请其审理稿件,自然也不会太慢。

总之,审者和作者身份可以是相互的[8],也可以是独立的。鼓励他们主动投稿,鼓励他们引用国内刊物的文章,也就能达到事半功倍的效果了。

2.4 利用社交媒体推送专访

精心选取化学领域的杰出专家,约定对其进行专访。主要介绍其反响较好的科研成果。充分准备相关素材,如重要科研成果的研发历程、投国外高刊的经验以及带研究团队的经验[9],这些都是取得较好科研成果的要素。将专访推送到网站、领英、微博及微信公众号,应该能得到较好的效果。再向该专家约稿,或激发其主动投稿,都将成为现实。

3 结束语

通过对国外化学期刊和国内化学期刊的比较,分析了国内化学期刊发展不顺的部分原因,探讨了一些应对措施,希望能唤醒国内化学界的支持国内期刊的觉悟!也期望本文能起到抛砖引玉的作用,引导出更好的良策,探索到适合国内期刊发展的道路。借着化学一流学科建设的契机,实现国内化学学科与化学期刊的协同发展。

参 考 文 献

[1] 房喻.化学学科发展与化学教育:挑战与机遇[J].中国大学教学,2009(9):13-15.
[2] 刘勇."双一流"建设背景下高校图书馆服务 ESI 学科建设的内容与策略[J].图书情报工作,2017(9):53-58.
[3] 中国科学技术协会.关于准确把握科技期刊在学术评价中作用的若干意见[EB/OL].[2015-11-03]. http://www.cast.org.cn/n200556/n200925/n200950/c359732/content.html.
[4] 刘雪立.全球性 SCI 现象和影响因子崇拜[J].中国科技期刊研究,2012(2):185-190.
[5] 王婧,刘志强,张芳英.2016 年我国中文科技期刊的发展状况[J].科技与出版,2017(2):34-38.
[6] 吴凡洁,张海娜.国外学术评价体系浅析及启示[J].科技传播,2018(16):171-172.
[7] 武文颖,李丹珉,洪晓楠.学术期刊微信推送文章传播效果影响因素研究[J].中国科技期刊研究,2017(4): 326-331.
[8] 段为杰,段桂花,于洋,等.如何提高审稿效率而保持科技期刊的竞争力[J].编辑学报,2017(增刊 1):95-96.
[9] 单明霞.高校学报研究生作者群培养策略——以《上海工程技术大学学报》为例[M]//学报编辑论丛(2017). 上海:上海大学出版社,2017:436-438.

新形势下地方综合性高校学报发展刍议

罗 欢

(广州大学学报编辑部，广州 510006)

摘要：在学术期刊发展日益专业化、集约化、国际化、数字化并出现媒体融合的新形势下，作为学术期刊的重要组成部分和高校学报中的重要成员，地方综合性高校学报因其与生俱来的"地方""综合性""高校"的特征，存在发展中的瓶颈，面临重大的挑战，也存在重大的发展机遇。如何将劣势变为优势，可以考虑采取"顶天立地"的发展思路，具体为走立足本校，拓展、整合校外资源；立足本地(区域)，辐射全国乃至世界；立足本身(本位)，跟上行业发展步伐的实施路径，从而提高自身竞争力，为自己赢得可持续发展的空间。

关键词：地方综合性高校学报；发展思路；实施路径

我国的高校有类型和层次之分。按类型，潘懋元将高校分为综合性研究型大学、应用型本科高校、职业技术高校三类[1]，有的还将其分为综合性大学、多科性大学和单科性大学等；按层次，高校可分为专科、本科、研究生教育三个层次。依据不同的划分标准，还有其他的分法。地方综合性高校是一个相对性的概念，针对中央、部属院校来说其他院校都可称为地方院校，针对省属院校来说地市级院校都可称为地方院校，其实绝大部分地市级高校都是省属高校。地方综合性高校多数指的是地市级综合性本科院校，很多是以前的师范高等专科学校升格的本科院校，也可以指省属的综合性本科大学(学院)，这里的地方综合性高校是指除"211 工程"以外的高校，因进入"211 工程"的地方综合性高校普遍发展较好，其学报的水平也普遍比较高，面临的问题没有那么突出。我国的学术期刊分类也有很多种，按出版类别分为综合性期刊、专业性期刊、高校学报、检索性期刊。我国学术期刊共有 6 000 多种，高校学报就有 2 000 多种，可见高校学报是学术期刊的一个重要系列。教育部办公厅 1998 年颁布的《高等学校学报管理办法》将其定义为："高等学校学报是高等学校主办的、以反映本校科研和教学成果为主的学术理论刊物，是开展国内外学术交流的重要园地。"地方综合性高校学报自然就兼具"地方""综合性""高校"的特征，"地方"是就其所处的地理位置和地位而言，"综合性"是指其所依托的高校学科门类齐全，"高校"是指其由高校主办并为高校的一个部门，与高校具有"同呼吸共命运"的天然联系。这些先天的特征就限定了其发展定位，尤其在当前的形势下。

1 新形势下地方综合性高校学报发展所面临的问题

近年来，随着学术期刊朝专业化、集约化、国际化方向发展，以及数字技术和网络技术

基金项目：2018 年广东省高校学报研究会课题(20180303)

的快速发展，学术期刊面临传播方式、出版形态的转型，高校学报本来就因管理体制、办刊模式、评价体系等各方面限制带来的诸多问题，在这种新形势下更进一步地突显出来，作为地方综合性高校的学报更是如此，其地位逐步被边缘化，一直以来"全、散、小、弱"的局面不仅未得到基本改变，还面临着重大的挑战。地方综合性高校学报既有所有高校学报在发展过程中所面临的共同问题，也有自身面临的特殊问题，这些都与其"地方""综合性""高校"的特征有关，当然，也脱离不了大的学术环境及与之相关的社会环境的改变，毕竟它属于学术期刊中的一员。新形势下地方综合性高校学报发展所面临的问题，总结起来，可以概括为如下几个方面。

1.1 地方性带来的边缘化

与那些重点高校相比，地方综合性高校在学科、人才、资源等各方面都不占优势，两者所主办的学报，其地位和影响力自然也就不能相提并论，因为学报的功能首要是为所在高校的科研和教学服务，各高校是各自学报最强有力的支撑，结果只能是强者愈强，弱者愈弱。也正因为这些地方综合性高校学报的影响力普遍不高，在整个学术评价体系中也就没什么地位可言，从而导致其在所依托高校内部也被边缘化，很多学校都将其学报编辑部定位为教辅部门，未将学报工作视为学校科研和教学工作的组成部分纳入总体规划，学报编辑人员在职务评聘、薪酬待遇、进修学习、开展学术研究等各方面也都不如教学科研人员。这种因地方性带来的外部(高校学界)和内部(学校)的双重边缘化，使地方综合性高校学报处于一种非常尴尬的境地[2]，这与《高等学校学报管理办法》的精神也是相违背的。

1.2 综合性带来的同质化

地方综合性高校学报所依托的高校学科门类都比较齐全，作为展示学校科研和教学成果的窗口，其一般涉及的学科专业较多，刊登的论文内容比较分散，设置的栏目大多相同或相似，再加上管理体制的限制，缺乏变革和创新的内在动力，从而导致了众多的地方综合性高校学报在办刊理念、办刊模式上的高度一致，在学术期刊中缺乏自身的核心竞争力。高校学报一直为人所诟病的"千刊一面"的缺点，在地方综合性高校学报中尤为突出，造成了学术资源的极大浪费。

1.3 为高校服务的功能定位带来的管理体制和运行机制的僵化

高校是事业单位，高校学报一直作为高校的一个部门而存在，新闻出版行政管理部门只是作为行业主管单位进行宏观指导，大部分高校学报在全国高校出版体制改革时没有被转制成企业化运营，办刊条件比市场化的学术期刊应该更有保障，按理说可以发展得好一些。但事实却并非如此，恰恰是这种旱涝保收的体制内的身份庇护了高校学报，即它们基本上不用为自己的生存发愁，从某种意义上说它们缺乏创新发展的内在动力，对于一般的高校学报来说更是如此。既然是为学校的科研和教学服务的，保证能正常运转是很多地方高校学报的常规做法。况且它们又觉得自己在整个学术评价体系中没什么地位，也就不太注重自身的制度建设，这样就导致了许多地方高校学报自身的运行机制也比较僵化，没有完善的内部管理制度，编委会形同虚设，"等米下锅"的现象比较突出，一些地方综合性校学报甚至于后来都跟不上所在学校的发展，也就不能如实反映所在高校的科研和教学成果。正因为这种体制内身份的属性，使很多地方高校学报对社会变化和行业变革不敏感，没有危机意识，也不积极主动采取应对的策略，也就谈不上创造条件跟上行业发展专业化、集约化的步伐，以及利用数字化和媒体融合的趋势进行自身的转型了，从而也就加剧了它们被边缘化。试想一下，如果将所有高校学报同出版社一样纳入企业化运营，在优胜劣汰的市场竞争中，又会出现怎样一种局面？

2 顶天立地：地方综合性高校学报发展的思路

面对新的形势，地方综合性高校学报理应居安思危，顺应社会和行业发展趋势，将自身的劣势转为优势，将面临的挑战转为发展的机遇，找准自己的定位，充分利用各种资源，不断提升自身的学术影响力。每所地方综合性高校都有自身的发展定位，都应努力开拓自己在高等教育体系中的一席之地。笔者以为，地方综合性高校学报可以采取"顶天立地"的发展思路，"顶天"是指要有全局性、前瞻性眼光，即为向一流看齐，向全国性、世界性看齐，向行业发展趋势看齐，"立地"即立足所在高校、所在区域、自身条件及发展定位。应先做好"立地"，以"立地"为基础，去争取、实现"顶天"，以赢得自己在未来可持续发展的生存空间。落实"顶天立地"的发展思路具体可从以下三个方面来展开。

2.1 立足本校，拓展、整合校外资源

提到一所高校，首先想到的是这所高校有什么优势学科，"看一所大学主要看三个东西：第一看教师队伍，第二看图书馆，第三看学报"[3]。由此可见，高校学报最重要的资源在于自己所在的高校，而学报办得好不好，则代表了一所高校的形象。地方综合性高校不仅学科门类比较齐全，而且有自己的优势和特色学科，可以为所在学报提供重要的支撑，学报应充分利用好这些资源，不必舍近求远，否则就会成为"无源之水""无本之木"。

首先，学报要有全局观念，要有积极参与学校建设的主体意识，才能赢得学校的重视和支持。学报工作本来就是所在高校科研和教学工作的重要组成部分，学报应争取将自己的工作纳入学校的总体规划，并做好顶层设计，有近期和中远期的发展目标，最大限度地谋划自己未来的发展。比如，争取将本校教师在自己学报发表的论文纳入学校考核认定成果范围，在编委会中纳入学校顶尖专家、主管科研的校领导等。

其次，学报应充分利用所在高校的优势学术资源，提升自身的质量和影响力。地方综合性高校的学术资源比较丰富，学报应对所在学校的学术资源有总体观照，并随时关注其发展动态，并要对学校的发展思路和发展目标有充分的了解，找准学报发展与学校发展的结合点，在上面做大文章。以《广州大学学报(社科版)》的特色栏目"人权研究"为例，该栏目就是依托广州大学的教育部人文社科重点研究基地、全国首批国家人权教育与培训基地之一——广州大学人权研究院开设的，广州大学将该研究院定位为以人权基本理论研究与人权教育为基本立足点，形成多学科、多方向联动发展的整体布局，将其作为学校"十三五"规划着力打造的"高端智库"而予以重点建设，《广州大学学报(社科版)》充分利用学校的这一优势资源，开设栏目并形成了品牌，找到了学校建设与学报建设的结合点。

再者，以所在高校优势资源为基础，以特色为引领，努力拓展、整合校外包括海外相关学术资源，把脉学科领域前沿，引领学术发展，创建学术品牌。如《广州大学学报(社科版)》的"廉政论坛"栏目就是利用该校关于廉政研究的优势，汇聚全国高校廉政研究队伍，以及从中纪委到各省市纪委、监察委的高水平作者队伍[4]，为自己提供高水平的研究成果，在全国高校

学报中独树一帜，成为了广州大学的学术品牌，并入选教育部第二批"名栏建设工程"。

2.2 立足本地(区域)，辐射全国乃至世界

地方综合性高校基于自身定位，都非常重视为区域经济社会发展服务，注重与区域相向发展的贴合度，甚至将对接区域经济社会需求写入发展规划，力求在"立地"工作中做出大文章，然后去争取"顶天"的项目，从而形成自己的学科特色，如广州大学的广府文化研究、岭南文化与艺术研究以及华南地理、环境与城市可持续发展研究等，现在各高校都将办出自己的特色作为明确的发展目标。作为地方综合性高校的学报，也应该围绕地方做文章，以此形成自己的特色，扩大自己的影响力。有学者对教育部"名栏建设工程"相关数据进行了分析，认为获评的"985""211"高校学报栏目大多为大众类栏目，而地方高校学报栏目大多为小众类栏目，其原因在于大众类栏目容易缺乏特色，必须有一定的实力和影响力才能吸纳优质稿源，"985""211"高校历史悠久，学科创建时间长，综合实力强，有能力创办，而地方高校则只能依靠地方优势办出特色[5]。但很多地方性的资源本来就具有全国性意义，不仅如此，有的还成为了国际性的显学，比如关于国内地域文化研究的三大显学敦煌学、藏学、徽学的研究等。

所谓的地方性也也是相对的，在于用什么样的眼光去审视。如关于广府文化的研究，当代很多学者不仅关注到过去广府文化如何在"海上丝绸之路"沿线传播，还对新时代广府文化将如何在"一带一路"沿线交流融合的新趋势进行了探讨[6]。随着学术的发展，类似的话题会受到越来越多人的关注，一些学术领域研究的辐射力会不断增强。地方综合性高校学报应充分利用所在高校的地域优势、多学科容易开展交叉学科与跨学科研究的优势，以前瞻性的眼光做好专题策划，以可持续发展的眼光策划好特色栏目并将其做大做强，提升自身的学术影响力和核心竞争力。

2.3 立足本身(本位)，紧跟行业发展步伐

地方综合性高校学报也是学术期刊，仍然要纳入学术评价体系和顺应行业发展的趋势，不然也很难生存下去。但高校学报有其自身的定位和特点，应"构建起自己的一套能够在科研领域获得广泛认可的评价体系，辅助评价高校学报在学术期刊中的地位。"[7]"总体来说，学报评价体系既要体现学报的科研价值，还要兼顾学报在高校中的特点和属性，包括学术创新、人才培养、学科建设等方面的贡献，建立起共性、个性、特性不同权重结合的指标体系。只有这样，才能真正地、全面地体现高校学报的价值。"[7]地方综合性高校学报更要结合自身的发展定位认真看待这个问题，既要注重提高各项普适性评价指标指数，提升自己的学术影响力，因为这是学术期刊可持续发展的必由之路，又要扎扎实实履行好自己为学校科研和教学服务的特殊使命。另外，当前学术期刊专业化、集约化、国际化发展已成潮流，出版业数字化发展、媒体融合发展已成国家战略[8-9]，这些都将引起传媒领域重大而深刻的变革，地方综合性高校学报要及时跟上行业发展步伐，做好转型，以应对已经到来的这场行业革命。

3 结束语

地方综合性高校学报既是我国学术期刊的重要组成部分，也是高校学报中的重要成员，是推动我国学术繁荣发展、增强民族"文化自信"的重要力量，在面临社会环境发生改变和行业发生变革的新形势下，应找准自身定位，抓住发展机遇，采取"顶天立地"的发展思路，以做好立足本校、区域、行业的"立地"工作为基础，勇于去"顶天"，突破发展中的瓶颈，努力扭转"全、

散、小、弱"的局面,实现自身的转型和可持续发展。

参 考 文 献

[1] 刘丽建.潘懋元高等教育论述精要[M]//中国教育家经典论要丛书.福州:福建教育出版社,2015:100-101.
[2] 杨世武.地方高校学报转型发展的机遇和挑战[J].曲靖师范学院学报,2015(3):43-46.
[3] 龙协涛.《学桴》扬帆百舸争流——纪念中国人文社科学报诞生百年感言[J].河南大学学报(社会科学版),2006(6):177-178.
[4] 孙国军,等.地方高校学报特色栏目建设十人谈[J].赤峰学院学报(汉文哲学社会科学版),2013(3):1-10.
[5] 毛红霞.教育部"名栏建设工程"的分布及未来建设走向分析[J].出版科学,2016(2):44-46.
[6] 刘茜.广府文化如何在"一带一路"沿线传播?[EB/OL].(2018-06-14)[2018-08-15].http://travel.southcn.com/l/2018-06/14/content_182229912.htm.
[7] 谢骏,季德春,邱彦涛.高校学报发展的制约因素及应对策略[M]//学报编辑论丛(2017).上海:上海大学出版社,2017:66.
[8] 新闻出版总署.关于加快我国数字出版产业发展的若干意见[J].中国出版,2010(21):6-8.
[9] 国家新闻出版广电总局.关于推动传统出版和新兴出版融合发展的指导意见[J].中国出版,2015(8):3-5.

论医学期刊的"+互联网"模式的现状与向"互联网+"模式的转变

官 鑫[1]，张诗悦[2]，韩宏志[1]，姜瑾秋[1]，李欣欣[1]，王 丽[1]

(1.吉林大学学报(医学版)编辑部，长春 130021；2.吉林大学图书馆，长春 130012)

摘要： 医学期刊借助互联网的快速发展，实现了从传统纸媒向新媒体的转型，形成了医学期刊的"+互联网"模式。医学期刊的"+互联网"模式的传播为医学期刊的发展带来了良好的机遇；同时医学期刊的"互联网+"模式的发展受到医学期刊从业者的关注。"互联网+"模式可以实现期刊的数据化、在线化，并通过大数据和在线服务提升期刊质量。本文简述医学期刊在"+互联网"和"互联网+"方面的发展现状，并对医学期刊如何从"+互联网"向"互联网+"模式发展提出积极的建议。

关键词： 互联网；医学期刊；编辑模式

医学期刊是医学资源的互动平台，是医学传承和发展的重要载体。在传统纸媒下，医学期刊的传播方式是小众化的，局限于医学从业者的学术圈中，社会大众接受最新研究成果的途径受到诸多限制。随着互联网技术的发展，传统传播方式与互联网技术融合形成新媒体，产生了"+互联网"模式[1]。"医学期刊+互联网"模式是指医学期刊在传播过程中借助互联网技术，实现了从传统纸媒向新媒体的转型。但目前"医学期刊+互联网"模式下国内医学期刊的发展仍然滞后于国外优秀医学期刊，并且医学研究成果社会化、大众化和产业化的进程缓慢，因此医学期刊如何实现从"+互联网"模式向"互联网+"模式发展是众多医学期刊作者、读者和编辑关注的问题。"互联网+医学期刊"发展模式并不是简单的两者相加，而是采用信息通信技术和互联网平台，让互联网的创新成果与医学期刊进行深度融合，将互联网作为拓宽学术期刊的发展途径和传播途径，提升期刊影响力。"互联网+医学期刊"模式的本质是期刊的数据化、在线化，并通过大数据和在线服务提升期刊质量[2]。"互联网+"是以互联网平台为基础，借助信息通信技术，实现互联网与医学期刊行业的融合发展，在突飞猛进的互联网环境下，重新审视医学期刊在"互联网+"时代的生存和发展问题非常具有研究前景。

1 医学期刊在"+互联网"模式下的发展现状

1.1 国外医学期刊"+互联网"模式下的发展现状

北美地区的医学专业和学术出版是目前医学期刊数字出版最成功的领域之一。John Willy 出版集团的在线出版平台(Inter Science)已建成了医学期刊出版领域的若干大型专业数据库。一些国际著名的医学期刊，如 *JAMA*、*Nature* 和 *Science* 都有官方网站，同时还建有非英语语种的网站，以扩大影响力吸引更多的读者，挖掘潜在作者撰写更多高质量的论文。成立于 1995

通信作者：王 丽，E-mail: wl99@jlu.edu.cn

年的 BMJ 网站早已成为生物医学期刊网站的典范。除杂志自身的官网外，知名医学期刊 The Lancet 还通过 Facebook 和 Twitter 进行杂志的宣传和推广；Nature 出版集团出版的 8 种研究月刊、6 种评论月刊和 3 种重要的物理与医学方面的参考工具书里的每篇论文均提供 Connotea、Digg、Facebook、Newsvine、Delicious 和 Twitter 等平台的交互。NEJM 率先在其电子发行杂志中添加动态图片和视频，让论文更通俗易懂。国外一些优秀医学期刊，如 JAMA、Nature 和 Science 等在印刷版刊出的当天即出版网络版，而美国化学学会(ACS)的电子版更比印刷版提前 11 周出版[3]。

1.2 国内医学期刊"+互联网"模式下的发展现状

国内医学期刊的网络化建设自 20 世纪 90 年代起步，目前大部分期刊已经建有自己的网站，但网络化建设进程缓慢。医学期刊拥有的在线采编平台可实现在线投稿、在线审稿和网刊的发布，缩短了审稿周期，提高了出版时效。但由于国内期刊自建网站是一个孤立的系统，信息量较少，点击率较低，影响力相对较小。并且网络出版时间相对滞后，缺乏个性化，业务比较单一。中国科技期刊中有超过 60%的期刊尚未使用在线投稿系统。目前国内医学期刊的集群化发展情况普遍滞后，南方地区的发展情况优于北方地区。部分医学期刊加入了国际知名的出版集团，实现了开放存取(Open Access, OA)，如荷兰的 Elsevier(爱思唯尔)和德国的 Springer(施普林格)等。部分医学期刊开通了微信公众号，但关注微信公众号的作者数量仍然有待增长。极少数医学期刊建立了相关 APP 应用，但下载量和普及度仍不乐观。国内外医学期刊的"+互联网"发展进程快慢有所不同。与国外医学期刊相比，国内医学期刊的"+互联网"模式起步晚，发展速度差强人意，但这只是影响医学期刊整体水平的原因之一，其根本原因是论文的社会价值和学术影响力的差异[4]。单纯的"+互联网"模式可以短期提升期刊的传播力，但不能向目标受众提供高质量的有价值的信息，因此，要实现医学期刊与互联网深度融合，仅依靠拓展传播途径是不够的，关键是要提高医学研究水平，提升医学期刊的学术影响力，使得国内医学期刊的发展从"+互联网"模式逐渐进入"互联网+"模式的快速发展轨道。

2 医学期刊在"互联网+"模式下的发展特点

2.1 "互联网+"模式下医学期刊仍然具有"+互联网"模式下的发展特点

如传播和展现方式多样，提供更好的用户体验，如可提供视频、音频等直观、生动的新型展现方式和多种方式的用户体验，满足医学类读者多样化阅读需求。数字化医学期刊可通过超文本链接，实现相关内容的相互链接，为读者的关联阅读、资源获取提供便捷，真正做到"以人为本"的学术传播。

2.2 "互联网+"模式下医学期刊具有基于大数据思维模式产生的新特点

2.2.1 基于大数据思维

大数据是指以多元形式、多重渠道搜集而来的庞大数据组，往往具有实时性。目前国内的医学论文质量良莠不齐，部分作者在进行论文选题时往往只有利益取向(晋升职称或研究生毕业需要)，而无价值取向(未跟进当前的社会热点)，因此实用价值并不高。医学期刊采编人员在进行论文评审时应树立大数据思维模式，关注医学热点问题，发表对社会有价值且学术水平较高的论文。医学期刊的核心竞争仍然在于稿件的内容和质量。医学期刊应该根据学术热点和焦点，关注读者的需求，策划相应的专题，如《第二军医大学学报》最新的重点号——人工智能与医学专刊，整期发布人工智能与医学的相关结合研究文章，聚焦热点，下载量大，在医学专业网站丁香园拥有百万粉丝，微博关注量也非常乐观。这种结合期刊本身特点，积极、主动向本领域国内知名专家约稿，进行专业推介的形式非常契合当今信息化和数字化的时代特点。目前，科研成果发表途径与发表形式呈现多样化，医学期刊出版者、经营者应转换思维，在重视期刊内容和编校质量的同时，积极搭建信息传播平台，开拓新的传播手段和传播方式，培养或引进信息化技术人才，重视和打造"互联网+"时代期刊全媒体资源整合者。期刊的同行评议也是把握期刊质量的重要环节[5]，医学科学的特殊性要求医学期刊更应坚持公平公正的同行评议，基于大数据思维也可以建立更科学的编委会和审稿专家绩效考核制度，集合各个数据库的资料调查统计编委在本刊的发文量和发本被引率，引入期刊质量考评指标对于编委的贡献进行考评，定期淘汰和更换，从青年学者梯队中选拔优秀者进入编委会，这样既可以保证编委会的成员质量，又为提升期刊学术质量打下了坚实基础。

2.2.2 基于个性化思维

目前，医学期刊在新的时代下应该给予作者和读者群提供个性化的服务。个性化服务是根据用户的设定来实现，依据各种渠道对资源进行收集、整理和分类，向用户提供和推荐相关信息，以满足用户的需求。信息时代，个性化需求是根本，每个人都有自己的喜好，每个人都可以成为自媒体和数据库。"互联网+"时代医学期刊为了满足用户需求，首先应清楚自己的读者群、作者群的定位及其研究方向、工作内容或学习内容、兴趣点和关注点等，为客户提供精准的服务[6]。如可以根据医学工作的成果方式，个性化定制论文所需页面、篇幅和表现形式，保证学术成果的完整权威呈现，打造期刊的品牌特色，建立忠实稳定的作者和读者群。"互联网+"时代，期刊的作者、读者、编者并没有界限，角色随时在转换。文章的作者也可能是读者，读者也可能是潜在作者，编委和审稿专家同时也可能是读者和作者，并且都是期刊的传播者，因此以用户的个体化需求为根本，让每个角色都可成为自媒体，这是新媒体发展的必然趋势，也是推动期刊发展的巨大动力。

2.2.3 基于服务思维和免费思维

在医学杂志的办刊过程中也应该秉持推进免费和优质服务的思想：①部分医学期刊从改变读者阅读和投稿习惯出发，开发了 HTML 网页阅读，或者通过在特定投稿群体(如医生和医学生)中举办学术活动来达到宣传杂志的目的，让潜在作者了解杂志的办刊宗旨、投稿流程和写作须知，方便作者投稿。②部分医学期刊采用多种形式推进学术沙龙，搭建优质学术交流平台，实现医学科研成果供需关系的平衡，同时可以借助新媒体形式进行现场直播，实现现场线下与远程线上的同步，扩展学术探讨活动的空间范围与容量。既吸引了优秀的人才与会，掌握了该研究领域的难点和热点，又可以将研究成果择优在本期刊发表，使得学术成果在产生学术影响的同时，产生广泛的社会影响，以优秀的学术研究成果服务社会实践。目前，国家出版行政部门、行业协会和各大数据库等都会不定时举办出版业务相关培训班、学习交流会或沙龙。一方面有助于期刊出版者及时掌握国家编辑出版相关政策方针，另一方面，有助于医学期刊编辑的专业水平和综合能力的提升。这是期刊之间很好的交流机会，应把握机会积极宣传期刊，提高期刊的知名度，吸引更多优质的稿源。③积极采用各种方法推介自己的杂志，推出更多免费的服务，如免费下载、免费培训和免费的资源链接等，以获取更优质的稿件，提升杂志的影响力，达到互利共赢的目的。微信公众号的建设和发展运营与期刊传统纸媒之间可以相互融合、交相辉映，以《中国中药杂志》为例，其虽然是一本中文学术期刊，但是借助近年来我国政府不断提高中医药学科地位、将现代研究成果逐步推广走向世界的政策优势,且恰逢《中国中药杂志》所在承办单位——中国中医科学院中药研究所屠呦呦研究员获得诺贝尔奖等大好机遇,其将学科优势与特色得以凸显,使得该刊的国际化影响力也不断提升[7]。

3 结束语

"+互联网"时代,多媒体技术的发展使医学期刊得到了飞速的发展,但是仅仅依靠技术的更新不能使医学期刊得到长足的发展,"互联网+"为医学期刊的发展带来了机遇,同时也带来了新的挑战。"互联网+"时代,面对新的挑战,医学期刊要有信心和勇气,甚至积极、主动地求新求变求突破。目前,医学期刊中数字化出版复合型人才普遍缺乏,应加快建立新型人才培养体系,将编辑的培养之路逐渐完善,使其从"版面编辑"进化为"科学编辑"进而进化为"专家型编辑",实现由"术"到"道"的转变。未来医学期刊的发展仍然以发展质量为硬道理,医学期刊品牌提升不可能一蹴而就,需要长期用心经营,采用多种方式提高期刊影响力,借助"互联网+"的思维,对期刊内容进行深度整合,满足作者、读者及审者的个性化需求,本着为科研人员服务的态度,必能有所收获。

参 考 文 献

[1] 范维,刘玉邦,陶清玉,等.基于互联网思维的高校学术期刊功能转型及实现[J].中国科技期刊研究,2016,27(2):162-168.
[2] 王福军,冷怀明,郭建秀,等.互联网背景下科技期刊的媒体融合路径[J].编辑学报,2016,28(1):11-14.
[3] 黄馨茹."互联网+"背景下期刊的创新[J].青年记者,2016(7):61-62.
[4] 段艳文,秦洁雯.强化传播能力,扩大传播效力——"互联网+"时代的学术期刊发展之路[J].出版广角,2016(3):12-14.
[5] 肖宏,马彪."互联网+"时代学术期刊的作用及发展前景[J].中国科技期刊研究,2015,26(10):1046-1053.
[6] 辛映继,何志斌."互联网+"医学期刊的发展与对策[J].技术与创新管理,2015,36(6):556-558.
[7] 赵会懂,朱蓓."互联网+"时代医学期刊的新老媒体融合方式[J].中华医学图书情报杂志,2016,25(9):74-76.

"双一流"背景下高校学术期刊"学研创"融合出版实验室建设策略

王 婧,刘志强

(上海大学期刊社,上海 200444)

摘要:在高校"双一流"建设的背景下,高校学术期刊融合出版实验室建设成为学术期刊紧密融入高校"双一流"建设的重要途径。从我国融合出版实验室建设现状、高校学术期刊融合出版实验室建设问题及策略展开分析,探索推动教学、科研、创新创业三位一体发展的实验室建设路径。

关键词:"双一流";学术期刊;学研创;融合出版实验室

2015 年 8 月 18 日,习近平主持召开中央全面深化改革领导小组会议审议通过了《统筹推进世界一流大学和一流学科建设总体方案》,同年 11 月,国务院正式印发了该方案。在此背景下,北京、上海、广东、浙江、陕西、山东等省市相继出台了各自的一流学科建设方案。2017 年 1 月 24 日,教育部、财政部和国家发改委三部委联合印发了双一流建设实施办法。2017 年 9 月,我国"双一流"名单正式公布,按照国家要求,"双一流"学校和学科以三年为一周期实施动态考核[1]。"双一流"建设的根本价值目的是通过建设强大的高等教育为国家的发展和强大提供重要支撑和动力。所以,在今后相当一段时期内"双一流"建设都将成为我国高等教育以及学术发展的核心内容[2]。

在"双一流"建设中,学术期刊作为学术体系的重要组成部分,为科研成果交流、学术人才培养以及科研创新发展架起桥梁。如何充分借鉴国内外集约化数字出版平台先进理念、融合路径和运行模式,结合中国高校实践使传统出版切实融入到"互联网+"的发展模式中,推动教学、科研、创新创业三位一体发展,整合学院与学科资源,成为高校学术期刊紧密融入"双一流"建设的重要途径。

1 我国融合出版实验室建设现状

2016 年底,国家新闻出版广电总局正式发布《关于确定出版融合发展重点实验室的通知》,公布了 20 个出版融合发展重点实验室的依托单位和共建单位名单,总局将对其授牌并给予相关政策支持。实验室的依托单位、共建单位涉及产、学、研多个方面,涵盖国内在出版融合研究和实际应用领域有着突出优势的出版发行集团、报业集团、数字技术公司、数字内容运营企业、高等院校、科研院所等[3]。

其中,出版发行单位数量最为庞大,类型也较多,基本覆盖了国内主要出版发行集团和

基金项目:上海市高等教育学会规划课题 GJEL18131;中国高校科技期刊研究会 2018 年青年基金课题(CUJS-QN-2018-026)

单体出版社，既包括中央文化企业，如中国出版集团公司、中国科技出版传媒股份有限公司等，也包括各省市上市出版企业，如凤凰传媒、中南传媒、中文传媒等；既有上述综合类大型出版集团，也有教育类、专业类、大学类单体社，如人民教育出版社、中国建筑工业出版社、外研社等。报业集团包括浙江日报报业集团、南方报业传媒集团等。数字技术企业包括科大讯飞股份有限公司、北京方正阿帕比技术有限公司等。数字内容运营企业包括咪咕数字传媒有限公司、掌阅科技股份有限公司等。科研院所包括中科院自动化研究所、中国新闻出版研究院等[3]。

2 高校学术期刊融合出版实验室建设问题

互联网在蓬勃发展，但国内期刊在融合出版方面发展并不均衡，部分期刊"小、散、弱"，单刊运行，尚无功能齐备的期刊融合出版的专门实验场所，也没有集约化的数字化出版管理系统，实现移动终端出版的期刊较少，采用大数据、云平台等技术构建全媒体综合数据库的更少。

建设学术期刊学研创三位一体融合出版实验室，意在立足传统出版，发挥内容优势，运用先进技术，走向网络空间，切实推动传统出版和新兴出版深度融合，实现出版内容、技术应用、平台终端、人才队伍的共享融通，形成一体化的组织结构、传播体系和管理机制[4]，形成开放聚合的期刊交流创新实践基地。

3 高校学术期刊"学研创"融合出版实验室建设策略分析

鉴于上述关于融合出版实验室建设中存在的问题，高校学术期刊的发展依赖于学科的发展，而学术期刊又引领学科的发展方向，促进学科的人才培养和成长，两者互相促进，相辅相成[3]。高校学术期刊"学研创"融合出版实验室建设可从基础教学、科学研究、创新创业三个方面进行深入开展，以展示和促进高校的学科水平与发展[5-8]。

3.1 基础教学：以期刊集群化出版流程控制系统为平台

在"双一流"建设中，为期刊在挖掘培养优秀学术期刊人才方面搭建平台，发挥积极教学作用，有助于学生在实验室中通过该系统更加直观地了解、学习期刊出版在各刊编辑部、出版部、发行部、行政管理部、印刷厂等各部门信息资源的流转过程，并通过该系统进行有效整合，保障信息数据的一致性、精确性。可以实时查到每篇稿件、每期杂志的最新流转以及出版进度等情况，学习分析期刊出版质量监控以及绩效评估，研究形成在行业中可推广及可复制的模式，推动学术期刊出版流程实验课程的基础教学。

3.2 科学研究：以刊物多元融合富媒体主题出版为抓手

各刊物尝试将与专栏及专栏论文有关的学者(研究团队)专访、实验室场景、应用指导性的内容、相关成果等内容，通过视频、音频、动画、AR、VR、MR等富媒体形式，对专栏及专栏论文进行全方位展示和推广，推动学术期刊融合出版课题的深入研究。

3.3 创新创业：以竞赛活动等形式为指导

在实验室中，各刊物资源信息、设备实现共享，引导学生体验实验课程的应用和实践，完成向科学研究活动的过渡和衔接，同时通过竞赛活动等形式进行行业创新项目的建设。符合"双一流"建设中，发挥学术期刊创新引领作用，坚定为学科建设及师生服务的办刊理念，发挥科技成果孵化器作用。

4 结束语

"双一流"背景下高校学术期刊学研创三位一体融合出版实验室建设将更加注重学术期刊在主动对接、服务一流学科发展，寻求纳入一流学科建设总体规划、融入学科布局的路径；充分发挥新媒体平台的综合利用，突破学科界限，将各学科的学术热点集中，汇聚年度综合热点，从而进行多学科的推广；并不断寻找学科发展与期刊自身发展规律之间联系与平衡，思考建立建设高水平学科与打造高水平学术期刊同步发展、互相促进的工作机制，促进教学、科研、创新创业的系统性与可持续发展。

参 考 文 献

[1] 刘勇."双一流"建设背景下高校图书馆服务ESI学科建设的内容与策略[J].图书情报工作,2017(9):53-58.
[2] 武晓耕,韩俊."双一流"背景下的学术期刊发展策略探析[J].科技与出版,2018(8):142-146.
[3] 总局公布20个出版融合发展重点实验室依托单位[EB/OL].[2016-12-20].http://www.cbbr.com.cn/article/108918.html.
[4] 财政部.关于推动传统出版和新兴出版融合发展的指导意见[J].中国出版,2015(8):3-5.
[5] 高雪莲,杨慧霞,付中秋,等.专业学术期刊与学科发展相辅相成[J].编辑学报,2014(1):71-73.
[6] 卓选鹏,王梦杰,黄崇亚.关于高校学报服务于本校中心工作的思考[J].编辑学报,2016(2):111-113.
[7] 王钱永,任丽清."双一流"建设视角下地方高校区域创新能力建设[J].中国高教研究,2016(10):38-42.

加快实现我国科技期刊国际化的途径

周志红

(华南农业大学学报编辑部,广州 510642)

摘要:针对目前我国科研水平和科技期刊发展现状,提出应该高度重视我国科技期刊的国际化发展。政府和科研管理部门应该积极引导,并给予一定的政策和资金支持,以加快实现我国科技期刊国际化的步伐。分析了我国科技期刊国际化策略,认为当前急需改变不合理的科研评价体系,在努力办好英文科技期刊的同时,要加快创建我国自主的英文科技期刊数字出版平台,真正实现我国科技期刊的国际化。

关键词:科技期刊;国际化;OA 出版模式;数字出版平台

长期以来,由于我国科研评价体系的导向,导致目前我国科研机构和高校对 SCI 论文高度重视,甚至到了疯狂追求的地步。2005—2015 年近 10 年期间,中国科研人员共发表国际论文 158.11 万篇,仅 2015 年数量就增加了 24.2%,2014 和 2015 年连续两年排在世界第 4 位[1]。近年来,我国发表 SCI 论文总量每年大幅增长,中国已成为向世界顶级科技期刊投稿增长最快的国家[2-3]。国内高校和研究机构也竞相以发表 SCI 论文的数量和点数作为炫耀的资本,在不少单位网站的主页上常常能看到有关发表 SCI 论文的新闻,并给予作者高额的奖金。SCI 论文甚至成为科研和教学人员评聘以及研究生毕业的必要条件。这种情况下,我国优秀科研成果纷纷投向国外的 SCI 期刊,从而形成"一流的论文绝大多数投向国外"[4-5]的尴尬局面,丧失了自主知识产权,不利于我国科技创新,更是阻碍了我国科技期刊的发展。随着改革开放的快速发展,我国的科技和人才交流日益频繁,取得了前所未有的成绩,科技发展日新月异,不少领域达到甚至超过国际水平。这种情况下,还盲目地追求 SCI 论文,必将阻碍我国的科研步伐,甚至丧失话语权。在当前全球化的背景下,更好地平衡国家自主和全球化显得尤为重要,所以,急需改变目前我国的科研论文评价完全受西方国家主导的局面,努力创办一批高水平的英文科技期刊,创建自主的、国际化的科技期刊交流平台,加快并真正实现我国科技期刊的国际化,充分发挥学术出版在创新型国家建设中的作用,努力提升我国的国际学术影响力。

1 我国英文科技期刊的现状

改革开放以来,我国英文科技期刊的发展也取得一些成绩,截至 2016 年底,我国已有 322 种英文科技期刊[6]。但与我国国际科技论文发表总量连续多年居世界第 2[7]相比,我国英文科技期刊的数量太少,影响力大、具有知名品牌效应的英文科技期刊更是凤毛麟角,国际影响力表现也存在两极分化严重的问题:少数优秀的英文期刊表现优异,国际国内影响力都很高,已经成为国内外优秀科研成果的重要交流平台；但大多数英文期刊学术水平、权威性、影响力等相对逊色。长期以来，在我国科研人员的眼里，中国的英文科技期刊一直存在"不顶天、不立地"的问题。而且我国英文科技期刊的国际传播和交流缺乏自己的渠道，完全依赖于国外大型出版平台，导致我国英文科技期刊的办刊思路完全受国外出版商的牵制。当前我国几乎所有的英文科技期刊办刊的目标就是进入国外大型数据库(如 SCI、EI 等)，这不仅制约了我国英文科技期刊的发展，更导致我国知识产权的丧失。

2 我国科技期刊国际化的策略

2.1 鼓励创办高水平的英文科技期刊

英文科技期刊是国际科学界学术交流的主要渠道。近年来，中国的科学技术取得了巨大进步，随着综合国力和科技实力的增强，我国科研论文的数量和质量都取得举世瞩目的增长。2005—2015 年，我国科研人员共发表国际论文 158.11 万篇，论文共被引用 1 287.6 万次，中国论文被引用次数增长的速度显著超过其他国家，平均每篇论文被引用 8.14 次，比 2014 年统计时提高了 7.5%[8]。我国国际科技论文数量连续 8 年排在世界第 2 位，SCI 数据库 2016 年收录中国科技论文 32.42 万篇，占世界份额的 17.1%，截至 2017 年 10 月，我国国际论文被引用次数排名位居世界第 2[9]。但遗憾的是，这些国际论文绝大多数是在国外的英文科技期刊上发表。我国英语论文的快速增长与我国英文科技期刊数量差距悬殊，英文科技期刊发展的滞后远远不能满足我国学术论文的国际交流需求，我国英文论文发表在国外英文科技期刊不仅流失巨额的论文发表费，更是丧失了自主知识产权，甚至使国内同行难于共享科研成果。科技期刊是科学知识体系形成的核心媒体，是国家民族文明话语权的集中体现，是科学技术最新进展的前沿展示，中国科技强国梦的实现需要一大批高水平的英文科技期刊。

自 2012 年中国科协启动"中国科技期刊国际影响力提升计划"以来，政府每年投入近亿元专门用于支持我国英文科技期刊的创办和发展[10]。这一举措也大大推动了国内创办英文科技期刊的热情。一些有条件的科研院所和高校纷纷积极创办英文科技期刊，如四川大学华西口腔医学院分别于 2009 和 2013 年创办了 2 本英文国际学术出版物——*International Journal of Oral Science* 和 *Bone Research*，中国科学院上海科学研究院生物化学与细胞生物学研究所已创办了 *Cell Research*、*Journal of Molecular Cell Biology*、*Acta Biochimica et Biophysica Sinica* 和 *Cell Discovery* 等 4 种英文国际学术期刊；有的出版单位直接将以中文为出版语言创刊的期刊改为英文出版，如《亚洲男性学杂志》改为 *Asian Journal of Andrology*、《中国药理学报》改为 *Acta Pharmacologica Sinica*、《癌症》改为 *Chinese Journal of Cancer* 等，同时不再出版与之相应的中文版。可见，积极创办英文科技期刊已成业界共识，近年来也取得了一些成效，少数英文科技期刊的学术水平甚至得到国际公认，达到国际顶级水平，如 *Cell Research* 2016 年 IF 达 15.606，保持在亚太地区生命科学类学术期刊第一的位置[11]。可见，中国人完全有能力办好自己的英文科技期刊。

此外，互联网的广泛运用和 OA 出版模式的出现，也为我国英文科技期刊发展提供了一个"弯道超车"的机遇。2014 年中国科学院和国家自然科学基金委员会发布了类似欧美国家的强制性 OA 政策，这是中国 OA 发展的里程碑，也为我国发展以 OA 模式为主的网络英文科技期刊提供了一个重要的推动力。但是，截至 2015 年我国的 200 多种英文科技期刊中仅有 23 种采用了 OA 出版模式[12]，所以，需要进一步鼓励发展 OA 模式的英文科技期刊，以加快我国英文科技期刊的创办和发展。2016 年初国家新闻出版广电总局、工业和信息化部公布了《网络出版服务管理规定》[13]。《规定》对网络出版服务许可、网络出版服务管理、监督管理、保障与奖励以及法律责任等作出说明，但该规定并未对网络英文科技期刊，尤其是 OA 模式的期刊给予针对性的指导意见。因此，管理部门需要进一步细化和完善相关规定，以推动 OA 模式的英文科技期刊发展。

鼓励创办英文科技期刊不能一哄而上，不宜要求大家都来办英文期刊，应客观预估期刊市场，合理调整学科布局，鼓励有条件、有能力的单位积极参与和行动，充分调动办刊主体的积极性，对有条件的办刊主体给予创办新刊的自由度，简化审批流程。我国的科技期刊一直以来主要都是以"国有官营"的模式办刊，绝大多数科技期刊仍然没有脱离计划经济的影子，这制约了科技期刊的发展。要办好英文科技期刊一定要摆脱以往的办刊模式，借鉴国际先进的办刊经验，遵循国际期刊的办刊规则，探索各种适合期刊发展的办刊机制和运营模式。办好英文科技期刊的关键还在于人才，在当前国家全球范围大力招贤纳士的良好环境下，要积极引进国际办刊力量，吸收或引进一批拥有高水平英文期刊办刊经验的优秀人才加入到办刊队伍中；提升办刊人员国际化素质，重视编辑人员的国际交流和学习，努力培养出一批拥有国际视野和理念的高素质办刊人才。办刊理念上，要瞄准国际社会共同关注的重大问题，提升选题策划和稿件组织能力，把英文期刊真正办成国际化期刊。

2.2 加快建设英文科技期刊的数字出版平台

在信息化高度发展的今天，科技期刊的交流和展示完全依赖网络平台，科研人员查找和阅读文献也是通过网络平台实现。由于英文科技期刊发展的历史原因，在国际上早已形成以欧美为主的大型出版公司占据学术传播霸主地位的客观形势，更重要的是，我国在科研成果认定、学位授予、职称评定中过于简单地强调国外 SCI、EI 等收录论文，以致"后来者"中国英文科技期刊的发展全面受制于国外出版公司。由于我国英文科技期刊发展滞后，我国至今也没有一个大型的英文科技期刊展示平台，绝大多数英文科技期刊完全依赖于国外的出版平台展示。英文科技期刊在创刊之初，就把进入这些国外知名数据库作为办刊的终极目标，完全丧失了我国英文科技期刊的主体地位，更丧失了自主知识产权。当务之急，在发展我国英文科技期刊的同时，需要加快英文科技期刊数据库的建设，可以依托国内现有的一些大型知名数据库，创建若干个有特色的国内英文期刊数据库，使国内的英文期刊主要通过我国自己的数据库网站来展示，形成国际认可的、自主的学术期刊数字出版平台，避免所有英文期刊都去国外出版商的出版平台上求生存，丧失了话语权。

近年来出现的 OA 出版模式也要求要有强大的数字出版平台给予技术支撑，因此，需要国家有关部门积极扶持，建设规模化、国际化的英文科技期刊数字出版平台，以保障我国英文科技期刊的网络传播和交流。由于英文科技期刊主要是为了国际交流，所以我们的英文期刊数据库在做好平台的同时，还要负责向国内外宣传和推广这些平台，尤其是要加大海外传播的力度，让国外的科研人员通过这些平台可以了解到中国乃至世界最前沿的科研成果，同时也可以服务国内的科研人员，真正做到知识共享、产权自主，促进我国科技事业的繁荣。

2.3 加快出台合理的科研评价体系

要办好我国的英文科技期刊还需要政府的大力扶持，尤其是政策上的支持。目前的这种科研评价体系，已经对我国中文科技期刊的发展带来严重不良后果，而英文科技期刊更是完全受制于国外知名数据库，不少有远见的科学家也已经意识到这个问题。中国科学院院士何满潮在接受中新网记者采访时表示，体制上认可如 SCI 这样的国外期刊机构，导致中国科研人员优秀论文几乎全部投向国外期刊，而发表之后受国外期刊版权限制，中国科研人员需要付费再"买回自己作品"使用，这是一个"恶性的循环"，因此需要政策支持和认可国内期刊[9]。中国科学技术协会联合五部门曾于 2015 年发布"关于准确把握科技期刊在学术评价中作用的若干意见(科协发学字(2015)83 号)"中明确提出："坚持科技期刊对科研成果的首发作用"[14]。但一直没有贯彻落实，目前的评价体系仍然是看重 SCI 等国外数据库。2017 年 7 月，中国科学技术协会等五部门再次联合发文："重要科研成果在我国科技期刊发表成为项目结题验收和考核评价的必要条件"。政府应组织有关专家研讨，采取务实的发展策略，尽快出台一套合理的科研评价体系并真正落实，淡化 SCI 等数据库在科研论文评价中的作用，强化论文自身的学术价值，重视同行专家评议，营造出正确的、有利于我国英文科技期刊发展的良好环境。

3 结束语

英文科技期刊是我国科技期刊国际化的时代需要，更是实现中国科技强国梦的战略需要，应该高度重视。办好我国的英文科技期刊需要各方面共同努力。首先，要引进和吸收一批有国际化视野的高层次学术编辑加入办刊队伍，遵循国际期刊的办刊规则，这是办好英文科技期刊的前提保证；其次，加快建设我国英文科技期刊数字出版平台，以保护我国自主知识产权，使我国英文科期刊真正服务于我国的科技发展，促进我国科研成果的国际交流；第三，鼓励 OA 英文科技期刊的创办和发展，加快出台合理的科研评价体系。随着我国科学技术的进步和发展，国际学术交流越来越频繁，我国科技期刊呈现出结构不断优化、数字期刊出版的兴起、精品期刊竞争力不断增强、学术期刊集约化、集群化建设也取得初步成效，希望在不久的将来，我国能够涌现出更多高水平的、国际一流的英文科技期刊，并且拥有国际认可的、中国自主知识产权的英文科技期刊的数字出版平台，使我国尽快从科技文化大国向科技文化强国转变，不断增强中国文化在国际上的显示度和影响力，促进我国的科技创新和繁荣，真正实现我国的科技期刊国际化。

参 考 文 献

[1] 王珊.中国科技论文统计结果发布[N]中国科学报,2015-10-22(4).
[2] 王晓君,张俊杰,胡宝仓,等.中国 SCI 论文数据分析与思考[J].科技管理研究,2016(17):48-53.
[3] 康兴.中国科研论文数量大幅增长外媒:得益于政府巨额投入[N/OL].参考消息(2016-07-30)[2017-01-26]. http://www.cankaoxiaoxi.com/china/20160730/1250576.shtml.
[4] 武晓耕.中国科技期刊的困境及突破[J].编辑之友,2016(4):44-47.
[5] 周志红,霍欢.中国科技期刊国际化现状的分析与思考[M]//学报编辑论丛(2015).上海:上海大学出版社,2015:25-29.
[6] 任胜利.2016 年我国英文版科技期刊发展回顾[J].科技与出版,2017(2):30-33.

[7] 中国科学技术信息研究所.2014年度中国科技论文统计与分析[M].北京:科学技术文献出版社,2014:13.
[8] 余晓洁,刘陆.我国国际论文被引用次数世界第四[N].新华每日电讯,2015-10-22(5).
[9] 中国科学技术信息研究所.中国科技论文统计结果(2):2017中国国际科技论文产出状况[R].北京:科学技术文献出版社,2017:1-4.
[10] 中国科学技术协会.中国科技期刊国际影响力提升计划[EB/OL].(2013-09-24)[2017-01-28].http://www.cast.org.cn/n35081/n35488/15215969.html.
[11] 黄辛.中国学术期刊国际影响力日益凸现:《细胞研究》影响因子提升至 15.606[EB/OL].(2017-06-16)[2017-08-01].http://news.sciencenet.cn/htmlnews/2017/6/379640.shtm.
[12] 刘桂玲,刘伟,郝俊勤.科技期刊开放获取出版的趋势及存在的问题[J]中华医学图书情报杂志,2015,23(5):21-25.
[13] 中华人民共和国工业与信息化部.网络出版服务管理规定[Z/OL].[2018-02-14]http://www.miit.gov.cn/n1146290/n4388791/c4638978/content.html.
[14] 中国科学技术协会.关于准确把握科技期刊在学术评价中作用的若干意见[EB/OL].[2018-11-03].http://www.cast.org.cn/n200556/n200925/n200950/c359732/content.html.

科技期刊编辑工作创新性的表现形式

郑晓梅

(中国科学院生态环境研究中心《环境工程学报》编辑部，北京 100085)

摘要：为响应习近平同志关于"创新"的号召，进一步明确科技期刊编辑工作是创造性劳动的论断，阐明科技期刊编辑工作中创新的表现形式。采用文献综述的方式梳理近年来科技期刊编辑工作中的创新之举。结果表明，科技期刊编辑工作中的创新不仅包括编辑出版流程、从传统纸刊到与各种新媒体融合、新技术运用的创新，而且还包括科技编辑学与期刊学研究的创新。通过分析可知，科技期刊编辑工作不仅可以创新，而且创新的空间还很大，科技期刊编辑从业人员须不断努力，大胆创新，进一步提高创新水平，以促进科技学术期刊的发展与繁荣。

关键词：科技期刊；编辑工作；创新；表现形式

创新，释义为"抛开旧的，创造新的"[1]，也释义为"创造新的" "革新"[2]。2013 年 10 月 21 日，习近平同志在欧美同学会成立 100 周年庆祝大会上的讲话中指出："创新是一个民族进步的灵魂，是一个国家兴旺发达的不竭动力，也是中华民族最深沉的民族禀赋。在激烈的国际竞争中，唯创新者进，唯创新者强，唯创新者胜。"[3]2015 年 10 月 29 日，习近平同志在党的十八届五中全会第 2 次全体会议上的讲话中指出："我们必须把创新摆在国家发展全局的核心位置，不断推进理论创新、制度创新、科技创新、文化创新等各方面创新，让创新贯穿党和国家一切工作，让创新在全社会蔚然成风。"[4] 2017 年 10 月 18 日，习近平同志在党的十九大报告中指出，我们要"加快建设创新型国家。创新是引领发展的第一动力，是建设现代化经济体系的战略支撑"[5]。各行各业都在创新，科技期刊编辑工作的创新性表现在哪里？编辑工作是创造性劳动，这一论断最先来自 1983 年 6 月 6 日发布的《中共中央、国务院关于加强出版工作的决定》[6]，它指出："编辑工作是整个出版工作的中心环节，是政治性、思想性、科学性、专业性很强的工作，又是艰苦、细致的创造性劳动。"诚然，科技期刊编辑工作也是创造性劳动；可是，这一科学论断并不被社会各界所认同。事实上，我们过去的不少做法和表现，确实也难以让人承认编辑是在进行创造性劳动；因此，我们有必要梳理科技期刊编辑工作中哪些属于创造性劳动或创新之举，阐明科技期刊编辑工作只有不断创新才能拥有更为广阔的发展前景，这对于科技期刊界"发扬成绩，弥补不足"具有现实意义。

笔者在查阅文献的基础上，结合自己的编辑工作和实践经验，梳理总结出 5 个方面的"创新"表现，阐明科技学术期刊编辑出版工作是具有创新性的工作，并强调只有不断创新，才能推动科技学术期刊的繁荣与发展。

1 编辑出版流程中的创新

流程创新是管理创新的重要内容之一，也是具有一定技术性的工作，它是指技术活动或生产活动中的操作程序、方式方法和规则体系的创新[7]。流程创新包括各种工作流程的创新，对于信息密集型产业来说，流程本身就是一种产品，因此流程创新非常重要。作为传播科学思想和科研成果的科技期刊，是推广科研成果、探讨学术问题、促进学术繁荣、普及和提高科技知识、培养科研人员的有力工具，具有存史、交流、桥梁、教化等功能，针对科技期刊的这些特点，笔者将科技期刊编辑出版流程创新分为 2 个方面：编辑出版流程各环节的创新和稿件编辑加工工作的创新。

1.1 编辑出版流程各环节的创新

科技期刊出版流程的创新是科技期刊创新的重要内容之一，它是提高科技期刊质量的核心内容。在编辑实践中，为全面提高期刊质量，办精品期刊，许多编辑部结合本行业及期刊特色，在出版流程的各个环节都有创新表现，下面以近年来各编辑部的一些有代表性的做法和思路为例，梳理总结科技期刊出版流程各个环节的创新内容，与编辑同人共享。

科技期刊的编辑出版流程包括：设计与计划(策划)、选题与组稿、审稿与加工、发排与校对、印制与发行、总结与反馈等 6 个环节[8]。

在策划方面，有专题策划[9-10]、重点号组织[11]以及专栏策划与设置[12-13]等的创新。

在扩大稿源、组(约)稿方面，有开拓优质稿源的途径[14]、稿源经营策略[15]、组稿模式[16]、组稿方法[17]，以及群体约稿模式[18]、新媒体约稿方式[19]、提高约稿质量和成功率的途径与方法[20]等的创新。

在审稿方面，有审稿机制研究[21-22]，审稿专家的遴选、合理利用与作用发挥[23-25]，如何做好编辑初审工作[26]等的创新。

在退修与退稿方面，文献[27-29]中都有不少创新点。

在编校方面，有编校排版流程优化[30]、编校合一[31]以及应重视作者参加校对[32]的研究，各自都有创新之处。

在排版、印制、发行以及总结与反馈方面，文献[33]提出应尽快实现基于结构化排版的生产流程再造，文献[34]介绍了"统一印制管理：提高集群化期刊的印制质量"的做法和所取得的效果，文献[35]指出了科技期刊发行存在的问题并提出了对策，文献[36]阐明了利用快递平台做好期刊发行工作的经验，文献[37]介绍了科技期刊出版后刊社审读的作用、意义和组织实施的做法与经验，均具有创新意义。

科技期刊编辑出版各环节的创新思路和做法，不仅提高了科技期刊的质量，也为科技期刊的进一步创新提供了很好的经验，值得学习和推广。

1.2 稿件编辑加工工作的创新

稿件的编辑加工是整个编辑出版流程中非常重要的环节，它是在同行专家审稿工作的基础上进行的，也是审稿工作的继续和深入。稿件的编辑加工是进一步提高稿件质量，使稿件在内容上能更准确报道科研成果和传播科技信息，在表达上符合国家标准和规范，在发排方面达到"齐、清、定"要求不可缺少的工作。编辑人员通过自己的创造性劳动，把一篇篇体例格式不统一、文字表达不完美的稿件，加工整理成一件件艺术品，按一定的逻辑顺序编排成一期高水平、高质量的刊物，奉献给广大读者，实现科技期刊促进科技信息交流、支撑科学研究、引领科学前沿、推动科技创新的目标。

对于科技学术期刊稿件的编辑加工，传统的做法是根据编辑初审、同行专家复审和主编或编委会决审的意见，给作者提出修改意见，待作者修改后，责任编辑对作者的修改稿做全面修改、整理和润色，使文稿达到发表要求。

这一过程中有2种不同的做法：一种是以"文责自负"为托词对文稿不做认真修改，失去了"编辑把关"的作用，致使论文刊出后错误较多；另一种是按照编辑加工的原则和要求，对文稿做全面加工，把一篇篇比较粗糙的文稿，加工整理成达到发表要求的文稿，其中凝结着编辑的心血，体现出编辑创造性的劳动。

文献[38]提出：经过编辑加工的文稿应尽可能达到如下要求——题文相符，论点鲜明、正确，论据确凿、充分，论证严密、符合逻辑，结论明确、恰当，篇章结构严谨、层次清楚，语言通顺、简洁，科学概念准确、清晰，量和单位使用无误，图表设计科学、规范，参考文献著正确，等等；经过语言文字加工的文稿应力求达到如下要求——题文相符，结构严谨，用词准确，语言通顺，文字简洁，符合逻辑，无错别字，标点正确。这些要求的提出，对科技期刊编辑，特别是入职不久的编辑有着引导和启发作用，产生了积极的影响。

近些年来，不少科技学术期刊编辑，如陈溥远[39]等，为了方便作者撰写论文，减小编辑加工工作量和提高编辑加工效率，推出了论文写作模板，收到了良好的效果。

2 从传统纸刊到与各种新媒体融合方面的创新

期刊从问世之日起，就是以纸刊的形式出版，期刊编辑出版的整个流程和运作经营，虽然也在不断改进，但仍然延续100多年来的做法。自20世纪90年代开始，情况有了变化，因特网技术和计算机技术的发展与普及，各种新媒体的出现，给传统的科技学术期刊带来了挑战和机遇。随着科学技术的发展，我国的科技学术期刊与国际上的期刊一样，经历了纸质期刊—电子期刊—网络期刊—数字化期刊，进而实现期刊的网络化这一过程，如今又发展到科技期刊与各种新媒体融合的阶段[40]。

随着新媒体技术的迅速发展，以微型电子计算机、手机、数字电视等为载体的新兴数字媒体在一定范围内已逐渐替代传统书报刊纸质媒体，或作为它们的补充，成为最受广大群众欢迎的信息传播手段。微博、微信、微视频、APP等新媒体形式的传播方式逐步成为公众的获取信息的新渠道。

在这一过程中，我国科技学术期刊中不断出现许多走在前面的探索者和实践者，出现了不少成功的事例，也出现了多种新的思路和建议。比如：提供光盘增值服务的做法[41]；中华医学会杂志社媒体融合的初步实践——改进生产流程，促进资源共享；建立视频直播间，开辟互动新平台；传统媒体试水新的展现形式；开展结构化排版，提升产品竞争力[42]；《航空学报》编辑部在对自身合理定位的基础上，通过推送专业化、个性化的内容，重视微信编发技巧，力求让枯燥的学术期刊生动起来，形成了自己独特微信公众号风格，在新媒体发展道路上取得了可喜的阶段性成果[43]；有学者提出科技学术期刊媒体融合的路径——从更新思维理念、做好层次定位、优化分工协作机制和构建平台型媒体等几方面进行融合[44]；有学者提出学术期刊与学术期刊的横向融合、学术期刊与新媒体的纵向融合的构想[45]；等等。其中多有观念上和操作上的不同程度的创新，可以肯定，这些方面的创新还在继续，还将有更多的成果涌现。

3 新技术运用中的创新

从某一角度说,"剪刀加糨糊"是对传统的编辑工作的生动写照。科学技术的进步,特别是计算机技术和网络技术的发展与普及,为科技学术期刊编辑工作提供了改变传统工作方式的条件和可能。科技学术期刊编辑队伍中的先知先觉者,率先学习并引入了期刊编辑出版工作中的各种新技术,包括投稿、审稿等一系列稿件处理(管理)系统,学术不端检测系统,计算机排版系统,插图制作与加工系统,智能校对系统,等等。这一举动本身就是创新——革除或改进旧的,引入新的。此外,在新技术引入和使用中,不少还加以改进,以更加适合本单位、本刊的具体情况和实际需要,其中也不乏有多种创新。

4 编辑工作者科技编辑学与期刊学研究中的创新

笔者在百度百科上粗略搜索了一下,近30年来我国出版的科技编辑学、科技期刊学、科技论文写作与编辑方面的专著有二三十部之多,其中我们比较熟知的有(以出版年份为序):《科技编辑方法论研究导扬》(钱文霖主编,华中理工大学出版社,1992年),《科学技术期刊编辑教程》(王立名主编,人民军医出版社,1994年第1版,2007年第2版),《科技论文的规范表达——写作与编辑》(李兴昌编著,清华大学出版社,1995年第1版,2016年第2版),《科技书刊标准化18讲》(陈浩元主编,北京师范大学出版社,1997年),《英语科技论文撰写与投稿》(任胜利编著,科学出版社,2004年),《科技论文规范写作与编辑》(梁福军编著,清华大学出版社,2010年)等,这些专著除了解读有关的国家标准和规定,特别是许多"建议",更体现出其创新之处,因而具有学术性、指导性和实用性,在学界产生了积极影响。

对于此,我记忆比较深的是关于数字"一"(或"1")的用法,文献[46]提出:"行文中的汉字数字'一'能否用阿拉伯数字'1'表示,可以这样判定:若换用'一'以外的任何一个一位数字也合情理,则可用阿拉数字'1',否则仍用汉字数字'一'。"它举例说,"分成3人一组"里的"一"能否改换为"1",拿不准时,就用"一"以外的任何一个数比如"五"去替换,如说成"分成3人五组",显然不合情理,因此只能写为"分成3人一组"。这就帮助我们很容易地掌握了当用"一"还是当用"1"的方法。类似于这一判别方法的上述专著中众多的研究成果,显然属于创新之列。

5 结束语

以上总结了科技期刊编辑工作创新的一些事例,肯定不全面,也不可能完全准确,只是想说明科技学术期刊编辑工作不仅需要创新,而且能够创新。当然,科技学术期刊编辑工作的创新,还有许多不足,创新的空间还很大,需要我们继续努力。

我们只有认识到自己的工作有创新之处,也看清自己的工作还有不符合创新要求的地方,才能既不妄自菲薄,也不妄自尊大,而是以创新为主线,把创新精神贯彻到编辑工作的各个方面,贯彻到始终,从而取得更多、更大的创新性成果,更进一步办好期刊,促进我国科技学术期刊的发展与繁荣。

参 考 文 献

[1] 中国社会科学院语言研究所词典编辑室.现代汉语词典[M].6版.北京:商务印书馆,2015:205.
[2] 李行健.现代汉语规范词典:缩印本[M].2版.北京:外语教学与研究出版社,2010:208.

[3] 习近平.在欧美同学会成立100周年庆祝大会上的讲话[EB/OL].[2017-04-15].http:TherequestedURL/rmrb/html/2013-10/22/nw.D110000renmrb_20131022_1-02.htmwasnotfoundonthisserver.

[4] 习近平同志在党的十八届五中全会第2次全体会议上的讲话[EB/OL].[2017-04-15].http:cpc.people.com.cn/xuexi/n/2015/1110/c385474-27798107.html.

[5] 习近平.决胜全面建成小康社会夺取新时代中国特色社会主义伟大胜利:在中国共产党第十九次全国代表大会上的报告:2017年10月18日[R].北京:人民出版社,2017:31.

[6] 中共中央、国务院关于加强出版工作的决定:中发[1983]24号[R].1983.

[7] 流程创新[EB/OL].[2018-06-22].https://baike.baidu.com/item/%E6%B5%81%E7%A8%8B%E5%88%9B%E6%96%B0/12748373?fr=Aladdin.

[8] 中国科学技术期刊编辑学会.科学技术期刊编辑教程[M].2版.北京:人民军医出版社,2007:43.

[9] 颜廷梅,任延刚.网络大数据在优化科技期刊选题策划中的应用与实践[J].中国科技期刊研究,2016,27(12):1259-1262.

[10] 代艳玲,朱拴成.提升期刊学术质量与影响力的方法与途径:选题策划与组稿[J].中国科技期刊研究,2016,27(2):157-161.

[11] 黄丽媛,李国玲,于文霞.学术期刊重点号的组织实施[J].编辑学报,2010,22(4):364-366.

[12] 方玉桂.着眼学术导向性不断进行栏目创新:以《护理学报》为例[J].编辑学报,2012,24(1):66-67.

[13] 李广宁,张宁.医学类期刊设置导读栏目的意义探析[J].编辑学报,2014,26(2):171-172.

[14] 刘玉姝,何亚楣,李国强,等.开拓学术期刊优质稿源的途径[J].编辑学报,2010,22(4):362-363.

[15] 于荣利,陈国荣.专业学术期刊稿源经营策略:与科研单位建立合作关系[J].编辑学报,2014,26(5):476-478.

[16] 李兆林.《科学通报》动态类稿件组稿经验浅谈[J].中国科技期刊研究,2012,23(6):1042-1045.

[17] 张凤丽.跟踪学科前沿,组织优秀稿件:《应用生态学报》组稿实践[J].中国科技期刊研究,2013,24(4):743-745.

[18] 王晓珍.科技期刊群体约稿的选题特点及约稿模式探讨[J].编辑学报,2016,26(2):169-171.

[19] 盛杰,罗晓庆,赵鸥,等.新媒体约稿方式的价值探讨[J].编辑学报,2012,24(6):580-582.

[20] 王静,冯学赞,马宝珍.提高科技期刊约稿质量和成功率的途径与方法[J].编辑学报,2013,25(6):553-555.

[21] 盛杰,崔金贵,徐红星,等.网络采编环境中新型审稿机制探讨:以《排灌机械工程学报》为例[J].编辑学报,2013,25(4):378-380.

[22] 鲁亚琳,史妍.科技学术期刊标准化审稿的层次与要素分析[J].编辑学报,2013,25(5):419-421.

[23] 孙丽莉,刘祥娥.高校学报"小同行"审稿专家的遴选[J].编辑学报,2011,23(2):139-140.

[24] 郭飞,胡志平,薛婧媛,等.英文学术期刊快速有效锁定国内目标审稿专家分析[J].编辑学报,2016,28(4):366-367.

[25] 廖文婷,张普.论提高学术期刊专家审稿质量的途径[J].编辑学报,2014,26(6):574-575.

[26] 张淑敏,辛明红,段为杰,等.如何提高稿件初审环节的工作质量与效率[J].编辑学报,2014,26(4):354-356.

[27] 黄雅意,黄锋.审稿专家再次审核"修后发表"修改稿的必要性[J].编辑学报,2016,28(1):53-54.

[28] 叶红波.带有编辑标记的完整退修稿对期刊工作的促进作用[J].中国科技期刊研究,2014,25(2):208-210.

[29] 吕欢欢,崔护社,杨滨.做好科技期刊稿件退修工作的有效策略[J].编辑学报,2016,28(1):67-68.

[30] 徐清华,赵惠祥,曲俊延.科技学术期刊编校排版流程优化的思考与实践[J].中国科技期刊研究,2016,27(5):463-469.

[31] 刘浩芳,杨锐,韩蕾,等.科技学术期刊的编校合一及其办公少纸化:以《中国电机工程学报》编辑部为例[J].编辑学报,2012,24(2):160-162.

[32] 魏艳君,彭熙.学术期刊应重视作者校对[J].编辑学报,2015,27(4):371-373.

[33] 刘冰,游苏宁.我国科技期刊应尽快实现基于结构化排版的生产流程再造[J].编辑学报,2010,22(3):262-266.

[34] 金东,蔡红叶,游苏宁.统一印制管理:提高集群化期刊的印制质量[J].编辑学报,2011,23(1):56-58.

[35] 胡家胜,张带荣.科技期刊发行存在的问题及对策[J].编辑学报,2013,25(5):455-457.

[36] 方玉桂,吴艳妮.利用快递平台多快好省地做好期刊发行:以《护理学报》为例[J].编辑学报,2012,24(2):

156-157.

[37] 童华峰.科技期刊出版后刊社审读:作用·意义·组织实施[J].编辑学报,2012,24(4):384-386.

[38] 李兴昌.科技论文编排与科技文稿编辑加工:全国科技期刊编辑业务培训班讲稿[R].北京:中国科学技术期刊编辑学会,2011.

[39] 陈溥远.实现水科学论文章节要素规范写作的有效途径:照模板写论文[J].中国科技期刊研究,2010,21(2):232-237.

[40] 李兴昌.随想:内容为王·质量第一·期刊永存·编辑万岁[J].编辑学报,2016,28(2):103-105.

[41] 李静,魏均民,何鹰远,等.传统期刊提供光盘版增值服务的实践[J].编辑学报,2010,22(2):149-150.

[42] 李静,游苏宁.媒体融合的思考与实践[J].编辑学报,2015,27(4):313-315.

[43] 张广萌,李世秋,葛建平.微信推广:让"枯燥"的学术期刊生动起来:以《航空学报》微信公众号为例[J].编辑学报,2016,28(5):482-484.

[44] 王福军,冷怀明,郭建秀,等.互联网背景下科技期刊的媒体融合路径[J].编辑学报,2016,28(1):11-14.

[45] 吉海涛,郭雨梅,郭晓亮,等.数字化背景下学术期刊融合发展研究[J].编辑学报,2015,27(1):75-77.

[46] 李兴昌.科技论文的规范表达:写作与编辑[M].北京:清华大学出版社,1995:89.

科技期刊的全球化与本土化思考

苏盼盼,宋 韬

(华东师范大学城市与区域科学学院、全球创新与发展研究院《世界地理研究》编辑部,上海 200062)

摘要:面对全球化的挑战和本土化的制约,科技期刊应当如何平衡发展策略,是每个期刊编辑部应当思考的问题。目前中文科技期刊全球化取得了一定的成果,包括被知名数据库收录、与国外出版商合作以及在国外发行等。与此同时,国内巨大的市场需求也成为科技期刊的新机遇,如迅猛发展的科学技术、迅速增长的阅读需求等。对此,笔者提出紧抓时代热点、维护编委队伍、建立宣传渠道、优化编辑人员队伍来平衡科技期刊的全球化和本土化发展策略。

关键词:全球化; 本土化; 科技期刊; 新媒体

20 世纪末以来,全球化浪潮席卷世界各个角落,网络与无线通信技术的发展导致世界超越地理距离,变得越来越"小"。全球化过程中如跨国公司会针对不同的地区采取相应的本土化,以更好地顺势发展。在"特殊问题普遍化"的全球化和"普遍问题特殊化"的本土化相融合的时代,究竟应该全球化更多还是需要因地制宜地本土化,成为各个行业需要认真思考的问题。科学无国界,对于科技期刊而言,全球化是无法避开的潮流,而本土化又是必不可少的根基,如对于地学类科技期刊而言,地理学本就是研究区域和空间的科学,任何一种尺度的地理空间都可以成为研究对象,而我们自己所处的空间又是重中之重,全球尺度和本地尺度如何兼而顾之?综上所述,科技期刊应当如何面对全球化的挑战和本土化的制约?本文对此展开讨论。

1 科技期刊全球化浪潮

科技期刊全球化又称为科技期刊国际化,其基本目标是创办能作为国际学术交流平台、具有国际学术影响力的科技期刊,其是否具有创新性、前沿性,是否达到国际先进水平,关键是学术内容国际化,并被国际同行认可和引用[1]。国际化的学术期刊是指期刊的载文、评审、编辑、出版和发行都不局限在本土,而是拥有源于多个国家的编委会、作者、审稿者和读者,能够迅速报道所属领域高水平的最新研究成果,学术层次达到国际先进水平,在国际学术交流中体现重要的价值,具有较高的国际影响力[2]。以此概念对照目前中国 5 000 多种科技期刊发展现状而言,绝大部分期刊与国际化期刊存在较大差距。

近年来,科技期刊开始形成一股"国际化"热潮,各类期刊纷纷提出自己的国际化策略,效仿国外期刊,争取国外编委、作者和稿件。比如兴办各类期刊英文版,各类主管部门、主办单位提供名目众多的基金支持期刊国际化,出版单位开拓各种渠道以被多种英文数据库收录,

---

基金项目:华东师范大学2018年度人文社会科学期刊资助项目(2018ECNU-QKZZ005)
通信作者:宋 韬, E-mail: worldgeo@126.com。

增加国外读者作者和期刊编委，对国外作者的文章进行优先级别处理，等等。纵观目前中国科技期刊国际化取得的成果，主要分为以下几类：

(1) 被国际知名数据库收录。如 SCI、SSCI、A&HCI 等。2015 年，中国大陆共 173 种期刊被 SCI 数据库收录，相对 2013 年度的 163 种增加了 10 种(增幅为 6.1%)。影响因子大于 1.0 的期刊由 2013 年度的 66 种增长至 84 种[3]。仅 2017 年就有 18 种期刊被 SCI 数据库新收录[4]。这些期刊作为中国科技期刊的"领头军"，在中文期刊走向国际化的进程中取得了阶段性成果，也吸引了一些国外读者和作者，成为中国科技期刊国际化的典型代表。

(2) 与国外知名出版商合作，如施普林格，爱思唯尔等。2006 年，在施普林格出版集团刚刚进入中国市场时，《科学通报》英文版的出版单位——《中国科学》杂志社就与其开展了合作[5]。施普林格·自然集团分别在上海和北京设有办公室，自 2006 年在上海成立首个自然合作期刊《细胞研究》以来，施普林格·自然集团已成功与 140 多个中国科研机构和学会合作出版了 150 多个高质量期刊，涵盖近 50 个学科；仅 2016 年一年，中国科研工作者在 Springer Nature 期刊平台的投稿量已近十万篇[6]。早在 20 世纪 80 年代初，爱思唯尔便开始了与中国科技和出版界的交流。1989 年，又与中国社会科学院合作编辑出版了 3 大卷 *Information China: the Comprehensive and Authoritative Reference Source of New China*。

(3) 国外发行。截至 2015 年，中国知网收录各类期刊 1 万余种，其中 8 000 多种期刊向海外发行。海外发行排行榜上，文物考古和国家地理类占据大宗，稳定在海外发行总量的 15% 以上[7]。

综上所述，中国期刊在面对全球化时做出了不懈的努力并取得不俗的成绩，但这也无法避免期刊"被国际化"的一系列问题。如大量期刊突破阻力开办高水准英文期刊，而这些英文期刊的作者和读者绝大部分以国人为主，存在将中文翻译为英文发表，又要让读者阅读英文翻译为中文的重复之嫌，一些研究者英文不太好，就直接放弃了该文献，导致文章不能被广泛传播，而国外读者也很少会看此类期刊，造成中外读者都不看的尴尬局面。

2 科技期刊本土化机遇

本土化是指将某一事物转换成符合本地特定要求的过程，是显示各种异质多样性和特定情境要素的过程，要求能够适应本地需求[8]。科技期刊本土化则是指科技期刊与其本国的科学研究和文化传统密切结合，发挥其内在的价值、功能和影响，成为该国科学研究的一个有机组成部分。科技期刊国际化强调国家间的交流和影响，体现科技期刊的普遍性；而本土化则强调本国的科研和文化特色，体现特殊性。作为中国区域内的期刊，中文期刊有着无可比拟的优势，面对巨大的国内本地市场和读者，中文期刊一定不可忽视本土化发展。目前来说，中文期刊面临如下的本土化机遇：

2.1 迅猛发展的科学技术

随着改革开放的深化，中国科技行业发展日新月异，在世界上由跟跑变成并跑，在某些行业甚至开始领跑。目前中国正处于科技大爆发的时代，科技规模越来越大，科技成果丰盛。日前，世界知识产权组织(WIPO)公布消息称，2017 年中国提交的 PCT 国际专利(专利申请人通过《专利合作条约》途径递交的国际专利)申请量达 48 882 件，排名全球第二[9]。中国的知识产权受到国际的认可，"中国制造"正在向"中国智造"转变。科学技术的发展一定会产生大量的成果输出，这些成果输出的方式中包含论文的展现，对科技期刊来说，稿源数量和质量也会有很大的提升；科技发展促使人们更加关注科技消息，期刊也将产生更多的受众。

据中信所2017年发布的数据，2007—2017年(截至2017年10月)我国科技人员发表的国际论文共被引用1 935.00万次，与2016年统计数据比较，数量增加了29.9%，超越英国和德国。中国科研人员硕果累累，但这些顶尖论文发表在其他国家的期刊上，在对内输出方面存在着语言上的不便，如果这些优秀论文，特别是与中国发展密切相关的论文，能够更多地发表在国内期刊上，不但能够增加国内读者的知识范围，更能增强作者的影响力。但这就要求国内期刊必须抓住机遇，做好内容，提升质量，吸引高水平的作者和读者。

2.2 迅速增长的阅读需求

(1) 新时代下期刊阅读的需求。2006年，在中宣部、中央文明办、新闻出版总署等部门的共同倡导下，全民阅读活动在全国各地蓬勃发展。从2010—2014年，成年人图书阅读率由52.3%增长到58.0%，提高了5.7百分点；成年人数字化阅读率由32.8%增长到58.1%，提高了25.3百分点；成年人人均纸质图书阅读量由4.25本增长到4.56本，增加了0.31本。在全民阅读的大背景下，科技期刊作为阅读源的一部分，随着全民科普的推进，有了更多的受众。2015年底，上海提出要建设具有全球影响力的科技创新中心；2016年1月，中共中央、国务院印发《国家创新驱动发展战略纲要》，提出要建设世界一流科研院所和发展新型研发机构。同年9月，国务院印发《北京加强全国科技创新中心建设总体方案》，提出创新科研院所运行体制机制，推广北京生命科学研究所管理模式。可见，国家越来越重视科技的发展，这就离不开科研工作者，科研工作者队伍的增加势必会增加科技期刊的阅读需求。且近年来，我国硕士研究生招生规模增长稳定。根据《国家中长期教育改革和发展规划纲要(2010—2020)》提出的目标，到2020年，我国研究生在校生规模将达到200万人。截止到2015年，我国在校研究生191.14万人，比上年增加6.37万人，其中，博士生32.67万人，硕士生158.47万人。研究生作为科研工作者的人才储备库，学业的要求、知识的探索都将促进科技期刊的蓬勃发展。

(2) 新媒体下碎片式阅读需求。近年来，知识信息的传播媒介从传统的纸媒逐渐演变为多样化的媒体技术——纸媒、电子媒体、网络媒介等共存的局面。随着新媒体技术(如微博、微信等)的出现，人们的阅读习惯也发生了翻天覆地的变化，以往的"深阅读"正向碎片化、浅层化阅读模式转变[10]。特别是微信阅读，一篇简文可在茶余饭后的缝隙时间阅读。虽然科技期刊相较普通读物比较晦涩难懂，但其简洁清晰、逻辑清楚，若加以适当处理，不失为增进知识的好读物，且可在朋友圈传播方便，对于相同及相关行业的人来说传播力广泛。微博、头条推送也是碎片式阅读的好渠道。所以在信息时代的今天，科技期刊的文章对于大众来说也不失为一场饕餮的知识盛宴。短文占上风的时代，也给科技期刊的大众化带来些许春风。

(3) 新载体下的电子阅读需求。随着多种知识载体的出现，如Kindle、Pad、APP等，各种电子读物出现在人们的视野中，大众也有了更多的选择来进行阅读。电子出版物相较传统出版物来说，有着翻页方便、图片清晰美观、读书笔记方便记录等优势。科技期刊聚集行业最新发展概况，以电子媒体作为承载手段，将会有更大的阅读需求量。如知乎网站就将每周知乎的热点做成知乎周刊，给用户更好的阅读体验。各类新的电子期刊也应运而生，而作为本就有基础的科技期刊，将期刊电子化、虚拟化也不是难事。随时随地的阅读模式，为读者开启了方便的阅读之门，也将带动科技期刊新的阅读需求。

3 科技期刊如何平衡全球化与本土化

科技期刊的本土化与国际化相辅相成，是科技期刊发展不可或缺的动力来源。因此，科技期刊要想真正发挥其科学导向的作用，就必须坚持立足本土化，着眼国际化。本土化是根基，国际化是趋势。综上所述，提出几点科技期刊平衡发展的建议：

3.1 紧抓时代热点，既扎根国内需求，又顺应国际潮流

历史的车轮滚滚向前，科技期刊应当顺势而为。全球化就是当今的时代潮流，只有顺应潮流，科技期刊的发展才可以立于不败之地。而国内之于中文期刊，如同根基之于大树，不可缺失。如今全球科技创新中心蓄势待发，"一带一路"倡议如火如荼，科技期刊也应当立足国内需求，同时抓住时代热点，为自己的长足发展做好准备。

3.2 建立编委队伍，既力邀国际编委，又维护国内编委

编委会对科技期刊至关重要，好的编委会既能给期刊带来优秀的稿源，又能把握期刊的定位和组稿，是期刊根基。全球化还是本土化？国际编委还是国内编委？其实不必二选其一，耦合才是捷径，但一定要根据期刊的特点来注意国际编委和国内编委的构成比例。国际编委和国内编委应该分别主管不同的期刊栏目，以使其充分发挥各自的优势，更好地服务期刊。

3.3 建立宣传渠道，既重视国内受众，又面向国际读者

科技期刊本身就是各种学科知识的宣传，过去科研工作者们埋头做学术，期刊成为为数不多的自身学术成果的宣传渠道。如今，各种媒体宣传渠道丰富，科技期刊对知识的宣传效果反而大不如前，先宣传科技期刊自身，成了很多期刊的不二选择。新时期的科技期刊，既要重视国内受众，又要面向国际读者，挑战很多。不论是语言的障碍还是文化的异同，都给期刊的发展出了难题。无论如何，国内的读者作者不容忽视，期刊应在做好国内宣传的基础上，将眼光放眼国际，增加自身的国际阅读人群。

3.4 优化人员队伍，既有专业化水平，又有全球化视野

期刊编辑部作为期刊的出版单位，对期刊内容进行把握审理。学科差异使得编辑必须要是本专业出身，又要对编辑知识有一定的掌握，这就要求编辑是一个广而博的专业技术人员，期刊的国际化又对编辑提出一项新的要求：国际化视野。这种国际化视野除了英文语言的沟通，还需要对领域国际前沿的聚焦、国际学者"当红炸子鸡"的了解、最新学科热点等的把控等。所以着力建设一支高水平的编辑队伍，也是科技期刊全球化与本土化策略重要的准则。

参 考 文 献

[1] 朱大明.科技期刊国际化程度评价指标和方法[J].中国科技期刊研究,2015,26(3):325-329.

[2] 杨志华.关于学术期刊国际化的思考[J].中国科技期刊研究,2013,24(1):154-157.

[3] 梅斯.2015年我国大陆有173种期刊被SCI数据库收录[EB/OL].[2018-09-01].http://www.medsci.cn/article/show_article.do?id=f38f615043c.

[4] 科学网.2017 年 SCI 新收录中国大陆期刊及简析[EB/OL].[2018-10-28]. http://blog.sciencenet.cn/blog-408109-1091926.html.

[5] 安瑞,肖明,程剑侠.《科学通报》英文版与Springer国际合作的实践及启示[J].中国科技期刊研究,2017(5):413-147.

[6] 中国科技期刊出版有限公司.2017欧洲出版交流报道之三:施普林格•自然(Springer Nature)在中国[EB/OL].[2018-03-01].http://www.zhongkeqikan.com/h-nd-145.html.

[7] 陕西省文物局汉唐网.《文博》入选 2016 中国期刊海外发行百强榜[EB/OL].(2016-11-17)[2018-03-01].https://news.artron.net/20161117/n885263.html.

[8] 张玲.在地化连锁餐饮空间设计分析与研究[D].长沙:湖南师范大学,2014.

[9] 袁于飞,吴珂,王宇.中国加快向知识产权强国转变[N].光明日报,2018-04-08.

[10] 张敏.浅阅读时代下科技期刊的发展[J].农业图书情报学刊,2016,28(11):151-153.

高影响力医学学报参考文献引用错误分析

胡永国[1]，王 洁[2]，吴宗辉[1]，孙 炯[1]，戴 丽[1]，黄文杰[1]，朱红梅[3]

(1.西南大学保健医学研究与实践编辑部，重庆 400715；2.重庆医科大学外国语学院，重庆 400016；
3.重庆医科大学附属第二医院中华肝脏病杂志编辑部，重庆 400010)

摘要：在 2015 年版《中国科技期刊引证报告(核心版)》的医学学报系列 54 种期刊中，选择他引影响因子居前 5 且综合排名靠前的 5 种期刊。各选 2014 年刊出的 1 期，采用 SAS 9.1 对其中 50 篇长篇论著参考文献中的期刊文献进行查阅分析。结果表明，在 903 条期刊文献中，排除未查到、题录、摘要等，最终查找到期刊全文 788 条，其中不合理引用 111 条，占比 14.09%。在不合理引用得参考文献中，中文期刊文献全文引用不合理为 12.26%(19/155)，英文期刊文献全文引用不合理占比 14.53% (92/633)。英文期刊文献全文引用不合理率高于中文期刊文献，但差异无统计学意义 ($\chi^2=0.533$, $P=0.52>0.05$)。期刊参考文献不合理引用以多引为最常见，其次为错引和漏引。中文期刊文献错引主要以笔误和数据错误为主，而英文期刊文献错引主要以观点和数据错误为主。相对于单引，一篇文献多次被引用时更易发生不合理引用。第一作者单位与引用正误无关。为此，建议作者和编辑在文献引用的过程中要努力提升自身的英文水平，合理引用参考文献。

关键词：高影响力；医学学报；参考文献；引用分析

期刊参考文献的正确引用是衡量论文质量和作者学术水平的关键因素。高质量且准确的文献引用可以反映学术论文的创新性、科学性，也可以反映学术期刊的严谨性及学术质量，同时还是论文作者学术造诣高、科研思维严谨的体现[1]。医学学报有高校科研平台作为学术支撑，通常所刊载文章学术水平较高，多数均为核心期刊。作为医学学术期刊中的重要成员，其地位非常关键，不仅是高校学术的宣介平台，也可反映国内基础研究的前沿热点[2]。但近年来，随着互联网信息技术的发展，加之学术评价体制倾向问题，导致大量优秀学术论文外流，从而使国内期刊论文质量不佳[3]；另一方面由于语言的障碍及语言习惯差异，也会导致作者在引用英文文献时出现无关引用、漏引、错引等引用不合理的问题[4]。同理，参考文献的引用错误也会从另一方面助长大量的优秀期刊外流，降低国内核心期刊的文献质量，而文献质量直接决定了文献的引用频次等学术指标，最终导致学术水平和影响力的下降。因此，医学学报类期刊参考文献的正确引用至关重要。本研究主要通过分析医学学报参考文献的引用情况及其影响因素，进而为作者和编辑提出参考文献正确引用的建议，以期提高医学学报的期刊影响力和学术水平。

基金项目：重庆市教育委员会人文社会科学研究一般项目(15SKG031)
通信作者：朱红梅，E-mail: qiangweiy2006@163.com

1 资料与方法

1.1 期刊选取

以 2015 年版《中国科技期刊引证报告(核心版)》为依据,在医学学报系列 54 种期刊中选取他引影响因子居前 5 且综合排名靠前的 5 种期刊,分别是《北京大学学报(医学版)》《中南大学学报(医学版)》《华中科技大学学报(医学版)》《中国医学科学院学报》《南方医科大学学报》,每刊均选择 2014 年年中刊出的 1 期论文作为评价文献。以上学报在位置分布上比较分散且均在其所在地区有一定的影响力和代表性。

1.2 文献查阅与核对

对所选期刊中有中、英文摘要的论文,若不足 10 篇则选全部论文;若超过 10 篇又不足 20 篇(10~20)则按刊出顺序选择前 10 篇论文;若超过 20 篇则按刊出顺序选择双数篇,分别选 10 篇论文。对所选每篇论文文后的文献按语种和类型分类统计,重点对文献正文为中、英文期刊文献进行核对、筛查。对于英文期刊文献在 PubMed 及 OVID、BMJ、EBSCO 平台等数据库购买、下载 PDF 版全文、摘要或题录;对中文期刊文献在万方数据库、中国知网、维普数据库购买、下载 PDF 版全文。阅读文献全文,将论文引用处内容(理论、观点或结论、方法、结果描述、数据等)与文献原文核对,判断并记录文献引用正误情况。

1.3 数据整理与分析

通过与参考文献原文一一比对,分别提取出中英文文献的正确引用率、不合理引用条数和不合理引用处等数据。不合理引用包括漏引(所引处句子表达的内容仅一部分见于文献原文,即文献标引所在分句内容未见于文献原文)、无关引用(引处内容与文献内容无关)、错误引用(引用部分观点、内容、方法、数据等错误)、多引(引处内容与文献内容相关,但文献原文中未见引处的观点、方法、结果描述或数据、结论等)共四种类型[4-5],并统计不合理引用在全文中出现的位置、发表作者单位、引用次数及所引内容在参考文献中的位置、引用类型等资料。进而分析不合理引用发生的影响因素,为我们今后的文献引用提供一些参考依据。数据提取完毕后,采用 SAS 9.1 对数据进行分析,计数资料采取卡方检验,检验水准 $\alpha=0.05$,$P<0.05$ 即认为差异具有统计学意义。

2 结果

2.1 文献查阅情况

在选取的 5 种医学学报期刊中,每个期刊选择 2014 年第 6 期的 10 篇论文纳入研究。因此共 50 篇论文纳入最终的研究,其参考文献的查找情况如表 1 所示。

如表 1 所示,在纳入的 50 篇文献中,共有 903 条期刊文献,其中中文期刊文献 157 条,排除未查到的中文期刊文献(2 条),最终获得 155 条中文期刊文献(98.73%,155/157);英文期刊文献 702 条,排除未查到的期刊文献(28 条),最终获得 633 条英文期刊文献全文(90.17%,633/702)、34 条英文期刊文献摘要(4.84%,34/702)、7 条英文期刊文献题录(1.00%,7/702)。共查期刊全文 788 条,其中不合理引用 111 条,占比 14.09%。中文期刊文献全文引用不合理率为 12.26%(19/155),英文期刊文献全文引用不合理率为 14.53%(92/633),英文期刊文献全文引用不合理率高于中文期刊文献,但差异无统计学意义($\chi^2=0.533$,$P=0.52>0.05$)。中英文期刊文献引用共有 940 处,引用不合理有 115 处,占比 12.23%;其中中文期刊文献引用共有 206 处引用,不合理率为 10.19%(21/206),英文期刊文献引用共有 734 处,不合理率为 12.81%

(94/734)，中英文期刊文献引处的合理情况的差异无统计学意义（$\chi^2=0.312$，$P=0.338>0.05$）。

表1 中英文文献查询情况

刊名	论文/篇	文献条数/条				中文刊/条		英文刊/条			
		中文刊	英文刊	其他	合计	有	无	全文	摘要	题录	无
北京大学学报医学版	10	48	105	19	172	47	1	98	2	0	5
华中科技大学学报医学版	10	25	118	2	145	25	0	94	14	0	10
南方医科大学学报	10	40	128	5	173	40	0	116	2	1	9
中国医学科学院学报	10	13	184	12	209	13	0	165	12	5	2
中南大学学报医学版	10	31	167	6	204	30	1	160	4	1	2
合计	50	157	702	44	903	155	2	633	34	7	28

2.2 中文期刊文献引用情况

中文期刊文献引用不合理情况如表2所示，中文期刊文献不合理引用条数为19条。共有115处不合理引用。在不合理引用的中文期刊文献中以多引最为常见，占比57.14%(12/21)，其次为错引和漏引，分别为23.81%(5/21)、19.05%(4/21)。错引主要以笔误和数据错误最常见，各占比40%(2/5)，其次为观点错误，占比为20%(1/5)。

表2 中文期刊文献引用正误分析

刊名	文献/条	不合理引用/条	引处	正确引处	不合引用/处					错误分析/处				
					无关	多引	漏引	错误	合计	方法	观点(全/部)	数据(单数/区间)	笔误	合计
北京大学学报医学版	47	8	64	54	0	6	2	2	10	0	0	1/0	1	2
华中科技大学学报医学版	25	3	29	26	0	2	1	0	3	0	0	0	0	0
南方医科大学学报	40	6	53	47	0	4	1	1	6	0	0	1/0	0	1
中国医学科学院学报	13	0	24	24	0	0	0	0	0	0	0	0	0	0
中南大学学报医学版	30	2	36	34	0	0	0	2	2	0	1/0	0	1	2
合计	155	19	206	185	0	12	4	5	21	0	1/0	2/0	2	5

2.3 英文期刊文献引用情况

根据表 3 结果所示，英文期刊文献全文文献引用共有 92 条，其中有 94 处不合理引用。其中以多引最为常见，占比 48.94%(46/94)，其次为错引、漏引、无关引用，分别为 31.91%(30/94)、13.83%(13/94)、5.32%(5/94)。错误引用主要以数据错误为主，占比 41.38%(12/29)其次为观点错误、笔误，分别为 37.93%(11/29)、20.69%(6/29)。在观点错误中，全部错误有 6 处，部分错误有 5 处，数据错误中，单数据错误有 7 处，区间错误有 5 处。

表 3 英文期刊全文文献引用正误分析

刊名	文献/条	不合理引用/条	引处	正确引处	不合引用/处					错误分析/处				
					无关	多引	漏引	错误	合计	方法	观点(全/部)	数据(单数/区间)	笔误	合计
北京大学学报医学版	98	15	113	98	3	8	1	3	15	0	1/0	0/1	1	3
华中科技大学学报医学版	94	11	101	90	0	7	3	1	11	0	0	0	1	1
南方医科大学学报	116	10	125	115	1	5	2	2	10	0	0/2	0	0	2
中国医学科学院学报	165	25	212	185	1	13	2	11	27	0	3/3	4/0	1	11
中南大学学报医学版	160	31	183	152	0	13	5	13	31	1	2/0	3/4	3	12
合计	633	92	734	640	5	46	13	30	94	1	6/5	7/5	6	29

2.4 期刊参考文献引用位置

期刊参考文献引用位置如表 4 所示，纳入的文献中共引用参考文献 940 处。中文期刊文献引用 206 处，其主要分布在正文中，占比为 60.19%(124/26)，其次为摘要，占比 30.58%

表 4 所引处内容见于文献全文位置的一览表

刊名	引处	中文期刊文献				英文期刊文献			
		摘要(正/误)	正文(正/误)	摘及正(正/误)	合计(正/误)	摘要(正/误)	正文(正/误)	摘及正(正/误)	合计(正/误)
北京大学学报医学版	177	17/1	35/1	2/8	54/10	52/2	29/0	17/13	98/15
华中科技大学学报医学版	130	6/0	20/0	0/3	26/3	30/1	52/0	8/10	90/11
南方医科大学学报	178	13/0	34/1	0/5	47/6	49/1	62/1	4/8	115/10
中国医学科学院学报	236	5/0	18/0	1/0	24/0	80/5	98/5	7/17	185/27
中南大学学报医学版	219	20/1	14/1	0	34/2	66/4	78/9	8/18	152/31
合计	940	61/2	121/3	3/16	185/21	277/13	319/15	44/66	640/94

(63/206)，在正文和摘要中均有引用的有 18 处，占比 8.74%(18/206)。英文期刊参考文献引用 734 处，其主要分布在正文中，占比为 45.50%(334/734)，其次在摘要中，占比 39.51%(290/734)，在摘要和正文中均引用的有 15.99%(110/734)。当其在正文和摘要均有引用时错误率最高，中文期刊文献和英文期刊文献分别达到 84.21%(16/19)、60%(66/110)，中文期刊文献的错误引用率明显高于英文期刊文献，但差异无统计学意义(χ^2 = 4.100，P = 0.068>0.05)。

2.5 文献引用次数与引用正误分析

如表 5 所示，中文期刊参考文献多为一处引用，占比 75.50%(117/155)，一处引用的参考文献不合理率为 11.97%(14/117)多处引用的参考文献不合理率为 13.16%(5/38)，其差异无统计学意义(χ^2=0.832，P=0.782>0.05)。英文期刊参考文献一处引用占比 86.73%(549/633)，一处引用参考文献不合理率为 12.57%(69/549)，多处引用参考文献不合理率为 27.38%(23/84)，可以看出英文期刊参考文献多处引用不合理率明显高于一处引用不合理率(χ^2=12.689，P=0.001<0.05)。

表 5 文献引用正误与引用处数的关系

刊名	文献/条	中文期刊文献引用/条			英文期刊文献/条		
		正确(1 处/多处)	不合理(1 处/部分/全)	合计	正确(1 处/多处)	不合理(1 处/部分/全)	合计
北京大学学报医学版	145	26/13	5/3/0	47	70/13	14/1/0	98
华中科技大学学报医学版	119	18/4	3/0/0	25	80/3	9/2/0	94
南方医科大学学报	156	25/9	6/0/0	40	100/6	10/0/0	116
中国医学科学院学报	178	10/3	0	13	113/27	14/11/0	165
中南大学学报医学版	190	24/4	0/2/0	30	117/12	22/9/0	160
合计	788	103/33	14/5/0	155	480/61	69/23/0	633

2.6 第一作者单位与文献引用正误分析

如表 6 所示，第一作者单位主要为大学的附属医院，占比为 58%(29/50)，其次为大学与科研院所、省市级以上医院，分别为 36%(18/50)、6%(3/50)。第一作者单位是附属医院的引用不合理率最高，达 82.76%(24/29)，明显高于大学与科研院所(66.67%，12/18)和省市级以上单位(66.67%，2/3)，但差异无统计学意义(χ^2=2.501，P=0.286>0.05)。其中第一作者是附属医院的引用错误率最高(44.83%，13/29)，高于第一作者是大学与科研院所及省市级以上医院

表 6 第一作者单位与引用正误分析

作者单位	论文/篇	引用合理否		有无错误	
		正	误	有	无
大学与科研院所	18	6	12	5	13
附属医院	29	5	24	13	16
省市级以上医院	3	1	2	1	2

(33.33%，1/3)、(27.78%，5/18)，但差异无统计学意义($\chi^2 = 1.400$，$P = 0.497>0.05$)。

3 讨论

医学学报作为各个医学院校及科研机构学术交流、科研成果展示的重要平台，其在高校医学学科建设和科研学术的继承、创新、交流中发挥着举足轻重的作用[6]。2011年的《中国期刊引证报告(扩刊版)》统计数据显示各类医学学报占总统计源的7.58%[7]，是学术出版中不容忽视的力量[8]。因此对医学学报的期刊论文质量要求较高，其需要具有一定的创新性、严谨性、科学性[9]。参考文献引用是否合理作为论文质量评估的重要指标，其在期刊质量的评估中发挥着重要作用。本次研究主要针对5种医学学报的期刊文献的引用正误进行分析，探讨高校期刊参考文献引用存在的问题及相应的解决对策。

本次研究中，5种医学学报的不合理引用率为14.09%，略低于朱红梅等[4]的研究，说明随着社会的发展，科研工作者对于参考文献的重视程度得到了一定的提升。但是中英文期刊参考文献的引用正误情况无差异，英文期刊文献存在较多的因语言理解不当导致的错引，如《中国医学科学院学报》中有一篇将参考文献原文中的"secondary analyses"译为"进一步分层分析"，其原意为"进一步分析"，从而导致错引。一篇来自《南方医科大学学报》的论文也存在着相同的问题，其中一篇参考文献原文中的"this study shows that the prevalence of NAFLD and NASH is increasing parallel to the steady increases seen in the prevalence of obesity and type II diabetes in the United States."原意为"NAFLD的患病率随着肥胖和T2DM的流行率平行升高，或两者升高都会引起更高的NAFLD的患病率"，但是在引处译为"在伴有肥胖的T2DM患者中NAFLD几乎普遍存在"。《中南大学学报(医学版)》的一篇论文中引用的参考文献也是如此，其将原意为"糖尿病患者发生心功能衰竭的风险约是未患糖尿病者的3倍"译为"糖尿病患者发生心功能衰竭的风险是未患糖尿病者的3倍"，因为少了一个"约"使其原有的意思改变，进而造成引用错误。以上均是由于英文理解能力不够而导致的错误引用，因此作为作者，应该加强英语阅读和写作能力，多途径提升自身的英语水平，降低在撰写学术论文引用参考文献的错引率。

中英文期刊参考文献不合理引用都以多引最常见，如《中国医学科学院学报》中有5篇论文共6处都存在多引的情况，如其中一篇论文中提及来自山西的数据，但是其引用文献中并没有"山西的数据"。《南方医科大学学报》有5篇论文共8处存在多引，如其中一篇论文提及TYMS、CCNE1、TACC3等相关内容，但参考文献中并无相关内容。《北京大学学报(医学版)》有6篇论文共9处存在多引的情况，如其中一篇文章引用了参考文献中并未提及的"VA缺乏"。《华中科技大学学报(医学版)》中有6篇论文共7处多引。而《中南大学学报(医学版)》有7篇论文共10处存在多引的情况。除多引以外，错误引用在中英文期刊文献引用中也较常见，不同的是，中文错引主要以笔误和数据错误为主，而英文错误引用主要以观点错误和数据错误为主，这可能与作者的英文水平有关，如一篇来自《中国医学科学院学报》的论文中引处内容是"疼痛发生率为6%~10%"，其在文献原文中为"54%"。引用期刊参考文献时，如果在正文和摘要都引用了相同的文献，更易出错，这与我们的结果一致，即多引的引用不合理率明显高于一处引用的不合理率。说明如果一篇参考文献多次被引用时，其很容易出现理解错误。第一作者单位和引用正误分析结果显示，第一作者单位对引用正误并无影响，说明期刊参考文献的引用正误与第一作者单位无关。鉴于此，本次研究针对上述问题提出以下几点建议。

3.1 作者

对于作者而言，提升英文的阅读和理解能力非常必要。英文期刊的错误引用主要是因为观点错误，其很大部分原因是由于作者对于英文的理解能力偏差，导致在引用的时候过度解读或是一知半解，并没有真正理解英文文献原文的意思，从而导致引用错误。其次作者应该持严谨、负责的态度进行论文写作，许多作者在写作时并未仔细阅读参考文献原文，或者未对文献进行编号，待论文写作完毕后再进行文献标记很容易导致文献的错引，因此作者在提升自己的学术水平的同时，也要抱着认真负责的态度进行论文写作，且养成参考文献标记的良好习惯，建议学习并熟练掌握 endnote 等参考文献工具的使用[10]。由于在多处引用时存在的高错误率，因此建议作者在进行多次引用时要仔细阅读并核实引用的正确性。同时也建议作者在校稿时更加仔细认真，从而减少笔误的发生。

3.2 编辑

对于编辑而言审查文献引用的正误性，具有很大的工作量，这就要求其具有较高审核加工文献的能力，进而保证论文的参考文献引用合理[11]。具体建议有以下几点：①应具备较好的英文阅读和理解能力，以保证阅读外文文献时能够充分的理解作者文献所引内容。②应具备认真负责的态度，在论文编辑、排版、校对的时候应认真仔细地逐一核实论文中的每一个小细节。③应掌握一定的专业知识，对于学报编辑而言，对其期刊所属学科的相关知识的掌握是十分必要的，除不断地学习编辑业务知识以外，还要加强专业知识的学习，以便更好地对文章进行核查。④加强与作者的沟通，编辑在核实参考文献引用时，遇到疑惑的地方应及时与作者沟通，及时解决问题，以提高期刊引用文献的准确性。

参 考 文 献

[1] 杜红平,王元地.学术论文参考文献引用的科学化范式研究[J].中国科技期刊研究,2017,28(1):18-23.
[2] 耿鹏,汪勤俭,冷怀明.我国医科大学学报学术影响力探究——基于CJCR和SJR文献计量分析[J].中国科技期刊研究,2014,25(4):550-555.
[3] 冷怀明.中国科技期刊需要宽松、公平的发展环境[C]//第七届中国科技期刊发展论坛论文集.重庆:重庆大学出版社,2011:246-252.
[4] 朱红梅,张大志,孙宇航,等.高影响力医学期刊参考文献引用错误分析[J].中国科技期刊研究,2012,23(2):243-248.
[5] 王立宏,赵.不合理引用参考文献问题解决途径探析[J].农业图书情报学刊,2009,21(4):52-55.
[6] 姚志昌,王继红,段瑞云.高校学报(自然科学版)学术地位现状与提升对策——以首届江苏省新闻出版政府奖获奖期刊编辑的视角[J].中国科技期刊研究,2014,25(1):124-127.
[7] 中国科学技术信息研究所,万方数据股份有限公司.2011年版中国期刊引证报告(扩刊版)[M].北京:科学技术文献出版社,2011.
[8] 吕文红,刘霞,高丽华.大学学报(自然科学)类期刊学术影响力统计分析[J].中国科技期刊研究,2013,24(4):678-683.
[9] 王爱萍.高校学报应成为展现本校学术水平的窗口[J].陕西广播电视大学学报(综合版),2005(1):58-60.
[10] 张菊,钟均行.医学期刊中参考文献引用错误分析[J].中国科技期刊研究,2005,16(6):845-847.
[11] 金铁成.科技编辑审核加工参考文献应达到的要求[J].编辑学报,2006,18(3):197-198.

科技期刊论文首页信息著录规范化研究

徐 敏[1]，姚树峰[1]，邓文盛[2]，陈 斐[1]

(1. 空军工程大学学报编辑部，西安 710051；2. 航空工业计算所，西安 710065)

摘要：标准化和规范化是体现书刊全面质量的重要方面。有些编辑在排版中遇到的特殊问题，在国家现行的标准中尚无具体规范可依，各个期刊根据自身的情况，分别总结出一套适应自己的处理方式和约定俗成的标准，虽无关差错，却显得杂乱。"一刊一制"不仅不利于期刊评价规范的建立，更不利于研究者阅读参考。本文试图针对论文首页信息著录建立一个可参照的规则，为规范科技期刊提供借鉴。

关键词：科技论文；信息著录；规范化

形式与内容是科技期刊质量的重要体现。反映到实际中，就是排版与编校。编排规范问题并非雕虫小技，而是一个不能小视的学术问题，是一个与期刊的学术立场密切相关的问题。虽然关于科技期刊编辑排版规范问题已有多个国家标准和业内著作进行了系统说明，如陈浩元主编的《科技书刊标准化18讲》、GB/T 7714—2015《信息与文献 参考文献著录规则》等，许多学者也对此进行了实践研究[1-5]。但是，在具体实践过程中，仍然存在很多无法确定的新问题。这些问题无法在标准中找到相对应的参照。如近年来逐渐兴起的DOI编号、越来越多期刊标注的论文引用格式等等，在现有的标准中尚无明确规定。

根据著作权法及相关标准要求，科技论文需要著录文章的相关信息，包括作者信息、单位、摘要、关键词、收稿返修录用日期(部分期刊还有网络出版日期)、联系方式等。首页的著录内容各期刊基本一致，但在著录项的排版位置和详细化程度上稍有区别。

本文为了有代表性地说明目前国内期刊的通行做法，在自然科学类核心期刊中随机选取了20种期刊，分别对其论文首页相关信息进行了分析与统计。本文不讨论通行的正常体例格式，如题名、关键词等，仅就有差异的文章信息项标注位置、格式等进行研究。这些期刊具体信息如图1所示，在20种期刊中，中文刊17种，英文刊3种，被EI收录的有16种，被SCI收录的有4种。

1 作者简介详细化

按照著作权法规定，著作权属于作者。在多位作者共同完成的作品联合署名时，署名顺序按对该文章的贡献大小排列。第一作者是主要贡献者和直接创作者，因此也是第一权利、第一责任和第一义务者。因此，在进行作者简介时，一般都是介绍第一作者，包括出生年、性别、籍贯、职称/学历、主要从事研究方向，联系方式[5-6]。本文参考了国内外数十家科技期刊，发现有很多期刊并没有完整注明作者信息，有的将作者信息放在全文最后，如《航空学

刊名	期刊收录源	网络出版地址	作者联系方式	DOI编码	修回日期	论文引用格式	作者简介
长安大学学报	中文核心	无	有	有	无	有	有
空军工程大学学报	中文核心	无	有	有	无	有	有
海军工程大学学报	中文核心	无	有	有	无	有	有
强激光与离子束	中文核心	无	有	有	无	有	无
电子学报	中文核心、EI收录	有	有	有	无	有	有
高电压技术	中文核心、EI收录	无	有	有	无	有	有
航空学报	中文核心、EI收录	有	无	有	有	无	无
北京航空航天大学学报	中文核心、EI收录	有	有	有	无	有	无
国防科技大学学报	中文核心、EI收录	有	有	有	无	有	无
西安交通大学学报	中文核心、EI收录	有	有	有	无	有	无
西北工业大学学报	中文核心、EI收录	无	无	无	无	有	无
仪器仪表学报	中文核心、EI收录	无	有	有	无	有	无
电子科技大学学报	中文核心、EI收录	无	无	无	无	有	无
固体力学学报	中文核心、EI收录	无	有	无	无	有	无
清华大学学报(自然科学版)	中文核心、EI收录	无	无	无	无	无	无
工程科学学报	中文核心、EI收录	有	有	有	无	有	无
固体力学学报(英文版)	中文核心、EI收录、SCI收录	有	有	有	无	有	无
航空学报(英文版)	中文核心、EI收录、SCI收录	有	有	有	无	有	无
稀有金属材料与工程	中文核心、EI收录、SCI收录	无	无	无	无	无	有
武汉理工大学学报(英文版)	中文核心、EI收录、SCI收录	有	有	有	有	有	无

图1 期刊首页信息著录统计

报》《高电压技术》《电子学报》；有的只标注作者的联系邮箱，没有其他说明，如《固体力学学报》；有的只标明了作者的年龄性别和职称学历，但没有给出联系方式，如《西安交通大学学报》。标注体例各期刊自成风格和传统，本来没有必要统一格式，但是就如同书籍一样，需要有版权页，就该书籍的相关版本、印刷等信息标注完整，可以方便读者去查询，论文作为微缩版的科技成果和学术交流的平台、载体，作者的相关信息也是需要提供的，就像有的期刊虽然指出了通信作者，但是没有提供该作者的联系方式，让对文章有兴趣，想与作者进一步探讨的读者如何联系到这个通信作者呢？或许有的期刊是为了保护作者的隐私，或者作者明确表示不愿透露自己的联系方式，因此省去了这一项，但是从科学传播和交流的角度出发，即便不写明邮寄地址、电话等隐私性安全要求更高的信息，也应该说明电子邮箱地址。就"透露作者信息是否会让作者受到不必要的骚扰"这一疑问，综合很多期刊的经历来看，显然是不必要的顾虑。有的期刊在介绍作者的时候还会印上作者的照片，在网络恶搞风气盛行的当下，如果会受到骚扰，那么这些期刊的做法无疑会惹上麻烦，但是很多印照片的期刊都从来没有收到类似投诉，足见科技期刊是不会有"受到骚扰"这一隐患的。

有的文章虽然写了第一作者的个人信息，但实际上这个第一作者是导师，或者挂名，真正可以联系到的通信作者是第二甚至第三作者，因此，按惯例只写第一作者是不便于读者的。有的期刊只在作者简介部分将通信作者括号标明，但没有介绍其他信息，这也是对通信作者不合理的待遇。按照常理，文章中所有的作者都是对文章有贡献者，都应该有作者简介，有的期刊会在全文后单独介绍，如《北京航空航天大学学报》；有的期刊在首页地脚部分仅对第一作者和通信作者进行介绍，其他从略，如《空军工程大学学报(自然科学版)》《国防科技大学学报》。从节省文章篇幅、尽可能提炼文章有价值信息、便于读者交流角度出发，本文认为，注明全部作者信息显然比较占用篇幅，只标作者性别职称的方式又过于简单，应将主要作者的有价值信息进行标注，建议标注格式如下：

第一作者：姓名(出生年—)，性别，籍贯，学历，职称，主要从事研究方向，电子邮箱地址。

通信作者：姓名(出生年—)，性别，籍贯，学历，职称，主要从事研究方向，电子邮箱地址。

通信作者是针对该文章作者有特殊要求与第一作者区分开时标注的，如果作者没有说明，则默认第一作者为通信作者。另外，通信作者可以在题名下方的作者表中用※标出。作者电话不作标注，是因为无论单位还是个人，电话是一个较为隐私的信息，标在文章上面或多或少还是显得有些不恰当。如果读者真诚需要联系作者时，完全可以先发邮件问询，然后再电话联络，这样既不显唐突，也不会造成不必要的打扰。

2 明确稿件相关处理日期

2.1 修回时间

科技期刊文献要求标注收稿日期是为了说明该文章的发表周期，另外一个重要作用是为了在遭遇一稿多投时有效证明论文的首发性，因此为必须标注的项目。但是在修回日期上没有要求，因此期刊之间各不相同。通过研究 20 个国内有代表性的期刊发现，没有标注修回日期的有 11 家。因此可见，很多期刊认为修回日期并不具备收稿日期一样所代表有更多价值和意义。然而，本文认为，修回日期能够真切反映文章处理流程的中间节点和期刊处理文章的速度周期，读者在投稿时也能对论文发表周期有一个大致的判断，以便根据自身情况有的放矢。同时，标出修回日期能够在一稿多投、重复发表行为发生以后明确责任划分，保护了期刊的声誉，对于有学术不端企图的作者是一个潜在的震慑，在一定程度上能够控制一稿多投行为的发生。因此，在版面充裕的情况下，建议标注。

2.2 应标注网络出版地址、时间

调查的 20 种期刊中，只有 9 种标了网站或网络出版地址。当前，越来越多的期刊建立了自己的数据库和资料平台，有的是独立网站，有的依托各类数据库，从而使得数字出版得到了广泛的推行。数字出版期刊是以印刷版期刊录用稿件为出版内容，先于印刷版期刊出版日期出版的数字期刊。其具有出版时间快、出版方式灵活、发行范围广、节省等待期刊版面时间、排版印刷时间、邮发邮寄时间等。优先数字出版既可以出版经编辑定稿的稿件，也可以出版编辑部决定录用但尚未编辑定稿的稿件；既可以以期为单位出版，也可以以篇为单位出版。优先数字出版的稿件可以被广大读者通过互联网、手机等多种途径订阅、检索、下载，也可以由出版者通过电子邮件和手机短信主动向读者推荐、推送。目前，国际上许多著名学术期刊都出版了优先数字出版期刊，如 Nature 创办了"AOP"(Advance Online Publication)，Science 创办了"Express"，Springer 创办了"Online First"，Elsevier 创办了"In Press"。

优先出版文献的传播速度和交流空间将比当前提高几倍，甚至几十倍，大大缩短了知识传播的周期，加快了知识更新速度。因此，已经实行了数字优先出版的期刊将网络出版的地址和时间也应标在印刷版期刊上，以便于作者按址寻找电子版文档、在纸质期刊出版前引用该文章。综上，建议已实行数字优先出版的期刊将网络出版时间和地址印在期刊上，使文章的相关信息更全面。

3 应尽快注册并标注 DOI 编号

数字对象唯一标识符(Digital Object Unique Identifier, DOI)，是一套识别数字资源的机制，涵括的对象有视频、报告或书籍等等。DOI 的体现形式主要包括二维码、条形码、字符码、网络域名等。数字对象唯一性是 DOI 的典型特征，也是数字时代的"身份证"号码。国外的数字文献生产商较早采用唯一标识符来标识其出版的电子文献，并形成了很多应用在不同环境下的标识符方案。

目前已有上千万个已经分配并解析的 DOI 号码，8 个 RA(DOI 注册代理机构，其中中国科学技术信息研究所和北京万方数据研究院联合申请为 8 个代理之一)和几百个使用单位，跨越了美国、欧洲和澳大利亚以及一些非英语国家，应用领域也扩展到政府部门。目前国外 Elsevier、Blackwell、John Wiley、Springer 等大型出版商大多使用 DOI 对数字资源进行标识，形成了比较完整的命名、申请、注册、变更等管理机制，DOI 的解析系统发展也比较成熟。在此基础上，一些生产商相继推出各种与 DOI 相关的增值服务。例如 CrossRef Search 结合 Google 检索技术与 DOI 系统的定位服务，实现了 CrossRef Search 检索结果到生产商全文之间持久、有效的链接。DOI 有自己的搜索网址 http://dx.doi.org，打开该网页就可发现，输入文章相关的 DOI 编号，就能具体锁定到这篇文章。

国内使用 DOI 尚处于初级阶段，基本都是些自定义的唯一标识符方案，还没有成熟统一的标识符解析系统。2007 年年初，中国科学技术信息研究所和万方数据联合向 IDF(国际 DOI 基金会)申请取得了 DOI 的中文注册权，并在此基础上成立了中文 DOI 注册中心，成为中文信息服务领域的第一个国际 DOI 基金会(IDF)组织下的中文代理。建立并负责运作中文 DOI 的推广与应用，作为第一个中文合作式参考链接服务。

在研究的 20 个期刊中，只有 3 家期刊没有标 DOI 编号，已经标了 DOI 号的编排格式和规律彼此存在差异，显然是由于提供编码的机构不统一、国内没有正式推广，并且没有明确统一标准导致[7]。随着科技的日益发达和数字化出版不可阻挡的发展趋势，相信将 DOI 作为论文索引标识符将成为主流。因此，有正式规范 DOI 编号的期刊也应该在论文首页标明。作为论文的"身份证明"，DOI 号应该是一个非常有意义的标注项。

4 突出论文引用格式

论文引用格式即将该论文的作者卷期页码等信息整理为期刊文献的格式，印在文章内，以便读者参考引用时不必重新查找。在调查的 20 个期刊中，只有 4 个期刊在首页标注了引用格式。引用格式是否需要标注在论文首页纯粹是期刊自己的版面设计和风格，但是从方便作者引用、进一步提高期刊影响力角度出发，应该予以重视，在适当地方标出，又由于所占篇幅不多，并不引发排版问题，因此可以作为期刊在首页版面设计上的选择。为了避免与其他文章信息混淆，同时也为了引起读者的注意，建议可以选择斜体、不同字体等处理方式。

综上，论文首页在集纳了中英文题目、全部作者姓名、摘要、作者信息、联系方式、基金项目、收稿日期、网络出版相关信息、引用格式以后，为了不显得版面过于拥挤，一般就只能将正文另起一页。参考国外论文的版面设计，正文与文章信息也是分页排版，首先在第一页呈现文章所有的附加信息，正文与之相区别，另页起排，并不影响文章的连贯，在格式上也显得比较清晰有层次，正文从第二页开始，既完整地介绍了文章的所有数据，又不影响内容的表述。

5 结束语

科技期刊以刊载科技论文、学术报告为内容,旨在传播科学研究成果,搭建科技领域研究者的交流平台,本身就应该是严谨性与科学性的表率。"没有规矩,不成方圆",科技期刊在编辑排版过程中,应严格按照国家最新的有关编辑出版的标准和规范,认真执行,统一标准,提高期刊的质量。本文就论文首页信息著录进行了规范化研究,对国家标准没有提到或尚未统一规范的一些问题提出编辑操作的实际解决办法,对现行期刊编排规范进行补白,同时也对科技期刊标准化制定进行思考。

参 考 文 献

[1] 牛晓勇,尚利娜,刘改换.科技期刊论文作者信息著录的内容及格式探讨[J].新闻研究导刊,2017(2):255-256.
[2] 武京闽.学术期刊编辑规范需要完善和修改[J].清华大学学报(哲学社会科学版),2007(6):20-21.
[3] 吴庆晏.应规范英文摘要在学术论文编排中的位置[M]//学报编辑论丛(2017).上海:上海大学出版社,2017:172-175.
[4] 曹怡静.大数据时代下期刊著录信息在期刊发展中的作用研究[J].电脑知识与技术,2018(10):206.
[5] 唐汉民,张晓云.论科技期刊著录作者电子邮箱的重要作用和意义[J].贺州学院学报,2011(3):103-105.
[6] 周仁惠,李宏伟,汤兴华.国内外学术期刊刊登作者简介情况对比分析[J].编辑学报,2007(6):421-422.
[7] 尚利娜,牛晓勇.我国学术期刊参考文献中DOI著录现状分析[J].中国科技期刊研究,2015(5):484-487.

科技论文中统计图的审查与优化

徐婷婷,曾礼娜

(《厦门大学学报(自然科学版)》编辑部,福建 厦门 361005)

摘要:通过分析科技论文中的统计图进行编辑加工时遇到的常见问题,从准确性、科学性和可读性三方面论述如何审查和优化统计图形式与内容的统一。准确性的审查须重点注意图文数值的差错、统计分析的疏漏以及图线描述的片面问题;科学性的考量主要关注图形样式的选择和坐标的设置是否合理;可读性的优化则一般从图线的区分度和分组的空间邻近角度出发以呈现更直观的差异。探讨实现统计图形式与内容高度的统一性对编辑的数据观察力、内容理解度和细节敏感性提出的要求。

关键词:统计图;科技论文;内容

在科技论文中,许多自然科学类实验常常涉及大量的统计数据,图表是呈现数据结果的重要形式,因此统计图表也是这些论文主体内容的重要组成部分,与结果的文字叙述与分析有着相辅相成的紧密联系。为了更好地将作者提供的图表呈现给读者,前人对于科技论文中图表的加工与校对已经进行了一些经验总结,提出了一致性、规范性、自明性、美观性4个原则[1],并分享了规范、科学地编排图表的相关技巧[2]。近年来,针对科技论文中表格的设计及数据统计分析,许多研究从科学性和规范性的角度对一些案例进行了细致的剖析,包括有效数字的修约、统计学检验结果的标注、表题和栏目的设计等[3-7]。其中对于表格数据的科学性,要求认真核查数据并注意表格形式与内容的一致性[3];在表格的可读性方面,应当保证读者能方便且一目了然地阅读到内容中的对比项信息[5];从表格的整体编修原则上来说,须兼顾简约性和表现力,提升精编表题和简化结构的技巧[6]。然而关于科技论文数据结果的另一重要呈现方式——统计图,如何实现其形式与内容的统一性问题,目前探讨得还不多。

鉴于此,本文参考编辑同仁们的经验,结合笔者自身的学科专业背景,通过归纳在编辑加工统计图及与之相关的文字内容时发现的一些问题,从准确性、科学性和可读性三方面分析如何审查和优化统计图形式与内容的统一,在此基础上探讨实现这种高度统一性对于编辑的职业素养和专业水平提出的要求。

1 统计图的审查与优化

1.1 数据分析的准确性

与表格相比,统计图在呈现大量数据时更为直观,对于读者而言可以在更短的时间内了

基金项目:"福建省品牌刊社培育计划"种子期刊
通信作者:曾礼娜,E-mail: jxmu3@xmu.edu.cn

解数据的整体情况，进而更有效地获取数据结果反映的内容信息，因此被使用得比较广泛。但从作者的角度来看，表格的形式更接近原始数据记录，而统计图则需要在原始数据的基础上通过相应的绘图软件进行二次处理，往往增加了出错的概率。因此，编辑加工和审读统计图时更应注意核查数据的准确性。

1.1.1 图文数值

统计图中数值与正文描述不一致是科技论文的数据内容部分中最基本的一类差错，这主要是作者在整理数据或写作阶段直接的录入错误导致的，常见的情况如各项百分数累计总和不为100%，误差线范围与坐标轴数值差不对应等。基于上述问题，为保证数据内容描述的准确性，需要编辑对图文数据的一致性进行细致核查，这也是数据审查的基本功。

1.1.2 统计分析

在统计图的绘制中，统计学标注很重要，也经常出错。这主要是作者没有使用正确的统计分析方法或后期标注错误导致的，其中较易被发现的是差异显著性分析的错误。关于这一问题，编辑同仁们对统计图表中显著性检验方法及标注的规范性已提出了一些很好的建议，并特别强调了使用字母标注时应注意顺序、符号与格式的统一等细节[8-10]。笔者在编辑加工过程中还发现，一些作者存在对统计学分析结果描述的错误，特别是在涉及多组数据的比较时，常出现对个别项目描述不准确或遗漏的问题。图 1 为涉及多组数据之间进行比较的统计分析示例，分别显示存在和不存在砷(Arsenic, As)胁迫的条件下，3 个不同水平的硫(Sulfur, S)处理组幼苗叶片中的谷胱甘肽(GSH)含量。作者采用了不同英文小写字母的方式，分别标注相同条件下 3 个处理组数据间的差异显著性，并用 a, b, c 和 a', b', c'区分开 2 种条件，图形展示上很明确；但正文描述为"+As 组幼苗叶中 GSH 含量随着 S 处理水平的升高先升高后下降，且 GSH 含量在-S、+S 和+HS 处理下均高于-As 组"。对照图形来看，黑色(+As)柱形"先升高后下降"的变化趋势描述与差异显著性分析结果相符，但"+HS"处理对应的黑(+As)白(-As)两柱形高度差异却并不显著，故要求作者再次核查数据的统计分析结果，后证实原文描述存在错误，将后半句修改为"且 GSH 含量在-S 和+S 处理下均高于-As 组"。因此，笔者认为在审查统计分析结果时，应特别注意包含大量数据的统计图中差异显著性分析是否合理，各项是否做到图文相符，对于与正文描述不一致的差异分析结果，要主动提出质疑并提醒作者进行核查。

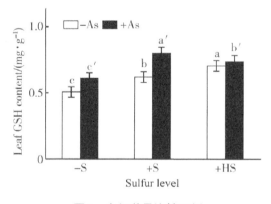

图 1 多组差异比较示例

1.1.3 图线趋势

在分析统计图的数据结果时，还经常会涉及对图线趋势的描述，在这一过程中常出现的是作者在分析数据时存在"断章取义"的问题,即主观地忽略了数据的整体性而仅描述局部的变化趋势。这一问题本质上不属于"错误",因此在编辑加工过程中比较容易被忽视,但从数据分析的严谨性上来看,同样是内容与形式不统一的表现。图 2 为随海拔高度呈现不同变化趋势的 3 组植物解剖组织厚度数据,作者原文描述为"随着海拔的增加,角质层总体上呈波动性减小趋势,在海拔 4 100 m 拐点处最小,为 38.30 μm;上、下表皮厚度则呈波动性增加。"对照图线来看,作者对于 3 种不同的变化趋势描述显得笼统,仅关注了极值和始末数据点,容易造成读者忽视其中上、下表皮 2 条数据线之间的差异。与作者进一步分析探讨后,为客观描述 3 条数据线的差异,同时突出关键"拐点"(海拔 4 100 m),将正文描述修改为"随海拔高度增加,角质层厚度先减小后增大,在 4 100 m 处最小,为 38.30 μm。上、下表皮厚度在 4 000 m 及以下的海拔高度均随高度增加而增大;而在 4 100 m 及以上的海拔高度,上表皮厚度快速增大,下表皮厚度则缓慢减小。"因此,笔者建议编辑加工时应以数据为基础指导作者"先整体后局部"地描述图线趋势,即先从总体上说明图线呈现出怎样的变化规律,然后选择其中关键的数据点特别提出进行分析,兼顾整体规律性并突出关键数据点,从而给读者呈现更全面、更客观的结果。

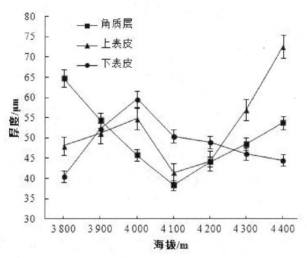

图 2　数据线变化趋势示例

1.2　形式设置的科学性

统计图在绘制过程中还涉及不同形式的选择以及坐标轴设置的问题,这从读者的角度来看是图的"形式",但作者则需要考虑如何根据"内容"进行科学的绘制。

1.2.1　图形样式

最常用的统计图为柱形图和折线图,尽管两者均可较直观地呈现数据,但选择时需要充分考虑数据本身的性质。一般地,柱形图多用于比较不同分组数据的差异,而折线图则用于反映有内在关联数据的规律,因此在使用折线图时,需要考虑数据间是否存在"内在关联",如时间进程、浓度梯度、温度梯度等。笔者曾在编辑工作中遇到过一个典型的案例:作者呈现的数据内容为一种药用植物中不同化学元素含量的变异系数,原始稿中使用了折线图的形式,但这些"不同化学元素"仅属于不同分组,彼此之间并不存在内在联系,故从科学性的角度考虑,应改为柱形图的样式更合理。

1.2.2 坐标设置

统计图的坐标轴决定了图中数据呈现的框架，因此在设置坐标轴时也应注意根据内容进行细节上的规划。除了基本的数值刻度、量及单位等规范性标注问题外，在遇到特殊情况时要相应地进行调整。以下列举两类比较常见的特殊情况：①当同一图中需要呈现的不同分组数值跨度较大时，建议采用分段式纵坐标，从而保证既能较平衡地呈现完整的数据，又能不因坐标数值范围的限定掩盖数据间的差异或变化趋势；②当同一图中需要呈现相同分组对应的不同量时，一般采用"共享横坐标，两侧分设纵坐标"的形式，这与分开绘制独立的图相比，更便于相关数据之间的对照。图 3 为一个综合了上述两种情况的示例，图中共涉及 4 组数据：3 组为同一量 η 的不同分类项，但其中 η_{ORC} 与另两项相比数值范围相差较大，故左侧纵坐标采用了分段式；而另一组为不同的量 P_{NET}，但该数据是在与前三组同样的温度范围内测定的，因此将其设置为右侧纵坐标。由此可见，通过科学地设置坐标，同一图中既可清晰地呈现丰富的数据，也有效地节省了版面。

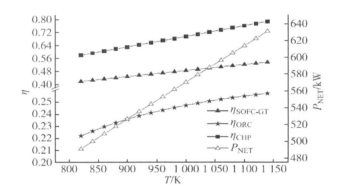

图 3　分段式和两侧纵坐标的设置示例

1.3　差异比较的可读性

在核查过数据的准确性和形式的科学性后，对于涉及多组数据差异比较的统计图，还需要从可读性的角度进一步考虑优化方案，使图中展示的差异更易被读者观察和理解。

1.3.1　图形差异

单独从图形自身展示的情况来看，应注意尽可能增加相邻项目的区分度：①柱形图中同组内多项比较时，特别是在百分比堆积图中，邻近项的填充颜色或图案之间的差异要尽可能明显；②折线图中线条较多时，除了邻近的线条颜色或线型差异明显外，还要注意数据点图标形状也尽可能差异大一些。

1.3.2　比较分组

结合数据分析的内容，在考虑差异比较项的分组时，应尽可能采用"组内比较"的布局，因为从视觉距离上看，与组间比较相比，组内比较更容易观察差异。这里笔者选择了一个典型的案例辅以说明：图 4(a)展示的为作者原始稿中的统计图，从正文数据分析的描述来看，该实验数据的目的是比较 5 个不同的树种各自在不同晾晒时间条件下树高生长量的差异，并不涉及不同树种之间的比较。若按照图 4(a)中不同晾晒时间进行分组，各不同柱形代表不同树种，那么对于某一树种的不同晾晒时间而言则为"组间比较"，这样在视觉距离上存在间断式跳跃，不便于阅读。因此，笔者在编辑加工时，除了要求作者补充必要的误差线和差异显著性分析标注外，还建议作者将该图改为按不同树种进行分组，即将差异分析转换为组内比较，最终呈现为图4(b)的形式。值得一提的是，在表格可读性问题的研究中，也对表头的布局进行了类似的改造[5]，可见这种使比较项空间上邻近的做法确实有益于提高图表的可读性。

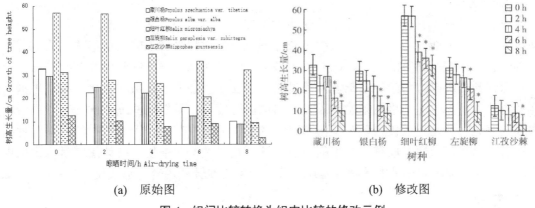

(a) 原始图　　　　　　　　　　　(b) 修改图

图4　组间比较转换为组内比较的修改示例

2 实现内容与形式统一的要求

从上述分析及示例可以看出，作为科技论文中数据内容重要的呈现形式，统计图在审查过程中呈现的问题比较多样，因此在编辑加工中还有进一步完善的空间。基于这些问题思考如何从准确性、科学性、可读性几个层面进行优化，最终实现内容与形式统一，这也对科技期刊编辑提出了更高的要求，不仅需要练就扎实的编辑基本功，同时还要不断提高自身的专业水平。

2.1 对数据的观察力

编辑作为文字工作者，文字的审校及加工能力是职业基本素养。而对于科技期刊而言，基于其内容的特点，数据有着与文字并重的地位，因此作为科技期刊的编辑，对数据的观察力也是一项需要高度重视的基本功。已有文献指出，当前科技论文写作中存在着"实验数据不合理"的问题，包括数据过时、不当、遗漏或错误等不同表现[11]。其中数据的过时和不当主要依赖于编辑和审稿专家在审稿阶段从专业的角度进行判断；而数据的遗漏、错误则常常在论文的编辑加工中被发现，且在统计图中反映尤为明显。在前文叙述中提到，由于作者在写作阶段对数据的二次加工处理会增加出错的概率，但这类错误相对直接、明显，通过细心观察较容易发现。这就要求编辑在对科技论文审查和加工时认真对照图文，并对一些简单演算结果进行核实；同时需要核查数据分析是否符合统计学的一般原则和规律。可以说，编辑对数据的观察力是从准确性上保证统计图内容与形式统一的关键。

2.2 对内容的理解度

科技期刊的编辑一般都有相关学科的专业背景，这对于更好地理解科技论文中的数据内容有着较大的帮助。一方面由于编辑自身从事过相关的科研工作，熟悉数据来源和分析方法，所以比较容易发现其中存在的问题；另一方面，编辑自身有过阅读或直接参与写作相关科技论文的经历，则更清楚某类数据的常用呈现方式。因此，相对于文字的审校和加工而言，数据内容的审查和加工对编辑的专业基础提出了更高的要求。从前文叙述中可以看出，在图线趋势的描述、图形样式的选择以及比较分组的设置上，都涉及对于数据内容本质的理解，即编辑需要先明确作者想要展示的数据类型和得出的结论观点,再衡量图表的呈现和内容的表述是否科学合理,进而才能做出相应的修改。由此可见,编辑对内容的理解度是从科学性上实现统计图内容与形式统一的基础。

2.3 对细节的敏感性

编辑加工过程还有一个重要的作用就是对论文的润色修饰,从而使最终的作品以更完善的面貌呈现在读者面前。在科技论文中,统计图是数据内容最直观的展现形式,而这种形式的完善性往往体现在细节之处,因此要求科技期刊编辑在加工统计图时对细节有较强的敏感性。在保证数据准确、科学的基础上,通过进一步在形式细节上推敲和优化,有利于提高统计图的可读性,如前文中坐标轴的分段、图形的区分度等。虽然这些细节的处理并不影响数据内容的表达,但是经过优化后给予读者良好的阅读体验,有助于提高数据的被理解程度,也让读者可以更高效地获取统计图中的信息。这正是科技论文中使用统计图来呈现数据内容的目的。因此,编辑对细节的敏感性是从可读性上实现统计图内容与形式统一的保障。

3 结束语

科技论文中的统计图是简明地呈现数据内容的一种重要形式,因此对其进行审读与加工的过程也对科技期刊编辑提出了更高标准、更专业化的要求。为保证其内容与形式的统一,首先要遵循"纠正错误"的原则对数据分析的准确性进行认真的审查,其次要按照"合理呈现"的规范对形式设置的科学性进行专业的推敲,再者要注重"方便阅读"的意识对差异比较的可读性进行细致的优化。通过从作者、编辑、读者三方的角度全面考量,增强内容与形式的匹配度,实现两者的高度统一,最终整体呈现出较完善的作品。

参 考 文 献

[1] 熊英,欧阳贱华,於秀芝,等.科技论文中图表的加工和校对[J].编辑学报,2011,23(2):123-125.
[2] 李少闻,雷晓梅,杨嫒嫒,等.医学科技论文中统计图表的编辑加工技巧[J].技术与创新管理,2015,36(6):652-653;672.
[3] 卢庆霞.编辑加工表格时应重视内容的科学性[J].编辑学报,2010,22(4):314-315.
[4] 王小辰,蔡斐.材料类科技论文表格设计常见错误剖析[J].编辑学报,2017,29(1):39-40.
[5] 李学军.科技论文表格应注意可读性:表格改造 2 例[J].编辑学报,2015,27(6):547-548.
[6] 宋玉梅.兼顾简约性和表现力的科技论文表格编修[J].科技与出版,2013(5):52-55.
[7] 王丽恩,王继红,邓群.学术期刊中 5 种不规范、不自明表格的实证研究[J].科技与出版,2015(2):58-61.
[8] 王音.农业和生物学期刊应重视对表格中数据统计分析结果的审校[J].编辑学报,2010,22(5):413-415.
[9] 郝拉娣,何平.图表中平均数差异显著性检验结果的规范表达[J].编辑学报,2008,20(2):120-121.
[10] 魏中青.编辑加工时应注意文章的数据统计:以《生态学杂志》为例[J].农业图书情报学刊,2015,27(3):162-164.
[11] 曾群.科技论文写作中的常见问题分析[J].科技与出版,2017(10):54-57.

国内医学论文英文摘要写作的文献报道情况及撰写建议

杨美琴

(复旦大学附属眼耳鼻喉科医院《中国眼耳鼻喉科杂志》编辑部,上海 200031)

摘要:检索并分析近 30 年《编辑学报》《中国科技期刊研究》《中国科技翻译》3 种核心期刊关于医学期刊/医学论文英文摘要写作的文献,总结国内医学论文英文摘要撰写的现实情况。结合笔者多年的英文摘要审校经验,建议国内撰写或审校医学论文英文摘要遵循以下原则:灵活选择结构式或一段式摘要;原创论文可以用第一人称表述;时态、语态而言,目的、结论用一般现在时,方法、结果则根据需要用一般过去时或现在完成时抑或一般现在时;英文摘要信息量可以多于中文摘要信息量。

关键词:医学论文;英文摘要;时态;语态;人称;结构式摘要

英文摘要作为中文期刊走出国门的钥匙,国内编辑人员对其的研究讨论从未停止过[1]。在科技期刊中占较大比重的生物医学期刊,其英文摘要内容的准确表述、涵盖的信息量及行文的规范性对于国内优秀生物医学研究成果的国际推广尤其重要。本文通过分析国内部分出版领域、科技翻译领域核心期刊中关于医学论文英文摘要的文献报道,总结现实报道情况、撰写特点,并结合笔者经验提出撰写建议,与同行学习。

1 国内医学论文英文摘要写作的文献报道情况

1.1 文献来源

以"万方数据""中国知网""重庆维普"为数据源,以"英文摘要 and 医学期刊"或"英文摘要 and 医学论文"为主题词,以《编辑学报》《中国科技期刊研究》《中国科技翻译》3 种核心期刊为文献来源,检索相关文献。其中《编辑学报》和《中国科技期刊研究》是出版领域中报道内容侧重期刊编校规范的双核心期刊,《中国科技翻译》是与科技论文翻译密切相关的核心期刊,3 种期刊在一定程度上代表国内科技论文/医学论文英文摘要相关文献报道的大致情况。文献选择标准为:医学期刊/医学论文英文摘要撰写的格式要求、行文规范、时态、语态、人称等。

1.2 统计情况

共筛选出符合要求的文献 31 篇,其中《编辑学报》13 篇、《中国科技期刊研究》13 篇、《中国科技翻译》5 篇。1989 年第 1 篇报道为刊登在《编辑学报》的《医学论文英语摘要写作浅谈》,近 10 年文献数量相对较多,但不稳定(见图 1)。每篇文献报道各有侧重点,其中关注较多的是时态、语态及人称、内容信息、中英文一致性,关于摘要的文体格式有 2 篇文献进行了讨论,还有 7 篇文献报道内容包括英文词汇应用、翻译技巧、不同医学类别翻译特点、模糊限制语等(见图 2)。

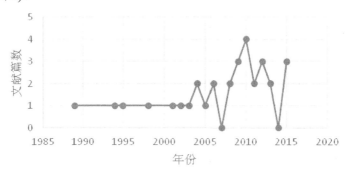

图 1 近 30 年关于医学论文英文摘要文献报道数量趋势图

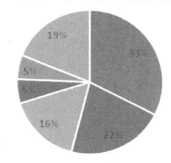

■时态语态 ■人称 ■内容信息 ■文体格式 ■中英文一致性 ■其他

图 2 不同报道内容文献数量占比，其中 6 篇文献同时讨论时态语态和人称

2 国内医学论文英文摘要的撰写特点及建议

主要从时态、语态、人称、中英文一致性及文体格式等方面进行阐述。

2.1 时态、语态

共有 10 篇文献提及时态，存在共性，即方法、结果一般用一般过去式描述，其次是过去完成时，结论用一般现在时描述，目的如果是一句话(目前已少用)宜用一般现在时。其中文献[2]着重就摘要中各部分时态的应用进行了阐述。文献[3]以原版英文医学期刊的摘要为例，分析讨论了结构式摘要中各部分宜用的时态及语态，结果显示，目的一般直接用动词不定式的一般式主动语态；方法应该用一般过去时(有时也可用现在完成时)，多用被动语态；结果用一般过去时为好，有时也可用现在完成时，相当多数用被动语态；结论用一般现在时。范华泉等[2]对 Medline 系统收录的 1996—2003 年 5 月不同生物医学期刊发表的结构式英文摘要 900 篇的各项目时态、语态的使用情况进行分析，结果显示，"目的"项主要采用动词不定式或完整句子，时态多用一般现在时或一般过去时，语态主要采用主动语态；"方法"和"结果"项中主要采用一般过去时和被动语态；"结论"项中主要采用现在时和主动语态。作者认为，根据不同的文体，适当地使用主动语态或被动语态，有助于清楚、准确地表达思想。在"结论"项中，还大量使用情态动词 can、could、may、might 等，既可以表示所得出结论的可信度，又避免了武断之嫌。也有作者[4]通过对比英美、中国生物医学期刊中各 200 篇论文的英文摘要，发现中国期刊的被动句占 48%，远远高于英美期刊的 28%，虽然在结构式摘要各部分的出现频率相同，但是国内作者存在滥用被动语态的问题。被动语态的滥用使句子模糊、结构笨拙呆板。分析滥用的原因可能包括：国内医学写作信息滞后，国内英语和翻译学者仍认为科技英语的特点就是被动语态多，而且偏颇地认为用被动语态比主动语态显得更客观；国家标准《文摘编写规则》(GB 6447—1986)要求用第三人称，不可以用第一人称，汉语的无人称句译为英语就往往选用被动语态表达。黄媛等[5]通过分析高影响力四大综合医学期刊《新英格兰医学杂志》(*NEJM*)、《柳叶刀》(*Lancet*)、《美国医学会杂志》(*JAMA*)及《英国医学期刊》(*BMJ*)随机抽取的 40 篇英文摘要得出结论：较少使用被动语态，主动语态有增多之势，结果部分多使用过去时，结论部分多使用现在时。

由上可知，在近 30 年时间里，英文摘要的语态在 21 世纪初以被动语态为主，尤其体现在方法和结果中，后来出现了被动语态滥用态势；但是目前多数外文文献的英文摘要已较少使用被动语态，主动语态有增多趋势。因此笔者认为，既然国内医学论文的英文摘要主要是为了扩大国内医学期刊的国际影响力及推广国内优秀的医学研究成果，而主动语态有助于清楚、准确表达思想，那么在行文方面应尽量与国际接轨，不将主动语态"一棍子打死"。

根据现有文献报道，国内医学论文英文摘要时态应用相对稳定，即结构式摘要中的方法和结果以一般过去时为主，结论用一般现在时为主。笔者认为，目前可以继续沿用这样的表述，但是方法和结果中也可以适当采用一般现在时。

2.2 人称

文献[6]通过抽样分析国外 4 种高影响力期刊和国内 11 种期刊摘要发现，*Lancet*、*NEJM* 等国外期刊对第一人称的使用频率高于国内，认为回避第一人称的写法，会使句子繁琐，头重脚轻，缺乏活力，也不会就此增强科学研究的科学性，反而不利于读者迅速了解论文的科学贡献。文献[7]通过分析国内医学期刊英文摘要第一人称的使用现状发现，国外医学论文英文摘要较多使用第一人称，尤其是在研究目的和方法中，而国内几乎不用或很少使用。医学期刊编辑国际委员会制定的《生物医学期刊投稿格式要求》对摘要的要求仅限于长度和摘要应包括的内容，并未对人称等作出限制。事实上，国内个别期刊已经在英文摘要人称方面突破传统，在稿约中明确建议采用第一人称，如《编辑学报》。

分析国内英文摘要多用第三人称的原因可能包括三个方面：①出现应用第三人称写法的认识可能与形成文摘写作风格的历史条件有关[6]；②与国内医学研究人员所接受的教育有关，强调无人称代词的被动句是医学论文和其他科技论文英文摘要的特点；③《文摘编写规则》(GB 6447—1986)规定文摘要用第三人称的写法，相应的国内期刊对其英文摘要的书写也都基本上遵循了该写作规则；④东西方在文化及思维方式上的差异。

笔者认为：①医学原创论文的科学性并不是通过避免第一人称来增强的，科学性没有强弱之分；如果研究本身具有科学性，研究者采用第一人称的口吻来阐述客观存在的事实，不但没有否定其科学性，而且第一人称简洁的表述更利于读者快速获取有价值的信息。②中文论文撰写英文摘要的目的是实现国内研究成果的国际化推广，其行文要点理应与国际接轨，隐晦的表述只能是增加国外读者阅读文献的障碍。③科学实验是作者实施的，作者从客观角度交代实验的相关信息，只要不加主观推测或假设内容，使用第一人称都是无可厚非的。因此笔者建议修订相关国家标准：删除"要求用第三人称，不可以用第一人称"，改为"人称选择以科研思想的准确表达为准"或者不予详述，期刊在稿约中也无需强调。

2.3 中英文一致性

本研究中共有 2 篇文献针对中英文摘要的一致性进行了探讨。文献[8]总结了中英文摘要不对应的 3 个常见表现,即描述"词汇"准确性不对应、摘要各要素描述的"内容量"不对应,以及描述"数据"不对应。文献[9]认为,中文论文中的英文摘要是中文摘要的转译,应准确无误地反映中文文章,更应该与中文摘要的内容一致;并通过实例总结了国内医学论文存在中英文摘要不一致现象,除了文献[8]总结的几条外,还包括英文过简、硬性对译等,提出编辑应严把中文摘要关,与外籍专家合作,合理利用语料库等对策提高英文摘要的质量。

中英文内容的一致性体现了论文撰写的严谨性、科学性、准确性,但是关于中英文摘要"内容量"不一致现象,笔者有不同的看法。国家标准或者某些刊物的稿约又或者期刊编校质量检查标准都规定中英文摘要应该一一对应,英文摘要不应该出现中文摘要中没有的内容,中文摘要的所有内容都需要进行逐一翻译。但是需要考虑的是,中文摘要考虑到字数限制,诸如统计学处理等信息在摘要中会有省略背景(Surrounding)或统计学(Statistics)的现象,因为国内读者可以快速从正文中获取相关内容;而英文摘要的阅读对象主要是国际读者,如果鉴于与中文摘要一一对应而省略以上内容,由于语言障碍或者缺乏全文获取渠道,限制了读者的信息量,也影响了论文的国际化推广。因为笔者认为,英文摘要除了需要有中文摘要已有的内容外,应该补充对论文理解有实质性影响的正文内容,对长度或字数的限制应当有所放宽。

2.4 文体格式

结构式摘要由于具有写作要素明确、层次清晰、方便读者查找信息等优点,因此生物医学领域期刊中尤其是原文非英文、依赖二次文献传播的期刊(如中文期刊)使用结构式摘要的比例较大;但国际科技期刊的英文摘要以一段式摘要为主,且有逐步增加趋势[10]。

如笔者上述所言,我们无需强调英文摘要与中文摘要内容的一一对应,英文摘要的格式也可以不同于中文摘要。比如,中文摘要可以采用结构式,便于国内读者快速获取有用信息;而鉴于目前国际科技期刊英文摘要有逐步向一段式转变的趋势,国外读者可能慢慢会更倾向于形成一段式摘要的阅读习惯,因此国内医学论文英文摘要可以采用一段式格式,而且提供比中文摘要更多的信息。

3 结束语

综上所述,英文摘要是医学论文的重要组成部分,有助于国内医学科研成果的国际推广,鉴于论文作者对英文摘要的把握存在英文水平有限及对编辑要求的不熟悉,这部分工作需要编辑投入精力,在以下几个方面进行英文摘要规范化:灵活选择结构式或一段式摘要,合理选择时态,不再滥用被动语态,不再特意规避第一人称,尽量做到用简单的表述传达重要的科研成果;不用强调中英文内容的一致性,英文摘要可以有比中文摘要更多的信息量,甚至将论文中的重要图表等加入形成长摘要[11]。以上措施均旨在充分发挥英文摘要被国际检索机构检索收录或国际作者检索学习引用,而不只是国内医学论文的简单"摆设"。

参 考 文 献

[1] 吴涛,赵娟,袁天峰.中外医学科技期刊英文摘要写作对比分析与建议[J].中国科技期刊研究,2013,24(3):609-612.

[2] 范华泉,冷怀明.医学期刊论文结构式英文摘要中时态、语态的应用[J].中国科技期刊研究,2004,15(4):

487-489.

[3] 韩仲琪,李炳汝,王庆法.医学论文英文摘要格式及其写作问题[J].编辑学报,2002,14(6):411-414.

[4] 范晓晖.论医学论文英文摘要中被动语态的滥用[J].中国科技翻译,2005,18(4):11-14.

[5] 黄媛,陈莉萍.高影响力医学期刊英文摘要的语言特点[J].中国科技期刊研究,2012,23(4):685-687.

[6] 裘孝琦,康素明,章丽.医学期刊英文随文摘第一人称的应用[J].编辑学报,1998,10(1):37-38.

[7] 丁茂平.医学论文英文摘要中第一人称代词使用之分析[J].编辑学报,2009,21(6):500-502.

[8] 鲁翠涛,赵应征,郑俊海.医学论文英文摘要中常见词汇的正确使用[J].中国科技期刊研究,2013,24(4):808-811.

[9] 黄丰,黄苏萍,王晓欢,等.中文医学论文中中英文摘要一致性问题探讨[J].中国科技期刊研究,2009,20(4):738-741.

[10] 黄河清,韩健,张鲸惊,等.中外科技期刊英文摘要文体格式的变化及建议[J].中国科技期刊研究,2015,26(2):143-151.

[11] 杨美琴,谢明,程杰,等.中文论文再加工对期刊国际显示度的影响[J].中国科技期刊研究,2017,28(11):1034-1037.

期刊策划的认知与学习心理研究

苗秀芝，徐　诺，赵丽莹，张莲英

(哈尔滨工业大学学报编辑部，哈尔滨 150001)

摘要：认知是期刊策划者头脑最直接作用于感觉器官的事物的整体反映，是期刊策划者对感觉信息的组织和解释的过程。学习是通过知识经验的获得，使期刊策划者行为的潜在趋势产生较为持久的变化。两者的作用可以反映出期刊策划者对所接触和感知事物的理解程度，通过对期刊策划者的认知和学习进行研究，可以更有效地了解策划过程中认知和学习的规律，从而提高策划工作的效率。

关键词：期刊策划；一般知觉；社会认知；学习理论

在期刊策划中，大多数策划行为都需要通过学习而发生，期刊策划者对周围环境的行为反应主要依赖于对周围世界的看法，这种看法一般是通过知觉作用和学习作用产生的。期刊策划心理学研究表明：策划者的认知因素(包括感知、记忆、思维等)直接影响策划者对物理环境、社会心理环境的认识和理解，并通过学习的作用，形成策划者的特定心理状态和行为，从而决定策划者在策划工作中的行为[1-3]。

1 期刊策划的一般知觉

期刊策划者的知觉活动是一个较为复杂的过程，形成知觉，一般要经过三个阶段：一是选择阶段，即从感觉材料(背景和线索)中选择知觉对象；二是组织阶段，对局部资料或不完整的线索进行回忆补充，对信息与线索进行加工并组织，构成完整的对象；三是对知觉对象作出适当解释，并用名称来标志它。

1.1 知觉的一般特性

1.1.1 知觉的选择性

首先需要把知觉对象从背景中区分出来，也就是选择知觉对象的过程，经过区分后，对象变得较为清晰，背景变得较为模糊，这是知觉的选择性，知觉的对象和背景是相互依存、相互转化的，这种相互转化在双关图中表现最为明显[4-6]。知觉对象受背景的制约，背景也影响着知觉对象。例如傍晚赏月时，有时会把月亮看成在云彩后面移动，有时则把云彩看成在月亮前面漂流。

1.1.2 知觉的整体性

知觉的对象有不同的属性，由不同的部分组成，但我们并不把他感觉为个别孤立的部分，而总是把它作为一个有组织的整体，知觉的这种特性称为知觉的整体性或知觉的组织性。格式塔心理学家曾对知觉的整体性做过许多研究，提出知觉是按照一定的规律形成和组织起来的；对象知觉不是对象各部分的简单相加，而是各部分有机组成的。

1.1.3 知觉的理解性

期刊策划者对知觉对象总是以自己过去经验予以解释,并用词语来标志它们,知觉的这一特性称为知觉的理解性。一般来说,能否用词语来正确命名,反映出期刊策划者对所感知事物的理解程度。例如一个外行人和一个期刊策划者同看同一种杂志,但两个人看到的内容可能不同,外行人可能看到杂志的外在形式和主要内容,而策划者的观察要细致得多,不仅能对各个栏目设置提出建议,而且能够看出杂志整体风格的缺陷,这是由于期刊策划者比外行人有更丰富的知识和经验。

1.1.4 知觉的恒常性

知觉的恒常性是指知觉的条件在一定范围内变化时,期刊策划者对该对象的知觉仍保持相对不变的特性。例如在期刊排版时,图片中的国旗,无论在黄光映射下,还是在蓝光映射下,我们总是把它知觉为红色的;这是颜色恒常性现象。知觉的恒常性在期刊策划者的工作实践中具有重要意义,它是期刊策划者能在不同的情况下,按照事物的实际面貌反映事物,从而使期刊策划者有可能根据对象的实际意义来认识和改造客观世界。

1.2 影响期刊策划知觉的因素

期刊策划者知觉的选择性,受多种因素的影响,总体来说包括两方面因素,客观因素和主观因素。

客观因素主要包括 6 个方面:①大小。大小原理说明,外部因素的尺寸越大越容易被感知;②强度。强度是与大小紧密联系的,被感知物体的强度越高就越容易被感知;③对比。图像和背景之间的差别越大,期刊策划者就越容易从背景中,把对象区分出来,相反,对象与背景的差别越小,区分图像和背景也就越难。④活动程度。活动的对象要比静止的刺激更容易被知觉选择。⑤重复。经常重复的因素比出现一次的因素更容易被感知,期刊策划者常利用这个原理来吸引未来读者的注意。⑥新颖性和熟悉程度。环境中新颖性或者是熟悉因素都能引起人们的注意。

主观因素主要包括 5 个方面:①学习和知识经验。知觉受过去的经验影响很大,期刊策划者的知觉通常是一种习惯行为。②定式效应。定式是受先前经验的影响而产生的对感知对象的一种预期,这种预期会对知觉产生不同的影响。③动机与需要。凡是能满足人的需要,激发人的动机的刺激都容易被期刊策划者选择并纳入知觉范围,反之,与人的需要和动机无关的事物往往不被期刊策划者注意。④情绪因素。期刊策划者的情绪对知觉有多方面的影响,一般来说,愉悦的事情,使期刊策划者感兴趣的活动,期刊策划者乐于知觉,记忆效果越好,对不愉快的事情,往往会有意或无意地回避它。⑤个性特征。个性是期刊策划者所特有的感情和行为倾向的总和,个性特征影响着知觉的选择性。

2 期刊策划的社会认知

"社会认知"[7-8](又称社会知觉)概念,最初由美国心理学家布鲁纳(Bruner)提出,用以表示他对知觉的一种新观点,其主要含义是知觉过程受社会因素所制约。之后,这个概念在期刊策划心理学中有了新的含义,我们认为社会认知是对社会对象的知觉,社会对象应当包括个人、社会群体和大型的社会组织。从这种意义上来说,社会知觉包括广泛的内容,它不仅包括一个人对另一个人的知觉,而且包括个人对群体的知觉,群体对群体的知觉以及个人和群体间关系的知觉。在这里,我们将着重讨论期刊策划者对社会环境中有关个人、群体和组织特性的知觉。

社会认知是期刊策划者社会行为的基础,是协调人际关系,调动期刊策划者自觉性、主动性、积极性、创造性的重要心理成分。期刊策划水平的提高,策划效率的发挥,群体凝聚力的增强,都受期刊策划者社会知觉的影响[9-10]。

2.1 期刊策划的社会知觉内容

一般来说主要包括对他人的知觉、对自己的知觉和人际间的知觉三种。

2.1.1 对他人的知觉

期刊策划者对他人的认知,主要是期刊策划者对生活在一定社会环境中其他人的感情、动机、意向、性格等心理活动和个性心理特征的知觉,俗话说:"听其言,观其行,而知其人。"这就是说,期刊策划者要认识一个人,要根据他的言论和行动,这里所说的行动不仅是行为举止,也包括面部表情、言语表情、身体的姿势以及眼神等。

2.1.2 人际知觉

期刊策划者的人际知觉是指对期刊策划者与他人之间相互关系的认知。人际关系从总体上来看,包括自己与他人的关系、他人和他人的关系两方面。人际关系的外延十分广泛,比如朋友、同事、家庭、师生等。从人际关系的性质来看,有正式与非正式、和谐与非和谐、友好与敌对的关系等。

2.1.3 自我知觉

所谓自我知觉,就是一个期刊策划者通过对自己行为的观察,从而作出对自己心理和行为状态的判断。一般来说,观察别人与观察自己是有区别的,主要表现在:第一,观察自己往往要比观察别人获得的信息多;第二,观察别人,自己是观察者,而观察自己,自己既是观察者又是被观察者。但是要真正做到自我知觉是不容易的,在期刊策划心理中,期刊策划者的自我知觉是一个很重要的领域,因为它涉及期刊策划者如何正确认识和评价自己的问题。

2.2 期刊策划社会认知的偏差

2.2.1 晕轮效应

当一个期刊策划者对他人的某些主要品质产生良好印象后,就会认为这个人一切都好,这个人就被笼罩在一种积极的光环中。反之,如果一个人被期刊策划者认为很坏,就会被笼罩在消极的光环中,从而被期刊策划者人为的赋予了一些不好的品质,这就是认知中的晕轮效应。

2.2.2 社会刻板效应

印象是指期刊策划者在遇到新的环境时根据自己旧有的经验对其进行理解,纳入过去对人或事物所做的归纳中的过程。社会印象是对期刊策划者社会认知的综合,社会印象一经形成就不大容易改变,非常固执,这种特性称之为社会刻板效应。

2.2.3 首因效应

与先入为主的认知相联系的另一种社会认知偏差是首因效应。首因效应是指期刊策划者在与他人的交往中,首先获得的印象形成的影响最大,起主要作用,而对之后出现的他人的比较起来不太重视。在与陌生人的第一次交往过程中,所得到的第一印象最为鲜明牢固,决定着以后双方的进一步交往。

2.2.4 近因效应

与首因效应在时间影响上正好相反,近因效应是指最近发生的事情对期刊策划者认知的影响最大。一个期刊策划者在一年的最后一个月表现良好，期刊社对他全年的表现有可能因为最近的表现好而做出过高的评价。这种评价偏差在期刊管理实践中也是很常见的。

在期刊管理中，社会认知是极其重要的内容。社会认知不同于个体认知，社会认知的对象是人，包括社会群体和社会组织。认识社会认知的规律对于期刊管理来说非常有意义，可以更有效地了解期刊策划者的行为。

3 期刊策划的学习与管理

学习理论在期刊策划中有很高的应用价值，因为期刊社是对期刊策划者行为进行管理，了解和运用学习理论对于塑造和完善期刊策划者行为，提高工作效率有十分重要的意义。

3.1 正强化与负强化

从期刊策划心理学的意义上来讲，学习就是建立某种行为的过程，要建立某种适当的、预期的行为可以采用强化的手段，使之建立条件反射，强化的方式一般可以分为正强化和负强化。

正强化是指任何一种刺激-人、实物或环境-出现在个体的反应之后或同时，且对该反应起到增强的作用，使个体希望得到这种刺激的反应增强的过程。有人说要成为优秀的期刊策划者，必须养成赞美，鼓励，感谢和关怀他人的习惯，充分说明了正强化在期刊作用中的作用。负强化是指任何一种刺激-人、实物或环境-恰好在个体的反应出现之后消失，且对该反应产生增强作用的过程。负强化的目的是鼓励后出现的行为，避免原来的行为，在这一点上与正强化是一致的。

3.2 惩罚作用

惩罚是改变行为的主要方法之一，惩罚是希望阻止不适当行为的再发生。在期刊策划中，惩罚的运用必须非常谨慎，惩罚只能暂时阻止不适当行为而不能根除这种行为，而且不断采取惩罚的措施，可能会带来诸多不利后果。

3.3 强化时间表

强化的时间表是斯金纳通过实验的方法得出，他认为行为的形成和改变主要靠强化，强化的效果则取决于时间的次数和分配。在期刊策划中，只有遵循强化规律，才能用最经济的措施达到最大的强化效果。

3.4 树立榜样

无论强化的设计多么有效，都是离不开奖励或惩罚的手段来达到对行为的控制，需要付出较高的成本。社会学习理论提出观察学习的方式，通过对他人的观察学习，通过替代性强化改变或树立个体的行为。在期刊策划管理中常常通过树立模范的方式来达到这种替代性强化的目的，只需要在一定的时间内对榜样进行奖励，促使策划者去模仿榜样的行为，对于有不当行为的个别策划者的惩罚也会抑制其他人的类似的行为。

4 结束语

认知是期刊策划者头脑最直接作用于感觉器官的事物的整体反映，是期刊策划者对感觉信息的组织和解释的过程。知觉通常是在感觉信息的基础上，由于知识经验的作用，经过期刊策划者头脑加工，对客观现象作出直接解释的过程，如果没有感觉做基础，没有以往知识经验的作用，期刊策划者的认知就很难发生。在认知作用基础上，通过学习作用产生的知识经验积累,并因此而使期刊策划者的行为的潜在趋势产生较为持久的变化。认知和学习作为期刊策划者终身的活动,通过对期刊策划者的认知和学习进行研究,可以更有效地了解策划过程中认知和学习的规律,从而提高策划工作的效率。

参 考 文 献

[1] 张莲英,梁凤英,郑红翠.期刊策划心理学[M].哈尔滨:哈尔滨地图出版社,2004:274-284.
[2] 吴欣欣,栾奕.医学期刊编辑学习理论研究现状及对策[J].中国煤炭工业医学杂志,2010,13(6):959-961.
[3] 苗秀芝,徐诺,郑红翠,等.论调适期刊策划者技术反应心理的重要性[M]//学报编辑论丛(2017).上海:上海大学出版社,2017:234-236.
[4] 叶仁波.期刊编辑的认知心理分析[J].出版发行研究,2005(1):34-36.
[5] MALLE B F, MOSES L J, BALDWIN D A. Intentions and intentionality: foundations of social cognition [J]. Journal of Consciousness Studies, 2001, 5(12):547-547.
[6] 王沛,林崇德.社会认知研究的基本趋向[J].心理科学,2003,26(3):536-537.
[7] 王美,何美,鲍贤清.认知心理学视角下的多媒体学习研究[J].扬州大学学报(高教研究版),2008,12(4):82-86.
[8] 慕彦瑾,段金菊.基于认知心理学理论的深度学习设计研究[J].内蒙古师范大学学报(教育科学版),2012,25(7):65-69.
[9] 莫雷.学习的机制:阅读与学习心理的认知研究[M].北京:北京师范大学出版社,2013.
[10] 白学军.实现高效率学习的认知心理学基础研究[M].天津:天津科学技术出版社,2008.

关于物理量"门尼黏度"规范使用的探讨

孙丽莉,陈春平,周田惠,姜丰辉,林 琳

(《青岛科技大学学报(自然科学版)》编辑部,山东 青岛 266061)

摘要:门尼黏度是高分子学科常用的物理量,但目前国家制定的常用标准及规范中没有该物理量符号的编写形式。各期刊对该物理量名称及符号表达形式不统一。另外,还存在测试条件交代不清等问题。经文献调研后,结合门尼黏度的转矩物理含义,提出使用[M]作为门尼黏度的物理量符号,代表其是一种特殊的转矩。将测试条件中的转子型号、预热时间和转动时间作为下标,试验温度作为上标,例如$[M]_{L(1+4)}^{100℃}$,L代表大转子,预热时间和转动时间分别为 1 min 和 4 min,试验温度为 100 ℃。希望能推动门尼黏度物理量符号的标准化工作。

关键词:物理量名称;物理量符号;符号标准化;门尼黏度

  门尼黏度是高分子学科常用的一个物理量。门尼黏度主要用于反映橡胶加工性能的好坏和相对分子质量高低及分布范围宽窄。门尼黏度高的胶料不易混炼均匀及挤出加工,其相对分子质量高、分布范围宽。门尼黏度低的胶料易粘辊,其相对分子质量低、分布范围窄。门尼黏度值过低的胶料硫化后的制品抗拉强度低。另外,门尼黏度-时间曲线还能看出胶料硫化工艺性能。因而,在高分子学科相关领域的学术论文中,常常能见到此物理量。

  高分子科学与工程是青岛科技大学的特色优势学科,高分子材料与工程栏目是《青岛科技大学学报(自然科学版)》的特色栏目,因此本学报接受高分子材料类稿件投稿数量较多。笔者在编审此类稿件时发现,"门尼黏度"测试及表达方式上存在形式不统一等问题,为此查阅了大量的相关期刊及测试标准,发现也存在类似的问题。经过调研,结合自己的理解,提出相关建议。

1 "门尼黏度"的定义

  门尼黏度(Mooney viscosity)又称转动(门尼)黏度,也有少数文献译为穆尼黏度,目前普遍采用门尼黏度这一说法,其用以反映橡胶加工性能好坏、相对分子质量高低及分布范围宽窄。门尼黏度值一般采用美国人 Mooney 于 1934 年发明的门尼黏度计来测定,即用圆盘剪切黏度计在一定温度、时间和压力下,通过测定在活动面(转子)与固定面(上下模腔)之间试样(各种生胶和未硫化混炼胶)变形所产生的剪切阻力来确定橡胶塑性大小。因此,实际上门尼黏度计所测得的值是转矩值(单位为 N·m,1 门尼黏度值等于 0.084 6 N·m),严格意义上应该叫做门尼转矩值。

2 "门尼黏度"的表达方式

2.1 黏度与粘度的辨析

"粘"(zhān, nián)字是一个多音字。由李行健主编,外语教学与研究出版社与语文出版社共同出版的《现代汉语规范词典》(第 2 版)所载:用作动词时,"粘"读 zhān;而读 nián 时,仅用作姓。含"黏"的复合词均不宜写作"粘",因此,"粘度"一词有误,应为"黏度"。目前,《合成橡胶工业》已有 10 余年未使用"粘度",而《弹性体》依然存在误用"粘度"。另外,笔者在查阅国家标准 GB/T 1232.1—2000《未硫化橡胶用圆盘剪切粘度计进行测定 第 1 部分:门尼粘度的测定》时,发现其也在误用"粘度",可喜的是 GB/T 1232.1—2016《未硫化橡胶用圆盘剪切黏度计进行测定 第 1 部分:门尼黏度的测定》[1]已经更正,在此呼吁依然使用"粘度"的相关期刊尽快更正。

2.2 符号表示

2.2.1 测试标准中的表示方法

按照 GB/T 1232.1—2000,门尼黏度的测试结果用如下形式表示"50ML(1+4)100 ℃",式中:50M 为黏度,以门尼值为单位(1 门尼黏度值等于 0.084 6 N·m);L 为大转子;1 为预热时间 1 min;4 为转动时间 4 min;100 ℃为试验温度。不同情况下,测试条件可变。暂不讨论其他,很显然,此处大转子用斜体"L"来表示是不合适的,因为它并不是一个量符号或其他变量[2]。GB/T 1232.1—2016 中,门尼黏度的测试结果已改为"50ML(1+4)100 ℃"。

2.2.2 科技期刊中出现的表示方法

在各大期刊中检索,发现门尼黏度的符号表示方法有如下几大类:

(1) ML 作为物理量,写为正体,测试条件放置在上下标的位置。如:$\text{ML}_{1+4}^{100℃}$ [3];$\text{ML}_{1+4}^{100℃}$ [4]。

(2) ML 作为物理量,写为斜体,测试条件放置在上下标的位置。如:$ML_{(1+4)}^{125℃}$ [5];$ML_{(1+4)}^{100℃}$ [6]。

(3) ML 作为物理量,写为正体,测试条件放置在与之平行的位置,如 ML(1+4)100 ℃[7],"ML1+4,100 ℃"[8]。

(4) ML 作为物理量,写为斜体,测试条件放置在与之平行的位置。如:《合成橡胶工业》杂志基本统一采用 ML(1+4) 100 ℃[9];《特种橡胶制品》基本采用 ML1+4 125 ℃[10]和"ML(1+4),100 ℃"[11]。

(5) 物理量的汉语名称与符号同时用,ML 写为正体,测试条件放置在与之平行的位置。如:《橡胶工业》《轮胎工业》和《橡胶科技》基本统一采用的"门尼粘度[ML(1+4)100 ℃]"[12];门尼粘度[ML100 ℃(1+4)][13];"门尼粘度 ML(1+4)100 ℃"[14]或"门尼粘度,ML(1+4)100 ℃"[15];门尼粘度值 ML(1+4)100 ℃[16]。

(6) 偶见的不具代表性的表示方法。ML[17];$M_{L(1+4)}$100 ℃[18];ML$_{(1+4)}$100 ℃[19];$ML_{(1+4)}$100 ℃[20]。

在(1)和(2)表示方法中,将测试条件"1+4"(预热时间和转动时间)和"100 ℃"(试验温度)置于 ML 上下标的位置,该类表示方法比较简洁,但物理量符号一般使用斜体字母,且一般为单个拉丁字母或希腊字母,有时带有下标或其他说明性记号[2,21],显然 ML 不符合一般期刊规范。

在(3)和(4)表示方法中,表示方法冗长,且除了错用两个字母代表一个物理量符号[2]以外,还存在未将表示量的特定的条件作为下标的不规范用法。

在(5)表示方法中,表达最清晰明了,使用次数最多,其中"门尼粘度[ML(1+4)100 ℃]"已被某些期刊统一作为门尼黏度物理量符号的表示方法。"门尼粘度[ML(1+4)100 ℃]"除了在正文中出现,也直接出现在函数图上作为标目,或出现在表的项目栏中作为项目名称,显然是作为一个整体,被当做物理量符号。但物理量符号中允许出现汉字的情况是作为下标出现,而且是当找不到国际性规定的下标(通常来自于专门名称或拉丁文、希腊文及其他国际性科技词汇的缩写)才可以用汉语量名称的缩写或汉语拼音作为下标[21]。

在(6)的表示方法中,也存在上述类似问题,在此不再讨论。

2.2.3 笔者的建议

原则上来讲,由于《量和单位》国家标准未对此门尼黏度符号表示方法进行标准化,那么按照科技期刊规范,其物理量符号应该使用单个拉丁字母或希腊字母,斜体表示。虽然门尼黏度计所测得的门尼黏度值是转矩值,但1门尼黏度值等于0.084 6 N·m,也就是说门尼黏度值与转矩值之间不是系数为1的换算关系,那么GB/T 3102.3—1993《力学的量和单位》[22]所建议使用转矩的物理量 M 直接做门尼黏度的物理量符号就不是特别合适,需要另外做出特殊规定。笔者拙见,使用[M]作为门尼黏度的物理量符号,M 代表了转矩物理量,而[ ]代表标准化的含义,说明此量为转矩值,又是经系数换算所得,代表其是一种特殊的转矩。测试条件分别作为[M]的上下标,其中考虑上下标长度对称问题,将测试条件中的转子型号、预热时间和转动时间作为下标,试验温度作为上标,例如 $[M]_{L(1+4)}^{100℃}$,L 代表大转子,预热时间和转动时间分别为 1 min 和 4 min,试验温度为 100 ℃。

3 "门尼黏度"的其他问题

检索文献发现,物理量"门尼黏度"除了在中文名称和符号表示上存在的问题以外,还存在其他表述不清或测试方面的问题。

(1) 原则上来说,新标准实施以后,旧标准一般进行废除。门尼黏度测试已于 2000 年实施新标准 GB/T 1232.1—2000(最新标准 GB/T 1232.1—2016)。但是 2000 年以后发表的有些文献还是按旧标准 GB/T 1232.1—1992 测试的,如文献[11]。如果作者在测试中由于特殊要求,需要按旧标准测试,为了不给读者造成困惑或误解,也应注明原因。遇到这种问题,建议编辑与作者进行沟通。

(2) 门尼黏度的测试结果与测试条件有关,须指明大转子还是小转子,预热时间与转动时间,以及试验温度。有的文献未标明测试标准及测试条件,仅给出测试结果,物理量用"门尼粘度"表示,如文献[23]。还有文献仅给出门尼黏度的测试标准,未给出测试条件,用"门尼粘度"表示,如文献[11]。

4 结束语

门尼黏度作为高分子学科常用的物理量,其表达形式的规范化对于学术交流十分重要。鉴于当前各期刊中对该物理量中文名称和符号表达形式不统一,且不符合期刊规范,笔者经过调研,提出了自己的见解,希望引起相关主管部门重视,推动该物理量符号标准化工作。另外,期刊工作者一定要督促作者在实验部分标明测试标准及测试条件,以免给读者造成困惑。

参 考 文 献

[1] 国家质量监督检验检疫总局,中国国家标准化管理委员会.未硫化橡胶用圆盘剪切粘度计进行测定第1部分 门尼黏度的测定:GB/T1232.1—2016[S].北京:中国标准出版社,2016.
[2] 陈浩元.科技书刊标准化18讲[M].北京:北京师范大学出版社,2000.
[3] 刘玉鹏,杜爱华,姚薇,等.促进剂对氯丁胶/反式-1,4-聚异戊二烯并用胶性能的影响[J].世界橡胶工业,2007,34(11):9-12.
[4] 覃燕,高光涛.填料和增塑剂对CM/EPDM发泡材料性能的影响[J].特种橡胶制品,2010,31(3):22-25.
[5] 杨洪友,杨冬,杜景瑞.硅改性高乙烯基充油丁苯橡胶工业技术开发[J].弹性体,2015,25(1):33-39.
[6] 房师涛,吕婧,赵菲.排胶温度对加工助剂在半钢子午胎胎面胶中应用的影响[J].弹性体,2015,25(2):70-73.
[7] 王春龙,黄世英,曹帅英,等.苯乙烯-丁二烯橡胶门尼粘度比对与统计分析[J].当代化工,2015,44(12):2825-2827.
[8] 王进文.螺杆构型对E-SBR/白炭黑/硅烷橡胶/填料复合材料性能的影响[J].世界橡胶工业,2011,38(4):27-32.
[9] 华欣倩,田佰刚,范玉曼,等.不同硅烷偶联剂改性白炭黑对溶聚丁苯橡胶性能的影响[J].合成橡胶工业,2016,39(4):334-337.
[10] 程志,谭莲影,肖程远,等.EPDM/金属粘结性能的研究与应用[J].特种橡胶制品,2016,37(3):41-44.
[11] 刘权,陈晓艳,谭莲影.加工助剂SC-657对炭黑填充NR性能的影响[J].特种橡胶制品,2016,37(4):23-25.
[12] 曾宪奎,张宗廷,汪传生,等.基于多指标综合评分法的开炼机炼胶工艺研究[J].橡胶工业,2015,62(12):748-751.
[13] 赵海军,柏常春,吴继春.CRSN242溶剂型黏合剂的性能研究[J].橡胶科技,2012,10(5):17-20.
[14] 吴明生,周广斌.配合剂对NR开炼机塑炼特性的影响[J].特种橡胶制品,2011,32(4):30-33.
[15] 刘海燕,张怀泉,于琦周,等.环保型黑双环油对镍系聚丁二烯橡胶性能的影响[J].特种橡胶制品,2010,31(5):15-18.
[16] 王平粤,高天明,吕明哲,等.用门尼粘度仪测试天然橡胶的相对分子质量[J].特种橡胶制品,2010,31(4):45-46.
[17] 胡育林,王永峰,李波,等.乳聚丁苯橡胶门尼黏度的影响规律研究[J].中国科技信息,2011(23):99.
[18] 杨京辉,郑昆,高明伟,等.一次法混炼胶在半部件工序中的应用[J].世界橡胶工业,2014,41(12):10-14.
[19] 詹正云,辛丽红,詹博特.氢化丁腈橡胶的性能及其应用[J].世界橡胶工业,2014,41(4):34-38.
[20] 鲁冰雪,陈秀霞,刘林国,等.CM/CR共混胶硫化体系的研究[J].特种橡胶制品,2011,32(1):13-17.
[21] 姚树峰,门向生.维修科学与技术中常用量符号的标准化[J].编辑学报,2004,16(2):118.
[22] 国家质量监督检验检疫总局.GB/T 3102.3—1993 力学的量和单位[S].北京:中国标准出版社,1994.
[23] 郑华,肖箐,李雪婷,等.白炭黑对汽车用丁腈橡胶密封制品性能的影响[J].特种橡胶制品,2015,36(2):40-45.

科技期刊编辑应对"棘手"稿件的策略

于 洋,段为杰,王燕萍

(吉林大学《高等学校化学学报》编辑部,长春 130012)

摘要:科技期刊编辑在处理"棘手"稿件时,要坚持论文质量第一的原则录用稿件。结合《高等学校化学学报》编辑部工作,说明了处理"棘手"稿件的一些方法。责任编辑应根据论文的实际状况采取灵活的稿件处理方式,尽量做到既坚持原则维护了期刊的利益,又对作者有指导有帮助。同时,科技期刊编辑部应采用固定的稿件处理流程,公平公正地对待所有稿件,尽量避免"棘手"稿件对编辑部正常工作的影响。科技期刊编辑应通过全面的知识素养和高超的沟通能力处理好"棘手"稿件,尽量平衡各方的利益,努力做到共赢局面。

关键词:科技期刊;编辑;"棘手"稿件;科技论文质量

科技期刊以积累和传播科技信息为特征,人们通过阅读科技期刊,可将科技信息转化为生产力,并最终促进人类社会的进步和发展[1]。作为科技知识转化为生产力的"桥梁",科技期刊刊登科技论文的质量决定着期刊的质量和影响力。随着1961年科学引文检索(SCI)数据库的建立,科技人员检索、阅读文献得到了极大的方便[2]。1992年,国内200多名专家对1万多本国内期刊进行筛选,制定了131个核心期刊表,并出版了中国第一本《中国核心期刊要目总览》。目前,国内对于科技论文学术水平的评价,往往以论文刊发在何种级别期刊上进行衡量,即科技论文刊发在具有不同影响因子的国内核心期刊及国际SCI收录期刊上已成为评价作者科研水平的最重要标准[3]。随着研究生毕业、科研人员职称评定、各级科研基金评定、各种等级的评奖甚至院士的评定都采用这种标准之后,这种赋予给科技期刊的新功能,使科技期刊编辑部遇到了一些"棘手"问题,如同事、好友、导师、领导及上级"打招呼"的关系稿,面对毕业评职压力而对编辑部采取偏激做法的作者,存在学术争议的稿件,等等[4]。责任编辑在面对这类稿件时,要在保证期刊质量的基础上尽量平衡各方关系,避免产生或激化矛盾给编辑部和编辑带来麻烦。

1 科技论文的质量是科技期刊录用稿件的唯一标准

无论是"棘手"稿件还是普通稿件,创新性、科学性、实用性都是稿件是被科技期刊录用论文的唯一标准。科技期刊如果失去这一原则,将会对期刊的质量带来严重影响,长此以往,期刊会失去作者和读者,名誉扫地并失去刊物存在的意义。

基金资助:中国高校科技期刊研究会专项基金课题(CUJS2017-017)

1.1 存在学术问题的稿件，要坚持退稿

随着互联网技术的迅猛发展和科技期刊数据库的不断完善优化，现在科技期刊业已经做到了"论文恒久远，刊出永流传"。对于抄袭舞弊、数据造假、不当署名、版权纠纷等存在学术问题的稿件，一旦刊出，就会给期刊声誉带来永久损害[5]。有一次，某"985"大学教授的外籍学生投稿，外审时发现论文数据有造假情况，但该教授通过熟人与编辑部"打招呼"，希望责任编辑能录用该论文。随后，责任编辑用"埋雷"比喻回复了作者："问题论文刊出后就是放在作者兜里的'雷'，在互联网上，人人可以看到这篇论文并作为证据，无论是您将来申请国家重点项目，还是在行政职位上竞聘更高位置，都会面临激烈的竞争，那时，这颗'雷'很可能就会被竞争者引爆，毁了您的前程。所以，编辑退掉这篇论文是为了帮您排'雷'，希望您理解。"该教授最后接受退稿意见并对编辑部表示感谢。最新的例子，世界著名学术出版商斯普林格(Springer)2017 年 4 月 21 日发布消息，称其合作的期刊《肿瘤生物学》(*Tumor Biology*)因作者编造审稿人和审稿意见而撤销 107 篇论文，其中大部分论文的作者都是中国医生。按照中国科技发展速度，科技期刊的完善速度也会很快，问题作者给自己埋的"雷"，将来很可能会被引爆。作为科技期刊的编辑，我们需要帮作者清醒的认识到这一点，对于存在学术问题的稿件，要坚决退稿，坚决"排雷"，劝导作者不可存在侥幸心理[6]。

1.2 对待"打招呼"的稿件，要坚持原则

在每年的毕业季和职称评定季节，经常会有"打招呼"的稿件投来。对待这类稿件，一方面，责任编辑应该采取与其他稿件相同的流程和标准来对稿件进行审核；另一方面，责任编辑应加强与作者的沟通，但不应做出承诺。如审阅后论文质量佳可顺利刊出，则皆大欢喜；如论文需要补充数据、实验或者实验等内容，编辑应该尊重外审意见，要求作者补充相关内容复审，在达到刊物录用标准后才可录用。

如果论文未能通过外审，需要退稿时，也要尽量缓和矛盾。在将专家扎实的审理意见发给作者时，责任编辑一定要安慰作者，解释编辑部的工作流程，表明论文未能通过编委的审查是不能录用的，并请作者有高质量论文的时候再投稿[7]。

1.3 对待采取偏激态度的作者，要灵活退稿

随着中国社会快速发展，社会压力不断增大，我国精神类疾病的发病率逐年增加。有一次，责任编辑在稿件初审时发现该论文创新性很差，就直接退稿了。随后作者打来电话询问，希望论文能刊出，言语中还有轻生的念头，责任编辑在电话中答应作者不直接退稿，会将论文送专家进行评审。随后，责任编辑与领导商量后，及时联系了该学生的导师及辅导员，确认该博士生患有严重的抑郁症。因为论文的质量无法通过外审，在退稿的同时还不能刺激作者，为此责任编辑专门咨询了精神科医生如何对待抑郁症患者。之后，责任编辑深入地与该学生导师进行了沟通，希望他能负担起更大责任，妥善安排学生的实验工作，确保不发生意外。责任编辑在退稿时向作者讲明，该论文目前状况未达到期刊的要求，希望她能继续完善实验工作，继续努力，等到实验结果完备时再投稿。

1.4 对待具有学术争议的稿件，可抛砖引玉，引发学术争鸣

作者对外审专家的意见不认同，希望就论文涉及的科学问题与专家进行深入探讨，这种情况也时有发生。学术争鸣，我们认为是个好现象。因为不能向作者透露外审专家的相关信息，所以责任编辑要及时转发邮件，尽量协助作者与外审专家就科学问题各抒己见，关键时刻还可以请编委及院士进行评定。有一次，一位作者在论文中设计了一种新的量子化学计算

方法，对于这种方法，外审专家及编委都各抒己见，但不能获得统一意见。因为科学是一个发展的过程，只有经过更多研究人员的试验与思考，才能确认这个方法是否具有重大意义。最后，在经过编委评审后，编辑部决定录用该论文，并在当期目录中创立"学术争鸣"栏目并刊出了该论文[8]。

2 编辑部处理"棘手"稿件的相关措施

2.1 稿件处理流程制度化、实行审稿专家回避制度及编辑回避制度

目前，绝大部分科技期刊都已经使用网络采编系统，每篇录用的论文都经过了作者投稿、编辑部初审、同行专家外审、修改后编辑部内审、编委专家终审签批等流程。这些步骤都在网络系统上进行操作，所有信息都有据可查，甚至连修改操作都能一一记录在案，每篇论文从初审到录用要经过至少 2 个编辑对论文进行查看和审阅，以及至少 3 位同行专家对论文进行审查，这种多人次多程度的审阅论文，可在很大程度上避免了编辑的人为操作，从而保证录用的论文质量稳定。在选取审稿专家时，必须选择与论文作者不在同一单位且没有利益关系的外审专家。在分稿过程中，要避免将稿件分给存在利益关系的编辑。同时，相关编辑也应将不适宜自己处理的稿件转给他人[9]。

2.2 选择经验丰富、耐心、善于沟通的编辑处理"棘手"稿件

面对"棘手"稿件，责任编辑要心细如发，善于发现论文的不合理之处，与作者沟通时要热情稳重。尤其是在退稿时，要合情合理地向作者解释退稿原因，并为作者着想。有一次，编辑部收到一位德高望重老院士的电子邮件，希望编辑部可以照顾一下他后人的投稿。但当我们看到作者的稿件时，发现该论文质量很差，没有创新性。编辑部领导认为此事很蹊跷，最后我们亲自向老院士求证，最终发现有人以院士的名义发假邮件，以期刊出自己的低质量论文，并且，该作者已经多次采取这种手段，并已经在其他期刊发表了论文。随即，编辑部向该作者所在学校的院系领导及学术委员会进行了投诉，严厉谴责了这种冒名行为。

2.3 处理"棘手"稿件的同时不可妨碍普通论文的正常处理与刊出

"棘手"稿件与普通稿件的录用标准是一样的，处理流程是一样的，责任编辑虽然对"棘手"稿件作者给予了更多的关注，但是不可影响对普通稿件的处理[10]。对于提出各种诉求的普通论文作者，责任编辑也应尽量予以帮助。

3 责任编辑应对"棘手"稿件的相关措施

高素质的责任编辑队伍是提高科技期刊质量的重要条件之一，而编辑的高素质更体现在应对局面复杂的"棘手"稿件上。

3.1 责任编辑在工作中要保护好自己

一方面，随着近些年大学及科研机构研究生扩招，各级重点实验室和科研基地不断成立及国家对科技创新基金的投入不断加大，科研工作者的竞争越来越激烈。很多作者投稿未能录用之后，不是深入挖掘自己论文的科学问题，而是将矛盾指向编辑部，认为自己的退稿完全是责任编辑的阻挠造成的。我刊编辑曾接到过恐吓电话，受到过含人身攻击内容的电子邮件，在这种情况下，期刊编辑要采取冷静态度，不要争吵，避免矛盾激化，存在现实威胁时要及时报警[11]。

3.2 责任编辑要有学习意识，在不断学习中提高知识素养和能力

首先，责任编辑要遵守职业道德、规范自身行为，积极参与新闻出版局的相关培训，不断提高自己的学术使命感并树立对期刊认真负责的态度。其次，责任编辑面对着越来越多的交叉学科稿件，必须不断拓宽自己的学术眼界，不断学习新思想，这样才有能力帮助作者。另外，立足于网络技术和数字基础之上的新媒体已逐渐成为主流，责任编辑必须不断学习新软件及应用。最后，责任编辑还应不断提高情商，保持活跃的思维方式，增加与作者的沟通交流，并通过工作构建广泛人脉资源[12-13]。

4 结束语

每个期刊都有自己的特点，每个编辑部也都有自己的优点，在处理各种"棘手"稿件的过程中，要结合本编辑部的特点采取灵活机动的方式，妥善维护期刊的质量，尽量平衡各方的利益，努力做到共赢局面。

参 考 文 献

[1] 蒋崇玲.科技期刊功能的演化及其可持续发展[J].中国科技期刊研究,2003,14(3):233.
[2] 刘竟.科学引文索引价值体系.图书与情报[J].2003(2):35.
[3] 学术期刊影响力指数剖析[J].科技与出版,2017(3):108.
[4] 姚红霞.如何妥善处理"关系稿"[J].编辑学报,2001,13(5):299.
[5] 王文福.网络时代期刊论文隐形学术不端挖掘策略[J].中国科技期刊研究,2016,27(7):677.
[6] 刘德敏,庞立,张玮,等.科技期刊编辑需要"啄木鸟精神"[J].编辑学报,2014,26(增刊1):S84.
[7] 赵艳静,武立有,何静菁.编辑素质在提高科技期刊学术质量中的作用解析[J].编辑学报,2015,27(增刊1):S60.
[8] 潭广鑫,李寿荣.《体育学刊》"探索与争鸣"栏目的建设与成效[J].中国科技期刊研究,2016,27(9):1013.
[9] 寿景依,任红梅,张宏翔.网络环境下的稿件流程管理[J].中国科技期刊研究,2012,23(5),831.
[10] 武晓耕.论科技期刊编辑的职业信仰[J].技术与创新管理,2015,36(6):673.
[11] 吴庆晏.试论人情稿的堵与疏[J].今传媒,2012(9):50.
[12] 于洋,段桂花,张维维,等.科技期刊国内外审稿人的选择与合作[J].编辑学报,2016,28(4):362.
[13] 许剑颖.论高校数字出版人才培养的融合性[J].科技与出版,2017(1):113.

医学期刊科技论文中单位署名的常见问题

段 佳，王 蔚，张秀峰

(《复旦学报(医学版)》编辑部，上海 200030)

摘要：在编辑工作实践中，容易忽视论文的单位署名问题。通过检索《复旦学报(医学版)》2017年发表的140篇论文，发现多作者署名和多单位署名论文占有绝对优势，随之而来的单位署名问题也更加复杂多样。医学科技论文大多属于职务作品，作者享有署名权，著作权的其他权利归单位所有。科技期刊在尊重作者的同时也保护好单位的权利，规避不当的单位署名。本文从单位署名的著录规范、不合理现象及投稿后更改单位署名等方面进行分析论述，提出科技期刊规范单位署名的若干意见和建议。

关键词：医学期刊；科技论文；单位署名；职务作品

科技期刊是发布学术成果的重要载体，是开展学术交流的重要平台，也是推动知识创新的重要支撑。目前我国科技期刊总量已达5 020种，覆盖理、工、农、医及交叉学科等各个领域，其中医药卫生类期刊为1 185种，占总数的23.61%[1]。无论是数量还是质量，医学期刊在科技期刊中都占有举足轻重的地位。医学期刊论文一般属于职务作品，职务作品的作者享有论文的署名权，著作权的其他权利归单位所有，因此医学期刊论文均署有单位名称，以明确知识产权的从属关系。

2017年，《复旦学报(医学版)》发表的论文中多作者署名论文占比为97.86%，多单位署名论文占比为59.29%，随之而来的单位署名问题也更加复杂多样。我们在编辑工作实践中发现，单位署名是一个相对容易被忽视的方面。作者对自身署名和排序比较关注，但是对单位署名往往比较随意。科技期刊对作者署名比较重视，稿约中一般都有相应条款，但是稿约中对单位署名往往未作明确规定，作者的主观性较强。本文以《复旦学报(医学版)》为例，对医学期刊论文单位署名问题进行探讨，并提出意见和建议。

1 单位署名的必要性

职务作品是指公民为完成单位工作任务，基本按照自己的意志创作的作品，作者和单位有明确的劳动合同关系[2]。根据《中华人民共和国著作权法》的规定，有以下情形之一的职务作品，作者享有署名权，著作权的其他权利由法人或者其他组织享有，法人或者其他组织可以给予作者奖励：①主要是利用法人或者其他组织的物质技术条件创作，并由法人或者其他

基金项目：上海市高等院校科技期刊研究基金(SHGX2016B10)

通信作者：张秀峰，E-mail: zhxf@fudan.edu.cn

组织承担责任的工程设计图、产品设计图、地图、计算机软件等职务作品；②法律或者行政法规规定或者合同约定著作权由法人或者其他组织享有的职务作品[3]。其中："工作责任"是指公民或该法人或者该组织中应当履行的职责；"物质技术条件"是指公民或该法人或者该组织为公民完成创作专门提供的资金、设备或者资料[4]。

《生物医学期刊投稿的统一要求》对论文单位的署名进行了明确的规定：作者在投稿时，应在文题页标明研究工作完成的单位和科室[5]。这里的单位是指作者进行研究所依托的单位，作者利用了该单位的资金、设备、材料、技术、信息或人力资源完成研究并发表论文。医学研究往往涉及多人员和多部门合作，论文的单位署名及排序需要综合考虑人员、经费、成果等情况。

就我国目前的科研体制来看，个人是不可能独立完成科研工作的，必然要依托政府机构的财政资助(如各类基金)和供职单位的物质技术条件(如材料设备和工作时间)。无论是研究生还是在职人员都是利用工作时间进行基础或临床研究，将科研成果以论文形式发表在科技期刊上，作为个人成绩或业绩上报所在单位。研究生用以申请奖学金或学位，在职人员用以晋升职称、考核绩效或申报奖励。由此可见，科技期刊发表论文一般都属于职务作品，作者与单位有明确的劳动合同关系，作者为完成单位工作任务在工作时间进行研究工作，由单位提供研究工作所需的物质技术条件(包括经费、场地、仪器设备等)，并由单位承担责任。职务作品的作者享有论文的署名权，著作权的其他权利归单位所有，因此医学期刊论文应署有单位名称，以明确知识产权的从属关系，体现作者单位的权利和义务。医学论文的单位署名不仅是对单位著作权的保护，同时也意味着署名单位对论文中研究方法和研究结果的真实性承担责任[6]。单位署名不仅为读者提供了联系作者的有效途径，而且有利于读者全面了解论文相关信息，如研究单位的设备资源、病例来源、技术水平及研究方向[7]。此外，署名单位的学术背景在客观上也反映出论文的可信度。

2 单位署名的现状分析

现以《复旦学报(医学版)》2017 年全年 6 期杂志发表论文为例，对作者署名和单位标注的情况进行统计分析。

2017 年全年发表论文 140 篇，其中 3 篇是 1 位作者署名，论文内容均为述评，署名作者均为院士，其余均为多作者合作论文，多作者署名论文占比为 97.86%。在 137 篇论文中，25 篇由 2 位作者共同完成(其中仅 5 篇为原创性论文)，104 篇由 3~9 位作者共同完成，还有 8 篇由 10 位及以上作者共同完成(均为原创性论文)，单篇论文署名作者最多的有 23 人，平均每篇论文作者人数为 5.26 人。

140 篇论文中，57 篇有 1 个署名单位，56 篇有 2 个署名单位，18 篇有 3 个署名单位，还有 9 篇有 3 个以上署名单位。其中，署名单位最多的一篇论文同时也是署名作者最多的，为《大动脉炎诊断及活动性评价中国专家调查》，有 21 个署名单位和 23 个署名作者。由此可见，多数论文第一作者和通信作者的署名单位完全一致(70.71%)，多数论文的署名单位为 1~2 个(80.71%)。第一作者署名单位：116 篇为 1 个，22 篇为 2 个，仅有 2 篇为 3 个；通信作者署名单位个数与第一作者基本相同(118 篇为 1 个，20 篇为 2 个，2 篇为 3 个)，但在分布上有一定差异。第一作者与通信作者署名单位的一致性分析：25 篇论文不一致，16 篇论文部分一致，其余 99 篇一致。25 篇第一作者和通信作者署名单位不一致的论文中，8 篇属于同一单位不同部门的情况，还有17篇属于不同单位的情况。

3 单位署名的问题分析

单位署名的规范性：①单位名称要完整。《复旦学报(医学版)》要求作者提供单位全称，按照从大到小的顺序排列行政机构，具体到院系、科室，如："复旦大学药学院药剂学教研室"不可用"复旦大学药剂学教研室"替代，"复旦大学附属中山医院心内科"不可用"中山医院心内科"替代。②单位名称要一致。有些单位挂牌名称不止一个，如"上海市第一人民医院"同时挂牌"上海交通大学附属第一人民医院"，两者之间不存在对错之分，建议以单位公章为准，全刊保持一致。③同一单位不同部门要有所区分。比如同一家医院的2个不同临床科室要分别列出(排名有先后)。④挂靠单位单独列出或并列。比如上海市影像医学研究所挂靠复旦大学附属中山医院，包括5个临床科室：放射诊断科、介入治疗科、超声诊断科、核医学科和心脏超声科，"上海市影像医学研究所"和"复旦大学附属中山医院放射诊断科"同时作为单位时可分别列出(排名有先后)，也可并列，中间以连字符隔开，即"复旦大学附属中山医院放射诊断科-上海市影像医学研究所"。

单位署名的不合理现象：作者出于晋升职称、课题申报或科研奖励等考虑，发表论文时单位署名可能出现以下几种不合理现象：①作者用进修期间完成科研成果发表论文，署名单位是原工作单位。如果完成这一科研成果所需的一切物质技术条件(包括资金、材料和设备)均由进修单位提供，且由进修单位的研究人员提供研究思路、制定研究计划、指导研究过程并参与撰写论文(体现在论文中就是担任通信作者)，则署名单位为进修单位，而非作者原工作单位。如果完成这一科研成果是基于进修单位和原工作单位的合作关系，人力、物力和财力由两家单位共同提供，则两家单位共同署名，排序依据为单位对论文的贡献大小。②作者用攻读学位期间完成的科研成果发表论文，署名单位是后来的工作单位。作者在攻读学位期间完成科研成果所需的一切物质条件、技术支持和人力资源均由招生单位(高校或科研机构)提供，与其后来的工作单位没有任何关系，论文署名单位只能是招生单位而非工作单位。③署名单位与论文研究内容完全无关。表现为行政管理机构、与研究内容无关的科研机构，或不具备研究条件的医疗机构作为论文的署名单位。《生物医学期刊投稿的统一要求》中规定，论文中著录的单位是该课题研究完成的单位。因此，课题研究领域与单位从事的专业方向应一致或相关，且署名单位具有完成该研究的能力和条件。

投稿后更改单位署名现象：对于作者投稿后要求更改单位的情形，目前尚无统一的准则。作者投稿后因单位调动要求更改论文署名单位，可分为以下两种情形：①科研成果是作者在原工作单位工作期间完成的；②作者单位调动后在新单位继续开展研究工作，并将后续研究成果与投稿论文合并在一起。对于第一种情形，无论是更换还是新增单位都是不合理的，这明显侵犯了原单位的著作权，编辑部应不予支持。对于第二种情形，如果作者可以提出合理解释及相关证明性文件，可以将新单位作为署名单位加入论文，排序应在原单位之后。

4 规范单位署名的措施

法律法规和行业规范都不可能对每个细节作出详尽规定，这就要求编辑部在实践工作中总结经验，找到合理、适合的措施对单位署名加以规范。编辑应加强对知识产权相关法律法规的学习，同时加强对来稿的监督，多与作者沟通，了解科研工作的相关信息，以便及时发现问题和解决问题。需要引起注意的是，论文完成单位并不等同于作者工作单位。

科技期刊规范单位署名的若干建议：①在稿约中对单位署名加以规定，详细说明单位名称、排序和更改等问题的细则。②作者在投稿时提交署名单位开具的证明性文件，以证明稿件无署名争议及稿件内容(如数据资料、作者和单位署名等)的真实性[8]。③在著作权许可使用协议中要明确署名作者和署名单位的排序。④对于未署名单位的投稿论文，编辑部收稿前应向作者核实原因并说明署名单位的著录规范，待作者补充完整后再进行下一步处理。⑤稿件处理时一旦发现单位署名的不合理现象，编辑部应尽到合理提醒和审查的责任，在尊重作者意愿的基础上，从"工作职责"和"物质技术条件"两方面综合考虑，建议作者更正署名单位或调整排序。⑥作者投稿后要求更改单位署名须说明充分理由，并提交被更改单位出具的知情同意证明[9]。

5 结束语

单位署名是医学论文的重要信息，规范准确著录单位信息有利于学术交流与传播。单位署名问题往往不会引起作者和编辑的重视，由此产生的学术不端问题也容易被忽视。医学期刊编辑在实际工作中要以《著作权法》《著作权管理条例》《生物医学期刊投稿的统一要求》《学术研究实施与报告和医学期刊编辑与发表的推荐规范》等相关法律法规及行业标准为原则，指导作者规范署名单位信息[10]。编辑部在尊重作者的同时，也要认识到"作者享有论文的署名权，著作权的其他权利归单位所有"这一既定事实，保护作者权利和保护单位权利同样重要。

参 考 文 献

[1] 中国科学技术协会.中国科技期刊发展蓝皮书(2017)[M].北京:科学出版社,2017.
[2] 陈进元.科技期刊著作权讲析[M].北京:清华大学出版社,2005:61-62.
[3] 全国人民代表大会常务委员会.中华人民共和国著作权法[EB/OL].(2010-02-26)[2018-05-30].http://www.sapprft.gov.cn/sapprft/govpublic/6680/295434.shtml.
[4] 中华人民共和国国务院.中华人民共和国著作权法实施条例[EB/OL].(2002-09-15)[2018-05-30].http://www.sapprft.gov.cn/sapprft/govpublic/6681/282625.shtml.
[5] 国际生物医学期刊编辑委员会.生物医学期刊投稿的统一要求[EB/OL].(2014-01-31)[2018-05-30].http://icmje.org/icmje-recommendations.pdf.
[6] 潘伟,蔡丽枫,游苏宁.医学论文作者署名和工作单位规范化标注建议[J].中国科技期刊研究,2016,27(1):59-62.
[7] 丛乃霞,库雪飞,刘腾飞,等.医学期刊论文作者署名和单位标注问题及其对策[J].中国煤炭工业医学杂志,2016,19(7):1079-1083.
[8] 张维,汪勤俭,邓强庭,等.医学论文作者单位署名不当现象的调查分析及伦理规范探讨[J].中国科技期刊研究,2017,28(4):306-311.
[9] 韩翠娥.科技期刊应规范作者署名和单位署名[J].编辑学报,2016,28(增刊2):S11-S12.
[10] 李军纪,阮爱萍,马艳霞,等.生物医学论文单位署名的规范著录[J].山西医科大学学报,2017,48(11):1207-1208.

科技期刊整期编辑及编校加工中几类常见问题

冼春梅，梁晓道

(《广东石油化工学院学报》编辑部，广东 茂名 525000)

摘要：归纳了科技期刊整期编辑的流程及其主要任务，提出整期编辑过程中检查稿件质量的总体要求和方法。结合案例对整期编校加工各个阶段遇到的常见问题进行分析，希望可以引导编辑成长，并给编辑同仁提供参考。

关键词：科技期刊；整期编辑；常见问题；编校加工

科技期刊是广大科技工作者和编辑出版人员辛勤创造的结果。优秀的科技期刊必须具备两个条件：一是有新颖的、可读性强的优秀论文可供传播，这主要取决于投稿的科技工作者的创造性劳动成果；二是有科学可读的形式表达，这主要取决于编辑对稿件"形神兼备"的编校加工[1]。由于作者水平所限，其所投稿件往往存在这样那样的问题，达不到发表的标准，需要编辑花大力气对稿件的内容和表达进行重新处理。编校加工是期刊出版的重要环节，也是期刊质量的重要保证。如何应对稿件编辑加工中出现的各种问题，编辑同仁已有一定的研究，如从微观层面对编辑加工中要注意的问题进行探讨，对文稿题名的设置、摘要和关键词的撰写、图表的编排、语言文字的规范运用等方面加以探讨[2-6]；从整体着眼，探讨编辑加工的技巧和方法、提高编辑加工质量和效率的方法，以及编辑素养的培养等[7-10]。在这些研究中，关于期刊整期编辑的探讨偏少。鉴于整期编辑是编校加工过程中的重要部分，本文拟在实践的基础上，将整期编辑流程中各个阶段的主要任务、出现的常见问题以及应该注意的事项等提炼出来与同行们一起探讨，供初次接触整期编辑的同行参考。

1 整期稿件编辑的流程及主要任务

笔者所在的编辑部采取的是执行编辑(责任编辑轮流担任执行编辑)负责某一期的统稿编辑全流程的方式。执行编辑主要负责某一期的统稿、栏目安排、目次制作、封面、封底等的校对工作，组织并监督当期稿件的责任编辑在既定的编校进度基础上保质保量完成稿件的编校工作，并负责当期所有稿件的分发、收集和发排工作，完成整期所有文稿的终校清样以及联系排版印刷公司、监控排版印刷的进度和质量、费用核算等工作。简单而言，就是负责统稿、送排、分发校样、印刷、出版发行、文稿归档、费用核算及发放等环节的工作[11]。整期编辑的流程和主要任务各有不同，分述如下。

1.1 原稿编辑阶段

首先，执行编辑根据本期刊每期的页码数，每期安排适当篇数的稿件，从在线采编系统

基金项目：广东石油化工学院 2018 年科研基金项目青年类(2018qn01)；广东省科学技术期刊编辑学会基金项目资助(201821)

下载原稿，并按栏目设置，制作 excel 表格，把相关的信息如第一作者(通信作者)、投稿日期、基金项目级别、联系电话、费用情况等登记下来，根据文章内容分派稿件给责任编辑。然后，责任编辑将根据编排规范对稿件进行初加工，并就相关事项联系作者修改(编辑部规定务必在电子稿编辑时联系作者)，初加工后的稿件要求内容齐全、图表公式清晰、表述清楚。最后，执行编辑需督促责任编辑抓紧进度，并在既定的时间节点前逐一从责任编辑处收集编辑加工过的原稿电子版发送给排版员。

1.2 一校环节

一校环节是整个编校加工阶段最重要的环节，要尽量在该环节消灭大部分的错误。责任编辑对稿件进行细读，根据审稿人的审稿意见对内容进行修改，按照编辑的相关规范，从语句、字词、标点、术语、量、单位、数字符号、图表、公式、数据、参考文献、基金项目、外文正斜体、大小写、黑白体等方方面面进行编辑加工，着重对照原稿核对公式和图表的内容，使文稿体例统一、格式一致、语句通顺、基本没有差错，符合编排规则，可读性强。与作者沟通，发回作者修改并征求意见，查漏补缺。

1.3 二校环节

该环节在一校次的基础上进行，主要对文稿进行核红、通读查看错漏、不规范的地方，再次核对引文和参考文献，安排论文的排序，确定页码，并进行转页安排，制作目录，查找核对中图分类号、投稿日期、修回日期，确定文章编号。

1.4 三校环节

三校是编校阶段最后一个环节，在前面加工校对环节的基础上，再进行全面的检查，确保把所有的差错都消灭掉。对文稿再进行核红，核对目录题名和页码，细读每篇文章，细致检查从标题到作者信息、摘要、关键词、中图分类号、文章编号，再到正文中的标题编号、公式、图表、参考文献、转行、转页等项目。在此环节各个责任编辑交换文稿进行校对。

2 整期稿件质量检查的总要求

整期编辑是在单篇文稿编校加工的基础上进行，因此，整期编辑在确保每一篇文稿表述正确清楚、符合规范、可读又易传播的基础上，还要强调全部文稿的一致性，编排格式的统一性。

2.1 消灭差错，表述正确

有人把从事编辑工作形象地比作工兵在雷区扫地雷，来不得半点的侥幸和浮躁，面对稿件，必须全神贯注，力争将所有稿件中的"地雷"全部清除[8]。在整期的文稿编辑中，首要的要求是改正文稿中的所有错误，在加工中留意一切涉及政治和保密问题的内容，与现行说法相违背的字词、语句，不符合语法规范的语句，知识性的错误、禁用语、违反科学的说法，错别字和用得不正确的标点符号等。如"中华台湾"必须改为"中国台湾"。有的错别字是在输入时的错误操作，例如将"出现了井喷现象的苗头"错录为"出现了井喷现象的苗条"，"挖掘数据"错输入为"挖掘"等。专业术语和名词要做到准确、符合标准，且务必要全文统一。如在化学类稿件中，经常看到"粘"和"黏"两个字，很多作者经常用"粘"代替"黏"。经查阅相关资料，发现"黏"(nián)作为形容词使用，表示能把一种东西粘连在另一种东西上，如黏液、黏附、黏得很、黏合剂；"粘"(zhān)，作动词使用，读 nián 的时候表示姓氏，表示黏性的物质附在另一种物质上，如透明胶粘在手上了；或者用黏性物质把两种东西连起来，如粘邮票、粘信封、粘贴。

编辑在看到经常混用的词语时,要查阅工具书,仔细掂量。另外,需要注意文稿中有些是地方方言的词语,用在文稿中容易引起歧义,编辑在编校的时候应将其修改为常用语言。

2.2 规范性和一致性

文稿的标准化、规范化是期刊编校质量的重要方面。针对科技期刊的规范性问题,国家出台了系列的标准和规范[1,12],如 GB/T 3179—2009《科学技术期刊编排格式》、GB 3100~3102—1993《量和单位》、GB/T 7714—2015《信息与文献 参考文献著录规则》、CAJ-CD B/T 1—2006《中国学术期刊(光盘版)检索与评价数据规范》、中国高等学校社会科学学报编排规范(修订版)、中国高等学校自然科学学报编排规范(修订版)、中国科学院自然科学期刊编排格式规范等。这些国家标准是科技期刊工作者必须遵循执行的,其中《量和单位》的标准既是强制性的标准,又是基础性标准。除此以外,还有一些非强制性的但是也涉及业内一贯用法的参考标准,例如《科技书刊标准化 18 讲》,对编辑出版行业内一些共性的问题作了规范化的阐述,是目前比较科学合理的解决方法,也可以作为编校过程中的参考。

按照国家标准和行业的相关规范,在编排格式、参考文献格式、量和单位等方面做到规范、全文一致的前提下,还有相同术语、专业名词、翻译的人名、地名、章节体例、基金项目著录等在表示习惯上要前后没有矛盾,要保持整期一致、全刊一致。例如"马克思主义学院"的英文翻译,有些学校的作者习惯翻译为"College of Marxism",有的作者则翻译为"School of Marxism",各个学校的翻译角度不同,都没有错误,本刊全部采用第一种翻译法。又如本刊粤西文化栏目经常接到关于古代俚人"冼夫人"的相关研究稿件,关于"冼夫人"的翻译,全部刊期均保持一致,采用同一种说法。作者简介部分,有的刊物需要标注民族族别,本刊一贯不标注,也应整期、全刊保持一致。同一期里相同的基金项目要统一写法。如"某学校 2016 年人文社会科学研究项目(2016qn09)",有的表述为 2016 年某学校人文社会科学研究项目(2016qn15)。这需要加以注意,在整期里统一各种基金项目类型的写法。

2.3 可读性和易传播性

优秀的论文应具备创新性、可读性和易传播性的特征。其中,创新性主要取决于论文的基本内容,可读性和易传播性则主要和编辑对论文的精雕细琢工作相关[10]。科技论文的可读性主要体现在论文的层次结构、标题、图表数据和语言规范等方面。编辑在对论文进行编辑加工时,应主要查看文章各章节的小标题和摘要的要点是否对应、结构安排是否合理,确保文章脉络清晰、层次分明。此外,编辑还应仔细检查论文的摘要和关键词、参考文献和数据是否关联。摘要的撰写应体现研究目的、研究方法、研究结果和研究意义等,关键词要有代表性,是文章主要内容相关的词或词组。另外,在栏目内文稿的编排上,按照大专业分类,大类内相近的论文编排在一起。如石油化工与环境这个大类,把研究方向相近的石油探测、储运类的论文安排在一起,把化学化工类的编排在一起。这样编排,有数据关联标志的文章更加容易被读者检索,还可以对相关的论文进行阅读。具有比较容易被检索的论文才更容易发挥它的传播功能,才能引起关注,扩大影响力。

3 常见问题分析

很多文稿经过责任编辑改动后,仍没有达到需要的质量要求。因此,在整期编辑在统稿校对的时候,需围绕编辑加工的总体要求,从宏观到微观,逐项检查一遍或者多遍。现在就统稿时一些比较经常出现的需要加以留意的问题,提出来供大家参考。

3.1 文稿题目和作者信息的相关问题

题目是作者论文需要研究问题的直接表达。在整期编辑中，尤其在目录的编制上，执行编辑应避免论文命题中存在写法趋同的现象，例如"浅析……""基于……的……研究(分析)"等[13]标题太长的现象。按照国家标准，科技论文的题目不宜超过 20 个字。如果总标题不可简短，可以建议作者增加副标题。

此外，执行编辑还应仔细核对作者的单位和所在城市的信息。笔者曾遇到作者将自己单位所在的城市写成自己出生所在城市的情况，如单位是"三明职业技术学院"，但是作者却把所在城市写成了"广东潮州"。经过核查作者简介才知道，作者是广东潮州人，他把单位地址错写成了"广东潮州"，而实际上，其单位所在城市应该是"福建三明"。核查作者单位表述的时候，除了对错还应核查是否存在不规范现象，有些作者习惯性地把化学工程学院简写成"化工学院"，将计算机与电子信息学院简写为"电信学院"，如果责任编辑的习惯思维也停留在简称上，那么执行编辑在统稿中就要留意这些问题。

3.2 摘要及其翻译的相关问题

摘要来源于论文本身，应该采用第三人称写法，多数是"针对……介绍和分析了……提出了……"等写作方法。在翻译的时候，有相当部分的作者，也是这样开头，按照中文的思路翻译，缺少主语，一个逗号管到底，这显然是不正确的。在英文的翻译中，不能忽略句子的主语。事实上，英文摘要的翻译，不能简单地把中文直接翻译过来，应该按照英文表达习惯来表述，这样反而使表述更加地道和详实。在整期统稿中，执行编辑要留意中文摘要和关键词的主要信息和英文翻译的是否对应，是否有作者姓名中英文不对应、顺序不一致、英文姓名少于中文姓名、英文姓名拼写错误等情况。

3.3 图表、公式、量和单位应该注意的问题

执行编辑在处理图表、公式相对多的文稿时，要注意：图表是否合理，大小、位置在整篇文稿中是否恰当，是否先见文字后见图表，图表的编号顺序是否连续等；图表中的数据是否与文中的解释相一致，图表的词语是否全部用中文表示，表格中数据的单位是否明确标注；坐标图的方向和比例是否标明，纵横坐标均要有量和单位的表示；公式的正斜体、黑白体是否正确(矩阵、向量用黑斜体，单词缩写则用正体，变量用斜体字母表示)。给公式中的变量(第一次出现)作解释时，应注意有单位的变量是否标明单位，是否存在解释中有量符号、公式中却没有的现象；公式的转行是否合理(一般在符号处转行)，不合理的要考虑在前面删减或增加文字[6]。表示量值时，单位符号应置于数值之后，数值与单位符号之间是否留 1/4 汉字空[5]。有些表示型号的，不必要留空，是否存在留空的现象。

在实践中发现，表格的数据往往能直观地反映某些现象的规律，但容易出现规律不一致的现象，如行文分析中的数据是从 2005 年开始的，而表中却分列了 2006—2015 年的数据。又如，表格中各列或各行的数据存在递增或递减关系，但表述中却不如此。举例如"近三年留在珠三角工作的毕业生比例依然呈现上升趋势，如表 1 所示。"

表 1 **大学近 3 年毕业生就业去向统计

毕业生去向	2014 届毕业生/%	2015 届毕业生/%	2016 届毕业生/%
广东省内就业	81.66	79.69	76.81
外省生源回乡	53.20	63.72	75.58
留在珠三角就业	37.89	34.12	45.63

文中提到留在珠三角就业的毕业生还是呈上升趋势,而表中明显看出 2015 年的数据有误,联系作者发现是 43.12%,输入时错误录入。因此,在核对表格数据时,要留心类似的情况。

3.4 其他需要注意的问题

仔细核对目录页的标题和页码,确保目录与稿件中的标题一致,确保目录的页码和文章的页码连续。

注意转行和转页的问题,要尽量保持页面的完整性,如果多出的内容不多的情况下,可以删减的就尽量删减;转页的内容不宜相隔太远,少的往多的页面转,但是要注意不适宜有太多转页的现象。注意数值、单位不分行及各类符号、公式的转行等问题。

在处理综述类文章时,要注意同一条参考文献在文末出现两次或文后有标注参考文献而文中没有标出的问题,同时尤其注意外文的参考文献是否缺项、规范[14],还应注意来源期刊名称是否正确,如有的作者把《工业安全与环保》错写成《工业安全与环境》,《工程技术》错写成《工程与技术》,《机械工程与技术》错写成《机械工程技术》,《油气田环境保护》写成了《油汽田环境保护》,执行编辑最后要仔细阅读和甄别。

4 结束语

科技期刊整期编辑工作目的和单篇文稿编校加工的目的是一致的,旨在通过对内容、语言文字和技术处理后,使文章更具有可读性和易传播,并达到出版的标准和要求。整期编辑更需要强调该期整体的规范性和一致性的要求,做到全面深入地检查文稿的质量,包括章节结构、文字技术规范、统一技术格式等,尽量发现存在的问题。从整体上把握整期文稿编辑流程及各项任务,需要着重留意各个阶段中经常出现的问题,如文章题目、作者信息、中英文摘要和关键词、基金项目,内容中的图表、公式、量和单位、参考文献等,以及栏目文章安排、转行、转页、目录和页码等项目在编辑加工中的共性问题。这样,在整期编辑过程中,就会做到心中有数、有准备地处理所有的统稿工作。

参 考 文 献

[1] 吴芬芳.科技期刊整期编辑实践与常见问题分析[J].湖北师范学院学报(自然科学版),2016,36(3): 272-276.
[2] 李小萍,黄建松,尤伟杰.医学论文题目的常见问题与编辑加工[J].编辑学报,2015,27(3):230-232.
[3] 马迎杰,赛树奇,亓国.科技论文表格中常见信息重复问题的编辑加工[J].编辑学报,2015,27(3): 244-246.
[4] 张国功.试论编校群体的语言文字规范之惑及其应对策略[J].中国编辑,2016(6):86-71.
[5] 张耀辉.新编辑如何处理稿件编辑加工中的几类常见问题[J].科技传播,2014,6(16):48-49.
[6] 马宝珍,冯学赞,王静.稿件细微末节处的编辑加工——以《中国生态农业学报》为例[J].编辑学报,2010, 22(增刊 1):62-63.
[7] 王方宪.书稿质量检查与编辑加工要求[J].中国编辑,2016(3):12-16.
[8] 孙占锋,李扬扬.期刊稿件编辑加工及编辑应具备的素养[J].华北水利水电学院学报(社科版),2011,27(6): 188-190.
[9] 范静泊.编辑加工稿件必须突破的"瓶颈"[J].科技与出版,2014(2):46-48.
[10] 陈唯真,粟晓黎.从优质文章特性谈科技论文的编辑加工[J].编辑学报,2017,29(2):135-138.
[11] 张忠,唐慧,王开胜.高校科技期刊执行编辑的实践及效果[J].科技与出版,2014(6):154-156.
[12] 陈浩元.科技书刊标准化 18 讲[M].北京:北京师范大学出版社,1998.
[13] 朱大明."基于……的……"论文题名模式分析[J].中国科技期刊研究,2012,23(5):807-809.
[14] 杨桂凤.新编辑加工学术类稿件的技巧[J].出版参考,2015(6):31-32.

顺序编码制的科技期刊参考文献表中引文重复著录问题的探讨

邱殿明，蒋　函，潘丽敏

(《吉林大学学报(地球科学版)》编辑部，长春 130026)

摘要：随着采用顺序编码制的科技期刊参考文献表中引文数量的急剧增多，阅读型参考文献重复著录的情况时有发生。针对此类问题进行了探讨，究其原因主要有：在正文中多次引用同一著者的同一文献且引文数量过多；作者的写作态度不够严谨；编辑重视不足及远程投稿系统不够完善问题。为此，提出将析出参考文献嵌入 word 文档或 excel 表格中按照作者姓氏首字母拼音 a~z 排序查重的建议，以期为期刊编辑解决此类问题提供帮助。

关键词：科技期刊；参考文献；引文重复；阅读型参考文献；顺序编码制

参考文献的准确性是图书、期刊、报告等文献质量审读的一项指标。前人曾针对科技期刊中参考文献存在的各种问题进行了广泛研究。如，分析参考文献中书名信息错误[1]，探讨书名等著录不规范的原因等[2-3]，研究参考文献的重要性及作用[4-5]。参考文献是论文的重要组成部分，可帮助正确理解正文[6]。科技期刊需要严格执行国家对出版物质量的相关要求和规定。因此，编辑对每条参考文献中的责任者、题名、版本、出版项、页码、析出文献标志码等著录信息都应认真编辑、校对。但当引文数量较多时，这项工作就会变得十分繁琐且易出错。

笔者在近几年的工作中时常遇到参考文献表中阅读型参考文献重复著录的问题。这种问题虽然不会影响参考文献的作用，但对于作者来说这是不知道的、无意识发生的错误，对于编辑来说也是不愿意看到的，而且浪费版面。本文对采用顺序编码制的科技期刊在正文中多次引用同一著者的同一文献且引文数量较多的问题和编辑、校对过程中不易发现参考文献表中阅读型参考文献重复著录的问题进行了探讨，并分析其产生的原因，据此提出了解决对策，以期为期刊编辑解决此类问题提供帮助。

1　参考文献表中的引文重复产生的原因

期刊参考文献著录有两种格式：顺序编码制、著者-出版年制。采用著者-出版年制的期刊，在参考文献表中因为是按作者姓氏排序著录，相同的引文会在同一位置前后排列，所以不会产生引文重复问题。引文重复问题多发生在采用顺序编码制的期刊，究其原因如下。

1.1　多次引用同一著者的同一文献且引文数量过多

参考文献表中的引文数量较少的，如十几条，无论在正文中作者怎么多次引用同一著者的同一文献，一般在参考文献表中都不会发生引文重复的问题。即使发生了，作者也较容易发现。在过去的几十年间，参考文献表中引文数量较少，引文重复的问题也较少发生。但近些年随着科技的发展，我国在科研中的投入不断增加，中国每年科技论文的数量也在不断增加，导致科技论文的篇幅及引文数也在不断增加(见表1[7-9])。

表1 2003、2009和2015年7种期刊平均引文数比较表

刊名	2003年平均引文数/条	2009年平均引文数/条	2015年平均引文数/条
吉林大学学报(地球科学版)	9.20	14.95	23.2
吉林大学学报(工学版)	6.18	9.33	9.7
吉林大学学报(理学版)	7.68	10.09	10.9
吉林大学学报(信息科学版)	7.85	14.08	9.8
吉林大学学报(医学版)	6.73	9.91	18.2
中国地质	16.38	25.02	39.8
地质通报	12.99	26.55	28.9

表1统计了《吉林大学学报》5个版本和《中国地质》《地质通报》共7种期刊2003、2009和2015年平均引文数。研究表明：经过12年的发展，各种期刊平均引文数均增加了，但地学类期刊均增加了1倍多，其他类期刊增加幅度较小；近年地学类期刊引文数多，为23.2~39.8条，其他类期刊为10条左右。以《吉林大学学报(地球科学版)》为例：2003年论文篇幅一般为4~7版，现在为9~15版；引文数2003年平均为9.2条，2015年为23.2条，有个别论文达到200多条。阅读型参考文献重复著录的产生，笔者认为主要是作者多次引用同一著者的同一文献时，由于引文数过多，导致著录时引文易产生混淆，发生重复的引文继续著录新的序号。另外，编辑在编辑和校对工作中，也不容易发现引文重复的问题。相信这样的问题会在未来的多数期刊里发生。

1.2 作者写作态度问题

部分作者把主要精力放在撰写论文正文中，对参考文献著录重视不够。一篇论文从资料收集到论文撰写完成至少需要几十天，论文完成后到投稿前不知作者要看多少遍，修改多少遍，有的还不止一个作者看过，但为什么还会产生这么简单的错误呢？答案就是重视不够，态度不端正、不严谨。这是不可取的，因为参考文献也是论文的重要组成部分，作者投稿前一定要参照编辑部采用的参考文献格式规范(国标)著录完善后再投稿。

1.3 编辑工作态度问题

参考文献规范著录和核对校验是编辑工作的重要环节之一。一篇论文从编辑到出版前一般编辑部的编辑至少要看4遍，那么这类问题为什么杜绝不了？这只能归结于编辑工作者自身的工作态度了，编辑们要用严谨的工作态度做好编辑和校对参考文献工作，就像做正文工作一样认真，不能掉以轻心。为了避免引文重复著录问题的产生，编辑对于引文数量多的论文，应该在编辑工作流程中提醒作者认真对待引文重复著录问题，避免此类事情的发生。

1.4 远程投稿系统问题

笔者针对当前几种远程投稿系统中参考文献审校系统进行了尝试性的使用，发现目前多数编辑部采用的玛格泰克[10]、腾云[10-11]等均有文献审校功能，但是这些系统在作者投稿时没有把文献检索项设为必选项，而且系统中的文献检索项目前只是摆设，没有开通审校工作；另外，这些系统没有引文查重功能，无法做到对引文查重问题进行查验提醒。产生的原因可

能是这些系统目前没有能够一键衔接数据库，如知网、万方、维普中文、Elsevier、Springer等。这些系统没有给作者、编辑提供自动、高效、精准的引文在线审校工具。

2 解决对策及建议

2.1 严格要求作者端正态度

严格要求作者端正写作态度，培养作者科学研究严谨性的作风习惯。

2.2 督促编辑提高认识

督促编辑提高认识，参考文献正确著录对期刊的编校质量、期刊数据准确性、期刊的学术影响力有重要影响。

2.3 具体措施

预防引文重复著录的事情发生，笔者根据多年工作经验找到一个简单可行方法。操作流程如下：①把文献按照 GB/T 7714—2015[12]标准格式著录好，之后把全部文献复制到另一个新建的 word 文件里，并删掉作者姓名前面的序号；②全选所有的参考文献，点击"开始"中的"排序"，出现"排序文字"主要关键字选"段落数"，类型选"拼音"，次序选"升序"，之后"确定"即可，这时我们会看到一个中文参考文献按作者姓氏首字母拼音 a~z 排序、英文按第一作者姓氏首字母 a~z 排序的参考文献列表；③重新排序后的参考文献表等同著者-出版年著录格式法，重复引文肯定是前后排列出现，能及时发现此类问题。这里的步骤②也可以换成：参考文献全选后"复制""粘贴"到一个新建的 Excel 表里，全选后点击"开始"中的"排序和筛选"，然后选择"升序"即可，之后步骤同上。采用后种的好处是，一条引文往往是一行，而且是以表格形式体现的，相对复制到一个新建的 Word 文件里更加清晰，容易发现这类问题。这个对策编辑可以要求作者来做。为了避免引文重复问题，编辑也可亲历亲为。

2.4 编校系统辅助

由中国高校医学期刊网与毛善锋教授联合研发的善锋软件一键衔接了多个数据库，主要包括参考文献在线辅助编校系统。该软件目前选用 GB/T 7714—2015[12]标准格式，实时在线校验，结果精准规范，同时该系统具有引文查重功能。目前该软件对参考文献编校是收费的，引文查重功能暂时是免费的。有条件的用户可以借助此软件完成相应的工作。

最后建议相关的软件开发公司在期刊远程投稿系统中补充或完善参考文献审校功能，使系统开展自动、高效、精准地引文在线审校、引文查重功能。软件开发公司可以考虑做嵌入式软件接口，与专业参考文献校对软件或文献管理软件整合平台。希望这些问题一起得到解决，为作者和编辑提供更便捷的远程投稿系统。

参 考 文 献

[1] 邱殿明,夏丹阳,王雷,等.文后参考文献著录中引用者错误提取书名信息的原因分析及建议[J].情报科学,2016,34(8):74-77.
[2] 彭桃英.学术论文参考文献的隐性错误分析[J].中国科技期刊研究,2010,21(3):368-371.
[3] 邱殿明,蒋函,潘丽敏.参考文献中图书的书名等著录不规范的原因分析及建议[J].编辑学报,2016,28(3):243-244.
[4] 朱大明.参考文献的主要作用与学术论文的创新性评审[J].编辑学报,2004,16(2):91-92.
[5] 胡曼辉,黄宁廷.学术论文中参考文献著录的作用、原则及标准[J].中南林学院学报,2004,24(3):125-129.

[6] 林栋,吴晶,韩慧,等.实施科技期刊中文后参考文献著录规则的问题与对策[J].情报科学,2000,18(10):931-932;938.

[7] 中国科学技术信息研究所.2014年版中国科技期刊引证报告[R].北京:科学技术文献出版社,2004:48;57.

[8] 中国科学技术信息研究所.2010 年版中国科技期刊引证报告:核心版[R].北京:科学技术文献出版社,2010:19;30.

[9] 中国科学技术信息研究所.2016年版中国科技期刊引证报告:核心版[R].北京:科学技术文献出版社,2016:59;69.

[10] 赵宇.国内有哪些主流期刊采编系统及如何选择[EB/OL].[2017-03-15]. http://www.doc88.com/p-8876873725328.html.

[11] 申轶男,曹兵,佟建国,等.腾云科技期刊协同采编系统在使用中存在的问题及解决建议[J].中国科技期刊研究,2014,25(2):311-314.

[12] 信息与文献 参考文献著录规则:GB/T 7714—2015[S].北京:中国标准出版社,2015.

高校学报编校质量提升的思考

扶文静，龙　威

(南华大学期刊社，湖南　衡阳 421001)

摘要：分析和讨论了高校学报编校质量中存在的问题，并提出构筑编校质量控制体系、加强编校业务学习、版前横向编校和印前交叉审读、计算机信息技术及增强编辑的外交和创新能力等解决问题的方法。

关键词：编校质量；高校学报；编辑素养；质量控制体系

高校学报是期刊的一个重要组成部分，在社会主义文化事业建设中发挥着重要的作用。高校学报受高校综合性学科专业的限制，发展缓慢，稿源质量较差且涉及专业较多，编校难度很大，差错率通常很高，可读性较差。为此，本文总结了多年的编校经验，期望能对改善高校学报的编校质量有所借鉴。

1　构筑编校质量控制体系

很多高校学报稿件的编校程序并不明确和完整，稿件的大部分加工和校正程序都落到责任编辑头上，责任编辑和责校的工作目标和职责不清晰，工作互补性差，使得编校的质量无法得到充分保证。这就需要期刊社或出版社建立起完善的编校质量控制体系，完善目标管理制度，将员工分岗位管理、责任明确到位，加强分级人员管理和思想交流沟通，促进整体出版团队融合与团结协作力的提升，充分发挥团队中每个个人的工作优势，激发其工作潜力。

编校质量控制体系[1]主要包括策划中心、编校中心和质检中心，每个中心拥有不同的控制主体。编校质量控制体系可分为前期、中期和后期三个阶段，每个阶段的责任目标都不同，在制定这些责任目标时，须将实施责任落实到人。同时，应加强各个部门的联系，定期举办交流会，集中讨论高校学报所遇到的编校问题，明确事故责任出处，制定整改措施。高校期刊社或出版社可以把期刊的编校质量与员工的年终福利或津贴直接挂钩，增强员工的工作责任感，强化管理的执行力度，确保编校环节能够高效运行。

编校质量控制体系还需要建立编校质量控制职能部门，即质检中心，大部分高校学报归属的出版社或期刊社没有设立质检中心，稿件编校过程往往由责任编辑审查完成，缺乏监督，也没有将差错率降低到最低点。设立的质检中心应对刊物的所有内容进行认真核检和仔细堪对，大到版面设计，小到标点符号，均应仔细检查，以进一步增强出版论文的科学性、可读性和准确性为主要目的。

2　加强编校业务学习，提升编辑的个人素养

编校质量的提升很大程度上与编校制度的学习和应用有关，编辑校对人员应定期参加相关业务培训[2]，掌握最新的编校法规，不仅需要参与新闻出版署举办的业务培训集训，还应经常参加有关编校规章制度的学习研讨会。《信息与文献　参考文献著录规则》由中国国家标准

化管理委员会发布，每隔一段时间都会更新一次，这就意味着论文的参考文献格式不是一成不变的，时刻都可能发生变化。编校从业人员在具体操作时，需要及时学习和领悟这些变化，尽快将最新的编校规范落到实处。

编校工作者的编辑素养是保证编校质量不可缺少的因素[3-5]，内容主要包含责任感、危机感、职业道德、奉献精神、团队意识等。高校学报编校人员大多持有研究生学历，但并不能保证高素养能持续性保持。随着工作年限的增加，编校人员无可避免地会对编校工作产生厌倦情绪，且越来越有社会地位缺乏和失落的感觉，无法保持其刚工作时的那份工作激情，工作积极性逐渐降低。为增强编校人员的编辑素养，相关部门应该制定相应的策略增强其工作动力，并定期开展团队活动，组织其参加期刊相关的学术交流活动，以提高其工作积极性，提升其编校素养。

3 版前横向编校和印前交叉审读制度

版前横向编校[6]是指将出版前已加工的稿件分割成几个部分，与现行其他优质刊物上类似的论文相比较，找出两者的差距，并寻求可改进之处，以最大限度提升论文的编校质量。比如：将自然科学研究的论文分割为摘要及关键词、序言、实验方法、结果与讨论、结论等若干个部分，并将其分别与中国知网中引用率高的近期其他刊物上相关主题的优质论文相对比，找出问题和差距的所在，进而再次联系作者进行编校问题上的共同修正。这种做法可以在一定程度上升华文稿的质量、增加文稿的引用率，进而增强期刊的影响力，但需要编校人员投入更多的工作量。

印前交叉审读制度[7]是目前比较流行的做法，为了进一步提高编审质量，出版社 A 与出版社 B 合作进行交叉审读，即将已排版的复印样交给对方审读，发现编校问题及时标记，返回后再次加工和校正。交叉审读可以充分利用交叉双方的审读优势，进一步发现文稿中存在的编校错误，提升文稿的编校质量，也有利于加强不同审读部门之间的友好互助关系。虽然这种做法对降低文稿的编校差错率很有益处，但交叉审读劳动会产生一定的劳务费，增加期刊运行的成本，所以期刊在推行交叉审读制度时，应该适当考虑自身现状，量力而行。

4 巧用计算机信息技术增加编校质量

电脑的普及信息技术的发展，给编校带来了便利。第一层次是 Microsoft Office 软件自带的"拼写和检查"功能，可以用于对期刊的文字和语法应用进行粗略检查，这对英文的语法和拼写检查特别有效；第二层次是使用专业的编辑校对软件检查文稿，如国内新款的"善锋"软件，具有校正后文字的自动排版功能，能有效区分同音字和异形字，但无法对图片及位置进行处理；第三层次是使用人工智能技术，即利用计算机模拟人的大脑，甚至模拟人类的思考方式，设计制造出一种新的具有人类智能相似功能的智能系统，包括智能设备和智能软件，如微软公司在 Windows 10 操作系统中加入了 Cortana 智能语音助手，苹果公司也开发了 Siri 智能语音助手，把原有复杂的问题，非常容易地分割成若干个小块，利用人工智能设备，实现对问题的编排、校对和审读。

但是，计算机具有易受到病毒侵害和编码乱码等缺陷，相关的编校技术还未成熟，还不能投入到实际应用中。现代出版技术实现无纸化办公仍需要一个很长的过程，需要编校人员和相关软件工作者不断努力。

5 提高编校人员的外交能力

编校人员不应该只埋头于文稿的书案加工工作，还须建立良好的外交关系，作者、读者、外审专家均能给文稿编校工作带来较大的帮助，这主要表现在：

第一，做好与作者的交流工作，有利于组约到优质稿源。优质稿的差错率比劣质稿件低很多，能在一定程度降低编校的实际工作量。

第二，做好与读者的沟通工作，能扩大期刊在读者中的影响力。对学术性论文而言，作者就包含在读者中，满足读者的需求是期刊办刊的主要目标。了解读者对作品的个性化需求，有利于扩大期刊在读者中的影响力，进而提升期刊的质量，吸收到更多的优质稿源。

第三，做好与外审专家的沟通工作，能尽快地帮助编校工作的顺利进行。学术论文的专业知识通常比较强，外审专家能从学术的角度对文稿中图表的意义、专业术语的表达等提出建议，能在一定程度上避免常识性的知识性编校错误。

第四，组建良好的人际关系，有利于壮大团队力量和营造和谐的办公氛围，进而为刊物出版的正常运转和发展提供保障。

第五，建立良好的人际关系，有利于方便地从他人身上学习到优秀的经验，纠正或弥补自身不足，最大限度提升自身素养。

6 锻炼编校人员的创新精神

高校学报编校质量的提高离不开创新精神。这里的"创新"不是更改期刊的出版内容，而是调整期刊的特色栏目和版面设计。从长远的角度来看，期刊必须具有独特的办刊特色方能长远发展，这需高校学报创办并发展自己的特色栏目。这些创办的特色栏目是期刊持续发展的重要贡献力量，其编校质量尤为重要。中国知网每年会对刊物的栏目和学科进行全国性评比，优质的栏目对扩大期刊影响力十分有利。因此，高校学报可以先着重从特色栏目文稿的编校质量抓起，先提升特色栏目的文稿编校质量，进而提升其他稿件的编校质量。

创新还体现在突破传统的编校模式，在编校过程中引入作者、采用多次编校结合和并列校对等方式，最大限度降低差错率。只有不断地创新工作方式，才可能探索到有效的提升编校质量的举措。此外，创新还能给期刊带来新的活力和动力。编校人员在日常工作中应多学习、多思考、多创意，养成良好的创新思维习惯，保持强大的活力，让高校学报精彩生动、蓬勃发展。

总而言之，高校学报由于种类、版本繁多，编校质量的提升无法短时间统一实现，需要各个高校部门引起高度重视，并需积极有效的途径和方法，得到较快的改善和提升。

参 考 文 献

[1] 刘苏华.出版社编校质量控制模式构建[J].现代出版,2013(2):57-60.
[2] 王建成,董媛媛.科技期刊质量保证体系的指标探讨[J].计算机光盘软件与应用,2012(8):64.
[3] 董浩,陆静高.做大做强:从编校质量看期刊编辑的素养[J].编辑学刊,2017(4):21-26.
[4] 庄艺真,陈炎铭.出版人才培养问题及对策研究[J].科技与出版,2010(1):58-60.
[5] 王健东.科技期刊编辑人才培养开发模式[J].出版发行研究,2012(12):73-76.
[6] 缪宏建,王晓蕴.版前横行编校对期刊编校质量的控制[J].丽水学院学报,2014,36(5):69-71.
[7] 张文光.实行印前内部交叉审读是提高科技期刊编校质量的有效办法[J].编辑学报,2003,15(5):375-376.

关于期刊编辑工作流程优化的探讨

韩啸,张洁,赵莹莹,李琦,王健

(吉林大学自然科学学报编辑部,长春 130012)

摘要:随着信息技术的发展,编辑出版日趋网络化和技术化,传统的编辑"六艺"——选题、组稿、审读、加工、排版、校对已经无法满足发展需求,甚至会造成一定程度的人员浪费。在计算机时代下,优化期刊编辑工作流程势在必行,但存在较多阻碍因素,制约编辑流程优化,比如思想传统化,照搬老一套;执行力差,主观能动性不足;综合素养参差不齐,流程优化进度整体偏慢。而上述不足大多因为编辑间竞争较小,缺乏激励机制激发编辑工作热情和能动性,以及能力、素养等达不到发展要求。编辑工作流程优化不是一日之功,本文主要从编辑实时化、编排校反馈一体化、工匠精神提高等方面探究优化提升策略,而具体效果还得视执行情况和具体情况而定。

关键词:期刊编辑;工作流程;优化策略

期刊之所以能成为有效的传播媒介,很大程度上是因为编辑这一中心环节的高效落实。编辑作为期刊价值的内核,影响着出版社等相关单位的发展前景,决定着出版社的经济效益。一般说来,期刊编辑流程可分为三方面:包括约稿、审稿等在内的前编辑阶段;包括加工整理、设计等在内的编辑加工阶段;包括发稿、信息反馈等在内的后编辑阶段。在计算机时代,随着新媒体的发展,上述三个阶段或多或少地都可以借助网络完成[1]。在新媒体客户端和有关数据库系统的帮助下,编辑的质量和水平能在极大程度得到提高。只是,这其中还存在不足,所以为推动期刊编辑工作流程的优化进程,相关人员还需在研究中花费很多时间与精力。

1 计算机时代下期刊编辑流程优化的必要性

1.1 提升出版速度

与传统情况不同,在计算机时代,期刊编辑人员主要借助网络工具来完成编辑工作。网络工具的使用不仅能显著降低人员压力,而且可以避免不必要的人力资源浪费,并能在极大程度上提升期刊编辑出版的速度。这一方面是因为,在计算机的辅助下,编辑人员可以同时进行校对、整理等工作,而且可以避免传统纸质编辑的重复劳动。另一方面,网络时代给编辑工作提供了很多适合的工具[2],如打印稿的扫描识别技术等。编辑好的稿件只要确定刊用,就可交叉校对,可借助网络工具进行。另外,期刊来稿主要以电子稿件为主,通过采编系统或者电子邮件等获得,编辑工作必须借助网络工具才能顺利完成。

1.2 明确职责划分

在网络技术的带动下,为提高期刊编辑质量和效率,相关人员必须明确划分编辑人员的职责。按以往情况，编辑人员编辑整理的稿件不一定是自己排版和校对的，但随着工作转换环节的优化，编辑的责任更具体、明确，他们一旦负责某篇稿件，就会负责到底。这样一来，无论出现怎么样的加工处理技术问题，都能快速找到责任编辑，而且这能在一定程度上提升效率，营造良性竞争环境，从而能促使编辑努力提高、优化自我。

1.3 提高编辑品质

在计算机推动下，期刊排版和出版的质量更高，编辑品质也更佳[3]。就排版来说，由于编辑十分熟悉稿件编辑过程，能全面掌握文章内容，更能充分利用版面余缺，制作出更整洁大方的版面，但这对他们的创造力、审美水平等有较高要求。而且出版后期工作由多个人员分担，效率更高。具体说来，栏目编辑在完成稿件编辑整理、排版优化等工作后，应附上大样交给主编审定，然后交由本期执行编辑完成目次表制作等工作，最后在进行交叉校对，这能有效降低问题出现几率[4]。

2 期刊编辑工作流程优化存在的问题

2.1 编辑人员方面的问题

期刊编辑工作流程的优化是人员高效工作的结果，但并非所有编辑人员的能力和素养都符合相关要求。这其中存在的问题主要表现在以下几方面。第一，编辑思想偏传统、较落后。在新媒体不断发展的背景下，编辑人员应具备较强的创新思维，较高的主观能动性，有主动学习的意识。但是创新意识、主观能动性等不能于朝夕间实现提升，而且部分人员缺乏进取心，常抱着得过且过的心理，再加上编辑间的竞争较小，不能全面激发所有人员自主提升、完善自我。第二，执行能力较差。在期刊编辑工作流程的优化过程中，执行力是指监督、控制操作流程的能力，而且这一能力越强，越能推动编辑创新，越能提高期刊品质。只是，从实际情况看，执行力不仅与编辑的综合能力和素养有关，还与编辑部其他人员的配合有关，这一能力的提升难度较大。例如，现在部分编辑人员在本职工作之余，还会负责广告设计、印刷发行等工作，但受能力限制，可能导致不必要的麻烦和问题出现，影响编辑效果。第三，综合素养较低。期刊出版必须杜绝抄袭、粗制滥造等行为，而这就要求编辑人员具备较高的职业素养、法律意识等。例如，初审和最终审核作为期刊编辑工作流程的重要环节，应达到较好的效果，要求相关人员具备较好的职业素养，不能消极怠工，影响发展[5]。

2.2 工作流程本身的问题

在期刊编辑工作流程优化过程中，工作流程本身存在的问题主要表现在以下几方面。第一，编辑部的办公和管理较难实现网络化。在计算机时代下，期刊编辑部应努力实现现代化，应大规模接受作者网上投稿，积极寻找专业的审稿人完成网络审读，并及时给出审读结果的修改意见，但并非所有编辑部都具备较高的网络化条件。网络条件多样，比如：为提高期刊来源质量，可以创建专门的网络期刊主页，并挂上相应的问题调查表，促进期刊编辑、读者、作者间的交流。再比如，能为相关人员提供现代化手段，以确保成本预算、财务管理等高效完成。第二，期刊编辑要求编辑人员优化工作方式，转变思维模式。这主要是因为随着信息技术的高速发展，工作流程的优化，要求期刊编辑人员具备较强的社会责任感，较高的创新、版权意识，同时还要求他们协调各方利益、认真完成稿件审读等工作，否则流程优化极易流于形式，缺乏实际效果。

3 期刊编辑工作流程优化的策略

3.1 编辑工作实时化

为优化期刊编辑工作流程，相关人员应努力推动编辑工作实时化，以此提升编辑效果，避免不必要的问题及工作负担出现。而这就要求编辑工作时像传统的纸质修改一样留痕。也就是说，编辑在借助办公软件 Word 或者其他软件修改稿件时，应充分利用其中的工具，确保删减、增添、移动等修改痕迹，清晰、完整地保留在文档中。值得注意的是，为提高工作效率，避免混乱和交流效果不佳等现象出现，编辑们还可统一修改方式，比如：删减的部分用下划线标注，移动的部分整体标蓝，增加的部分整体标红，意见或者建议用批注写明，相关资料或者信息，借助超链接的形式呈现。

3.2 编排校馈一体化

从目前情况看，期刊编辑的核心工作在于编辑、排版、校对、反馈，其中反馈是新增的，主要指读者和作者关于期刊的评价、意见和建议等，将这类信息搜集整理在一起，利于把握期刊选题方向，也能在一定程度上推动期刊流程的优化，并适当简化约稿、排版等工作。为了实现编排校馈一体化，相关人员应将这一理念传达给各编辑，并借助恰当的方式予以增强。首先，统一并完善具体的流程、做法、手段等。其次，培训并加强编辑们的软件操作能力，比如：北大方正公司的"飞腾"和"维思"软件的操作能力。最后，制定相关的内部管理制度，约束编辑的行为，并根据实际情况，适当地予以优化和调整，以此确保其发挥出预期效果。然而，为了增强效果，还应加强对编辑工作的评价、考察和监管，否则极易流于形式，缺乏实际意义。

3.3 工作工具多样化

在计算机时代，为优化工作流程，期刊编辑应多多借助网络工具。就资料采集这一工作来说，由于互联网本身就是一个巨大的信息资源库，所以为提高工作质量和效率，编辑们应熟悉并掌握相关的网络信息采集技术。比如，可以借助电子邮件传送数字文件及相关附件，还可以检索提供此类服务的数据库，也可以利用谷歌、雅虎等搜索引擎查找资料，实现对信息的精确定位。一般说来，期刊编辑获取信息的渠道主要有以下几个：①包括中国科学教育网、中国教育和科研计算机网等在内的由行业、地方以及国家组织发布的科学技术类网络系统；②我国各大高校校园网，借此可以了解最新的科研动态，以及科研方向和热点话题等。③包括中国期刊网、万方数据库等在内的期刊文献数据。上述数据库不仅包含多个领域的核心期刊，还有较强的检索系统，同时又具备促进读者、编者、作者沟通、交流的功能。

3.4 提高编辑综合能力

优化编辑工作流程的关键在于增强编辑人员的综合素养和能力[6-7]，而为了实现这一点，相关人员可从这三方面入手：第一，提高用人标准。注重考察应聘者的综合能力和素养，避免某些滥竽充数的人进入编辑部。第二，重视人员培训，不断提升编辑人员能力，促使其学习新理念和知识，制定适当的评价机制，激励员工上进。第三，建立并完善相关奖惩制度，推动编辑部内的良性竞争，提高人员的工作积极性。其实，上述这些建议殊途同归，都希望能借此提高编辑人员综合素养。但根本地，还需增强编辑人员的使命感、责任感等工匠精神，使其重视编辑工作，热爱编辑工作，就如教师爱岗敬业，在三尺讲台发光发热一样。而这一点仅凭激励机制难以完成，还需选拔对编剧工作饶有兴趣的人才，集中培养。另外，可凭借编辑工作涉及内容多、涵盖范围广等特点,从文化、生活等角度向编辑展示其工作的重要性,例如许多科研成果都需在期刊发表,一经发表,不仅会引起普通读者和学术界的关注,还可能产生良好的社会效应,而这一过程中编辑功不可没。

4 结束语

研究期刊编辑工作流程的优化具有重大意义。一方面,这符合计算机时代下期刊编辑发展的要求,是新媒体发展传播的必经之路。另一方面,这能在极大程度上减轻编辑人员的工作负担,提高期刊编辑质量和效率,为相关出版社带来更多的经济收益。只是,期刊涉及众多领域,而且不同期刊,其定位和发展策略不同,编辑工作有所差异,而工作流程必须与编辑工作匹配,这不易实现,因此,编辑工作流程的优化不仅需要综合能力强、专业素养高、相关经验丰富的人员通力合作,还需要出版社及相关单位予以重视,更需要社会相关部门给予相应的支持与帮助。

参 考 文 献

[1] 张春军,董凯,董琦.利用网络技术实现期刊编辑流程新变革[J].农业图书情报学刊,2011,23(6):180-182.
[2] 张浩.期刊编辑工作流程优化的思考[J].科技传播,2017,9(9):123.
[3] 尹松林,张望新,董艳东.信息化条件下学术期刊编辑工作流程优化探讨[J].黄冈师范学院学报,2015(3):95-96.
[4] 林国真.优化工作流程提高编辑的工作效率[J].天津科技,2015(4):73-74.
[5] 陈文静,林树文.编辑初审的优化与完善[J].天津科技,2018(1):106-110.
[6] 杨莹.期刊编辑流程浅析[J].传播与版权,2014(5):57.
[7] 高原.论期刊编辑的综合素养[J].今传媒,2018(3):146-147.

学术期刊编辑审稿存在问题及应对策略

胡益波

(浙江海洋大学学报编辑部,浙江 舟山 316022)

摘要: 审稿工作是学术期刊编辑工作中极为重要的一环,审稿质量的好坏直接关系到期刊学术质量的高低。但是,现阶段编辑审稿无论在审稿的程序方面、质量把控方面还是在责任意识方面,都还存在诸多问题,影响了审稿质量。学术期刊编辑必须严格遵守审稿制度,做到专家审稿与自身审读优势互补;加强业务知识学习,拓展组稿渠道,抵制学术腐败,把好稿件质量关;养成良好的政治素养,把好期刊的政治方向。

关键词: 学术期刊;审稿;学术质量

学术期刊质量的高低除了与稿源质量有关,还与编辑的审稿能力密切相关。审稿工作是编辑工作的基础,也是编辑工作的重点。但现阶段学术期刊的编辑审稿工作仍存在许多问题亟待解决,以提升期刊的学术水平。本文在分析了当前编辑审稿存在问题的基础上,提出了提高编辑审稿质量的策略,以期能增强对编辑审稿工作重要性的认识,找到解决问题的途径。

1 学术期刊编辑审稿的重要性

一篇学术论文从成文到提交期刊编辑部再到刊印出版,审稿是其中不可或缺和关键的一个环节,审稿的主要目的和中心任务是通过对作者精神成果(稿件)进行主动认知、分析、鉴别和评价,从而筛选出质量合格的稿件,使之进入传播领域[1]。编辑审稿工作的重要性主要体现在如下三个方面:

(1) 把好审稿第一关。编辑是期刊审稿的"把关人",通过编辑初审,剔除大部分与期刊方向不符、选题没有新意、文章复制比高等没有达到论文基本要求的稿源。经过这样一个去伪存真、去粗存精的过程把好入口第一关,以对稿件的方向性与质量有一个整体的把控。

(2) 对专家不同的审稿意见进行集中与鉴别。任何一位编辑不可能精通所有专业和学科,编辑在判断一篇学术论文的学术水平价值时往往需要请专家审稿,但专家审稿后还需编辑复审。专家审稿注重的是文稿的学术价值和学术质量,对同一篇论文,受专家自身专业水平、学术观点、喜好等影响,几位审稿专家的意见有时也会大相径庭,这时就需要编辑查阅相关的文献资料,运用已有的知识积累,进行客观分析和鉴别,进而作出正确的判断。

(3) 核查写作规范。一篇高质量的论文必须是内容与形式的完美统一。论文的撰写一般有较为固定的模式和规定的格式,自然科学类论文主要包括实验方法、实验结果、量与单位的使用、数据分析、图表格式;社科类论文主要包括文章的结构、层次、逻辑等,参考文献著录格式是各类论文都要涉及的问题。编辑审稿时要善于发现问题,将这些问题结合专家审稿意见一并退改，从而提高工作效率，提高期刊质量。

2 学术期刊编辑审稿存在的主要问题及原因分析

2.1 程序方法方面

(1) 一审把关不严，过度依赖二、三审。学术期刊通常采用"三审制"的审稿方式，即责任编辑初审、编委或专家复审、主编终审。"三审制"是编辑工作必须坚持的制度，其中编辑初审是编辑流程的第一个环节，是三审工作的基础，对保证期刊学术水平起到关键作用[2]。在三审制中，责任编辑需要量根据期刊的办刊宗旨、选题要求、栏目设置等要求，对来稿的学术性、创新性以及实用性等进行初步审查，对来稿的形式、内容等形成初审意见，做出送请专家复审，或退回修改，或退稿的处理。责任编辑初审是审稿工作的基础环节，只有初审严格把关，才能防止审稿失范，确保稿件质量[3]。但一些责任编辑在审读时，不按照初审的责任规范进行审查，敷衍了事，只是简单地查一下文章的字数、检测一下复制比，只要这两项符合要求就送专家或编委二审，认为有二、三审把关不会有什么问题。

(2) 重专家审稿，轻自身审读。学术期刊的投稿论文涉及多个学科与专业。编辑需要审查文章的基本规范，文章的定位、风格等是否符合本刊的要求，但文章是否具有学术价值和创新性，需要通过专家审稿来作出判断，专家外审已成为审稿必不可少的关键一环。但在日常编辑审稿过程中往往会过度依赖专家审稿，没有仔细分析专家的审稿意见，更没有从一个编辑的角度全面考量论文是否有发表价值，唯专家意见是从。没有意识到专家审稿与编辑审稿侧重点不同、切入的角度不同；也没有意识到专家只是从自己已有的学科知识从专业角度作出判断，对期刊的定位、办刊方向可能不了解，不会考虑稿件质量与期刊档次的相符性，所以难免会存在片面性。

2.2 质量把控方面

(1) 学科理论知识缺乏，对学术前沿发展状态不甚了解。学术论文的本质是"创新"，即它阐述的理论观点是前所未有的，是对客观现象的首次发现和解释。鉴别一篇学术论文有无"创新性"，需要编辑具有广博的学科理论知识、丰富的经验积累、敏锐的学术洞察能力。但受编辑自身的学历、知识结构所限，鲜有编辑能掌握多领域的学科知识，能及时了解各学科的学术前沿信息，所以对"创新性"的把握也会有偏颇，从而让那些只是做理论重复的所谓的"论文"通过了审查[4]。

(2) 优质稿源不足，降低论文质量要求。稿源是学术期刊得以生存的前提，没有充足的稿源，期刊难为"无米之炊"。稿源不足是学术期刊现阶段普遍存在的问题。究其原因，一方面由于期刊数量增多，据武汉大学中国科学评价研究中心2011年统计，我国学术期刊已达6 400种[5]。行业竞争激烈。期刊栏目设置相似，专业学科宽泛趋于同质化。尤其是高校学报大多为综合类期刊，这类现象更为明显。另一方面是论文的刚性需要减少，作者投稿热情降低。在高校或科研院所，研究者发表论文除了将自己的研究成果得以展示更多的是由于现实需要，多用于职称晋升、岗位业绩考核。近几年来随着专业技术职务评聘制度和岗位聘任制度的改革，对论文的要求逐渐由量到质，考核业绩也更注重科研成果的评奖、转化等，在非核心期刊上发表论文对考核几乎没有贡献，导致大部分科研工作者的投稿意愿降低。

(3) 受外界因素干扰，未能很好把住学术底线。所谓学术底线，是指论文所应有的最基本的学术特性。具体地讲，就是它应具有符合要求的结构，能够提出问题，完整、系统地阐述解决问题的方法，准确、清楚地给出研究结论[5]。由于职称评审、业绩考核、申请学位的现实需要，使得学术期刊也不能成为一方净土。编辑常常为人情、权势所困，经受来自各方的压力，往往要求在短时间内在期刊上发表一篇称不上"论文"的论文，编辑碍于情面或迫于压力只能降低论文质量要求。有的所谓学术期刊完全是根据市场需要以赚钱为目的，这样的审稿更是流于形式无所谓学术底线了。

2.3 责任意识方面

(1) 对编辑审稿重要性认识不够。编辑审稿存在的问题除了客观上的还有主观意识问题，对编辑审稿的重要性没有足够认识。认为编辑审稿只是初审，"为他人作嫁衣"而已，作者文责自负，又有二审、三审把关，审得好坏对自己没什么影响，也不用担什么责任。所以工作浮于表面，拖延推诿，只求程序到位，不讲实效，缺乏责任心。

(2) 重业务培训，轻政治学习。学术期刊既具有较强的专业性，也具有隐含的政治性。尤其是社科类期刊，政治性远比专业性更为重要。但在日常工作中，期刊编辑往往会忽视这一点，认为自己是一个专业技术人员，只要专业技能强就能做好本职工作。只注重业务理论学习，不重视政治理论的学习与个人政治素养、职业道德修养的提升，工作中缺乏敏锐的政治洞察力，不能保持准确的政治判断，有时甚至引发出版事故。

3 提升学术期刊编辑审稿水平的策略

3.1 规范审稿程序，实现审稿优势互补

(1) 严格遵守三审制，把好初审关。"编辑把基础关、专家把学术关、主编把出版关"[6]这是学术期刊必须遵守的"三审制"。虽责任主体不同、审稿的切入点与侧重点也各不相同，但又环环相扣，相互联系。编辑要把好初审关，由表及里，由浅到深。小到一篇论文的复制比是否符合收文要求、题目摘要是否切中要点、行文是否文通字顺、标点符号是否运用准确、量与单位的使用是否符合规范；大到论文的政治导向是否正确、逻辑推论是否合理、框架结构是否科学、文章是否符合办刊方向、有无创新性与亮点等，这些都需要编辑运用自己的学科知识和编辑常识进行审查把关，慧眼识珠。只有完成了这些，才能进入审稿第二个程序——提交专家审稿。

(2) 正确处理专家审稿与编辑审稿的关系。专家审稿是审稿程序中很关键的一个环节，为论文的学术性把关。有人认为学术期刊有了专家审稿就无需编辑审稿，前文中我们已谈到编辑审稿的重要性，显然两者之间是不可替代而是相互补充的。专家审稿与编辑审稿的目的是一致的，都是对论文的质量和价值作出准确评价，但又各有侧重，形成互补关系[7]。编辑审稿时既不能过度依赖专家、盲目扩大专家的审稿作用，认为只要专家说的都是正确的，忽视了专家审稿的局限性。也不能主观臆断，越俎代庖，要正确处理好自己审读与专家审稿两者的关系。选择专家时不仅要关注专家从事的专业学科领域，也要关注他近期的研究动态，送审时做到专业对口。对专家提出的审稿意见要认真分析，判断提出的意见是否客观公正，有无个人喜好或学术偏见。对于专家忽略的细节，编辑要查漏补缺。要拓展审稿的角度，既要从作者、专家的思维角度切入，也要进一步提升到从编辑角度审稿，这样才能摆脱被他人的逻辑思维左右，才能对论文进行更加提纲切领的审视，作出准确的判断。

3.2 提升业务水平，严把审稿质量

(1) 加强专业知识学习，精进业务水平。学术期刊编辑不仅要掌握编辑业务技能知识，同

时还要熟悉本期刊所涉及的专业学科知识，了解相关学科的前沿信息。作为编者的同时力争成为一名优秀的学术研究者，这样才能对论文的质量作出甄别，对论文有无创新价值作出基本的判断。作为学术期刊的编辑，为全面提升业务水平，一方面要加强岗位业务技能的培训，积极参加行业主管部门或其他业务单位组织的继续教育培训和编辑技能竞争，在学习中汲取营养，在竞赛中查找差距。另一方面要加强相关专业学科知识的学习。在日常工作中，要多参加一些学术会议，除了通过知网等数据库查阅专业文献资料外，还要浏览具有学科优势的高校及科研院所的网站，关注相关学科专家学者的研究动态。在了解学术动态的同时，也可以通过约稿、审稿等渠道，争取与专家建立联系，向他们学习。

(2) 激发投稿热情，拓展组稿渠道。稿源缺乏，尤其是优质稿源缺乏，已成为各学术期刊发展的瓶颈。要解决稿源困境，必须多管齐下。一要修内功，做好做强期刊。对现有期刊的办刊方向、栏目设置进行分析，调整策略方向，加强栏目策划，办出期刊特色，做到"你无我有，你有我精"，以特色质量求发展，吸引作者投稿。二要育感情，培育作者群体。要加强与审稿专家、资深作者的感情联络，审稿专家、资深作者很多都是学术界的领军人物，他们的博士生、硕士生、同事都是潜在的作者群，争取专家的认可，让他们推荐作者向期刊投稿；同时也要重视有潜力年轻作者群体的培育，对刚从事专业工作的年轻作者要宽容耐心，善于在行文不规范的背后发现他们文章的创新点，不以职称学历定取舍，帮助他们成长，待他们成为大家时自会回馈这块孕育过他的土壤。三要扩渠道，要善于利用各种关系和渠道组稿。如学术会议、高校校庆活动、行业论坛等都是向学者校友宣传学报、约稿的好机会。要利用编辑、编委群体的人际关系，向自己的导师、同学、同行广泛征集稿源。

(3) 以学术为中心排除干扰，坚决抵制效益出版。质量是学术期刊的生命。如果编辑未能守住学术底线，导致人情稿、关系稿泛滥或为了经济效益收取劣质文章版面费，期刊也终将失去它的生命力。要杜绝此类现象的发生，一方面要提高编辑的职业道德素养和学术修养，提升学术规范意识。自觉抵制权钱交易，敢于与这些不良风气作斗争。另一方面要加强制度建设，在根源上杜绝此类现象的发生。坚持稿件的三审责任制度，三审环节中，任何两个环节的审稿工作不能同时由一人担任[8]，以防徇私舞弊。取消增刊，核心期刊的增刊大部分是为赚取版面费或其他需要设置的，为不影响核心期刊的声誉而将那些"东拼西凑"的科研成果发表在增刊上，这种做法践踏了学术规范，助长了不良风气。

3.3 加强队伍建设，强化责任意识

(1) 加强敬业爱岗教育，实施制度保障。作为学术期刊的编辑要有使命感与荣誉感，要充分认识到学术期刊是科学研究工作的重要组成部分，是一个高校或科研单位学术水平的体现。正是通过期刊编辑的工作，科研工作者的研究成果才得以展示。编辑有责任和义务履行好岗位职责，遵守学术规范，真心真情热爱这份工作，有"甘为他人做嫁衣"的奉献精神。所在单位既要出台奖优罚劣的奖惩制度，也要在专业技术职务评聘等方面实施制度保障。尤其是一些高校，要避免出现专业技术岗位的聘任严重向一线教学科研工作者倾斜的现象，也要给在其他专业技术岗位如编辑岗的人员提供专业发展的空间，这样才能让他们安心于本职工作。

(2) 重视思想政治教育，提升政治素养。要确保学术期刊正确的发展路径与方向，作为期刊编辑首先要有正确的思想引领，才能作出准确的价值判断。编辑要加强政治理念学习，自觉践行社会主义核心价值观，树立正确的人生观与价值观，用辩证唯物主义和历史唯物主义的方法论指导期刊的编辑工作。了解党史国情，提升政治敏锐性与辨识能力，在日益复杂的

媒体环境下,保持清醒的头脑,把好稿件的政治关。

参 考 文 献

[1] 何菊玲.编辑审稿过程中出现认知偏差的心理因素分析[J].武汉大学学报(人文科学版),2001(4):504-508.
[2] 刘菲,倪东鸿,张福颖.编辑视角:初审审什么[M]//学报编辑论丛(2013).上海:上海大学出版社,2013:88.
[3] 宋晓华.对高职学报稿件初审的思考[J].北京农业职业学院学报,2011(6): 71-74.
[4] 任火.编辑审稿应守住学术底线[J].编辑学报,2001(5):35-36.
[5] 徐铭瞳.高校学术期刊稿源困境与对策研究[J].长春师范学院学报(人文科学版),2013(6):205-207.
[6] 金京.结合工作实践浅谈学术期刊中的编辑审稿[J].湖北师范学院学报(自然科学版),2016(3):251-254.
[7] 胡浩志,耿卓,邓菁.专家审稿制度下学术编辑的职业定位与发展[J].出版科学,2016(1):46-48.
[8] 胡浩志,崔毅然.学术期刊如何防腐[J].出版科学,2012(4):35-39.

科技期刊中应该用体重还是体质量辨析

成建军，孔旭阳，赵允南

(山东中医药大学，济南 250355)

摘要：对重量与质量的定义、使用沿革作了简要比较和介绍。对由重量一词在国内停止使用后又恢复使用而衍生的体重一词在科技期刊上逐渐由体质量替换，而在图书出版、医药学临床与教学及人们日常生活中广泛使用的现象作了剖析。针对体重与体质量混用的乱象，提出宜在今后的科技期刊编辑出版工作中恢复使用体重，并停用体质量一词。

关键词：体重；体质量；重量；质量

早在 2003 年，就有编辑同仁对体重与体质量的关系撰文讨论过。在当时的调查中发现，"95.22%的医学期刊论文使用体重表示体质量这一概念(用《中国生物医学文献数据库》检索)，95.59%的科技期刊论文使用体重表示体质量这一概念(用《中国期刊网》检索；正确使用体质量情况，前者 4.78%，后者为 4.25%"[1]。当时，文章作者认为期刊杂志"体重混为体质量的现象普遍存在"，"从标准化和规范化角度来看，显然，这种做法是错误的"。时至今日，局面好像已发生了根本改变，随便翻检科技期刊(医学期刊，包括中医学期刊)，95%以上的均用体质量，用体重的只有少数几家期刊了。但是，当我们离开期刊，放眼社会时就会发现，体质量这个词并未大行其道，反而是体重随处可见其应用，医院的体检项目用的是体重，中西医学高等院校教材上用的也是体重，甚至，卫生部颁布的系列行业标准(如《成人体重判定》(WS/T 428—2013))均用体重一词。这可与期刊杂志推行的体质量有点相悖了，究竟是怎么回事呢？其原委还得从重量与质量的关系开始说起。

1 重量、质量

1.1 重量

在地球表面附近，物体所受重力的大小，称为重量(weight)。习惯上认为物体所受到的重力就是它本身的重量。人们对重量的理解有多种说法，例如，①重量就是重力；②物体的重量就是地球对该物体的万有引力；③重量即物体所受重力的大小；④重量是物体静止时，拉紧竖直悬绳的力或压在水平支持物上的力[2]。以上说法均有道理，但是非专业的普通人对重量理解起来就有点困难了。

1984 年 2 月 27 日，国务院发布《国务院关于在我国统一实行法定计量单位的命令》(简称《命令》)规定："我国的计量单位一律采用《中华人民共和国法定计量单位》。"《命令》中公布的《中华人民共和国法定计量单位》中没有"重量"这一量名称及计量单位，其后公布的国

通信作者：赵允南，E-mail: zhaoy_002@sina.com

家标准 GB 3100—3102-86《量和单位》"力学的量和单位"中只有力、重力这个量名称。因而，在力学研究中，重量这一概念也应当停止使用。百度百科分析重量停止使用的原因有 3 点：①生活中，人们理解的重量就是质量；②国外有学者把重量直接定义为地球对物体的万有引力；③有观点认为"重量就是重力"。人民教育出版社出版的高级中学课本《物理》甲种本第一册指出："地球上一切物体都受到地球的吸引作用，这种由于地球的吸引而使物体受到的力叫做重力。重力也常常叫做重量"[3]。正是由于重量含义的多歧性与重合性，导致重量一词被停止使用。

1.2 质量

质量(mass)是物体所具有的一种物理属性，是国家发布的法定计量单位中的一个基本单位。最初，牛顿把质量说成是物质的数量，即物质多少的量度。在牛顿力学中，给定的物体具有一定的惯性质量(用 m 表示)。质量是物体惯性的量度：对于 m 越大的物体，就越难改变其运动状态(速度)。在现代物理学中质量的概念有两种：惯性质量和引力质量。惯性质量表示的是物体惯性大小的度量，而引力质量表示的是物质引力相互作用的能力的度量。对于可以在实验室里测试的物体，惯性质量和引力质量相等。惯性质量和引力质量是表征物体内在性质的同一个物理量的不同表现。自然界中的任何物质既有惯性质量又有引力质量。这里所说的物质是自然界中的宏观物体和电磁场、天体和星系、微观世界的基本粒子等的总称[3]。

1.3 重量与质量的关系

质量不随物体的形状和空间位置而改变，是物质的基本属性之一，通常用 m 表示。在国际单位制中质量的单位是千克(kg)，1 kg 是保存在巴黎西南塞夫勒(sèvres)国际计量局标准千克原器的质量。2018 年 11 月 16 日，第 26 届国际计量大会通过"修订国际单位制决议"，正式更新包括"千克"在内的 4 项国际标准量的基本单位的定义。新国际单位体系将于 2019 年 5 月 20 日正式生效。在物理上，质量通常指由实验证明等价的属性：惯性质量、引力质量。在日常生活中，质量常常被用来表示重量，但是在科学上，这两个词表示物质不同的属性。

通过重力确定的质量称为重力质量。实际上，人们用惯性来确定质量，用称重法来测量重量，综合起来得到某物体质量 m 与重量 W 的关系式：$W=mg$，式中 g 为地球上某一地点的重力加速度。

重量与质量不同。一定质量的物体其重量受重力加速度的影响，在地球上的物体在不同重力加速度的地方其重量就不同。把物体自地球移到其他星球上，其质量不变，而重量改变，比如，同一物体在月球上的重量只有在地球上重量的约六分之一[4]。

2 体重和体质量

2.1 体重的停用与体质量的使用

体重这个词，按字面理解，就是身体的重量。如上所述，重量一词已经被停止使用，那么，所有与重量相关的词汇在国内的科技期刊上就应该同样被停止使用了。与重量相关的"体重"一词，在不少人眼中也觉得碍眼的厉害。从其字面理解来看，体重当然属于重量的衍生词了，重量一词既被停用，体重也理所当然地应该停止使用了。于是，不少科技期刊的编辑们就开始从思想到实践上进行了统一，决定停止使用体重一词。比如说"昆明种小鼠 5 只，体重(20.3±3.5) g"，再用体重就不大合适了，就得用一个新词来替换了。用什么词呢，体就是人或动物的躯体，容易理解，现在只要把重换成别的词不就好了。因为小鼠称的是质量，用的也是质量单位g，很自然地，用"质量"替换"重"字不就很完美了？于是，就有人用体质量来替换体重使用，并且很快就被推广开来，以至到现在，绝大部分期刊均用体质量，而不用体重了。

然而，凡事总有例外。时至今日，仍有部分期刊一直坚持使用体重而不用体质量，而各类正式出版的图书(包括高等院校教材)、医院检查项目以及人们在日常生活中，大量使用的仍旧是体重一词。被广大民众(包括期刊编辑)一致认可并遵循使用的6版、7版《现代汉语词典》中，压根就没有收录体质量这个词，如此看来，体质量就是个生造词了，这不禁使广大的期刊编辑们感到尴尬了。

2.2 重量真的停用了吗

体重一词现在还被广泛应用，根源还得回头去找。上文说过，30来年前，重量一词作为专业词汇已被国家停止使用了，其实，当时还留下了一个尾巴。在1984年2月27日由国务院发布的《中华人民共和国法定计量单位》有个注释："人民生活和贸易中，质量习惯称为重量"，GB 3100—3102-86《量和单位》中"表1　SI基本单位质量"后注释④也说"人民生活和贸易中，质量习惯称为重量。表示力的概念时，应称为重力"。这个注释虽然很简短，但意义却很重大：《中华人民共和国法定计量单位》中"表1　国际单位制的基本单位"所列的质量是国际公认的基本量，这个量在国际和国内的各个领域使用都是正确的，具体到国内，考虑到重量一词在人民的生活和贸易中一直广泛使用，生活中人们说称某物品的重量，测出来的其实就是该物品的质量，使用的单位与质量是一样的，因而，按习惯使用重量还是可以的。这个注释，决定了在国内以后再有使用重量的情况，这个重量就是质量，没有别的含义。基于这一理解，体重一词的意思就是所称量个体的重(质)量，也就是说，这是习惯用法，并不违反国家的标准。

然而，事情到此并没有结束。1993年国家技术监督局发布的《中华人民共和国国家标准：力学的量和单位》(GB 3102.3—93，代替GB 3102.3—86，1994年7月1日实施)3-9.2条赫然列出了重量一词，取代GB3102.3—86中的重力。重量的定义为"物体在特定参考系中的重量为使该物体在此参考系中获得其加速度等于当地自由落体加速度时的力"，这个定义可谓是严谨了。在"备注"栏中专门说明"'重量'一词按照习惯仍可用于表示质量；但是，不赞成这种习惯"。虽然"不赞成"，但是也不禁用，重量这词用作力学专业词汇又"活"过来了。GB 3102.3—93沿用至今，重量一词也就有了两个含义，《现代汉语词典》第7版重量条释为"①物体受到的重力的大小……；②习惯上用来指质量"。

2.3 体重、体质量的应用已经出现混乱

目前，体质量一词在科技期刊界尤其是医学期刊中广泛使用，但在其他地方，几乎不见其踪影。体重一词，部分医学期刊仍在使用，而图书出版界、医疗行业及日常生活中更是随处可见。体重的含义《现代汉语词典》第7版体重条释为"身体的重量"，很明显，这个"重量"即习惯所指的质量，而非重量的另一含义"物体所受重力的大小"。虽然，体质量一词在各类词典、字典中并没有收录，但是，体质量与体重的含义是完全一致的，也就是说两者是同一概念的两种不同的表述名称，具体使用时，用其一即可，没必要同时使用。可是，在期刊论文中，体质量与体重已出现了并用的混乱情况。如笔者检索中国知网，仅就论文题目即有"早期应用脂肪乳对极低出生体重儿体质量增长的影响及安全性分析""DXA测量人体质量与自测体重的差异分析""孕妇不同体质量指数对新生儿体重的影响及其适宜增重范围的探讨"等多条。如果不熟悉情况的人乍一看，还以为体重与体质量是两个词、两种含义呢。长此以往，这种

状况必将导致体重与体质量使用的混乱。

3 结束语

依笔者管见,体重一词虽说有个"重"字,但和力学上的重量无关,其含义就是身体的质量,人和动物都可以测体重,其最大的优势就是深入人心,在日常工作和生活中被广泛应用,且含义单一(这点和重量、质量、重力不同,不涉及力学研究的问题)。同时,体重(两个字)与体质量(三个字)相比意明而词简,无论在口语中还是书面文字的表达中都很方便。另外,体质量一词还有个重大缺陷就是在权威字词典中没有收录,涉嫌生造。基于以上原因,虽已有体重和体质量同用的混乱情况出现,但是,趁还没有导致严重后果发生,建议期刊编辑的同仁们宜顾及人民大众生活工作的实际情况,顺应人们的习惯用法,及早采取措施,废用体质量,恢复使用体重一词,与现实生活接轨,也算是对医学名词进行规范的贡献。

参 考 文 献

[1] 张儒祥,朱正娥.体重与体质量混为一谈[M]//学报编辑论丛.2003:151-153.
[2] 百度百科.重量[EB/OL].[2018-06-08].https://baike.baidu.com/item/%E9%87%8D%E9%87%8F/84945.
[3] 物理[M].北京:人民教育出版社,1985:10.
[4] 百度百科.质量[EB/OL].[2018-06-10]. https://baike.baidu.com/item/%E8%B4%A8%E9%87%8F/ 2640907?fr=aladdin.

医学期刊图稿质量现状及提升方法

崔黎明,徐 敏

(上海交通大学医学院学报编辑部,上海 200025)

摘要:医学学术期刊中的图稿结果较多,图片的像素(分辨率)、大小、格式会直接影响图稿的质量,但作者投稿时提供的图稿经常会质量不佳。为避免这个问题,期刊稿约中应明确规定来稿中图稿质量的要求,期刊编辑也应加强图像基础知识的学习,以便能在提升图稿质量方面准确地为作者建议,并提升期刊的质量。

关键词:图稿;分辨率;稿约;图片格式

图片可以准确直观地展示正文所述的结果。好的图片胜过很多文字。图稿质量是反映论文水平的指标之一。好的图稿应该包含以下要素:尺寸适当、标注规范、清晰度和对比度良好、具有自明性。在外审环节,图稿结果往往能最先引起审稿人的关注。而模糊的图稿往往会给期刊编辑和审稿人不好的第一印象,使得文章大大减分。随着数字化技术的发展和互联网的普及,好的图稿有助于把研究成果更加迅速、准确地传播,有助于提高论文的质量。

医学研究的图稿结果种类繁多,包括由显微镜、医学影像设备、扫描仪或成像仪、检测分析仪器等生成的照片,由各种绘图软件(如 Origin、Graphpad Prism 等)制作的统计图以及由组图软件(如 Adobe Illustrator)制作的多个实验结果的组合图。国际医学期刊编辑委员会(International Committee of Medical Journal Editors, ICMJE)在 2013 年发布的《学术研究实施与报告和医学期刊编辑与发表的推荐规范》指出,对于 X 线光片、扫描和其他诊断影像以及病理标本照片或显微照片,应提交高分辨率的照片或图像文件[1]。国际大型出版商旗下通常拥有多本期刊,各个期刊有统一的投稿系统,并在稿约(或称为投稿须知)中,均有关于图稿质量的详细说明,且一般来说隶属于同一出版商的期刊对图稿格式的要求是统一的。这种做法也方便作者在被一本期刊拒稿之后,直接向该出版商旗下的其他期刊投稿。在投稿过程中,投稿系统一般会自动地对图稿质量进行检查。如图稿过大,则无法上传到投稿系统;如图稿清晰度不够,投稿的稿件会被退回。稿件中的图稿质量唯有达到期刊的要求后,方能成功投稿。

然而,目前大部分中文期刊的投稿系统没有自动对图稿质量进行检查的功能。但期刊一般会在稿约中提出关于图稿质量的要求。比如,中华医学会系列杂志稿约通则中指出,X 线照片及其他照片应清晰,层次分明[2]。但总体看来,大部分期刊的稿约更多是从图题、图注、图上文字以及图中统计分析结果等角度对图片格式提出要求[3]。而单就图稿本身的质量而言,稿约中相应的内容较少。笔者作为医学期刊编辑,发现作者投稿稿件中的图稿质量参差不齐,这可能与作者的投稿经验有关。对于医学类稿件中的图稿质量的把控,编辑需要格外注意。

基金项目:上海市文教结合"高水平高校学术期刊支持计划";上海市高等学校科技期刊研究基金(SHGX2016A03)
通信作者:徐 敏,E-mail: xuebao@shsmu.edu.cn

笔者从医学类稿件中的图稿存在的常见问题、图稿质量不佳的原因及解决办法进行归纳，希望可以对同行给予一些启示。

1 图稿质量不佳的表现

1.1 图稿的分辨率较低

投稿文件中图稿分辨率低的情况比较常见。这可能是作者在拍照时参数设置不当、存储格式不当以及在软件中进行过处理所致。以通过显微镜等仪器拍摄的照片为例，其存储格式一般是位图。位图是点阵图像，由像素组成。其分辨率由图片的像素数与图片的尺寸大小决定；像素数高且图片尺寸小的图片，即单位面积上的图像所含的像素数多的图片，其分辨率也高。笔者发现，有的投稿文件中的图片的分辨率只有 72 dpi(dots per inch，每英寸点数)。像素不佳的图片体现在：图线条不平滑，颜色不够细腻，文字不清晰。稍加放大，能看到图片上有许多"方格"。一个"方格"就是一个像素点，俗称"马赛克"。而一般期刊对图稿分辨率的要求是>300 dpi。像素达到这样的规格基本能满足印刷需要的精度。

1.2 图稿的存储格式错误

图稿的存储格式有多种，如 TIFF、GIF、JPG、PNG 等，其中 TIFF 格式应用于对图像质量要求较高的图像的存储与转换。目前多数期刊要求图片格式为 TIFF，但很多作者喜欢使用 JPG 格式。JPG 是一种较灵活的格式，但可能产生图像质量损失。其他格式文件包含的信息量相对较少，即便是转换为 TIFF，部分图像信息也会有所丢失。除了单个图片存在存储格式不当的问题，投稿文件中由多个小图组成的组合图也存在存储格式错误的问题。组合图的制作比较复杂，一般需要借助专业的软件。Adobe Illustrator 是常用的组图软件。在使用该软件时，建议先将单个图片保存为 EPS 格式再进行组合。另外，一些作者投稿时会把图稿直接插入在 Word 文档中，而不单独提供图稿文件。图片一旦插入在 Word 中，其分辨率会有所损失。因存储格式错误导致的质量不佳的图片，常常达不到印刷精度的要求。

2 图稿质量不佳的原因

2.1 作者缺乏作图的经验和技巧

图像的生成很大程度上依赖于软件，故能熟练应用各种制图软件、组图软件是制作出较高质量图稿的前提。这需要作者在科研工作中多进行实践和练习。有些软件比如 Graphpad Prism 在网站首页提供视频教程，这很大程度上能够帮助使用者快速地学会该软件的使用方法。熟练使用照片拍摄软件也很重要。一般实验仪器配套的拍摄软件均有图片导出功能，但很多作者不熟悉该功能，会直接在照片所在界面进行截图，导致了分辨率的损失。

所有图像软件的功能设置一般是根据图像的基础知识进行的。若想获得较好的图片，除了掌握制作图片、导出图片、对图片进行组合等技能，作者还应了解一些图像基础知识，这样才能更加灵活地运用软件，并根据个性化的需求制作出更高质量的图片。以图像伪彩色处理为例，为了使图像中某些信息看起来更直观，可以利用图像伪彩色处理技术，将灰度图像对应到红、绿、蓝 3 个通道上，再将 3 个通道的颜色值合成为需要显示的 RGB 颜色值。相比灰度图，彩色图则更加形象、生动。而很多作者不了解这个知识，也就无法呈现这样的结果。

2.2 期刊未对图像质量提出明确要求

目前大部分期刊的稿约中都会提出"图稿要有良好的清晰度和对比度"。但作者如何操作才能符合该要求？这需要在期刊稿约中提出更加细致的要求。笔者查阅了医药科技领域综合影响因子均较高的 26 种期刊的稿约(见表1)，统计期刊在图稿尺寸、分辨率、存储格式等方面的要求，发现有 9 种期刊未对上述 3 个方面给出具体的要求。在剩余的 17 种期刊中，能完全从 3 个角度对图稿进行要求的仅有 5 种。在其他 12 种期刊中，有的只提到了像素>300 dpi，有的仅要求图片存储格式为 TIFF 格式，有的仅限制了图片尺寸，如"以半栏 7.5 cm、通栏 16.5 cm 宽度为限"。

表 1 26 种中文医学科技期刊稿约中对图稿尺寸、分辨率、存储格式的规范情况

期刊名称	尺寸要求	分辨率要求	存储格式要求
医药卫生综合期刊			
第二军医大学学报	无	无	无
上海交通大学学报(医学版)	无	无	TIF
同济大学学报(医学版)	长 7 cm，宽 5 cm	无	无
浙江大学学报(医学版)	无	无	无
复旦学报(医学版)	无	无	无
北京大学学报(医学版)	半栏≤7.5 cm，通栏≤17.0 cm，高与宽比例 5:7	无	无
西安交通大学学报(医学版)	单栏 7.5、通栏 16.5 cm	无	无
四川大学学报(医学版)	无	无	无
武汉大学学报(医学版)	无	无	JPG
山东大学学报(医学版)	无	无	JPG 等
郑州大学学报(医学版)	单张 5 cm×3.5 cm(宽×高)	300 万像素	JPG
吉林大学学报(医学版)	无	无	无
中南大学学报(医学版)	单栏≥8 cm、双栏 17 cm、高度≥5 cm	≥300 dpi	无
暨南大学学报(自然科学与医学版)	无	无	无
东南大学学报(医学版)	无	无	无
华中科技大学学报(医学版)	高宽比例约 5:7，避免过于扁宽或狭长	无	无
肿瘤学杂志			
中国肺癌杂志	无	无	无
中国癌症研究(英文版)	3 种宽度：8.2、11.8、17.3 cm	半色调图 300 dpi；彩色图 300 dpi；含文字图 400 dpi；线图 1 000 dpi	JPG、EPS、TIFF
中华肿瘤杂志	无	300 dpi 以上	TIFF
肿瘤	无	无	无
基础医学			
生理学报	单栏 7 cm，通栏 14 cm	≥300 dpi	TIFF
中国神经再生研究(英文版)	单栏≤9 cm、通栏 18 cm	彩图≥300 dpi，线条图≥1 200 dpi，灰度图≥600 dpi	彩图 PNG、EPS、TIFF、PDF，线条图和灰度图 EPS、PDF、TIFF。
中国免疫学杂志	高宽比例约为 5:7	≥300 dpi	无
国际病毒学杂志	无	无	JPG 格式
中国病理生理杂志	宽度 8 cm 或 16 cm	≥300 dpi	TIFF 或 JPEG
细胞与分子免疫学杂志	无	无	JPG 或 JPEG

相比之下，英文期刊尤其是隶属国际大型出版社的英文期刊，在稿约中均对图稿质量提出了明确的要求。比如，*Nature* 要求图片的最大宽度为 18.30 cm，单栏图片宽 8.90 cm、双栏图宽 18 cm，分辨率为 300 dpi，格式为 JPG、TIFF、EPS。《中国神经再生研究(英文版)》规定线条图分辨率≥1 200 dpi，灰度图分辨率≥600 dpi，彩图分辨率≥300 dpi，保证图片在放大

300%时仍很清晰，单栏图片宽度≤9 cm 或通栏 18 cm。

3 提升期刊图稿质量的建议

3.1 加强对作者的引导和规范

笔者认为期刊编辑首先要具备一定的图稿基础知识，对于内容较好但是图片质量有待提高的稿件，可以帮助作者分析图稿质量不佳的原因，在图稿尺寸、清晰度、标注规范等方面提出建议。这样的交流过程既能提升投稿文章的质量，也能树立期刊编辑专业的形象，有助于拓展作者群体[4]。同时，期刊编辑也可以根据实际工作，将所在期刊中经常遇到的图稿质量问题积累起来，进行归纳分析，分享在期刊的网站或者微信公众号平台上，这样更能吸引读者的关注，提高访问量，从而提升期刊的影响力。但这样针对图稿质量与作者进行的一对一的沟通，需要花费大量的时间成本。期刊编辑的工作量会大大提高。

另外，期刊编辑最好能初步掌握一些图像处理的技术。目前有很多图像处理软件(如 Photoshop)均可以对图稿的对比度、色彩、背景进行修改。但这些操作可能会涉及一些科研伦理[5]、科研诚信[6]的问题。近些年一些因图片结果造假而被要求撤稿的事件中，不乏通过使用 Photoshop 软件主观修改图片的案例。对于编辑来说，去分辨图稿结果中哪些细节可能经过了作者的主观修饰具有很大的挑战。但编辑可以告知作者哪些类型的图片修饰不符合伦理规范，让作者明白在追求图片质量提高的同时，更要首先具备科研诚信、遵守学术道德。

3.2 期刊稿约明确规范对图稿质量的要求

稿约是作者在投稿前进行参考的主要文件。笔者在调查中发现，中文医学科技期刊中，大部分期刊没有在作者可执行的层面对图稿的质量提出具体的建议和要求[7]。而一些大的国际出版集团，均有比较完善的图表规范，并能提供合格的案例和不合格的案例为作者提供参考。笔者也建议各个期刊借鉴国际出版集团旗下期刊的经验，对自己期刊的稿约进行完善。

另外，一些国际大型出版集团的投稿系统比较完善。投稿系统能对作者上传的图片进行自动检测，并生成尺寸、分辨率的信息直接反馈作者，有助于作者了解自己的图稿质量是否合格。同时投稿系统还会对图稿的格式进行严格设定，如要求作者只能上传 TIFF 格式的文件等。这些功能的实现有赖于期刊投稿系统的升级。

综上，图稿质量对于提升文章的质量具有重要作用。期刊编辑需要不断提升自身对于图片质量的判断能力及图稿编辑加工能力，同时还要在提升图稿质量方面对作者进行正确的引导，从而树立期刊在作者心中的专业形象，提升期刊的影响力。

参 考 文 献

[1] 周庆辉,陈红云,黄念.学术研究实施与报告和医学期刊编辑与发表的推荐规范[J].中国循证儿科杂志,2017,12(3): 209-218.
[2] 中华医学会杂志社.中华医学会系列杂志稿约通则[EB/OL].(2016-09-19)[2018-7-30].http://journal.medline.org.cn/news/getNewInfo.do?newId=3247.
[3] 陈浩元.科技期刊标准化 18 讲[M].北京:北京师范大学出版社,1998.
[4] 朱凯.试论学术期刊编辑培养作者的职能[M]//学报编辑论丛.2005:212-214.
[5] BENOS D J, VOLLMER S H. Generalizing on best practices in image processing: a model for promoting research integrity: commentary on: avoiding twisted pixels: ethical guidelines for the appropriate use and manipulation of scientific digital images [J]. Sci Eng Ethics, 2010, 16(4):669-673.
[6] 叶青,杨树启,张月红.科研诚信是全球永远的课题:中国科研管理与学术出版的诚信环境[J].中国科技期刊研究,2015,26(10):1040-1045.
[7] 栾嘉,徐迪雄,华兴,等.关于医学论文中影像学图片编校问题及其规范的建议[J].编辑学报,2016,28(4):341-343.

科技论文中横/竖三线表的识别及案例辨析

于红艳

(《东南大学学报(自然科学版)》编辑部，南京 210096)

摘要：针对表格结构争议问题，结合横/竖三线表的概念，从项目栏及栏头设置角度出发，给出科技论文中横/竖三线表的识别和判断方法，并结合论文编校过程中遇到的错误表格实例，进行辨析和修改，为编辑工作者和论文撰写者提供参考。

关键词：表格结构；科技论文；横/竖三线表；项目栏；案例辨析

表格是一种记录数据或事物分类等的有效表达方式[1]。因其具有简洁、清晰、准确的特点，逻辑性和对比性又很强，因而在科技书刊中被广泛采用[2]。其中，三线表因其结构简明、排版方便等优点为科技论文普遍采用。表格的作用是代替或者补充文字叙述，使论文表述观点更加清楚明白。因此，表格的准确性对论文十分重要。已有不少编辑同仁对科技论文中表格(包括三线表)的编辑加工进行了研究[3-14]。葛赵青等[3]提到，不能机械地仅使用三线表标准格式，不少编辑对三线表缺乏正确的认识。笔者在编校论文过程中也发现，不少作者对三线表项目内容表述不清楚，致使语义表述混乱。因此，继续对三线表进行深度探讨具有现实意义。

鉴于此，本文拟结合已有的横/竖三线表的概念，从项目栏及栏头设置角度出发，探讨科技论文中横/竖三线表的分辨方法，并结合实际工作中典型横/竖三线表案例进行辨析，以理清三线表各项目之间的层次对应关系，为广大三线表使用者提供借鉴。

1 横/竖三线表的概念

文献[3]中表格结构争议问题引发笔者关于横/竖三线表概念的思考。三线表分为表头和表身两个栏目。表头栏目从左向右进行横排，表格中的相应数据依次进行竖排，按照阅读顺序进行命名，称为竖排的三线表，简称"竖三线表"，或称为"纵读"表[4]。实际情况中，根据表格内容和版面实际情况，三线表表格形式会有所变化[3]，宗旨是使三线表最为简洁且合理，即栏目与其表身之间存在简洁、确定的关系，避免逻辑关系复杂化，宜于推广。相对地，将项目栏由上到下竖排，表身中相应数据依序横排的三线表称为横排的三线表，简称"横三线表"[4]。为便于区分横/竖三线表，我们统一将代表某一栏数据共同属性的栏目称为项目栏，项目栏的第一栏称为栏头。

2 横/竖三线表的识别

科技论文中的三线表通常只有上中下 3 条线，分别称为顶线、栏目线和底线，因其结构简洁，并便于排版，在科技论文中被广为采用[1]。比较常见的是竖三线表，也是最为典型的三线表，由表序、表题、项目栏、表身组成，如表 1 所示；横三线表则相对较少，因其不利于同一物理量的数据自上而下进行比较,如表 2 所示。横/竖三线表的识别是准确读取三线表信息的第一步,笔者认为,横/竖三线表的区别关键就在于项目栏(尤其是栏头)的设置,项目栏一般要放置多个"栏目",而栏目反映表身中该横/竖栏信息的共同特征或属性。

表 1 典型竖三线表示例(原表题 各土体种类及主要参数表)

土体类型	重度/(kN·m^{-3})	压缩模量/MPa	黏聚力/kPa	内摩擦角/(°)
软黏土	1 880	4.8	17.2	18.3
硬黏土	1 990	6.9	29.6	16.9
松砂土	1 920	8.5	9.6	27.5
密砂土	1 980	14.8	13.1	26.3
模型土	2 047	9.5	69.0	33.3

表 2 典型横三线表示例(原表题 卡林纳循环与氨水朗肯循环性能对比)

循环流程	卡林纳循环	朗肯循环
透平进口压力/MPa	6	6
透平进口温度/℃	280	280
透平焓降/(kJ·kg^{-1})	484	366
热源出口温度/℃	150	162.2
透平做功/kW	531.9	401.8
净功/kW	520.8	390.3
供热量/kW		949.8
循环热效率/%	20.9	17.0
热回收效率/%	83.3	76.6
动力回收效率/%	17.4	13.0
供暖回收效率/%		55.3
综合回收效率/%	17.4	19.2

对比表 1 和表 2 发现,横/竖三线表的本质差别就是栏目的共同信息特征或者共同属性的行列倒置或互换。如表 1 中第一行为项目栏,各项目内容竖向列出,而表 2 中第一列为项目栏,各项目内容横向列出,那么表 1 中表头项目栏第一格(即栏头)中"土体类型"代表的必然是第一列内容的共同属性,表 2 项目栏第一格(也称为栏头)中"材料"代表的必然是第一行内容的共同属性。因此,以项目栏及其共同信息特征或者共同属性(即栏头)的设置作为识别横/竖三线表的依据,即可判断三线表语义表述正确与否。

3 案例辨析

本文结合论文编校工作中遇到的几个典型案例,进行如下辨析。

错误表格例 1 见表 3,作者要给出的是试验梁的设计参数。根据上文提到的判别横/竖三线表的方法,先找出项目栏。观察表 3,第一行与第一列内容相对比,第一列中"跨径""钢梁高"等明显是设计参数,即所谓的项目栏,各项目内容横向列出,因此该三线表为横三线表。那么表头第一行第一格的内容"项目"必然应该代表的是第一行内容的共同属性,而"SCB1"

"SCB2""SCB3"代表试验梁,明显相悖,所以该表是错误的,失去了三线表的清晰、准确性。笔者给出表 3 的修正形式 1,见表 4,该表为正确的横三线表。当然,也可以对表 3 进行行列互换,将其修改为正确的竖三线表,见表 5。

表 3 错误表格例 1(原表题 试验梁的设计参数)

项目	SCB1	SCB2	SCB3
结构体系	简支	简支	连续
截面型式	T 形	箱形	箱形
跨径/m	3.4	3.4	2.0+2.4
钢梁高/mm	280	200	200
钢底板宽/mm	160	320	320
钢腹板高/mm	275	195	195
钢翼板宽/mm	160	75	75
钢板厚/mm	5	5	5
混凝土板宽/m	0.7	0.7	0.7
混凝土板厚/m	0.1	0.1	0.1

表 4 表 3 的修正形式 1

试验梁	SCB1	SCB2	SCB3
结构体系	简支	简支	连续
截面型式	T 形	箱形	箱形
跨径/m	3.4	3.4	2.0+2.4
钢梁高/mm	280	200	200
钢底板宽/mm	160	320	320
钢腹板高/mm	275	195	195
钢翼板宽/mm	160	75	75
钢板厚/mm	5	5	5
混凝土板宽/m	0.7	0.7	0.7
混凝土板厚/m	0.1	0.1	0.1

表 5 表 3 的修正形式 2

试验梁	结构体系	截面型式	跨径/m	钢梁/mm	钢底板宽/mm	钢腹板高/mm	钢翼板宽/mm	钢板/mm	混凝土板宽/m	混凝土板厚/m
SCB1	简支	T 形	3.4	280	160	275	160	5	0.7	0.1
SCB2	简支	箱形	3.4	200	320	195	75	5	0.7	0.1
SCB3	连续	箱形	2.0+2.4	200	320	195	75	5	0.7	0.1

错误表格例 2 见表 6。原表题为"解压缩器性能及面积对比",那么解压缩器的性能和面积等必然是作者要表达的项目。观察表 6,同样,先找出项目栏,第一行与第一列内容相对比,很容易看到第一列中"解压缩周期数""面积"等为项目栏,各项目内容横向列出,所以该表为

横三线表。然后判断第一行第一格内容"性能及开销"是否是第一行内容的共同属性，对比后发现表达不一致，因此确定该表格错误，同样给出该表的修正形式 1 和修正形式 2，分别见表 7 和表 8，其中表 7 为正确的横三线表，表 8 为正确的竖三线表。

表 6 错误表格例 2（原表题 解压缩器性能及面积对比）

性能及开销	本文方法	SIMD 压缩方法	字典压缩方法
解压缩周期数	3	2~8	6~10
解压缩时间/ns	6	4~16	12~20
面积/mm^2	0.069	0.002	0.043
门数/10^3	71.96	1.61	44.88

表 7 表 6 的修正形式 1

方法	本文方法	SIMD 压缩方法	字典压缩方法
解压缩周期数	3	2~8	6~10
解压缩时间/ns	6	4~16	12~20
面积/mm^2	0.069	0.002	0.043
门数/10^3	71.96	1.61	44.88

表 8 表 6 的修正形式 2

方法	解压缩周期数	解压缩时间/ns	面积/mm^2	门数/10^3
本文方法	3	6	0.069	71.96
SIMD 压缩方法	2~8	4~16	0.002	1.61
字典压缩方法	6~10	12~20	0.043	44.88

综合两种修正形式来看，竖三线表更加符合读者的阅读习惯。笔者认为，编辑工作者应该严格根据论文作者的表达目的，在表格编排工作中做出正确判断，灵活使用横、竖三线表，辅助作者提高论文表达的正确性、规范性。

4 结束语

在科技论文中，三线表的正确使用对于作者正确阐述论文思想非常重要，若对横/竖三线表分辨不清，极易引起表达混乱，从而与表格应有的清晰、准确性相悖。编辑应尽其职责，对表格进行适当合理的修改，使其准确、规范化，免去读者疑惑和推测，以使读者准确快捷地获取论文内容。

本文从表格结构出发，结合横/竖三线表的概念，指出判别横/竖三线表的方法，即以项目栏和栏头的设置作为识别和判断横/竖三线表正确与否的依据，根据作者表格所要表述的内容找到项目栏，确定其属于横三线表或竖三线表，进而由栏头判断三线表的正确性。另外，结合典型的横/竖三线表案例，对横/竖三线表进行辨析和修正，通过灵活转换横、竖三线表，加深对横、竖三线表概念的认识，加强对三线表的正确使用熟练程度，为编辑同行和论文撰写者提供参考，从而避免错用、混用三线表以致论文语义表述混乱。

参 考 文 献

[1] 陈浩元.科技书刊标准化18讲[M].北京:北京师范大学出版社,1998.
[2] 李兴昌.科技论文的规范表达:写作与编辑[M].北京:清华大学出版社,1995.
[3] 葛赵青,杜秀杰,王焕雪,等.关于三线表的争鸣[J].中国科技期刊研究,2010,21(2):226-229.
[4] 杨青.对三线表编排规范的解读[J].编辑学报,2009,21(1):35-37.
[5] 郭青,李小萍,梁秋野.医学期刊表格设计编排原则及常见问题[J].编辑学报,2011,23(4):335-336.
[6] 于荣利,曹晖,朱丽娜,等.科技论文表格编辑加工的探讨[J].编辑学报,2010,22(增刊2):41-43.
[7] 刘祥娥,林琳.三线表使用中常见的2种错误[J].编辑学报,2006,18(4):269-270.
[8] 田军,王新英,刘文革.科技论文表格常见错误评析[J].编辑学报,2005,17(6):421-422.
[9] 李东.几个非常见错误表格的修改实例[J].编辑学报,2013,25(5):437-439.
[10] 于荣利,曹晖,朱丽娜,等.科技论文表格常见错误分析[J].上海农业学报,2010,26(2):97-99.
[11] 韦大文.科技论文中表格设计错误的分析[J].河南大学学报(社会科学版),2002,42(6):173-174.
[12] 陈章颖,王慧,王丽萍,等.科技期刊三线表的基本格式和常见问题分析[J].传播与版权,2015(2):42-43.
[13] 刘铁英,巩红晓.科技期刊三线表使用中的常见问题[M]//学报编辑论丛(2016).上海:上海大学出版社,2016:131-135.
[14] 胡莉.科技论文中三线表自明性的实例分析[J].湖北科技学院学报,2017,37(6):109-112.

编辑视角下提升投稿命中率的三个关键点

李艳妮[1]，杨 蕾[2]

(1.国防科技大学信息通信学院试验训练基地，西安 710106；2.国防大学政治学院西安校区，西安 710068)

摘要：在科技论文的发表过程中，学术性、可读性和创新性固然重要，但写作和投稿策略同样不可忽略。结合科技期刊的编辑出版规律，从影响稿件录用的非质量因素进行切入，认为通过编辑初审、尊重返修意见以及与编辑沟通交流是提升投稿录用率的关键点，并以此展开探讨，以期对广大作者了解科技论文写作技巧、提升投稿命中率有所帮助。

关键词：科技论文写作；命中率；投稿策略

科技论文是从事高等教育和科研工作者的学术思想、学术观点表达的主要形式之一，也是科学技术、科研成果的重要表达方式。撰写科学有效、合乎规范的科技论文，是科研工作者、管理工作者的一种基本技能。笔者在工作中发现，不少作者对科技论文写作的基本规范和要求尚未完全掌握，所投稿件因为一些非质量问题而影响了录用刊用。基于此，笔者结合编辑出版规律，以影响科技论文的非质量因素为切入点展开讨论，以期对广大科研工作者了解论文写作及投稿技巧有所帮助。

1 通过编辑初审

编辑初审"审什么"，其实就是"审模样"。符合目标刊物行文规范，基本要素齐全，图、表、公式精准，文献新而足的论文就是"好模样"。编辑每天面对大堆的稿件，通过对来稿的题名、摘要、引言、判断方法、图表和文献的初审，对论文取舍做出初步判断[1]，对于"模样生僻"的稿件，匆忙之中很容易将其当成"劣质稿件"剔除。自论文映入编辑眼帘的那一刻起，作者与编辑就达成了第一照面，所以论文"模样"一定要让编辑有一见如故的感觉。具体来讲，需要抓以下两个方面。

1.1 抓格式规范

在选定合适(学科专业、期刊定位、目标读者均符合)的期刊后，应遵照目标刊物的格式要求进行写作。规范表达包括基本要素齐全、图形和表格设计合理化以及名词术语、量和单位、公式表达规范化等。在格式规范下，参考文献的规范著录是重中之重，因为一篇稿件的处理很大程度上是对这一部分的处理。编辑在工作中经常出现的问题是，参考文献在正文引文处没有标注，期刊缺少页码范围、书籍文献缺少出版社地址、网络文献责任者不明等。

《编辑学报》陈浩元主编仅2017年，在该刊连续两期(3~4期)刊文："强烈呼吁作者：务必按本刊文章格式撰文"，一位资办刊人的苦心和用意不言而喻。笔者在编辑实践中感知，当一篇符合国家规范并吻合目标期刊模式的论文被放置于编辑面前时，编辑顿时会"爽心阅目"，产生阅读好感[2]。这并不是"以貌取人",而是那些论文无形中传递着一个信息:作者是严谨、科学、认真的,所研究成果可信度高。如此,便有利于文稿通过编辑初审关,顺利进入专家复审关。

1.2 抓摘要前言

现实中,大部分的论文摘要都写成了简介或简评,而不是论文观点的浓缩,这不是水平问题,而是认识问题或者是习惯与态度问题。简介或简评式摘要,实际上是"空摘要",因为它只告诉读者准备就什么论述观点,而没有告诉读者要论述的观点是什么。具体来讲,学术论文的摘要一定要包含四个要素:写作目的、运用方法、实验结果、所获结论。观点浓缩式摘要,直接说明论文观点是什么,若读者对该观点感兴趣,自然会进一步阅读全文。

前言作为论文的开场白,用来交代研究背景、概述论述内容、表明写作目的。具体来讲,前言应包含的内容有:①对当前国内外及前人关于同类研究进行分类概括;②总结已有成果的利弊得失;③基于不足提出自己的写作设想、方法手段和预期结果[3]。在编辑初审阶段,一段有理论深度、立意高度的前言具有吸引注意力、激发好奇心的作用,能瞬间引发初审编辑的阅读兴趣,应作为论文的吸睛之笔慎重对待。

1.3 抓语言润色

一篇具有较高学术价值的论文,如果字词错写误用、语义艰涩晦深,很容易让编辑和专家排斥,因为审阅障碍产生懒惰情绪,不愿意花时间看下去。多年的编辑经验发现,在专业研究领域有建树的写作者,其行文如流水,读来一气呵成,写作功底确实令人赞叹。鲁迅先生曾经说过:"好文章不是写出来的,而是改出来的。"一篇好的文章要经过反复的雕琢与思考、推敲与修改,才能成为一篇美文[4]。而很多年轻的作者在撰写论文时,心气浮躁,论文刚刚完成便迫不及待地投出去,不肯花工夫再通读,这是一种很不负责任的论文写作态度。事实上,学术写作从来不是一蹴而就,精准恰当的词句是在一遍又一遍的推敲思考中实现的,作者要认识到语言润色这一步骤在论文写作中的重要性,养成落笔后多通读几次的习惯,发现不足马上修改,直至文通字顺,这也是投稿前最重要的一个环节。

2 尊重返修意见

作者最终收到的返修意见是期刊编辑部整合专家意见而来的。论文的学术质量评价在专家复审环节进行,由论文所属学术领域具有较高造诣和权威研究的专家完成。编辑部一般指派两名专家对论文"双盲审",专家会站在理论的制高点对论文进行客观评价,若两份评价不统一,还会再三审、四审等,据此,编辑部根据写作规范并结合专家意见,综合而成返修意见反馈给作者。

一份返修意见,代表的是编辑严谨负责的态度和专家客观公正的评价,是办刊人和学科带头人辛劳与智慧的凝结。因此,作者在了解编辑规律的同时,要相信返修意见,心存敬畏、认真修改。这里需要强调的是:首先,面对返修意见,作者不应该按照自己的思路来理解,而应该多换几个角度来审视,针对意见提出的背景和依据,顺着审稿人的思路回答问题[3]。在回复时最好附上修改说明,表示对编辑工作的认可和尊重;其次,作者如果对返修意见存有异议,应该在尊重编辑工作的前提下,通过摆事实、列依据、补充更多的论证材料支持自己的观点;再次,在编辑多次要求返修的情况下,作者应抱着乐意、乐观的心态,克制抵触情绪,要相信编辑的出发点是好的。一篇记录个人学术研究成果,作为调职调级重要评价指标的论文,每次修改对个人学术能力和写作水平都大有增益,多修改几次绝不为过。

3 注重沟通交流

这里说的与编辑的沟通交流有三层含义:一是投稿前的联系,与编辑探讨新近的研究课题、写作思路,询问期刊当前的关注方向和刊发热点,避免盲目投稿。二是关于已投稿件的沟通,主要就返修意见以及刊发日期进行联系,这个时候若有更改刊发时间等其他愿望,便可一并提出来,请编辑酌情安排。三是日常联系。这里要强调的是,在明确期刊出版周期的情况下,不要在集中编校出刊的那几周致电编辑部,本来只是普通的感情交流,却因此打扰编辑的忙碌工作,显得很不礼貌。自投稿至刊发,作者已大致了解了目标刊物的出版流程,可以结合流程的不同内容选准编辑的空闲时间,不失为加强交流、增进情谊的好机会。

随着新媒体技术的广泛应用,稿件采编系统以及微信公众号等在大多数编辑部已全面投入使用,系统留言、微信留言功能便捷实时,这也为作者与编辑的日常沟通提供了很好的平台。总之,利用各种时机与编辑沟通联系,使编辑对作者的科学态度和稿件的学术思想加深了了解,无疑会增加作者在编辑心中的个人"感情分值"和"信任程度",从而更易得到编辑的特殊指导和关爱。果能如此,则可使稿件赢得发表的先机;同时,为相互间长久的友谊搭建起桥梁,无形中会实现写作与投稿效益的最大化。

4 结束语

稿件录用的标准永远是学术第一、质量第一,论文的学术价值并不能一眼可见,但提升投稿命中率的非质量因素却把握在作者自己手里,而且这些因素是完全可以修改和完善的。文字创作是个漫长而枯燥的过程,坚持下去需要毅力,写作要持之以恒,坚持不懈。事实上,期刊与稿件、编辑与作者是一种相互适应、相互融和的整合关系。编辑在审稿时会尽可能对作者的稿件认真负责;作者真正应下功夫的地方,不仅仅囿于投稿策略,更重要的是多参加科研实践、掌握素材、勤于笔耕,保证论文的学术价值。只有颇具学术价值的论文投向期刊,才能真正赢得论文发表的先机。

参 考 文 献

[1] 翁志辉,林海清,柯文辉.论学术期刊审稿环节的优化[J].编辑学报,2016,28(6):532-535.
[2] 吴晓红.从编辑视角分析影响稿件录用的非质量因素[M]//学报编辑论丛(2014).上海:上海大学出版社,2014:65-68.
[3] 陈浩元.科技书刊标准化18讲[M].北京:北京师范大学出版社,2000.
[4] 赵大良.科研论文写作新解——以主编和审稿人的视角[M].西安:西安交通大学出版社,2011.

科技论文高效快速的三校方法

于红艳

(《东南大学学报(自然科学版)》编辑部,南京 210096)

摘要: 以提高期刊编辑工作效率为目的,结合科技论文编辑工作过程中的实践经验,从单篇文章角度探讨如何高效快速地进行三校,并给出一些技巧建议。

关键词: 科技论文; 三校; 高效快速; 工作技巧

工作效率是编辑业务能力的重要体现[1]。编辑工作者在加强自我学习、提高自身水平的基础上,还应了解、掌握必要的编辑工作技巧,以提高工作效率。每篇稿件从收稿到见刊的整个过程中,编辑、排版、校对工作进程大致分为修回、排版、一校、二校、三校、总校。已有不少编辑同人针对期刊如何快速处理稿件进行了探讨[1-7],但大多是从缩短外审时间、发表周期,及有效沟通、运用编辑领域最新软件产品等方面提高编辑工作效率。程利冬等[2]认为快速准确地外审并追踪整个审稿过程,可以缩短专家审稿时间,做到准确快速地处理稿件;贺伟等[7]通过对稿件初审、送审、退修、审读校对等各个环节进行分析,提出缩短高校学报稿件处理周期的方法。孙竹凤[1]提出三个提高学术期刊编辑工作效率的窍门:注意日常积累并建立必要的函件模板,了解并应用编辑领域最新软件产品,日常工作习惯规范化。

本文从编辑实务的角度出发,结合在《东南大学学报(自然科学版)》多年的编辑工作实践经验,以单篇稿件的处理为例,从非责任编辑的普通编辑校对角度对三校工作进行讨论,并探讨了科技论文编校过程中高效快速地进行三校的方法,给出一些建议。

1 高效快速的三校方法

新闻出版署 1997 年颁布的《图书质量保障体系》规定:必须坚持"责任校对制度和三校一读制度"。这两个制度是校对的基本制度。三校的职责是依据原稿核对校样,完成校对职责中的各项任务,消灭一、二校遗留的差错,消灭一切排版上的错误,包括文字、数字、符号、标点、图表、公式等错误及格式错误。简单来说,三校的工作要点即校对错、校异同。

笔者从事编辑工作之初,拿到一篇三校稿,便想着立刻循规蹈矩、认认真真地从头读到尾,以抓紧时间排除一切错误,结果发现这种做法反而效率特别低,而且总是不能始终保持全神贯注,导致很多错误都未能发现,尤其是遇到与笔者专业方向相差比较大的稿件时。因此,科技期刊编辑掌握有效的三校工作技巧很有必要。结合编辑工作实践经验,就单篇稿件而言,笔者给出的针对科技论文的三校方法如下:

(1) 首先查看正文各章节层次是否按照顺序编排,避免因一、二校中删除章节导致顺序不连贯;

(2) 检查图、表排列位置,是否顺序就近排列,是否文先图(表)后;

(3) 检查参考文献、公式在文中标引数字是否连续；

(4) 与原稿核对图、表、公式中文字、变量等是否有遗漏、错误；

(5) 再查看图、表、公式中变量在正文中是否有相应解释，是否在首次提及时解释，字母相同而意义不同的变量要更换字母并分别解释；

(6) 最后详细查看全文内容，检查错误，核对正文、图表、参考文献格式的一致性等。如引言部分引用参考文献时要将作者姓与原稿及文后参考文献进行核对，检查是否有拼写错误；正文分栏或者转页时是否有因排版造成的文字不连贯现象；中文期刊正文中及各图、表中是否有英文名词，应翻译成中文出现；文中单位是否均为法定单位，不可出现废弃单位，不可出现"米""小时"等中文符号；各图横、纵坐标是否都有标目，是否有多余标目现象；图注是否在图题下方；各章节层次标题字体及其大小是否相应一致；表中同一物理量栏目中各数字有效数字位数是否一致等。

2 具体建议

(1) 三校文字不宜改太多，除非错误，着重于图、表等问题；

(2) 只改错的，尊重作者原意；

(3) 摘要及结论中的数字要与正文核对，必须完全一致，不能出现"约"等字眼；

(4) 英文摘要中除结论必须用一般现在时外，研究过程可用一般现在时或者一般过去时，统一即可；

(5) 英文摘要中英文缩写首次出现时必须标全称，且必须是先英文全称再括号中缩写，正文中首次出现时也应标全称；

(6) 基金项目默认从国家到省、市逐级排列，同一项目名称时按项目编号从小到大排列，若作者有结题需要，也可从最相关的基金开始排列；

(7) 结论中列1)、2)、3)等，不分项列的用"结语"；

(8) 参考文献中英文单词注意是否有拼写错误。

3 结束语

提高期刊编辑的工作效率是广大编辑同人的共同愿望，编辑工作者在秉持认真、勤奋的工作作风的同时更要不断总结摸索提高编校工作效率的各种方法。本文结合编辑工作实践经验，针对科技论文中三校过程提出一些编辑工作技巧和具体建议，希望对各位编辑同行尤其是新手编辑有可借鉴之处。因各刊要求有所差异，文中观点亦存在片面和不足之处，一家之言，仅供参考。

参 考 文 献

[1] 孙竹凤.提高学术期刊编辑工作效率的窍门[J].编辑学报,2013,25(5):463-464.
[2] 程利冬,吕雪梅,魏希柱,等.如何准确快速地处理稿件[J].编辑学报,2013,25(3):298-299.
[3] 许花桃.高校学报编辑快速处理稿件的思考[J].中山大学学报论丛,2006,26(9):102-103.
[4] 许花桃,刘淑华,傅晓琴.缩短稿件处理周期的实践[J].编辑学报,2010,22(1):64-65.
[5] 唐耀.对科技期刊审稿周期的思考[J].科技与出版,2011(9):53-57.
[6] 杨巍纳.缩短学术论文审稿周期的思考[J].科技与出版,2005(5):31-32.
[7] 贺伟,黄立海,李玉红,等.缩短高校学报稿件处理周期的方法[M]//学报编辑论丛(2009).上海:上海交通大学出版社,2009:147-150.

关于三线表规范表达作者科学思想的研究

刘珊珊，李晓燕

(中国科学院海洋研究所《海洋科学》编辑部，山东 青岛 266003)

摘要：基于表格的规范要求和普通逻辑中划分的根据必须统一的规则，对表格进行竖表、横表分析，得出表格中竖表、横表必须明确，不能既是竖表又是横表。编辑在修改表格的时候，必须先明确作者的意图，再对表格进行编辑加工，使表格既规范又能准确地表达作者的科学思想。

关键词：三线表；普通逻辑；划分；规范；科学思想

图表是科技论文中一种重要的语言表达形式，该语言基于一种特殊的"语法"，使用规范正确的"语法"制作的图表具有较强的视觉冲击和较高的可读性，能够用最少的篇幅简洁明了地表达复杂的关系，吸引读者的注意力。因此，科学规范地制作图表当是非常重要的，好的图表胜过千言万语。

关于科技期刊中表格规范化的研究文章很多[1-15]，这个话题已经是老生常谈了。但是，本文查阅了 24 种海洋科学、水文学类期刊 2017 年第 1 期，发现每一种期刊中的表格多多少少存在不规范问题。鉴于此，本文总结了多年的三线表规范表达的编辑加工经验，供大家参考。

1 竖表横表要明确

根据《科技书刊标准化 18 讲》[16]、《科学出版社作者编辑手册》[17]，三线表从制作形式上可分为竖向表和横向表。竖向表的表头在上方，表身在下方，表身的内容对应于上面表头的名称。横向表的表头在左边，表身在右边，表身的内容对应于左面表头的名称。基于普通逻辑中划分的规则，划分的根据必须统一[18]。如果划分的根据不统一，划分的结果就会混乱不清[19]。表格的制作，要么制成竖向表，要么制成横向表，如果制成的表格既是竖表又是横表，就犯了划分根据不统一的错误，就会影响表格的清晰表达。作者在制作表格时常常忽略这个问题，例如表 1(节选 2 个分潮的数据，下面 28 个分潮的数据省略)。

表 1 犯了既是竖表又是横表的错误。分析如下：表头中"分潮"对应于表身中的各分潮"M2""S2"，表头中"原始值""等时""不等时"对应于下面表身的数据，因此，这个表是个竖表。但是，"振幅/cm""迟角/(°)"右边的数据与之对应，即表头在左边，表身在右边，因此，这又是一个横表。综合以上分析，表 1 既是竖表又是横表。除此之外，表 1 还有两个错误：①表头名称与表身的内容不对应，如表头为"分潮"，表身中除列了相对应的各分潮符号外，还列了"振幅/cm""迟角/(°)"，造成表头名称与表身内容不对应；又如表头为"大连""北海"，其下面分别

通信作者：李晓燕，E-mail: lixiaoyan@qdio.ac.cn

是"原始值""等时""不等时",表身中的数据是什么"原始值",什么"等时",什么"不等时",即表头的名称不明确,也犯了表头名称与表身内容不对应的错误,同时量的单位不明确;②表题有歧义,是对"大连""北海"两个站位内容的比较呢,还是对"原始值""等时""不等时"这三种情况的比较呢?

表1 大连、北海两站观测、等时与不等时资料调和常数比较

分潮		大连			北海		
		原始值	等时	不等时	原始值	等时	不等时
M2	振幅/cm	96.80	95.75	95.89	45.10	43.05	42.98
	迟角/(°)	287.38	287.0	286.97	178.58	177.82	178.26
S2	振幅/cm	30.43	30.60	30.67	11.05	10.84	10.96
	迟角/(°)	341.04	339.94	340.13	237.09	237.77	237.15

与作者交流得知,作者是对"原始值""等时""不等时"这三种情况进行比较,不是对"大连"与"北海"进行比较。如果将"大连"与"北海"的内容都列在一个表中,表头有很多列,在期刊的通栏中排不开,因此将表1修改成两个表,即对大连、北海各做一个表。修改后的表格是一个竖表,表头与表身的内容相一致,表达得非常清楚。修改后的表1见表2、表3。

表2 修改后的表1(表题为:大连原始、等时与不等时资料调和常数比较)

分潮	振幅/cm			迟角/(°)		
	原始值 (传统方法)	等时 (本方法)	不等时 (本方法)	原始值 (传统方法)	等时 (本方法)	不等时 (本方法)
M2	96.80	95.75	95.89	287.38	287.00	286.97
S2	30.43	30.60	30.67	341.04	339.94	340.13

表3 修改后的表1(表题为:北海原始、等时与不等时资料调和常数比较)

分潮	振幅/cm			迟角/(°)		
	原始值 (传统方法)	等时 (本方法)	不等时 (本方法)	原始值 (传统方法)	等时 (本方法)	不等时 (本方法)
M2	45.10	43.05	42.98	178.58	177.82	178.26
S2	11.05	10.84	10.96	237.09	237.77	237.15

表2、表3,如果只是列出大连、北海的调和常数,那么可以不分为两个,列为一个表,见表4。

表4 修改后的表1(表题为:大连、北海调和常数)

分潮	振幅/cm		迟角/(°)	
	大连	北海	大连	北海
M2	96.80	45.10	287.38	178.58
S2	30.43	11.05	341.04	237.09

做表格时,建议做成竖表,符合阅读习惯。如果表头中只有两列,表身又很长,做成竖表,就会浪费版面,这种情况下,有多种处理办法:①如果改成横表后,通栏正好可以排开,就建议将竖表转置,做成横表,且此横表仅为两条线,即二线表;②如果改成横表,通栏排

不开，则上下排两个横表或多个横表，每个横表都要有表头；③将竖表截成几段，从左至右并列排列，每个大列都要有表头。

2 明确作者所要表达的科学思想后再编辑加工表格

在编辑加工表格时经常会遇到这种情况：怎么也读不懂这个表。这种情况一般有两种原因：一是编者不懂专业，读不懂意思；二是作者表达不规范，表达不清楚。这两种情况，都需要编者与作者进行交流，弄清楚作者的科学思想后，再对表格进行编辑加工。

如，从表 5 中就看不明白作者要表达什么意思。表 5 当中缺少表头，仅列出结果，不符合表格的规范要求。

表 5 用于同化的 Jason-2 高度计观测数据的轨道时刻

2010 年 12 月 15 日								
	01 时	02 时	03 时				14 时	16 时
2010 年 12 月 16 日								
00 时		02 时		04 时		12 时	14 时	16 时
2010 年 12 月 17 日								
00 时		02 时					13 时	14 时	

经与作者交流后，编者将表 5 修改为表 6。作者非常感动，感慨道，编辑工作非常专业，修改后的表格，作者想要表达的思想一目了然。

表 6 修改后的表 5

日期(年-月-日)	轨道时刻(时：分：秒)
2010-12-15	01：00：00
	02：00：00
	03：00：00
	14：00：00
	16：00：00
2010-12-16	00：00：00
	02：00：00
	04：00：00
	12：00：00
	14：00：00
	16：00：00
2010-12-17	00：00：00
	02：00：00
	13：00：00
	14：00：00

又如表 7，表头中有"位置"和"实际位置"，具体"位置"表示什么"位置"？表述不明确。表

头"位置"所对应的表身中的数字也指代不明确，从表中看不出这些数字的含义。表头"滞流点"所对应的表身中的内容排列不规范，同时与表头"位置"所对应的内容不对应。表头中的"实际位置"所对应的表身内容，文字表述不连贯。表头"移动距离"表达不清楚，是什么移动距离呢？而且"移动距离"缺少量的单位。

表 7 长江口各汊道枯、洪季滞流点位置及移动距离（km）

汊道名称	滞流点		位置		实际位置					移动距离
	枯季	洪季	枯季	洪季	枯季			洪季		
北支	A1 A1′	A2	13.7 62.4	67	灵甸港 六滧港	西南 东北	3.2 3.1	八滧港	东北	1.9	4.6~53.3
北港	B1 B1′	B2	34.6 40.3	62.3	鸡骨礁 鸡骨礁	西北 西北	25.8 20.2	鸡骨礁	东北	10	22.0~27.7
北槽	C1	C2	3.4	60.4	横沙	西	5.3	牛皮礁	东南	3.8	57.1
南槽	D1 D1′	D2	20.8 25.5	60	中浚 中浚	西北 东北	6.5 5.5	大辑山	东北	14.1	34.6~39.2

经与作者交流，编者将表 7 修改为表 8。修改后的表格，表头中的名称明确，表身中的内容与表头名称相对应，表身中内容表述准确，而且排列整齐、规则。表 8 既准确地表达了作者的科学思想，形式又美观、规范，排列对仗工整。修改后的表格得到作者的赞许。

表 8 修改后的表 7

汊道	季节	滞流点	距选定参考点位置	实际位置	滞流点枯、洪季移动距离/km
北支	枯季	A1	距 NB1 点 13.7 km	灵甸港西南方向 3.2 km	4.6~53.3
		A1′	距 NB1 点 62.4 km	六滧港东北方向 3.1 km	
	洪季	A2	距 NB1 点 67 km	八滧港东北方向 1.9 km	
北港	枯季	B1	距 NC0 点 34.6 km	鸡骨礁西北方向 25.8 km	22.0~27.7
		B1′	距 NC0 点 40.3 km	鸡骨礁西北方向 20.2 km	
	洪季	B2	距 NC0 点 62.3 km	鸡骨礁东北方向 10 km	
北槽	枯季	C1	距 NP1 点 3.4 km	横沙正西方向 5.3 km	57.1
	洪季	C2	距 NP1 点 60.4 km	牛皮礁东南方向 3.8 km	
南槽	枯季	D1	距 SP1 点 20.8 km	中浚西北方向 6.5 km	34.6~39.2
		D1′	距 SP1 点 25.5 km	中浚东北方向 5.5 km	
	洪季	D2	距 SP1 点 60 km	大辑山东北方向 14.1 km	

3 结束语

本文从两个方面阐述了三线表的规范表达：①三线表中，竖表、横表必须明确，不能做成既是竖表又是横表，一般建议使用竖表；②对看不懂的表格，应与作者沟通，明确作者所要表达的意思之后,再进行编辑加工,使表格既规范又能准确地表达作者的科学思想。

参 考 文 献

[1] 张洁,颜严,杨蕾.科技期刊表格编排格式存在问题浅析[J].中国科技期刊研究,2002,13(1):75-76.
[2] 钱畅.三线表使用中的几个问题[J].中国科技期刊研究,2003,14(6):701-702.
[3] 郑海蓉.医学学术期刊表格常见问题分析[J].中国科技期刊研究,2005,16(4):493-496.
[4] 马奋华,倪东鸿,王小曼,等.三线表设计中栏目设置的探讨[J].中国科技期刊研究,2005,16(6):929-931.
[5] 刘祥娥,林琳.科技期刊三线表使用中的常见问题分析[J].中国科技期刊研究,2007,18(5):900-902.
[6] 葛赵青,杜秀杰,王焕雪,等.关于三线表的争鸣[J].中国科技期刊研究,2010,21(2):226-229.
[7] 刘改换,刘笑达,牛晓勇,等.判别三线表编排规范与否的方法研究[J].中国科技期刊研究,2013,24(4):803-807.
[8] 刘祥娥,林琳.三线表使用中常见的 2 种错误[J].编辑学报,2006,18(4):269-270.
[9] 颜廷梅,任延刚,夏志平.医学期刊中统计表栏目规范设置 1 例[J].编辑学报,2009,21(1):31-32.
[10] 杨青.对三线表编排规范的解读[J].编辑学报,2009,21(1):35-36.
[11] 卢庆霞.编辑加工表格时应重视内容的科学性[J].编辑学报,2010,22(4):314-315.
[12] 赵丽莹,杨波,张宏.科技论文表格设计优化 1 例[J].编辑学报,2010,22(5):418-419.
[13] 李东.几个非常见错误表格的修改实例[J].编辑学报,2013,25(5):437-439.
[14] 王耘,冯金东,刘飚.科技论文表格数据处理的矩阵转置法[J].编辑学报,2014,26(3):246-247.
[15] 王小辰,蔡斐.材料类科技论文表格设计常用见错误剖析[J].编辑学报,2017,29(1):39-40.
[16] 陈浩元,郑进保,李兴昌.科技书刊标准化 18 讲[M].北京:北京师范大学出版社,1998:130-139.
[17] 汪继祥.科学出版社作者编辑手册[M].北京:科学出版社,2004:104-111.
[18] 《普通逻辑》编写组.普通逻辑(修订本)[M].上海:上海人民出版社,1987:40-46.
[19] 刘珊珊,徐雯.普通逻辑在科技期刊学术编辑加工中的应用[J].中国科技期刊研究,1999,10(增刊 1):35-37.

医学科技论文英文题目及结构式摘要的编辑修改及质量探讨

王卿，罗杰，郭昊，程春开，李昕

(《徐州医科大学学报》编辑部，江苏 徐州 221002)

摘要：医学期刊论文中英文题目及结构式摘要的编辑修改，直接关系到整篇论文的质量，在论文编辑加工过程中占据着重要的地位，是编辑加工的重要环节之一。结合医学科技论文的特点，探讨医学期刊论文中英文题目和结构式英文摘要各项目的编辑修改方法，以提高医学科技论文质量，提升刊物影响力。

关键词：医学期刊；论文；英文题目；结构式英文摘要

1 医学科技期刊论文中英文题目及结构式摘要的现状

据不完全统计，我国的医学期刊涵盖了多种类型，种类多达 2 000 余种[1]。论文的书写，尤其是发表在期刊上的论文几乎都要求使用英文描述论文的题目、作者单位、摘要、关键词等部分。因此，英文表达就特别重要。然而，我国出版的中文版期刊论文，尤其是医学科技期刊论文，英文题目和英文摘要的语言表达存在多种问题，由于医学的特殊性，关乎人的健康和生命，英文表达错误很可能造成严重的后果，是不允许出现的。针对出现的严重语言问题，需要引起我们足够的重视，作者需要把把英文题目和英文摘要的撰写当作论文写作的重要环节，编辑也要把其当作编辑加工的重点和难点环节。众所周知，科技论文英文摘要在整篇文章起到引领的作用，方便了海内外读者的阅读和交流，也是作者与读者交流沟通的桥梁。英文题目和英文摘要的质量关系到期刊和文献的摘引率，关系到期刊的影响力，高质量的英文摘要和题目可促进我国优秀科研成果的传播与交流。

英文题目和英文摘要在文献检索系统中能够起到筛选的效果，国外部分重要检索机构的数据库收录系统对英文摘要搜索引擎的辨识能力越来越强，并严重依赖论文的英文题目。因此，语言表达越是精准的英文题目及摘要越能够被检索出来，而有语言问题英文表达存在不被检索的可能。为了提高期刊论文的摘引率和影响力，提升对读者的吸引力，有效地对来稿中的英文摘要进行编辑加工，英文编辑肩负义不容辞的责任。

首先，论文题目的审核是第一步，也是重要的一步。英文编辑先要审核论文中的英文表达是否正确，才能进行编辑和修改。结构式摘要和非结构式摘要是科技期刊论文摘要的两种重要形式。结构式摘要又可以细分成多种摘要形式，常见的有简明型结构式、四段式及完全型结构式摘要[2]。四段式摘要主要将目的、方法、结果、结论囊括在内；而完全型结构式摘要

基金项目：江苏省科技期刊研究基金(JSRFSTP2017B05)

通信作者：郭昊，E-mail: 1545007308@qq.com

比较全面，包括了研究背景、研究目的、研究设计、论文筛选、主要结果的测量方法以及测量结果。当然，由于摘要结构的局限性，为了更准确地了解论文的价值，在完全型结构式摘要的基础上，增加了研究缺陷这一项，使论文更为客观，评价更为中肯。目前而言，我国出版的医学期刊，"结构式"和"非结构式"摘要居多，主要是"简明型结构式摘要"，撰写的要素较少。

医学期刊对英文摘要有明确的要求，要体现相对独立性和自明性。中华医学会系列杂志收录的论文，其摘要基本都具备目的、材料与方法、结果、结论这四要素[3-4]，即结构式摘要。此外，"国际医学期刊编辑委员会"对结构式英文摘要还有字数的要求，结构式摘要通常250个实词为最佳，非结构式英文摘要约为150个实词。简明型结构式摘要在期刊论文中已使用20余年，但由于其简约的局限性仍未被国际名刊采纳；反之，我国的期刊论文对摘要的撰写却广泛运用此形式，这是由于结构式英文摘要具有层次分明、条理清晰的优势，但也存在语言表达定式化和机构化，文风刻板等不足[5]。另外，医学论文英文摘要从报道的角度来划分，可以分为指示性摘要、报道性摘要、报道或指示性摘要和结构式摘要四种。下文将就如何对论文的题目及结构式英文摘进行编辑加工做出具体阐述。

2 英文题目和摘要的编辑加工

2.1 英文题目

题目是论文的论点，起到画龙点睛的作用，题目需要具备准确、完整、具体、高度概括的特点，同时兼顾吸引力。首先，编辑修改的任务是核对，对题目英文表达的准确度进行核对，对出现直译的英文表达做出修改。经过长期的核对和校验，国内医学期刊登载论文的英文题目存在着诸多问题：副标题使用频率少、缺乏完整句子、广泛应用冠词、字数冗杂、中心思想表达不充分等。针对以上的问题，英文编辑对题目的编辑修改要具有针对性：①使用副标题以丰富题目表达的内容，缩短长题目的词汇量；②删去多余的英文冠词；③应用完整句子表达英文题目，表达结论要充分体现"受试对象""处理因素"和"结果效应"三要素；④精简英文题目字数，复杂累赘的词汇可以舍去，包含的一些关键词可以保留。英文题目必须准确、精炼，尽可能给读者提供更多的有用信息并利于精确检索。

2.2 英文摘要

2.2.1 目的(objective)项的编辑加工

"目的"项里主要表达研究或观察的目的，运用在结构式英文摘要里，用于表达文章撰写的研究背景和文章意图。因此，英文的目的性要求紧密围绕研究目的或研究背景叙述，删除多余的不相关的内容。"目的"项目的英文表达通常使用 to 的动词不定式和完整句子，采用动词不定式短语来表达，使用简单、明了的主动语态，时态主要采用一般现在时或一般过去时，这种修改方法具有普遍的实用性。"目的"部分应避免简单重复题目中的已有信息。康素明等[6]认为编辑可以结合结构式摘要的"结论"、论文的"前言"等部分来避免"目的"项与题目的简单重复。

2.2.2 方法(method)项的编辑加工

由于生物医学研究需要实验描述来增加其可信度，"方法"项目的基本步骤应该写全以下要素：①实验对象的选择方法，包括分组情况、方法、样本量、对照组设置等；若实验对象为患者，还应列出患者的年龄、性别及其他与本研究相关的重要特征。②实验观察、分析的方法，及对数据的统计分析方法。基于方法项的要素，编辑修改的注意点为：其一，检测、观察、统计过程使用的英文表达，时态为一般过去时，语态多为被动语态，主动语态易造成主观性，有主观因素影响之嫌。其二，句型多采用"主-谓-宾"类似的结构，句首为检测对象，句尾为检测方法。被动语态着重强调实验的结论和结果，避免提及实验的相关执行者，使用该语态更为客观。近年来医学发展突飞猛进，国外医学期刊的发展也发生了很多新变化，国外医学期刊摘要中"方法"项主动语态使用增多，赵娟等[7]研究表明，我国医学科技论文摘要中"方法"项存在被动语态过度使用的现象。

另外，需要注意的是，部分文献的方法项目不明显，存在有的"结果"项目涵盖"方法"项，有的甚至在"方法"项里列举了"结果"项里的内容，即结果与方法的信息异位。因此，应特别注意项目类别的辨别，采取相应的英文表达方法。

2.2.3 结果(result)项的编辑修改

"结果"项目的撰写包括以下内容：研究的主要结果，表现为具体数据和统计资料。"方法"项中的检测指标，"结果"项均应提及。表达时态一般都采用一般过去时，语态可采用主动语态和被动语态。同上，被动语态的使用频率较高，这是由于采用主动语态进行表达容易产生主观因素的影响。但对于某些特殊情况，如结论是根据结果而推导出的论断，这种结果的表达使用主动语态较为合适，主观色彩浓厚更为契合作者的意图，采用高度概括性的词汇，且时态一般采用现在时态或现在完成时，明显区别于一般过去时态，是由于此结论具有主观性。此外，结论表达的内容属于理论性或类似真理性的东西，一般采用一般现在时。

2.2.4 结论(conclusion)项的编辑修改

结论是根据结果而推断出来的论断，其需要具有较高的概括性，所以在对结论进行表达的过程中，可以采取主动语态或是被动语态，但使用主动语态的频率明显高于被动语态($P<0.05$)。通常情况下都采用现在完成时、一般现在时等现在时态，而往往较少采用一般过去时，且一般过去时态与现在时态的使用频率差异具有统计学意义($P<0.01$)[8]。结论中描述的内容与真理类似或属于理论性内容，通常采用一般现在时态进行表达。如若按照结果推断所得结论仍存在可能性或局限性，则需要将 may 或 might 等情态动词置于谓语动词前，例如："ZD55-SPAG9 can inhibit the proliferation and invasion of PC-3 and DU145 cells, which may be associated with epithelial-mesenchymal transition."

2.2.5 关键词(key words)的编辑修改

关键词的英文表达较为简单，在 Medline 中提供的主题词词库里查找更为方便快捷。在词库进行查找存在缺陷：与时俱进的词汇很难高效率地被引入，部分术语收入到《医学主题词表》(Medical Subject Headings, MeSH)存在时间差，若为专业词汇，可直接将该术语代替词汇，作为关键词。使用术语作为关键词要注意：由于医学论文中使用的术语大部分为合成词，术语的拼写单词使用的实词多，合成词篇幅较长，对于中文的新兴词汇，英文编辑需要对术语进行再加工，要根据构词法对关键词部分进行编辑加工时，保证拼写正确，并通过搜索引擎核查其准确性。

3 结束语

综上所述，中文版医学期刊论文的英文题目和摘要需格式标准，语言流畅，表达精准，符合国际标准，才能进入国际重要检索系统。电子媒体的推动，国际重要检索系统收录功能发挥了重要作用，提高了中国医学期刊论文的摘引率和影响力，吸引了更多海内外读者，推动中国的医学行业发展并促进中文版医学期刊与国际期刊接轨。因此，提供准确的专业术语，尤其是新近引入的专业术语，并对语言及格式进行编辑尤其重要。英文编辑在进行编辑加工时，要全面阅读论文全文，把握论文的精髓和作者意图之后，再进行编辑修改，不能把精力仅放在格式及语言上。英文编辑需要在掌握语言知识的同时兼备医学知识，平时多关注国际上医学专业权威期刊，拓宽学术眼界，提高专业敏感性，因英文摘要的受众主要是国外读者，故语言的表达须符合母语为英语的医学专业人员在其专业领域的表达习惯。

参 考 文 献

[1] 黎有文.医学期刊的现状和出路[J].医学文选,2006,25(3):495-497.
[2] 刘会婷.医学期刊论文来稿中英文摘要常见错误分析[C]//中华医学会第十九次全国医学信息学术会议,北京.2013:369-371.
[3] 范华泉,冷怀明.医学期刊论文中英文题目及结构式摘要的编辑修改[J].中国科技期刊研究,2011,22(5):788-790.
[4] 程翠.医学论文结构式摘要存在的主要问题[J].黄冈师范学院学报,2013,33(3):94-96.
[5] 吴涛,赵娟,袁天峰.中外医学科技期刊英文摘要写作对比分析与建议[J].中国科技期刊研究,2013,24(3):609-612.
[6] 康素明,赵晓军.医学论文摘要的"目的"部分不应重复题名中的信息[J].中国科技期刊研究,2007,18(1):169-170.
[7] 赵娟,吴涛.中外医学论文中被动语态、主动语态使用的比较分析[J].中国科技期刊研究,2009,20(4):168-171.
[8] 范华泉,冷怀明,郭建秀.我国医学期刊论文英文摘要典型错误分析[J].中国科技期刊研究,2004,15(1):104-106.

从学术传播的角度谈科技论文写作

吴万玲

(北京化工大学学报(自然科学版)编辑部,北京 100029)

摘要: 尽管我国科技论文的数量已位居世界前列,但仍存在质量不高、引用率较低等问题,除了缺乏研究原创性,论文的写作水平不高是一个重要原因。编辑在为作者提供论文写作指导时,需从学术传播的角度结合自身的行业特长与经验指导论文的修改。不同于提供一般的写作方法技巧,在参考国内外关于科技论文写作指导方法的基础上,结合自身实践经验,提出了写作的角度、文章的逻辑以及重要性排序等 3 个易被忽视的方面,建议在对作者进行写作指导时予以重视,以切实提高论文的写作质量,增强传播效果。

关键词: 科技论文写作;学术传播;写作的角度;文章的逻辑;重要性排序

近年来,随着我国科研实力的迅速提升和对科技期刊建设投入的增加,国内科技期刊得到了快速发展,有一批优秀期刊被国际上重要的数据库收录,有部分期刊甚至跻身同领域内高水平刊物行列。围绕如何提高办刊水平、如何扩大刊物影响力,已有很多相关的讨论和研究工作。然而,刊登论文的质量是决定刊物水平的核心因素,完善的平台建设、先进的传播机制,归根结底都是为内容服务的。学术期刊作为内容的提供者,肩负着发现、整理、加工优秀学术成果的使命。许多国际知名的学术出版机构都会为作者提供写作指导服务,包括邀请有丰富论文写作经验的学者撰写指导文章、开展作者讲座、提供有关论文写作的网络课程等。我国科技论文的数量已位居世界前列,但整体来看存在着质量不高、引用率较低的问题,主要原因可归结为研究工作的缺乏原创性和成果表述的草率[1]。编辑在出版过程中扮演着为作者提供论文写作指导的角色,而这种指导又不同于该领域专家的写作指导,更多的是从学术传播的角度,结合自身的行业特长与经验指导论文的修改。目前国内关于科技论文写作指导的文章大多只是关注于标题、摘要、结论等部分的撰写方法[1-3],本文在参考国内外科技论文写作方法指导的基础上,结合自身的工作实际,提出了一直以来在论文写作中被忽视的影响传播效果的几方面因素,以期为帮助作者提高写作水平、提供系统的写作指导提供借鉴与参考。文中所举例子均来自笔者在工作过程中加工整理的稿件。

1 写作的角度

要使论文被审稿人认可、被读者引用,只是按部就班地写出所做的工作是不够的,还需要让读者确信这项工作的正确性和重要性,且可以为同领域内其他学者提供帮助与启发[4]。因此,作者写作时所处的角度非常重要,可以说是影响一篇论文传播效果的重要因素。与只是站在展现作者自己科研思路、研究成果的角度相比,从读者角度出发,站在论文是为读者提供信息的角度而写作会得到更好的传播效果。

1.1 常见的问题

(1) 将作者已知默认为读者已知。一般作者在撰写论文时都已经历了前期的文献调研、可行性论证、实验实施、数据的分析总结等阶段，对所研究课题投入了很多的精力和思考，因此在开始论文写作时对内容已经非常熟悉。而带着这种心态进行论文的写作，很容易造成专业术语或缩写滥用、句子语义不明确、前后内容跳跃过大等问题。就笔者接触过的此类实例，作者通常的误区是将作者已知的信息等同于了读者已知。这类问题较多地出现在摘要、实验方法、结果与讨论部分。尤其值得注意的是摘要部分，作者站在自己的角度忽略必要信息的说明，或不加解释地使用专业术语和缩写，会将潜在读者限制在一个狭小的专业范围内，影响文章的传播和引用。以下是一个摘要中的句子：基于蜂蜜中四环素残留的间接竞争酶联核酸适体分析法(ic-ELAA)研究，就 ELAA 中非特异性吸附的影响因素进行了细致分析并探讨了降低非特异性吸附的措施。在这个长句中，包含了大量的信息，其中，最为大众所熟知的词语是蜂蜜，其次是四环素残留，然而若没有相关的专业知识，则很难明白非特异性吸附、间接竞争酶联核酸适体分析法(ic-ELAA)和蜂蜜中的四环素残留有何关系，对于作者来说这是他已经熟知的一个知识，可能认为无需写明，然而对于更大范围的读者来说要完全理解这句话的意思并不容易。

(2) 局限于论文现有成果[4-5]。此类问题常见于摘要和结论部分。作者只关注于如何将自己的研究发现和结果展现出来，往往忽视了站在一个更高的角度对研究结果进行论述。实际上，在学术传播的角度，与作者在研究中的发现相比，更重要的是这项研究成果能够带给他人的启发。有很多文章的结论仅仅是主体部分各个要点的简单总结，太过具体于某些实验数据与条件，反而失去全局性，看不出会对该领域的其他研究带来何种影响，自然不会给读者留下深刻印象。以下是一个结论的例子：作为氧还原反应的催化剂，N-G-F 材料具有较正的起始电位(-0.1 V)，较高的峰值电流密度，其中动力学电流密度 J_k 达到 9.1 mA/cm^2，并且具有四电子转移反应特征，这些性质均优于商业化的 Pt-C 材料。因此，所制备 N-G-F 材料是一种较好的氧还原反应催化剂。此结论的落脚点在于文章所制备的材料是一种比目前商业化产品性能更好的催化剂。读者通过对文章主体部分的阅读，可以了解该材料的制备过程、主要性质及性能，又通过结论部分获知了该项工作的主要成果。除此之外，读者还能从结论中获得什么信息吗？恐怕没有。这就是一个典型的仅局限于论文现有成果的写作。

1.2 以读者为中心的写作

以学术交流为目的的论文写作不是自说自话，而是在写作过程中始终意识到读者的存在，关注文章的可读性，以及文章内容会带给读者的帮助。

以下是对 1.1 节问题(1)的摘要中句子修改后的版本：以检测蜂蜜中的四环素残留为例，构建间接竞争酶联核酸适体分析法(ic-ELAA)，就 ic-ELAA 中非特异性吸附的影响因素进行了细致分析，探讨降低非特异性吸附的措施。修改后的句子分为了 4 个短句，将间接竞争酶联核酸适体分析法(ic-ELAA)、非特异性吸附和蜂蜜中的四环素残留的关系清晰地表述出来，并且将文章所做工作分了 3 个层次进行表述：先构建方法，再分析影响因素，最后探讨措施。与原来的版本相比，更易被较大范围的读者所理解，可读性大大提高。

1.1 节问题(2)的结论修改后的版本如下：作为氧还原反应的催化剂，N-G-F 材料具有较正的起始电位(-0.1 V)，较高的峰值电流密度，其中动力学电流密度 J_k 达到 9.1 mA/cm^2，并且具有四电子转移反应特征，这些性质均优于商业化的 Pt-C 材料。因此，所制备的 N-G-F 材料是一种发展前景良好的氧还原反应催化剂，它较好的催化活性，使得由无金属催化剂替代贵金属催化剂成为可能。与之前的版本比，修改后的结论不仅展示出了论文工作的主要成果——得到具有良好催化活性的材料，并更进一步向读者揭示了此项工作对该领域的意义——无金属催化剂替代贵金属催化剂成为可能，它站在为后续工作和其他研究者提供启发的角度，从一个较为平淡的结论变成了一个更有可能给读者留下较深印象的结论。

2 文章的逻辑

2.1 常见的问题

一篇优秀的科技论文不仅需要出色的科研成果，更需要将这些科研成果富有逻辑性地表述出来。逻辑将文章中的语句、段落粘合为一个整体，清晰的逻辑可以使文章结构条理、主题突出，读起来流畅自然。原本很好的工作成果，如果写作时对逻辑问题不加以注意，审稿人、读者对其的认可度很有可能大大降低，从而影响文章的传播。本文中的逻辑问题分为语句的逻辑和结构的逻辑。

句子的内部，句子与句子之间，都需要有清晰的逻辑关系，而一些文章中的语句常常是前后跨度太大，词语和语义没有延续性，或者从一个话题突然转向另一个话题，没有丝毫的过渡，让读者很难明白作者的思路所在。下面是一篇文章引言中的第一句话：铝合金在侵蚀性离子环境中会发生腐蚀，局部腐蚀是尤为严重的腐蚀行为，α-Al 固溶体作为阳极被腐蚀[1]。多数读者对此句想要表达的意思都会有些困惑，主要原因在于最后一句与前两句之间缺少逻辑上的连续性。从前两句得到的信息为铝合金发生腐蚀、局部腐蚀尤为严重，而最后一句的内容与前文的信息间有何联系却没有写明，因此有必要在它们之间建立逻辑上的联系，具体为：铝合金在侵蚀性离子环境中会发生腐蚀，局部腐蚀是尤为严重的腐蚀行为，在局部腐蚀过程中 α-Al 固溶体作为阳极被腐蚀[1]。修改后的句子通过在最后一句添加一个介词短语，建立了与前句的逻辑联系，使整个句子的意思变得清晰。

结构的逻辑问题常见于引言和结果与讨论部分。引言是基于该领域的已知从而说明论文在何方面填补了未知，它的作用不是综述文献而是树立问题[6]，而有相当一部分文章的引言对于相关研究工作的说明只是举例文献的堆砌，读者既无法看出文献之间的关联，也看不出文献与文章主题的关联。这种逻辑的缺失使得引言无法起到应有的作用，既不能为读者提供系统的研究背景，也体现不出论文工作的价值。结果与讨论部分是一篇论文学术思想的精华所在，围绕结果进行的讨论决定了一篇文章学术水平的高低。在结果与讨论中，数据需要进行分析讨论才有意义，脱离了诠释的数据只是数字而已。然而总有一部分文章的结果与讨论只有对图、表中数据的描述，根本没有相应的解释说明，这对于表现文章主题几乎是没有帮助的。对于另外一些论文，则很难看出结果与讨论各部分间及其同文章主题间的关系。把与主题不相关的结果放在论文中，主要是由于这些作者认为实验已经做了，如果不写在文章里，数据会浪费，但是这样的结果放在文章中反而会起到干扰主题的作用。结果与讨论各部分间的排序也需要具有逻辑性，或者是按照时间顺序，或者是按照与主题的相关性顺序[5]等等，不注意这一部分的逻辑，会造成整体结构散乱，无法很好地对主题进行阐述说明。

2.2 语句的逻辑与结构的逻辑

建立语句间的逻辑包括两个方面：①合理安排旧信息与新信息的位置[7]。所谓旧信息是指前文中已出现的概念，而新信息则是将要出现的需要加以介绍或强调的部分。合理安排两者的位置即考虑到阅读时逻辑的连贯性，旧信息应放于句首作为主题，新信息则放于句子的后半部分用以强调，这样可以为读者消除前后句子间的逻辑间隙。如：实验系统主要由气体输送系统、液体输送系统和冷凝室组成。气体输送系统包括风机、蒸汽发生装置、电加热器；液体输送系统包括离心泵、储水池和冰水机。在第二句中，"气体输送系统""液体输送系统"是旧信息，"风机、蒸汽发生装置、电加热器"以及"离心泵、储水池和冰水机"是新信息，旧信息作为句子的主题放于句首，起到承接上文语义的作用，而新信息放于句子的后半部分作为新的概念出现，是作者想向读者介绍或强调的部分。②表示逻辑关系的关联词语的正确使用，如然而、但是、因此、所以、首先、然后、再，等等。这些关联词的使用可以帮助读者理解前后语句间的逻辑关系，有助于语义的清晰表达。如：使用超声波联合双氧水的方法对连续碳纤维(CCF)进行不同时间的表面氧化处理，以聚酰胺(PA)为基体，热压制备连续碳纤维增强聚酰胺树脂复合材料。这句话是一篇文章的摘要里对所做工作的描述，连续碳纤维增强聚酰胺树脂复合材料是由连续碳纤维作为增强体、聚酰胺作为基体制得，对于制备过程来说，存在一个先后次序，而原句中并没有对此逻辑关系的说明，以至于读者可能需要一定的专业基础才能对此制备过程有清晰的了解，要增强这句话的逻辑性，只需要简单地加一个表示先后次序的关联词即可：使用超声波联合双氧水的方法对连续碳纤维(CCF)进行不同时间的表面氧化处理，再以聚酰胺(PA)为基体，热压制备连续碳纤维增强聚酰胺树脂复合材料。

结构间的逻辑包括局部结构和整体结构。引言、实验部分、结果与讨论、结论等是一个个局部结构，局部结构内部需有其自己的逻辑。以引言为例，引言部分通过介绍课题背景、相关研究工作，从而提出待解决的问题或领域空白，再进一步说明论文工作在何方面、何种程度上解决了此问题[6]，这是引言的意义和作用所在，课题背景的阐明、文献的列举，都是为此目的服务的。依照这个逻辑撰写引言，可避免举例文献简单堆砌、引言作用不明确等问题。而整体结构逻辑的基础是全文需有一个明确的需要阐明的主题[8]，各个部分都是为阐明此主题服务的。在撰写每一部分时，需认识到此部分对文章主题有何作用，怎样可以更好地对主题进行阐述。在论文写作过程中始终保持这种整体的逻辑，可使全文结构紧凑、主题明确。此外，还需注意首尾呼应的问题，即结论和引言要达到某种程度的呼应，从引言的提出问题，到结论中对此问题在某种程度上的解决[4]，这种逻辑上的完整性是一篇优秀论文的必要条件。

3 重点语句的位置

3.1 常见问题

重点语句位置的摆放问题常见于结果与讨论部分。结果与讨论部分是一篇文章可以给审稿人和专业读者提供关键信息最多的地方，此部分大多围绕实验数据诸如图、表展开，每一个段落都有需向读者说明的问题。那么，段落中的重点语句应该放在什么位置呢？很多作者的习惯是由浅入深，循序渐进，即先对现象进行描述、分析，最后给出结论，先解释，后解答。这符合作者的思维、推理过程，然而站在面向读者的角度，却并不是一个较好的写作策略。推导、分析过程固然重要，但作为读者，往往更关注问题的答案。按照作者的思考进程写作，读者要读完整个段落才能得到最重要的信息，如果段落太长，甚至都不能保证读者会始终跟随作者的思路直至到达末尾的结论。以下是一段围绕结果的讨论：

所有样品的 l_k 值都在 0.35 nm~0.40 nm 范围内，表明在本文工作中，不同链结构并没有对聚氨酯链的柔顺性产生明显影响。然而，聚氨酯链中不同的非平面环含量却对链弹性产生了较大的影响。如图 3(a)所示，K_s 随 IPDI 含量，即非平面环含量的增加而几乎线性减小。可以通过 IPDI 含量最低和最高样品的 K_s 值，大致估算出其他样品的 K_s 值。K_s 越小，说明分子链的弹性越好，更易被外力拉伸。由于 IPDI 系列样品的结构和软段含量是相似的，以上结果表明是硬段中非平面环含量的差异导致了分子链弹性的变化。当施加相同的外力时，含较多非平面环的分子链更容易形变[7]。

这段讨论就是典型的按照作者的思维进程来写作的，由现象到结论，由解释到答案。就这一段的内容而言，其试图说明的主要问题可以认为是最后一句，即"当施加相同的外力时，含较多非平面环的分子链更容易形变"，这也应该是作者最希望读者记住的部分，但就效果而言，它所在的位置却并不能起到强调的作用。将结论放在最后符合实际分析过程，然而作为全段最为重要的信息点，结论放在最后并不符合读者的阅读需求。

3.2 重要性顺序排列

按照重要性排列意味着将重要的信息放在段落的开始[4-5]，结论、答案在前，对结论和答案的解释说明在后，且根据解释说明与结论的相关程度排列它们的先后次序，最相关的放在前面，次要的在后面。这种把重要的放在最前面，而不是留在最后面的写作策略，可以使读者迅速抓住最有价值的信息，了解整个段落要阐明的主要问题。以下是对3.1节中的例子修改后的版本：

当施加相同的外力时，含较多非平面环的分子链更容易形变[7]。图3表明，聚氨酯链中不同的非平面环含量对链弹性产生了较大的影响。如图3(a)所示，K_s 随 IPDI 含量，即非平面环含量的增加而几乎线性减小。可以通过 IPDI 含量最低和最高样品的 K_s 值，大致估算出其他样品的 K_s 值。K_s 越小，说明分子链的弹性越好，更易被外力拉伸。而所有样品的 l_k 值都在 0.35 nm~0.40 nm 范围内，表明在本文工作中，不同链结构并没有对聚氨酯链的柔顺性产生明显影响。由于 IPDI 系列样品的结构和软段含量是相似的，以上结果表明是硬段中非平面环含量的差异导致了分子链弹性的变化。

修改后版本将原来最后一句的结论放在了段落的开始位置，紧随其后的是结论的直接论据，用以支持该论点，而将与结论关系不密切的语句后移。这种按照语句重要性的重新排序，使得重点部分得到强调，段落的主题得以突出，整体的结构更加清晰。

4 结束语

提高期刊水平、扩大论文的影响力应从源头上着手，即从改进论文的可读性、可传播性出发，打造高水平的论文。编辑在实际工作中，要广泛吸收国内外关于科技论文写作的经验指导和方法总结，针对作者易忽视的写作误区，在写作的角度、文章的逻辑以及重要性排序等3个方面加以重视，协同作者使论文的质量和传播效果更上一个台阶。

参 考 文 献

[1] 马晓华,杨立涛,徐梅,等.科技期刊编辑扮演双重角色提高论文被引频率[J].编辑学报,2014,26(增刊1):41-44.
[2] 王晓华,闫其涛,程智强,等.科技论文中文摘要写作要点分析[J].编辑学报,2010,22(增刊2):53-55.
[3] 林本兰,刘俊英,蒋滔,等.高校学报化工类学术论文摘要的写作方法[M]//学报编辑论丛.2008:102-105.
[4] English Communication for Scientists Unit 2: writing scientific papers [EB/OL]. [2017-08-01]. http://www.nature.com/scitable/ebooks/english-communication-for-scientists-14053993/118519636#bookContentViewAreaDivID.
[5] WELLS W A. Me write pretty one day: how to write a good scientific paper [J]. The Journal of Cell Biology, 2004, 165(6):757-758.
[6] VITSE C L, POLAND G A. Writing a scientific paper: a brief guide for new investigators [J]. Vaccine, 2017, 35:722-728.
[7] GOPEN G D, SWAN J A. The science of scientific writing [J]. American Scientist, 1990, 78(6):550-558.
[8] GEMAYEL R. How to write a scientific paper [J]. The FEBS Journal, 2016, 283: 3882-3885.

艺术类期刊论文初审刍议
——以《创意设计源》为例

李 治

(《创意设计源》编辑部，上海 201808)

摘要：艺术类普通期刊存在稿源不足、退稿率低、稿件质量不佳的情况，结合实际工作积累的审稿经验，提出树立编辑作者观、把控论文要点、认真撰写初审意见等工作方法，并进一步对论文题目、摘要、层级标题、文献材料、格式规范等要点提出具体的初审工作流程，以期从宏观和微观两个方面提高稿件初审的效率和效果，促进稿件最优化修改，提升艺术类期刊的出版质量。

关键词：艺术类期刊；编辑实务；论文初审

我国期刊出版工作经过长期发展探索，形成了"三审、三编、三校、一读"的工作流程。这其中，稿件初审作为整个出版流程的起点，直接关系到稿件质量的评估与把控，关系到后续编校工作的开展，关系到最终的出版质量。对于期刊编辑而言，根据自身期刊定位和稿件特点，结合学科知识和期刊编校方法，形成符合期刊发展与建设需要的稿件初审工作方法流程与经验，显得至关重要。艺术类期刊因为其学科领域的特殊性，作者的写作水平相对薄弱，稿件质量一般，初审工作相对复杂。为此，笔者结合艺术类学术期刊《创意设计源》稿件初审工作实践，提出一些工作方法与经验，供同行参考。

1 树立编辑作者观，争取作者最优化修改

艺术类学术期刊编辑在进行稿件初审时，应充分考量作者的实际情况，树立编辑作者观，尊重作者的劳动成果，体谅作者写作的不易，关心爱护作者，认真负责，不随意退稿，尽量争取作者对稿件进行深入修改[1]，对于稿件的可取之处要给予肯定，对存在的不足要予以指出，必要时给出相应的参考意见，以诚恳的态度和作者一起磋商。

《创意设计源》作为艺术类学术期刊，主要面向美术与设计领域传播最新学术动态和研究成果，论文内容涉及设计学理论与实践研究、艺术史研究、文化遗产研究、工艺美术理论与实践研究等。在日常审稿和编校工作中，笔者发现，期刊稿源的质量普遍不佳，诸如学术性不强、选题创新性和研究价值不高、规范性欠缺、逻辑结构紊乱、材料使用不当、学术不端等问题较为突出。艺术类期刊稿件质量不佳，在一定程度上是由艺术类学科特点决定的。艺术类人才培养较为重视技能与表现技巧的训练，学术训练相对缺乏。

《创意设计源》的稿源中，来自全国高校艺术类专业的青年教师、青年学者和艺术设计领域行业精英的稿件占了很大比重。这些作者普遍擅长形象思维、感性思维、艺术创造和视觉语言的表现，但是他们欠缺理论研究能力与学术表达能力。在投来的稿件中，一些青年教师和学者不乏新颖的观点和创见性的想法，一些行业大师和精英的实践经验非常具有推广和

传播价值，但由于他们自身缺乏足够的学术研究能力或学术论文写作经验，反将论文的"闪光点"湮没在有问题的论文中。因此，艺术类期刊编辑更应充分爱护和关心投稿作者，不仅要依据期刊论文的格式规范提出修改意见，还要结合自身知识背景和审读经验，对论文的学术价值做出初步评估和判断，指出论文中可取与不可取的地方，引导作者删繁就简、去芜存菁；在发送初审意见时，还需附上期刊的"投稿须知"和"格式要求"。上述做法，旨在通过期刊编辑初审工作，尽量争取作者对稿件进行最优化修改，使文章的内容和格式最大程度达到学术论文的标准和要求。

2 把控论文要点，形成初审工作流程

2.1 论文题目的初审

论文的题目要能够体现论文的主要研究内容或方向，标题应简练明确、高度概括，一般不超过 20 个字[2]，必要时可以通过增加副标题调整研究角度或限制研究范围[3]，提升标题的精准性。例如，一篇稿件最初投来的题目为《博物馆设计展览图录的多种可能性》，初审之后，编辑针对标题提出了两点修改意见：①标题中的"设计"一词有名词和动词两种词性，因此标题和正文中出现的"设计展览图录"宜改为"设计类展览图录"，避免读者产生理解上的歧义；②标题中"多种可能性"的说法过于含糊，难以体现研究重点。经过与作者反复沟通与推敲，这篇论文的题目最终修改为《博物馆设计类展览图录功能性研究》[4]。

题目的初审还要注意过大、过小、偏题等问题，结合文章整体内容提出修改意见。编辑在对论文整体进行审读时，要不断地推敲论文题目与文章内容是否契合，是否符合期刊定位与期刊栏目的需要。例如，一篇题为《传统节日与现代社会的碰撞——以赣南客家清明节为例》的稿件，编辑初审后认为主标题中"传统节日与现代社会的碰撞"这一说法，所包含的研究范围过于宽泛，缺乏问题的指向性和针对性，根据论文的内容和主要观点，建议作者将论文题目修改为《传统节日民俗价值的缺失与重塑——以赣南客家清明节为例》，这一修改得到了作者的肯定。在初审时，编辑还应借助学术检索工具，对论文选题的理论高度、创新性、应用价值进行筛查，避免因为自身的知识盲区，对有价值的选题"不以为然"，让一些泛泛而谈的重复性研究"蒙混过关"。

2.2 摘要和关键词的初审

摘要是对论文内容的简短陈述，用尽可能精炼的语句说明研究的目的、研究方法和观点结论，使读者不阅读全文即能获得必要的信息，了解作者解决了什么样的问题。摘要应体现文章中重要而有新意的主要观点，并给予客观、具体的陈述，避免带主观性和情绪化的评论口吻和脱离具体内容的解释方式，不求反映文章概貌，但一定要反映出研究的价值点。

《中国高等学校社会科学学报编排规范(修订版)》(简称《学报规范》)规定：公开发行的学报，其论文应附有中英文摘要；摘要应能客观地反映论文主要内容的信息，具有独立性和自含性；一般不超过 200 字。编辑在审读摘要时要注意：摘要的句子宜简单而直接，采用第三人称表述，避免出现"本文""作者"等字眼；不对研究的结果和影响进行主观性评价，避免出现诸如"做出了……贡献""填补了……空白""取得了……成果"之类的含有效能的主观性表述。

论文的关键词是展现一篇论文的核心词汇，是文章中出现频率较高的词汇，关系到文章

检索准确性的问题。学报论文的关键词一般为 3~5 个。编辑在初审时要注意，关键词应是与论文主题相关的高频词，具有实际意义，提醒作者不能一味从题目中提取。例如，在一篇题目为《浅论功能主义在中国当代设计中的必要性》的论文中，作者把"必要性"一词列入关键词，编辑认为"必要性"不能构成实际含义，也不能体现实质性的内容，从学术传播的角度也不利于论文的精确检索，因此在给作者的初审意见中，提出删去该词，这一提议得到了作者的赞同。

2.3 论文结构和层级标题的初审

文章结构称之为论文的框架或架构，能够体现作者的逻辑思路和论证过程。一篇相对完整的论文，其结构应具有整体性、逻辑性，论证层次要详略得当、逐步深入。论文结构可以是由现象到本质的逐层深入，也可以是从几个方面或角度对某一问题进行平行论证。清晰直观的文章架构能够让读者快速把握文章的主干信息，让作者对文章的内容和结构做出判断。层级标题是对论文部分内容的概括或为论文的分论点，在论文结构中起到支撑和指示的作用，在审读时也要注意层级标题是否妥当，是否与上下文的逻辑连贯。

2.4 把控好稿件的政治关、知识关

从专业角度判断稿件的出版价值，需把好论文的政治关、知识关、文字关、格式关。期刊编辑在对稿件进行初次审查时候，根据论文整体情况，在初审中树立抓"大"放"小"的意识，即牢牢把握对论文"政治关"和"知识关"的审查，对于实质性错误没有任何讨价还价的余地。

2.5 论文材料可靠性与规范性的初审

论文的撰写离不开文献材料的使用，材料的选取应来源可靠、准确无误，严格遵守学术规范和学术道德。参考文献格式遵照国家标准 GB/T 7714—2015《信息与文献参考文献著录规则》。需要指出的是，在期刊审稿中，参考文献引用历来是学术不端的"重灾区"，匿引(引而不标)、转引(非第一手文献)、滥引(大量引用不相关的文献)、崇引(为提高论文身价或迎合编辑、审稿人口味而引用)、曲引(为佐证自己的观点，对引用文献断章取义)等行为都属于学术不端行为[5]。在论文审读中，一些论文存在大而化之的表述，未能深入剖析问题的具体表现，对于现状问题的获得途径缺乏调研数据或佐证材料，这不仅缺乏说服力，而且还可能出现结论先行的情况。在论文初审中，一些稿件存在着注释与参考文献混排不分的情况[6]。《学报规范》规定：注释主要用于对文章篇名、作者及文内某一特定内容作必要的解释或说明。编辑在初审时遇到这种情况，要向作者进行说明，厘清论文中涉及的注释和参考文献。

2.6 图片质量与信息的初审

图片在论文中起到辅助说明的作用，是正文的补充。艺术类论文与视觉传达联系密切，常常涉及图像资料，较一般期刊更为重视图片质量。首先，论文中涉及的图片，像素质量不能过低，一般要求不低于 300dpi，且未经过图像软件加工处理，有可靠的来源出处。其次，图片的图注信息完整、明确，图片信息与主题高度相关，内容健康向上，不违法违规，对论文内容起到补充说明作用，在正文中标注出插图位置。第三，一些艺术类期刊(如《创意设计源》)依靠其学科优势，发挥排版设计方面的专长，重视刊物的版面设计和整体的视觉传达效果，对稿件文章图片的构图、色调、视角有专门的要求，这也成为艺术类期刊的一大特色。

3 认真撰写初审意见，慎重处理退稿/退修

期刊审稿工作最终要针对稿件中存在的问题和形成意见以书面的形式反馈给作者。审稿

意见是编辑与作者沟通的桥梁，但在现实情况中一些编辑部不重视审稿意见的撰写，"对于初审退稿稿件，大多数编辑部只给予简单的意见"[7]，"对于退修的稿件一般也只是要求补充完整材料或者规范格式"[7]。翔实的审稿意见，能够督促作者优化文章的选题、结构、格式等细节，减轻专家审稿和后期编辑环节的负担，有利于提升期刊的学术形象和出版品质，在作者群体中树立良好的口碑。

编辑在撰写初审意见时，一定要本着实事求是、客观严谨的学术态度，以简练明确的语言，按照问题的主次关系，逐条列出意见，最大限度地让作者准确理解审稿者的意图。审稿意见的撰写，原则上审稿者只写明意见，至于具体如何修改，则应由作者决定；对稿件上有必要删去的词语或内容，需要说明为何建议删去的理由[8]；最后要在意见中规定稿件修改的时间期限。对于一些来稿量不是很大、稿件质量相对一般的期刊，审稿意见的撰写要尽量详尽，不仅要指出稿件中存在的问题，还要对文章的选题、结构、需要补充的材料、进一步深入研究的方向等问题给出建议。

对于稿件初审未通过的稿件，《创意设计源》编辑部规定，需由主要审稿人提出退稿意见，2名及以上编辑达成一致意见，才能对稿件作退稿处理。对于问题意识突出，但存在论证不充分、层次不清晰、技术缺陷的稿件，或由于作者研究能力不足或缺乏论文写作经验导致的研究深度欠缺的稿件，或学术不端检测重复率过高(非观点抄袭)和格式规范失当的稿件，尽量作退修处理。对于退给作者修改的稿件，审稿人的初审意见要观点明确、尺度合理、意见翔实，必要时需由编辑部其他成员审读补充意见，才能反馈给作者。

4 结束语

艺术类期刊稿件质量普遍堪忧，普通艺术类学术期刊稿源数量有限，依靠低退稿率维持稿件数量，期刊出版质量难以通过稿源保证，需要期刊编辑在审稿和编校工作付出更多精力，才能维持期刊的学术水平和出版质量。现实情况是，许多艺术类期刊编辑部人手不足，期刊编辑的工作任务多、负担重，只有通过不断提升编辑能力和经验积累才能保证工作效率和工作效果。期刊审稿是一项能够体现编辑自身学术素养、专业技能、办刊态度的工作，也是编辑工作专业性、技术性、创造性的价值体现，结合稿件初审实践中发现的问题和形成的经验，能够看到编辑工作的专业性和复杂性，在这个过程中，期刊编辑要不断深化对编辑工作的认识，加强自身学术洞察力的培养，及时总结归纳审稿过程中发现的问题，积累审稿经验，完善工作方法，提升期刊工作的专业度，努力向学者型编辑转变，通过自身能力的提高，维护好期刊的作者群体，逐步提升稿源质量和办刊水平，促进刊物的长远发展。

参 考 文 献

[1] 谭笑珉.谈期刊编辑的作者观[J].科技与出版,2004(4):34-35.
[2] 中国高等学校社会科学学报编排规范(修订版)[DB/OL].[2018-07-16] http://www.lfsfxy.edu.cn/qk/col/1388477201743/2014/10/27/1414373088765.html.
[3] 张明.博物馆设计类展览图录功能性研究[J].创意设计源,2018(3):15-20.
[4] 刘曙光.学术期刊编辑视角中的论文写作[J].山东理工大学学报(社会科学版),2009,25(1):88-91.
[5] 常思敏.参考文献引用中的学术不端行为分析[J].出版科学,2007,15(5):23-25.
[6] 张积玉.注释、参考文献著录中若干规范问题再探[J].吉林大学社会科学学报,2006(6):140-147.
[7] 陈文静,林树文.编辑初审的优化和完善[J].天津科技,2018,45(1):106-110.
[8] 陆嘉琦.善于学习 加强练习——给出版专业职业资格考生的一些建议[J].出版与印刷,2018(1):84-92.

科技论文质量把控中编辑与审稿专家的责任定位

王晓丽，刘 莉

(《吉林大学学报(地球科学版)》编辑部，长春 130026)

摘要：论文质量是科技期刊的生命，科技论文质量把控是编辑与审稿专家的共同责任。在科技论文评审工作中，编辑和审稿专家应注意责任划分和协同配合问题。编辑是学术传播的责任人，其基本工作是组织好科技论文的初审、送外审和终审，并与审稿专家配合，选好文章、改好文章，在与审稿专家及论文作者交流中充分发挥自己的职责，保证科技期刊论文质量。审稿专家的责任是把握好学科前沿和动态，从学术角度对科技论文质量进行把关，给出建设性意见。编辑和审稿专家的有效配合是提高论文评审效率、提高科技期刊论文质量的关键。

关键词：科技论文；编辑；审稿专家；责任定位；协同配合

论文质量是科技期刊的生命。优秀的科技论文一般会报道学科领域内前沿研究的最新成果，报道新的研究手段、新发现或新技术等，在学科领域内有一定的引领与参考价值。优秀科技论文是期刊质量的保证，是科技期刊有较高影响力的根源。优秀科技论文的产生不仅是论文作者科研能力的体现，也是期刊编辑与审稿专家协同工作、对论文进行质量把控的成果。论文质量把控是编辑与审稿专家的共同责任，任何一方出现失误都将可能导致论文评审出现问题。本文所说的编辑是指科技期刊的职业编辑，是指科技期刊定版付印之前，为避免错漏，专门审定文字以确定版本的人，是职业化的编辑[1]。论文评审一般包括初审、外审及终审三个环节。其中，初审和终审环节是编辑部编辑的工作，而外审环节的责任主体是审稿专家。通常，审稿专家应当是长期从事科技论文相关领域研究的高校教师或科研单位的研究人员，他们熟悉学科前沿，能够就研究的创新性、研究方法的合理性和结论的科学性等关键问题对科技论文进行把关。审稿专家学术水平一般都比较高，职业编辑也许会对审稿专家产生过度依赖，造成轻视初审、过分依赖外审、忽视编辑评审的局面。这一问题越来越多地引起编辑同仁的关注[2-4]。本文拟从职业编辑(以下简称编辑)与审稿专家在把控科技论文质量中的责任定位及协同配合角度展开探讨，以期提高科技期刊论文的评审质量。

1 编辑的角色

1.1 自身定位

编辑首先应当把自己视为知识产品经营者，做学术传播的主人。在科技论文投稿之后的全过程中，编辑既要始终把握论文处理的主动权，又不能凌驾于作者和审稿专家之上[5-6]。因此，编辑既要做伯乐，又要做园丁，始终摆正自己在作者、审稿专家之间的位置，同各方协调处理好论文审理、完善、升华的系列问题。

编辑应当是论文录用与否、如何完善、是否值得修改再审的主裁判。在论文同行评议的通常做法下，编辑应当综合不同审稿专家的意见，深刻理解审稿专家对论文的评价，结合自己对论文研究领域的了解及其未来发展情景给出综合判断[7-10]。有时，两个审稿专家意见矛盾，编辑应结合论文情况深入思考，从中选取合理的意见[11]；难以判断时也可以参考其他审稿专家的意见进行仲裁。针对某些璞玉类型的文章，如有创新点、但作者在写作方面没有经验、整体可读性不强的文章，编辑要深入挖掘其亮点，争取给予机会，使璞玉变美玉。缺乏宏观考虑或没有针对每篇论文进行专门深入分析的机械处理方法是不可取的。

编辑需要持续关注研究领域的前沿，在工作之余多关注领域内其他杂志发表的高水平文章，博览众家，成为学科信息库。编辑还应该掌握领域内的专家动态、学术方向动态等信息，成为研究领域内掌握信息较为全面的人才。

1.2 在与审稿专家交流中的角色

在与审稿专家交流的过程中，编辑负责论文初审、初步审查学术不端、代表作者与审稿专家沟通等工作。编辑应结合自己对学科领域的了解，从写作质量和学术不端行为检测方面对论文进行严格的初审。高质量的初审是保证期刊收录优秀论文的首要步骤；同时，编辑在初审时的严格把关，才能将较完善的论文送审稿专家外审，不仅减少了审稿专家后期的劳动强度，也可以提高审稿专家对本期刊的好感和认同度。在初审和送审过程中，编辑既要作为伯乐筛选出具有科学价值的好文章，又要作为园丁付出辛勤的劳动，通过与审稿专家共同的辛勤工作，为科技论文修改、升华提出合理建议，同时要保持在论文过程中的主导作用。

对于审稿专家，编辑部应当秉持重点保护、良好沟通的原则，争取达到长期合作的目的。审稿专家作为学科领域的带头人，工作强度都很大，而且为期刊审稿一般都是近乎义务性的劳动；因此，编辑在与审稿专家的交流中，应当让审稿专家感受到温暖，把为编辑部审稿当作自己工作的组成部分，把编辑部当作自己的学术寄托[12-13]。编辑应做好与审稿专家沟通的桥梁，尊重、关心和爱护审稿专家；对信誉良好的审稿专家，编辑部也可以在其(或其学生)投稿时在发稿时间上给予适当的优先。

1.3 在与作者交流中的角色

编辑和作者的关系不应当局限于机械的收稿、投稿、审稿和编辑加工，而应是动态的良性互动。通过互动，编辑与作者之间构建互相尊重、互相信任的和谐关系。在与作者交流的过程中，编辑实际上代表了编辑部、审稿专家和读者等多种角色，与作者良好沟通，可以为保证科技论文的学术性、可读性和实用性奠定基础。由于在整个论文投稿过程中，作者处于相对弱势位置，编辑需要多做换位思考，多为作者着想[14]。

2 审稿专家的责任

被遴选为审稿专家是学术界对审稿专家学术水平的肯定。通过为期刊审稿，专家不仅可以提高学术声誉，还可获得优先接触学术前沿的机会。但同时，审稿专家也应承担一定的责任[15]。

2.1 把握学科前沿与社会需求

审稿专家应为作者学科领域内的同行，尤其是优选细分小领域内的专家，这样才能更为准确地把握研究内容相关的学科前沿，更准确地判断科技论文是否具有创新性，论文研究目标是否正确,研究方法是否可行。有关文章本身的格式问题、语言问题虽然也是审稿专家需要关心的内容,却不应置于首先关注的位置。需要专家把关的是科技论文的学术水平。在近几年的工作中,常见审稿专家对科技论文的文字及格式进行修改却忽略了对科技论文学术水平的评价。这种审稿方式是不应被提倡的。有的科技论文只因审稿专家认为格式不合格而提出退稿建议,这种建议编辑应该仔细斟酌。

2.2 具备敏锐的洞察力和宽广的学术胸襟

审稿专家应具有敏锐的洞察力,即较为超前的思维,在能够准确判断科技论文的逻辑性及科学性、论断研究方法正确性的同时,应善于发现和接受科技论文中的超新观点、新思路,哪怕这些观点和思路还不是特别完善。审稿专家需要在作者思维的基础上提出建设性建议,帮助完善这些新观点,对于新观点、新思维应有包容的心态。如果有一位审稿专家对所有稿件都提出刻薄的意见,而实质上并没有对论文给出建设性意见,没有指出作者应该修改和努力的方向,那么这样的审稿专家就没有表现出审稿专家应有的敏锐洞察力和宽广学术胸襟。

2.3 遵守保密及按时审回义务

审稿专家应当遵循学术道德,保守科技论文的秘密,不泄露论文作者的信息,不对外披露论文情况,不委托他人审稿。有些审稿专家委托自己的学生审稿,或者主动与论文作者进行沟通联系,这些做法均不可取。

审稿专家还有按时审回的义务。科技论文具有时效性。审稿专家在接到编辑部的审稿邀请后,最好及时对审稿邀请做出回应,判断是否为本学科领域后及时确定是否接受审稿,给编辑部以反馈;即便不接受审稿,也可以说明原因,如研究方向不同或时间紧张等,使编辑部在下次送审时有更多依据,方便精准送审。因故不接收审稿时,审稿专家如向编辑部推荐其他合适的审稿专家,对编辑部及科技论文送审更有益处。此举不但是提高审稿效率的良好开端,更有益于审稿专家与编辑的配合沟通。接受审稿后,审稿专家有义务明确审稿期限,并应力争在此前审回,为保证科技论文的时效性提供可能的保障。另外,如有必要,审稿专家亦可对论文的发表时间提出建议,以促进创新性较强的科技论文优先发表。

3 编辑与审稿专家的协同配合与有效沟通

编辑与审稿专家之间应建立有效的信息沟通方式,格式化文本是一个好的解决方案。编辑部可以通过制定具有学科特色的审稿意见表格来规范审稿专家的审稿格式和审稿意见内容,增加可读性,保证信息全面性。通过审稿意见表格的内容设计显示审稿专家在审理稿件中的主体作用,充分尊重审稿专家。例如,在专家审稿意见表格中尽可能设计较多的选择问答方式,以利于审稿专家给出确定性答案(见表1)。

编辑在下发审稿通知单时,应明确告知审稿专家,学术不端的查重检测和语言文字问题由编辑负责;学术论文的选题前沿性、数据可靠性、理论方法是否新颖、论证方法逻辑性、科学性及其他隐性学术不端行为等由审稿专家负责把关。

审稿过程中,编辑应始终保持诚恳、谦虚的态度与审稿专家进行交流。编辑要与审稿专家保持良好沟通,避免信息不畅造成的误会,减少无谓的时间浪费。对审稿专家的邮件,编辑应及时回复;编辑也可给审稿专家打电话或采取QQ、微信等即时通信的方式进行交流。在交流过程中,考虑到审稿专家通常工作繁忙、时间紧张,编辑也应站在审稿专家的角度换位思考,对完成稿件审理的专家表示由衷的感谢,对无法审理的专家也表示理解。通过一次或几次审稿交流,编辑与审稿专家之间建立基本信任,编辑在了解了审稿专家的工作态度和工作习惯后,应逐步开始有的放矢地与审稿专家交流,了解审稿专家的需求,调动审稿专家的积极性,使其在有效时间内更好地完成稿件审理工作。

表1 审稿意见表格常用选择问答示例

序号	问题	答案选项
1	是否有创新或重要应用意义?	有、一般、差
2	选题是否为学科前沿或热点?	是、一般、差
3	技术路线是够可行?	是、否
4	论点是否明确?	是、一般、差
5	论据是否充足?	是、一般、差
6	论证逻辑或数学方法是否正确?	是、否
7	数据分析是否合理、正确、可靠?	是、一般、差
8	结论是否正确?	是、否
9	文字叙述是否清楚简洁?	是、一般、差
10	参考文献是否引用正确、完整?	是、一般、差
11	有无学术道德问题?	有、无
12	有关图件是否符合国家法律规定?	是、否

4 结束语

综上,编辑和审稿专家在论文评审过程中的协同配合和有效沟通是提高论文评审效率、提高科技期刊学术论文水平的关键。编辑、审稿专家双方的友好配合既需要有效技术手段,如规范化的格式文本来约束,也需要编辑构建良好的合作氛围,如通过各种方法调动审稿专家审稿积极性来实现。明确编辑和审稿专家的责任定位,能够保证论文初审、外审和终审各个环节的有序推进,最大限度地避免论文评审的失误,提高科技期刊论文的质量。

参 考 文 献

[1] 姚弘芹.论职业编辑的职业特性[M]//学报编辑论丛(2017).上海:上海大学出版社,2017:252-255.
[2] 廖建桥,文鹏,胡凌芳.我国学术论文评审标准研究[J].科学学研究,2010,28(8):1128-1134.
[3] 王峰,周文胜.关于我国高校学术论文评价标准的探讨[J].研究与发展管理,2008,20(3):136-139.
[4] 叶继元,朱强.论文评价与期刊评价:兼及核心期刊的概念[J].学术界,2001(3):63-71.
[5] 毛瑞兴,孙国军,杨艳红,等.高校学报编辑的角色变迁及其基本定位[J].赤峰学院学报(自然科学版),2015,31(23):97-98.
[6] 陈娟.学术理论期刊编辑的角色定位及其能力养成[J].中国出版,2017(1):62-64.
[7] 史朋亮,吴晨.科技期刊典型的同行评议流程的比较[J].编辑学报,2011,23(增刊1):143-146.
[8] 徐雅雯,邓菁.高校优秀学术期刊审稿流程的优化[J].南通大学学报(社会科学版),2017,33(6):150-156.
[9] 邓艳.学术期刊审稿过程中的责任编辑行为:基于网络采编系统审稿流程的分析[J].南通大学学报(社会科学版),2016,32(2):157-160.
[10] 接雅俐,唐震,陈汐敏,等.科技期刊同行评议审稿流程改革与初步成效[J].中国科技期刊研究,2013,24(5):988-990.
[11] 黄雅意,黄锋.审稿专家再次审核"修后发表"修改稿的必要性[J].编辑学报,2016,28(1):53-54.
[12] 吴爱华,王晴,杜冰,等.科技期刊应重视对审稿专家的知识回报[J].编辑学报,2013,25(2):164-166.
[13] 陈佳,黄崇亚.引导学者将高水平科研成果发表在国内期刊上的策略[M]//学报编辑论丛(2017).上海:上海大学出版社,2017:29-32.
[14] 刘莉,王晓丽,崔桐.情商理论在科技期刊编辑流程中的应用[J].编辑学报,2018,30(2):134-136.
[15] 贾晖.科技期刊专家审稿存在的问题及对策[J].湖北师范学院学报(自然科学版),2016,36(3):182-184.

科技期刊中数学公式排版的探讨

周小燕

(浙江科技学院学报编辑部，杭州 310023)

摘要：科技期刊中经常会出现很多数学公式，合理规范的排版能增强期刊版面的美观，进而提升期刊编排质量。本研究主要分析科技期刊中数学公式编号、分栏方式的现状，介绍几个字母的习惯用法及其来源，特别探讨几类常见的较复杂的数学公式的排版，为数学公式的规范排版提供参考。

关键词：科技期刊；数学公式；排版

随着现代科学技术的发展，科技期刊中数学公式出现得越来越多，特别是在一些理论性较强的论文中数学公式更是必不可少。数学公式可以直观表达物理量之间的逻辑和运算关系，但是数学公式中所用的字符种类多，容易混淆，且存在层次重叠多、变化形式多、占用版面多等特点[1]。因此，研究数学公式的编排，寻求更合理的排版方式是很有必要的。

目前仅有文献[2]规定了物理科学和技术中使用的数学符号，对数学公式的编排还没有专门的国家标准可以遵循。在学术研究上也仅有少许文献涉及数学公式的编排问题，如文献[1,3]有专门章节讨论数学公式编排中涉及的各类问题，包括常见的注意事项、转行规则、排式的转换、数学式前的用语、标点、字体等；也有学者[4-7]研究数学公式编排中要注意的专项问题，如公式中符号正斜体的选择、居中排的公式、串文排的公式、转行的编排规范、标点符号的使用、公式前后文字的编排、公式中括号的正确使用、双栏编排的注意事项等。

基于笔者数学专业的背景，本研究主要分析科技期刊数学公式编号、分栏方式的现状，介绍几个字母的习惯用法及其来源，特别探讨对几类常见的较复杂的数学公式如何进行合理恰当的排版，可以帮助非数学专业的编辑更好地理解公式，从而减少他们在编辑加工这些公式时的困难，同时也能为科研工作者在撰写科技论文时提供一些借鉴。最终为规范公式的排版、增强期刊版面的美观，进而提升期刊编排质量做出一些努力。

1 公式编号与分栏方式

1.1 公式编号

对多次被引用的或者重要的、结论性的公式，一般会单独编排并给予编号，以便读者能快速地检索到。公式编号的原则是按它们在文中出现的顺序依次采用式码(由阿拉伯数字和圆括号组成)编号。很多论文会对公式通篇编号，笔者认为没有必要，应尽量去掉一些不必要的编号以突出重点。给公式加编号主要是出于两个目的：①为了更利于作者阐述问题；②为了

基金项目：浙江省期刊协会、浙江省高校学报编辑工作研究会 2018 年科研项目(浙高编会【2018】03 号)

更利于读者的阅读。所以一些没有提及或者不是很重要的公式,无须编号。

1.2 分栏方式

统计发现,科技期刊以双栏排版为主。相比单栏排版,双栏排版使得较多长的公式后无空位或空位较少,需要换行,为了排版需要公式编号只能排在下一行的右顶格处,当整篇文章出现这种情况较多时,整个版面的美观受到了影响。当出现特别长的公式时,有个别文献采取的做法是公式通栏排版,例如文献[8]的式(7)(见图1),文献[9]的式(4)~(7)(见图2),这样做的优点是减少了换行,但整个版面看去又稍显凌乱了。期刊采取双栏排版的原因是为了更方便快速地阅读,因为人一眼可以看的宽度是有限的,如果一行过长,那么人们就需要频繁地移动视线,不利于阅读。另外一个原因是为了节省版面,因为同样的论文,双栏排版会比单栏排版页数减少。但现在已经进入电子阅读时代,版面多少已经不是主要问题。另外,笔者认为一个数学公式由于排版的原因被拆成了好几行,其实也是不利于读者阅读与理解的,所以究竟选择单栏还是双栏排版,这是科技期刊编辑工作者还需要再深入研究的。在目前还没找到更好的替代方式的状况下,对于数学公式出现较频繁的期刊,笔者更倾向于单栏排版。

式中:F_u 为内嵌多块钢板单螺栓连接承载力;$F_{u,\text{inter}}$ 为内嵌单块钢板连接承载力;$F_{u,\text{out}}$ 为外夹钢板连接承载力;n 为内嵌钢板数($n=2,3,\cdots$)。

当内嵌2块钢板时,有如图12所示的6种破坏模式[2]。其中,模式1为螺栓直径较大时发生的木材挤压破坏,模式2~6为螺栓直径过小时在螺栓各个截面分别产生2~7个剪切面的破坏。根据文献[2]

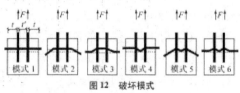

图12 破坏模式

Fig. 12 Failure modes

$$F_u = \min \begin{cases} f_e d(2t + t'), & \text{破坏模式 1} \\ 2f_e dt\left(\sqrt{2 + 4\dfrac{M_y}{f_e dt^2}} - 1\right) + f_e dt', & \text{破坏模式 2} \\ 4\sqrt{M_y f_e d} + f_e dt', & \text{破坏模式 3} \\ f_e dt + 4\sqrt{M_y f_e d}, & \text{破坏模式 4} \\ 2f_e dt\left(\sqrt{2 + 4\dfrac{M_y}{f_e dt^2}} - 1\right) + 4\sqrt{M_y f_e d}, & \text{破坏模式 5} \\ 4n\sqrt{M_y f_e d}, & \text{破坏模式 6} \end{cases} \quad (7)$$

图1 文献[8]中的式(7)

表5 损伤等级对应的损伤因子建议取值范围

Tab.5 Suggested damage factor ranges of damage grades

损伤等级	完好	轻微损坏	中等损坏	严重损坏	倒塌
D_g	0	0~0.1	0.1~0.5	0.5~1.0	1.0

图7 网架 WJ48_33_24_5025 结果回归处理

Fig.7 Quadratic regression for the results of WJ48_33_24_5025

从而得到正放四角锥平板网架结构地震易损性曲线的表达式:

$$P_f(0) = \Phi\left[\frac{\lambda_0}{\zeta_0}\right] = \Phi\left[\frac{0.113\,1\,(\ln \text{PGA})^2 + 0.567\,9\ln \text{PGA} + 0.068\,85}{0.216\,1}\right], \quad (4)$$

$$P_f(0.1) = \Phi\left[\frac{\lambda_{0.1}}{\zeta_{0.1}}\right] = \Phi\left[\frac{-0.399\,9\,(\ln \text{PGA})^2 + 2.656\ln \text{PGA} - 3.546 - \ln(0.1)}{0.539\,1}\right], \quad (5)$$

$$P_f(0.5) = \Phi\left[\frac{\lambda_{0.5}}{\zeta_{0.5}}\right] = \Phi\left[\frac{-0.399\,9\,(\ln \text{PGA})^2 + 2.656\ln \text{PGA} - 3.546 - \ln(0.5)}{0.539\,1}\right], \quad (6)$$

$$P_f(1.0) = \Phi\left[\frac{\lambda_{1.0}}{\zeta_{1.0}}\right] = \Phi\left[\frac{-0.399\,9\,(\ln \text{PGA})^2 + 2.656\ln \text{PGA} - 3.546}{0.539\,1}\right]. \quad (7)$$

图2 文献[9]的式(4)~(7)

2 字母的习惯用法

在科技论文中，编辑遵循的原则是：变量用斜体，非变量用正体，这是众所周知的。有个别字母或者几个字母的组合表示特定的意思，不是变量，但容易与变量混淆。以下列举一些常用的，介绍它们的起源，为非数学专业背景的编辑作参考，便于理解和记忆。

(1) 英文字母 C。函数 $f(x) \in \mathrm{C}[a,b]$ 表示函数 $f(x)$ 在 $[a,b]$ 中上连续，这里的"C"是"连续"的意思，取了它的英文 continuous 的首字母，所以要用正体。

(2) 英文字母 d。一元函数 $f(x)$ 的微分记作 $\mathrm{d}y$，这里的"d"是"微分"的意思，取了它的英文 differential 的首字母，所以要用正体。一元函数 $f(x)$ 在点 x 处的导数 $f'(x)$ 是微分 $\mathrm{d}y$ 与自变量的微分 $\mathrm{d}x$ 之比，即微商，因此也可记作 $\dfrac{\mathrm{d}y}{\mathrm{d}x}$，这就是为什么导数记号中"d"要用正体的原因了。

(3) 英文字母 e。自然对数函数的底数用 e 表示，它是一个数学常数，也称欧拉数或纳皮尔常数，所以要用正体，为什么用 e 表示原因不明，有一种说法是 e 取自"指数"的英文 exponential 的首字母。

(4) 英文字母 i。复数中的虚数单位用 i 表示，是最早由数学家欧拉开始使用的，代表"虚"的意思，来源于它英文 imaginary 的首字母，所以要用正体。

(5) 英文字母 T。在矩阵理论中，矩阵 A 的转置矩阵记成 A^{T}，此处 T 代表"转置"的意思，来源于它的英文 turn 的首字母，所以要用正体。

(6) 英文字母 H。设矩阵 $A \in \mathrm{C}^{m \times n}$，称 $(\overline{A})^{\mathrm{T}}$ 为 A 的复共扼转置矩阵，记为 A^{H}，此处的"H"以19世纪法国数学家 Hermite(厄尔米特)命名，因此要用正体。

(7) 希腊字母 π。欧拉在其著作中使用 π 表示圆周率，取自"圆周"的希腊文 περιφρεια 的首字母，后来被数学家广泛接受，沿用至今，因为它是常数，所以要用正体，这是编辑工作者熟知的。

(8) 一些符号是缩写号，如极限符号 lim、对数符号 log、实部 Re、虚部 Im、最大值 max、最小值 min、辐角 arg、符号函数记号 sgn、上确界符号 sup、下确界符号 inf、行列式符号 det、迹符号 tr、梯度符号 grad、散度符号 div、误差函数符号 erf 分别来源于 limit、logarithm、real part、imaginary part、maximum、minimum、argument、signum、supremum、infimum、determinant、trace、gradient、divergence、error function，所以要用正体。

3 一些特殊的数学公式

针对科技期刊中出现的一些常用的但较复杂的公式，为了利于读者理解、版面美观及方便编辑排版加工，笔者参考同行常见的编排方式，再加上自己对这些数学公式的理解，提出一些编排方式供同行们与作者参考。

3.1 分段函数

科技论文中经常会出现一些分段函数，即某一函数 $g(x)$(定义域为 D)当自变量 x 在不同范围 $D_1, D_2, \cdots, D_n (D = D_1 \bigcup D_2 \bigcup \cdots \bigcup D_n)$ 时，具有不同的对应法则或函数值 $h_1(x), h_2(x), \cdots, h_n(x)$。常见的编排方式，如文献[10]的式(1)、文献[11]的式(2)、文献[12]的式(16)、文献[13]的式(4)等。基于笔者对分段函数的理解，提出以下编排方式供参考。

(1) 对齐方式。$h_1(x), h_2(x), \cdots, h_n(x)$ 上下左对齐；$D_1, D_2, \cdots, D_n$ 上下左对齐，也可紧跟在 $h_1(x), h_2(x), \cdots, h_n(x)$ 的后面；各段左对齐，并在左端加一个大括号。

(2) 各式之间隔开使用的标点符号。$D_1, D_2, \cdots, D_n$ 与相应的 $h_1(x), h_2(x), \cdots, h_n(x)$ 之间仅空开，不加任何标点，$D_1, D_2, \cdots, D_n$ 后面也不加任何标点，这是为了版面的美观，读者看去一目了然；当 $D_1, D_2, \cdots, D_n$ 紧跟在 $h_1(x), h_2(x), \cdots, h_n(x)$ 的后面时，中间用逗号隔开，此时 $D_1, D_2, \cdots, D_{n-1}$ 后面加分号，D_n 的后面由前后文来确定加逗号或句号，这是因为分段函数是对自变量进行了分段，各段之间是并列关系，因此各段之间应该用分号隔开。

(3) 编号方式与式码位置。虽然分段函数有多个函数值或对应法则，但它只是对自变量的范围进行了分段，仍然是一个函数，所以采用一个式码，位置整体居中。

示例如下：

$$g(x) = \begin{cases} h_1(x) & x \in D_1 \\ h_2(x) & x \in D_2 \\ \cdots\cdots & \\ h_n(x) & x \in D_n \end{cases} \tag{1}$$

或

$$g(x) = \begin{cases} h_1(x), x \in D_1; \\ h_2(x), x \in D_2; \\ \cdots\cdots \quad\quad ; \\ h_n(x), x \in D_n \end{cases}\circ \tag{2}$$

3.2 变量的上(下)角标为序号

当公式中变量的上(下)角标为序号 i 时，需要给出它的范围，例如 $i = 1, 2, \cdots, N$，这个范围是否应该放在公式中，应该如何编号，文献[14]的式(1)、文献[15]的式(9)、文献[16]的式(10)、文献[17]的式(1)采取了不同的编排方式。笔者认为既然序号 i 的范围是公式的一部分，那么当公式以居中排的形式出现时，它应该是与公式合在一起，整体编一个式码；公式与范围之间用逗号隔开；如果一行排不下，范围可另起一行，式码放在各行整体的上下居中位置。

3.3 最优化问题

最优化问题也在科技论文中经常出现，即讨论某一目标函数 $h(x)$ 在某(些)约束条件下的最优值。常见的编排方式多种多样，如文献[18]的式(17)、文献[19]的式(1)~(5)、文献[20]的式(4)、文献[21]的式(13)、文献[22]的式(1)等，各有优缺点。基于笔者对优化问题的理解，提出以下编排方式供参考。

(1) 对齐方式。当 $h(x)$ 与约束条件都较短，可以一行排下时，采用一个式码并右顶格。一般情况下，min 与 s.t.上下左端对齐；$h(x)$ 与约束条件各行左端对齐，并在所有约束条件的左端加一个大括号，s.t.放在大括号左端居中。这样的编排方式能使读者一目了然，哪个是目标函数，哪个(些)是约束条件。

(2) 各式之间隔开使用的标点符号。$h(x)$ 与各约束条件是相对独立的两部分。因此，$h(x)$ 后面用逗号，各约束条件之间用分号；$h(x)$ 后面不加标点符号，各约束条件之间也不加标点符号或者用逗号隔开。

(3) 编号方式与式码位置。优化问题包括目标函数 $h(x)$ 与约束条件两部分内容，虽然式子较多，但这属于同一个问题，所以所有式子采用同一式码比较合适；既是同一个问题，所以式码位置整体居中；当后面经常要引用各约束条件时，也可采用同一式码加字母的形式。

示例如下：

$$\min \quad h(x),$$
$$\text{s.t.} \begin{cases} 约束条件1; \\ 约束条件2; \\ \cdots\cdots \\ 约束条件n。 \end{cases} \quad (3)$$

或

$$\min \quad h(x)$$
$$\text{s.t.} \begin{cases} 约束条件1 \\ 约束条件2 \\ \cdots\cdots \\ 约束条件n \end{cases} \quad (4)$$

4 结束语

数学公式的排版是学术论文排版中一个重要组成部分，排版是否合理、规范、美观，在一定程度上也会影响期刊的质量。由于没有相应的国家标准可依，编辑在对公式进行编号时只能按照现行的习惯做法，但习惯做法未必是最合理的，可能会比较混乱。另外，编辑对公式的排版一般不会很重视，通常觉得小小的公式排版不影响大局，因此所排公式大多不是很整齐合理。因此，笔者提出以下建议：①数学公式是科技期刊的一个重要组成部分，希望相关部门能尽快推出相应的国家标准，让相关工作者有规可依，使数学公式的版面设计能够更合理美观；②编辑和科研工作者要引起重视，认真研究如何排版更加合理、美观，合力提升期刊编排质量。

参 考 文 献

[1] 梁福军.科技论文规范写作与编辑[M].3版.北京:清华大学出版社,2014:167.
[2] 全国量和单位标准化技术委员会.物理科学和技术中使用的数学符号:GB 3102.11—1993[S].北京:中国标准出版社,1994:307.
[3] 中国科学技术期刊编辑学会.科学技术期刊编辑教程[M].北京:人民军医出版社,2007:135.
[4] 程云虹.数学公式编排中常见的几个问题[J].编辑学报,1996,8(1):8.
[5] 曾志红.科技期刊中数学公式转行的编排规范探讨[J].中山大学学报论丛,2001,21(3):189.
[6] 叶济蓉.高校学报数学公式编排探讨[J].福建教育学院学报,2004(1):113.
[7] 陈国忻,娄峰.科技期刊数学公式的双栏编排格式研究[M]//学报编辑论丛(2009).上海:上海交通大学出版社,2009:63.
[8] 惠卓,秦卫红,李云杰,等.胶合木端板连接节点低周反复试验与承载力[J].同济大学学报(自然科学版),2017,45(12):1770.
[9] 支旭东,龚俊,范峰.正放四角锥平板网架楼盖地震易损性[J].哈尔滨工业大学学报,2017,49(12):36.

[10] 何裕嘉,张玮,郑高兴,等.音乐增强大脑网络小世界特性[J].复旦学报(自然科学版),2017,56(6):694.
[11] 莫致良,杜震洪,张丰,等.基于可扩展多目标蚁群算法的土地利用优化配置[J].浙江大学学报(理学版),2017,44(6):651.
[12] 李瑞,刘磊,盛蕴,等.一种改进的三维网格凸度衡量方法[J].华东师范大学学报(自然科学版),2017(6):70.
[13] 陈旭,徐斌,梅从立,等.基于二次插值教学优化的化工动态参数估计方法[J].华东理工大学学报(自然科学版),2017,43(6):825.
[14] 焦学军,张联,姜劲,等.基于功能性近红外光谱技术的脑机接口[J].上海交通大学学报,2017,51(12):1459.
[15] 高若凡,李杰.基于随机谐和函数的复合泊松过程模拟[J].同济大学学报(自然科学版),2017,45(12):1733.
[16] 彭凌,谢富纪.最大熵方法求解分数布朗运动驱动的Fokker-Planck方程[J].上海交通大学学报(自然科学版),2017,51(12):1445.
[17] 郭宇,高建敏,孙宇,等.板式无砟轨道轨面变形与路基沉降的映射关系[J].西南交通大学学报(自然科学版),2017,52(6):1141.
[18] 续志明,刘匡宇,白宇,等.连续分片线性规划问题的山顶投影穿山法[J].清华大学学报(自然科学版),2017,57(12):1268.
[19] 皇甫尚乾,徐安.改进罚函数分级遗传算法及其在桁架结构优化设计中的应用[J].广州大学学报(自然科学版),2017,16(5):34.
[20] 黄辉,马思佳,王庆,等.多参数影响下污水总氮浓度预测最优方法研究[J].南京大学学报(自然科学),2017,53(6):1196.
[21] 胡满江,徐彪,秦洪懋,等.基于MPC的多车纵向协同避撞算法[J].清华大学学报(自然科学版),2017,57(12):1283.
[22] 刘龙城,李超,崔佳.容量型最小费用流逆问题的可行性研究[J].厦门大学学报(自然科学版),2017,56(6):882.

从编辑角度谈科技论文篇名的拟定

周江川，胡亚民，彭 熙，唐定国

(《兵器装备工程学报》编辑部，重庆 400054)

摘要：科技论文的篇名是反映科技论文最重要的特定内容的最恰当、最简明的词语的逻辑组合。不少作者对篇名的要求知之甚少，导致篇名不符合要求，影响论文的传播效果。科技论文的篇名重在反映论文的创新点和闪亮点，建议作者不要过于刻板式地拟定篇名，要注意篇名应该简洁准确，使人一目了然。编辑人员应重视原稿篇名的审视和处理。在加工修改的过程中，应当尽量使篇名符合科技论文的风格和论文体裁，另外篇名应忌千篇一律。

关键词：科技论文；篇名；编辑加工

科技论文是科学研究创造性思想的载体。科技论文传播的主要任务在于传递科研信息、进行文化储存和实现文化积累。在编辑出版工作中，篇名又称题名，即文章的标题。通常意义上的标题即主标题，区别于层次标题，是文章的总纲，也可称题目。科技论文的篇名是反映该科技论文最重要的特定内容的最恰当、最简明的词语的逻辑组合。这种逻辑组合多表现为短语(多不用动宾结构，而是用以名词或名词性词组为中心的偏正词组)的形式，也有用句子的。篇名是论文主题思想、论点的高度概括。作为科技论文的重要信息及其重要的组成部分，篇名的功能在于给读者提供信息以便于决定是否继续阅读摘要或全文。不少作者对篇名的一般要求和文字要求知之甚少，对篇名的重要性缺乏足够认识，其注意力更多地放在文章内容本身的撰写上，往往忽略对篇名的打磨，在一定程度上影响了论文的传播效果[1-6]。为提高广大作者拟定篇名的水平，本文以描述性方法，结合实证经验分析，从编辑的角度提出了拟定篇名的要求与方法。

1 科技论文篇名拟定的一般要求

好的篇名一般表现为准确得体、简短精练、便于检索、容易认读。好的篇名应能准确表达论文的中心内容，使读者印象深刻，导读能力强，增加论文被阅读、被引用的概率。

1.1 篇名要体现创新点

科技论文传播和交流的价值在于具有创新的内容。对于论文中的创新点、闪亮点，作者应当做到心中有数，编辑也应积极把握，要恰如其分地反映研究的范围和达到的深度，不能使用笼统的、泛指性很强的词语来表达。只有这样，才能准确地将论文中有独创性、有特色的内容体现在篇名中。

基金项目：重庆市科技期刊编辑学会资助项目(CQKJB201708)

1.2 篇名要准确得体

科技论文的篇名忌文学修饰，这类论文的理性、客观、严谨的文风决定了不能使用笼统的、泛指性很强的词语和带有文学修饰色彩的一些辞藻。

1.3 篇名要简洁明确

篇名应言简意赅地表达文章的主题思想。简洁的目的是读者印象深刻，便于记忆和引用。因此，繁琐累赘、冗长啰唆的标题不可取。中文篇名字数一般在20个汉字以内为宜。Chawla调查了发表于2007—2013年间的140 000篇来自各个领域科学论文，结果发现：论文的标题越短，影响力越大，被引次数越高[7]。

1.4 篇名要便于检索

篇名应适应学术交流和信息传播的需要，用词严谨规范，以便为检索、编目提供特定的实用信息。必须使用全国自然科学名词审定委员会公布的名词，主要根据《文献主题标引规则》(GB/T 3860—2009)规定的文献主题分析主题词选定、标引、组配等规则，做适度的关键词组合。也可自行选定反映文章内容的关键词。

2 编辑对篇名进行文字加工修改的原则

篇名在文字上的总体要求是结构合理、选词准确、详略得当、语序正确。在编辑实践中，要遵循以下原则。

2.1 符合科技论文的内容和体裁

不少综述文章的篇名标明新材料、新工艺、新技术，这样容易使人误解为作者研制成功的新材料、新工艺、新技术。编辑时，须在原篇名后面加上"综述"或相应的关于综述的名词，如"进展""趋势"等，避免误解，题文相符。综述是作者在一定的时期或范围内对某学科或某专题所发表的大量原始文献进行摘取，对其最新的研究现状、动态、进展、发现、技术、观点等进行归纳、综合。在稿件处理过程中，要注意区分是专门论述还是综述。

如投稿篇名"×××××分离技术研究"一文，经审阅全文，发现文章中所叙述的内容不是作者直接的研究成果，而是一篇综述，因此加上"现状"二字，改为"×××××分离技术研究现状"。

2.2 精益求精地进行编辑加工

编辑加工的目的就是要使篇名恰如其分地反映论文的创新点和主要内容。然而，确定论文篇名是一项需要反复推敲琢磨的工作。只有认真研读分析论文的主要内容，才能对该论文创新点和闪亮点有一个全方位的把握，才能确定论文原创篇名是否是最佳表达方式。编辑要高质量地完成这项工作，则既要具备一定的学科专业素养，对科学研究中的基本概念、通用术语、主要方法等要有准确的理解和把握，又要具备较强的语言文字表达能力。

经过编辑的加工修改，拟定出术语规范、结构合理、选词准确、语序正确、详略得当的篇名，能够使论文画龙点睛，锦上添花。篇名应当尽量避免一些缺少信息量、过于抽象、不够具体、甚至带有主观性的词语表达，否则，就违背了篇名的一般原则和文字要求。例如"一种""新的""高效的""可行的"这些词要慎重。只有认真审读篇名，精益求精的工匠精神体现在反复推敲其有无瑕疵甚至错误。

如一篇论文篇名为"大中央件盘件成形工艺研究"。面对这个篇名，根据经验，编辑初步感觉篇名中出现了多余的字？什么是"大中央件盘件"？经与作者交流，"大中央件"是一个部件的名字，由于保密原因，只能称它为"大中央件"，盘件是这个部件中的一个零件。于是我们保留了作者的这一提法。再仔细阅读全文，发现作者主要论述该锻件锻造如何才能成功，并没有专门论述成形工艺，所以将篇名改为"大中央件盘件成形"。

2.3 避免单调重复和千篇一律

篇名固然要符合规范化的要求，但是，也要避免过于单调雷同、千篇一律。篇名中不宜反复使用某一词汇或词素，例如在一个篇名中就有三四个助词"的"，读来令人费解；多篇论文的篇名在语法结构上也不应该刻板雷同、一成不变。如有的期刊倾向于采用"基于……的"这种介词结构形式作篇名，同一期刊物中这样的篇名竟有七八篇，几近一半，给人单调重复之感。"篇名"是反映期刊编辑风格、特征和水平的一个窗口。通过好的"篇名"，能体现出期刊编辑创新的主体意识和客观理性、严谨求实的工作作风，不可小觑。

3 编辑加工修改篇名的方法路径

论文的篇名必须与论文的主要内容相符合。要使篇名达到最佳效果，编辑须具备一定的专业知识和较强的语言文字运用能力。在实践中，编辑还要严谨求实、认真负责、勤查阅、勤沟通。根据我们的经验，篇名加工修改大致可以从以下几个方面进行判断和操作。

3.1 从篇名本身的文字进行判断

3.1.1 从篇名的语法修辞判断

如篇名"×××××侵彻肥皂的试验研究"，"的"字可以不要，再根据内容，决定舍弃"研究"二字，改为"×××××侵彻肥皂试验"。

如"一种基于递推增广××××数据滤波方法"投稿，从篇名就可以判断不要"一种"二字。因为中文不是英文，不需要冠词，改为"基于递推增广××××数据滤波方法"。

3.1.2 从篇名所包含的信息判断

如篇名"×××××加速度存储测试仪设计与试验"，既然已经"设计与试验"，说明这个测试仪不仅设计出来，而且制造出来，并且处于"试验"阶段。因此没有必要去强调"设计与试验"，故删除"设计与试验"，改为"×××××加速度存储测试仪"。

如"国外海洋无人系统的×××××"投稿，通读全文，作者在整篇论文中都是介绍水面无人航行器和水下无人航行器，但篇名、摘要和论文的前言、关键词中都是"无人系统"。篇名中所谓的"无人系统"其实是"无人航行器"。为了慎重，我们核对了英语单词"无人系统"的意思，最后确定用无人航行器取代无人系统。篇名改为"国外海洋无人航行器的×××××"。

3.1.3 从学科基本概念进行判断

如篇名"×××××声纳测量精度标定方法"。测量仪器的测量精度的高低取决其测量误差的大小。误差越小，测量精度越高。只能对误差进行标定，而不能对测量精度直接标定。作者将论文中所叙述的误差标定方法说成是测量精度标定方法，所以将篇名改为"×××××声纳测量误差标定方法"。编辑如果没有机械加工方面的知识是很难发现这个问题的。

3.2 从"摘要"文字进行辅助判断

如篇名"基于×××××算法的微网优化运行研究"，初审没有发现问题。在仔细阅读"摘要"和"关键词"以后，发现篇名中掉了一个很重要的"电"字，把"微电网"写成"微网"！再看正文内容，断定其确实是掉了一个"电"字。

3.3 从论文章节篇名进一步判断

如篇名"×××××控制员装备发展研究"。这是一篇介绍美国联合末端攻击控制员装具方面的综述。首先将其论文改为"美国×××××控制员装备发展研究特征"。再仔细审读论文,发现除篇名和结论外,其他标题中的主体词都是"装具"而不是"装备",因此,将篇名改为"美国×××××控制员装具发展特征"。

3.4 从论文全文综合判断

如篇名"×××××涡轮增压器匹配参数化分析",由篇名可见,其关键内容是"匹配参数化分析"。一般情况是"匹配参数分析",是"参数分析"。但作者使用的是"参数化分析"。

从"摘要"与篇名的对比中没有发现问题。作者在"摘要"中表述,"采用参数化分析方法","编写了参数化分析计算的应用程序"。关键词也标有"参数化"。那么,"参数化分析方法"与"参数分析计算应用程序"究竟是如何"参数化"的呢?"参数化"和"参数"有什么不同呢?

仔细通读原文发现,作者在这篇论文的正文里全部使用"匹配参数分析",没有使用"参数化"表述。这说明其实作者是在分析参数,论文中没有一处介绍是如何"参数化"。于是,我们建议将摘要和关键词中的"匹配参数化分析"改成"匹配参数分析",同时,建议篇名为"×××××涡轮增压器匹配参数分析"。

3.5 加强与作者、审稿者交流

编辑过程也是一个交流学习提高的过程。如某论文篇名原名为"具有导向功能的探空火箭分离机构研究",审稿者的意见是改为"探空火箭长行程导向分离机构设计与试验"。审稿者的意见是增加了"长行程",要突出"长行程"。我们在编辑时,觉得导向分离机构的行程可能并无标准,多大为长?多小为短?作者对这个问题最清楚。我们与作者沟通后,尊重作者的意见,不强调行程的长短。另外,审稿者建议的"探空火箭导向分离机构"与作者的"具有导向功能的探空火箭分离机构"这两个所表达的内容相差不多。但作者说的是"具有导向功能的"火箭分离机构,并不排斥可能还有不具有导向功能的火箭分离机构。因此尊重作者的意见保留原样。

此外,审稿者建议改为"设计与试验",我们初步采纳了这个意见。理由是:从论文的内容看,作者只成功应用于两发火箭飞行试验。说"研究"可能工作量和试验次数偏少。我们初步采纳了审稿者的意见,将篇名改为:"具有导向功能的探空火箭分离机构的设计与试验"。后经我们将这个意见反馈给论文作者,作者欣然接受。

4 结论

(1) 篇名拟定重在反映论文的创新点和闪亮点,对篇名的编辑加工应当做到精益求精。
(2) 对篇名的拟定和加工修改应当规范化,符合论文体裁,忌千篇一律。
(3) 在编辑加工修改篇名过程中,编辑应加强与作者和审稿者沟通。

参 考 文 献

[1] 詹春梅.科技论文篇名的编辑加工[J].编辑学报,1999,11(2):75-76.
[2] 孙峰.科技论文篇名编辑加工2例[J].编辑学报,2005,17(4):254.
[3] 张颖.试论学术论文写作中题目和摘要存在问题与对策[J].今日南国,2008(82),209-210.
[4] 周晔,孙致礼.书名、篇名的翻译[J].上海翻译,2009(4):30-33.
[5] 彭桃英,骆超.科技论文篇名及其编辑加工[J].农业图书情报学刊,2010,22(9):216-218.
[6] 黄姗姗."读题时代"看新闻篇名的用语规范[J].现代语文,2016(10):129-131.
[7] CHAWLA D. In brief, papers with shorter titles get more citations, study suggests [J]. Science, 2015. DOI: 10.1126/science.aad1669.

科技论文编辑加工中的量纲问题

张红霞，贾丽红，庞富祥

(太原理工大学期刊中心，太原 030024)

摘要：对量纲方面的基本知识作了浅显易懂的阐释，包括有量纲概念、量纲与单位的关系、量纲一的量以及量纲齐次定理。在此基础上，指出了编辑加工中经常遇到的一些量纲问题，如方程的量纲平衡、系数的量纲、指数函数等的宗量的量纲问题等等。借助量纲知识可规范科技论文中量的表达，辨析量方程和数值方程的对错，提升论文的规范性和科学性，进而提高论文的学术质量与编校质量。

关键词：科技论文；编辑加工；量纲；量和单位；量方程；数值方程

从出版规范的角度来说，量纲属于量和单位方面的规范的范畴。关于量纲知识的文献已有不少。许多文献[1-6]对量纲作了一些介绍，但不够全面、系统和通俗易懂；有的文献对量纲的理解、表达和运用则是混乱、错误或过时的。此外，量纲分析法作为一种非常实用的科学工具，在科学和工程领域得到了广泛的应用。以"量纲"作为检索词在知网中国学术期刊全文数据库中进行主题检索，检出文献数为 6 986 条(检索日期为 2018-08-13)，可见与量纲直接相关的文献之多。

然而，对许多科技期刊编辑来说，量纲的概念有些抽象、陌生、晦涩、难懂，对量纲的认识一知半解；在编辑加工中也不大会运用量纲知识去发现问题、解决问题。鉴于此，本文试图简要阐述量纲相关的基本知识，并依据经验，汇总论文编辑加工中经常遇到的一些量纲问题，以期给编辑同仁提供有益借鉴。

1 量纲知识

1.1 量、单位、量值的概念

物理量，简称量，是现象、物体和物质的可以定性区别和定量确定的一种属性[7]。量有两个特征：一是可定性区别，二是可定量确定。定性区别是指量在物理属性上的差别。属性相同的量称为同一类量，例如厚度、周长、波长等就是同一类量，可用长度表示。不同类的量之间不能够相互比较，例如，电流和电压就无法比较。定量确定是指确定具体的量的大小。要定量确定，就要在同一类量中选出某一特定的量作为一个称之为单位的参考量，则这一类量中的任何其他量，都可用一个数与这个单位的乘积表示，这个数就称为该量的数值，数值与单位的乘积就称为该量的量值[5]。

1.2 量纲的概念

量纲(dimension)指的是量的属性，而不是量的大小。所谓量纲，是指以量制中基本量的幂的乘积，表示该量制中某量的表达式[5]。换句话说，量纲是表示一量制中某一量是由哪些量导出的和如何导出的表达式[1]。量纲只是表示量的属性，只用于定性地描绘物理量，特别是定性地给出导出量与基本量之间的关系。基本量的量纲就是它自身，导出量的量纲表现为其他量纲(基本量和其他导出量的量纲)之积，简称为量纲积。

国际单位制(SI)中，长度 l、质量 m、时间 t、电流 I、热力学温度 T、物质的量 n 和发光强度 I_v 等7个基本量的量纲分别用大写正体字母 L、M、T、I、Θ、N、J 表示。于是量 Q 的量纲 dim Q 一般可表示为

$$\dim Q = L^\alpha M^\beta T^\gamma I^\delta \Theta^\varepsilon N^\zeta J^\eta$$

式中：α、β、γ、δ、ε、ζ、η 称为量纲指数。

如何求得一个量的量纲？任何一个物理量的量纲，都是由定义或者定律给出[8]；亦即，在7个基本量的基础上，通过各种物理定律或定义可得出其他导出量，由导出量的表达式即可得出该导出量的量纲表达式。

在实际工作中，人们往往对量纲和单位难以区分，这里将予以说明。量纲用于说明定性关系，单位用于说明定量关系。量纲与单位之间的关联是：在一贯性单位制中，单位与量纲的关系式在形式上是一致的。正是由于这个原因，在 SI 中，由 SI 基本单位推导 SI 导出单位时，可以根据导出量的量纲写出 SI 导出单位。例如：速度 v 的量纲 dim v=LT^{-1}，导出单位为 m·s^{-1}；熵 S 的量纲 dim S=L^{2}MT^{-2}Θ^{-1}，导出单位为 kg·m^2·s^{-2}。要注意的是，有些量量纲相同、单位相同，却表示不同的物理量。

1.3 量纲一的量

所有量纲指数都等于零的量称之为量纲一的量。量纲为一的量，其 SI 单位为一，符号为 1。一般情况下，单位一和符号 1 并不明确写出。有些量纲一的量，其单位一另有专门的名称，这类量有级差 L(单位 dB)、平面角 θ(单位 rad)、立体角 Ω(单位 sr)，等等。究竟用还是不用这些专门的名称，视具体情况而定。如：平面角 θ=0.5 rad=0.5；立体角 Ω=2.3 sr=2.3。

在实际工作中，我们遇到的量纲一的量是很多的。力学中的摩擦因数 μ、应变 ε、泊松数 v，热学中的等熵指数 κ、质量热容比 γ，电学和磁学中的电极化率 χ、漏磁因数 σ、耦合因数 k、相数 m，物理化学和分子物理学中的相对原子质量 A_r、相对分子质量 M_r，等等，都属于量纲一的量。

特征数是科学技术领域里用来描述传递现象的一类量纲一的量，原来叫无量纲参数，现在叫特征数。GB 3102.12—93 共列出了 25 个特征数。这些特征数的符号均由两个斜体字母组成，如雷诺数 Re、欧拉数 Eu、弗劳德数 Fr 等。雷诺数 Re 即是由 Reynolds 运用量纲分析法得出的量纲一的量，它是由四个量组合而成：$Re=\rho v l/\eta$。当特征数在乘积中作为相乘的因数出现时，建议把它们与其他量符号隔开一定距离，或者用乘号或括号相隔。例如，写成 $l=Re\ \eta/(\rho v)$ 或 $l=Re·\eta/(\rho v)$ 是正确的，而不应写成 $l=Re\eta/(\rho v)$。

需要注意的是，量纲一化后的量的名称需要规范。例如，某文中，A_{rc} 为真实临界接触面积，A_a 为结合部整体名义接触面积。对 A_{rc} 量纲一化：$A_{rc}^*=A_{rc}/A_a$。A_{rc}^* 量名称为"量纲一真实临界接触面积"。笔者认为这样的量名称很恰当。近年来的许多文献对量纲一化的量仍采用国标已废弃的表达方式，如"无因次量""无量纲量"。类似"无因次长度""无量纲分形粗糙度"的名称是不妥的，应改为"量纲一长度""量纲一分形粗糙度"。

1.4 量纲齐次定理及量纲分析法

量纲齐次定理[4,8]：一个物理方程中各项的量纲必须是一致的或者说是齐次的；即只有方程中各项的量纲相同，方程才能成立。据此，检验一个方程是否有错的第一件事是检查各项的量纲是否一致。

其实，量纲齐次定理是很容易理解的。我们在物理学里，每学到一个新定律、新公式，每引入一个新定义，总保持了等式两边有相同的量纲；那么，由几个物理定律组合起来的方程，也应该保持等式两边的量纲相等，这就保证了方程中的每一项(以加号联系在一起的项)有相同的量纲。

根据量纲齐次定理可以进行量纲一化。例如，一个物理方程各项相同的量纲为 $L^{\alpha}M^{\beta}T^{\gamma}$。此时要把方程各项的量纲一化，只要每一项均以带有量纲 $L^{\alpha}M^{\beta}T^{\gamma}$ 的系数去除。齐次性保证了我们可以大胆地把任何物理方程量纲一化，而不应有任何怀疑。

量纲分析法是基于 Π 定理的一种科学方法。关于 Π 定理的详细说明及量纲分析的具体应用这里就不作叙述，有兴趣的读者可参看文献[7]。这里要说的是，量纲分析是用于解决复杂的工程问题和科学问题的，非常重要。物理学家普朗克和爱因斯坦都是量纲分析方面的高手。杨振宁等在构造新理论时也用到了量纲分析。我国著名科学家钱学森说过这样一段话："由于爆炸力学要处理的问题远比经典的固体力学或流体力学要复杂，似乎不宜一下子从力学基本原理出发构筑爆炸力学理论。近期还是靠小尺寸模型实验，但要用比较严格的无量纲分析，从实验结果总结出经验规律。这也是过去半个多世纪行之有效的力学研究方法。"[4]他的这段话，不但适用于爆炸力学的问题，同样适用于所有其他领域的复杂问题。

2 编辑加工中应注意的一些量纲问题

2.1 方程的量纲平衡问题

在编辑审阅科技论文时，判断量方程是否有误的首要方法是检查方程中的各项量纲是否平衡[9]，这是基于量纲齐次定理。如果方程各项量纲是齐次的，方程可能正确；若各项量纲不一致，则方程一定是错误的。量纲分析不能够告诉我们什么方程是物理正确的，但可以给些提示，至少可以避免低级错误。

科技工作者往往仅注重了物理量之间数值上的依赖关系，却忽视了它们还必须遵从量纲法则。很多教科书也不注意这一点，物理方程中各项出现的量纲、单位不一致的情况俯拾皆是。原因就在于，作者在对物理量方程进行推导时，将物理量方程当作纯粹的数学方程来处理，而没有考虑到物理量的属性即量纲问题。有时候虽然计算结果可能是对的，但极不严谨；有时推导出的结果就是错误的。

2.1.1 量方程

量方程是表示物理量之间关系的公式，一般以量的符号按其函数关系给出。由于量值(量的大小)与所用单位无关，所以量方程也与单位无关。就是说，给出量方程时，无须指明量所用的单位。这一优越性使量方程被广泛地用于科技书刊中。使用量方程进行计算时，其中的量必须以量值代入而不能只代入量的数值。下面给出检查量方程量纲平衡的实例。

例 1 检查方程 $u=r^2(\rho_1-\rho_2)g/(18\eta)$ 各项的量纲是否一致。式中：u 为沉降速率，cm/h；ρ_1 和 ρ_2 分别为水相密度和有机相密度，kg/m³；r 为液滴半径，m；g 为重力加速度，m/s²；η 为有机相的黏度，Pa·s。

判断一个方程是否正确，首先检查方程两边的量纲是否一致。左边量纲为 LT^{-1}。右边量纲为：$L^2ML^{-3}LT^{-2}(ML^{-1}T^{-2})^{-1}=LT^{-1}$。公式左右两边量纲一致，所以说该方程至少是量纲正确的。

例 2 检查方程 $\ln(\beta/T^2)=\ln(AR/E)+0.6075-E/(RT)$ 各项的量纲是否一致。式中：β 为升温速率，K/s；T 为样品热力学温度，K；E 为表观活化能，J/mol；A 为频率因子，s^{-1}；R 为摩尔气体常数，$R=8.314$ J/(mol·K)。

因该方程中有一项为数值，且各项之间用加号连接，所以只有每一项的量纲为一，该方程左右两边才会量纲一致。经检查，$E/(RT)$ 的量纲为一。$\ln(\beta/T^2)$、$\ln(AR/E)$ 是对数函数，量纲应为一；但 β/T^2 的量纲为 $T^{-1}\Theta^{-1}$，AR/E 的量纲为 $T^{-1}N^{-1}\Theta^{-1}$，作为对数函数的宗量，两者的量纲均不为一。所以该方程的表达不规范、不科学，需要修正。

2.1.2 数值方程

数值方程是一种将量的单位加以固定的方程，它只给出数值间的关系，而不给出量之间的关系。因此在数值方程中，必须指明量所用的单位，否则毫无意义。数值方程表述的是物理量数值之间的关系。按国标 GB 3101—1993 的规定，在数值方程中，物理量的数值是用该量的符号括以花括号，并在花括号的右下角标上所用单位的符号来表达的。例如，给出一个简单的量方程：$v=l/t$。如选定 v、l、t 的单位分别为 km/h、m、s，则可导出相应的数值方程为 $\{v\}_{km/h}=3.6\{l\}_m/\{t\}_s$。

笔者要指出的是，数值方程的表达方式虽然科学但十分繁琐，在推导和计算比较复杂的数值方程时显得极为啰嗦。这么多年以来关于数值方程的国标并没有得到很好的推广，导致目前数值方程的表达混乱，许多科研人员在公式推导与计算中常常把量和量的数值混为一谈，产生了许多量纲问题，甚至计算错误[10]。吁请有关标准制定部门尽快出台相关标准，规范数值方程的表达。建议采用文献[11]所推荐的表达方式，即在表示物理量的符号的正下方加一个小圆点，表示该量在特定单位下的数值。如，量方程 $v=l/t$ 的数值方程可写为：$\dot{v}=3.6\dot{l}/\dot{t}$，式中：$\dot{v}=v/(km·h^{-1})$，$\dot{l}=l/m$，$\dot{t}=t/s$。

这里讨论一类特殊的数值方程——回归方程。回归分析方法是利用数理统计中的回归分析，来确定两种或两种以上物理量之间相互依赖的定量关系，并将这种定量关系拟合为回归方程。例如，一元线性回归方程的通用表达式为 $y=a+bx$。回归方程是对实验数据的拟合，在编辑加工中经常会遇到。有的编辑把回归方程作为数值方程处理；有的则作为量方程来处理；有的处理得比较混乱，回归方程中的变量时而有单位、时而又没有[12]。笔者认为：既然是通用表达式，而且是在单位已确定的情形下的数据处理，回归方程就是数值方程，回归方程中的变量就没有单位，这些变量是纯数学的；但需要明确指出量方程与回归方程之间的对应关系。下面给出一个规范表达回归方程的实例。

例 3 研究某物质的产量 m(单位：g)与温度 t(单位：$^\circ C$)之间的关系。设量方程为：$m=m_0+\eta t$。又设 $y=m/g$，$x=t/^\circ C$，$a=m_0/g$，$b=\eta/(g·^\circ C^{-1})$。依据试验数据(此处省略)，得出的回归方程为 $y=-2.735+0.483x$，即 $a=-2.735$，$b=0.483$。

2.2 系数的量纲问题

如果量 A 正比于量 B，则 A、B 之间的关系可用 $A=kB$ 表示。若 A、B 量纲不同，则 k 必定不是量纲一的量，此时称 k 为系数；若 A、B 量纲相同，则称 k 为因数或因子。下面运用量纲知识来纠正量方程中不规范的系数表达方式。

例 4 $l=5t$，式中：l 为距离，m；t 为时间，s。方程两边的量纲显然不一致。

修改：$l=5t \to l=v_0 t$，式中：$v_0=5$ m/s。这类似于理想气体状态方程 $pV=nRT$ 中的常数 R，$R=8.314$ J/(mol·K)。

例 5　$\rho_s = -t_s + 1\,063.6$，式中：ρ_s 为饱和水密度，kg/m^3；t_s 为饱和水温度，℃。公式两边的量纲显然不一致。

上式为一关于电力系统凝结水节流系统的饱和水密度的经验公式。两边的量纲显然不一致，但是在行业内大家却不觉得是问题。问题出在公式推导以及常数(系数)代入后，人们只关注数值而不管表达的科学性与规范性。此类经验公式在工程计算中很多，需要编辑们把好关，逐渐去规范科研人员的公式表达。实际上，如果继续滥用这种不规范的公式表达，并把它代入下一步的计算中，将会带来混乱甚至错误的计算结果。

2.3　指数函数等的宗量的量纲问题

依照量纲法则，指数函数、对数函数和三角函数的宗量应当是量纲为一的，即 $\sin x$、$\ln x$、e^x 等表达式中 x 的量纲必为一。但实际中经常出现这方面的错误表达。

例 6　系统简谐振动的运动方程为 $x=-2\cos(70t)$，式中：x 为距离，mm；t 为时间，s。

问题分析：单从等式来看，方程左右两边量纲不一致，左边为长度，右边为量纲一的数值。错误之处在于：把量纲不为一的常数仅写为数值；三角函数的宗量的量纲应为一，而 $70t$ 的量纲为 T。

修改：$x=x_0 \cos(\omega t)$，式中：x_0 为初始距离，$x_0=-2$ mm；ω 为角速度，$\omega=70$ s^{-1}。

例 7　某图为中和产物的表面张力 γ 与浓度对数 $\lg c$ 的关系曲线。该图横坐标目如下：$\lg c/(\text{mol}\cdot\text{L}^{-1})$。

问题分析：依照量纲法则，$\lg c$ 的写法是错误的，而且 $\lg c$ 的单位应为 1。

修改：$\lg c \to \lg[c/(\text{mol}\cdot\text{L}^{-1})]$，即利用量与单位之比为数值，把 c 转化为量纲一的量。

出现这类错误表达的原因，估计是在推导公式时只注重数值而忽略了量纲。

3　结束语

科技期刊编辑工作中会经常遇到各种各样的量和量方程，以及方程的推导与计算，这必然会涉及量纲问题。科学、合理地运用量纲知识去规范量和量方程的表达，纠正因量纲问题引起的错误和不规范，是编辑应尽的责任。希望本文能够对编辑同仁有所裨益。

参 考 文 献

[1]　庞富祥.现代科技论文写作及规范表达[M].北京:兵器工业出版社,2001:179-210.
[2]　卢仁祥.量纲在物理学中的应用[J].物理,1964(9):396-402.
[3]　史新奎.量纲一的量及其运用[J].编辑学报,2000,12(1):50-52.
[4]　曹则贤.Dimension:维度、量纲加尺度[J].物理,2009,38(3):191-197.
[5]　国家技术监督局.量和单位国家标准实施指南[M].北京:中国标准出版社,1996.
[6]　梁灿彬,曹周键,陈陟陶.量纲分析简介(续 1)[J].大学物理,2018,37(1):4-10.
[7]　陈浩元.科技书刊标准化 18 讲[M].北京:北京师范大学出版社,2000:89-116.
[8]　谈庆明.量纲分析[M].合肥:中国科学技术大学出版社,2007.
[9]　高本辉.量纲平衡与单位平衡[J].科技与出版,1997(6):16.
[10]　贾丽红,张红霞,庞富祥.注意辨析科技论文中数值方程的差错[J].编辑学报,2011,23(1):35-36.
[11]　李松岩.关于数值方程表述形式的探讨[J].科技与出版,2000(6):14-15.
[12]　任志平,张志华.编辑加工时回归公式的量纲处理[J].重庆科技学院学报(自然科学版),2008,10(4):167-168.

医学科技论文作者自校清样表单的设计与应用
——以《第二军医大学学报》为例

商素芳，曾奇峰，杨亚红，魏学丽，尹 茶，余党会，孙 岩

(《第二军医大学学报》编辑部，上海 200433)

摘要：作者自校清样是科技期刊编辑部遵章守法、保护作者权益的体现，同时也是提升科技期刊编校质量和学术质量的重要保障。然而，在工作实践中，为数不少的作者对作者自校清样重视不足，不能认真履行自校职责。为了让作者知晓清样自校的重要性，明确校对目标，提高校对质量，实现作者自校清样的真正落实，笔者结合在《第二军医大学学报》编辑部的工作经验，设计了"作者自校清样表单"并予以应用，效果良好。本文对《第二军医大学学报》作者自校清样表单的组成内容和应用情况作一介绍。

关键词：医学论文；期刊；作者；校对

作者自校清样是科技期刊印前审校的必需环节，是论文编辑出版过程的重要组成部分。从宏观上讲，科技期刊编辑部设立的论文印前作者自校清样环节符合我国《著作权法》的规定，依法维护了作者的人身权益("修改权和保护作品完整权")[1]。在如今强调"依法行事""权益保护"的时代，作者自校清样是"尊重和保护作者的权利"，是一种遵法、守法行为，能有效避免科技期刊编辑部与作者之间可能的法律纠纷[2]。从微观上讲，作者自校清样可以纠正论文中因编辑加工造成的错误或修改不当之处，或者自我修补完善原稿的不足或疏漏[3]，从而提高刊出论文的质量。作者通过认真自校清样，可以塑造自身严谨治学的形象，培育良好的科研态度；编辑部通过衡量作者自校清样的态度和质量，可以判断、挖掘优质目标作者群。因此，作者自校清样既是科技期刊编辑部遵章守法、保护作者权益的体现，又是提升科技期刊编校质量和学术质量的重要保障[4]。然而，在工作实践中，我们发现为数不少的作者对清样自校重视不足，不能认真履行自校职责。这是对自己的不负责任，也是对编辑老师辛勤付出的不尊重。作者的敷衍校对可能会给期刊声誉造成负面影响。为了让作者知晓清校自校的重要性，明确校对目标，提高校对质量，抓好清样自校的真正落实，笔者结合在《第二军医大学学报》编辑部的工作经验，设计了"作者自校清样表单"并予以应用，效果良好，供相关工作者借鉴。

1 作者自校清样的实施要求

1.1 作者自校清样时间要灵活

国家新闻出版管理部门规定期刊和图书等出版单位要严格执行"三审三校"制度[5]，为了保证本刊的学术质量和编校质量，本刊实行"三审三校一读"制度，除此之外，在期刊付印前还增

通信作者：孙 岩，E-mail: sunrain7797@sina.com

加了论文作者自校清样环节。作者自校清样并非只能在"三审三校一读"完成之后进行，自校清样的时间可根据论文质量灵活设定[6]。如果论文质量较高，数据无错误、图表正确、语句通顺、表述准确，一校后就可以发给作者自校，待作者反馈自校结果且经改样后，再继续编辑部的二校、三校和交叉审读；由于改动少、不影响校读和出版流程，也可交叉审读后再发作者自校。如果论文质量较差、问题多，同时为了避免影响后续校读和出版流程，必须经多次校对、改样后方可发给作者以解决问题；且经交叉审读后再次将清样稿发给作者校对。

1.2 作者自校清样原则要明确

本刊对作者自校清样的总体原则是"必须通读校对，且在规定期限内校回"。编辑部呈现给作者的校对清样会影响作者自校的态度，为了提高作者自校清样的积极性，达到让作者"通读校对"的目的，编辑部首先要做好自身工作，即发给作者的校对清样稿应版面清晰，不能存在明显的漏改、错改、版面错乱等情况。否则，当作者发现校对清样稿中有多处问题或错误时，一是会造成作者对编辑部"工作粗糙""水平一般"的误解，从而导致今后对编辑、编辑部及编辑行业的轻视；二是作者一看这么多问题，可能会认为编辑部要求不高，因而也就敷衍校对。为了约束作者自校清样的期限，可备注说明："如不能在规定期限内校回，请及时联系编辑部说明原因，否则稿件将延期出版或取消刊发"，督促作者及时处理。另外，作者自校清样的期限不可太短，笔者认为 2~5 日内完成校对较合适。如果今天给作者发送校对清样稿，要求作者第 2 天就校回的话，作者为了急于在编辑部限定的时间内校回，势必匆忙校对，导致本该发现的问题而未校对出，进而影响了自校质量。

1.3 作者自校清样内容有重点

作者自校清样时，除了逐条回复责任编辑提出的疑问，或按要求进行相应核实或补充部分内容外，作者应对除编排格式之外的全部内容予以通读校对，其中校对内容也有侧重。通常对于一篇医学科技论文来说，有些错误是零容忍的，这些错误往往涉及科学性和真实性，比如研究的"材料和方法""结果"的主要内容，文中所有的数据、图和表，以及"讨论"部分的主要结论。因此，这些内容在发作者自校清样时需要给予提示，提醒作者重点校对。此外，作者信息、基金支持内容等虽不影响论文本身的质量，但是对于作者来说非常重要，也应提醒作者注意核实。

2 作者自校清样表单的设计

科技期刊编辑部一般均有印前作者自校清样环节，通常编辑部会就此列出作者自校清样须知或校对要求，如：保证作者姓名、单位、科室、地点、邮编、简介及通信地址正确无误(含英文部分)，保证正文及图表中数据、计量单位、缩略语、标点符号及参考文献正确无误等[7]，但这些均属于"告知书"性质，不能对作者起到"警醒"作用。在实际工作中，我们有很深的体会，有些作者由于工作、科研压力大，在写论文和校对时往往心态浮躁、不够认真，即使你明确列出了需要他解决的问题，作者也只会"就事论事"，仅就编辑提出的问题解答一下，然后再加一句留言：校对完毕，未发现错误。但在后续的编校过程中，我们仍可能会发现作者论文中之前疏忽的数据问题或文字错误，这足以说明该作者当初未认真校对。编辑部该如何应对那些对自己不负责、对期刊不负责的作者，如何约束他们认真履行清样自校呢？笔者结合工作实际，拟定了一份作者自校清样表单，引导作者按项校对，完成一项勾选一项。

2.1 作者自校清样表单的构成

作者自校清样表单由两部分组成：第一部分是导语，简要地向作者说明此自校表单的作用，认真履行校对职责的意义，以及如何填写；第二部分是自校清样表单主体，详细列出作者需重点自校的项目，共8项30条，涵盖了除医学科技论文出版专项(页眉、中图分类号、文献标志码、中英文文章编号、DOI号等)外的所有论文主体内容。

2.2 作者自校清样表单的设计原则

①实用性。我们通常要求作者"务必全面通读校对"，然而多年的实践告诉我们"全面通读校对"对作者起不到"重视校对"的"强制"作用。即使有个别认真的作者确实做到了全面通读校对，但因为校对重点不明确，校对时还可能有疏漏。因此，为了应对此情况，督促作者真正地"全面通读校对"，我们设想在校对表单中采取问答的形式，一步步引导作者逐项完成校对。②易填写，操作简便。为了不增加作者的困扰，在每条校对项目列出后，只需要作者对此作"正确/有误"或"有/无"单选，必要时可在右侧划线处进行文字阐述，即给编辑留言。③项目表述简洁、清晰。校对项目力求言简意赅，表述明确、直接，让作者一读即明白校对内容。④设计工具无特殊性。我们最初采用PDF软件设计自校清校表单，但发现PDF表单在处理较长文字转行时不是很方便。我们理想的作者自校清样过程是作者能够轻松地完成表单填写，不会因操作问题而不悦。几经尝试，最终选用Word的窗体功能来设计校对清样表单。这样作者对校对清样表单的填写与平时操作Word文档的体验完全一样，熟悉且顺畅。

2.3 作者自校清样表单的设计

我们设计的自校清样表单(见图1)共8项30条，按论文结构的顺序排列，每条均为"正确/有误"或"有/无"二选一作答，如果校对时发现错误，则直接写在横线处予以更正并说明。科技论文的图表是研究结果的最直观、最有效的展示方式，读者可以通过图表快速地获取论文的结果[8]，因此图表在科研论文的写作中占重要地位。为了保证论文图表的正确，我们设计的校对清样表单中关于图表的校对提示占很大比例，且对图表的校对要求列得较为详细。

3 作者自校清样表单的应用

3.1 作者自校清样表单有助于提高校对质量

校对清样表单设计、修改完毕后即试用于2017年第5和10期的作者自校清样，通过这两期清样校对结果的反馈，校对效果明显好于未应用之前，既有作者发现原稿错误和编辑失误，也有作者精益求精，校对时对部分内容重新阐述，力求更完美。下面列举3个典型实例。

3.1.1 作者自校清样发现原稿错误

2017年第5期1位作者自校清样时校对出第二作者的姓名有误，该文第二作者"沈阳"应为"沈洋"(见图2)。对于编辑部来讲，论文的署名均以作者提交的原稿为准，编辑一般不会对该文所有贡献者姓名的正确与否提出异议，除非对某位作者比较熟悉，但又感觉该人的名字可能不对时才会去核查。该作者校对清样时能发现这样的错误，既说明校对清样表单的提示起了作用，也说明该作者严格遵照了编辑部的要求，认真且逐字完成了校对。

3.1.2 作者自校清样发现编辑失误

作者自校清样时校对出页眉中作者姓名错误。2017年第5期的1位作者校对清样时发现校样页眉上的作者姓名"于建全"错打成了"于健全"(见图2)。这一错误是由编辑部排版校对的失误所致，该作者的细致校对帮助编辑部减少了一处期刊编校质量方面的差错。

《第二军医大学学报》____年第__期

作者自校清样核对表单

1. 此表单的填写需要作者在认真通读排版清样的基础上完成
2. 对表单中所提示项目的认真核查有助于减少论文的差错，提高论文质量，树立论文作者科学、严谨的治学形象
3. 有修改的内容，请在划线处填写
4. 如果表单有论文未涉及到的项目，请选择"正确"项

第一作者姓名：_____ 稿件编号/文题：_____

【作者署名】和【单位署名】

中、英文作者的姓名写法是否正确
　　正确☐　　有误☐ _____

中、英文作者姓名右上角的标注序号是否一致
　　正确☐　　有误☐ _____

中、英文作者姓名上角标号与单位名称前的编号是否一致
　　正确☐　　有误☐ _____

中、英文作者署名中的共同第一作者（△）/通信作者(*)是否标注
　　正确☐　　有误☐ _____

中、英文单位署名是否对应
　　正确☐　　有误☐ _____

【基金项目】

基金项目名称及编号是否正确
　　正确☐　　有误☐ _____

基金项目是否有补充
　　有☐　　无☐ _____

【作者简介】

第一作者的学历、职称、E-mail 等项目是否齐全、正确
　　正确☐　　有误☐ _____

"*通信作者（Corresponding author）"的 Tel、E-mail 是否正确
　　正确☐　　有误☐ _____

【文题】
中文文题与"页眉"上的文题是否一致
　正确☐　　有误☐　_____
中、英文文题意思是否一致
　正确☐　　有误☐　_____

【摘要】
中、英文摘要中的数据是否对应且与正文一致
　正确☐　　有误☐　_____
中文摘要是否有修改
　有☐　　无☐　_____
英文摘要是否有修改
　有☐　　无☐　_____

【关键词】
中英文关键词是否对应
　正确☐　　有误☐　_____

【正文】
文中各级标题序号是否正确、连续
　正确☐　　有误☐　_____
文字表达是否正确、通顺
　正确☐　　有误☐　_____
文中提到的数据是否正确
　正确☐　　有误☐　_____

文中插图编号顺序是否正确
　正确☐　　有误☐　_____
分图编号（A、B、C…）是否有注解及是否正确
　正确☐　　有误☐　_____
插图中的数据是否正确且与正文一致
　正确☐　　有误☐　_____

统计图中坐标轴标题、刻度、单位是否正确
　正确☐　　有误☐　_____
统计图中统计学标注和样本量是否正确
　正确☐　　有误☐　_____
显微照片是否正确标注染色方法和放大倍数
　正确☐　　有误☐　_____
电泳图各泳道代表的内容是否正确标注
　正确☐　　有误☐　_____

电泳图是否正确标注条带大小
正确☐　有误☐ _____

文中表格编号顺序是否正确
正确☐　有误☐ _____
表格中的数据是否正确且与正文一致
正确☐　有误☐ _____
表格下方的注解是否正确
正确☐　有误☐ _____

【参考文献】
正文中参考文献序号是否连续、引用正确
正确☐　有误☐ _____
文末参考文献列表序号顺序是否正确，条数与正文一致，是否有重复
正确☐　有误☐ _____

图 1　《第二军医大学学报》作者自校清样表单

《第二军医大学学报》2017 年第 5 期

作者自校清样核对表单

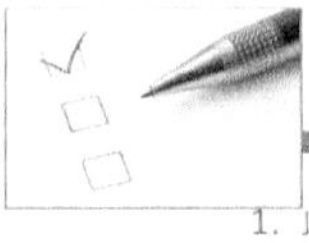

1. 此表单的填写需要作者在认真通读排版清样的基础上完成
2. 对表单中所提示项目的认真核查有助于减少论文的差错，提高论文质量，树立论文作者科学、严谨的治学形象
3. 有修改的内容，请在划线处填写
4. 如果表单有论文未涉及到的项目，请选择"正确"项

第一作者姓名：___于建全，冯飞灵___　稿件编号/文题：0258-879X（2017）05-0000-00/持续腹腔热灌注化疗治疗进展期胆管癌的临床疗效观察___

【作者署名】和【单位署名】
中、英文作者的姓名写法是否正确
正确☐　有误☒　第二作者"沈阳"应为"沈洋"。页眉上第一作者"于健全"应为"于建全"。
中、英文作者姓名右上角的标注序号是否一致
正确☒　有误☐ _____
中、英文作者姓名上角标号与单位名称前的编号是否一致
正确☒　有误☐ _____
中、英文作者署名中的共同第一作者（△）/通信作者(*)是否标注
正确☒　有误☐ _____
中、英文单位署名是否对应
正确☒　有误☐ _____

图 2　作者自校清样发现原稿作者姓名错误和排版造成的页眉错误

作者自校清样时发现参考文献错误。本刊参考文献采用的是顺序编码制，按正文中引用文献出现的先后顺序连续编码，2017年第10期1位作者校对清样时发现参考文献出现跳引的情况，造成正文中参考文献序号不连续。该作者不仅发现了错误，而且还在自校清样表单中详细写明了错在哪儿，以及如何正确调整文献顺序(见图3)。作者自校修正了编辑在编辑加工时对内容进行调整时忘记修改参考文献编号的错误，提升了清样质量。

该论文是当期重点推出的文章，排在当期的第1篇，如果该文作者没有认真自校，没有发现参考文献编码错误，在纸版印出、电子版传播出去后，不仅会出现编辑质量问题，也会给期刊的声誉造成负面影响。

【参考文献】
正文中参考文献序号是否连续、引用正确
　正确□　　有误☒　图2引用的参考文献序号连续引用应该是[20]，对应内容应是文末参考文献列里的[41]，即Krix M, Weber MA, Kauczor HU, Delorme S, Krakowski-Roosend H. Changes in the micro-circulation of skeletal muscle due to varied isometric exercise assessed by contrast-enhanced ultrasound. Eur J Radiol, 2010, 76(1):110-116. 自正文3部分开始，连续序号应该从[21]起始向后依次修改，正文P1222页的[41-42]标号处应对应修改成[20，41]，图5序号改为[32]。

文末参考文献列表序号顺序是否正确，条数与正文一致，是否有重复
　正确□　　有误☒　序号应按照正文中自图2引用的参考文献[20]开始依次调整顺序，将原文末文献列内的[41]Krix M, Weber MA, Kauczor HU, Delorme S, Krakowski-Roosend H. Changes in the micro-circulation of skeletal muscle due to varied isometric exercise assessed by contrast-enhanced ultrasound. Eur J Radiol, 2010, 76(1):110-116. 调整到[20]处，后面的文献序号从[21]起始编号。

图3　作者校对清样发现参考文献序号错误

3.1.3 作者对部分内容重写润色

有些作者自校清样除发现校对稿错误外，还会进一步对文字重写润色，精益求精，力求更完美。2017年第5期有1位作者除校对出参考文献的错误外，还对中英文摘要、关键词及正文中的文字表述提出进一步修改要求，修改后的文字更符合中文科技语言的表达习惯，也更加通顺、简洁(见图4)。

上述实例充分说明自校清样表单对作者起到了提醒和警示作用，达到了作者自校清样环节的预期目的。作者按照自校清样表单的指引通读校对，并逐条核实重点内容，有助于发现并修正一些重要内容的错误，提高自校质量，进而提高期刊的编校质量。

3.2 作者自校清样表单帮助筛选重点作者群

让作者填写"作者自校清样表单"，除了提高作者自校清样质量外，编辑部还可以通过作者自校清样表单衡量作者的治学态度。我们根据作者对自校清样表单的填写情况，发现有三类作者：极不认真、一般、认真。"极不认真"的作者属于未认真读"校对清样表单说明"，返回空表格，或未返回表格；经编辑部电话催要后，就发回一个全部是勾选"正确"/"无"项的表格。这类作者虽是极少数，但每期都会遇到。"态度一般"的作者占大多数，他们虽然也对文章进行了校对并返回校对清样表单，但未校对出问题或仅发现个别问题，仍有一些错误未校出。"认真"的作者仅占少数，他们会校对出一些编辑未发现的错误，比如前文所举实例中的作者。

【摘要】

中、英文摘要中的数据是否对应且与正文一致

　　正确☒　　有误☐ _____

中文摘要是否有修改

　　有☒　　无☐　"止血带一直是战场救治的首选产品"改为"其中止血带止血一直作为战场救治的首选方式";"现已有多种新型止血材料和止血方法被研发出来并获得"改为"现已有多种新型止血材料和止血方法得到研发和应用";"新的急救止血技术"改为"新型急救止血技术";"且适用于止血带效果不佳的情况"改为"且适用于传统止血手段效果不佳的情况"

英文摘要是否有修改

　　有☒　　无☐　"Rapid hemostasis is critical to first-aid of war wound, and the first-aid tourniquet has always been the first choice of combat casualties."改为"Rapid hemostasis is critical to apply first aid of war wound, and the application of tourniquet has always been the primary choice of combat casualties."

"The novel hemostatic techniques with some special hemostatic agents as core characterize rapidity..."改为"The novel hemostatic techniques based on some special hemostatic agents are characterized by rapidity..."

"first-aid of combat casualties"改为"first aid of combat casualties"

【关键词】

中英文关键词是否对应

　　正确☐　　有误☒　"first-aid of combat casualties"改为"first aid in combat";"hemostatic concept"改为"hemostasis concepts"

【正文】

文中各级标题序号是否正确、连续

　　正确☒　　有误☐ _____

文字表达是否正确、通顺

　　正确☐　　有误☒　"4.2 Celox　Celox系列产品均以壳聚糖为主要有效成分。第1代产品为Hemcon Bandage……"改为"4.2 Celox　以壳聚糖为主效成分的止血剂产品可分为3代。第1代产品为HemCon Bandage……"

文中提到的数据是否正确

　　正确☒　　有误☐ _____

图4　作者对部分文字内容重写润色

对于认真的作者,编辑部应将其列入重点作者名单,欢迎其继续投稿,作为对该类作者的奖励和鼓励,可以对该作者今后的稿件开放绿色通道,给予快速审稿、快速发表。对于极不认真的作者,再次收到其投稿时应采取更加严格的审稿措施,甚至加入黑名单,不再接受其投稿。这一方面有利于编辑部筛选重点作者群,另一方面也有利于提高作者自校清样的积极性,进一步提高自校质量。

4　使用自校清样表单进行作者自校清样时应注意的问题

4.1　及时检查、整理作者自校清样稿件和自校清样表单并存档

作者完成自校并返回校样和自校清样表单后,责任编辑应细心检查作者自校清样是否有遗漏,认真查看作者填写的自校清样表单是否完整。对于作者的修改要核实确认,仍有问题,应尽快再与作者联系、沟通后予以解决,最后需及时将作者校样、自校清样表单等文件存档,

以备日后出现纠纷时核查。

4.2 与作者建立顺畅的沟通渠道

微信等即时通讯工具改变了人们的生活方式及与亲朋的联系方式,科技期刊编辑要善于将这种科技带来的便捷性引入日常工作。编辑部给作者发校对清样稿,基本上是通过邮箱发送,作者如果不及时查看邮箱,很有可能不知道编辑部已经发邮件通知他校对,从而延误了校对时间。为了能让作者及时校回,责任编辑要与当期的每位作者建立微信联系,一旦给作者发了校对清样稿,即刻通过微信通知作者查收邮件,且校对回来之后,与作者的再次联系也可以通过微信进行,与微信应用之前相比,大大节省了与作者联系的等待时间。与作者建立微信联系,也无形中扩大了编辑部自建公众号的推送目标群。

4.3 发送作者自校清样稿时同时强调作者自校清样的重要性

我们设计的作者自校清样表单虽在导语部分说明了作者自校清样的重要性,但在给作者发送自校清样稿时,最好再重申一下,强调自校清样表单的填写质量及最终的校对质量会影响作者在本刊的信誉,对于认真自校的作者在今后的投稿中可以给予一定形式的照顾,如快速审稿、快速发表等。这可在邮件中申明,也可以在微信通知作者时告之,以提高作者对自校清样的重视。

5 结束语

作者自校清样是期刊编辑部践行我国《著作权法》,维护作者权益的体现,作者自校清样表单的应用是期刊的学术质量、编辑质量和出版质量的重要保证。通过作者自校清样表单的填写,提醒和警示作者通读校对并对重要内容进行重点校对,保证作者自校质量,从而提高期刊的编校质量;同时还可以筛选出科研态度严谨的作者,作为期刊今后目标作者群,提高稿源质量,进而提高期刊的学术质量。我们设计的作者自校清样表单的应用虽取得一定效果,但还属于一种静默地文字对话,随着富媒体的快速发展和计算机新技术的不断推出,今后在作者自校清样表单中可以增加音频和视频,这样对于难以一两句话描述的问题,作者可以在自校清样表单中音频留言或添加视频证据,使得清样自校过程更加便捷和人性化。

参 考 文 献

[1] 全国人民代表大会常务委员会.中华人民共和国著作权法[J/OL].(2010-02-26)[2018-07-31].http://www.gov.cn/flfg/2010-02/26/content_1544458.htm.
[2] 仇慧.论科技期刊作者自校的重要性[J].无锡职业技术学院学报,2014,13(6):76-78.
[3] 栾奕,陶映雪,刘利.科技期刊作者自校及其意义[J].编辑学报,2006,18(3):221-222.
[4] 王桂珍,颜志森.作者自校清样有利于提高期刊编校质量[J].中国科技期刊研究,2005,16(5):716-718.
[5] 国家广播电视总局.关于重申"三审三校"制度要求暨开展专项检查工作的通知[J/OL].(2017-08-15)[2018-07-31].http://www.sapprft.gov.cn/sapprft/contents/6588/347058.shtml.
[6] 梁倩.巧用作者自校环节,提高文章的编校效率和质量[J].传播与出版,2017(1):34-35.
[7] 解放军护理杂志编辑部.《解放军护理杂志》作者文稿清样校对要求[J].解放军护理杂志,2018,35(10):44.
[8] 包楚晗,贾丹萍,何琳,等.中文科技论文图表摘要设计研究——以图书情报领域为例[J].数据分析与知识发现,2017,1(10):21-31.

科技期刊编校易疏漏分析

龙 亮[1,2]

(1.《第三军医大学学报》编辑部,重庆 400038;2.陆军军医大学高原军事医学系,重庆 400038)

摘要:数字出版新时代的到来,使得科技信息数字化传播日益加快。科技期刊想要持续快速发展,必须深刻变革。科技期刊编辑如何接受前所未有的考验?加强出版专业知识学习、学以致用是最基本的解决方式。本文从期刊发展、编辑加工要点、出版相关国家标准的使用与编校争议解决方法等几个方面进行总结归纳,为新时期科技期刊编辑提高编辑能力、助力科技期刊稳步发展提供参考。

关键词:科技期刊;编校质量;规范;编辑

目前,全国共有期刊 10 084 种,其中自然科学、技术类共 5 020 种。科技期刊旨在记录、存储、传递科技信息,在我国科技发展的过程中起着重要的作用,是传播最新科学技术信息的重要载体,是彰显我国科技发展水平的重要园地。随着时代的进步,新媒体的蓬勃发展,基于"互联网+"理念,科技期刊的出版和经营需要深度融合新媒转型升级,全面发展[1-4]。而科技期刊编辑作为学术动向的引领者、学术热点讨论的召集者,更是科技期刊质量的第一把关人,最基本的工作就是在新时代做好科技期刊编校质量管理与语言文字规范,努力为我国学术研究成果打造一个有效的展示平台,提升我国科学技术研究的世界影响力。学术期刊编辑扎实的出版专业知识是其编校研究论文的基础,必须不断扩充和巩固出版专业知识,以提高科技期刊的编校质量,规范语言文字的使用[5-7]。并且,根据《出版专业技术人员继续教育暂行规定》(新出政发[2010]10 号)的规定,出版专业技术人员每年接受继续教育不得少于 72 学时,这是出版专业技术人员续展登记注册的重要前提条件之一。因此,无论是办好科技期刊的需要,还是科技期刊编辑行业考核,科技期刊编辑每年都需要参加出版专业知识的学习。出版行业每年都有形式多样、内容丰富的会议、论坛、讲座等,笔者每年参加出版行业相关会议均收获良多,既了解出版行业前沿动态、拓宽知识面,更可参与同行的交流与分享,深化认知。比如,参加由中国期刊协会主办的"期刊编校质量管理与语言文字规范培训班(科技类)",全面系统地梳理科技期刊编校质量管理与语言文字规范的要点,学习内容由稿件的处理,包括标点符号、字、词、句、篇,到期刊的选题策划、期刊的评价、期刊国际化。认真参加专业培训,更新自己的出版专业知识,对在实践工作中遇到的实际问题进行解决,并对编辑实际工作所得经验与教训进行梳理、总结,以及修正,温故而知新。本文将在出版专业学习中的体会归纳总结如下,提请科技期刊编辑注意,以期为编辑在新时代编校实践工作提供借鉴。

基金资助:重庆市高校期刊研究会 2016 年度科研项目(CQXK2016-2)

1 期刊发展

我国的科技期刊国际影响力低，高水平论文大量外流。我国科技期刊的发展严重滞后于科研水平的提升。中国科技期刊的国际化发展策略，重点是刊发明星文章、高水平文章，以及重要专题等[8-10]。科技期刊的发展途径：①选题组稿。重要研究的专题、原始论文、综述(专家述评)。②特色栏目。点评、亮点介绍等推广类栏目。③推送。邮件、专业会议、网站、微信；④编辑能动性。提高审稿质量、加快出版速度。⑤充分发挥主编和编委的作用。编辑应坚持内容为王，进行新颖、高效的选题策划。选题策划的重点是编辑的能动性，如编辑的信息素养，即查文献、用文献的能力；编辑的社会责任感；编辑促进编委发挥作用等。这是我刊编辑部领导强调的内容，也与实际编辑工作的体会不谋而合。理论知识简单，需要编辑实际操作。编辑在埋头干好稿件处理工作之余，应该走出去为编委，为专家、作者、读者做好服务，以实现高质量专题的组织。

2 编辑加工

科技期刊编辑编校一篇文章，需要从论文题目、作者姓名和机构地址、摘要和关键词、正文主体部分、致谢、参考文献、附加材料、图与表格、量与单位、公式与数字用法、体例格式进行分解，逐条进行加工[11-12]。笔者将各个部分特别需要注意的方面列举如下。

(1) 摘要：需要独立性或自明性，适当强调研究中的创新、重要之处；尽量包括论文的主要论点和重要细节(重要的论证或数据)。

(2) 讨论：有关结果的讨论推理要逻辑严密、清楚，避免出现实验数据不足以支持的推论或结论；有关科学意义和临床意义的表达要符合逻辑、实事求是；避免使用"首次发现""达到国际先进水平"等评价式用语。

(3) 结论：不应涉及前文不曾指出的新事实，也不能在结论中简单重复前文中的句子。

(4) 参考文献：同一处引用的文献数量原则上不超过6条。

(5) 图表：必要、准确、简洁、清楚；避免文、图、表数据重复；图表重点突出；自明性；尽量控制在 6 个以内，相互间有比较或参照意义的几张图可整合为同一个图中的几个分图。在图、表中，对数值表达有 2 种方式，数值=量/单位、$\{F\}$ N。即对于图，在横纵坐标中文标目后应加(量/单位)，质量(m/kg)；对于表格，在栏目名称后应加(量/单位)。

(6) 量与单位：比如 $m \cdot s^{-1}$ 与 m/s 写法均对，全刊统一一种写法即可；单位相同的量值范围，前一个量值的单位可省略，但百分号(%)及平面角单位度(°)、分(′)、秒(″)不可省；误用"单位+数"，如米数应为长度、年数应为时间等；英文缩写、化学元素符号等不可作为量符号使用；注意不再使用废弃的量名称与标准量名称，如空气中 O_2 的含量(浓度)为20%、空气中 O_2 为20%(V/V)规范表述应为空气中 O_2 的体积分数为20%，氮的含量(浓度)为 2 mg/L 规范表述应为氮的质量浓度为 2 mg/L，运动粘度应为运动黏度(为笔画多那个黏，笔画少的多读为粘 ZHAN，为姓时读为 nian)。

(7) 公式：公式的编号按照必要性原则，即用以引证或重复使用，方便读者检索时可编号，否则，不编号；公式的编号方式应与文中插图、表格的编号方式一致；公式前后应根据需要，加上标点符号，因为公式与文字叙述具有同样的功能，我刊实际工作中，公式串文排时公式前后加了标点符号，而公式居中排未加；公式的校对内容是检查公式内容的科学性，确认各种外文字符的文种、正斜体、黑白体、上下角标、大小写，规范公式前后的说明性文字，检查公式中的转行和改排。

(8) 数字用法：表示概数时，汉字数字还是阿拉伯数字的正确用法如五十几，20余次，七八个(七、八个为误加顿号)，万、亿可使用(如3万5千2百元应为3万5 200元、1亿3万5千2百元应为1亿3万5 200元、134亿d、25万t/a)；百分号(%)及平面角单位度(°)、分(′)、秒(″)为仅有的与数字在一起时，与数据之间不空格，并且平面角单位度(°)、分(′)、秒(″)在组合单位中需要加括号，如5(°)/min，再加上d、h、min、r/min等，共9个，不可加词头。

(9) 标点符号：书名号、引号连用之间加不加顿号的具体处理，连续的书名号、引号之间顿号可以省去；有其他成分插入[标引文献、(英文版)]，不能省去。避免文章中一逗到底的情况，可根据句子主谓宾的情况改逗为句。

3 依据出版相关国家标准解决编校争议

科技期刊编辑需要执行国家标准，对文章进行编辑加工[13]。科技期刊因其专业性强，可能较多名称及其用法生僻，编辑工作中需要抱着怀疑的态度，查询国家标准，使用规范的表达。如量和单位、数字用法、数学式和数学符号、标点符号、参考文献等，虽是细节，却不容忽视，需要按照国家标准规范使用。出版相关国家标准如图1所示。

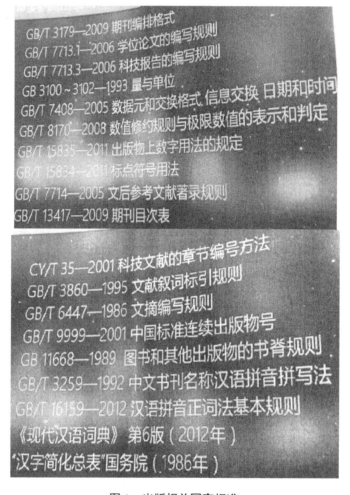

图1　出版相关国家标准

每年的出版学习中,发现有几点存在争议,建议国家标准有规定的应依据国家标准进行编校,但还存在国家标准相互打架、不统一的地方,笔者提出来,提请编辑前辈、同行注意,并探讨出合适的处理方式:

①上海浦江教育出版社、上海海事大学杂志总社社长袁林新老师在对"第1届上海市科技期刊编辑技能大赛试题"的讲解中提出表注、图注不能放在表图之下。但还有出版培训的老师强调图注应置于图下或图右侧。GB/T 1.1—2009(标准化工作导则)中明确指出:表注应置于表中,并位于表的脚注之前。而表注的概念是对整个表格或表中某些栏目附加说明的文字,排在表格的下方;表的脚注:对文本的补充说明,一般位于页面的底面。

②单位摄氏度(℃)和数据在一起时,量值和单位符号间需不需要空一格?图 2 是同一次编辑出版相关培训班上,不同老师关于这个问题截然不同的讲解。

③公式中的转行:在预算符号和关系符号(+、-、>、=、/等)之前还是之后断开,新旧国标间存在差异(GB 3102.11—1993、GB/T 7713.3—2009)(见图 3)。

④省略号后的标点,新旧规范不一致。新规范建议保留省略号后的标点,旧规范规定省略号后不要标点。如果新出标准代替历次版本,那么编辑就需要以新出标准为准,应该勤学,勤用工具书,注意出版专业知识的积累与更新。

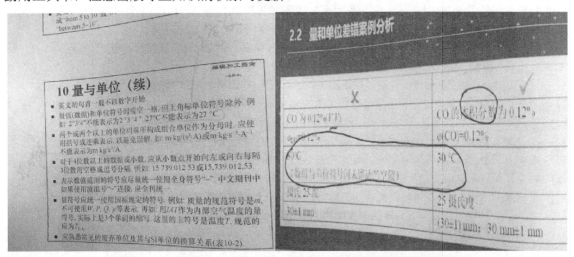

图 2　单位摄氏度(℃)和数据在一起时,量值和单位符号间空格与否

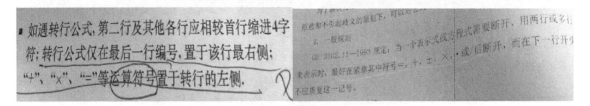

图 3　公式需要转行时的规定新旧规范的差别

综上所述,科技期刊编辑需要发挥主观能动性,实时掌握科学技术前言动态信息,组织高质量的学术专题;端正职业态度,认真编校每一篇文章,从字句篇的修改,到体例格式的规范;勤查工具书,编辑加工文章执行国家标准,对有争议的编校之处,应加强同行交流,不耻下问,寻求最合适的解决方式[14-15]。科技期刊可持续发展,离不开高素质编辑队伍的建设。科技期刊编辑应该具有的综合素质包括爱岗敬业、尽忠职守的职业精神,独具慧眼挖掘、

发现科学领域的重要成果并有能力提供平台进行展示，以及不断提高的编校水平。新媒体时代的到来，加快了信息技术的传播，与新媒体融合发展，对科技期刊转型发展是挑战，更是机遇。在科技期刊数字化转型发展面临更高要求的前提下，编辑需根据新时代的要求，找准定位，加强学习，提高职业素养[16-18]，适应大数据时代的飞速发展，为科学技术的传播提供更加优质的服务。

参 考 文 献

[1] 张巧莲.新媒体时代科技期刊编辑角色的能力构建[J].新媒体研究,2017,3(23):93-95.
[2] 姜京梅,刘畅.媒体融合时代科技期刊编辑的转型[J].中国传媒科技,2018(01):104-105.
[3] 郭巧驰,童旖旎.科技期刊数字化转型中编辑创新意识的培养[J].湖北师范学院学报(自然科学版),2016,36(3):51-54.
[4] 王海蓉,张冰,张楚民.论新时期期刊编辑职业素养的培养与提高[J].编辑学报,2018,30(01):80-82.
[5] 刘红梅.科技期刊编辑与数学符号[M]//学报编辑论丛(2017).上海:上海大学出版社,2017:106-111.
[6] 魏梦琪.浅谈自媒体时代新闻出版业如何改进编辑加工工作[J].新闻研究导刊,2017,8(18):254-256.
[7] 朱虹.中英文期刊中数学公式符号及单位量的差别问题[J].出版参考,2017(7):54-55.
[8] 朴长戈,吴昊南.科技期刊国际化发展路径研究[J].科技传播,2017,9(17):16-17.
[9] 罗巧.中国科技期刊国际化发展路径及实施对策[J].传播与版权,2017(2):27-30.
[10] 罗东,黄春晓,周海燕,等.学术期刊国际化发展的思考与探索——以《材料科学技术(英文版)》为例[J].中国科技期刊研究,2015,26(3):223-228.
[11] 许玉艳,刘欢,张晓琴.科技期刊编辑审读加工方法新思考[J].编辑学报,2017,29(2):122-125.
[12] 李洁,陈竹,金丹,等.科技期刊论文编辑加工中的常见问题分析[J].编辑学报,2017,29(增刊1):50-51.
[13] 杨新玲.科技期刊必须认真执行国家标准和规范[J].编辑学报,2014,26(增刊1):142-143.
[14] 吕迪,赵志萍,贾翠娟.科技期刊编辑加工时"问"的技巧[J].编辑学报,2017,29(增刊2):45-46.
[15] 龙威,扶文静,周泉.从编辑角度认识科技期刊论文质量的提升[J].传播与版权,2017(8):43-44;49.
[16] 姚爱云.浅谈编辑职业素养的自我修炼[J].新闻研究导刊,2017,8(16):257.
[17] 张洁,韩啸,赵浩宇.全媒体时代科技期刊编辑修养的自我提升[J].科技传播,2018,10(6):65-67.
[18] 刘艳.数字环境下百科全书编辑的自我修养[J].出版发行研究,2017(05):70-71;81.

我国英文科技期刊来稿中几类隐藏语言问题及解决策略
——以 Chemical Research in Chinese Universities 为例

林 松，段为杰，于 洋，吴立航，向 政

(吉林大学《高等学校化学学校》编辑部，长春 130012)

摘要：以 Chemical Research in Chinese Universities 来稿为例，总结了英文科技期刊上作者易犯的缺少词块意识、语言冗余、语体风格单一和词语使用错误等四类隐藏性语言问题。分析了这些错误产生的原因，并提出了相应的解决策略。

关键词：英文科技期刊；英文写作；语言；加工润色

英文科技期刊的发展对提高我国科研成果的国际影响力、显示度和国家在学术界的话语权具有重要作用。近年来我国加大了对英文科技期刊的投入，正式出版的英文科技期刊获得了快速发展，英文期刊种数从 2014 年的 244 种[1]发展为 2018 年的 300 多种[2]；我国大陆地区被 SCI 收录的期刊种数从 2016 年的 179 种发展成为 2017 年的 187 种，一年时间新增 18 种[3]。

国内许多英文期刊编辑部通过聘请有海外留学经验的博士或外籍人士作为英文编辑[4]或借助专业润色机构对已接收的稿件进行文字加工，刊发稿件的英文水平已经达到国际水平。但不得不承认的是，目前我国大多数英文期刊的国际化水平还不够高。一方面，我国绝大多数稿件均来源于非英语母语国家的作者。作者在写作过程中通常会受到本族语言的影响，导致来稿的语言表达不准确、词不达意，极易造成学术思想的误读或歪曲，拉低稿件的学术价值，降低科研成果在国际化推广中的深度和广度[5]。另一方面，国内英文期刊的编辑人员虽然英文水平和专业素质较高，但仅限于英语的普遍意义表达，对科技英语词汇的领悟和使用不能达到得心应手，因而无法地道地、专业地对手中的稿件进行编校，进而影响稿件的严谨性和科学性[6-7]。为了不让稿件语言和编辑质量成为阻挡中国英文期刊"走出去"之路上的绊脚石，已有文献大多只是介绍了国内科技期刊英文书写中常见的拼写错误、时态误用、主谓不一致、中式英语、逻辑问题等简单语法错误[8-10]。但笔者发现，除了以上被广泛讨论的问题之外，我国英文科技期刊来稿中还存在许多不易被发现的隐藏问题，这些问题并不属于实质上的"错误"，但却直接降低了文稿的可读性，使读者难以流畅阅读，阻碍了期刊的"国际化"发展。基于此，笔者总结了近年来在 Chemical Research in Chinese Universities 实际工作中遇到的具有代表性的实例并对其进行了剖析，探讨了英文科技期刊稿件的润色与编校策略，以期让广大编辑同仁能更高效、有针对性地进行英文稿件的加工与润色工作。

1 来稿中的几类隐藏问题及解决策略

无论是国内作者的来稿，还是其他发展中国家作者的来稿，通病都是英文写作和语言表达水平不过关，这也是限制我国英文科技期刊发展的主要瓶颈之一。如编辑能在加工润色稿件的过程中快速、准确地找到文中存在的文法问题，并予以改正，则可显著提升稿件的学术质量和文字质量。但相比于拼写错误、时态误用、主谓不一致、中式英语等显而易见的错误，以下几类隐藏问题由于不属于一般意义上的语法"错误"，可能需要编辑反复用心阅读才能发现，有时甚至会被忽视，导致出版的英文论文内容不够严谨客观，或是行文不够流畅地道，降低了稿件的质量及学术水平。杜绝这几方面的问题则可显著提高稿件的可读性和专业性，起到锦上添花的作用。具体问题和解决策略如下。

1.1 缺少词块意识

Becker 在 1975 年最先对词块理论进行了研究[11]，现代则通常认为词块(lexical chunks)是在真实交际中高频率出现的、大于单一词语的语言现象，其形式相对稳定，通常包括固定搭配(如 as a function of、on the basis of)、惯用表达(如 in the presence of、a significant increase in)和框架句型(如 in this study we、it can be concluded that)三类。Haswell 认为，反复使用这些多词汇组合是写作成熟的表现，而缺少类似的词汇组合则是新手写作的特点[12]。可见，借助词块来组织语言，进行上下文的衔接，可使稿件的行文更加流畅和紧凑，文章表达也更地道和准确[13]。但在实际工作中笔者发现，国内作者往往缺少对英文词块的驾驭能力，使用词块的功能和结构单一，如"实验部分"中常见的 under the condition of、in the process of、with the increase of，"结果与讨论"部分中反复出现的 the results show that、it can be found that、the picture indicates that 等等。

对简单词块的过度使用暴露了作者英文词块储备量的贫瘠，导致词块的可选范围狭窄，使文章读起来千篇一律，缺少多样性。这是因为国人长期局限在对"单词"语义的学习而忽视了对其用法的积累，从而影响相应词块在行文中的使用。如在摘要和实验部分，大多数作者会将实验中所使用的仪器做如下介绍：The structural, morhpology and magnetic properties were characterized by/using powder X-ray diffraction, scanning electronic microscopy, vibrating sample magnetometer and Mössbauer spectroscopy. 可谓"千人一句"，句句都似曾相识。在此种情况下，笔者通常会对类似的句子中 by、and 等简单、高频词汇进行相同含义词块的替换，可将上述例句改为：The structural, morhpology and magnetic properties were characterized by means of powder X-ray diffraction, scanning electronic microscopy, vibrating sample magnetometer and Mössbauer spectroscopy. 或 The structural, morhpology and magnetic properties were characterized with the help of powder X-ray diffraction, scanning electronic microscopy, vibrating sample magnetometer and Mössbauer spectroscopy. 也可改为 The structural, morhpology and magnetic properties were characterized by means of/with the help of powder X-ray diffraction, scanning electronic microscopy, vibrating sample magnetometer as well as Mössbauer spectroscopy. 从上例可见，多种词块的交替使用，可以保证来稿中的某些固定内容不再千篇一律。编辑可在平时学习和工作中着重了解词汇的惯用法，培养和强化词块意识，用一些低频词块替换被过度使用的词汇(如 in terms of、with the help of 替换 by, in a variety of 替换 a lot of, as well as 替换 and, with respect to 替换 about, as a function of 替换 upon 等)，使编校的稿件可读性更强，更符合国际规范。

1.2 语言冗余问题

科技论文以实验为依据，提倡用简明扼要、精炼准确的文字描述实验现象、汇报所得结果。从信息传播效率的层面来看，科技论文要利用有限的篇幅传递出尽可能详尽的信息，必须努力做到行文简洁,减少冗余,以增加文章的有效信息量,进而提高传播效率[14]。遗憾的是,一些作者在行文过程中思维不够严谨深入,落笔时往往表现为语言漫无边际,冗长凌乱。如:The reason to explain phase stability has been discussed <u>in the paper given</u> by Kimizuka et al. based on the free energy calculations for the preparation of $Re_3Fe_5O_{12}$ in high temperature solid state reaction. 画线部分的内容就无任何实际意义,删除后不影响句意,反而更加精炼紧凑。还有些作者不理解"要言不烦"的道理,误认为篇幅长的稿件会凸显自己的写作水平,因而喜欢堆砌辞藻,结果反而使句子冗长无味。如:From the XRD patterns it can be seen that the peak positions have almost no evident change under <u>the condition of the</u> different doping concentrations of Sr^{2+} ion. 此句中的画线部分明显多余,因为其含义已经隐含在句子中,并不必要单独出现,并且 under the condition of 也正是上节中提到的被"滥用"的词块,在编校过程中宜做删除处理。

文风简练明晰是一门写作艺术,是逻辑思维能力和文字表达水平的体现。编辑要想以"简洁"为准则加工稿件,则应在平时多阅读经典佳作,揣摩写作手法,强化加工力度。但需注意的是,避免冗余并不等于提倡浅显,编辑在加工稿件时不宜过于大刀阔斧,以免失去作者自己的写作风格,使稿件写作风格千篇一律。在不违背语言规范的前提下尽量保留作者的原意,真正做到"百花齐放",才是稿件编校工作的最高境界。

1.3 语体风格单一

语体(register of language)是指人们在社会活动领域针对不同对象、不同环境,使用语言进行交际时所形成的常用词汇、句式结构和修辞手段等一系列运用语言的特点。由于科技论文属于"信息型文本",通常认为其语体风格应客观准确、稳重朴实,避免运用修辞手段,文章读起来往往给人书写程式化、没有跳跃、缺乏艺术性的感觉[15]。实际上,科技论文的语体虽然讲究逻辑严密、客观专业(如尽量避免 we successfully prepare、try our best to、make great effort to、it is well known to all 等极端句式的使用),但其风格仍可丰满生动,若能适当运用拟人、对比、列举和引用(如 face challenge、make a compare with、take … as an example、in the fields of)等多样化的表达方式,营造出适于阅读的语言氛围,则更易被读者接受。如:Nowadays, detection of sulfonamides antibiotics still face challenges to establish analytical methods in fish tissue, environmental water, milk and animal feed. 就采用了拟人的修辞方法。再如:Compared with liquid-liquid extraction and matrix solid-phase dispersion extraction, microwave-assisted extraction attracted more attention because of its advantages of time-saving and less organic solvent requiring. 则使用了对比的表达方式,使文章的总体风格更加灵活多样。另外,近年来,国际上开始流行以主动语态撰写科技论文,逐渐摒弃曾经冷静客观的"理性面孔",使论文更具有生动活泼的人文色彩,以增强对读者的感召力和吸引力。合理使用人称主语和非人称主语的科技论文,更容易贴近读者的阅读习惯和心理感受,使阅读科技论文不再枯燥无趣,可从一定程度上改变科技期刊论文严肃、乏味的标签。

1.4 词语错用和误用

与单词拼写错误、首字母未大写等非能力所致的错误不同,词语的错用和误用则是由于作者运用英文写作的能力不足,只粗浅了解词语的表面含义,或是简单通过词典、翻译软件按中文含义查找到相应英文单词直接使用,忽视了词语的词性、词义和使用的语境,使表达欠规范或"中式英语"现象明显,甚至出现写出的英文稿件只有中国人才能看懂的窘境。

(1) absorb 和 adsorb。

absorb 和 adsorb 以及它们的衍生词 absorbent、adsorbent、absorption、adsorption 是英文科技期刊中常见的易混淆词汇，其误用、错用现象非常普遍，编辑必须对两个词的含义做到心中有数，才能避免出错。从词源的角度，拉丁语前缀 ab-通常表示来源(from)，而 ad-表示去向(to)，但这无法解释 absorb 和 adsorb 的真正区别。实际上，adsorb 的含义为"吸附"，通常是指某种物质被附着在(到)介质表面的情况，是一种物理现象，常见于物理和化学科技期刊中，如 In the photo degradation process, the dye can be easily absorbed by $Ag_3PO_4/Zn_3(PO_4)_2$ composite. 而 absorb 的含义为"吸收"，通常指某物质被带入到介质中并随之消失的情况，可能是物理现象，也可能是化学现象，其应用范围更广泛一些，如 Water is absorbed into a sponge. 一些粗心的作者不仅会出现词语错用的情况，有时在一篇文章中还会将两词混用，造成前后文不一致的现象。对于义和形都相近的词汇，编辑在加工稿件时必须先了解文章想表达的观点，才能准确选出适合的词汇，避免错用和误用。

(2) Respectively。

respectively 可以说是英文科技期刊中使用的高频词汇，同时也是错用的高频词汇。作为一个副词，其含义为"分别地、各自地"，只放在句尾用于表示句子中列举要点的对应关系。respectively 的词义并不晦涩难懂，但在实际工作中却总有作者错用、误用现象，如 Product compositions were determined by inductively coupled plasma atomic emission spectroscopy(ICP) as well as energy dispersive spectroscopy(EDS), respectively. 由于 respectively 一词主要用于指明列举项之间的一一对应关系，因此句中对应要点的数量和顺序非常重要，上述范例错误之处就是 compositions 无法与 inductively coupled plasma atomic emission spectroscopy (ICP)和 energy dispersive spectroscopy (EDS)一一对应上，而 compositions 又的确是由 inductively coupled plasma atomic emission spectroscopy (ICP)和 energy dispersive spectroscopy (EDS)这两种仪器测试的，因此删除句中 respectively 一词即可。再比如 Product was determined by inductively coupled plasma atomic emission spectroscopy (ICP) as well as scanning electronic microscopy (SEM), respectively. 这一句中显然缺少与 inductively coupled plasma atomic emission spectroscopy (ICP)和 scanning electronic microscopy (SEM)一一对应的内容，但如像上句一样简单删去 respectively，又会使句子语义不够完整，将其扩充为 Product composition and morphology were determined by inductively coupled plasma atomic emission spectroscopy (ICP) as well as scanning electronic microscopy (SEM), respectively. 可完美解决原句存在的问题，既满足了 respectively 的一一对应关系，又使语句含义表达的清楚明晰。

还有一点要注意的是，respectively 只能用于两类内容的对应排列关系，如 The LOD, RSD and recovery of the control group and experimental group are 0.91 nmol/L, 4.1%, 80.1% and 0.82 nmol/L, 4.7%, 95%, respectively. 就是错误的用法，因为列举了三项对应关系。可将其改为 The LOD and RSD of the control group and experimental group are 0.91 nmol/L, 4.1% and 0.82 nmol/L, 4.7%, respectively. The recovery of the control group is 80.1%, while the recovery of the experimental group is 95%.

其他易混用的词汇如 situation 和 condition，extend 和 expand，易错用的词如 a series of 后面谓语动词用单数，be applied to 后面接动名词等等，在此就不一一详述了，编辑同仁可自行查阅相关资料学习了解。

2 结束语

英文科技期刊的国际化包括许多要素，语言国际化是其中重要一点，也是基本要求。科技期刊是对外学术交流的载体和平台，科技期刊编辑则是期刊质量的"把关人"，肩负着学术交流和对读者、作者负责的重担。提高英文科技期刊的语言质量不是一蹴而就的工作，编辑应有耐心和恒心，倡导严谨的学风，杜绝浮躁心态，树立责任意识，恪守出版准则，重视语言表达质量，从源头上把好语言关。

参 考 文 献

[1] 马峥.中国英文科技期刊出版情况的统计分析[J].中国科技期刊研究,2014,25(10):1277.
[2] 宁笔.哪些国家/地区 SCI 期刊比较多?中国少吗?美国最多吗?[EB/OL].(2018-07-09)[2018-07-30].http://blog.sciencenet.cn/home.php?mod=space&uid=408109&do=blog&id=1123052.
[3] 任胜利,宁笔,严谨.2017 年我国英文版科技期刊发展回顾[J].科技与出版,2018(3):47-52.
[4] 葛建平,范真真,李明敏,等.关于国内英文科技期刊语言国际化的思考[J].编辑学报,2013,25(1):48-50.
[5] 陆建平.英文版学术期刊语言与编校质量状况与错失分析[J].中国出版,2009(6):6-12.
[6] 陈银洲.在科技英文编辑中应注意中英文的差异[J].编辑学报,2009,21(4):320-321.
[7] 林松,段桂花,张娅彭,等.英文科技期刊青年编辑素质提升对策[J].编辑学报,2017(增刊 1): S135-S137.
[8] 罗建平,黄伶燕.高校学报英文摘要中语法错误的分析——以自然科学版为例[J].中国科技期刊研究,2011, 22(5):791-794.
[9] 张维维,于洋,段桂花,等.英文科技期刊语言的加工与润色——《高等学校化学研究》英文修改的实践[J].编辑学报,2014,26(4):331-334.
[10] 张美慧.英文科技期刊常见逻辑错误例析——以《光电子快报》(英文版)为例[J].天津科技,2015,42(6): 79-80.
[11] BECKER J. D. The phrasal lexicon[M]. [S.l.]: Bolt and Newman, 1975: 60-63.
[12] HAWELL R. Gaining ground in college writing: tales of development and interpretation [M]. Dallas: Southern Methodist University Press, 1991:36.
[13] 曹雁,王惠莲.科技期刊英文摘要写作应体现词块意识[J].编辑之友,2011(6): 91-93.
[14] 陶范.简洁:科技期刊的语言风格[J].编辑学报,2011,23(4):296-297.
[15] 陈菁,于学玲,史志祥.中外科技期刊语体风格对比研究——以生物医药类期刊为例[J].科技与出版,2017(1): 91-94.

教育类学术期刊易混词辨析

潘斌凤

(上海电机学院期刊编辑部,上海 201306)

摘要:教育类学术期刊是教育科技发展和学术研究成果信息的重要载体,体现了研究者对各类问题与现象的思考与想法。但是,在一些教育学术研究成果中,出现了对部分教育术语的混用、误用、滥用等问题,这为学术杂志的编辑工作带来了诸多弊端。对此,针对教育与教学等四组常见易混词,通过对词义的辨析,总结出它们之间的联系与区别,为研究者、编辑同仁提供参考。

关键词:教育类学术期刊;易混词;辨析

教育类学术期刊是展示和传播教育教学科研及学术成果的窗口,为教育教学科研人员提供一个教育理论研究与教学改革实践探索的载体和交流平台。笔者从教育研究期刊日常编辑工作中收集、积累的几组容易混淆的教育学和教育研究方法的相关词语,加以整理分析,以与同仁交流。

1 教育与教学

1.1 常见混淆场景与问题

教育与教学两词是教育学类科研成果中最为频繁的专业术语之一。在不少研究者的成果中,错误使用教育与教学的场景、误解两者词义的现象比比皆是,现枚举几例。譬如:"一个班级是学校对学生进行教育和教学工作的一个基本群体"[1],这一陈述将教育与教学列为并列、甚或平等的两个活动,这违反了两者的本真意义。再如,"音乐教育既具有自身的特点,也符合一般教育规律。……音乐教学应充分考虑音乐实践的积极作用,重视音乐的现实意义"[2]这里就将教育与教学两词混用,基本将教育与教学等同起来。又如,"教育与教学并重才能凸显教师的职责所在,在教授他们知识的同时,更重要的是教会他们如何做人,培养他们对知识和新事物探索的渴望,这才是教师工作的意义所在。"[3] 此处对"教育"的理解有趋于狭义之嫌,仅将教育作"教会学生如何做人",即是育人、化人,仅局限于思想品德、个人修养等方面,而将教学仅是传授知识的手段。实际上,教学除了传道,还有授业,即不仅要传授知识,还要训练学生的技能。

从以上几例可以看出,在很多教育学类学术成果中,很多研究者经常错用教育与教学。目前主要呈现的问题有:一是将教育与教学等同、混用,不将两者区分;二是将教育的内涵与外延窄化,仅将教育本意的一部分体现出来;三是将教学的使用范围扩大,将原本在特定教学环境的教学扩至各种教育活动。

1.2 基本释义

教育是培养人的一种社会活动，它广泛地存在于人类社会生活之中[4]。由此可见，教育是一种社会现象，它随着社会的发展而发展，在不同的历史阶段中，教育具有共性，又具有不同的性质和特点。教育有广义与狭义之分，广义的教育泛指影响人们只是、技能、身心健康、思想品德的形成和发展的各种活动[5]。狭义的教育主要指学校教育，这是本文的探讨范畴。

从狭义上看，关于教育的基本构成要素比较有代表性的有三要素、四要素、五要素、甚至六要素，但以三要素说流传最广。南京师大教育系编的《教育学》认为，教育活动的要素有教育者、受教育者和教育影响；王道俊、王汉澜主编的《教育学》把教育活动的基本要素分为教育者、受教育者和教育措施；陈桂生先生在其著作《教育原理》中把教育活动的要素分为教育主体、客体和教育资料。综合起来看，学校教育是学校相关教育活动对学习者的影响。

教学是以课程内容为中介的生师双方教和学的共同活动。学校实现教育目的的基本途径[6]。从交互关系看，教学是教育目的规范下的、教师的教和学生的学共同组成的一种教育活动[7]。通过这种活动，教师有目的、有计划、有组织地引导学生学习和掌握文化科学知识和技能，促进学生素质提高，使他们成为社会所需要的人。

1.3 关系与异同

教育与教学是一种整体与局部的关系，教育是整体，其包含很多要素和活动，其中就包括教学，教学仅是学校实施教育的一个基本途径。除教学这一活动之外，学校还通过可以课外活动、生产劳动、社会活动等多种途径向学生进行教育。教学是教育的一个组成部分。教育主要的任务是育人，而教学在教授学生知识技能的同时也要渗透育人的这一方面，教学是教育的一个手段和方式，用教学来实现教育。任何没有教育意义的教学都不是无价值，不管这种教育意义是正面的还是负面的，所有的教学必须附带教育功利。

但同时，虽然实现教育目标的手段和方法很多，教学只是其中一种，但却是最重要、最主要的一种手段、方法，也是负载教育目标、内容、方法、评价等内容最为丰富的一种。教学，尤其是班级教学，极大地提高了教育的效率和效果，在单位时间能够实现教育目的的效益化，这为人类知识和智慧的增进起到了几何式加速的作用。因此，现代学校教育利用(班级)教学实现了规模化、效益化。

从上可以看出，教育与教学是整体与部分的关系，但同时又是相互影响和制约的关系，两者是密不可分的。

2 教育目的、教育方针、培养目标与教学目标

2.1 常见混淆场景与问题

关于这几项目的或目标的运用，不少学者也存在误用、错用的情况，先举几例说明。

"当代基础教育教学目标究竟应该面向谁呢？理论上讲应该是面向所有教学对象"[8]，这里讲"基础教育"与"教学目标"连在一起用，这样完全可以，但问题在于使用的对象和含义有巨大差异。"基础教育"若要与"教学目标"一起用，主要针对的是基础教育在课堂中所希望达成的教学目标，学生知识、素养、能力获得的提升。而该文的本意则是指基础教育的接受对象，它不局限于教学层面。

对于教育方针，在实践中通常与"党"联系在一起，即"党的教育方针"或"党和国家的教育

方针"。这种用法表达了教育方针起到了承载执政者的政治主张和理念,这是教育系统所要遵循的政策根据。《中华人民共和国教育法(2015年修正案)》第五条中有明确规定:"教育必须为社会主义现代化建设服务、为人民服务,必须与生产劳动和社会实践相结合,培养德智体美等方面全面发展的社会主义建设者和接班人。"通常认为,此是目前党和国家教育方针的法律性表述。

2.2 概念

教育目的是指社会对教育所要造就的社会个体的质量规格的总的设想或规定[9]。国家对培养人的总的要求,规定着各级各类教育培养人的总的质量规格和标准要求。(针对所有教育者)人们的教育活动不是无意识的、盲目的,而是自觉的有目的的。在实施教育活动之前,人们对于要把受学习者教育成何种目标的对象,在理念上已然勾勒出所希望和预期的结果。

教育方针是国家或政党在一定历史阶段提出的有关教育工作的总方向和总指针,是教育基本政策的总概括。由此表述可以看出,教育方针具有强烈的政治色彩,它通常载负了执政者的政治理念和治理主张。

培养目标是各级各类教育的培养要求。针对各级各类学校的教育对象的基础教育,它的培养目标主要是为人的成长发展奠定德智体各方面的基础。具体而言,高等教育的培养目标主要是培养各种专门人才,而非具备普通素养的公民。

教学目标对整个教育目标而言,是阶段性目标或构成性目标,是在整个人才培养的过程中,在特定阶段,如一学年、一学期、甚至一节课,希冀学习者能达成的预期学习结果。教学目标指引着教学的方向,对教学具有调节功能,是教学评价的依据。教学目标具有重要的管理职能,界定教学活动的起点和归宿,是课堂教学管理的重要环节。教学目标是教学中师生共同参与教与学过程而习得的知识与技能,并符合和满足原先设定的基本方向与规格。

2.2 关系与异同

教育目的的含义与外延比较广,但就层次而言即有三个:国家层级的教育目的、学校层级的培养目标和授课教师预设的教学目标。从这个意义上讲,教育目的与教育方针在对教育社会性质的规定上具有内在的一致性,都含有"为谁培养人"的规定性都是一定社会(国家或地区)各级各类教育在其性质和方向上不得违背的根本原则。

教育方针所含的内容更多,除了"为谁培养人""培养什么样的人"之外,还有"怎样培养人"和教育事业发展的基本原则。教育目的在对人培养的质量规格方面要求比较明确而教育方针则在"办什么样的教育""怎样办教育"方面更为突出。教育方针是国家教育工作的基本政策和指导思想,是国家根据政治经济的要求,为实现教育目的所规定的教育工作的总方向。

我国当前的教育目的:"培养德智体美全面发展的社会主义建设者和接班人。"我国当前的教育方针:"教育必须为社会主义现代化建设服务、为人民服务,必须与生产劳动和社会实践相结合,培养德、智、体、美等方面全面发展的社会主义建设者和接班人。"教育目的回答的问题是为谁培养人和培养什么样的人。教育方针回答的问题是为谁培养人;培养什么样的人;怎样培养人。

教育目的是最高层次的概念,它是培养各级各类人才的总的规定,各级各类学校的培养目标、教学目标都要依据教育目的的制定。培养目标是指不同类型、不同层次的学校的培养人的具体要求。教学目标是三者中最低层次的概念,它更为具体,微观到每堂课甚至是每个知识内容,教育目的和学校的培养目标是制定教学目标的依据。

3 教学模式、教学策略、教学方法与教学手段

3.1 常见混淆场景与问题

这四个概念已经涉及微观教学领域,这与广大教师、管理者的关系更加贴近;使用者范围更广,因此,学术文章中出现的混淆现象尤为突出。

比如,"传统的光学课程以启发式、灌输式教学为主,这种教学模式就像师徒关系的传承一样……此种教学方法的盛行也与当时社会的科技发展和人文情况有着重要关系。"[10] 这里所提到的"模式",更多的是教学方法层面,这是一种在学术界比较常见的将"模式"泛化、扩大化的现象。

"在思政课教学中,要使新增内容落到实处并富有成效,在教学策略上必须做到以下几个方面……"[11] 类似这种对"教学策略"的使用非常广泛,而且,对于教学策略的界定更加多样、甚至宽泛,原因在于"策略"一词是一种日常使用的通俗化、大众化。对此,我们认为并无不妥。

至于教学方法与教学手段,是更为微观的概念,在具体教学实践中两者的关系也十分密切,这也导致很多实践者、研究者经常将两者同时使用。"现在在相当多的教师中仍然存在一本书、一张嘴、一支粉笔再加一块黑板就可以'打天下'的习惯,存在对传统教学方法与手段的定式认识现代教学方法与手段在头脑中没有一席之地。"[12]

3.2 概念

教学模式相对于教育教学原理或理论而言,要更加具体,或者说是对教育理论、教学理念的体现与贯彻。从这个意义上讲,教学模式是遵循教育教学思想与理念的基本要求,并综合相关因素,确立一系列比较固定化的教学活动结构与范畴。相对于其他教学活动,教学模式具有更强的稳定性,一旦固定,就会在相当长的时间内普遍适用,能从更宏观的层面管控各种教学活动要素及其关系、结构。在教学模式的程序中,秩序性也是其一大特点,在教学实践中具有极强的时间、空间、资源、手段等方面的秩序。

正是因为这些特点,使得教学模式的运用与采纳具有相当的难度,需要使用者根据教学目标、学习者特点、教学内容、教学工具等,综合各种因素,采纳和形成科学的教学模式。对于教师而言,要考虑实际的教学条件针对不同的教学内容来选择教学模式,当然首先还是要了解有哪些教学模式,它们的特点是什么。唯有如此,才能更灵活的运用不同的教学模式。

教学策略相对教学模式也更为具体和细微,它是依据各种教学环境与条件,灵活选用各种教学方法、工具与途径,以更好实现教学目标。这里所谈的教学策略,可以是一个独立的教学内容阶段,也可以是一节课,甚至一节课中的一个教学环节。这就要求教师及时获取学习者的真实学习反应,机动灵活的实时调整教学策略。这种教学策略的调整,不仅是教学方法,也可以是教学工具、教学活动方式、教学组织形式。

教学方法则是教学策略的一个要素、或者组成部分,是教师在一定的教学环境里,为实现教育教学目标,在教学活动中采取的手段、方式和途径。当然,教学方法并不是教师的单项活动,通常是需要学习者共同参与,否则,就只有单线的讲授法,即教师讲、学生听。即使如此,讲授法若想起到好的效果,同样需要教师及时获取学习者的真实学习反馈,在教学内容、体态、语气语调等方面进行适当的调整。这仅是就讲授法一个教学方法为例,更不用说还有多种多样的教学方法,比如演示法、研讨法、训练法、小组学习、实验法等等。由此可知,教学方法总有千变万化,但万变不离其宗,都需要施教者能具体问题具体分析,灵活

运用多种教学方法。

教学手段与教学方法类似，都是在具体的教学实践中的运用。相较而言，教学手段比教学方法更为具体，也更微观，主要针对的是在教学中选用何种教学媒介、工具与设施设备。从教学手段的历史演变看，大致经历了口头语言、文字和书籍、印刷教材、电子视听设备和多媒体网络技术等五个阶段。比如我们传统上使用频繁的粉笔黑白、教科书、背诵默写等手段，都是比较微观的方式。但随着信息技术的发展，传统的教学手段已经越来越更加的信息化、智能化，更能满足教师与学生的学习要求。

3.3 关系与异同

对于以上几者的关系，在空间上，教学策略是宏观的，而教学方法则是教学策略的具体，所以更为微观。譬如某科目在选择哪些教学内容、按什么逻辑组织这些内容，这些是属于教学策略的范畴。而在具体的教学中，将这一教学策略进行实践时，选用什么方式，如是采用讲授法，还是讨论法，等等，这则属于教学方法的范畴。当然，教学策略与教学方法在很多时候是密不可分的，教学策略指引教学方法的选用，教学方法则是教学策略的体现。

在时间上，教学策略更多的是教学活动的设计，而教学方法则主要在教学过程中得以实现，从这个意义上讲，教学策略在前，教学方法在后。教学策略是在进行教学设计时要着重考虑和解决的问题，教学方法则需要教师在每一个教学环节与活动中，根据不同的环境与条件，灵活选用、甚至适时调整教学方法。

在层级上，教学策略高于教学方法，教学策略是教学方法的统领，不同的教学策略决定了不同教学方法的选用。正是因为如此，教学策略的设计需更加综合与宏观，而教学方法则相反，它必须更加具体，而言一定要具有可操作性，否则只停留于理念与设计，这种教学方法的选用就是有问题的。

至于教学方法与教学手段两者的关系，更更加的纷繁复杂，因为两者的关系与结合度比上述两对概念更为密切。在很多时候，有些教师会将两者混用，甚至一些理论研究者也会出现这样的情况，这主要因为两者的密切度更高。当然，并不是说教学方法与教学手段就是完全一回事，实际上恰恰相反，教学方法与教学手段是不同的概念，而且不管是实践者还是理论研究工作者，都需要更加明晰和辨别两者的关系，不能将两者混用，否则会对教学效果产生不利的影响。

在归属性上，教学手段必须遵照教学方法，这也就是说在层级上教学方法高于教学手段。同样在范围上，教学方法更广，教学手段更为具体与微观。譬如，同样采用训练法，不同的教师会选用完全不同的教学工具与设备，其他要素，比如训练的程序与方法、学生学习活动的小组分配与组织、学时与内容的划定等等，也都是不同的。这就是说，同样的教学方法，完全可以采用不同的教学手段。当然，教学方法的运用与实现，也需通过教学手段才能施行，正是由一个个不同的教学手段，共同组成和形成一个科学合理的教学方法。

4 课程设计、课程计划、课程标准与教科书

4.1 常见混淆场景与问题

"课程设计主要包括课程目标设计、教师角色设计、教学方式设计、课堂管理设计和课程评价设计等方面"[13]，这一对课程设计的阐述是将课程理解为"大课程"的概念，但与经典的"泰勒原理"有一定的差异，但却在一定程度上超越了课程的本体范畴，比如教师角色、课堂管理。

实际上，很多研究者将课程设计与课程开发混用，这存在一定的现实性，因为两者确实所包含的课程活动十分雷同。

"在具体的课程计划制定时，一是要增加新开课程，及时将最新的技术成果吸收进课程中去"[14]，这里对课程计划的使用与教学计划相近，这与惯常用法契合。课程计划与教学计划两词原引自苏联，体现了计划性、统筹性。目前学术界越来越多运用"专业教学标准"一词，意在突出"标准性"，以增强其适用范围。

相似的，课程标准与教学计划两词也是新与旧的称谓，教学计划沿用自苏联，课程标准也是近些年才在我国学术界运用，虽然在国外已经流行多年。"历次课程标准的名称，经常是会变动的。百年来中国大陆出现的课程标准分别有三个不同的时期，清朝末年在'学堂章程'里呈现相关内容，民国时期先是以'学校令'后以'课程标准'面貌呈现相关内容，到了人民共和国时期先是以'教学计划与教学大纲'后以'课程计划与课程方案'面貌呈现相关内容。"[15]这一文献已经很好的交代了课程标准与教学计划名称的来龙去脉，也表明了两者的关系。

4.2 概念

课程计划、课程标准、教科书是课程设计的三个层次。课程设计是一个有目的、有计划、有结构地产生课程计划、课程标准以及教材等系统化的活动。

课程计划应遵照教育目的，然后再依照不同层次和类型学校的各自教育任务，统一由国家教育主管机构负责编制，用于指导其教育教学工作，可见其具有规范性、强制性的属性。从内容上看，课程计划规定的是学校里每门科目的选定、组织搭配、课时设定、学年编制与学周安排。课程计划的作用是指导和规定学校教学活动的依据，也是制定课程标准的依据。

课程标准则相对更具体，是针对课程计划中的单个科目的教学内容进行提纲挈领式的规定，也是一种指导规范性文件。通常一份课程标准包括：前言、课程目标(核心部分)、内容标准、实施建议、附录。课程标准的意义就在于"标准"二字，即它可以作为其他课程材料开发、教学设计与实施的依据。当然，我们对于"标准"二字并不能狭义理解，这里的"标准"并不是"标准答案""唯一答案"的意思，而是其他课程材料的参照，教师的教学也应参考课程标准的表达。

至于教科书与教材，在我国是经常被混用的一对词语，也有称"课本"，皆是指代教学用的材料。但是，教育与教科书又有一定区别，教科书与课本的含义更为接近，皆指教学所需的"标准化的""文本化的"材料，且多指书面材料。而教材则不同，它是教师与学生在教学时参考的材料，是承载教学内容的核心介质，不仅可以是书面的，也可以是影音的、数字的形式。因此，在我国对于教科书、课本的运用要晚于教材，前者基本在建国后受到苏联的影响而生成、深化的。

4.3 关系与异同

当下，在实际的教育教学实践中，课程文件主要有三种形式或层次，即课程计划(也有称教学计划)、课程标准(以前通常称之为教学大纲)和教材(又称教科书、课本)。

课程计划在1999年新课改之前被称为教学计划，所以如果在考试中出现这两个词(没有加"新课改"的限定词时)可以通用。课程计划是对课程的总体规划，是根据教育目的和不同层次和类型学校的教育任务，由国家教育主管部门所制定的，用于规范学校教育教学工作的指导性文件，其对学校教学、生产劳动、课外活动等方面作出全面安排。课程计划体现了国家对学校的统一要求，是办学的基本纲领和重要依据。具体规定了学校应该开设哪些学科、不同学科的开设顺序、课时分配和学分要求等。

有关学科的设置是课程计划的中心问题。而目前中小学的学科设置是选择科学中最一般的,对青年一代最必需的科学知识构成学科,纳入到课程计划里。

课程标准在新课改之前被称为教学大纲。课程标准如前所述,是针对课程计划中的单个科目的教学内容进行提纲挈领式的规定,对几乎科目都具有指导意义。随着课程开发概念的深入和实践,编制课程标准成为课程开发的"标准动作"。课程标准主要包括说明部分、本文部分(课程标准的中心部分或基本部分)和其他,具体规定了不同科目的学习范围、教材体系、教学进度和教学方法等主要规定。由此可以看出,课程标准是进行后续教学材料开发、教学设计、课程实施等的基本蓝本,教科书的编者和教师必须全面贯彻地领会教学大纲的内容、体系和精神实质,按照大纲编写教材和进行教学。

教材即教学材料,通常根据课程标准(教学大纲)开发,由开发者将选定的学习内容通过一定的逻辑组织起来,形成显性文本化的材料,以供施教者开展教育教学和学生学习。随着现代化技术的发展,教学内容的载体也随之变多,由传统的以印刷品为主逐渐扩张到电子音像制品越来越多。教学材料各种各样,对于基础教育而言,通常以教科书、课本的形式体现。

5 结束语

上文选了四组在教育类学术期刊中最常见、最基本的概念,这些概念是其他概念和表达观点的基本元素。因此,若这些基本概念出现错用、误用、滥用等问题,不仅会造成教育教学理论概念体系的紊乱,也必将影响观点阐释和学术探究的本真和科学性。或许正是因为这些概念太基础了,导致使用者并没有注意到这些概念之间的区别与联系。

从上述问题的分析可以看出,这就要求我们研究者应进一步加强自身基本理论素养,重视基本概念与问题的理解与应用,打好基本功。同时,对于教育类学术刊物编辑强化校审力度,从这些基本概念的内涵与外延出发,明确其适用范围,对误用之处及时纠偏,并与研究者即时沟通,以共同提高与进步。

参 考 文 献

[1] 张连娜.班级管理需要教育与教学相辅相成[J].价值工程,2013(11):214-215.
[2] 郭丹.大学音乐教育与教学的创新性研究——评《音乐教学法》[J].教育评论,2016(5):166.
[3] 申亚娟."教育与教学并重"才能凸显教师的职责所在[J].学周刊,2014(22):203.
[4] 王道俊,王汉澜.教育学(第二版)[M].北京:人民教育出版社,1999:1.
[5] 教育大辞典[M].上海:上海教育出版社,1990:3.
[6] 教育大辞典[M].上海:上海教育出版社,1990:178.
[7] 王道俊,王汉澜.教育学(第二版)[M].北京:人民教育出版社,1999:178.
[8] 司成勇,孙晗晗.我国基础教育教学目标变革趋向[J].教学与管理,2018(13):5-7.
[9] 王道俊,王汉澜.教育学(第二版)[M].北京:人民教育出版社,1999:92.
[10] 侯宇.光学课程不同教学模式的对比研究[J].教育教学论坛,2018(34):109-111.
[11] 徐湘蓉.高校思政课新增内容的教学策略初探新余学院学报,2018(4).
[12] 袁媛.教学方法与手段改革探析[J].教育教学论坛,2016(12):122-123.
[13] 刘献君.论大学课程设计[J].高等教育研究,2018,39(3):51-57.
[14] 陈家颐.高等职业学校课程计划制定的若干问题[J].高等教育研究,1999(6):94-96.
[15] 杨龙立,潘丽珠.课程标准(教学计划或教学大纲)组成要素的探讨[J].教育学报,2010,6(1):37-47.

期刊编辑与工匠精神

张艳霞

(北京工业职业技术学院学报编辑部，北京 100042)

摘要：工匠精神是当今中国社会关注的一个热词，由最初适用的制造业转向各个行业，可以说工匠精神是当今迫切需要的一种时代精神。从工匠精神的含义与意义、工匠与编辑的异同点、期刊编辑的工作性质与状态分析出发，提出编辑工作更加需要弘扬工匠精神，期刊编辑要从树立爱岗敬业的观念、塑造耐心专注的品格、坚持精益求精的态度、培养淡泊名利的精神 4 方面做起，用工匠精神对待编辑工作，打造优质期刊。

关键词：工匠；工匠精神；期刊编辑；职业倦怠；编辑工作

李克强总理在《政府工作报告》中提出要"培育精益求精的'工匠精神'"[1]。工匠精神始于制造业，但并不仅仅适用于制造业，在其他诸如科技、教育、文化、出版等众多社会领域，都适用工匠精神，工匠精神是当今所呼唤的一种时代精神。关于期刊编辑，游苏宁[2]认为，默默无闻地为人作嫁衣的编辑是工匠精神的最好代表，期刊编辑更应用实际行动来响应党和国家的号召，不辜负国家领导人的殷切希望。

1 工匠精神的含义与意义

工匠，现代汉语词典的解释为手艺工人[3]，匠的解释为在某些方面很有造诣的人[4]。因此，笔者认为工匠可以理解为在手工业方面很有造诣的工人。工匠所分布的手工业领域有很多，如：木匠、石匠、铁匠、剃头匠、油漆匠等。何谓工匠精神，百度词条的释义是指工匠对自己的产品精雕细琢、精益求精、追求完美的精神理念[5]。归纳起来，工匠精神就是爱岗敬业、耐心专注、精益求精、淡泊名利的职业态度与自我完善精神。

我国自古便尊崇工匠，崇尚工匠精神。如古代的鲁班、蔡伦、李春等知名工匠的事迹现在仍广为流传，古代匠人制造的建筑、工艺流程、艺术书画至今仍为后人所使用、借鉴，而这些历史成就无不凝聚着古代工匠的心血和智慧。世界上其他国家也非常崇尚工匠精神，一些知名企业把恪守工匠精神、制造卓越产品作为己任。这些企业往往因其产品质量高、企业信誉好，而成为各自行业著名企业，其产品成为行业中的名牌产品，如瑞士的手表，日本的电气，美国、法国等国家的化妆品等。

尽管工匠精神在我国源远流长，是各行各业崇尚和追求的职业精神，但近年来由于人们普遍心浮气躁、急功近利，追求近期利益，放弃长远利益，只要结果而不注重过程管理，出现了一系列问题，造成工匠精神的缺失。一些企业忽视产品质量，一味求快求新求变，结果最终砸掉了企业牌子，失去了客户，丢掉了市场。这种情况在生产精神文化产品的出版领域同样如此，学术界、期刊界也出现了心态浮躁、急功近利的现象，出现了学术不端、期刊质量严重下滑等问题。在这种形势下国家提出大力弘扬工匠精神，对于当今中国社会克服心浮气躁心理、避免短视行为、重视产品质量等具有重要意义。

2　工匠与编辑的异同点

编辑既是动词又是名词。动词编辑是指对资料或现成的作品进行整理、加工，名词编辑是指做编辑工作的人[6]。本文所述编辑即指后者的编辑。编辑与工匠从字面上看，人们很难把两者联系在一起，有人甚至认为编辑应高于工匠。实际上两者间既有不同之处，又有很多相似的地方。

工匠与编辑的不同点在于，工匠主要从事某种具体产品的生产，其产品是某一特定形态的实物形式，其产品满足人们的使用需求，主要属于物质方面的产品；编辑从事的是文字工作，其产品形式是书籍或期刊等文字形式，属于物质与精神两个方面的产品。

工匠与编辑的相同点在于，两者都是产品的制造者，编辑是众多工匠种类之一，是"文字匠"；两者都以制造精品为己任，都需要那种爱岗敬业、耐心专注、精益求精、淡泊名利的工作精神。

从编辑与工匠的相同点看，编辑工作也具有工匠的属性。虽然受一些不良思潮的影响，社会上有些人对工匠的职业心存偏见，认为工匠所从事的劳动是重复性的，没有创造性；有的编辑不愿把自己同工匠画上等号，认为那样似乎会被人低看一眼。实际上无论何人、无论从事何种职业，只有从大处着眼、小处着手，心中有大格局、大胸怀，才能把简单重复的工作做到极致，才能在平凡中创造奇迹，才能被人刮目相看。当今这个社会太需要工匠和工匠精神了，特别是在期刊界，在编辑工作中提倡用工匠精神办好期刊显得尤为迫切和重要。

3　编辑的工作性质与状态

编辑工作既包括学术性工作，也包括技术性和事务性工作；既有脑力付出也有体力付出。从选题策划、组稿审稿，到编辑校对、排版印刷，再到出版发行，每个环节都凝聚了编辑的辛苦劳动。编辑工作具有很强的"隐匿性"，编辑工作是对作者稿件的再加工，除对作者稿件的政治性、专业性方面进行把关外，还要对稿件中的文字、量和单位等各种具体问题进行修改，使最初不很完善的稿件最后以完美的形式刊登在期刊上。读者看到的是一篇篇精彩美文，但凝聚在美文背后编辑付出的辛苦劳动并不为人们所知，所以编辑是为他人做嫁衣、背后默默奉献的一种职业。

目前编辑队伍整体状态是好的、积极向上的，工作中不乏爱岗敬业、踏实专注、认真负责的工作人员，但同时也应看到，编辑队伍确实存在着松松弛弛懈怠的现象。郑持军[7]认为超过1/3的编辑从业人员存在职业倦怠现象，曾志红[8]认为青年编辑更为明显。

一些青年编辑受社会浮躁、注重个人发展等心理影响，并不情愿从事默默无闻的编辑工作；另一些在机械重复的高负荷编辑工作中，逐渐丧失了工作激情，工作变得消沉、提不起精神、得过且过。中年编辑因多年从事该项工作，缺乏工作热情和积极性，工作效率低下，接受新鲜事物的能力不强。因此在编辑队伍中存在不求做得好、只求过得去的心态。青年人上进心不足，中年人创新性不强。甚至出现了一系列问题，如工作浮躁不实、粗心马虎；期刊粗制滥造，差错率上升；期刊发展跟不上时代的发展变化等。

4 在编辑工作中弘扬工匠精神

通过对编辑队伍工作状态的分析，笔者认为我国期刊编辑普遍缺乏一种爱岗敬业、耐心专注、精益求精、淡泊名利的精神，而工匠精神的内涵可以概括为严谨专注、注重细节、精益求精。因此目前编辑队伍迫切需要这种工匠精神。编辑工作中工匠精神的核心是认真做好每一本期刊。编辑不仅要对稿件的内容、编校、设计、印装把好质量关，而且要严格把控稿件的政治关、知识关、文字关；一丝不苟，坚持不懈地追求更高的品质。

4.1 树立爱岗敬业的观念

爱岗敬业是做好工作的前提和基础，只有爱岗才能敬业，两者相辅相成。爱岗最重要的一点是不仅将所从事的职业视为谋生手段，更重要的是把其作为一种崇高的事业去做，倾心执著于此，形成深厚的职业认同感、责任感、荣誉感、忠诚感和幸福感。把职业做成事业，才能对岗位产生敬畏，才能做到爱岗敬业，才能使工作不仅成为得以谋生的职业而且还能从中获得行业和社会的尊重。

那些在平凡工作中做出突出成绩的优秀人物、先进代表无一不是爱岗敬业的。有的人其工作被社会上一些人不理解，甚至瞧不起、看不上，认为没出息，但是就是在这样的工作岗位上，还能做出让人刮目相看的成就，最后被人们仰望和敬佩。那是因为他们把职业当成事业在做，是出于他们对工作的热爱和敬畏。

作为编辑在踏入这一行前就要深思熟虑，自己是否适合这个职业，是否热爱这项工作，是否耐得住寂寞、受得住孤独，是否可以做个默默无闻的无名英雄。一旦加入到这个职业中来，就要敬畏职业、崇尚职业、热爱职业，享受工作带给你的快乐。在职业生涯中无论遇到何种外部诱惑、环境变化，都不为名利所诱惑，要不忘初心、牢记使命，向着自己的目标坚定不移地走下去，始终做到恒心、热心、耐心、专心，做好自己的本职工作。

4.2 塑造耐心专注的品格

我们所看到和接触到的工匠大多具有独门绝技或高超的技艺，而能够达到这种境界与他们几十年如一日、倾心专注、心无旁骛地长期刻苦磨炼是分不开的。从中我们也看出，如果从事一项职业并想在其中做好、做优、做出成绩，就必须培养自己耐心专注、坚忍不拔的品格。如果一个人总是这山望着那山高，频繁跳槽更换职业，他的事业将会一事无成。

我国古代有个"铁杵成针"的故事，讲的是做事耐心专心持久，最终把铁杵磨成绣花针。这个故事曾经激励着一代又一代人耐心专注地工作，向着目标不懈努力。近年来互联网、手机通讯飞速发展，人们在享受着信息高速公路带来便利的同时，做事也更加追求便捷、快速，喜欢快餐文化，很多人坐不下来、静不下心，做事粗心大意，处理问题简单粗暴，不愿为细节投入过多精力，仿佛一夜之间大家都变成了急脾气、燥性子，这与当下提倡的工匠精神格格不入。

编辑工作主要是与文字打交道，更需要做到耐心专注。通常作者投过来的论文，即便是已通过专家审稿、反复修改的论文，距离发表还有很大差距，还需要编辑做大量深入细致的文字加工工作。编辑面对的不是一篇两篇文章，也不是一天两天这样的工作，而是大量的重复性的文字加工工作。如果没有一个耐心专注、坚忍不拔的精神和毅力是很难做好这份工作的。这种工作性质也是对编辑性格的一种磨炼和塑造。作为编辑，既然选择了这项工作，就要把其做为毕生的事业做下去，自始至终倾心专注于其职业活动，在工作中自觉塑造、培养耐心专注的良好品格，为做好编辑工作塑造良好的职业品格。

4.3 坚持精益求精的态度

产品与精品的区别在于制造者投入心血和精力不同。只要按照工艺标准加工出来，符合质量标准就称得上是一件合格产品，而精品一定是倾注了制造者心血和精力来完成的，只有不断雕琢、不断改进、不断完善，才能诞生一件精品。这其中体现了精益求精的工匠精神。

编辑工作需要的正是这种精益求精的精神。精编细作、防错出彩，体现了编辑的"工匠使命"，也是期刊编辑的责任感和使命感所致。当编辑面对一篇还不完美的文章，如同工匠面对璞玉一样，需要通过去粗取精、去伪存真、反复打磨，才能把其最美好的一面展示出来。在此过程中，编辑要把作者的作品当作自己的作品一样对待，精工细作、不厌其烦、字斟句酌、反复修改。同时还要克服怕麻烦、差不多就行的心理，当遇到疑点应及时查找国家标准、行业规范、字典辞典以及校对手册等，不放过任何一个细节。尤其是科技论文的编辑加工是一件非常麻烦的工作，涉及字母的大小写、正斜体、上下标、黑白体，还有图表等各种要求非常多，如果有一点小小的失误，就会失之毫厘、差之千里。因此编辑要时刻绷紧"编校无小事"这根弦，大面要看，细节更要认真。要把每篇文章按照精品的标准来打造，只有这样才能把工作做到更好、更精，做到极致，做到精益求精，才能提升期刊的编辑质量。

4.4 培养淡泊名利的精神

工匠们在制作产品时能够做到心无杂念、目无旁物、全神贯注地投入到产品的生产当中，他们很少去想个人的名利得失。如果在制造产品过程中夹杂的杂念太多，杂念就会转变为杂质，其产品肯定不会成为精品。只有淡泊名利、全身心投入到产品制造中去的人，才能制造出优品、精品，才能成为行业中的大家、名匠。

做编辑的人都知道，几乎所有文章都需要作者根据审稿专家、期刊编辑的要求反复修改，最后再经编辑之手加工润色才能发表出来。而当一篇经过编辑多次修改加工后的文章发表后，人们欣赏的只是文章的华美和精彩，看到的只是原创作者的才华和优秀，没有人知道编辑在其中所付出的辛苦劳动，编辑所付出的一切辛苦和努力全被湮灭在作者的光环中。这与其他行业的工匠有相似之处，因为人们看到的也是能工巧匠打造出的精美产品，至于工匠背后付出的艰辛甚至鲜血和生命没有人知晓。

这显然与当今社会一些人过分注重个人价值体现、注重个人存在感格格不入。但是无论科技如何进步，社会如何发展，社会分工决定了必须有人担负这些默默无闻、无私奉献的工作，如果没有这些人和这种岗位的存在，这个世界不会有如此灿烂丰富的人类物质文明和精神文明成果的存在。社会需要能工巧匠，需要工匠精神，这也是当下大力提倡和弘扬工匠精神的所在之处。

编辑工作的性质决定编辑只能是一个默默无闻、甘为人梯、勇于奉献、甘当配角的人，如果不培养淡泊名利的精神，处处事事争功夺利出风头，是绝不能做好编辑工作的。作为文化知识的传递者，编辑要敢于从思想深处认识到自己所承担的责任，自觉处理好个人价值和社会需要之间的关系[9]，要像其他行业的工匠那样默默无闻、兢兢业业地工作，甘当配角和无名英雄，要排除外部环境和自身杂念的干扰，静得下思绪，耐得住寂寞，受得住孤独，用一颗平常心对待工作，将本职工作做到尽善尽美。

工匠精神不是制造业的专属，而是全社会各行业都应积极追求的崇高境界[10]。编辑与其他行业的工匠有很多相似之处，因此在编辑工作中提倡和弘扬工匠精神，重塑做事文化对于做好期刊出版工作很有必要。作为期刊编辑，要有意识的培养自己的工匠精神，在工作中要自觉弘扬工匠精神，把工匠精神落实到期刊编辑工作的实处。

参 考 文 献

[1] 李克强.政府工作报告:2016年3月5日在第十二届全国人民代表大会第四次会议上[EB/OL].(2016-03-18)[2016-12-18].http://politics.people.com.cn/n1/2016/0318/c1024-28207944.html.

[2] 游苏宁.把优秀论文刊登在祖国的期刊上:科技期刊编辑的时代使命[J].编辑学报,2017,29(1): 1-4.

[3] 中国社会科学院语言研究所.现代汉语词典(第6版)[M].北京:商务印书馆,2015:447.

[4] 中国社会科学院语言研究所.现代汉语词典(第6版)[M].北京:商务印书馆,2015:644.

[5] 360百科.工匠精神[EB/OL].[2017-12-02].https://baike.so.com/doc/7022611-7245514.html.

[6] 中国社会科学院语言研究所.现代汉语词典(第6版)[M].北京:商务印书馆,2015:76.

[7] 郑持军.出版社编辑职业倦怠的成因及干预措施探析[J].出版发行研究,2010(1):34-37.

[8] 曾志红.试谈高校学报青年编辑的职业倦怠问题[J].华南师范大学学报(社会科学版),2008(4):154-156.

[9] 郜云飞.现代编辑更需要发扬"工匠精神"[J].科技与出版,2016(9):37-40.

[10] 刘飙.论学术期刊编辑的"工匠精神"[J].编辑学报,2017,29(4):387-389.

从专职化到专业化
——地方高校学报编辑职业发展的突围之道

宋先红

(肇庆学院学报编辑部,广东 肇庆 526061)

摘要:针对地方高校学报编辑的职业发展困境,提出了地方高校学报编辑职业化的对策。指出了地方高校学报编辑职业化的背景是学报的学术性和规范性的特点、科技的发展和学科的分化以及期刊编辑和传播的发展。阐述了地方学报编辑职业化的具体体现为:编辑专业意识、编辑专业能力和编辑专业精神。最后提出了地方高校学报如何实现编辑职业化的途径。

关键词:期刊编辑; 地方高校学报; 地方高校学报编辑; 编辑职业化

地方高校学报编辑职业发展陷入了"内外交困"的局面。这具体体现在:①与校外重点大学学报和专业性期刊编辑同行相比,地方高校学报编辑因为所在刊物学术影响力不够大而"社会认可度不高,职业荣誉感不强"[1];②与本校内其他院系等部门相比,学报编辑部由于没有直接参与到学校的科研、教学和管理,因而地位边缘化,不能得到学校的足够重视;③从自身来讲,学报编辑工作是典型的"为他人做嫁衣",虽然在学校青年教师科研起步阶段起着隐形培训师的角色,但角色认可度不强,而工作心力消耗大,社会性相对不强,因此很容易引起职业倦怠,是职业倦怠的十大高发人群之一[2]。另外,很多学报编辑都不是编辑专业出身,是因为这样那样的原因从其他岗位转到编辑岗位上来的,出版流程、编辑实务、编辑理论等都要从头学起,这导致地方高校学报编辑开始并不是严格意义上的职业化的工作,而是学校众多岗位中的一份专职岗位。因此,从职业发展的角度上讲,地方学报编辑对当下工作的意义不确定,对未来的发展方向很迷茫。在当前快速发展、积极进取的社会背景下,无论从个人发展还是单位发展来讲,这都不是一个理想的状态。为了改变这一困境,很多研究者提出了的解决方法:一方面,地方高校学报编辑要积极进行自身心态调试;另一方面,希望学校提供更好的工作、发展环境,以解决地方高校学报编辑的工作困境。但笔者认为,前者是一种对环境的消极适应和顺从,而后者则是被动地"等、靠、要",其实都不能从根本上解决地方高校学报编辑的职业发展困境。在此,我们认为地方高校学报编辑应该突破专职岗位的限制,走职业专业化的发展之道,提高自身的办刊能力和学术研究能力,提高所在学报的学术影响力,才是主动地突破职业发展瓶颈的根本路径。

专业化就是专业的事由专业的人来做,具体是指一个普通的职业群体或个人在一段时期内,通过努力使自己的工作逐渐符合专业标准、成为专门职业并获得相应专业地位的过程。

基金项目:广东省高校学报研究会 2016 年科研立项(20160303);肇庆学院科研启动项目基金"肇庆学院学报发展研究"(611-612264)

对地方高校学报编辑而言，则是我们通过各种培训、学习，在学报编辑实务中努力使自己的编辑工作符合规范，提高自己现代化办刊能力，并通过提高学术评价能力和学术影响力等手段成为科技期刊编辑专门性人才，并将之作为自己的终生职业。在专业化的要求下，地方高校学报编辑工作将获得这些特征：①不可替代性；②自律性；③兼顾了个人发展、单位发展和社会发展三者合一的要求。

1 提出地方高校学报编辑职业化的背景

1.1 学报的学术性与科技的发展、学科的分化

学报是刊载高校教师教学和科研成果的期刊，"学术性是学报的生命线"[3]。随着时代的进步，科技发展最大的特点是学科分支越来越多、分类越来越细，越来越多的新学科、交叉学科和边缘学科应时而生，新的研究方法、研究工具和研究范式也不断出现。面对现代学科专业研究的发展，学报编辑如果不对自己责编的学科有比较深入的了解和研究，那他对该学科研究就没有发言权，无法进行学报编辑工作中的专业稿件审读，也无法对自己所编栏目开展征稿、组稿工作，更无法和审稿专家、作者进行专业问题的交流和平等的对话，当然也谈不上为了学报特色栏目建设而进行热点问题追踪。因此，学报的学术性、现代科技的发展和学科的分化决定了学报编辑工作是一种专业性很强的工作，要求学报编辑是某一学科的专家，远远超过了一般岗位对员工的职责要求。

1.2 学报的规范性与期刊编辑和传播的发展

学报作为出版物，它不仅有一般出版物的要素特点，而且有学术期刊特有的编辑规范化要求。一般出版物的要素已经在出版流程、出版法律法规和出版实务方面赋予了学报编辑的行业工作特点，而学术期刊特有的编辑规范性则随着期刊编辑工作和期刊传播的发展让学报编辑工作呈现出越来越多的专业性。

学术期刊是报道新发明和传播新的科研成果和科技理论的重要工具，便于交流和共享是其重要的特征。传播范围的扩大和传播方式的更新都对学术期刊的规范化提出了新要求。一方面，"科学技术的高速发展，对报道、传播、交流、储存科学技术研究成果的要求越来越高，致使科技学术刊物对论文写作质量和刊物本身的标准化规范化的要求也越来越高。"[4]与一般期刊文章相比，学术期刊论文在格式上添加了摘要、关键词、参考文献等用于共享、交流的要素，而且为了与国际接轨，这些属于学术期刊特有的要素一直在随着期刊编辑和传播手段的变化在更新和修订，而且与学术期刊编辑相关的要素仍在不断增加，如 DOI、ORCID、论文增强出版模式、多媒体融合出版模式等。学术期刊编辑总是最先感知这些变化并能熟练掌握这些要素的那群人。同时，在新媒体、新技术不断涌现的背景下，学术期刊编辑也是那些最早运用新媒体、新技术进行学术传播的人群之一。这些都体现了学报编辑的专业性特点。

总之，"处在转型期的中国出版业日新月异，其产业化、市场化和数字化的综合发展趋势决定了编辑的专业化和职业化程度必将大幅提升"[5]，同时，职业化也是高素质新型编辑人才的显著特点，地方学报编辑要想彰显自己在单位和行业内的地位，提高职业幸福感，就必须走职业化的道路。

2 地方高校学报编辑职业化的体现

2.1 专业意识

意识决定行为，地方高校学报编辑专业化首先体现在编辑的专业意识上。专业意识包括

专业目标意识和专业角色意识,他们是地方高校学报编辑专业化的指明灯。

(1) 专业角色意识:从专职工作者到职业工作者。

在计划经济时代,是先有专职岗位,再来进行人才调配,我们每个人都遵循着"我是革命的一块砖,哪里需要哪里搬"的岗位角色意识。地方学报编辑岗位是地方高校众多部门岗位中的一个,因为学校的需要,我们才会被配置到这个工作职位上,没有什么特殊性可言,其他人也有可能会被调配到这个岗位上,我们也有可能有一天会被调到学校其他岗位上。因此,地方高校学报编辑只将角色定位为一个编辑专职工作者,就不可能意识到要为自己的工作做一个长远的打算和长期的规划,也不会有意识地培养自己的专业特长。

但是地方学报编辑如果具有职业编辑工作者的角色意识,首先就会对自身职业的特殊性产生身份认同,从而产生职业自豪感,进而在工作中也会用专业标准对待稿件的选用和评价,因而在专业培训、进修和科研中更具自觉性。职业身份认同、专业工作标准、学习自觉性是现代职业工作者的突出特征。

(2) 专业目标意识:从岗位目标到职业目标。

"目标意识指我们一旦通过目标定位或心理暗示让自己具有了某种意识或潜意识,就会对从事的事情具有强烈的目的性和计划性,并在这些意识的指导下,通过实践把目标变成现实。"[6]如果仅仅将学报编辑作为地方高校一个部门岗位工作的话,我们的意识里就只有岗位目标,只需按部就班地完成自己的责编任务就可以了,关注的就只有程序性的稿件编校和日常出版事宜。流程性的、毫无创新的工作是工作激情的最大杀手,编辑工作倦怠症也就随之而生了。

相反,如果我们将编辑当作我们的终生职业来做,我们就会有一个清晰的职业目标意识,而一个积极主动的、有清晰发展目标的专业工作者会清醒地认识到个人编辑职业发展与本单位期刊发展之间有着非常紧密的关系。首先,我们会自觉关心学报的发展,会对学报的办刊目的和未来发展有一个清醒的认识,并在工作中围绕学报的发展而努力。目前很多地方学报都在积极打造自己的特色栏目、想办法提升学报的影响力,其实这就是从单位角度体现的职业目标意识。其次,我们会为自己的职业发展确定一个合理的目标,并在此目标下做好我们的编辑工作。学报编辑应以学术性为导向来确定自己的职业发展目标,这既契合了学报编辑的工作特征,也能使编辑工作超越日常的程序性,因而更具挑战性和创新性。

2.2 专业能力:集学术能力和编辑能力于一身

评价一个学报编辑是否专业首要的是看他的专业能力,而学报编辑的专业能力是由学报性质决定的。高校学报是学术性论文的汇编,所以学术性是它的生命,学报编辑的专业能力首先体现在他的学术能力上。编辑的学术能力不仅是学报编辑工作核心的能力,也是地方高校学报编辑与作者、审稿专家进行平等交流的基础,更是显示编辑岗位的特殊性、不可替代性以及学报编辑主体地位的重要特点。学报编辑学术能力包括学术评价能力和学术研究能力2个方面。学术评价能力主要是指学报编辑对稿件能够从选题和内容等方面作出独立的、基本的学术判断。这既要求学报编辑熟悉自己责编学科的研究热点和科研进展,还要学报编辑熟练掌握学术评价方法和和学术评价手段,同时学报编辑还要深谙学术写作方法和写作规范。

学术评价能力是从实践中来,除了多看多学,最好的办法是进行独立的学术研究,所以编辑的学术研究能力既是学报编辑专业性的体现,也是获得较高学术评价能力的重要手段。只有不间断地进行学术研究,才能保持长久的学术敏感性,才能亲身体会作者稿件写作的艰辛过程。同时，学报编辑的学术研究也能促进编辑个人的学养成长，是编辑永葆学术青春的重要途径。因此，提倡编辑学者化是很有必要的[7]，它是地方高校学报个人发展和专业化的重要体现。

如果单单强调学报编辑的学术能力，那他和一般的学者和研究者就没有两样了，所以要体现学报编辑的专业性，还要强调学报编辑的科技期刊编辑业务能力。科技期刊编辑业务能力是指学报编辑要熟练掌握与科技期刊出版相关的管理规定、编辑规范、出版流程、编辑技术、传播技术等，尤其重要的是，随着时代的发展和科学技术的进步，上述业务的内容特点以及期刊市场、期刊运营和管理办法一直在发展和变化，因此学报编辑的专业性也体现在其编辑业务能力的与时俱进上。一成不变、抱残守缺的学报编辑是无法被称为专业人才的，这是既无地理优势、又无行业优势的地方高校学报编辑尤其应该避免的。

因此，地方高校学报的专业能力是通过不断学习而获得的、建立在最新编辑业务能力和学术能力基础之上的一种复合能力，是专业人做专业事的能力。

2.3 专业精神：对学术规范和职业道德的遵守

地方高校学报编辑的专业性还体现在编辑的专业精神上。编辑专业精神是建立在编辑专业能力基础上的对学术规范、编辑职业道德的遵守和对编辑工作的热爱。学术规范是贯穿于学术研究过程中的学术引文规范、学术成果规范、学术评价规范和学术批评规范等[8]。与学报编辑相关的有学术引文规范、学术成果规范和学术评价规范，尤其是学术评价规范因为涉及论文的发表而与学报编辑职业道德规范高度相关。

目前学术期刊编辑职业道德建设中存在着诸多问题，其中"滥用编辑职权，不以质用稿，因人用稿，因名用稿，大搞学术霸权"和"缺乏诚信，弄虚作假，通过假造基金论文和假造博士身份和不当自引文献的手段提高期刊影响因子"[9-10]，都是学术期刊编辑专业精神缺乏造成的。如果学报编辑仅仅将自己的工作看作是一个临时的专职岗位，就不会做自身职业上的长远规划和打算，就有可能出现滥用岗位职权的现象，也不会考虑所在期刊的可持续发展，就有可能弄虚作假为期刊博得一个短期的"好名声"。如果编辑持有专业精神，他就会客观、公正、公平、公开地用学术的眼光对稿件进行合理评价，规范地处理稿件的引文和作者的研究成果，通过正当手段提高学报的质量，从而提升学报的影响力。

编辑的专业精神是以编辑专业能力为支撑，以学术规范和编辑职业道德为引导，以一种积极、正面的精神风貌出现的，它是我们地方学报编辑获得职业自豪感和自信力的源泉。

3 结束语

通俗地讲，地方学报编辑职业化指的是学报编辑转变意识，把原来的岗位工作当终生事业来做，这是时代的客观要求和编辑自身职业发展的主观要求的合一。编辑职业化既可以推动地方学报的发展，也可以促使编辑个人成长，从而使编辑在不断成长的过程中消除职业倦怠心理，获得职业幸福感。地方学报编辑要成功地从一个岗位工作者成为一个职业编辑，要从以下几点做起。

(1) 要有职业规划意识。地方学报编辑职业化过程是编辑对自身事业发展进行定位、规划和控制实施的过程。地方学报编辑首先要摒弃地方学报在校内和行业内的边缘地位带来的自卑心理，而要以现代工业社会职业人的心态对自己的编辑工作做一个职业规划：我们对学报的办刊有一个什么样的发展计划？为了这个计划我们该怎么做？我们对自己的职业发展有一个什么样的计划？为了这个计划我们又该怎么做？职业规划为我们的日常编辑工作设定了一个目标和标准，指导着我们编辑业务工作的开展和编辑职业道德的建设，是学报编辑职业化的特点和起点。

(2) 要养成终身学习的习惯。包括地方学报在内的学术期刊以发表创新知识为主要办刊目的，同时运用新技术、新方法是学术期刊扩大自身影响、增强传播广度和深度的主要手段，因此，地方学报编辑的与时俱进是表现在学术研究、编辑技术、传播技术等多方面能力的提升之上的。不断地学习是编辑们在各方面与时俱进的唯一手段。学习方法有自学和接受培训等方式，学习内容则包括与学术期刊编辑相关的政策法规、学术进展、编辑新规范、编辑技术等。

(3) 要积极进行对外交流。内向性、封闭性、边缘化是制约地方高校学报和学报编辑发展的主要因素，因此，为了提升地方高校学报的办刊质量和加快地方高校学报编辑的职业化进程，对外交流就显得格外重要。他山之石，可以攻玉，对外交流就是地方高校学报编辑学习和提升的最好途径。地方高校学报编辑的对外交流主要分为办刊交流和学术交流。这些对外交流一方面可以为我们提高办刊质量提供借鉴，另一方面可以丰富我们的专业知识和专业经验，铺平我们的职业成长之路。

参 考 文 献

[1] 何静,徐行.地方高校学报编辑的角色压力与职业倦怠[J].中州大学学报,2008,25(3):85.
[2] 何静.期刊编辑如何克服职业倦怠[J].中国出版,2007(6):36.
[3] 嵛璟.论高校学报编辑的专业化学者化[J].固原师专学报,1995(1):101.
[4] 李兴昌.科技论文的论文规范表达:写作与编辑(第 2 版):原版前言[M].北京:清华大学出版社,2016.
[5] 田宏碧,张志强.试论模块化新编辑入职培训体系的建构[J].中国出版,2012(3):69.
[6] 郑姝.论高校社科学报编辑的学者型职业化素养[J].成都大学学报(社科版),2008(3):86.
[7] 杨焕章.论学报编辑学者化的必要和可能[J].中国人民大学学报,1995(6):107-111.
[8] 教育部.高等学校哲学社会科学研究学术规范(试行)[S].2004.
[9] 乔瑞雪.编辑的职业道德研究[J].长沙大学学报,2011,25(4):102-104.
[10] 史庆华.互联网时代编辑道德失范的新表现及对策[J].中国科技期刊研究,2008,19(1):138-140.

从高校教师向科技期刊编辑转变的体会

何 平

(海军军医大学《亚洲泌尿外科杂志(英文)》编辑部，上海 200433)

摘要：很多科技期刊编辑是由具有一定科研基础和专业背景的高校教师转变而来的，但高校教师与期刊编辑本质上是两种职业，多个方面存在差异。本文从高校教师向科技期刊编辑转变的角度，试述高校教师如何立足原有的工作基础、加快学习和培养编辑基本技能，尽快顺利完成教师向编辑角色的转变，并增强自身专业知识水平，力争成长为"学者型编辑"。

关键词：高校教师；科技期刊编辑；医学期刊

高校教师和编辑是两种职业，无论是工作内容、工作对象，还是工作方式和工作目的，均有明显的差异。作为一名临床医学专业本科毕业、研究生专业是基础医学的高校教师，本人一年多前有幸加入了《亚洲泌尿外科杂志(英文)》(*Asian Journal of Urology, AJU*)的编辑团队，经历了从开始的不适应、不熟悉到逐步适应和熟悉的过程。如何比较顺利地完成这一转变呢？下面作者根据自身学习和工作经历谈一些体会。

1 思想上意识到教师与编辑工作的差异并重视编辑工作

作者具有一定的医学知识和科研思维，也曾多次在多种医学期刊投稿并发表。但是对于科技期刊编辑工作性质、内容和作用，却是一知半解。真正入职编辑行业，才发现自己原来关于编辑的见解和认识非常狭隘和不足，期刊编辑工作内容不是简单地收稿、送审等程序化流程[1]，逐步意识到这是一个需要全身心去学习和适应的新领域。

1.1 教师与编辑的工作职责不同

高校教师的职责是把所掌握的知识传授给被教育的对象，并在某一科学领域进行深入的研究，把研究成果直接或间接应用到教学中或服务于社会大众。而科技期刊编辑则主要是对策划组稿、甄别稿件、编辑加工、发行和推广宣传等。具体内容主要包括关注期刊所涉及领域的研究进展、热点，把握时机，策划选题，向相关专家约稿[1]；利用专业知识初审来稿，将质量不高或存在学术不端的稿件及时退回，剔除差稿，留用好稿送同行评审等[2]；对同行评审和主编终审后的稿件进行编辑加工，使其达到出版标准；与作者、读者及编委、业内专家等及时交流，了解专业领域所需，宣传期刊、推送文章，提升期刊业内影响力等。可以说，编辑的职责非常多而广，不仅仅是简单的稿件送审和编辑，而是在科技知识的储存和推广方面发挥着极其重要的作用。

1.2 教师与编辑的工作对象不同

王忠林认为，教学方面，高校教师一般是向学生传授某一专业知识；科研方面，教师根据自身专业和兴趣点确定研究方向，申请课题、实施研究、撰写论文、培养研究生等。而科技期刊编辑的工作对象表面上是作者所投的稿件，实则是为作者与读者之间架起一座桥梁，借助于论文，同时为两者服务。即一方面帮助作者完善论文，通过杂志平台进行发布，使其科学研究或实践成果为更多的读者所知晓、学习；另一方面是面对读者，编辑要常交流、多倾听，了解其所关注点，刊发内容投其所需[3]。

1.3 教师与编辑的工作方式不同

高校教师一般采取面对面、多种教学方法相结合的方式讲授专业知识，以人为本，因材施教，并一定程度上启发学生的科研思路。同时高校教师一般还兼有科学研究和研究生培养任务，教师根据所承担的课题或研究方向，有计划地自己或带领团队探索某一科学问题、处理结果、撰写论文并投稿等，独立性较强。而科技期刊编辑的工作非个人独立所能完成，是多人参与、团队协作的结果。在整个过程中，编辑需要与作者、同行评审专家、其他编辑、印刷发行部门等多方交流，及时处理稿件编辑、发行过程中的各种问题[3]。科技期刊编辑工作不仅包括组织遴选和刊发高质量论文，还需积极通过各种途径参与期刊宣传、推动期刊发展等。所以，编辑的工作方式不是个体化的，是团队式、协作式的，必须有机协调、相互配合才能高效地完成工作。

1.4 教师与编辑的工作范围不同

高校教师的工作一般而言分工细、专业性强，范围相对小，授课内容多为某一门专业课程，科学研究也是聚焦某一领域某一研究方向进行比较深入的探索，对其他专业领域常是不太了解或完全不了解，因教学内容与科研方向而进行的对外交流也多局限于本专业。而科技期刊编辑所处理的稿件可来自某一领域多个方向[3]，如 AJU 的稿件涵盖了泌尿外科领域各个研究方向，包括泌尿外科所有疾病的临床和基础研究结果。如果是综合性期刊，则稿件可来自不同的专业，如我校的《第二军医大学学报》，稿件内容可涉及基础医学、临床、药学的多个研究方向。所以，与高校教师相比，科技期刊编辑所面对的学科领域更为广泛，这就需要编辑对期刊涉及的所有专业领域都有所了解。对外交流方面，编辑不仅需要与编辑同行交流，还需时常与期刊所涉及专业领域的专家、读者和作者交流、联系。

因此，科技期刊编辑在科技信息及时有效传播过程中起着极其重要的作用，从某种角度来讲，是高校教师科学研究活动的延续，是其科研成果顺利发表、受惠大众的保证。作为一名编辑，应熟知稿件处理的每一个环节、出版的具体流程和时间安排，这对于连续性定期出版的科技期刊的按时顺利发行是至关重要的[2]。从思想上意识到办刊的作用和意义，有助于高校教师向编辑角色的转变和工作的适应。

2 高校教师转为科技期刊编辑的有利条件和不足之处

高校教师一般具有比较扎实的基础知识、专业知识和良好的学习习惯。多年的教学经历锻炼了高校教师的口头交流和书面表达能力，十分有利于编辑对外交流；科学研究工作培养了高校教师端正严谨的学术态度，对专业领域的热点和难点问题比较敏感，并有丰富的科研经验、撰稿经验，有助于选题的把握、稿件的处理、同行评审意见的梳理等；对本专业领域的专家比较熟悉，有利于组稿、约稿和选择审稿人。但高校教师对于编辑专业知识比较欠缺，对书稿文字规范化、体例的统一等不够关注。而且，如前所述，编辑的知识面需要更广、不局限于某一个专业或研究方向。此外，高校教师与社会的接触面、社会活动能力等也需加强。

3 培养编辑技能完成高校教师向科技期刊编辑的转变

包靖玲等认为要成为一名合格的科技期刊编辑,思想意识方面应具有创新意识、竞争意识、读者意识和法律意识;思想品德方面应具备高尚的编辑职业道德,熟知出版专业相关伦理规则;知识结构体系方面应具备深厚的专业知识、扎实的语言学知识和全面的信息学、统计学等多学科知识[1]。精湛的编辑出版业务知识——这是作为一名期刊编辑的最基本要求[1]。编辑工作所涉及的专业范围较广,仅就作者所在编辑部,虽然刊发稿件均为泌尿外科领域的实践或研究成果,但所囊括的研究方向依然繁多。且 AJU 是一本"立足亚洲、面向国际"的英文科技期刊,除了以上所提及的职业素质,还要求编辑具有较强的英文功底。

思想上的重视属于"镜中看花",更需要落实到行动上,通过"快学、多干"尽快掌握和提高编辑工作所需技能,才能真正融入科技期刊编辑的角色。

3.1 编辑知识的获取和职业技能的培养

做好编辑工作的前提和基础是熟知编辑理论和扎实的编辑技能,这也是高素质编辑人才在行业中立于不败之地的根本保证。科技期刊质量主要取决于论文的学术质量和文字表达水平的高低[4]。无论是何种专业的期刊,其学术质量主要取决于作者的创新能力,而文字表达水平则是由作者的写作能力和编辑的文字功底共同决定[5]。

医学期刊作为科技期刊的一种,论文中常使用大量的医学名词术语和符号,大量使用陈述句、语言简明流畅、文章结构相对固定;很少使用形容词等修饰词,更强调结果或临床实践的真实、准确及客观地描述[6]。而培养编辑标准化和规范化的能力是每一位编辑所必须重视的。中文编辑需要学习和熟悉《中华人民共和国通用语言文字法》《简化字总表》《标点符号用法》等,并在工作过程中经常翻阅字典、辞典等有关工具书,不断夯实自身文学基本功[2]。借助于《科学技术期刊编辑教程》《出版专业基础》《出版专业实践》等,学习编辑业务相关的理论知识和技能之余,英文期刊编辑还需加强英语特别是专业英语的学习。

作者所在编辑部一贯重视人才培养和业务学习,采取多种措施推动编辑人员技能的提升和促进新人尽快进入编辑角色。如:①每周召开例会,组织编辑部人员进行工作汇报和业务学习,包括每周工作小结、下周工作计划,汇报学习心得或交流编辑经验,要求新入职编辑坚持每周汇报编辑业务学习情况;②推荐新入职编辑深入学习经典的编辑入门书籍,如《科技书刊标准化18讲》等;③鼓励参加编辑培训班,学习编辑技能、了解期刊领域新技术或新平台等发展趋向,注重知识的积累和更新,跟上时代的发展和需要;④注重"传帮带",推动编辑部业务技能的传承,从细节把控,确保杂志按时高质量的顺利出版,如由年资长的编辑指导如何进行稿件初审、选择审稿专家、退修、定稿及编辑加工、出版等,明确各个环节的处理原则和方法、注意事项等;⑤单位主管领导不定时与新入职编辑进行谈心,个性化指导如何提高编辑能力,强调"快学、多干、重积累",建议多浏览各期刊协会网站和微信公众号及相关领域权威性杂志的网站和微信公众号等,以达到"他山之石,可以攻玉"之成效;⑥鼓励参加"出版专业职业资格"考试,以考促学,准备考试的过程是一个系统学习的过程,通过学习出版专业知识及其相关的政策法规、市场经营管理等知识,达到从理论上武装自己、夯实编辑职业基石的目的;⑦鼓励编辑人员注意经验积累和交流,要求每人2年至少发表1篇编辑专业论文,并记入个人工作考核内容。

作为高校教师和科研人员,作者曾经参加过图书的部分编写和科研论著的撰写、投稿、修稿等，关注点更多是在编写内容、研究方向的进展、稿件本身，而对于稿件是如何处理、发行等内容和过程一无所知。通过以上全面、细致兼具个性化的学习过程，作者逐步意识到编辑知识和技能在稿件处理、发行过程中的作用，如何根据期刊定位、稿件内容等对稿件的初审、同行评审专家的选择、评审意见的梳理、图表和各类符号规范化的处理，以及与同行评审专家、作者、出版公司的沟通等。以上过程中，每个环节还渗透着出版伦理方面的内容，需要编辑密切关注，避免稿件出现各种类型的学术不端。

3.2 期刊所涉及学科专业知识的获取

作者所在期刊所刊发论文多为临床研究、临床实践或个案报道，内容涉及泌尿外科各种疾病的诊治，包括药物、术式或器械的选择、利弊、改进等。作者虽然具有一定的医学知识，但是未真正涉足过临床实践，尤其是科技知识日新月异，在平时处理稿件时，难免会碰到很多知识盲区。在单位领导安排下，作者所在编辑部人员均参加为期 3 个月的临床学习。通过病房、门诊、手术室、病例讨论会、科室业务学习、各类学术会议等全方位的实地学习，不仅提高编辑的医学知识水平，对于临床很多术语、器械使用、术式名称等有了直观认识，还有助于编辑更直接、更方便地获知专业领域的发展方向、目前临床难题，及时了解新技术、新方法的研发和应用情况，有助于编辑日常工作的开展。如果科技期刊编辑不能及时全面了解期刊所涉及的学科研究前沿和发展动态，只是被动地接受稿件，就不能进行有创意的选题策划，无法胜任所担负的学术导向作用，期刊的学术质量和学术影响力将难以提高[7]。所以，医学期刊编辑深入临床、科研第一线，了解学术动态，是非常重要的。通过与临床医师的深入接触和良好沟通，能更好地了解他们的需求，也能将稿件处理过程中发现的问题、某个新技术或新知识与之探讨，促进期刊编辑与期刊服务对象的良好互动，助力期刊的发展[2,8]。此外，多阅读所涉及学科的顶级期刊所刊发的论文，并利用网络和自媒体(如微信)等平台进行学习[9]，可增加和更新编辑的学科专业知识。

综上所述，要顺利完成高校教师向科技期刊编辑的转变，思想上要重视编辑工作，行动上需掌握编辑业务和技能、熟知涉及学科的专业知识，夯实文字功底、加强与人沟通能力等，一步一个脚印，不浮夸、不懈怠；充分利用各种条件和途径不断学习学科专业知识，追踪前沿信息、学术动态及学术专家，逐步成长为"学者型编辑"[10]，即具有一定学术造诣和系统专门学问的编辑，以较强的学术责任感、学术敏感性和学术鉴别力，更好地履行及时、准确、客观传播科技信息的职责。

参 考 文 献

[1] 包靖玲,李静.如何成为一名合格的医学期刊编辑[J].中国科技期刊研究,2014,25(1):167-169.
[2] 朱红梅,张大志,游苏宁,等.医学期刊编辑的学科专业素质及其培养[J].编辑学报,2007,19(3):228-230.
[3] 王忠林.谈谈从教师到编辑的转变[J].出版科学,1995(3):16.
[4] 金伟.写作——青年科技编辑快速成长的一条有效途径[J].编辑学报,2003,15(5):383-384.
[5] 宋晓华.编辑的功夫:精雕细磨[J].北京劳动保障职业学院学报,2013,7(4):61-64.
[6] 李凤琴.浅谈提高科技期刊青年编辑的语文素质[J].中国科技期刊研究,2007,18(5):885-887.
[7] 林加西.科技期刊作者对编辑科研能力的调研与对策[J].东南传媒,2016(8):132.
[8] 王晴,汤亚玲.医学期刊编辑宜参加临床医疗实践[J].编辑学报,2009,21(3):263-264.
[9] 洪瑞.媒体融合时代学术期刊编辑能力的培养[J].知与行,2015(4):132-135.
[10] 罗景,胡忠,赵漫红,等.论科技学术期刊编辑的专业素质[J].编辑学报,2008,20(4):350-351.

高校学报青年编辑培养策略思考

孔 倩,赵 洋,耿金花

(青岛大学学报编辑部,山东 青岛 266071)

摘要:高校学报青年编辑是学报发展的新生力量和主力军,其能力的高低决定着期刊质量的好坏。基于互联网时代的发展,结合所在学报的现状,以期刊的发展为出发点,从业务素质、学术研究、新媒体应用及发展规划 4 个方向提出了适用于青年编辑的培养策略,推动青年编辑能力持续提高,跃上新台阶。

关键词:高校学报;青年编辑;职业规划

基于互联网的发展,数字化出版不断推进,学报作为高校教学科研传播的工具,面临着巨大的挑战,办刊理念、编辑手段、出版方式等方面逐渐发生变化。在这个关键时期,拥有一支优秀的编辑队伍,是学报可持续发展的关键要素。任何一个编辑部,在制定好期刊的发展规划后,编辑就是决定性因素。青年编辑作为学报的新生力量及未来编辑队伍的主力军,是学报发展的骨干,与期刊的创优提质及可持续发展密切相关。因此,高校学报青年编辑的培养,应以编辑业务素质为本,积极主动地发展为一个具有学习意识、创新意识和服务意识的编辑。更快更好地培养青年编辑,使他们快速成长,是高校学报规划发展的重中之重。以所在学报为例,自 2012 年以来,学报编辑部引入青年编辑 4 名,占学报总编辑人数的 80%,他们大多具有理工科硕士或博士学位,但对期刊行业的规范及工作内容不太熟悉,缺乏对科技期刊的全方位理解,编辑学知识欠缺。为确保期刊的质量,编辑部领导非常重视对青年编辑的全面培养[1-5]。从所在学报编辑部的实际情况出发,从业务素质(本)、学术研究(专)、新媒体应用(新)及发展规划(追)四个角度探讨对青年编辑的培养策略。

1 青年编辑的现状

青年的定义随着政治经济和社会文化环境的变更一直在变化,不同组织对"青年"的年龄界定也不一致,新闻出版行业通常将 40 岁以下的编辑列为青年编辑,高校学报青年编辑存在的问题非常突出。高校学报青年编辑大多学历较高,接受过较为系统的基础理论学习,但在学习过程中的应试化教育导致青年编辑在专业的广度和深度上还需要进一步加强;从小接触电脑、手机等电子产品,对新媒体传播方式和内容接受能力强,但在使用电子产品查阅资料时,表现为碎片化阅读,导致其语法不规范、标点符号运用不当、错别字现象严重等问题,而语言文字工作恰恰是编辑最基本的工作。编辑人员的业务水平直接影响出版物的质量,对编辑部来讲,青年编辑的培养是一项大工程,需要花费极大精力。因此,以高校学报青年编辑现状为出发点,制定行之有效的培养方案。

2 青年编辑培养方案

2.1 业务素质——本

编辑作为一种技术性、学习型的职业，具有职业自身的特殊性，需要不断学习、不断充电。编辑要讲科学，实事求是，一丝不苟，遵守编辑规范，掌握编辑学知识，语言文字功底雄厚，但对于刚入职的青年编辑而言，这些都是较陌生的。因此，严谨负责的职业素质及精湛的编辑出版业务知识是做好编辑的"本"。

我校学报编辑部青年编辑入职以后首先参加编辑岗前培训，听专家讲课，进行系统学习。通过系统的培训学习，对编辑的工作有一定了解，尽快地适应新岗位。青年编辑入行后，首先应做一名"杂"家，工作流程的每一步都要熟悉，除了稿件的编辑加工，期刊的年检、征订发行、数字优先出版、与各大数据库联系以及网站及公众号的维护等工作也需要了解，从整体上把握编辑职业各项工作，对以后的成长有很大帮助。"纸上得来终觉浅，得知此事要躬行。"编辑工作更是一项实践性非常强的工作，在掌握培训内容的基础上，要将所学知识用于实践，需要老编辑在实际工作中不断地引导并传授经验。我校编辑部会安排老编辑向新入职的青年编辑从选题、审稿、编辑及校对等各个环节进行讲解。"传、帮、带"虽然是传统方式，但对于青年编辑尽快地练就扎实的编辑基础，养成良好的职业习惯，提升自身的能力帮助非常大。以我校学报编辑部为例，青年编辑入职后会不定期地进行学习讨论。将同一篇稿件分配给不同的青年编辑进行编辑加工，然后在讨论会上老编辑会根据每人编辑稿件的不同情况进行分析讨论，使每个人对自己的不足和需要注意的问题更加深刻。经常举办这样的讨论会，青年编辑会对编辑工作越来越得心应手。

同时，青年编辑应有选择地参加一些与编辑有关的会议、论坛或比赛，比如新闻出版广电总局举办的各类培训班、中国科学技术期刊编辑学会每年组织的青年编辑学术研讨会等。通过不断的学习，有助于青年编辑提高自身的专业水平和编辑素质，实时了解行业的热点方向，借鉴优秀期刊的经验，发现自己的不足，促进期刊的发展。

2.2 专业研究——专

科技期刊具有较强的专业性，因此高校学报青年编辑不仅要学习编辑学方面的知识，还要熟悉期刊所涉及学科的专业知识，这也是当今"学者化编辑"发展的必然要求。

青年编辑应具备一定的专业素养，为期刊策划具有独特价值的选题，吸纳更多优秀的作者及感兴趣的读者，还可以在初审过程中为作者提出专业性的修改意见，寻找更合适的审稿专家，更好地甄选优质稿件。大数据时代[6]，青年编辑只有夯实专业基础，才能把握期刊涉及专业的发展动态，提升对专业前沿信息的敏锐度，从而从海量的信息中掌握专业领域的最新研究成果，提升对作者、读者及审稿专家的服务能力。高校学报不仅为作者发表论文，而且为编辑与作者、读者提供了交流平台[7]，为编辑更多地了解专业的研究动态提供了途径。高校学报青年编辑应依托高校资源，经常与相关专业的教授请教学习，有针对性的深入到相关研究，有选择的参与一些科研项目，提升自己的科研能力。

青年编辑在进行编辑工作的同时进行专业研究，"博"中有"专"，不仅可以提升自身的专业素养，也可以在与作者和读者的交流中做好服务工作，促使形成学习型编辑部，提升期刊相关专业的影响力。

2.3 新媒体应用——新

互联网+时代，媒体融合改变了传统的出版方式和阅读形式，不断推动期刊向电子期刊、网络期刊等多元化发展，传播渠道更加多样化，读者对信息的需求更加个性化[8]。各种软件的出现和新媒体的应用为编辑工作带来便利的同时，也带来了新的挑战，这种形式下，高校学报青年编辑还应在数字出版、网站建设、微信公众号[9]等方面着重培养，更好地促进期刊的发展壮大。

青年编辑在日常工作中要熟练应用各种电脑软件，如 Word、Excel、Photoshop 等，及时更新学习计算机相关知识，能够快速处理各种格式的稿件，加强计算机的操作能力。大部分编辑部设有在线投稿系统，作者注册投稿查询、编辑登记送审等工作均在系统平台进行，这就要求编辑必须对系统的基本工作流程以及常见问题能够处理，定期对系统进行备份及维护。CNKI、万方、超星、SCI 等各大数据库越来越完善，涉及的专业领域越来越广，青年编辑应该利用这些数据库资源寻找与期刊所涉及学科相关的论文，从中寻找更好的选题或者审稿专家。另外，青年编辑应利用好数据库提供的学术不端文献检测系统。它是稿件初审时查重查新的重要检测软件，拥有大量的数据比对库，用来校验作者是否存在学术不端行为，为学术诚信提供强有力的保障。媒体融合背景下，大部分期刊都创建了自己的网站和微信公众平台，高校学报青年编辑应学习维护期刊网站、微信公众号、手机 APP 等信息交流发布的平台，不定期的将期刊相关的动态推送到网站及公众号，实现稿件的在线阅读，提高编辑与作者、读者及审稿专家的沟通效率，实现网上实时及时的交流互动。大数据时代，媒体融合，学术信息的交流渠道更加多样化，青年编辑应利用新媒体，构建适应新时代的能力体系，与时俱进，做一名新时代的"新"编辑。

2.4 职业规划——追

青年编辑应该树立正确的人生观和价值观，更多地了解编辑的职业发展规划，在编辑职业中实现自己的人生价值。高校学报编辑部一般处于边缘位置，编辑归为教辅岗位，在职称评聘、岗位竞聘等方面比教师岗位更有难度，很容易让青年编辑觉得前途渺茫，产生职业困惑[10]。针对此，青年编辑应更多的了解职称晋升、科研课题、项目申请等方面的细则，参加校内外的科研项目、编辑大赛等评奖活动，依托项目和资源，制定高效可行的培养规划，提升自身素质。编辑部领导也要将高校学报青年编辑的职业发展规划作为一项重要任务，尽可能的帮助其在人力物力方面给予保障，提高青年编辑的待遇，制定良好的激励机制，提供充分的发展空间，使青年编辑产生职业认同感，有职业追求，充分调动青年编辑的工作积极性和创造性，有所"追"即有所"成"。

3 结束语

培养复合型全面发展的青年编辑是高校学报可持续发展的必由之路。本文从"本""专""新""追"四个方面讨论了高校学报对青年编辑的培养策略。高校学报青年编辑除了具备过硬的编辑素质和较强的语言文字编辑加工能力，并在期刊涉及的相关专业进行深度研究，具有新媒体应用能力及互联网大数据思维，此外，青年编辑长远严谨的职业规划也是促进其自我提升的动力。青年编辑努力做好以上几点，才能全方位高质量的成长，达到服务高校科研与教研的最终目的，促进高校学报编辑出版的发展。

参 考 文 献

[1] 丁佐奇,郑晓南.青年编辑的自我培养途径探析[J].科技与出版,2012(12):93.
[2] 申轶男,曹兵,佟建国.论新时期科技期刊青年编辑的培养[J].编辑学报,2014,26(1):79.
[3] 詹燕平,吕赛英,梁远华,等.科技期刊青年编辑职业素养提升的途径[J].编辑学报,2015,27(3):290-292.
[4] 代艳玲,朱拴成.科技期刊青年编辑综合能力的培养与实践[J].编辑学报,2016,28(1):92-94.
[5] 李磊.加强科技期刊青年编辑素质的培养[J].编辑学报,2001,23(增刊1):137-138.
[6] 吴锋."大数据时代"科技期刊的出版革命及面临挑战[J].出版发行研究,2013(8):66.
[7] 杨美群.青年编辑在科技期刊编辑出版中的人际沟通[J].编辑学报,2012,24(2):182-184.
[8] 于杰,胡敏,王晓醉,等.媒体融合背景下青年编辑培养实践[M]//学报编辑论丛(2017).上海:上海大学出版社,2017:220-224.
[9] 吴彬,丁敏晓,贾建敏,等.利用微信平台打造科技期刊编辑新方式[J].中国科技期刊研究,2014,25(5):661-663.
[10] 朱玉军.谈科技期刊青年编辑职业认同感的建立[J].编辑学报,2012,24(6):585-587.

中医药期刊英文编辑的职业素养

毛逸斐，李晓丽，赵允南

(《山东中医药大学学报》编辑部，济南 250355)

摘要：中医药期刊英文编辑是期刊编辑部的重要工作人员，在中医药学术信息的对外交流传播中发挥着重要作用。中医药期刊英文编辑主要负责期刊英文目次的编排，论文英文题目、摘要、关键词的文字编辑与润色，正文英文缩略词及文后英文参考文献的核对与修改。这些工作内容决定了中医药期刊英文编辑必须从中医药专业知识、英文编辑能力、传统文化修养等方面不断提高自身素质，以更好地为中医药期刊国际化服务。

关键词：中医药期刊；英文编辑；职业素养；英文题目；英文摘要

中医药期刊是研究中医文化的重要载体，汇集了中医名家的宝贵经验和发展思路，反映了中医教学、科研、临床等方面的最新成果，是中医研究人员开展学术交流、提高学术水平的重要媒介[1]。近年来，随着健康观念和医学模式的转变，中医药防治常见病、多发病、慢性病及重大疾病的疗效和作用日益得到国际社会的认可和接受。为促进中医药的国际交流和传播，吸引更多国际读者，许多中医药期刊设置了英文目次，并刊载论文的英文题目、摘要和关键词，英文版中医药期刊也陆续出现。中医药期刊英文编辑主要负责稿件英文内容的审查和编校，其编辑质量的高低不仅关系到中医药科研成果的传播和交流，还关系到期刊在国际学术领域中的影响。因此，中医药期刊英文编辑的职业素养显得尤为重要。笔者通过自身实践和不断探索，分析总结了中医药科技期刊英文编辑的工作内容与难点、素养要求及能力提升途径，供同行参考。

1 中医药期刊英文编辑的工作内容与难点

1.1 工作内容

与其他学术期刊的英文编辑相同，中医药期刊英文编辑主要负责核对稿件的英文结构、内容是否完整准确，从英文的篇章结构、语法、单词拼写、字母大小写、斜体字等方面进行编辑工作。具体来说，中文版中医药期刊的英文编辑主要负责期刊英文目次的编排，论文英文题目、摘要、关键词的文字编辑与润色，正文中英文缩略词及文后英文参考文献的核对与修改；英文版中医药期刊的英文编辑除以上工作外，还要负责对英文来稿的审理及对拟用稿全文的文字编辑润色。因笔者担任英文编辑的《山东中医药大学学报》和《山东中医杂志》均为中文刊物，故在此仅对中文版中医药期刊英文编辑的工作内容进行总结。

通信作者：赵允南，E-mail: zhaoy_002@sina.com

1.1.1 英文目次

考虑版面限制，笔者担任英文编辑的两刊所采用的英文目次为部分目次，即英文目次中只编排该期刊物的部分文章题目、作者及其所在页码。编排这种英文目次时有两个问题需要注意：①目次文章的选择。应选择学术价值较高、可读性较强的文章作为英文目次文章，如此才能吸引更多国外读者，达到促进国际交流传播的目的。②中英文目次的一致性。因版面调整、文章反复修改等细节原因，许多涉及中英文目次一致性的问题往往容易被忽视，导致一篇文章在中英文目次中显示的页码不一致、内文中文章英文题目与目次中不一致等现象，英文编辑应对此类问题加以留意。

1.1.2 英文题目

论文的英文题目是向国际读者反映文章内容的最基本信息，读者往往通过阅读文章题目来判断文章是否为其所需信息，从而决定是否进一步阅读文章摘要和全文。英文编辑在对论文的英文题目进行编辑加工时应注意以下问题：①英文题目的含义应与中文题目一致。英文题目是中文题目的英译，无论直译还是意译，都应完整准确地传达中文题目的含义，不可错译或漏译关键信息。如"中西医结合治疗气滞邪壅型急性胰腺炎临床研究"一题，作者来稿中的英文题目为"Clinical Observation on Treatment of Acute Pancreatitis with Integrative Traditional Chinese and Western Medicine"，漏译了"气滞邪壅型"这一体现中医辨证论治特色的关键信息，故应将所治疾病的英译改为"acute pancreatitis of qi stagnation and pathogenic factors accumulation syndrome"。②单词的大小写。英文题目中实词的首字母应大写，虚词小写，若虚词为题目中的首个单词，则该虚词的首字母也应大写。③简洁性。科技论文语言的一个重要特点就是简洁，英文题目作为科技论文的一部分，也应具有简洁性。张晓枚等[2]研究发现中医药论文英文标题中有不少以"study on" "study of" "analysis of" "observation on"开头的短语，然而这些结构很难在国外影响因子较高的期刊论文标题中找到。所以，在加工处理英文题目时，英文编辑应对此类不必要信息进行删减。仍以上文所述的英文题目"Clinical Observation on Treatment of Acute Pancreatitis with Integrative Traditional Chinese and Western Medicine"为例，其中"Clinical Observation on"就属于不必要信息，应删减。另外，有学者提出"整合医学"的概念在我国即相当于"中西医结合医学"，故建议"中西医结合医学"的翻译采用"integrative medicine(整合医学)"[3]。从简洁性角度出发，这一建议较为合理。因此，"中西医结合治疗气滞邪壅型急性胰腺炎临床研究"的英文翻译可修改为"Treatment of Acute Pancreatitis of Qi Stagnation and Pathogenic Factors Accumulation Syndrome with Integrative Medicine"。

1.1.3 英文摘要

中医药论文的英文摘要是以中文摘要为基础，既能全面反映中文摘要的内容，又符合英文的语法修辞及医学专业英语和中医英语规范的英文短文[4]。对中医药论文英文摘要的编辑应兼顾内容、语法、标点符号等各个方面。①内容详略得当，与中文摘要及正文保持一致。英文摘要应全面准确地反映中文摘要的内容，既不能因中文摘要中某些内容太难翻译而不译，造成英文摘要实质内容的缺失，也不能对中文摘要进行一字不漏的生硬翻译，造成英文摘要语句重复拖沓。同时，在编辑英文摘要时，还应将中文摘要的内容与正文相关信息进行核对，以保证中文摘要、英文摘要、正文三者内容的一致性。②语法正确，符合英文的表达习惯。英文摘要的语法主要体现在句型、时态和语态中。选择恰当的英文句型要以对中文原文的正确理解为基础，只有理清原文各个句子之间的逻辑和语法关系，才能组成层次清楚、意思明确的英文句型表达其含义。时态需根据具体情况而定：结构式摘要中，方法和结果部分通常是对过去研究步骤和结果的描述，因此使用过去时较合理；结论一般具有现实性意义，英语中动词的现在时可以起到现实性作用，故结论部分建议运用现在时。指示性摘要则需根据描述内容发生的时间选择相应的时态。语态方面，为了突出研究对象，强调客观事实，医学论文摘要多采用被动语态，避免以"we""I""the author"等作主语。③避免误用中英文标点符号。中文常用的书名号、连字符、破折号、顿号、逗号等在英文中是不存在或是形式不同的，如在英文中书名号应用斜体表示，连字符应用半字线表示，破折号应用一字线表示[4]。

1.1.4　英文关键词

关键词是从论文题目、摘要和正文中选取的能表达论文主题概念的词汇，是论文的检索标志。英文关键词是中文关键词的英文翻译，可以帮助国际读者检索到其所需要的中文文献。英文关键词的编辑最应注意的是一致性问题，即英文关键词与中文关键词一一对应，与英文题目、摘要中的相应用词一致。

1.1.5　英文缩略词

随着中医药研究的现代化，中医药论文中包含现代医学词汇及其缩略语的现象已十分普遍。有时为了行文方便，有些较长的中医术语(如方剂名称)也会采用首字母缩略的形式表示。因此，检查修改英文缩略词也是英文编辑的工作内容之一。对英文缩略词的编辑主要是核对其中英文全称是否齐全准确及缩略词书写是否全文一致。笔者工作中曾遇"飞行时间质谱技术(time of light mass spectrometry)"一词，其缩略词在文中有 TOFMS、TOF/MS、TOF-MS 三种写法，经查阅相关资料并与作者沟通，统一修改为"TOF-MS"。

1.1.6　英文参考文献

受国际科技交流日益深入、科研工作者英文水平提高、期刊评价等多种因素的影响，引用英文文献已成为国内科技论文的重要特征。中医药期刊英文编辑需对论文英文参考文献的著录项(包括人名、刊名、地名等)进行规范，必要时还要核实文献内容。

1.2　工作难点

除上述与其他学术期刊具有共性的工作内容外，中医药期刊英文编辑的工作还有其特色和难点，主要体现在中医药术语和经典文句的翻译中。

1.2.1　术语翻译

植根于中国传统文化的中医药学具有独特的理论体系，独特的理论是由独特的概念构成的，独特的概念则是由独特的语言所构成的中医术语来表述的。朱建平[5]总结了中医术语的几个特点：①历史性。中医名词术语多为古代汉语，有时字即是词，如"气"；有时短句也视作一个词，如"木克土""肺主气""心开窍于舌"等。②人文性。中医学是以生物学为基础，与理化数学交融，与人文哲学相渗透的学科，尤其是人文哲学对古代中医学的深刻影响，直接反映在名词术语上，如"阴阳""五行""母病及子""子病及母"之类，中国传统文化味很浓。③定性描述。如"实喘""虚喘""冷哮""热哮"等，很少用定量描述。④抽象概念用具体名词表述。如五行的木、火、土、金、水，木生火、火生土、木克土、火克金等。这些特点使得许多中医药术语在英语中找不到完全对应的词语，增加了英译的困难。

中医药论文中常见的中医药术语包括中药名称、方剂名称、病证名称、功效术语等。笔者翻阅近年来出版的中医药英语辞书，发现相当多的中医术语译语不统一，部分尚欠准确。如中药名称"独活"有 Doubleteeth Pubescent Angelica root[6]、angelica root[7]、Pubescent Angelica

Root[8]、root and rhizome of double-tooth pubescent angelica[9]等译法，方剂名称"生脉散"有pulse-reinforcing powder[6]、pulse-engendering powder[7]、generate the pulse powder[8]等译法，病名"肺痿"有 lung atrophy[6]、lung wilting[7]、lung wei[8]、pulmonary flaccidity[9]等译法。中医术语译语不统一的现状无疑增加了中医药期刊英文编辑的工作难度。

1.2.2 经典文句翻译

中医药学是中国唯一自成体系传承数千年的科学，中医药学术文章有自己的写作特点和习惯，其中最明显的特征之一是通过引经据典来论证作者得出的结论。中医药经典著作是古代医家智慧的结晶，包含着古代中医的理论和实践精华。然而，中医语言蕴含着丰富的中国传统文化信息，加之古籍行文的独有特点、大量的生僻字词以及语句的晦涩难懂，对于中医药期刊英文编辑来说，中医经典文句的翻译较之现代中医文献英译具有更多的困难和挑战。

2 中医药期刊英文编辑的素养要求

中医药期刊是交流和传递中医药信息的主要渠道，中医药期刊英文编辑是将中医药信息转化为国际通用语言传播出去的主要负责人，其工作质量一定程度上会影响中医药期刊的国际认知度和传播力。根据前文所述工作内容和工作难点，笔者认为中医药期刊英文编辑必须是具有较高职业道德素养、掌握一定中医药学科知识、擅长英文写作、熟悉中国传统文化的综合型人才。

2.1 职业道德素养

在当前期刊国际化和中医药世界化的背景下，中医药期刊英文编辑作为向世界传播中医药文化和信息的重要把关者，要有强烈的民族自豪感和使命感。中医药是中华民族的瑰宝，是打开中华文明的金钥匙，中医药期刊英文编辑应以中医药文化为荣，以向世界传播中华民族独有的医学理论和知识为己任，爱岗敬业，精益求精，对文章的英文内容严格把关，不厌其烦地认真审核校对，从而促进中医药科研成果在世界范围内的准确高效传播。同时，中医药期刊英文编辑还要树立知识产权意识，保护作者的科研成果不受侵害。近年来，其他国家侵犯我国中医药知识产权的事件屡有发生，中医药期刊英文编辑在加工润色稿件英文时，涉及科研成果的内容要谨慎处理，提醒作者不要把科研团队需要保密的成果公布。

2.2 中医药学科知识

中医药是一门专业学科，中医药期刊论文是探讨中医药学科知识的文章，其内容具有很强的学术性和专业性。作为一名中医药期刊的英文编辑，想要把论文中的中医药信息准确无误地用英文表达出来，首先必须正确理解原文内容，而理解原文内容的前提就是具有一定的中医药专业知识。如"安心神"和"安胎"这两个功效术语中都有动词"安"，编辑需具备一定的中医药知识才能分辨这两个"安"字的不同含义，前者指使心神"安定、平静"，后者指"保护"胎儿，故翻译时应选择不同的英文词，分别译作"calming heart and spirit"和"protecting fetus"。因此，中医药期刊英文编辑应熟悉中医基础理论、中医诊断学、中药学、方剂学等理论知识及中医内、外、妇、儿等各科临床知识，并了解与之相关的科研情况，为英文编辑奠定良好的学科专业基础。

2.3 英文编辑能力

对于一名英文编辑来说，扎实的英文编辑能力应该是最重要的专业素养。具有较高英文水平的编辑，能够发现论文英文中存在的错误并通过与作者的沟通进行合理修改，从而保证论文准确恰当的英文表达，提高论文的可读性，使国际学术交流无障碍。然而，目前我国学术期刊的英文编辑水平还有待提高。陆建平[10]研究发现，我国学术期刊英文语言规范和编校质量方面存在的主要问题不是编辑或校对等技术性问题，而是关乎语法、结构、词语搭配、用词等反映作者和编校人员基本英语语言知识和运用能力缺失形成差错。因此，学术期刊英文编辑应从语法、结构、词语搭配等方面培养自身的英文编辑能力，提高英语写作和表达水平。中医药期刊英文编辑还应随时积累中医英语专业词汇，熟悉中医英语的表达特点，使英文编校工作事半功倍。

2.4 传统文化积累

中医根植于中国传统文化，也是中国文化的重要组成部分。中国传统文化贯穿于中医诊断、治疗疾病的始终，如强调人与自然和谐统一的天人相应观、辨证论治所运用的阴阳五行思想、遣药组方的君臣佐使理论，均与中国传统文化密不可分，彰显着人文特色[11]。许多中医药术语中蕴含着丰富的中国传统文化信息，如方剂名称"大(小)青龙汤""白虎汤""四君子汤"等，古医籍书名"儒门事亲""银海精微""重楼玉钥"等，描述治疗方法的"釜底抽薪""提壶揭盖"等。翻译此类术语若不具有一定的传统文化知识，将寸步难行。

3 中医药期刊英文编辑提升能力的途径

3.1 学习中医药专业知识

中医药期刊英文编辑可以通过多种途径提升中医药专业素养：①系统学习中医药相关课程。通过阅读高校中医药教材、旁听中医药课程、参加中医药学术讲座等方式加强对中医药专业知识的理论理解。②阅读中医经典著作。中医经典著作中包含着古代医家总结的中医理论和临床知识精华，同时又反映了中医药知识产生和形成的文化背景，阅读中医经典著作有利于加深对中医文化和思维模式的理解。③加强与临床医生及作者的交流。临床医生是中医药知识的实践者，在工作中反复验证和探索着中医药知识，中医药论文作者通常都有固定的研究领域，有一定的学术专长，他们对中医药知识的理解更专业、更深刻。中医药期刊英文编辑经常与临床医生和作者交流，有助于解决编辑工作中遇到的中医药专业问题。

3.2 培养扎实的英文编辑能力

英文编辑是期刊英语表达的守门员，需要培养扎实的英文编辑能力。中医药期刊英文编辑可从以下三方面提高英文编辑能力：①大量阅读英文书籍、报刊。英语能力的提高有赖于词汇的不断积累、句法的不断学习及对写作与文体的了解与实践，大量阅读英文文本恰好可以锻炼这几项[12]。②关注中医英语的最新研究进展。近年来，随着中医药对外交流传播的深入，许多学者开始从事中医英语研究，有关中医药术语英译的论文、著作、规范、辞书等陆续出现。虽然目前业界对于中医术语英译尚未达成共识，但许多研究成果具有借鉴意义。中医药期刊英文编辑在翻译中医术语时，可在正确把握术语内涵的基础上，广泛查阅各种英译资料，博采众家之长，吸收和借鉴新的译法，补充修正，去粗取精，去繁取简[13]。③熟悉论文英文编排规范。期刊英文编辑通过参加编辑业务培训、学习标准文件等途径熟悉学术期刊的英文编排规范可使编辑工作更加得心应手。

3.3 增强传统文化修养

正如前文所述，中国传统文化是中医学生长的土壤，只有具有丰厚的中国传统文化积淀的人，才能真正认识中医学的科学价值和文化价值，把握中医的思维特征，真正领悟中医的真谛[14]。中医药期刊英文编辑增强中国传统文化修养有利于加深对中医药文化的理解，提高民族自豪感和使命感，更好地为中医药对外交流传播服务。中国古代哲学、数学、历算、地理、天文、军事、农学、物候学等均或多或少地对中医学的形成和发展产生过影响，中医药期刊英文编辑可利用业余时间阅读与这些学科相关的书籍，了解它们与中医药学的关系，从而为中医术语英译提供思路。同时，中医药期刊英文编辑也应多读中国古代文学作品，增加古代汉语知识，为中医经典文句的翻译奠定基础。

4 结束语

中医药期刊英文编辑在中医药学术信息的对外传播中具有重要作用，其英文编辑水平的高低对期刊的国际化水平及国际显示度具有重要影响。作为一名中医药期刊的英文编辑，必须充分发挥自身优势，努力学习中医药专业知识，提高英文编辑能力，增强传统文化修养，为期刊的发展做出自己的贡献。

参 考 文 献

[1] 吴俊玲.大数据时代中医药期刊面临的挑战和机遇[J].中国中医药图书情报杂志,2015,39(3):60-62.
[2] 张晓枚,陈宁,王曦,等.基于语料库的中医药论文英文标题高频介词探究[J].云南中医学院学报,2014,37(4):90-92.
[3] 周庆辉.中医药期刊的刊名英译[J].中国中西医结合杂志,2005,25(4):368-370.
[4] 张文娟.中医药学术论文写作规范第 8 讲英文摘要的写作要求[J].中国中医药现代远程教育,2012,10(8):130-131.
[5] 朱建平.中医术语规范化与中医现代化国际化[J].中华中医药杂志,2006,21(1):6-8.
[6] 李振吉.中医基本名词术语中英对照国际标准[M].北京:人民卫生出版社,2008:348.
[7] WISEMAN N.汉英·英汉中医词典[M].长沙:湖南科学技术出版社,2007.
[8] 左言富.新世纪汉英中医辞典[M].北京:人民军医出版社,2004.
[9] 罗希文.大中华文库汉英对照本草纲目选[M].北京:外文出版社,2012.
[10] 陆建平.我国学术期刊英文编辑专业素质现状调查与对策思考[J].中国出版,2013(3):46-49.
[11] 张倩.中医药科技期刊特色及其编辑实务[M]//学报编辑论丛(2017).上海:上海大学出版社,2017:469-472.
[12] 孙凌,贺晓生.医学期刊英文编辑专业素养的培养[J].技术与创新管理,2015,36(6):654-656.
[13] 贺小英.准确性与简洁性是中医名词术语英译规范化的原则[J].中医药通报,2005,4(4):47-49.
[14] 许华武.浅谈培养中医传统文化修养[J].光明中医,2011,26(12):2525-2526.

重塑新时代科技期刊编辑的工匠精神

刘俏亮

(《吉林大学学报(信息科学版)》编辑部,长春 130012)

摘要:针对在科技期刊编辑出版业面临新时代转型升级的历史节点,期刊品质和期刊编辑职业素质的提升问题,以"工匠精神"为指引,分析编辑职业素质和期刊质量的提升途径,指出工匠精神在跨媒体融合时代具有重大价值,它是新时代出版业优良制造的灵魂所在,同时也有助于科技期刊编辑工作者自我价值的实现。期待在工匠精神的引领下,科技期刊的发展会越上崭新台阶,完成提质增效和转型升级。

关键词:工匠精神;编辑能力;期刊质量

党的十一届三中全会以来,我国经济发展进入了高速增长的时代,中国制造业取得了令世界瞩目的辉煌成就[1]。"中国制造"日益成为在全球范围内具有超强影响力的标志性概念。然而,在经济发展全球化进程的今天,世界经济格局已然发生变化,我国制造业的优势逐渐消失。在某种程度上讲,我国制造业相对部分产品低价、低端、低质的表征,已经成为中国制造业发展的"瓶颈",对整个中国经济文化的未来发展产生了负面影响。在此大背景下,中国科技期刊出版业的发展与此相似,大多数期刊品质的停滞甚至下滑,其结构规模上的小、散、乱,其传播影响范围的非国际化,均与我国日益提升的科学技术水平不相适应,也限制了中国经济转型升级过程中的创新创业能力。

《匠人匠心》是齐白石老人的一部自传,他以自己是"匠人"为荣,用一生诠释了中国匠人的风骨和精神。他以其天分加上坚持不懈,终成一代大师。2016 年"工匠精神"首次写入政府工作报告,同年,李克强总理在不同场合提出:"大数据+工匠精神""互联网+工匠精神",推动虚拟世界与现实世界融合发展,重塑产业链、供应链、价值链,促进新动能蓬勃发展、传统动能焕发生机,打造中国经济"双引擎",实现"双中高"。这意味着,在我国经济的新旧动能转换中,如何加快科技期刊出版业跨媒体融合、推进出版业信息化进程,提升办刊水平,扩大期刊影响力,促使期刊成为国际化学术交流平台,这一系列问题给期刊编辑、主编及管理者提出了新要求。笔者认为,科技期刊业应该以此新一轮深化改革为契机,将工匠精神融入到日常工作中,以工匠精神为引领,不断提升编辑职业能力和科技期刊办刊质量,在新一轮科技革命的大背景下,实现新时代科技期刊的转型升级。

1 工匠精神的基本内涵

笔者认为,"工匠精神"可从内涵与主体两个层面来界定。从内涵层面看有三种解释[2],即精神理念体现在敬业专业、精益求精等的精神特质;思维状态表现在思维创新和对事物的激情;价值取向上是职业理想、职业形象和专业情感等的综合体现。从主体层面看,工匠精神即"匠人精神",是传统手工业者和互联网+制造业者应具有的精神品质,同时也是当下的世界、国家、民族应该共有的精神品质。

2 重塑科技期刊工匠精神

2.1 工匠精神+编辑职业能力

党的十九大报告明确提出:"两个重要时期和两个阶段(两步走)",即从现在起到2020年,全面建成小康社会决胜期;从十九大到二十大,两个一百年奋斗目标历史交汇期;从2020年到2035年,在全面建成小康社会的基础上,再奋斗十五年,基本实现社会主义现代化;从2035年到本世纪中叶,在基本实现现代化的基础上,再奋斗十五年,把我国建成富强民主文明和谐美丽的社会主义现代化强国。在全面建成小康社会基础上向基本实现社会主义现代化转变进程中,"中国制造2025"的战略计划实施中,工匠精神有何时代价值[3],为新闻出版业及工作者提出了新的课题。

在跨媒体融合、信息技术变革传统产业的时代,笔者认为,科技期刊编辑的工匠精神+编辑职业能力应体现在以下几个方面。

2.1.1 "艺技尚巧"的创造精神+职业理想与专业知识

"巧"是创造性思维的特质,它敢于打破常规,别出心裁,不拘泥于传统。史称"能工巧匠"的重要原因是其本身所具有的创造性品质。笔者认为,作为新时代科技期刊编辑,要继承和发扬"艺技尚巧"的创造精神。要达到"巧"的境界,就要注重以下两种素质的培养。

坚定理想信念。加强自身思想政治素质修养,努力提升文化、职业素养,自觉履行"弘扬科技成果、传播科技文化"的职责,加强与学科领域专家的交流与沟通,当好读者的向导,做好作者服务,承担起科技期刊编辑的神圣文化使命,用崇高的职业理想成就科技期刊出版事业[4]。

树立终身学习理念。科技期刊编辑要具有论文专著学习、科研项目学习、专利成果学习的学习能力,同时,又要不断调整自身的知识结构,通过知识之间的相互渗透,使深厚的知识底蕴和合理的知识结构达到完美结合。同时,做到一专多能,努力培养把握及预测学科发展方向的能力。既要在编辑业务上有博的一面,又要在某一学科上有专的一面,做到博中求专,以专促博。

2.1.2 "精益求精"的工作态度+职业形象与式专业能力

传统工匠精神的精髓主要体现在追求技艺的精湛与产品精致细密,如周代工匠在切割,打磨,雕刻玉器、象牙、骨器及宋代工匠的剪纸、年画、雕刻、皮影、泥塑时精巧细致的工作态度,都凝聚着中国工匠精益求精的工作精神。笔者认为,新时代科技期刊编辑在继承和发扬传统工匠精神的同时,还应努力做到以下两个方面。

(1) 培养人格魅力。拉近与读者、作者的距离,达到心灵沟通和情感交流,关爱作者、读者、专家,与作者、读者、专家建立和谐的人际关系,做好读者的向导、作者的路标,使读者、作者、编辑、专家融为一体,关心理解读者和作者的所思、所想和所求,赢得读者、作者与专家的信任,并得到认同、敬佩和尊重。

(2) 提升四种能力。一是调查研究能力,要善于运用编辑学基本理论和方法解决编辑出版实际问题,总结实践工作经验,提出对策和建议,并完成调查研究成果转化。二是组织协调能力,要具有协调读者、作者、审稿专家和整合科技信息资源的能力,同时也应具备较强表达沟通能力、了解读者心理需求的能力和吸纳高质量稿源的能力。三是科学研究能力，树立科研意识，走出"编而不研"误区，掌握学科基本知识，发挥主观能动性，盯紧学科前沿、高水平专家、高质量文章，为作者服好务；四是编辑创新能力，培养逆向思维，善于发散思维，构建整体思维，做到勤学习、勤思考、勤研究、勤实践，挖掘潜在创新能力，以此提高编辑实务，不断增强自我效能感。

2.1.3 "道技合一"的人生境界+职业技能与专业情感[5]

工匠精神是理智与实践的融合，理智体现在专业素质与美德，实践是力求技艺与作品的精制；从而达到"道技合一"的人生理想状态[5]。笔者认为，新时代编辑在体现艺技高超的同时，应进一步达到技高品端的境界。

职业技能是提升期刊质量根本保障。在出版流程再造中要提升编辑的五种技能，即策划力、组织力、审读力、选择力和加工力[6]。在编辑策划中要求编辑坚持方向性、导向性、科学性和前瞻性四个原则；在编辑组织中要求编辑做好前期准备、计划步骤、交往沟通、有效组织等环节；在审读稿件中要求编辑在思想内容、篇章结构、写作方法、语言文字等方面做出质量评估和质量判断；在稿件选择中要求编辑在稿件把握、读者利益和市场需求等做出分析和评价；在编辑加工中要求编辑在稿件的科学性、专业性等方面要以科学、严谨的态度认真负责，精益求精。

人文素质是现代编辑素质的核心，也是思想素质、心理素质和情感智慧素质的立足点。崇高的敬业精神是合格编辑的首要前提，应培养自身文化素质，树立崇高的爱岗敬业精神，坚守高尚的职业道德操守。事业情感和心理素质是做好编辑工作的重要保障，在枯燥、烦琐的工作中，要善于同作者、读者、审稿人等交流沟通，达到彼此充分理解、信任与合作，培养健康的心理和稳定的情感。情感交流、信息交流、智慧交流是编辑提高期刊质量的有力支撑，要注重培养自身的知识内涵和逻辑思维及语言表达能力，与作者、专家交流表现出亲和力，彼此建立充分信任、理解和宽容，从而获得认同，由此展现出良好的情感智慧素质。

2.2 工匠精神+科技期刊质量

2017年4月，国务院办公厅印发的《贯彻实施质量发展纲要2016年行动计划》明确指出，要"开展质量素养提升行动，塑造精益求精、追求质量的工匠精神"[7]。笔者认为，新时代科技期刊编辑的工匠精神应具备三个特质和树立四个质量观。

2.2.1 期刊编辑匠人精神的三个特质

追求期刊品质卓越的心态。匠人匠心精神表现在追求期刊品质中的精益求精、精雕细琢，对期刊品质与质量孜孜追求，数年如日打造期刊品牌，追求极致期刊体验的执着专注精神。

保持甘于寂寞的编辑之心。编辑的匠人之心在于内心对编辑工作的认同，对自身工作沉淀、宁静、踏实的感觉，在期刊编辑中感受到生命存在的价值，坚守于期刊品质的匠心精神。

坚定持之以恒的工作激情。匠人在编辑工作中的激情，体现在突破编辑技术领域高地，不断完善期刊传播效果。把对编辑事业的热爱、专注传染给周围的人，使大家对期刊编辑工作都充满热爱，编辑技术和传播效果自然而然会有所提升。

2.2.2 期刊编辑匠人精神的四个质量观

(1) 作者质量观。提升期刊质量的首要前提是树立作者质量观，要采取不同的方式方法约到高质量的稿件。一是会议约稿，参加高层次的学术论坛会、研讨会等，与报告人和参会者直接约稿；二是邮件约稿，通过邮件向学术领域专家介绍期刊表达约稿意愿，专家了解期刊后推荐载文方向和论文作者；三是审稿约稿，先聘请高质量论文作者做审稿专家，再向其约稿，同时再让其推荐稿源；四是青年约稿，挖掘有潜力的青年教师和在读研究生的文章，为其提供成长平台，也会获得不错的效果[8]。

(2) 论文质量观。在采取各种方式主动约稿、组稿的基础上，科技期刊编辑要用好学科领域知识和日常管理经验，及时了解本期刊各学科领域最新前沿动态，对已组稿件在初审阶段的质量做出初步判断。论文的质量关键在审稿专家，它的判断直接影响学术期刊的质量。在跨学科、跨专业的时代背景下，笔者认为，编辑要从大量的论文参考文献作者中寻找相关的审稿专家，利用各种方式与之沟通和联系，建立动态良性循环的审稿专家数据库，尽可能地将不同研究方向的专家纳入专家数据库中，充分发挥审稿专家在期刊质量中的作用[8]。

(3) 编校质量观。如果说期刊稿件质量主要取决于作者，那么期刊编校质量高低的关键主要是由编辑所决定的。编校质量是对论文的再创造过程[9]，在编校过程中，科技期刊编辑要静下心来查阅作者引用的文献、用词用法是否准确，要发扬"啄木鸟"精神，才能提高准确率。在科技期刊的编校工作中，除杜绝显性错误外，应注意导向性、逻辑性、知识性等隐性差错。总之，科技期刊编辑只有具备字斟句酌、精雕细刻的工作态度，才能提升编校质量及科技期刊影响力。

(4) 传播质量观。在新旧媒体转换融合过程中[10]，首先应严格执行国务院发布的《出版管理条例》规定"出版物的规格、开本、装帧、校对等必须符合国家标准和规范要求，保证出版物的质量。"[8]科技期刊纸质版式要设计新颖、美观大方；印刷清晰、浓淡适宜、均匀无痕；装帧整齐、规范无错等。电子出版物在保证传统纸质媒体传播效果同时，应充分利用"互联网+"多媒体传播渠道，如互联网端商业数据库合作实现对内容的集成、分类与销售的数字出版模式和移动互联网端公众号数字出版模式，从而加快传统学术期刊在传播渠道上的有益扩展。

3 结束语

笔者将我国制造业转型升级过程中提出的"工匠精神"概念引入科技期刊编辑领域，从提升期刊编辑的职业能力和科技期刊质量两方面论述了如何以工匠精神为指引做好科技期刊的编辑工作。相信各位编辑同仁只要心怀"工匠之心"，带着应有的责任感和使命感，以精益求精和开拓进取的工作态度投入到日常工作中，经我们之手出品的科技期刊必能不断获得品质上的提升，更好发挥其培育高水平科技论文、传播高价值科研成果的功能。

参 考 文 献

[1] 马爽.如何开启中国精造的时代?——读曹顺妮的《工匠精神:开启中国精造时代》[J].中国图书评论,2017(7):9-12.
[2] 李国强.工匠精神研究思辨[J].教育现代化,2017(34):282-284.
[3] 耿银平."中国制造"亟待"工匠精神"[J].上海后勤,2016(3):26.
[4] 刘俏亮.新时期科技期刊编辑职业能力提升的路径[J].吉林省教育学院学报,2017,33(7):177-179.
[5] 肖群忠,刘永春.工匠精神及其当代价值[J].湖南社会科学,2015(6):6-10.
[6] 李军领.编辑力"五力模型"试探[J].编辑之友,2011(4):71-73.
[7] 任宇.培育"工匠精神" 加快质量强国建设[J].中国党政干部论坛,2016(5):51-53.
[8] 王佳.论"互联网 +"时代学术期刊编辑的工匠精神[J].出版广角,2016(21):48-49.
[9] 张琴."互联网+"模式对学术期刊编辑流程的优化[J].太原师范学院学报(社会科学版),2017,16(2):124-125.
[10] 陈先军.媒体融合背景下学术期刊编辑力构成探析[J].长春师范大学学报,2017,36(3):192-194.

学术期刊编辑媒介素养的提升路径

罗飞宁

(广州市团校《青年探索》编辑部,广州 510635)

摘要：媒体融合时代的到来改变了信息的传播方式，丰富了学术期刊的传播模式，为学术期刊编辑媒介素养提出了更高要求。文章阐述了在媒体融合背景下，学术期刊编辑媒介素养提升的重要性与必要性，进而提出学术期刊编辑应该具备的媒介素养能力：信息使用能力、信息认知能力、信息评判能力。学术期刊编辑的媒介素养提升策略有：增强学术期刊编辑媒介素养意识，加强学术期刊编辑的专业能力，提高学术期刊编辑的互联网思维。

关键词：学术期刊；编辑；媒介素养；提升路径

大数据时代，媒介为期刊编辑带来了海量的信息，如何对这些信息进行真伪以及价值的判断，并做出有利于社会发展和符合读者需求的选择，是期刊编辑面临的问题。从这个角度来说，媒介素养就是指在面对媒介传递的海量信息时，编辑具备对内容进行选择、整理、分辨、重组的能力，即通过分辨海量信息从而挖掘有价值信息的过程。美国媒介素养专家詹姆斯·波特认为，"媒介素养是我们积极使用大众媒介并解读所遇信息的一套方法。"[1]美国媒介素养研究中心提出："媒介素养是指人们面对不同媒体中各种信息时所表现出的信息的选择能力、质疑能力、理解能力、评估能力、创造和生产能力以及思辨的反应能力。"[2]英国媒介素养专家大卫·铂金翰认为，"媒介素养是使用和解读媒介信息所需要的知识、技巧和能力。"[3]从这一定义的角度来划分，使用媒介的能力以及相关知识和技巧显得尤为重要。

学术期刊自诞生之日起便承担了学术交流与传播、促进科技创新、推动社会发展、繁荣创新文化等使命。在经济全球化带来的文化交融与价值多元引发社会变革和人们观念嬗变的同时，反映不同价值取向的文章日益增多，我国的学术期刊在构建学科体系、话语体系方面也做出了不懈的努力。然而，学术期刊在各种评价体系夹击之下，商品化、功利化现象突出，如何梳理出正确而合理的办刊思路，树立为学科服务的崇高地位，做好教学、科研方面的引导作用，维护学术的良好氛围是学术期刊当前面临的问题。学术期刊编辑如何顺应时代发展要求，在积极转变编辑出版思维的同时提升自我的媒介素养，从而更好地满足媒介融合的发展要求是本文关注的重点。

1 学术期刊编辑应该具备的媒介素养能力

在目前多种媒介共生的环境下，新媒体的日新月异使已然繁杂的媒介环境更具变数。互联网改变了受众的媒介关注与社会参与，海量信息与多任务处理对其信息获取和传播能力构

基金项目：广东省高校学报研究会 2016 年编辑学科研课题项目(20160312)

成重大挑战,以至于深陷信息达尔文主义的泥淖。提高学术期刊编辑的媒介素养,增强他们的多元化媒介参与,促进媒介互动,已成为不可回避的现实亟需。媒介对于现代人的影响与日俱增,媒介时代所有人都会与媒介产生关系。作为媒介人——学术期刊编辑同样受媒介文化、描述方式的影响,提升学术期刊编辑媒介素养具有重要意义。根据美国"阿斯彭媒介素养领袖会议"提出媒介素养的各种能力[4],本文认为学术期刊编辑的媒介素养能力应该包括:信息使用能力、信息认知能力、信息评判能力等三个方面。这三方面的能力反映的是学术编辑对媒介信息的理解和认知以及与媒介进行交流的能力,即对信息进行筛选,对媒介管理的能力。

1.1 信息使用能力

学术期刊编辑的信息使用能力包括数字技术的运用、多媒体融合出版以及个性化编辑。数字时代,编辑对信息获取的方式与以往大不相同,更侧重于对技术工具的应用。社交工具、检索工具、网络工具等都是编辑获取信息的重要手段和来源。这些技术手段不仅提高了编辑的信息使用能力,同时对编辑知识积累的宽度和广度上也带来了巨大的便利。学术期刊的本质作用是学术传播,是反映和发表研究者就各种理论问题所做的创新性论文。学术期刊编辑如何运用媒介技能知识,通过传播手段、媒介功能、组织结构等,进行资源共享、集中处理,通过不同平台传播给受众。在媒介融合的大趋势下,运用新媒介手段改变学术期刊信息传播单向性的特点关键在于编辑如何有效利用数字化技术进行信息筛选和使用。在新媒体的冲击下,传统媒体的话语权受到质疑,如何加强传播效果,在提高工作效率的同时有效促进学术期刊可持续发展,保证枯燥乏味的学术文章广泛传播,使用一些媒体传播技巧以及数据图像处理功能使传播过程更便捷、传播方式更多元。

1.2 信息认知能力

大数据时代,面对海量信息与多元信息传播渠道,学术期刊编辑需要加强对信息的认知能力,在复杂的信息环境中,学会分析、评估媒介产品的价值。良好的信息认知能力离不开一定的文化知识和专业背景,编辑需要从思想、能力、技术上下功夫,去伪存真,去粗取精,提取出有价值、有意义的信息,由此为信息加工、信息整合服务。在多情境、多主体的数字化环境下,由自身规则和创造性语言建构起来的媒介信息、内容、观点是复杂化、隐蔽化的,要想充分理解网络上的内容和信息就必须具备更为丰富和敏锐的理解力与分析力,否则很容易被网络信息"牵着鼻子走"。对编辑来说,选题策划是编辑工作中重要的一环,是编辑思维水平、价值取向和智慧才干的重要体现。对学术期刊编辑来说,如何搜集有效的信息,提高信息的认知能力,策划提炼总结出有预判性、符合现实需求的选题,从而推出有影响力的文章是选题策划成功的表现。编辑只有掌握大量的、新鲜的信息,才能有针对性地进行组稿、约稿,才能从中择选出优秀的文章,才能对不够完善的论文提出自己的意见和建议。所以信息认知能力,是编辑工作中非常重要的抓手,复杂多样的信息要求编辑必须有良好信息获取的素养,既能通过快捷渠道获取信息,同时能对庞杂信息有足够的认知能力[5]。

1.3 信息评判能力

信息的评判能力是指编辑能认清信息背后的真正意图,有给信息作判断的能力。新媒体时代,学术期刊编辑必须具有很强的政治敏锐性和鉴别能力,以高度的政治责任感与学术水平当好期刊的"守门人"。在面对海量信息时,能够始终保持崇高的政治素养,不受不良价值观的侵蚀,具备应对各种信息的判断能力。学术期刊编辑尤其是人文社科类期刊编辑要在思想上、政治上与党中央保持一致,牢固树立政治意识和大局意识,充分理解出版物的公共性质、传播特性,坚持正确的思想导向、价值导向、审美导向,做好政治思想上过得关,确保文章政治正确、思想健康,绝不允许在政治立场、舆论导向上出现偏差[6]。其次,网上的信息鱼龙混杂,编辑要有一定的知识储备,既要拓宽知识面,做到对各类信息有一点了解的杂家,又要加深知识面,争取成为某一领域的业务专家。最后,学术期刊编辑更应大力培养和提升综合媒介素养,将我国丰富的学术成果呈现给世界的同时讲好中国故事。

2 学术期刊编辑媒介素养的提升策略

首先,在媒介技术、信息生产与传播高度发达的今天,大多数人对媒介、媒介信息以及媒介生产经营的认识与使用仍然存在很大的不足和误区。由于从现实世界中获得的信息与经验极为有限,媒介就成为人们最为信赖的知识、经验和信息来源,很多人会不自觉地受到媒介信息的影响从而改变自己的思维角度、价值取向乃至行为模式。在面对不同的媒介渠道,数量巨大、品质不齐、传播方式无孔不入的媒介信息时,编辑的作用就显得尤为重要。是否能从海量文稿中甄别出合适的稿件和从碎片化信息中整合出符合时代的选题,是新媒体融合时代对学术期刊编辑的要求。其次,媒介化信息尤其是新媒介信息内容如今已然进入人们的意识形态,对此国家和政府却缺乏有效的管理途径,多样化的媒介平台和被建构的媒介文化对公众的媒介素养构成挑战。而学术期刊编辑肩负着传播主流意识形态,进行新时代社会主义核心价值观教育的重要使命。再次,媒介生产者与媒介消费者之间存在着不平等关系。在媒介竞争日益激烈的今天,媒介机构对信息的提供往往以受众需求为参照,一味地追求商业利益,而将社会利益、文化利益置于次要考虑。学术期刊是学术研究与媒介传播的结合体,学术期刊编辑在对文章进行选择、加工的过程必须具备先进的媒介素养理念,才能在媒介生态的变革中迎接挑战,对传播知识文化有建设性的推动作用。

2.1 增强学术期刊编辑媒介素养意识

新媒体时代,媒体融合的浪潮势不可挡,学术期刊编辑应肩负起运用各种媒介工具获取编辑出版相关资源为期刊出版各环节服务的责任。按照新时代学术期刊编辑的要求进行自我管理、自我提升,努力增强自身媒介素养意识。首先需要提升自我学习能力。社会发展迅速,编辑要不断强化自身学习能力,学习先进的传播理念,才会在新媒体时代占据主动地位。随着数字阅读模式和网络出版的兴起,学术期刊编辑应主动提升技能结构,为了实现传统阅读方式向数字阅读方式的转变,尽最大努力满足读者需求。与传统的编辑流程相比,数字出版的生产流程有些不同,比如:对图片、音频、视频的处理,对后台数据的采集,产品格式的转换,信息的发布与编辑等,这些都需要编辑有较强的技术能力。其次,需要增强协作能力。学术期刊编辑需要具备学术敏锐性与前瞻性,在与作者、读者互动的过程中直接获取信息,运用数字媒介技术对相关信息进行评估、预测,增强编辑人员在出版各环节的效率。信息和互联网技术不断发展,新技术逐步应用到数字出版领域,人才是发展的关键。这种适应数字出版的人才,既要懂出版政策法规和行业规律,又要了解数字出版技术的发展趋势,最好清楚数字出版的思路和模式[7]。再次,需要提升信息整合能力。学术期刊编辑在编辑的过程中,既要强调内容为王,重视文章的质量,又要注意内容布局,版面设计等,做到封面吸引读者,标题引导读者的信息整合效果。除此之外,还需要合理调整信息内容,利用信息检索功能,确保学术期刊传播更便捷与可见。

2.2 加强学术期刊编辑的专业能力

编辑媒介素养能力包括学习能力和沟通能力。信息时代，学术期刊编辑要树立新型高效的学习态度，借助各种新媒介，在提升自身期刊影响力与传播力的同时提高自己的新媒体运用能力。首先，新闻出版培训部门应该把媒介素养纳入编辑继续教育培训的技能课程体系，实现媒介素养实践层面的"接地气"。编辑通过媒介课程学习潜移默化地提升自身媒介素养能力，媒介素养课程内容可以包括新技术、新媒体软件的使用技巧等。其次，编辑应该加强数字化技术的学习。传统的期刊编辑技能已不能适应新时期期刊发展的需求，学术期刊编辑还应该学习APP软件制作、微信公众平台的更新与维护、图像处理等。对于学术期刊编辑来说，提高自身媒介素养是一项长期的工程，通过媒介素养相关课程的学习，一方面能够深化编辑基础知识，全面提升自身的专业技能；另一方面还可以培育良好的媒介环境，提升学术期刊编辑的媒介创新能力。在编辑过程中，编辑需要进行全方位的沟通，对外需要与作者沟通反馈文章意见，与专家沟通确定审稿意见，经常还需要和主管部门或出版业同仁交流培训和写作；对内需要和同事、排版设计、印刷厂、发行推广等人员沟通。因此，编辑的沟通能力至关重要，直接影响到出版物各个环节的运转，而利用和掌握新媒体技术对提高编辑沟通能力、维护好业务朋友圈、保持与作者互动都有所裨益。

2.3 提高学术期刊编辑的互联网思维

媒介素养的形成不仅仅是单一的操作技能，而是一种行为习惯和思维逻辑。在媒介融合时代，传统媒介受到一定的冲击和挑战，以往的出版编辑方式随之而改变，学术期刊编辑必须树立互联网思维，对策划、组稿、出版等一系列工作在媒介融合背景下向数字化延伸。首先可以利用多样化的媒介手段拓宽信息渠道对选题进行策划；其次借助互联网手段对热点问题进行组稿；最后在学术传播环节，借助微博、微信等网络终端加强与读者、作者互动，促进刊物的有效传播。学术期刊的社会功能之一是充分利用各种媒介资源，打破狭隘的学科界限，使得更多的学术知识广泛传播。学术期刊编辑在实际工作中，要想提升学术出版物的知名度和美誉度，应该了解作者、读者的范围、层次和偏好等，在此基础上不断创新呈现方式。比如，学术期刊编辑应该遵循学术期刊的特点，选取学术价值高的文章和一些学术资讯在微信公众平台等移动客户端进行推送，从而有利于引导受众的阅读趋势。与此同时，编辑与读者、作者等可以组成的互动团体，增强彼此的学习交流和资源共享。此外，学术期刊编辑的互联网思维还应包括数字版权意识和网络安全意识。数字版权意识强调编辑要意识到数字版权的重要性，在平常工作中要注意维护作者的数字版权权益，采用技术手段，防止文章在传播过程中被不知情地复制。网络安全意识则是编辑在信息搜索过程中，注意少上或不上不认识的网站，能主动核实文稿和网络信息的真伪，并在文章上网之前，与作者沟通文稿的数字版权使用方式和期限等权利义务，把好网络安全关。

3 结束语

学术传播是一种关系，是一种沟通与分享的过程。学术期刊的编辑过程，就是一个信息传播的过程，它通过有效的信息传播来影响他人对事物、问题的看法，进而促成其观念、行为的改变。在这一过程中，学术期刊编辑媒介素养的重要性可见一斑。打造学术期刊编辑较高的媒介素养，既是出版媒介宏观生态的多样化、网络化和商业化挑战的使然，也是大数据时代传统媒体发展的必然要求。由于出版物转型升级速度的加快，一方面，对于新潮事物和流行时尚充满了兴趣；另一方面，也使其在面对纷繁复杂、良莠不齐的海量信息时往往失去独立性和自主性。提升学术期刊编辑的媒介素养，使其具有充足的媒介知识、媒介信息处理能力和使用技巧，灵活运用多媒体、网络自媒体等多种媒介手段，开展声色俱全、图文并茂、声情融会的学术出版物和主流意识形态宣传工作，将学术期刊更能将焦点问题加以媒介化再造，形成较高的二次传播效能，从而真正实现学术期刊发展的有效突破。

参 考 文 献

[1] 张成良.新媒体素养论[M].北京:人民出版社,2015:54.
[2] 李舒东,等.新媒介素养教育[M].北京:高等教育出版社,2015:4.
[3] BUCKINGHAM D. Media education: literacy learning literacy movement and contemporary culture [M]. Cambridge: Polity Press, 2003.
[4] 耿益群,王鹏飞.数字环境下欧盟媒介素养政策演进趋势[J].现代传播,2016(1):147-151.
[5] 冷大专.数字时代编辑的媒介素养[D].合肥:安徽大学,2017.
[6] 蔡梦虹.网络舆论环境下公民媒介素养研究[J].新媒体与社会,2017(3):123-124.
[7] 魏丹丹.论新媒体时代出版编辑媒介素养要求[J].中国报业,2018(4):70-71.

医学期刊青年编辑英文编校质量的影响因素和对策分析

郭 昊

(徐州医科大学学报编辑部,江苏 徐州 221002)

摘要：近年来,国内期刊逐渐面向国际化发展,英文编校工作变得至关重要。本研究以中文版医学期刊为例,针对青年编辑英文编校质量这一问题,从专业知识结构、学术英语写作技能、青年英文编辑培养方案和英文编辑加工流程、工作交流平台、英文编辑加工规范和继续教育等角度进行分析,探讨相关的影响因素,并提出解决建议,以期逐步提高中文版医学期刊的英文编校质量。

关键词：医学期刊；青年编辑；学术英语写作；出版规范；继续教育

随着国际学术交流的日益频繁,中国科技期刊逐渐面向国际化发展。很多期刊都在征稿通知中明确要求作者提供英文摘要及其相关内容,因此,英文编校工作变得至关重要。然而,科技期刊的英文编校是一项复杂的工作,对于国内绝大多数母语非英语的期刊编辑而言绝非易事,对于刚刚加入编辑队伍的青年同志来说难度更大。本研究以中文版医学期刊为例,分析了现阶段青年编辑英文编校质量的影响因素,并提出解决建议,以期逐步提高相关期刊英文内容的编校质量。

1 医学期刊青年编辑英文编校质量的影响因素

目前,中文版医学期刊的英文编辑通常需对英文标题、摘要及其他相关内容进行编校。然而,已有研究发现,我国学术期刊英文语言规范和编校质量方面存在的主要问题不是编辑或校对等技术性问题,而是由于作者和编校人员语法、结构、用词等基本英语语言知识和运用能力缺失形成的差错[1]。值得注意的是,此处提及的英文编校问题并非单纯的语言知识缺乏,而是在某一特定领域内长期使用英语的问题。对于青年编辑而言,英文编校过程中产生上述问题的因素也是多方面的。

1.1 专业知识结构方面

近年来,越来越多的高学历人才加入到医学编辑队伍中,其中不乏知名院校的博士毕业生[1]。这些青年编辑对本专业研究具有深刻的见解。然而,医学分支学科众多,涉及领域广泛且发展迅速。一位基础医学专业的博士刚刚从事综合医学期刊英文编校时,需要一段时间逐步熟悉、理解临床医学知识和研究方法,其知识结构需要从专而精转向博而新。因此,青年编辑的专业知识结构与编校内容是否匹配是影响英文编校质量的因素之一。

基金资助：江苏省科技期刊研究基金(JSRFSTP2017B05)

1.2 学术英语写作技能方面

中文期刊的英文编校工作需根据中文标题、摘要、关键词等信息编校相应的英文信息，也可以认为是"中译英"的过程。很多编辑同仁曾撰文认为，英文编校质量差的原因是英文编辑的翻译水平欠佳[2]。然而，对于母语为中文的英文编辑来说，"中译英"水平欠佳的实质其实是英文写作技能、尤其是学术英语写作技能欠佳。

与普通英语写作相比，学术英语写作更侧重学术引用的规范性，包括如何引述和避免剽窃，在写作技能方面强调总结和归纳等[3]。现阶段大多数青年英文编辑的英语阅读能力尚可，但由于没有系统地接受过学术英语教学训练，学术英语写作技能薄弱，即便从事编辑工作前已在国际期刊发表过多篇英文论文，其学术英语写作能力仍有待提高。此外，医学英语词汇来源复杂，医学论文体裁多样。因此，青年医学编辑在英文编校过程中会在学术英语写作规范、词汇、语法、语篇等诸多方面出现问题。

1.3 青年英文编辑培养和英文编辑加工流程方面

现阶段中文版医学期刊的专职英文编辑不多，很多期刊选择聘请外单位人员修改英文摘要，其中不乏高校青年教师[1,4]。这些兼职英文编辑刚刚涉足编辑工作，相关经验尚欠，再加上日常工作繁忙、英文编校时间紧、编校工作不能像专职编辑那样成为日常工作并接受考核，编校时容易出错。此外，英文编辑加工流程也可能影响编校质量[4]，例如，何时转交英文摘要进行编校。若先修改中文摘要、再转交英文编辑修改英文摘要，英文摘要的内容可以优化，但留给英文编辑的时间不多，编校时容易出错；若将投稿中的摘要转给英文编辑修改英文摘要，同时修改全文包括中文摘要，然后再由中文编辑统稿，这样留给编辑的时间较多，但中文编辑统稿时也容易出错。

1.4 工作交流平台方面

通常情况下，中文版医学期刊编辑部的英文编辑人员较少，编校过程中若出现英语表述问题或疑惑，常常由于编辑部内可商议的同事较少，无法得到及时的帮助，导致问题拖延。此外，青年编辑刚刚加入编辑队伍，与外单位的同行尚未熟识，交流机会不多；若英文编校时出现疑惑，亦不能及时解决问题。

1.5 英文编辑加工规范方面

一篇合格的学术论文需具备创新性、科学性和规范性。论文的规范性是学术期刊编辑工作的重点之一。英文学术论文的写作规范经过 100 多年的发展，目前已经相当成熟。例如，1979 年初国际医学期刊编辑委员会首次公布了《生物医学期刊投稿的统一要求》(通称为温哥华宣言或温哥华格式)。该要求的内容不断充实，迄今全世界已有近 600 个生物医学期刊采纳并实行了该要求。此外，医学研究者和期刊编辑合作制定了随机对照试验报告指南(CONSORT)、观察性研究报告指南(STROBE)、诊断性研究报告指南(STARD)等报告指南，目的旨在预防研究结果发表不充分与重复发表并存、选择性报道研究结果、统计学方法不完整或错误，伦理审查报道不充分等学术不端和质量问题。面对日渐凸显的学术不端现象，英国医学期刊编辑于 1997 年成立全球出版伦理委员会(Committee on Publication Ethics, COPE)。该委员会制定了诸多出版伦理规范指南及 COPE 系列流程图，为全球编辑处理不端行为提供直观、翔实、可操作性强的解决方案。此外，美国医学会建立了在线论文撰写指导手册。经过多次修订，最新版的指导手册不仅包括图表、术语、法定计量单位要求、参考文献著录格式，还涵盖了学术不端和剽窃、临床试验登记和伦理审查、论文所涉法律问题等内容。

我国的相关机构对国内科技期刊论文的规范化写作也做了很多工作。例如，1980年创刊的《中国药理学报》是我国第一家采用《生物医学期刊投稿的统一要求》的医学期刊。《中华医学杂志》从1983年第63卷第7期开始，参考文献也采用上述要求。此外，我国相关机构陆续公布了涉及科技期刊论文写作的国家标准和规定，例如《中华人民共和国法定计量单位》、《国际单位制及其应用》(GB 3100—93)、《科学技术报告、学位论文和学术论文的编写格式》(GB 7713—87)、《文摘编写规则》(GB 6447—86)、《关于出版物上数字用法的试用规定》、《中华人民共和国专业标准校对符号及其用法》(ZB1-81)、《统计学常用符号》等。2015年5月中华人民共和国国家质量监督检验检疫总局和中国国家标准化管理委员会共同发布《信息与文献 参考文献著录规则》(GB/T 7714—2015)。中国食品药品监督管理局2010年颁布的《药物临床试验伦理审查工作指导原则》和国家卫生和计划生育委员会2016年颁布的《涉及人的生物医学研究伦理审查办法》对伦理审查中的关键环节提出了明确的要求和规定。

医学期刊在我国科技期刊中占有举足轻重的地位。据《2015年全国新闻出版业基本情况》公告数据，我国出版的自然科学、技术类科技期刊已达4 983种，其中医学期刊超过1 000种。然而，上述标准和规定中针对英文表述、尤其是医学论文英文表述的内容不多，较为零散、不易掌握，且存在相互矛盾的现象，尚不能紧跟医学研究发展的趋势。

1.6 继续教育方面

继续教育在终身学习系统的重要组成部分，目的旨在对专业技术人员的知识和技能进行更新、补充和拓展，进一步完善知识结构，提高创造力和专业技术水平。《出版专业技术人员继续教育暂行规定》第七条指出："出版专业技术人员每年参加继续教育的时间累计不少于72小时，由此作为出版职业资格登记、责任编辑注册的依据"[5]。然而，现行的学术期刊英文编辑继续教育培训存在很多不足之处。第一，针对英文编校的继续教育课程较少，除了中国科学技术期刊编辑学会每年举办的"科技期刊英文编辑培训班"和一些出版商联合举办的培训外，我国基本没有专门针对英文编辑开设的继续教育培训班。第二，英文编辑继续教育的课程内容一般都停留在对英文题目、英文摘要、英文参考文献的讲解上，专业性和时效性不强，未能顺应国际化、信息化发展趋势下英文编校工作的转变，也无法满足不同学科英文编辑截然不同的需求。第三，继续教育培训形式单一，无论是面授还是网络函授，其模式均是"一对多"的单向传输，受训者只是被动接受，即使有一定的互动，也往往由于教室比较大、人员多、环境干扰因素多、学员表达不充分等原因而导致效果不佳。第四，培训时间较为固定，常常集中在3~5天内完成，与当前移动互联网时代推崇的"碎片化"学习方式相比，学习的灵活度不高。第五，缺乏适当的继续教育评价体系，没有详尽的奖惩制度，很多继续教育结业考试不够规范，编辑缺乏接受继续教育的积极性[6]。

2 提高青年医学编辑英文编校质量的对策

青年英文编辑是出版行业国际化发展的生力军。青年英文编辑素质的提高是英文编校质量提高的关键。

首先，青年英文编辑应当端正工作态度，不能因为时间紧、任务重而减低自我要求；积极工作，通过英文编校实践发现问题、解决问题、提高编校质量。在建构主义视野下，青年编辑的稿件编校工作属于情境学习理论(situated learning)中的合法边缘参与(legitimate peripheral participation, LPP)。情境学习理论认为，学习是一个社会性的、实践性的、以差异资源为中介的参与过程，任何人都有潜力成为行为共同体(community of practice)的一员，所以学习者的参与是合法的[7]。同时，参与者的学习刚刚起步，位于共同体的边缘，属于合法边缘参与，学习者通过参与行为获得知识，资历浅的学者被视作学徒，在资历较深的师傅指导下获得新的技能[7]。合法边缘参与认为，经验传授和实践优于传统学习方式。英文编校工作是编辑与审稿人和作者协商的过程，论文编校技能不是在正式课堂上习得的。

此外，青年医学编辑需根据自身情况，选取合适的方法尽可能减少语言桎梏。若医学词汇量不足，建议集中一段时间学习医学词汇的构词法，适当记忆常用医学词根和词缀。若语义层面出现问题，常常无法确定投稿中的英文医学术语和自创术语是否正确，建议使用高质量的英—英词典，认真核对英文解释后再仔细斟酌，切不可在网络上简单搜索后不假思索随意使用。若词汇搭配和语法使用时常出现错误，建议购买一两本高质量的语法书和词汇搭配词典，编校时若出现疑问可及时翻阅。如需规范学术引用行为，建议购买学术英语教材或查询美国医学会的在线论文撰写指导手册。

此外，青年编辑英文编校能力的提高还需要编辑部、期刊协会和新闻出版管理部门的大力支持。编辑部需严格执行英文编辑聘用标准和考评制度，落实好编辑三审三校制，优化英文编辑加工流程，同时尽快为英文编辑提供培训、进修、晋级等机会。条件允许时，编辑部还可邀请资深的外语教师和具有海外留学背景的学科专家对稿件进行语法和学科知识专业表达的双重把关[8]。期刊协会可利用自身优势，认真调研，了解会员单位英文编辑的需求，提供交流平台，为彼此相互学习创造更多的机会。新闻出版管理部门应制定相关英语语言与编校质量的长效检查制度，及时更新医学论文英文表述的写作规范。

青年编辑英文编校能力的提高是一项长期的工作，因此编辑继续教育系统需根据实际需求不断优化、完善[6]。例如，丰富英文编辑继续教育内容，除讲解词汇、语法知识外，还需加强专业英语的培训，提高英文编辑的语言准确度和专业性；加强英语口语培训，以便为将来英文编辑参与组稿、审稿等活动创造条件；丰富英文编辑继续教育的方式、模式、途径，适时选取案例式教学、研讨式教学、模拟式教学，提高学习效果；建立英文编辑继续教育的评价机制，不断激发青年编辑的学习热情，脚踏实地完成英文编校工作，为我国医学期刊的国际化发展贡献力量。

参 考 文 献

[1] 陆建平.我国学术期刊英文编辑专业素质现状调查与对策思考[J].中国出版,2013(3):46-49.
[2] 刘徽,胡克兴.科技期刊英文编辑素质的培养及期刊语言质量的提升[J].编辑学报,2014,26(增刊1):90-92.
[3] 蔡基刚.一个具有颠覆性的外语教学理念和方法——学术英语与大学英语差异研究[J].外语教学理论与实践,2014,V2(2):1-7.
[4] 鞠衍清.高校自然科学学报的英文内容编辑:现状·问题·建议——对L省的一项初步调查[J].编辑学报,2014,26(1):32-34.
[5] 全国出版专业职业资格考试办公室.出版专业实务中级[M].上海:上海辞书出版社,2011:78.
[6] 唐秋姗,陈俊国,罗萍.科技期刊英文编辑继续教育存在的问题及对策[J].中国科技期刊研究,2014,25(12):1539-1542.
[7] 莱夫,温格.情景学习:合法的边缘性参与[M].上海:华东师范大学出版社,2004:6-7.
[8] 陈玲,邹栩,郑晓南.关于高校科技期刊青年编辑成才模式的思考——以中国药科大学期刊编辑部为例[J].编辑学报,2011,23(3):268-270.

"互联网+"时代科技期刊美术编辑的思考

朱 欣,常志卫

(《福建医科大学学报》编辑部,福州 350122)

摘要: 科技期刊的美术编辑常被边缘化。随着"互联网+"时代的到来,越来越多的科技期刊构建了纸媒、期刊网站、微信、APP 客户端等多媒体传播平台,这为美术编辑提供了更广阔的发展空间,同时也提出了更高的要求。美术编辑如何充分发挥其优势和长处,美化期刊及其新媒体界面,以便更好地吸引读者和赢得社会关注,值得深思。论述了科技期刊美术编辑所处的困境以及面临的机遇与挑战,并提出了一些粗浅的应对策略。

关键词: "互联网+";科技期刊;美术编辑;机遇与挑战

科技期刊是一种发表自然科学及技术的期刊,旨在及时反映世界各个科学领域的最新动态和进展,具有科学性、实用性、时效性等特征,在促进精神文明和物质文明发展方面起着举足轻重的作用[1]。在各行各业不断融入"互联网+"时代的大背景下,越来越多的科技期刊借助互联网技术建立相应的期刊网站,实现在线投稿审稿、数字化校对和数字化出版,充分发挥微信、微博、移动 APP、移动终端、手机短信等新媒体的传播优势,实现新媒体与传统媒体的逐渐融合,推动科技期刊的数字化发展和增强学术影响力[2]。作为科技期刊的美术编辑更应与时俱进,紧跟时代的步伐,在美化期刊、吸引读者和赢得社会关注等方面充分发挥其主观能动性和美术视觉优势,迎接新媒体所带来的机遇与挑战。

1 科技期刊美术编辑的困境

科技期刊作为科技成果现实反映的一种信息载体,旨在及时报道各个科学领域的最新动态和进展,为各个科学领域技术的推广、学术的交流提供了一个良好的平台[1]。因此,科技期刊具有其独特的专业特征。同时,科技期刊也是我国科技事业的一部分,具有与科技事业相适应的规律与特点。除此之外,与普通的期刊一样,科技期刊具有向社会群众进行知识的传播、文化的推广以及观念的引导等作用。

美术编辑是将美学与编辑学相融合,采用美术技法,依据视觉规律,对信息元素进行选择、整理、组织、加工、记录并优化传播的编辑过程,具有记录、艺术与技术属性[3]。期刊美术编辑的主要任务是美化期刊及其相关的新媒体界面,以便更好地吸引读者和赢得社会关注,为期刊创造最大化的社会效益和经济效益。然而,目前大多数出版社"美术编辑"岗位不被重视,功能被弱化,职能名不副实[4]。作为科技期刊的美术编辑更是由于科技期刊的专业性强和受众

通信作者:常志卫,E-mail: fzczw@163.com

面有限等特殊性，不少科技期刊常常没有设立美术编辑岗位。即使有美术编辑岗位，由于美术编辑在出版过程中其自由创造空间非常有限，也一直处于被边缘化的尴尬境地。

2 "互联网+"时代科技期刊美术编辑的机遇与挑战

自国务院2015年发布《关于积极推进"互联网+"行动的指导意见》以来，各行各业陆续加入到"互联网+"，信息传播正发生着重大的变革，传统媒体的互联网转型成为必然。作为科技前沿的科技期刊，更应顺势而为，融入"互联网+"时代，积极推进数字化技术的应用，加快期刊的传播率，增强期刊的互动性，提高期刊的影响力。目前，"互联网+"在科技期刊的应用主要包括期刊网站的建设，实现在线投审稿、数字化校对以及数字化出版；传播平台呈现多样化，如网站、微信、微博、手机APP等[2]。

"互联网+"在科技期刊领域的应用越来越广泛和深入，期刊的出版过程发生了质的飞跃：传统的手工排版逐渐发展成数字信息化设计，静态的版式呈现动态化，单一的平面设计转向多元立体空间设计，纸媒跨越到数字化的多媒体互动，传统的印刷设计转化到虚拟的数字信息传播[2]。随着新媒体环境的到来，一方面期刊出版内容的传播媒介与传播形式多元化，不仅为美术编辑的工作注入新的血液，更为美术编辑提供了更大的立体化发展舞台；另一方面读者阅读形式选择的多样性，人们对期刊的审美要求也越来越高，这也就使得美术编辑工作的重要性也越来越突出。因此，美术编辑应利用"互联网+"时代提供的有利契机，充分发挥其优势和长处，创造艺术性强、富有情趣的视觉传达效果的作品，更好地满足读者的多样化、个性化需求，达到更有效吸引受众的注意力。正所谓"困难与期望同在，机遇与挑战并存"。

3 "互联网+"时代科技期刊美术编辑的应对策略

科技期刊特殊的专业性以及受国家科技期刊认证机制和管理体制温室保护形成的行政壁垒高，属于典型的不易被"互联网+"所突破的行业。有学者提出在现有管理体制之下，科技期刊需建立致力于科技期刊行业"互联网+"的科研工作群体，通过政策导向和资金支持形成互联网大数据技术范围的科技期刊数字化技术的人才培养，促进其数字化的进程[5]。而作为科技期刊的美术编辑如何审时度势，紧跟时代的步伐，抓住机遇，充分发挥其主观能动性，重新定位自身，投入到科技期刊数字化进程中？笔者认为，可从以下几个方面入手，以便不断提升自身的审美能力和专业修养。

首先，美术编辑对"互联网+"背景下的新媒体要有充分的认知。互联网技术的飞速发展，媒体进入"数字化"时代。不断丰富的新媒体形式不仅拓展了读者的信息获取渠道，潜移默化中改变了读者的阅读习惯，在一定程度上也迎合了当今社会人们快节奏的生活方式，导致读者的知识结构、思想观念、认知水平以及审美品位等方面发生了巨大的改变。另外，由于融入了数字化时代独特的魅力和视觉效果，传统的期刊设计理念也发生了重大而深刻的变化。

其次，新媒体背景下美术编辑的设计思维应融入现代传播界面设计理念。在传统纸媒时代，科技期刊的美术编辑设计理念以视觉效果为核心，对版面的"美化"侧重于装饰性的编排，发挥的作用和空间有限。随着新媒体的崛起，传播形态的多元化，赋予美术编辑更大的挑战舞台。无论传统媒体还是新媒体，美术编辑的主要作用是促进内容传播，而其关键在于设计的传播界面更有效率。现代传播界面设计将受众、传播界面、环境三者作为一个系统综合进行设计，强调双向多元传播、侧重于交互过程、重视受众的阅读习惯和体验。例如，已成为当前国际主流媒体潮流的扁平化设计,以"内容即界面"为核心,实现视觉和信息层级的扁平化,具有信息架构清晰、交互流畅和界面高效愉悦等优势,取得了良好的品牌效果[6]。这些成功的经验值得科技期刊的美术编辑深思和借鉴。

最后,美术编辑需加强科技期刊的专业基础储备和美术审美修养。科技期刊有其专业特殊性和技术性,美术编辑有必要了解一定的期刊专业基础知识,把握期刊的个性和发展动向,方能具备职业的敏感性[7]。在此基础上,美术编辑应借助自身的美术优势和设计能力,融会贯通,把握期刊设计的整体风格,将期刊内容与传播界面完美结合,为科技期刊新传播媒体的创新发挥应有的作用。

4 结束语

"互联网+"在科技期刊的应用越来越广泛和深入,数字化转型成为必然。美术编辑须审时度势,与时俱进,抓住机遇,勇于面对挑战。与此同时,美术编辑须进一步储备专业基础知识和增强审美修养,转变设计思维和理念,充分发挥主观能动性和自身美术优势,积极推动科技期刊数字化进程,以达到扩大期刊的传播、构建流畅的交互界面,提高期刊的影响力。"路漫漫其修远兮,吾将上下而求索",方显"竹密无妨流水过,青山不碍白云飞"。

参 考 文 献

[1] 徐洁.科技期刊美编中的朴素美探讨[J].科技传播,2015,1(下):68-70.
[2] 舒安琴,石芸,姚雪."互联网+"在科技期刊办刊模式中的应用及问题分析[J].编辑学报,2016,28(1):77-79.
[3] 满都拉.期刊美术编辑的传承与创新[J].军事记者,2014(2):35-36.
[4] 李向丽.论期刊美编的困境及其能动作用的发挥[J].郑州大学学报(哲学社会科学版),2007,40(6):163-164.
[5] 徐会永,许玉清."互联网+"时代对科技期刊数字化的思考[J].中国科技期刊研究,2015,27(2):132-135.
[6] 马煊.多平台传播背景下美编的思维转向——《今日美国》《赫芬顿邮报》案例剖析[J].中国记者,2015(11):124-125.
[7] 廖瑞玉.新媒体时代下美术编辑的编辑力及文化素养[J].新闻研究导刊,2014,5(13):25;51.

从编辑界前辈的经历与素养论青年编辑成才之途径

唐 慧

(石河子大学学报(自然科学版)编辑部,新疆 石河子 832003)

摘要:编辑的素养对提高期刊质量起到至关重要的作用。目前,青年编辑已经成为我国各类期刊编辑队伍中的生力军,在新时期建设有中国特色社会主义期刊强国的过程中,提升青年编辑各方面的素养则显得尤为重要。中国期刊事业的蓬勃发展离不开把毕生精力奉献给编辑事业的前辈们,他们殚精竭虑、允为师表,为中国期刊走向世界做出了重大贡献。本文通过选取编辑界部分代表性人物的典型事例,总结和提炼前辈们的宝贵经验,在青年编辑综合素养提升与自身成才两个方面提供借鉴和参考。

关键词:编辑界前辈;青年编辑;素养;成才

中共中央与国务院颁布的《关于加强出版工作的决定》明确指出:"编辑工作是整个出版工作的中心环节,是政治性、思想性、科学性、专业性很强的工作,又是艰苦、细致的创造性劳动。编辑人员的政治思想水平、知识水平和业务能力的高低,直接影响着出版物的质量"[1]。《决定》还指出,为了建立一支高水平、国际化的办刊队伍,需要选拔、培养专业学术水平高、编辑业务能力强、英语好的编辑人才,需要挖掘和培养了解国际科技出版营销的经营性人才。

从上述《决定》的相关论述中,可以看出:在提升期刊办刊质量和水平方面,编辑人员的素养是关键。中国期刊事业的蓬勃发展离不开把毕生的精力都奉献给中国出版事业的前辈们。这些编辑大家中,有的我们可能素未谋面,但对他们的名字却耳熟能详,例如翁永庆、翁心植、廖有谋等,有的目前仍奋斗在科技期刊编辑的第一线,如陈浩元、李兴昌等。此外,还有虽然已调离编辑岗位,但一直践行"身虽远去、心无旁骛"精神,一直关心和支持编辑事业的游苏宁等[2]。这些编辑界的前辈们,学识渊博,恪尽职守,不遗余力提携后学,诲人不倦。他们的言传身教,让后辈们受益匪浅,并且受用终生。我们从他们身上不仅能学到专业技能和知识,更能感受到他们的人格魅力。正是他们对中国出版事业的奉献、执著、忠诚和勤奋,才打造出一个个一流的精品期刊。他们不但注重培养高层次复合型专业编辑和出版人才,还发挥协作精神,提供机会使人尽其才[3],让中国期刊拥有更强的核心竞争力,为中国期刊走向世界做出了重大贡献。

基金资助:中国高校科技期刊研究会民族类高校科技期刊编辑学研究项目(MGKJQY1610);新疆兵团社科基金青年项目(15QN04);石河子大学人文社科中青年科研人才培育基金项目(RWSK14-Y32);中国高校科技期刊研究会 2018 年青年基金课题(CUJS-QN-2018-035)

对于从事出版行业的年轻编辑而言，必须具备自主学习、深入思考、提升眼界的能力。有了编辑前辈的指点，可能事半功倍；而借鉴前辈的经验，则能尽快找到提升自己的方法。

1 前辈们的经验总结

1.1 人品榜样、人格魅力

当今时代纷繁复杂，利益驱使时有浮现，但"无私奉献、淡泊名利"却正是编辑界前辈们的代名词。正是他们的无私奉献，成就了中国期刊的繁荣与发展，通过他们无私的"传帮带"培养了一批又一批的优秀编辑。青年编辑的成才与前辈们孜孜以求的编辑经验和敬业精神有着直接关系。他们曾在恶劣的办公环境和经费匮乏的艰苦条件下办出了中国的精品期刊[3]。他们不计报酬、无私奉献、艰苦创刊，是我们学习的榜样。

1.2 求真务实的工匠精神

前辈们严谨务实的治学态度和吐故纳新的学习理念，是我们学习的楷模。他们在解决编辑期刊出版理论和实践中遇到的具体问题时，在关注学术争鸣的实际问题中，敢说话、说真话[4]。在举国上下大力弘扬中华传统文化、摒弃历史虚无主义的今天，编辑前辈们没有数典忘祖，而是勇敢地站出来否定那些片面、缺乏科学依据的"论定"，有理有据地提出自己的见地[5]。从而为中国科技期刊的发展与改革提出脚踏实地解决问题的办法。他们出版了《科技书刊标准化18讲》《作者编辑常用标准及规范》《科学技术期刊编辑教程》等一系列科技期刊编辑必读的经典著作。为让中国期刊能走到世界前沿，他们秉烛达旦、全年无休，但却无怨无悔。

1.3 对晚辈的提携和培养

比起前辈们传道授业解惑的本领，更让人感动的是他们诲人不倦的耐心和爱心。当青年编辑面临困难时，他们都尽心尽力帮助解决。面对青年编辑们的稿件，他们不厌其烦地以发邮件等方式，"手把手"地教投稿作者修改，直到论文修改到位。有些论文的修改字数甚至多于青年编辑们投稿论文本身的字数。他们亲切、温和的长者之风，他们独到、切中肯綮的学者之风，如春风化雨般，抚育着青年编辑们的成长。

编辑界前辈们还不辞辛劳地举办各种编辑业务培训班，或邀请专家，或亲力亲为，从科技期刊必须执行的国家标准、编排格式、语言文字的规范、标点符号用法、法定单位使用、参考文献著录、期刊校对与发行等方面，做出详尽的讲解[6-8]。这种短期、高效、高质量的编辑业务培训班，为许多不是编辑学专业出身但又从事此项工作的人员提供了业务快速提升的机会。前辈们一直都在力争改善办班水平和条件，从20世纪80年代陈浩元、李兴昌两位老师骑板车接送学员、住平房、吃大锅饭，到如今的现代化办班条件和理念，无不凝聚着他们的辛劳，对此学员们无不称赞。

陈浩元等前辈还时常告诫青年编辑：好的工作状态要有一个好身体做支撑。要身体力行地践行编辑工匠精神，对待编辑工作要做"志愿兵"，而不是当"壮丁"，做好"编辑匠"，争当编辑家；努力做到"四有""七快"[3]。在勤奋努力工作的同时，尽情地享受生活。

1.4 平台的提供

编辑界前辈们还积极筹建和主持各类学会的工作，各种学会的成立给青年编辑提供了才华展示的舞台。例如，中国科学技术期刊编辑学会以及中国高校科技期刊研究会，就是在前辈们的努力下成立的，中国科学技术期刊研究会到今年已经是31周岁了。通过这些平台，给编辑行业培养了众多优秀人才。曾有人形象地形容学会的各种委员会是人才的摇篮，老编辑就是妈妈[3]。各种优秀编辑奖项(如骏马奖、银牛奖、金牛奖)的评比激发了编辑们积极向上的动力；优秀论著(金笔奖、银笔奖等)的评选则提供了浓厚学术氛围；在各种学术研讨会上介绍的先进办刊理念，让青年编辑有机会吸取更多养分。

1.5 社会责任感

前辈们认为在建设创新型国家的新形势下，编辑需要更新观念，同时在办好期刊的前提下，应该承担起更多的社会责任。不仅要办出高水平的优秀期刊，还要聚焦时代热点问题，敢说话、说真话，积极主动为上级部门建言献策[9]。他们指出中国科技期刊发展中，有些问题急需得到重视，包括重英文轻国语、重指标轻读者、重经营轻质量、重形式轻学术、重手段轻内涵等[2]。认为只有重务实戒浮夸，中国的科技期刊才能有光明前途；同时还指出要明确办刊目标和宗旨，立足本土的同时要拥有全球视野，向全世界展示中国的科技成果；提出思考全球化、行动本土化的办刊理念[10-11]。从上述可以看出前辈们为建立中国特色编辑思想的探索，是以中国科技期刊现状为出发点，重点在于发现问题和提出对策，体现了他们对科技期刊的使命感和责任感。

编辑界前辈们宝贵的经验值得我们孜孜以求的学习和借鉴，在他们身上体现的素养和精神更是可贵的财富。作为生力军的青年编辑，应该从前辈们的示范和楷模作用中吸取养分，通过刻苦钻研和勤奋实践，全面提升个人素养，促进自身成长。

2 打铁还需自身硬，全面提升个人才能

2.1 业务基本功

业务基本功不仅仅指编辑业务知识，还包括对专业学科前沿动态的了解、人文通识的涵养、外语水平的提高等，只有提高综合素质才能成为一名优秀的期刊编辑。

2.1.1 提升编辑专业技能

扎实过硬的专业技能是优秀编辑的立身之本。作为成长中的青年编辑，平时有机会应该多参加一些期刊协会或出版部门举办的编辑业务培训班，全面系统地学习和掌握出版政策、行业规范、编辑专业知识等；也可以通过阅读编辑行业的经典佳作和优秀刊物了解行业动态；还可以利用参加编辑业务培训班等机会，当面向资深编辑们请教，解决工作中遇到的重点和难点问题。另外，参加编辑技能大赛、编辑沙龙等有针对性的活动，也是提高编辑专业技能的不错选择。

2.1.2 提高学科专业素养

一名优秀的编辑不仅是精通编辑业务的专家，而且应成为熟悉自己刊物所报道领域的科技知识和研究进展的专家。只有这样，才有可能与专家平等地讨论学术问题，才能办出高水平、高质量的优秀期刊。要熟悉学科前沿和大家关注的热点问题，从而为期刊策划、选题、组稿等工作打下坚实基础，让自己逐渐成长为优秀的期刊编辑[12]。

2.1.3 提升文学素养

编辑的文学素养能对文章的文字表达水平，在把关方面起到关键的作用，因此良好的语言驾驭能力和文字表达功底至关重要。优秀的编辑人才应该追求完整的人文通识教育，在编校文章时才能做到成语、佳句信手拈来，字句自成风采。游苏宁编审就是这方面的榜样，其文章往往文采斐然，有时仅看其文章题目，也能感觉到他文学素养的深厚，例如"春风化雨、润物有声""择良而栖三十载、为人作嫁不归路"，像"逾耄耋成就大家风范、近期颐恪守谦逊

美德"之类的句子,活脱脱明清章回小说题目的风味。当然并不是说做编辑都要如此,而是说提升文学素养,能更好地促进编辑工作,同时也是传承中国传统文化的一种形式。

2.1.4 提高外语水平

对于中文期刊来说,英文摘要是向世界介绍中国科学研究前沿的窗口。随着我国科技国际合作的日益加强,期刊水平的不断提升,实时掌握国外相关领域的学术发展方向,才能提升期刊的竞争能力。青年编辑的专业英语水平提升要靠日常积累,注意多阅读相关专业英文文献、参加国际会议等。这也为吸收国外优秀稿件、邀请国外专家审稿、加强期刊国际交流、审阅英文摘要等打下良好的基础[13]。就笔者所涉及的编辑范畴而言,近些年阅读所及,发现当代青年编辑在外语水平的提高上仍然不足。以生物医学领域为例,近些年,除了一些编辑界前辈仍然在引介国外生物医学期刊编辑条例外,极少有青年编辑从事这方面的工作,使得国内相关领域的期刊编辑准则与国际标准尚不能很好地"接榫"。另一方面,也很少在国内外期刊上看到青年编辑用外语写作,来发出中国期刊编辑界自己的声音。因此,青年编辑应该在这方面狠下功夫。一方面通过引介国外编辑界相关准则,提高外语理解能力。另一方面通过写作外语文章,发出自己的声音,从而提高外语写作能力。

2.1.5 积极学习各类知识

全球化市场经济的出现,使得知识和信息传播的速度加快,作为青年编辑,应该做到"与时俱进"。在这一点上,也要分两个方面来看。首先我们学习新知识,也不能忘记老的经典。例如作为青年编辑,是否熟悉《中华人民共和国国家标准·国际单位制及其应用》等标志性文件和著作。就笔者阅读和观察所及,不少青年同行与笔者一样,在这方面是欠缺的。如果对编辑知识体系中最权威的国家标准等文件不熟悉,在具体的编辑实践中就有可能犯错误,甚至是低级错误。另一方面,知识经济时代是富于挑战性的时代,科技进步加快,知识不断更新。青年编辑要做学习型编辑,做到不断改革创新。积极主动获得新知识来源,多读书读好书,涉猎范围要广,速度要快,质量要高。

2.2 积极参加各类学术会议

在科技发展日新月异的今天,知识更新迅速,闭门造车的编辑俨然已跟不上时代步伐。参加各种学术会议,可以让我们更高效、更快捷地了解行业发展和学科动态,拓宽我们的眼界和思路,便于日后的组稿和约稿。我们要积极主动参加编辑出版类学术会议和学科专业类学术会议[14]。在编辑行业会议中可以吸取同行办刊经验,找出不足以便提升自身刊物水平,还可以和编辑同行开展各类课题的合作。经费紧张或者没有时间去参会的青年编辑,也可以通过微信平台观看会议直播。通过参加各种会议我们不但可以提高所在期刊的竞争力和知名度,还能提升自己的交流沟通能力、拓宽人际交往范围。

2.3 撰写论文,参与课题研究

积极撰写编辑领域的相关论文,可以让青年编辑的基础知识得以快速积累,做到理论联系实际,将编辑学理论和编辑实践工作相结合,找出工作中的不足和缺失,脚踏实地做好编辑工作。另外,撰写论文也可以提高编辑的分析能力和归纳总结能力。如果有机会参与相关学科的著作出版工作,则可以让我们对学科专业有一个更为系统的认识。

不论是开展编辑学课题研究还是专业领域的学术研究,对青年编辑的科研能力提升都大有裨益。一是通过编辑学研究可以从编辑实践中获得科研思路,正确运用专业知识及方法解决编辑实践中的具体问题。二是通过参加学术研究,可以提高专业水平,实时了解行业热点,从而掌握本专业的最新学术动态和发展方向[15]。

2.4 重视期刊审读

重视一年一度的期刊审读，认真学习审读报告从中发现的编校差错和问题，找出失误和不足，是提高编校水平的好方法。审读内容包括"期刊编排格式""论文编排格式""量和单位""图表""数字""语言文字""漏校"等几方面[16]。吸取审读报告提出的差错对提高期刊质量、提升办刊水平能起到良好的促进作用。青年编辑在期刊审读方面的发言权也许还不够大，但期刊审读所提供的发现问题的机遇，对青年编辑而言，大有裨益。如上所述，认真参与期刊审读，可以对相关标准更为熟悉，也可以发现自身在编辑业务中的具体短板，是一次查漏补缺的好机会。

2.5 加强团队合作，建立良好的人际关系

要想办出世界一流的期刊，仅仅靠少数编辑的"单打独斗"是不行的，必须要和专家、编委、作者形成团结协作的良好合作关系。只有加强团队合作，建设一支强大的、秉承创新思路的编辑队伍，携手同心，不惧险阻，才有可能开创中国科技期刊的崭新未来[17]。青年编辑可以把与审稿专家和编委人际沟通，作为学习相关专业知识和掌握相关学科前沿信息的最好途径，在与作者和读者的交流中做好服务工作[18]。同时注意团结本单位同事构建学习型和谐团队，对专家、作者、读者注重人文关怀，以便工作的开展和建立良好的人际关系。

3 结束语

每一个青年编辑的成长都离不开业界前辈的谆谆教诲。笔者认为，虽然青年编辑的成才阶段不可跨越，但过程可以缩短。这些年工作的经历，使笔者深深懂得："阶段不可跨越"解绑了自己曾经在编辑工作中对一些低级错误的释怀；但是"过程可以缩短"更赋予我不断进步的动力。生而有涯而学也无涯，正是这些编辑界前辈们的谆谆教诲和言传身教，使得作为青年编辑的我们能够得到积极的提升和成长。十年树木，百年树人，青年编辑们在成长的道路上，更应该做到不忘初心，回归本源，在前辈们披荆斩棘闯出的具有中国特色的办刊路上，继续砥砺前行。

参 考 文 献

[1] 刘莉.解读"科技期刊国际影响力提升计划":专访中国科协党组成员、学会学术部部长沈爱民[N].科技日报,2012-12-04(4).
[2] 游苏宁.对中国科技期刊的若干思考[J].编辑学报,2014,26(1):3.
[3] 陈浩元.创业奉献平凡辉煌——我所经历的编辑学会和《编辑学报》的点点滴滴[J].编辑学报,2017,29(4):318-321.
[4] 李兴昌,陈浩元."说明原因的复句+冒号+'因此'"标点法是对的[J].编辑之友,2009 (11) 95-97.
[5] 姚远,陈浩元.《吴医汇讲》:中国第一份中文期刊[J].编辑学报,2015,27(4):307-309.
[6] 陈浩元.科技书刊标准化 18 讲[M].北京:北京师范大学出版社,2000.
[7] 期刊编排格式:GB/T 3179—2009[S].北京:中国标准出版社,2009.
[8] 陈浩元.GB/T 7714 新标准对旧标准的主要修改及实施要点提示[J].编辑学报,2015,27(4):339-343.
[9] 游苏宁,陈浩元.科技学术期刊编辑应承担更多的社会责任[J].编辑学报,2006,18(2):81-86.
[10] 游苏宁,陈浩元.立足本土力挺主业面向世界勇立潮头[J].编辑学报,2015,27(1):1-5.
[11] 王亨君.树行业目标拓国际视野创时代经典——纪念中国科技期刊编辑学会成立 30 周年[J].编辑学报,

2017,29(4):316-317.
- [12] 荀志金,刘俊英,陈秀英.科技期刊编辑的专业知识重要性分析[C]//学报编辑论丛.上海:上海交通大学出版社,2008:153-156.
- [13] 吴华英,蒋忠诚,韦复才,等.科技期刊青年编辑掌握学术动态的重要性和途径[J].编辑学报,2013,25(1):83-85.
- [14] 王维朗.学术会议是青年编辑成才的好平台[J].编辑学报,2013,25(3):304-305.
- [15] 颜廷梅,任延刚.科技期刊编辑从事科研活动对提升期刊质量及编辑成长的作用——以《中国实用内科杂志》编辑科研实践为例[J].编辑学报,2017,29(1):87-89.
- [16] 李兴昌,姚希彤,张霞,等.中国科技期刊编辑学会组织期刊审读的做法与经验[J].编辑学报,2016,28(3):270-272.
- [17] 游苏宁.光荣与梦想[J].编辑学报,2011,23(1):1-2.
- [18] 杨美群.青年编辑在科技期刊编辑出版中的人际沟通[J].编辑学报,2014,26(2):182-184.

出版业跨界融合背景下美术编辑的职业胜任力提升途径

孙 敏

(上海交通大学出版社，上海 200030)

摘要： 出版业跨界融合是时代所趋。从人力资源的角度出发，依据美术编辑的具体工作岗位需求，利用人职匹配原理，分析美术编辑的职业胜任力的内涵和特征，寻找提升职业胜任力的途径和方法，以应对出版行业的时代变革。

关键词： 跨界融合；美术编辑；职业胜任力

当今时代是一个跨界、多元的时代。经济全球化浪潮迭起，各行各业相互影响、相互交织、协同发展。跨界出版成为大趋势，图书、音像、电影、游戏、动漫等媒体间相互渗透、壁垒坍塌，互联网的飞速发展促进了传媒产业的融合、跨界与转型发展，新媒体设计语境对美术编辑提出新的要求。在跨界出版的背景下，美术编辑不仅要具备适应新媒体设计语境的美术设计专业基础，还要关注读者的认知、情感和体验的需求，具有独特的设计视角和敏锐的市场洞察力[1]，成为学科多元、方法多维、技能多样的跨界人才，从而实现自我能力迭代与价值增值以及出版美学在新时代的创新发展。

1 出版业跨界融合对美术编辑的挑战

1.1 "出版+新媒体"的跨界融合

出版业借由新兴的媒体传播形式以及互联网新技术，通过与各种文化创新元素的有机结合，正逐步从单一的传统业态向多元的新兴业态转型升级，内容由传统的纸媒出版物到电子游戏、文化衍生品、数字版权、海外版权等多领域发展。新媒体技术的深入应用正逐步影响着人们的阅读习惯和思维方式，同时也产生了新的矛盾，那就是数字出版时代对美术编辑的综合素质和能力的考量[2]。因此，美术编辑必须适应新的媒体形式和业态发展趋势，在知识、技能、态度和价值观等方面进行全面转型发展。

当前，国内出版业普遍都在实践媒体融合，逐步向全媒体转型。传统纸质媒体的图书设计侧重于字体、图片的版面编排，讲究的是版面外观的艺术效果。伴随新媒体的发展及传播，不断涌现出内容与界面相结合的全新设计形式，在较大程度上改变了过去单一形式的设计思维。同时，在数字出版环境下，人人都是阅读传播者、议论者，这就对美术编辑的综合能力提出了更高的要求。美术编辑不仅要学会采集、编辑信息，还应具有控制信息、屏蔽信息、避免出现虚假报道、错误舆论的能力[3]。

1.2 "出版+大设计"的价值重塑

在"读图"成为主流阅读行为的今天，美术设计已然成为开发图书品牌价值、提升产品附加值的重要手段。创造价值、创造利润不再与美术编辑无关，而是息息相关[4]。同时伴随着众多跨界产品的出现，对美术编辑的要求已经不仅仅局限于专业领域，拥有复合型能力的美术编辑更能适应出版业跨界融合的要求。因此，美术编辑除了要进行封面、版式、插图的创意设计外，还要对图书开本、材料、印刷工艺等提出更合理的设计要求；在做好上述美术设计的同时，美术编辑还必须对图书的时代背景和文化特征有宏观了解，对市场经济、营销状况有明确把握，并将这种理解体现在设计的理念之中，这就是所谓的"大设计观念"。

2　美术编辑的应对：提升职业胜任力

职业胜任力的概念源于 20 世纪 80 年代 Hackett 在关于自我效能对女性职业发展的重要性研究。麦克利兰认为，胜任力是"一组相关的知识、态度和技能，它们影响个人工作的主要部分、与工作绩效相关、能够用可靠标准测量和通过培训和开发而改善"。吉尔福德则认为，"胜任力模型描绘了能够鉴别绩效优异者与绩效一般者的动机、特质、技能和能力，以及特定工作岗位或层级所要求的一组行为特征。"

大量研究表明，职业胜任力不但能给员工带来更为广阔的职业发展空间，比如提高职业满意度和市场竞争力，而且能为组织带来积极的行为态度和价值观，如提升员工在组织中的工作满意度，激发他们的敬业精神。因此，职业胜任力不仅为员工提供了新的能力增长目标，也为组织获取竞争优势提供了新的可能性。

出版社美术编辑，不仅是设计行为、编辑行为，更是一种职业身份[5]。作为设计者，除了所掌握的装帧、编排设计、编辑设计三位一体的设计理念之外，设计者的知识储备量尤为重要，通过平时对艺术各门类的学习积累，提升自我的综合艺术修养，使自己在图书设计中摆脱传统的线性陈述方式，采用灵动有层次的视觉语言，使图书呈现丰富的视觉语言。基于美术编辑的职能和工作任务，笔者认为，美术编辑的职业胜任力由以下五组与之相关的知识、态度、技能构成：文化基础、专业知识、审美能力、合作能力、创意能力。

3　美术编辑职业胜任力提升的路径

3.1　加强基础文化学习，成为跨学科设计人才

美术编辑加强文化基础首先要了解当今社会的流行趋势，注重各领域相关知识的积累和素材的整合，有人文艺术、地理历史、科学技术等较全面的知识体系，以达到理论知识水平与设计技能同步提升的目的。文化修养的提升是一个不断完善自己世界观、价值观的过程，在设计实践中增加思维宽度，将出版物的内容特色、优势用巧妙的艺术语言形式体现出来，展示给读者，从而形成有别于其他设计的独特风格。

现代美术编辑的设计工作不再拘泥于运用传统方法进行创作，正在从插图、版面设计等单一功能转向与信息传播、科技结合的全新定位，把设计思维延伸到出版物以外的各个方面，诸如针对论坛、博客、微博、微信平台的交互设计，对出版经济、市场营销的精准把握等，构成"融合设计理念"[6]。只有文化修养提升了，才能创作出构思新颖、设计独到的好作品。

3.2　加强专业知识学习，成为一专多能人才

美术编辑得主要工作是以编排、设计等艺术形式为手段，以各种印刷工艺、材料等为技术支持，完成既定的书稿设计任务。因此，具有专业的系统知识结构，不断了解日益更新的印刷技术，探索纸张与油墨的相互关系，深入学习本专业的理论知识、技能技巧，是对专业美术编辑的基本要求。毋庸置疑，一个专业修养不够的美术编辑，是很难设计出优秀的书籍

作品的,更难以提升书籍艺术的层次、品味和价值,导致在读者翻阅的过程中,难以与书籍产生互动,达成共鸣。

3.3 提高审美能力,提升设计水平

认识并发现美是美术编辑审美能力的基本素质。为了提升美术编辑的审美能力,必须学会对周围事物进行审思、观察,提高对美的鉴赏能力,提升自身的审美修养,将个人的审美趣味与时代气息、文化氛围等融为一体,形成独特的审美风格和审美体验,进而在书籍设计中一展风采[7]。

美术编辑要创作出一流的设计作品必须要具备超一流的审美眼光,这需要美术编辑了解现代艺术最新发展趋势,经常观摩优秀的艺术作品,研究各艺术流派的风格,洞察生活中的时尚元素,经过消化吸收,为我所用,确保设计作品的时尚性、新颖性。

3.4 站在出版的行业视角,增强业务合作能力

美术编辑要与文字编辑、技术编辑、印刷人员、营销人员等出版工艺链保持密切沟通:通过文字编辑了解出版物的内容,把握作者要求;通过与技术编辑、印刷人员的沟通学习,了解掌握印刷材料、印刷工艺的合理运用以保证出版质量;通过营销人员及时掌握当前图书市场主流品种的设计形式、色彩运用、风格等趋势。美术编辑作为书籍的第三读者,认真领会书稿内容的本质,对出版物的内在风格进行准确定位。同时还要根据读者的需求,准确地对出版物的外在形象进行定位。美术编辑把相关项目工作借助QQ、微信等网络平台有序开展,读者、作者和编辑在其中进行全方位的实时互动和交流,从而保证工作的效率和质量。

3.5 不断更新设计意识,加强创意能力

作为出版链条上的重要一环,美术设计已经成为创造品牌、提升品牌附加值的重要手段。美术编辑要将内容、功能和美学融为一体,完成一个最终设计作品,就必须要有强烈的创意意识,以及技术为设计服务的信念。除了熟练掌握各种数字出版设计软件这样一些显性的技术外,美术编辑应将技术与创意相融通,从设计的角度对出版物进行深度挖掘。只有将两者融为一体,才能够走进读者的心灵,为广大读者带来视觉、触觉、心理和思想层面上的享受。

4 结束语

随着出版行业融合、跨界发展,美术编辑要积极适应市场需求与出版行业发展形势,从平面设计类人才转向胜任新媒体的复合型通用设计人才。运用跨界思维拓展设计思维、设计方法,通过跨专业知识储备推进设计创新,形成多元的、丰富的文化素质和人文素养,是美术编辑迎接时代变革、增强职业胜任力的必由之路。

参 考 文 献

[1] 徐延章.移动互联网时代美术编辑人才培养对策研究[J].中国编辑,2018(8):41-45..
[2] 徐冠英.媒体融合时代编辑互动能力的提升[J].传媒观察,2014(5):64-65.
[3] 振民.编辑文化与编辑素养构成[J].出版发行研究,2002(2):23-28.
[4] 但丹.数字出版时代期刊美术编辑的自我培养[J].江汉大学学报(自然科学版),2013,41(4):222-224.
[5] 周新霞.胜任特征模型研究综述[J].人力资源管理,2013(2):47-47.
[6] 梁琦.新媒体时代报纸编辑创新研究——以河南省部分报业为例[D].开封:河南大学,2012.
[7] 朱大发.书籍装帧设计的审美追求[J].渭南师范学院学报,2013,28(5):120-123.

编辑如何同时把握科技期刊的审稿效率和论文质量

丁 寒

(安徽理工大学学术出版中心,安徽 淮南 232001)

摘要:针对影响科技期刊稿件发表周期的审稿因素,从编辑的角度出发,通过分析编辑初审、专家外审以及编校环节存在的具体问题,分别从完善初审机制、高效组织专家外审、提升编校质量等方面提出了有效提高审稿效率和提升论文质量的对策。

关键词:科技期刊;编辑;审稿专家;审稿效率;论文质量

近年来,我国科技期刊的数量不断增多,已经跃居仅次于美国成为科技期刊大国[1]。期刊的专业性、影响力和发表周期等是作者选择期刊的重要考虑因素。发表周期尤其对于攻读硕士、博士学位的研究生以及有职称需求的研究者而言,至关重要。因此,我国科技期刊要吸引到优质稿源,确保期刊保质保量可持续发展,必须注重缩短期刊的发表周期,提升期刊的审稿效率。

目前,关于提升期刊审稿效率的文献有很多,许多措施被提出,如组建高质量专家库、明确专家职责等[2-3]。但是,为了保证稿件的质量,科技期刊一般都采用"三审制"[4],审稿效率在实际意义上并不是单纯的外审效率,还包括一定的编辑工作。在审稿过程中,如何全面把控初审、外审、反馈审稿意见以及后期稿件编辑校对,编辑占有主导作用。而对此,鲜有文献提及,为此,本文从编辑的角度出发,结合实际工作经验,对提高审稿效率和论文质量的具体措施进行了探讨。

1 严把初审质量,提高初审效率

初审是审稿工作是第一步,是决定稿件是否继续进行外审的关键。但往往初审不当会让期刊流失高质量稿件或者收入劣质论文,如初审工作时间滞长、编辑不能准确遴选合适审稿专家、编辑不能合理把握稿件方向等。因此,严把初审环节对保证期刊学术质量和提高科技期刊审稿效率有重要作用。

1.1 完善在线投稿流程,规范投稿质量

随着网络技术的不断发展,大部分期刊都有自己的网站和在线投稿系统,方便了作者快速了解期刊信息和投稿要求。但是很多期刊对网站管理并不重视,在线投稿系统不完善,网站上没有明确的征稿简则、投稿模板、版面费要求等,编辑部经常收到各种格式的稿件,导致编辑审稿、作者返修费时费力。想要提高初审效率,科技期刊应在网站显眼处明确征稿简则、论文模板和文本规范,特别在模板中规范结构式摘要的写法、图表及公式的要求、参考文献的著录格式等,这对于作者首次投稿写作有很大指导作用,同时也免去了编辑在初审时因为稿件格式等问题需作者返回重修的麻烦,从源头上规范稿件质量,提高初审效率。此外,

在这个网络技术飞速发展的时代，有条件的编辑部可以利用微信等软件设立自己的公众号或者开发数据平台，方便作者、读者和编辑沟通交流，及时答疑解惑。

1.2 合理利用检测系统，重视学术不端行为[5]

随着互联网技术的发展，各种学术不端行为的出现给编辑初审带来了新的挑战。为保证期刊的学术影响和稿件的学术质量，编辑应当熟悉各种学术不端行为，如东拼西凑、自我剽窃、随意复制、重复出版，并合理利用学术不端行为检测系统。初审时将待测电子文稿上传至学术不端行为检测系统，经过短时检测即可查看结果，被测稿件和系统数据库中的比对文献若存在相同的句子，重复部分即会被标红，编辑还可根据检测系统提示可生成检测报告，为抄袭、伪造、剽窃等提供依据。如若检查文本重复率超出期刊刊发要求，编辑可直接退稿。检测系统可短时自动检测稿件重复率，在稿件任务繁重的情况下，可为编辑直接减轻初审压力、提高初审质量和效率。

1.3 杜绝稿件积压，明确初审意见

近年来，随着各高校科研工作考核的变化，我国中文科技期刊稿源和来稿质量受到一定程度的影响。为保证稿件的时效性，严格控制初审速度，是保证高质量稿件及时出刊的重要环节。编辑在处理初审稿件的同时还要处理编校等工作，编辑须合理安排时间，保证稿件不积压，严防高质量稿件因长时间审稿而流失，也为期刊在作者中树立高效高质的刊物形象。

编辑通过对来稿内容的政治、学术、写作标准化规范化等审查把关，甄选符合期刊宗旨和定位的初投稿件，及时给出初审意见。对于作退稿处理的稿件，编辑将退稿意见反馈给作者时，需言简意赅，做到退稿理由充分、有说服力。对于需要退修的稿件，编辑应及时与作者建立联系，整理退修意见，做到依据充分、意见明确，指导作者能高效高质地完成修改，以提高初审质量和效率。

2 高效组织专家外审，及时完善审稿机制

通过编辑初审的稿件，编辑还要组织专家对稿件质量进行评估，也是目前科技期刊评判稿件学术质量和发表价值的重要依据。合理准确地选择外审专家对文章的科学性、创新性、学术价值有准确的把握；而选择不当则会影响审稿速度。特别是多数期刊都是通过在线系统进行送审，在不了解审稿人能否按时、高质完成审稿的情况下，送审稿件常面临逾期未回、专家拒审、审稿质量不高等[6]情况。因此，编辑如何高效组织专家审稿对提高审稿效率有重要作用。

2.1 提高编辑送审效率，准确选择外审专家

对于初审过程中筛选出符合期刊刊发的稿件，编辑应及时组织专家外审。编辑在送审前应对稿件进行统一的规范化处理，以方便审稿专家评阅，避免在稿件的非学术性问题上花费大量时间。鉴于目前多数科技期刊接收文章范围广，而编辑不可能做到熟悉全部方向，在送审过程中可能对来稿专业性、创新性把握不准，造成审稿专家拒审或长时间未接收审理，因此编辑在遇到此类稿件时应多渠道选择审稿专家，如找编委帮忙、咨询本校专家、作者推荐或送审前询问专家能否受理此类稿件[7]。准确选择合适的审稿专家对于提高审稿质量和效率有重要作用，需要编辑在平时工作中认真学习和总结经验，如留意审稿高效的专家、开发潜在作者兼审稿人、避免短期内给专家过量送审等，避免因送审不当而延误审稿周期，确保高效送审。

2.2 建立健全专家数据库,激励审稿专家积极性

审稿专家作为论文学术质量的把关人,对科技期刊的学术水平发展有重要作用。建立一个完善的审稿专家库,可以使得编辑在送审时高效快速地匹配稿件和审稿专家。优秀的审稿专家应能对稿件及时做出客观、公正的学术评价,具有扎实的专业知识和科研能力。随着学科和刊物的发展,期刊编辑应定期对审稿专家进行考评,对审稿责任心不强、长时间拖稿不审、审稿质量不高、工作繁忙多次拒审以及因退休或身体原因不能继续审稿的专家,应及时更新调整专家库。重视审稿专家库的动态建设,编辑可通过编委的外联作用推荐优质审稿人,积极与数据库中现有的审稿专家联系扩大审稿队伍,通过投稿作者推荐审稿人或者从作者中寻找潜力审稿专家;还可以与同类期刊加强交流,实现审稿专家信息资源共享。

在科技期刊审稿管理中,应建立审稿激励机制,科技期刊可根据专家审稿情况和刊物发展制定评选标准,评选期刊年度优秀审稿专家,颁发荣誉证书,并给予相应的物质鼓励,以充分肯定审稿人对期刊的贡献和激发他们的审稿热情[8]。此外,科技期刊还应加强宣传审稿工作,如定期回访审稿专家、寄送贺卡等向审稿专家征求审稿工作存在的问题和建议,以提高审稿专家的积极性和审稿质量。

2.3 注重审稿意见的加工,有效反馈给作者

外审专家审稿完成后,编辑即可收到审稿专家返回的审稿意见单。此时,编辑应将审稿意见准确、客观、快速地反馈给作者,协助作者完成稿件的修回。然而,受审稿人的审稿能力、文字素养、学术风格等影响,最终编辑收到的审稿意见可能质量参差不齐、文字表述各异,甚至有些意见模糊、缺乏指导性。因此,编辑须对审稿意见进行甄别和再加工,确保反馈给作者的修改意见清晰具体,具有指导意义。

3 加强编辑业务素质培养,注重编校质量提升

一般科技期刊收稿方向不止一个,编辑多是熟悉其中一个或几个而无法做到全部熟悉,因此编辑应加强业务学习,提高初审效率和送审准确率[9]。编辑在日常工作中要多参与相关领域的学术活动,了解论文的研究思路,拓展学术眼界,提高对论文的科学性、创新性、可靠性的认知判断能力。特别是青年编辑,在处理稿件遇到问题时,要敢于提出疑问,妥善解决疑点,如查阅资料、请教相关审稿专家和有经验的编辑、及时和作者沟通交流等,注重总结归纳审稿中常出现的问题,培养编辑的主体性。这些都有助于提高科技期刊的论文质量。

然而,高质量的论文并非一蹴而就,在经过各环节的审核后,被决定录用的论文还需要经过编辑的不断加工修缮,消除错误,弥补漏洞,规范文字,最终使得粗胚的原稿成为正式出版的科技论文[10]。编校是期刊出版工作的重要环节,对保证出版物的质量十分重要。在编辑加工时,要对文稿进行多次通读,每次通读审查时要有侧重点,如论文结构、论文格式、文字润色、图表公式等分开检查,切忌从头到尾一遍清,以免出现错误遗漏。编辑应注重文稿的审读、编辑加工与校对,在稿件加工的过程中发挥编辑的创造性,善于总结归纳,不仅能提高工作效率,还能大幅提高工作质量,从而提高编校质量。

审稿时滞一直是办刊人普遍关心的问题,审稿效率直接影响着稿件的处理周期,是科技期刊发展的关键因素。本文从编辑的角度出发,结合工作实际,提出可从以下几方面提高审稿效率和论文质量:①初审环节不仅要规范投稿质量,更要杜绝稿件积压,完善在线审稿流程和合理利用检测系统,对于需退稿退修的稿件,明确审稿意见,做到高效高质返修;②编

辑及时准确送审对提高审稿效率至关重要，重视建立健全的专家数据库，保持和审稿专家的良性审稿交流，对于专家返回的审稿意见，要注重加工、有效反馈给作者；③编辑应善于总结、积累编校经验，提高自身业务素质和职业素养，确保编校效率和质量。

参 考 文 献

[1] 马可为.从《柳叶刀中文版》的创办谈科技期刊的引进与品牌的地域延伸[J].科技编辑研究,2005(1):1-4.
[2] 段为杰,段桂花,于洋,等.如何提高审稿效率而保持科技期刊的竞争力[J].编辑学报,2017(增刊1):95-96.
[3] 朱夜明.浅析如何提高高校学报的审稿效率[J].安徽农业大学学报(社会科学版),2006,15(5):135-138.
[4] 杨丽薇,姚树峰,徐楠楠,等.《空军工程大学学报》的稿件"三审制"[J].编辑学报,2014,26(1):35-36.
[5] 闫慧.新形势下如何提高科技期刊编辑初审工作效率和质量[J].新闻研究导刊,2017(24):236-237.
[6] 冼春梅,张立斌.提高科技期刊专家审稿质量和效率的实践和思考[J].传播与版权,2017(10):64-66.
[7] 陈峰,李雪莲.提高学术期刊审稿速度的措施[M]//学报编辑论丛(2008).上海:上海交通大学出版社,2008:84-86.
[8] 郭春兰.提高我国科技期刊专家审稿质量的思考[J].今传媒,2017(12):126-128.
[9] 王海蓉,张冰,张楚民.论新时期期刊编辑职业素养的培养与提高[J].编辑学报,2018(1):80-82.
[10] 薛子俭,付利.科技论文分步编校法及注意事项[J].中国科技期刊研究,2012,23(2):325-328.

论高校学报编辑的学术境界

周延云

(中国海洋大学期刊社,山东 青岛 266100)

摘要:高校学报的学术性特征要求学报编辑必须达到一定的学术境界,学报编辑的学术境界是学报学术质量的根本保证。学报编辑的学术境界由低到高分为专业知识境界、专家境界和导师境界。学报编辑的学术境界越高,学报的学术质量就越高,其学术影响力就越大。专业知识境界是每位学报编辑在从事学报编辑工作初期所必须达到的最低境界。在长期的学报编辑工作中,学报编辑必须经历一个"炼狱"般的锻造过程,进而达到专家境界。在此基础上,为保证高校学报学术性的持续提高和良性循环,学报编辑还应该具有强烈的使命感,把指导和培养学术新人、壮大学报作者队伍当作一项事业去做,并为最终达到导师境界而奋斗。

关键词:高校学报编辑;学术境界;专业知识境界;专家境界;导师境界

高校学报是高校定期出版的学术刊物,主要刊登高校教师和科研人员的最新研究成果,以其内容的学术性区别于其他类刊物。学术性是高校学报的本质特征[1],是高校学报的生命力所在[2],也是高校学报的一贯追求目标。因此,学术性的高低是评判高校学报优劣的最重要标准。而决定高校学报学术性高低的重要因素之一就是编辑,因此高校学报要达到求真、求新和求深的学术目标,编辑就必须苦练内功,具备一定的学术素养、学术意识、学术视野和学术追求,达到最佳的学术境界。

1 高校学报编辑境界的研究现状

因为学术性是高校学报的灵魂,因此,长期以来,学界关于决定高校学报学术性因素的研究就成了一个广为关注的论题,其中对编辑学术因素的研究文章大多集中在编辑的学术素养、学术意识、学术视野、学术品位、学术追求等方面[3],到目前为止,从学术境界角度研究编辑因素的文章还没有,而从境界角度研究编辑因素的文章也仅有 2 篇。一篇是柯锦华的《学术期刊编辑三境界:从旁观者到引领者》,该文从编辑和学术期刊的关系这个角度,将编辑依次划定为旁观者、参与者和引领者三个境界:所谓"旁观者",是指编辑的工作仅停留在对文稿的文字做技术性的修订,编辑在学术活动中扮演的是辅助性角色;所谓"参与者",是指编辑主动介入学术活动;所谓"引领者",是指编辑"能够凝聚各方面的研究力量,有效地开展各种学术活动,策划具有前瞻性的选题,站在学术前沿,把握学术发展的脉络,引领学术的发展"[4]。另一篇是学术报告,即原全国高校文科学报研究会会长、原《北京大学学报(哲学社会科学版)》主编龙协涛教授所作的会议报告《编辑的人文素养、学术眼光和职业境界》,他从高校学报编辑的职业追求这个角度将编辑分为三个境界,即职业境界、敬业境界和事业境界:在职业境界，编辑只是守株待兔，来什么稿编什么稿，优哉游哉，游刃有余；在敬业境界，编辑对来稿要再加工，修改润饰以至再创造；在事业境界，编辑本身就是学者，具有很高的学术素养，洞悉学术发展的前沿，能审时度势出题目、出点子、出思想，请作者写出重要论文，编辑是熟悉学术界方方面面的骨干精英[5]。

上述两位学者实际上都是从编辑在提升高校学报学术质量中所发挥的作用这个角度来论证编辑的境界的。的确，编辑对保证和提高学报学术质量起着非常重要的作用，但是，编辑要达到两位学者所讲的第一个境界比较容易，而要达到两位学者分别所讲的后两个境界则并非易事。这就要求编辑本身具有精深的知识结构和卓越的学术能力，并达到与之相应的学术境界。否则，上述两位学者所谈到的境界就成了空中楼阁。

2 高校学报编辑学术境界的层次和内涵及其与学报学术性的关系

由于高校学报的栏目是按照学校设置的主要学科来分类安排的，所以，原则上讲，某一栏目编辑必须是通晓该栏目学科知识的专业人才，起码应该具有该学科专业大学本科以上的学历，并且具有一定的科研能力。如果仅仅熟悉文章的文字加工、格式编排、逻辑调整、标点符号修改等文章形式方面的编辑业务，对学科专业知识和研究状况不熟悉，就无法胜任学报编辑工作。不过，要想做好学报的编辑工作，除了具备牢固而丰富的专业知识外，还必须具有较高的学术素养和学术水平，尤其是要达到相应的学术境界。根据编辑的学术素养和学术能力所达到的程度，笔者将高校学报编辑的学术境界由低到高依次分为专业知识境界、专家(或学者)境界和导师境界这三个层次。

2.1 专业知识境界

2.1.1 专业知识境界的内涵

学报编辑既能扎实地掌握专栏学科的基础知识，又能广泛涉猎与该学科有关的理论知识，尤其是对学科知识的理解和把握要达到一定的广度、深度和熟练度，而且具有对该学科基础知识和基本理论的对错、深浅、新旧等问题的判断能力，在学历上的基本要求是大学本科或硕士研究生毕业，在职称上应该是编辑或讲师。在对该学科的学术研究方面，学报编辑应当了解该学科在学界研究的背景和现状，熟悉该学科研究的闪光点和不足之处，并能通过与以前的有关研究作对比，发现并提出有学术价值的论题，通过分析论证，进而撰写出一篇完整的学术论文。在这个境界，学报编辑所写的学术论文一般不会达到较高的学术高度，但有可能提出一个有学术价值的观点。一般说来，学报编辑专业知识境界的高低与其学历的高低有着很大的关系，从本科生到硕士生，再到博士研究生，学报编辑的学历越高，其专业知识境界就越高。

2.1.2 专业知识境界与学报学术性的关系

学报编辑只有达到了专业知识境界，才能正确地理解论文作者所探讨的学术问题的内容，并能正确地判断该论文所提出的理论观点的重要意义和学术价值，从总体上基本把握该论文的创新性观点。在此基础上，学报编辑才能以学术性为标准，比较准确地把作者稿件推荐给有关专家进一步审查。不过，在专业知识境界，学报编辑由于自身从事学术研究的水平尚且有待提高，所以其对论文的学术性高低的判断力会受到一定的影响，在这种情况下，学报编辑对论文所探讨的理论问题的深浅度可能把握不准，从而导致其所推荐给有关专家审查的论文达不到在学报上发表的学术要求。可见，在专业知识境界，学报编辑可以准确地把握论文观点的正确性和学术性的有无,至于论文学术性的高低则由学报编辑推荐给有关专家审查,而专家审查的结果既向学报编辑展示了该论文的学术水平,又给学报编辑提供了一个宝贵的学习机会,有助于学报编辑学术素养的提高。可见,在专业知识境界,学报编辑在论文发表的学报这个平台上起着比较关键的桥梁和辅助作用,能够比较有效地保证学报论文的学术性。

2.2 专家(或学者)境界

2.2.1 专家(或学者)境界的内涵

学报编辑不仅具有广博而又精深的学科专业知识,而且通晓与之相关专业的知识,在学历上达到了硕士或博士毕业的水平,并获得了相应的学位,在职称上应该是副编审或副教授以上,并且在学校范围内是学科专业带头人。在学术研究方面,学报编辑对学科专业知识及其相关领域的研究具有较强的话语权和权威性,熟悉学界对学科专业的研究现状和研究动态、该学科专业研究的热点和难点问题以及研究方向,再加上其本身拥有国家级、部级或省级基金资助的科研项目课题,所以能独立撰写出代表该学科专业研究高水平的学术论文。值得注意的是,在这个境界,学报编辑有机会参加国内外众多的学术活动,有的还被学术机构邀请作学术报告。这既有利于学报编辑广交学术界的朋友,扩大学术交流范围,又能开拓学术视野,把握学术发展脉络,提高学术品位。

2.2.2 专家(或学者)境界与学报学术性的关系

学报编辑只有达到了专家境界,才会具备较高的学术理解力、学术敏感度和学术鉴别力,才能够有效地驾驭学报学科专业论文的学术水平。只有这样,在稿件初审阶段,编辑才能准确地把住稿件的学术关,才能更有效地保证学报论文的学术质量。正因如此,自20世纪80年代以来,学界就开展了"编辑学者化"的讨论。所谓"编辑学者化",就是倡导学术期刊编辑成为"学者型"编辑,认为"编辑学者化"的实现,是编辑学术修养养成的过程,也是学术期刊质量提升的过程[5]。与此相对应的是,有的学者旗帜鲜明地提出了"学者编辑化"的观点,积极倡导专家或学者直接担任学报编辑,认为"高校学者编辑化正日益成为高校选择学报编辑特别是主编的重要标尺。许多著名学刊的主编及编辑往往是学科发展的旗帜性人物"[6]。上述两种观点看似对立,实则统一,只是一个问题的两个角度,实际上主张和强调的都是学报编辑和专家或学者应该达到的同一个学术境界的问题。

由于学报编辑对某一学科专业的学术研究在国内具有一定的影响力,也因此成为国内高校学报竞相邀请的学科专栏特约撰稿人或专栏学术主持人,有的还被多家高校学报特聘为兼职编委或学术顾问。这样不仅能够不断地提高学报的学术质量,而且还能够加强各学报之间的学术交流,提高学报的学术影响力和学术知名度,并借此吸引学界优秀的学术稿件。

2.3 导师境界

2.3.1 导师境界的内涵

学报编辑无论从学科专业知识的"博"与"专"方面,还是从学术研究的"广度"与"深度"、"宏观"与"微观"层面,都在某种程度上超越了上述两个境界。他们在职称上都是资深教授或终身教授,在指导学生从事学术研究方面担任硕士生导师和博士生导师。当然,处在导师境界的学报编辑都是国内最有权威的专家或学者,他们不仅精通学科专业知识,还通晓跨学科知识,因此他们不仅能够全方位地研究学科专业问题,还能够创立和研究边缘学科。一般情况下,他们对某一学科专业的研究代表了国内最高水平,例如教育部为提高中国高等学校学术地位而设立的"长江学者奖励计划"，山东省委省政府在全省高校设立的"泰山学者奖励计划"，其中的长江学者和泰山学者的学术水平都达到了导师境界。他们不仅对某一学科专业的学术研究处于全国领先地位，而且还能够指导硕士研究生、博士研究生和青年教师撰写高水平的学术论文。在导师境界，学报编辑具有强大的学术影响力和号召力，他们不仅是学术活动的积极参与者，还是学术活动、学术会议的重要倡导者和组织者，是学科学术团体的带头人。

2.3.2 导师境界与学报学术性的关系

由于达到导师境界的学报编辑具有深厚的学术功底，因此在学报的稿件处理工作中就会处于非常主动和有利的地位。学报编辑不仅应该在"师"的方面下功夫，更应该充分发挥"导"的作用，即不仅能够准确判定一篇稿件学术性的强弱，而且还能够精准地捕捉到稿件中的闪光点，不是简单地肯定或否定稿件，而是要指导作者将闪光点放大到闪光面，将稿件的学术性由弱变强，由此不断培育和学术新人，进而带动一个学术团队或梯队，实现学报学术质量的持续提高。学报编辑应该充分利用自身的学术影响力，既可以在相关的学术活动、学术会议和学术圈子中约稿和组稿，又可以有计划地策划专题栏目，培育特色栏目和精品栏目。此外，由于学报编辑在学科专业研究方面高瞻远瞩，既能及时发现学术研究的不足，又能准确预测学术研究的前景，所以学报编辑可以时常策划和组织一些述评性和争鸣性的学术论题，适时探讨学术界的热点、难点和焦点课题，这样就会不断提高学报的学术高度和影响力。

3 达到高校学报编辑学术境界的途径

高校学报的学术性特征要求学报编辑必须具有一定的学术境界，这是高校学报学术质量的根本保证。当然，学报编辑学术境界的实现需要一个不断探索和修炼的过程，这就要求学报编辑既要持之以恒地深入学习学科专业知识，又要积极投身到相关专业的学术研究中，并把学术研究当作终生追求的事业。

3.1 切实贯彻终身教育和终身学习理论，不断丰富相关学科专业知识

当今社会是一个知识爆炸和信息爆炸的社会，特别是随着互联网的迅猛发展，知识的更新和信息的更替更是让人目不暇接，新的概念、新的词语、新的知识点、新的学科专业、新的理论和观点不断涌现，因此，正规的学校教育和专业学习显然跟不上时代飞速发展的步伐，也满足不了社会急剧变化的需求，在这种形势下，终身教育和终身学习的理念就显得格外重要。就学报编辑来说，即使已经获得了博士学位，也并不代表着已经精通和全面掌握了学科专业知识，而只是一个新的学习起点的开始。尤其值得注意的是，随着科学事业日新月异的发展，科学知识的跨学科发展已成必然趋势，不同学科之间相互渗透、相互结合，从而形成了新的交叉边缘学科，即新兴学科。这些新兴学科都包含着不止一个学科的专业知识，而这些跨学科的复杂专业知识及其跨学科研究显然对学报编辑原有的单学科专业知识境界提出了有力的挑战。为了通过跨学科知识和跨学科研究的考验，学报编辑就必须借助多个平台或机会继续学习和深造，或者通过网络学习，或者向有关专家请教，或者到有关机构接受培训，或者到有关科研单位挂职学习，或者出国留学，或者到国内外高校做访问学者。可见，我们现在所说的专业知识境界已经不是一个学科的专业知识了，而是复杂学科的多个专业了。而要达到这样的专业知识境界，学报编辑不但要接受"终身教育"，而且要"终身学习"，这样才能逐步掌握日益复杂的专业知识结构。

3.2 积极参与、策划和组织学术会议和学术活动，营造和谐的学术环境

拥有广博而丰富甚至有些"杂"的学科专业知识是学报编辑从事学术研究的基础，在此基础上，学报编辑应该主动培养学术意识和学术素养，密切关注学科研究的动态和趋势，除了积极参加学科专业热点问题、重大问题的探讨和争鸣，积极参与国家或部级学科研究基金项目重大课题的申报和研究工作外，还应该踊跃投入到国内外学科领域学术研究的实践活动中，做学术研究的倡导者和表率。首先，学报编辑要经常参加国内外重要的学科专业学会或协会举办的学术年会和学术活动，聆听和吸取专家创新性、前瞻性的学术观点，从中选用优秀会议论文，并直接向与会专家约稿。其次，定期策划学科专业学术研讨主题，广泛组织有关专家参加研讨会，并有计划地邀请学术权威作系列学术报告，引导学术研究走向常态化、规范化和制度化，从而营造百家争鸣、百花齐放、宽松自由的学术研究环境。

3.3 广泛结交学术专家，共同探讨学术问题

学术研究是群体行为，是一项传承性、集体性的事业，个人只是融合在其中的一个因子，学术研究的深入和进步要求学术界专家相互交流、取长补短甚至相互争鸣，在比较各家各派的学术观点中共同推动学术研究的繁荣发展，因此，学报编辑应该广泛结交学术界的专家，定期和他们交流学科专业研究中的重点课题和研究趋势，准确把握学术研究的广度、深度和方向。学无止境，学术研究也是无止境的，对同一个学术课题，不同专家因其研究的角度和方法不同，在同一个时期也会得出不同观点或结论。而同一个专家，由于其运用的方法和角度不同，或者在不同时期由于其掌握的材料或认识的深浅不同，也会得出不同的观点。因此，学报编辑如果经常就学科专业的学术前沿课题在研究方法、研究视角、研究材料等方面和专家进行沟通、争论甚至加强合作研究，就会有效地拓宽学术研究视野，并把学术研究步步导向深入。学报编辑也只有在和专家长期的学术交流甚至合作研究中，才能不断提高自己的学术研究水平，最终达到学术权威的境界。

3.4 用心扶持年轻学者，努力培养作者队伍

高校学报固然需要专家级和导师级作者重磅稿件的引领和提气，但也同样离不开众多普通作者尤其是年轻学者的大力支持。因此，真正合格的学报编辑不但应该是一个学科专业的学术专家，而且应该是指导学报作者尤其是年轻学者(作者)从事学术研究的导师，因为学报编辑的职责是保证和提高学报学术质量的，而稿件的学术质量决定于作者，尤其是年轻作者，他们既是学报作者的主体力量，又是学报作者的后备大军。因此，学报编辑对于一般作者的稿件的学术性既应该严格要求，又不应该简单地否定一篇稿件，而要善于发现其中的学术亮点，进而提出指导性的修改意见，让作者树立进一步研究的信心。即使因稿件的学术性太弱而退稿，也要向作者交代清楚文章存在的不足和缺陷，最好能给作者指明研究的方法和方向，甚至和作者一起探讨某一课题，最后指导或帮助作者写出一篇高水平的学术论文。这样，既能成为作者的良师益友，不断提高他们的学术研究能力，又能持续培养作者队伍，保证学报高质量稿件的源源不断。

4 结束语

高校学报的学术性特征要求学报编辑必须达到相应的学术境界，学报编辑的学术境界越高，学报的学术质量就越高，其学术影响力就越大。而一般说来，专业知识境界是每位学报编辑在从事学报编辑工作初期所必须达到的最低境界，这也是高校学报的学术性特征对学报

编辑的基本要求。不过，要确保高校学报学术水平的可持续发展和不断提升，学报编辑必须在一定的时间内努力提高自身对学科专业的学术研究能力和对稿件学术性的鉴别能力，尽快使自己成长为学科学术带头人或学术权威，进而达到专家境界，当然，这是一个循序渐进的奋斗过程，非一朝一夕之功可以奏效，而是需要学报编辑经历一个"炼狱"般的锻造过程。在此基础上，学报编辑还应该积极向导师境界迈进。从表面上来看，从专家境界到导师境界之间只是一墙之隔，这堵"墙"就是"导"，可是，这堵墙很高也很厚。可以说，凡是学科导师就必定都是学科专家，但是学科专家却不一定都是学科导师。学科导师高于学科专家的关键之处是学科导师能够高瞻远瞩并有的放矢地指导年轻学者或学报作者敏锐地捕捉学术热点和前沿课题，并展开一系列的探讨，充分发挥"导"的作用，进而指导他们用先进而灵活的科学方法从事终生的学术研究，即把培养和打造学术新人当作一项使命或事业，从而不断壮大学报作者队伍。总之，要保证高校学报学术性的长期稳步提升，学报编辑就必须达到专家境界，并把导师境界作为自己努力追求的目标。从这个角度来讲，也许学术专家甚至学术导师的编辑化是今后高校学报走向学术性良性循环的必然趋势[7]。

参 考 文 献

[1] 李稳.试论高校学报的学术性[J].法律科学(西北政法学院学报),1991(6):91-93.
[2] 陈瑛.论强化高校学报的学术性[J].理论观察,2002(4):87-88.
[3] 李为香.论高校学报编辑工作的学术性[J].山东教育学院学报,2007(4):113-115.
[4] 柯锦华.学术期刊编辑三境界:从旁观者到引领者[N].中国社会科学报,2013-07-12(A06).
[5] 钟晓红.人文社科学术期刊的困境与对策探讨[J].上饶师范学院学报,2015(1):85-88.
[6] 吴明东.编辑学者化是学术期刊质量的根本保证[J].齐齐哈尔大学学报(哲学社会科学版),2011(6):137-138.
[7] 蒋永华.回归杂家——就"学报编辑学者化"与杨焕章先生商榷[J].学术界,2004(5):146-155.

关于"十三五"时期我国科技期刊编辑队伍建设的思考

尚利娜[1]，李文娟[2]

(1.太原理工大学《煤炭转化》编辑部，太原 030024；2.太原理工大学艺术学院，太原 030024)

摘要： 从办刊模式与机构的深入改革、单刊到刊群的发展和媒体的深度融合三个方面，分析"十三五"时期我国科技期刊编辑队伍建设面临的机遇与挑战，并针对目前编辑队伍建设中存在的问题，提出：我国科技期刊编辑部需通过明确人员分工、调整机构设置、优化编辑队伍结构、实施编营分离、培养和吸纳专业编辑和数字编辑等举措，打造国际化编辑队伍，以适应新时期新闻出版业对人才的需求。

关键词： "十三五"时期；科技期刊；编辑队伍

1 "十三五"时期我国科技期刊编辑队伍建设面临的机遇与挑战

"十三五"时期是我国期刊业转型升级的关键时期，也是形成传统出版和新兴出版深度融合发展格局的重要时期，深化改革仍是实现期刊发展的活性剂，互联网技术也将继续作为期刊发展的助推器。为此从以下三方面阐述"十三五"时期我国科技期刊编辑队伍建设面临的机遇与挑战。

1.1 办刊模式与机构的深入改革

2011年，《关于深化非时政类报刊出版单位体制改革的意见》发布，拉开了我国学术期刊改革的帷幕。随后，《关于报刊编辑部体制改革的实施办法》《关于规范学术期刊出版秩序、促进学术期刊健康有序发展的通知》《关于开展学术期刊认定及清理工作的通知》及《关于进一步加强和改进高校出版工作的意见》等政策相继出台。可以看出，在过去的"十二五"，按照新闻出版业改革发展总体部署要求，我国期刊出版积极顺应时代的发展要求，期刊出版单位体制改革成为了改革的重点之一。"十三五"时期，是落实"四个全面"战略布局的关键时期，也是实现传统新闻出版转型升级并与新兴出版融合发展的关键时期[1]，办刊模式与机构的进一步深化改革，在为我国科技期刊的编辑队伍建设带来机遇的同时也带来了诸多挑战。

我国目前共有科技期刊5 000多种，其中高校所办科技期刊2 500余种，中国科协所属全国学会中的185个学会主办或参与主办的期刊有1 081种[2]，高校科技期刊和协会科技期刊成为我国科技期刊的主要组成力量。科技期刊的分属决定了其办刊模式和机构设置，但无论是高校科技期刊还是中国科协科技期刊的办刊模式，或者说我国大多数科技期刊的办刊模式，仍主要为单刊编辑出版模式。在对2015年中国科协科技期刊的调查显示，单刊经营的期刊占有效调查期刊总数的75.7%[2]。但在改革的道路上，不乏有期刊突破"小、散、弱"的困境，打破单刊编辑出版模式。例如：上海大学丰富了期刊社的组织结构，除了设置有14个期刊编辑部外，还设置有行政办公室、技术编辑室、期刊发行室、期刊审读室、上大期刊屋和信息化工作室；《河北农业大学学报(农林教育版)》实践了地方高校联合组稿的合作办刊模式[3]；《北京航空航天大学学报》采取了学术与出版分离的办刊模式[4]等。同时，对中国科协科技期刊出版管理改革的调查显示，暂时保留编辑部，建立由编辑部负责编辑、出版企业统一出版发行的运行模式的期刊占27.8%，转为期刊出版企业的期刊占12.8%[2]。可见，科技期刊已经开始转变观念，尝试改革。

数字化时代的到来、现代信息技术的广泛应用、改革政策的发布等等因素，打破了科技期刊的传统办刊模式和机构设置，而科技期刊编辑队伍的建设需要构架在办刊模式之上，也深受办刊机构设置的影响。在"十三五"时期，在出版转型升级的关键时期，一方面，办刊模式和机构的改革为科技期刊编辑队伍建设提供了良好的契机，是加强、重组、重建编辑队伍的最佳时期；另一方面，科技期刊编辑部也应思考如何建设编辑队伍才能匹配办刊模式和机构的改革，实现人尽其才。

1.2 单刊到刊群的发展

科技期刊虽然以单刊编辑出版模式占主导，以编辑部作为机构主体而存在，但不可否认集群化办刊之路仍然是科技期刊积极追求和不断探索的实践之路。早期我国科技期刊集群化表现为加入中国知网、万方数据、维普等数据库，形成综合性全领域的数字化刊群。之后随着期刊出版单位的体制改革和学科平台的涌现，科技期刊的集群化发展从综合性全领域海量平台向同一垂直领域专业平台转变[5]，科技期刊群可以划分为依托出版单位(出版社)的期刊群，如高等教育出版社期刊群；依托主管主办单位(高校、协会学会、科研院所)的期刊群，如高校组建的期刊中心、中国科协期刊群、中国科学院期刊群；以及依托网络平台的期刊群，如中国光学期刊网、中国地学期刊网、地球与环境科学信息网。其中，依托学科专业内容的网络集群模式将成为我国科技期刊集群化发展的重要模式选择之一[6]。

目前，我国对于刊群和期刊集群化的研究主要集中在刊群模式的探索与建设、期刊集群平台的建设与构想及期刊集群化发展的现状与趋势等方面，而对于科技期刊集群化过程中编辑队伍建设方面的研究鲜有报道。科技期刊编辑队伍的建设与期刊的集群化发展息息相关，例如，清华大学出版社期刊中心在成立之初对岗位进行了梳理，将人员设为管理人员、编辑人员、营销人员和行政人员等序列[7]。从单刊到刊群这种出版规模的扩大，势必需要合理的人员配置。如何优化编辑队伍建设，实现期刊在人才上的整合，是否需要专门的数字编辑，实现科技期刊在专业化平台上的整合……都是"十三五"时期，我国科技期刊编辑队伍建设需要思考的问题。

1.3 媒体的深度融合

2014年，中央全面深化改革领导小组第四次会议审议通过了《关于推动传统媒体和新兴媒体融合发展的指导意见》，提出"坚持先进技术为支撑、内容建设为根本，推动传统媒体和新兴媒体在内容、渠道、平台、经营、管理等方面的深度融合"[8]。媒体融合发展进入了国家发展战略规划。"十三五"时期，出版业融合发展将向更深层次迈进，步入常态化、纵深化轨道[5]。在"十三五"之初，新闻出版广电总局相继发布了《关于申报出版融合发展重点实验室有关工作的通知》《关于开展首批新闻出版业科技与标准重点实验室申报工作的通知》《关于征集新闻出版业数字化转型升级软件技术服务商的通知》，均旨在推进新闻出版的转型升级和融合发展。《中国媒体融合发展报告(2016)》指出，在新技术快速发展和传统媒体经营下滑的双重压力之下，传统媒体与新媒体融合发展的方向与趋势已经形成，且不可逆转，我国媒体融合进入从形式上的"合"转入全方面"融"的时代，媒体融合逐渐迈向了"深度融合"阶段，从浅滩走向深水[9]。

媒体深度融合的关键在于期刊在信息技术实力上的体现。虽然网络技术、数字技术、数据库、微博、微信、移动应用程序(APP)、云技术等现代信息技术已在科技期刊中得到广泛应用，对其编辑出版发行模式产生深刻影响，但是科技期刊在媒体融合方面所取得的进展与深度融合的要求还相去甚远。其原因之一在于，科技期刊编辑队伍中缺少懂得数字技术、网络技术和媒体加工技术等新兴媒体传播技术的技术编辑，支撑新媒体的人才队伍尚未形成。传统期刊编辑对于数字化出版的编辑业务流程和传播方式认知较少，并且缺乏实践经验。在第十届中国期刊创新年会上，中国期刊协会会长石峰指出，媒体技术的变革提出了传统期刊出版队伍的更新改造问题，而这支队伍改造的成败，决定着期刊业的未来[10]。"十三五"期间，为促进传统媒体与新兴媒体的深度融合，科技期刊队伍必须是一支既懂传统媒体又懂新兴媒体的队伍。

2 目前我国科技期刊编辑队伍建设中存在的问题

2.1 编辑人员分工不清

由于目前我国科技期刊多以单刊编辑出版为主，人员较少，因此，编辑多是集策划、编辑加工、校对、编务等工作于一身，没有明确的分工。这就带来了为按时完成刊物的出版和发行，只能重编校编务轻策划发行的问题。稿件的来源多是被动式的，什么样的稿件通过同行评议了，什么样的稿件就编校加工出版，根本没有较多的精力走到科研前线与科研人员组稿、约稿，对于科研信息的获取也是十分有限；更无暇顾及期刊内容在新媒体上的发布和内容组织，仅将期刊电子版内容发送给收录数据库，或是发送给相关网站和微信的制作和运维人员，由其进行加工。

2.2 数字编辑短缺

无论是科技期刊的集群化还是传统媒体与新媒体的深度融合，对技术的需求都是强大的，科技期刊的发展不仅需要传统编辑人员，也需要数字编辑。数字编辑是随着计算机网络通信技术的快速发展和应用，产生高度依赖于信息技术，进行海量信息的选择聚合、产品投送、传播服务的新型编辑人才，不仅包括网络新媒体企业的编辑人员，也包括传统编辑人员的数字化转型[11]。然而，目前大多数科技期刊编辑部缺少数字编辑，且其现有的传统编辑人员尚不能熟练运用新媒体组织期刊内容并进行网络发布与管理，期刊的网站建设、微信公众平台的开发和维护等还需依靠外部人员，这样的人才队伍远远不能胜任期刊集群化发展和数字化转型的需要。

2.3 优秀编辑人才稀缺

我国科技期刊编辑队伍结构的不合理主要体现在年龄断层及高学历专业人才的短缺上。一方面，受职业规划、薪酬待遇和职称评聘等因素的影响，更多优秀的博士毕业生愿意选择到高校和科研院所工作，而不是从事出版编辑工作；另一方面，科技期刊的发展又要求选聘一些高学历的专业人才，这就导致了优秀的科技期刊编辑人才招聘难的问题，从而造成了编辑队伍结构的不合理。对于现有编辑人才，由于编辑部在高校内部仍处于边缘地位，不受重视，人才流失现象也较为严重。此外，薪酬待遇和职称评聘等因素也影响着编辑队伍结构的稳定性。

3 "十三五"时期我国科技期刊编辑队伍建设策略

3.1 明确编辑职责，实施编营分离，调整机构设置

"十三五"时期，为充分发挥科技创新在全面创新中的引领作用，提升科技期刊的科技支撑能力，需要解决策划、审读、编务、发行人员分工不清与期刊转型升级和深度融合之间的矛盾。一方面，对于尚未进行体制改革的单刊编辑部来讲，在人员受限的情况下，编辑部主编和主任可以从繁忙的编校工作中抽身出来，从事与专家的联络、专刊专栏的策划工作，协调与新媒体机构的合作，探究多媒体的呈现形式、元数据的管理和产品的开发，以保证期刊学术创新及期刊的跨媒体传播，编辑可以在完成编校工作的基础上协同工作。另一方面，编营分离也是解决编辑部人员短缺、分工不清的一条有效途径。将编辑与经营分开，不仅能够确保编辑将更多的精力花费在稿件的编辑加工上，而且可以促进科技期刊的出版管理，优化科技期刊的传播平台，完善科技期刊的服务功能。当然，这种办刊模式虽有成功案例，还需进一步实践和探索。另外，对于已经整合的高校期刊中心和协会期刊群，在编辑部作为机构的基本单元存在外，为促进科技期刊的转型升级，需优化机构设置，如组建编务室、发行室、技术编辑部等机构，并依据岗位合理配置人员，做到人尽其才。

3.2 提高编辑信息技术水平，吸纳数字编辑

摆脱技术束缚的关键之一在于拥有技术人才，一方面，科技期刊编辑部可以对传统编辑人员进行数字出版方面的培训，使其能够掌握常用的计算机技术、网络技术、多媒体技术和存储技术等，初步完成传统编辑人员的数字化转型。另一方面，科技期刊编辑部，尤其是科技期刊群和期刊中心，可结合自身期刊的发展状况，招聘专业方向的数字编辑。2016年，我国首个数字编辑职称正式推出，并开创了"三横三纵"的职称体系，其中"三横"是指数字新闻、数字出版、数字视听，"三纵"是指内容、技术、运维[12]。对于科技期刊，可以根据自身的岗位需求，选聘数字出版内容编辑、数字出版技术编辑及数字出版运维编辑。

3.3 优化队伍结构，打造国际化编辑队伍

一方面，从年龄结构上看，中老年编辑的业务经验较为丰富，对期刊编校质量具有较强的控制能力，同时管理经验和人脉资源较为丰富；青年编辑通常能够较快接纳新鲜事物，对新媒体较为熟悉，学习能力较强。科技期刊编辑部应兼顾青、中、老编辑的优势，优化年龄结构。在学历层次上，随着科技期刊的稿件质量的提升以及对个性化知识服务的提供，科技期刊对于高水平专业性人才的需求将逐渐增大。科技期刊编辑部可以引进专业领域的博士研究生，提高编辑队伍的学历层次。在职称结构上，科技期刊编辑部要为编辑提供职称晋升的通道，提升编辑的工作积极性，编辑队伍要具有合理比例的高级职称。另一方面，科技期刊编辑部需为编辑提供与国际同行和编委交流的机会，也可以选派优秀编辑参加国际培训或出国深造，以培养编辑的国际化视野。

参 考 文 献

[1] 新闻出版业数字出版"十三五"时期发展规划[EB/OL].(2016-06-29)[2017-09-15].http://www.gapp.gov.cn/ztzzd/zdgzl/cbyszhzxsjxmzl/contents/4380/315105.shtml.

[2] 朱琳,刘静,刘培一.中国科协科技期刊出版管理现状及思考[J].中国科技期刊研究,2017,28(3):230-234.

[3] 王佳,杨建肖,刘伟霄,等.地方高校学报联合组稿的合作办刊模式实践与思考:以《河北农业大学学报(农林教育版)》为例[J].中国科技期刊研究,2017,28(4):320-325.
[4] 李晶,张嵘.高校学报体制改革实践:以《北京航空航天大学学报》为例[J].编辑学报,2016,28(6):565-568.
[5] 中国数字出版产业年度报告课题组."十三五"开局之年的中国数字出版:2016—2017中国数字出版产业年度报告主报告(摘要)[J].出版发行研究,2017(7):5-10.
[6] 杨春兰.我国科技期刊集群化发展现状及未来发展趋势[J].编辑之友,2015(3):38-41.
[7] 刘俊,张昕,颜帅.大学出版社学术期刊集群化运营模式研究:以清华大学出版社期刊中心为例[J].编辑学报,2016,28(6):561-565.
[8] 《关于推动传统媒体和新兴媒体融合发展的指导意见》审议通过引业界关注:媒体深度融合热潮将至[EB/OL].(2014-08-20)[2017-09-25].http://www.gapp.gov.cn/news/1656/223719.shtml.
[9] 中国媒体融合发展报告2016发布 媒体深度融合格局形成[EB/OL].(2017-02-08)[2017-09-25].http://ex.cssn.cn/zx/shwx/shhnew/201702/t20170208_3407393.shtml.
[10] 石峰.要"融合"先要改造传统期刊出版队伍[J].出版发行研究,2016(3):22-23.
[11] 刘华坤.数字编辑人才建设研究[D].北京:北京印刷学院,2015.
[12] 张新新.我国数字编辑职业化历程回顾与价值分析[J].出版广角,2016(5):17-19.

英文学术期刊微信公众平台的优越性和构建方法

李晓晴，刘瑞芹，黄冬苹

(上海交通大学期刊中心，上海 200030)

摘要：以 Frontiers in Energy 期刊微信公众号的构建为例，详细介绍了微信公众平台的账号认证、自定义菜单设计、页面模板设置、图文素材编辑等，旨在为英文学术期刊编辑建立微信公众号提供参考。

关键词：英文期刊；微信公众平台；优越性；操作方法

2012 年 8 月，腾讯公司在微信的基础上推出了微信公众平台。微信公众平台作为最活跃的传播新媒介之一，具有开放、交互性强、传播速度快等特点，一经推出便广为关注。2018 年的《微信影响力报告》显示：微信公众号的注册总量已经超过 2 000 万个。2015 年 4 月国家新闻出版广电总局公布的《关于推动传统出版和新兴出版融合发展的指导意见》中明确指出，出版行业要"顺应互联网传播移动化、社交化、视频化、互动化趋势，综合运用多媒体表现形式，生产满足用户多样化、个性化需求和多终端传播的出版产品"[1]。为顺应时代发展，许多期刊纷纷建立微信公众号并对其实施个性化建设，将学术期刊的官方主页、投稿网站等已有信息融合到公众号中，同步发布期刊的当期目录、特色文章、征稿启事等，将信息及时传递给订阅用户，以尽可能扩大期刊的传播范围，提升期刊的学术影响力。但是，笔者在调查中发现，许多期刊的微信公众号并非编辑自己建立，而是请人代建的，并不能完全反映期刊的特色。此外，即使是编辑自己建立的微信公众号，由于没有受过相关专业化培训，许多操作并不熟悉。为此，本文拟以 Frontiers in Energy 期刊微信公众平台的构建过程为例，详细介绍微信公众平台的构建过程，为编辑部编辑自行建立期刊微信公众号提供参考。

1 英文学术期刊微信公众平台的优越性

1.1 扩大期刊影响，吸纳更多优秀稿件以减少国内优秀科研成果外流

2016 年 5 月 17 日，习近平总书记在哲学社会科学工作座谈会上讲话时明确提出：要加强优秀外文学术网站和学术期刊建设，扶持面向国外推介高水平研究成果。英文科技期刊对于提升我国科研成果的国际显示度和影响力、加强我国科学界话语权发挥着重要的作用。近年来，在期刊管理部门的重点关注和科学界的大力支持下，我国英文科技期刊在数量、学术影响力、品牌显示度等诸方面均呈现出良好的快速发展态势[2-4]。截至 2017 年 10 月，Scopus 总计收录 655 种大陆期刊，其中英文科技期刊 205 种。根据 JCR 统计，2016 年度收录的期刊总计为 8 856 种，其中有 179 种为中国大陆出版的期刊[5]。2017 年度 SCI 共收录科技期刊 8 996 种，本年度中国大陆计有 192 种期刊被收录，相比 2016 年度的 179 种增加了 13 种，增幅为

7.26%[6]。

尽管我国英文科技期刊的数量及影响力持续快速增长，但仍然远滞后于我国科学研究的发展速度[7]。我国科研队伍庞大，科研投入逐年增加，科技论文输出量也很大，然而大部分一流的原始创新成果发表在国外的期刊上。近年来，我国作者在国际公开学术刊物上发表的论文数一直排名第一，以能源领域最顶尖的几种期刊(都是国外出版)*Advanced Energy Materials*、*Renewable & Sustainable Energy Reviews*、*Applied Energy*、*Journal of Source* 为例，最新数据显示，这几种期刊上发表的文章中，作者为中国的文章数全部排名第一(见图 1(a)~(d))。由此说明，我国作者的高质量论文外流现象非常严重。

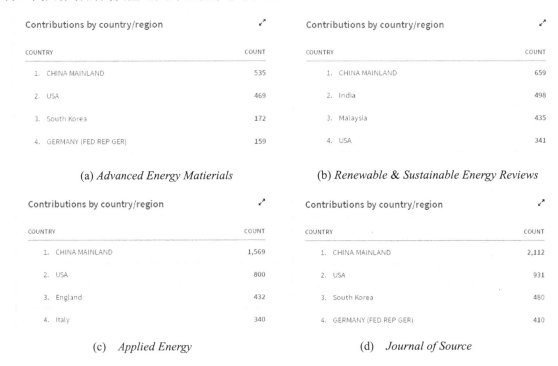

图 1 4 种能源领域最顶尖期刊上发表论文数国家/地区排名

为了吸引这些外流的一流科研论文，我国自己创办的英文学术期刊必须提高质量，同时加强宣传，扩大影响，以提升自己的影响力。要加强期刊在国外的宣传，需要借助海外平台，而针对国内学者及海外华人学者的宣传，微信公众平台是一个理想的选择，因为微信是华人圈中最受欢迎的交流工具。

因此，国内英文学术期刊可以利用微信平台加强宣传，即时发布期刊的当期目录、高被引论文、最新影响因子等，将期刊相关信息及时传送到订阅用户的阅读终端。调动已有作者的积极性，促进期刊微信公众号发布的优质内容在相应科研领域的扩散，提高刊发文章被引率，扩大期刊的传播范围和学术影响力。此外，国内的英文学术期刊通过日常频繁而有深度的宣传推广，把期刊秉承的态度和理念有效地传递给广大科技工作者，可以增强他们对期刊的信心，吸引国内及海外华人的优秀科研成果发表在祖国的大地上。

1.2 提高阅读效率，促进科研成果产业化

在文章所载内容相同的前提下，大部分国内学者仍比较倾向于阅读中文文献。这主要是

因为中文是学者们的母语，十分熟悉，阅读效率高，花费的时间和精力相对较少。其次，科技工作者们各自的英文水平有差异，比如科研机构的专家学者专注于科学理论和技术的研究和交流，国际化程度较高，英文水平也相对较高，阅读英文文献没有问题。但是一些企业的科研人员和技术员，由于工作性质不同，接触英文的机会相对少一些，阅读英文文献的效率较低，因而不会主动阅读英文文献。

期刊微信公众平台可以满足不同订阅用户的需求。英文学术期刊编辑可以精选出优质的学术论文，邀请相应领域内的学者进行论文摘要的翻译或者文章的解读，然后在微信公众平台上将其编辑加工成中文浅阅读内容并进行推送，同时在微信公众平台添加深阅读的链接，订阅用户可根据自身的阅读需求进行自由选择。

英文学术期刊编辑团队不仅可以通过微信公众号将本期刊发表的国内优秀科研成果传递给广大科技工作者，而且可以将本期刊发表的国外作者的优秀论文展现给读者，促进国内外学术思想碰撞与交流，提高科技工作者的学术水平和科研能力。企业的研发人员也可以通过我们的微信宣传了解更多的新信息，在某些成果的基础上进行进一步研究，促进科研成果产业化。

1.3 提高期刊文章推送精准度和有效性

对精选出的热点文章、专辑征稿通知等信息，期刊可以利用微信公众号向相关领域的科技工作者进行精准推送。*Frontiers in Energy* 微信公众号于 2018 年 4 月 3 日注册成功，于 4 月 12 日推送了一篇关于本刊 2007—2017 年间报道清华大学刘静教授课题组关于液态金属研究的一系列原创工作的文章。文章推送成功后，编辑部工作人员请求刘静教授及其团队成员对此消息进行宣传。通过使用微信公众平台的图文分析功能，笔者得到此篇推送文章的相关统计数据，如图 2 所示。由图可知，在微信公众号只有 11 个订阅用户的情况下，消息推送当天的阅读量已达到 777 次，由此可见，利用微信公众平台可以有效地实现文章的精准推送。

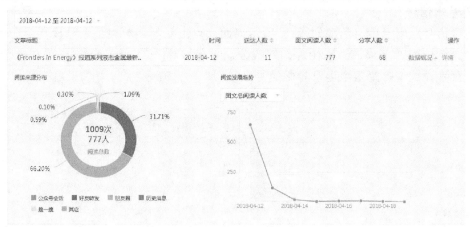

图 2　图文发表后的数据概况

1.4 实现作者群、读者群的有效互动

期刊微信公众号特色菜单的设置，如资源下载、本期最热、论文投票、论文点评等可以增强与订阅用户的互动交流，引导用户深入关注期刊。发布学术动态、开展学者沙龙可以将同一领域内的科研人员聚集在一起，使期刊成为作者与读者、作者与作者、读者与读者的互

动场所。建设微论坛,将期刊或者学科相关的活动和讨论以帖子的形式发布在论坛上,各位学者可以进行互动交流,随着关注平台的人逐渐增多,可以开展活动或者约稿,将平台型传播与互动联系在一起。

2 学术期刊微信公众平台的建设

期刊微信公众平台的基本构建工作包括账号注册、信息完善、自定义菜单设计、页面模板设置、图文素材编辑。笔者除了详细介绍这些基本环节的实现过程,还将介绍期刊微站的构建方法。

2.1 微信公众号的注册和认证

微信公众平台账号注册前,需明确微信公众平台的账号类型及特点。微信公众平台有三种类型的账号,分别为订阅号、服务号和企业号。作为期刊来说,适宜选择的是订阅号和服务号,两者最明显的区别是群发消息的次数、时间限制以及群发消息在订阅用户阅读终端的显示方式。服务号1个月(自然月)内仅可以发送4条群发消息。发给订阅用户的消息,会显示在对方的聊天列表中,相对应微信的首页。订阅号每天(24小时内)可以发送1条群发消息。发给订阅用户的消息,将会显示在对方的"订阅号"文件夹中。

Frontiers in Energy 申请的是订阅号,在运营的过程中发现,由于订阅用户关注了许多其他的订阅号,而微信并没有分组功能,这就导致期刊推送的消息很容易被订阅用户忽略,所以,服务号比订阅号在推送效果上好一些。

微信公众号认证可以提高用户对公众号的信赖程度和关注度,因此是十分必要的环节。进行认证之前需要准备好法人单位的证明文件并填写好微信认证公函,认证过程中在线提交文件即可。此外公众号认证是需要交费的,认证不通过并不会退还所交认证费用,因此,在认证过程中一定要将各方面信息提交正确。

2.2 完善基本信息

登陆微信公众平台后,出现如图3所示界面。点击左侧菜单栏公众号设置,在界面中可添加头像、微信号,下载二维码图片,修改公众号名称等(一年至多两次),可在安全中心-管理员和运营者设置里绑定多个运营者微信号。

图 3 基本信息设置界面

2.3 自定义菜单设计

期刊微信公众平台提供给订阅用户的导航功能通过自定义菜单来实现,对菜单自定义界面的说明如图 4 所示。针对 *Frontiers in Energy* 公众号订阅用户可能存在的需求，采用的主功能模块由期刊在线、精品推荐、关于我们三部分组成。其中，"期刊在线"包括当期文章、过刊浏览、在线投稿三个子模块；"精品推荐"包括最新专题、热点关注、推荐文章三个子模块；"关于我们"包括期刊简介、期刊微站、投稿通道三个子模块。实际操作过程中，需要提前准备好每个子模块的内容(图文素材或页面模板链接)，便于自定义菜单时直接选择或者直接添加网页链接。

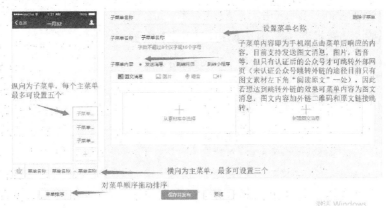

图 4 菜单自定义界面

2.4 页面模板

页面模板的作用是将多条图文消息整合在同一个界面，形成一个网页链接，便于在自定义菜单发布。比如 2.3 中提到的"当期文章"这个子模块，期刊的每一期文章肯定由多篇文章组成，订阅用户点击当期文章即出现本期包括的所有文章这一功能，就通过页面模板来实现。页面模板目前只提供了两种形式：列表状和封面状，可根据需要和偏好自行挑选适合的类型。图 5 为 *Frontiers in Energy* 公众平台里的两个页面模板，可通过点击底端三个功能键进行编辑、复制链接或者删除。实际操作过程中，需要提前准备好每个分类中的内容(图文素材)。

目前最多可建 15 个页面模板，页面模板可以添加到自定义菜单中(自定义菜单时选择跳转网页-从图文消息中选择-页面模板)。如果选择封面状页面模板，可添加 3 篇带封面图文，最多可添加 5 列分类名，每个分类名最多可添加 30 篇图文。

图 5 两种类型页面模板的显示方式

2.5 图文消息的编辑

图文消息的编辑不仅是进行自定义菜单和页面模板设置的基础，而且是微信公众号开发和维护的最基本的要求。如图 6 所示，一篇图文消息有标题、作者、正文、摘要和封面。一篇图文消息的内容固然重要，但是其形式的美观程度可以给订阅用户最直观的视觉感受，进而影响用户对期刊的印象。由于在 PC 端与移动端浏览图文的效果不同，直接在微信公众平台编辑的图文消息通常不太美观，因此，我们常用一些第三方图文排版软件进行编写，完成后复制到新建图文中(或者同步)，常用的一般是秀米、135 编辑器。笔者一般选择用秀米进行图文消息的编辑，因此对秀米的用法稍作说明，如图 7 所示。

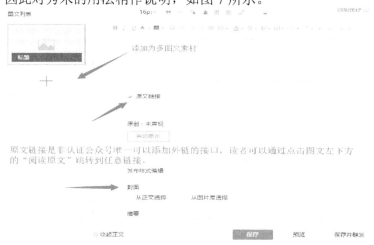

图 6　图文消息编辑界面

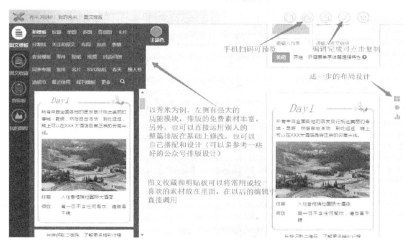

图 7　秀米编辑器界面说明

2.6 期刊微站的建立

期刊微站是一个可以对期刊信息有效整合的平台，是对微信公众平台的补充。微信公众平台自定义主菜单和子菜单的数量都是有限制的，有些信息或许不能在菜单中得以体现，期刊微站能够有效地解决这个问题。此外，期刊微站构建完成后，可形成一个相应的链接，转发链接，即可向订阅用户传递期刊所有的相关信息或者资讯。

微站和论坛这些功能，编辑可利用微信第三方平台自己做(可视化不需编程)，如微盟、有信、掌上大学、微校、微微校等，其中有些还是要付费，而且操作比较麻烦。笔者试了一些，最后选择用微微校进行微站建立，免费又相对简单。

注册微微校账号后，可以将期刊微信公众号绑定，可同时对期刊微信公众号和期刊微站进行管理。微站的建立主要进行微站设置、模板管理、栏目管理、幻灯片管理四块。

2.6.1 微站设置

图 8 为微站设置界面，此处需设置微站标题和显示封面，微站的首页地址可以直接复制下来，作为外链放入公众号的自定义菜单中转入。

图 8　微站设置界面

2.6.2 模板管理

图 9 为选择微站显示模板的界面，模板包括首页模板、栏目模板、内容详情模板和底部导航模板，可根据期刊需要选择相应模板。

图 9　模板选择界面

2.6.3　栏目管理

栏目管理可以把想要展示的期刊信息加入到选择好的模板的各个模块中。通过栏目管理设置，可以给想要添加的模块设置相应的图标，可将想要转到的外链或图文链接复制到下方链接处，这样点击此图标就能自动转入对应链接。

2.6.4　幻灯片管理

如果在(2)中选择了有幻灯片展示的模板，则需要进行幻灯片管理设置。把想推荐的图文内容，官方网址等放入图片和幻灯片外链里。

完成以上四步，就基本完成期刊微站的建立。图 10 为按以上步骤建立的 *Frontiers in Energy* 期刊微站界面，其底部设置了导航，订阅用户可通过底部导航浏览期刊更多信息。

图 10　*Frontiers in Energy* 微站界面

3　结束语

微信公众平台是英文学术期刊针对国内学者及海外华人学者的理想宣传平台。英文学术期刊可以通过微信公众平台扩大期刊影响，吸纳更多优秀论文以减少国内优秀科研成果外流；提高阅读效率，促进刊发文章被引，促进科研成果产业化；提高期刊文章推送的精准度和有效性；为读者群、作者群提供互动交流的场所。微信公众号的建设并不是一蹴而就的事情，只有在运营的过程中不断摸索，才能不断完善，从而构建持续的社会影响，提高期刊的知名度和影响力。

参 考 文 献

[1] 国家新闻出版广电总局,财政部.关于推动传统出版和新兴出版融合发展的指导意见[J].中国出版,2015(8):3-5.
[2] 任胜利.2014年我国英文版科技期刊发展回顾[J].科技与出版,2015(2):9-12.
[3] 杜耀文,宁笔.成绩·挑战:2015年度我国英文版科技期刊发展回顾[J].科技与出版,2016(2):28-34.
[4] 任胜利.2016年我国英文版科技期刊发展回顾[J].科技与出版,2017(2):30-33.
[5] 任胜利.2016年度SCI+SSCI收录期刊的引证指标正式发布[EB/OL].[2017-06-20].http://blog.sciencenet.cn/blog-38899-1060778.html.
[6] 任胜利. 2017 年度我国 SCI 收录期刊印证指标概览[EB/OL].[2018-06-28]. http://www.medsci.cn/article/show_article.do?id=c3ef141918cf.
[7] 中国科学技术协会.中国科技期刊发展蓝皮书(2017)[M].北京:科学出版社,2018.

学术期刊在新媒体时代如何有效传播学术成果

洪鸥[1]，国荣[2]，姜春明[1]，王宁[1]

(1. 上海大学期刊社《先进制造进展》编辑部，上海 200444；
2.《西安交通大学学报(医学版)》编辑部，西安 710061)

摘要：学术期刊是传播学术动态和学术成果的重要载体，在新媒体与传统媒体日益紧密融合的时代背景下，学术期刊为适应发展要求，应积极探索新的传播方式。本文对学术期刊媒体融合现状进行调研，分析了学术期刊媒体融合发展存在的主要问题，并对新媒体时代学术期刊如何对学术成果进行有效传播进行探讨。

关键词：新媒体；学术期刊；学术成果；有效传播

新媒体指利用数字技术、网络技术制作产品，并通过互联网及移动网络，为用户提供信息和服务的媒体。随着传统媒体与新媒体融合发展的兴起，移动端已成为人们获取信息的主要途径，微博、微信及应用客户端软件已成为受众接收信息的主要方式。据第 41 次《中国互联网络发展状况统计报告》显示，截至 2017 年 12 月，我国网民规模达 7.72 亿人，超过全球普及率，其中我国手机网民规模达 7.53 亿人，使用手机上网人群的占比由 2016 年的 95.1%提升至 97.5%[1]。随着移动互联网的普及以及新技术、新应用的推动，新媒体的传播渠道被拓宽，传播方式更加多样，和受众的联系更加紧密，新媒体对传播效率的提升已在时间、空间和形式等多方面展示出来，推动了独立媒体、参与式媒体、社会化媒体等丰富的传播形态的形成[2]。

在传统媒体时代，报纸和期刊上呈现的是图片和文字，广播传输给人们的是声音，电视呈现给人们的是影、音、图、文的综合体，但这些内容大多是提前专业制作的内容，与受众的互动仅仅限于热线。然而依托于数字技术与移动互联网，新媒体传播已经不再局限于传统媒体的单一途径，而是多种技术和途径的融合。新媒体的采编可以利用原始素材，根据不同媒介传播的特点提炼、加工，全面融入影、音、图、文等多种多样，灵活生动的形式，而且可以即时生产、上传、传播，从而提升报道的质量和深度。而用户可以利用手机或互联网，通过微博、公众号评论等发表评论[3-4]。由此可见，新媒体的传播特征主要体现在传播手段数字化、传播方式移动化、传播载体多元化、传播途径融合化、传播效果社交化[5]。

学术期刊的核心优势是对学术信息源的近乎垄断的控制和长期的品牌效应。目前，由于学术期刊管理体制以及学术评价机制的影响，新媒体还无法与传统学术期刊争夺学术信息源，学术期刊受到新媒体的冲击小于大众媒体，但在学者、学术信息、受众的学术传播链中，学术期刊如何顺应媒体融合的趋势，对学术成果进行有效传播是大势所趋。

基金项目：中国高校科技期刊研究会专项基金资助(CUJS2017-023)

1 学术期刊的媒体融合发展现状

传统媒体下的学术传播一般是：学者经过实验或推导论证，撰写研究报告，投稿到相关专业期刊或学术会议，经过同行双向匿名审稿后正式在学术期刊出版，或者结集成会议论文集或图书，然后由期刊或图书的发行渠道进入读者或图书馆馆藏以及各类数据库。这时若相关学者有兴趣参考该研究成果，可能在此基础上再深入研究而形成新的学术传播，于是科学创造便能源源不绝。

学术期刊的互联网转型是发展的必然趋势，在"两微一端"(微博、微信、应用客户端软件APP)已成为新媒体代表的时代背景下，微博、微信等新媒体具有营销成本低、定位精准、受众面广、传播力强等优点，因此学术期刊需要借助新媒体的传播优势，优化学术期刊发行渠道及出版形式，扩大用户规模和受众范围，在移动媒体端引导用户进入数据库期刊内容下载页面，提高期刊的内容在数据库中的显示度，提升学术期刊影响力[6-8]。

经过几年的实践，各学术期刊意识到媒体融合发展的重要性，融合出版有了一定程度的进展，但是正如中国科学技术期刊编辑学会理事长朱邦芬院士所述，我国学术期刊的融合发展这还停留在相对初始的阶段，学术期刊的发展滞后于科研水平的进步。存在的问题大致有以下几点：

(1) 推送内容单一。学术期刊的出版模式由以印刷版为中心转向以电子版为中心，但限于人力、物力等因素的影响，网页、微博及微信所呈现的内容基本上是印刷版内容的翻版。微信公众号阅读的特点就是"碎片化"，然而大部分学术期刊的公众号没有利用新媒体的特点，没有对印刷版的内容进行二次开发，信息类型多以学术性文章为主，专业性强，出版形式单一，增值服务少。

(2) 信息更新缓慢。大部分学术期刊网页、微博更新缓慢，很多学术期刊只是根据刊期把纸版内容上传到新媒体的平台，微信公众号的推送信息少。由于人力的短缺，一般学术期刊的新媒体信息维护由本编辑部的编辑兼职完成，并且目前学术期刊编辑部的工作中心还是侧重于纸版内容的策划，在新媒体平台的宣传策划力度不够。

(3) 互动性不强。许多学术期刊平台没有设置与用户互动交流的模块，只是单一地传播信息。有的公众号虽然设置了交流的模块，但没有设置相应的讨论话题，对用户在公众号的咨询和提问没有及时的回复。

(4) 用户黏性不够。学术期刊利用新媒体的主要目的就是要利用受众率最高的媒介进行期刊推送，扩大社会影响。然而一些学术期刊虽然有了相应的数字化生产、传播工具，但是局限于自身的能力限制，不具备传播、发行、用户服务等经营能力，缺乏在宣传推广方面的研究，致使关注的用户很少，很难引起学术圈的关注，用户黏性不够。

新媒体的融合发展打破了学术期刊传统媒介的生态环境，对于学术期刊而言既是挑战也是机遇，我国学术期刊利用新媒体创新服务的现状与国际先进水平还有一定差距[9-11]。因此，广大从业人员亟须探讨怎样推动学术期刊出版形态创新及生产流程的不断变革。

2 措施与对策

在媒体融合时代新兴媒体在技术上具有优势，但是吸引受众的仍是优质、高附加值的内容。因此对于学术期刊而言，需要平衡纸版与新媒体之间工作重心的比重，突破传统纸媒静态版面的限制，根据新媒体的特点、受众的阅读习惯等重新加工、调整纸版内容。赋予学术成果更为全面、多维度的展现形式，如详细的实验视频、完整的数据等，甚至可以利用最新的增强现实技术(AR)来展示学术成果。

前文总结了学术期刊在新媒体时代的现状，并分析了存在这些问题的原因，为了推进学术期刊在媒体融合时代快速发展并高效地推广学术成果，本文提出了学术期刊在新媒体融合过程中应该注意的关键问题及应对措施，以实现学术期刊的可持续发展。

(1) 内容为王。传统媒体与新媒体之间的竞争关键点就是内容的竞争，不管利用何种媒体进行传播，优质的内容始终是吸引读者最根本的动力，内容为王将处于越来越关键的位置。因此对于学术期刊而言，充分利用传统媒体严谨的策划选题、双向匿名审稿选择出的高品质、专业性的学术成果，从用户需求和新媒体的传播特点出发对这些内容进行解构、重组和再造，生产多种展现形式的产品，使受众能够按需快速地获取并理解学术期刊的出版内容，这是学术期刊媒体融合发展的关键。

(2) 精准推送。在多媒体融合背景下，通过大数据整合分析软件对信息进行收集、深度挖掘和分析，对用户行为的累积进行有效判断，针对不同学科专业的用户精准化地推送相关学术成果。并且利用大数据技术对过刊中多篇共同主题的论文进行重组，之后通过相互关联或虚拟专辑的形式，精准、集中地推送给此研究方向的读者，提高科研人员检索的有效性。

(3) 增强与受众互动交流。不少学术期刊由于人员不足、技术缺失，创建的新媒体平台流于形式，没有从用户需求的角度来思考期刊如何媒体融合发展，与用户的互动交流很少。利用新媒体的强社交功能，在新媒体平台可以对读者关心的一些常见问题设置成自动回复，并开通文章的留言评论功能使读者之间也能对感兴趣的文章进行交流。稳固科研人员、读者、与作者之间的联系，定期推送相关领域的热点话题和研究方向，引导他们对一些问题进行深入地探究，提高读者的科学素养并培养潜在的作者群。同时利用新媒体的评论与转发功能，增强学术期刊与相关科研人员的互动交流，对于新媒体平台而言一条内容转发的次数越多说明其影响力越大，因此学术期刊可以组建用户群从而有效地利用新媒体的转发功能，推送热点话题使同行之间有效分享交流，扩大学术期刊的大众影响力。

(4) 与学术传播平台对接。由于我国学术期刊受体制和机制的影响，很多期刊都是孤军奋战，竞争力较弱，单刊的两微一端的新媒体平台受众少、关注度不高。然而我国的学术期刊绝大部分均与国内的清华知网、重庆维普、超星等学术出版商合作，英文期刊借船出海与大型科技出版商如 Springer Nature、Elsevier、John Wiley、Taylor & Francis、SAGE 等合作。这些国内外的出版集团均会给予合作的期刊建立一个主页用以介绍该刊并发布原文及相关信息，并且这些出版商均有产业化的新媒体发展模式，因此学术期刊可以和与自己合作的出版商联系，与期刊的新媒体平台对接，比如在主页加上相关链接或二维码。

(5) 与学科建设紧密衔接。学术期刊是发表最前沿学术成果的平台，是学术传播的重要渠道。有此优势及特点，学术期刊应该从单一的发表学术成果转向传播学术信息推进学术交流，例如以长摘要的形式简述最新的研究热点，以简短的句子介绍刊登文章的创新点或让作者录制视频介绍其文章等。与此同时学术期刊可以通过各种途径参加相关学科的学术会议推广其新媒体平台，让更多的读者加以关注从而成为期刊的订阅者，增强用户的黏性度，提升学术期刊在学术传播过程中的作用。

3　结束语

传统学术期刊主动开发学术新媒体，让媒体融合与新媒体成长同步进行。因为学术期刊核心的优势在于长期以来对学术信息和成果的控制以及产生的品牌效应，新媒体时代依旧以内容为王，传统学术期刊利用其优势，制定可行的、适合自身定位及发展的新媒体融合发展方案并加以实施，从而实现学术成果的最优化传播。

参 考 文 献

[1] 中国互联网信息中心.第 41 次中国互联网络发展状态统计报告[EB/OL].(2018-03-05) [2018-08-10].http://www.cnnic.net.cn/hlwfzyj/hlwxzbg/hlwtjbg/201803/t20180305_70249.html.
[2] 张耀铭.学术期刊与新媒体融合的关键与进路[J].济南大学学报(社会科学版),2018,28(3):5-23.
[3] 李艳,陈鸿,朱美香,等.媒体融合背景下学术期刊发展及改革思路[J].科技与出版,2018(1):107-111.
[4] 焦宝.新媒体时代的学术期刊发展与学术传播平台重构[J].东岳论丛,37(10):61-66.
[5] 谢暄,蒋晓,何雨莲,等."融"时代下学术期刊媒体融合编辑发展策略[J].编辑学报,2017,29(3):218-221.
[6] 吉海涛,郭雨梅,郭晓亮.学术期刊与新媒体的融合：机遇·挑战·对策[J].编辑学报,2015,27(3):412-415.
[7] 郭伟.学术期刊融合新媒体需要解决的关键问题[J].编辑学报,2018,30(2):137-140.
[8] 肖骏,谢晓红,王淑华.学术期刊微信公众平台定位及其意义——从学术期刊与微信公众平台差异的视角分析[J].编辑学报,2017,29(3):275-277.
[9] 吉海涛,郭雨梅,郭晓亮,等.媒体融合背景下学术期刊发展新模式[J].中国科技期刊研究,2015,26(1):60-64.
[10] 赵文青,宗明刚.学术期刊微信传播效果影响因素分析[J].中国科技期刊研究,2016,27(6):611-616.
[11] 程琴娟,闫琼.学术期刊微信公众号存在的问题与改进策略[J].中国科技期刊研究,2015,26(4):380-383.

上海最具国际影响力英文学术期刊的新媒体构建

张芳英[1]，刘志强[2]

(1.上海大学期刊社《应用数学和力学(英文版)》编辑部，上海 200444；2.上海大学期刊社，上海 200444)

摘要：调查并统计了 10 种上海最具国际影响力英文学术期刊的新媒体构建概况。结果表明，上海最具国际影响力英文学术期刊的数字化水平较高，各个期刊针对其所属的学科特点构建了比较完善的新媒体体系，这些体系能够充分调动线上和线下力量，在保证期刊刊文质量的稳定以及提升期刊的国际影响力和附加影响力上发挥着重要作用。

关键词：新媒体；国际影响力；学术期刊

随着信息技术的不断深入发展，传统的数据库出版模式已经悄然向新媒体转变。微信、论坛、Facebook 等社交媒体在学术信息传播过程中的作用日益突出，逐渐不可或缺；微视频、AR 等新兴信息刊载方式正悄然影响着传统的文字信息展现方式。2018 年发布的第 42 次《中国互联网络发展状况统计报告》显示，截至 2018 年 6 月 30 日，我国网民规模达 8.02 亿，其中手机网民规模达 7.88 亿[1]。报告还显示，2018 年，短视频应用迅速崛起，74.1%的网民使用短视频应用[1]。为了适应不断变换的新媒体环境，迎合广大读者信息获取的需求，国内外信息出版商纷纷试水新媒体。Springer、科睿唯安等国际大型数据库出版商都建立了微信公众号，定期推送数据库中期刊相关信息。新媒体的兴起和广泛应用，为期刊的发展带来机遇和挑战。

2018 年，在上海市新闻出版局的鼓励和支持下，上海市期刊协会组织并从上海已经被认定的 420 种学术期刊中，遴选出了 10 种最具国际影响力英文学术期刊[2]，分别为 *Acta Pharmacologica Sinica* (《中国药理学报》，APS)、*Chinese Journal of Chemistry* (《中国化学》，CJC)、*Cell Research* (《细胞研究》，CR)、*Applied Mathematics and Mechanics* (*English Edition*)(《应用数学和力学(英文版)》，AMM)、*Asian Journal of Andrology* (《亚洲男性学杂志》，AJA)、*Chinese Optics Letters* (《中国光学快报》，COL)、*Journal of Molecular Cell Biology* (《分子细胞生物学》，JMCB)、*Molecular Plant*(《分子植物》，MP)、*Journal of Sport and Health Science* (《运动与健康科学》，JSHS)、*Nano Micro Letters*(《纳微快报》，NML)。其中，8 种期刊影响因子在 JCR 报告中位居所在学科 Q1 区，AJA 连续 3 年位居学科第一。值得注意的是，这些期刊在分享期刊发展经验的时候，都强调了新媒体对期刊影响力的快速提升是至关重要的[1]。为了了解更多，本文拟通过深入调查，详细统计和分析这 10 种期刊的新媒体构建，供期刊发展相关工作人员参考。

基金资助：上海市高等院校科技期刊研究基金资助项目(SHGX2018A05，SHGX2018A01)

1 信息数据来源

文章中的所有信息数据主要来自四个方面：①日常积累的相关期刊的经验分享报告或口头交流；②期刊相关平台(如网站、公众号等)中记录的信息；③国内外常用数据库和交互性平台；④期刊编辑公开发表的经验相关的学术论文。

2 期刊新媒体构建概况

新媒体是相对传统媒体而言的，目前无统一定义[3-4]。一般认为，新媒体是指利用数字技术和网络技术，通过互联网、宽带局域网、无线通信网、卫星等渠道，以及电脑、手机、数字电视机等终端，向用户提供信息和娱乐服务的传播形态。新时期，新媒体技术已经渗入到学术期刊发展的各个环节，在确保期刊持续稳定发展方面发挥着越来越重要的作用。调查统计结果显示，上海最具国际影响力学术期刊的新媒体构建体系既有共性也有个性，都有常用的新媒体出版形态和新媒体宣传和推广形态，不过侧重点不完全一样。

2.1 上海最具国际影响力学术期刊新媒体出版形态建设情况

2015 年 2 月，美国期刊协会针对当前新媒体的发展形态，提出了"期刊媒介 360"方案，将期刊发行方式归结为印刷+数字版、网络版、移动版、视频版和社交媒体版共 5 种形态[5-6]。鉴于网络版通常是指 HTML 或 XML 格式的传播文档，数字版通常指的是 PDF 版本，两者一般同时存在。我们在调查和统计的时候不做仔细区分，将数字版和网络版归为一体。由于期刊的网络出版和数字出版主要与期刊的网站和与期刊合作的出版商相关，因此，本文在考虑网络出版和数字出版的时候，主要考察期刊是否有独立网站和是否与国际出版商合作(国内数据库由于主要涉及中文内容，此文主要探讨的是英文期刊，所以在此不做重点考虑)。此外，办公自动化也是期刊发展的重要环节，而办公自动化通常与期刊的网站关联，因此，在此一并将采编系统纳入期刊新媒体应用的范畴。

调查结果显示[2]，上海最具国际影响力 10 种学术期刊均有网站，其中有独立网站的有 8 种期刊(占比 80%)，只挂在出版商网站上的期刊有 2 种(占比 20%)。10 种期刊均与国际出版商展开广泛合作(见图 1)，且均采用国际通用的采编系统(见图 2)。

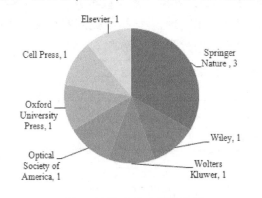

图 1 国际合作出版商概况

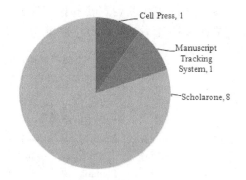

图 2 采编系统使用概况

这些期刊新媒体建设的基本情况见表 1 所示。由表可知，品牌学术期刊的影响力建设基本与合作的出版商无关。上海最具国际影响力的 10 种学术期刊分别与 7 家不同的国际出版商合作。但是，大部分期刊采用的是 ScholarOne 采编系统(占比 80%)，采用其他采编系统的仅 2

种期刊，即 CR 采用 Manuscript Tracking System，MP 采用 Cell Press。

表 1 上海最具国际影响力学术期刊新媒体建设概况

刊名	独立网站	国际合作出版商	采编系统	移动版	视频版	社交媒体版
APS	√	Springer Nature	ScholarOne	√	×	微信
CJC	×	Wiley	ScholarOne	√	×	微信
CR	√	Springer Nature	Manuscript Tracking System	√	×	丁香客、小木虫、豆丁网
AMM	√	Springer Nature	ScholarOne	√	×	微信
AJA	√	Wolters Kluwer	ScholarOne	√	×	豆丁网
COL	√	Optical Society of America	ScholarOne	√	×	×
JMCB	√	Oxford University Press	ScholarOne	√	×	微信
MP	×	Cell Press	Cell Press	√	×	×
JHSH	√	Elsevier	ScholarOne	√	×	微信
NML	√	Springer Nature	ScholarOne	√	×	微信

注：表中×表示没有查找相关全文或者没有。

由表 1 可知，上海最具国际影响力英文学术期刊具备常见的新媒体模式，都有网站、采编系统、移动出版和社交媒体出版(COL 虽无任何单独社交媒体平台，但网站上有微信分享)等新媒体出版形式，且与国外出版商进行了广泛合作。但是缺乏视频、音频等出版形式。这可能与学术期刊的学术严谨性和期刊的学科特性有关。

2.2 上海最具国际影响力英文学术期刊利用新媒体进行期刊宣传推广概况

正如上文所言，鉴于学术期刊学术特性的限制，新媒体在期刊内容重组实现方面应用范围有限。但是，新媒体具有的快速传播特性对学术期刊的宣传和推广非常重要，尤其是社交媒体，对期刊影响力的提升作用很大，因此，在学术期刊中得到了非常广泛的应用。社交媒体指的是人们彼此之间用来分享意见、见解、经验和观点的工具和平台，如微博、微信、博客、论坛、Twitter、Facebook、Youtube、LinkedIn 等。表 2 列出了上海最具国际影响力英文学术期刊新媒体在期刊宣传和推广中的应用情况。需要指出的是，这里所提到的社交媒体应用主要是指期刊不定期针对性地推送，不包括网站上列出的分享社交媒体。

表 2 上海最具国际影响力英文学术期刊新媒体应用情况

刊名	宣传推广、推送	RSS
APS	E-mail 等	√
CJC	E-mail、微信等	√
CR	E-mail、丁香客、小木虫等	√
AMM	Trend MD、E-mail、微信等	√
AJA	E-mail、视频广告、微信等	√
COL	Trend MD、E-mail 等	√
JMCB	E-mail、微信、Press Release、博客等	√
MP	E-mail、微博、视频广告、新闻媒体、广播电台等	√
JHSH	视频广告、Trend MD、E-mail、微信、Facebook、Twitter 等	√
NML	APP、微信、微博、twitter、facebook 等	√

由表 2 可知，上海学术期刊应用新媒体进行期刊宣传推广主要使用的是 E-mail，其次是微信、微博等社交媒体，少量使用专业媒体、视频、音频等。不同期刊应用新媒体的侧重点不同，CR、JMCB 在选择新媒体时更注意期刊的学科特点和受众人群的特点。

此外，新媒体监测技术在这些期刊中也得到了广泛应用。如图 3 所示，通过新媒体技术，APS 可以实时得到期刊刊文的引用(Web of Science、CrossRef、Scopus)和在线关注(各类社交媒体和新闻媒体)信息。

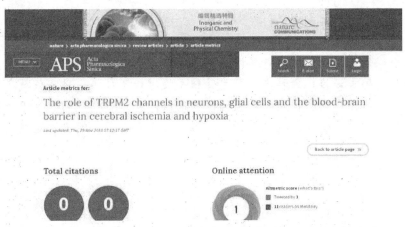

图 3　APS 利用新媒体实时监测期刊论文概况

3　结束语

新媒体技术的快速发展带动了信息相关领域的快速变革。上海最具国际影响力英文学术期刊抓住了新媒体发展机遇，建立了较为健全的新媒体出版体系，并且有效利用了新媒体传播技术宣传和推广期刊，实现了期刊刊文的实时在线监测，有效提升了期刊的国际影响力。

参　考　文　献

[1] 中国互联网络信息中心.第 42 次《中国互联网络发展状况统计报告》[EB/OL].[2018-08-20].http://www.cnnic.net.cn/hlwfzyj/hlwxzbg/hlwtjbg/201808/t20180820_70488.htm.
[2] 上海市期刊协会.砺奋进上海学术期刊发展报告(2018)[M].上海:上海大学出版社,2018.
[3] 唐绪军.《中国新媒体发展报告(2018)》[M].北京:社会科学文献出版社,2018.
[4] 欧阳菁.借助新媒体扩大科技学术期刊受众的范围[J].编辑学报,2013,25(5):474-477.
[5] 徐妙,郭全中.国外期刊互联网转型的现状与策略分析[J].出版发行研究,2016(9):88-92.
[6] MICKEY B. MPA's AMMC looks to redefine the magazine industry [EB/OL]. [2015-02-05]. http://www.foliomag.com/2015/mpas-ammc-looks-redefine-magazine-industry.

全媒体数字化助力科技期刊发展

徐海丽

(上海大学期刊社《应用数学和力学(英文版)》编辑部，上海200444)

摘要：对全媒体数字化发展进行了探讨，通过分析出版界数字化发展现状，对全媒体数字出版下的市场推广的特点和数字营销手段进行了分析。对突破数字化发展瓶颈进行思考，提出我国科技期刊发展的探索建议，包括科技期刊数字化发展团队、作者群、读者群建设以及科技期刊数字化推广注意事宜，以便更好地促进我国科技期刊数字化发展。

关键词：全媒体；数字化；科技期刊

数字化是实现全媒体传播的前提条件，也是包括期刊在内的各种传播媒体发展的基本趋势[1]。随着全球全媒体数字化的迅猛发展，期刊数字化存在转型与发展的较大压力[2]。本文试图从国际出版行业的视角，对如何突破数字化发展瓶颈以及科技期刊数字化发展进行探讨，并提出一些建议。

1 出版界数字化发展现状

1.1 国际现状

正如Empirical Media Advisors公司的媒体业务和品牌战略顾问Thomas R. Troland[3]先生所讲，随着人们教育程度增加以及城市化进程的加快，使得创新需求日益增加。同时随着城市化及受教育程度的提高，社会的富裕化进程不断加快。

人们在移动设备上停留的时间越来越多，电子出版方式也呈现多样化，不断改进以适应不同的媒体平台。全球52亿个移动用户，28亿个互联网用户，每天人均3~4小时在网时间，互联网社区已经建立[4]。APP的功能不再局限于购物、聊天，手机作为载体已经将其渗透到人们生活的各个层面。

1.2 国内现状

近年来，数字出版新技术不断涌现，赢利模式不断更新。以前，人们主要通过纸质媒体了解天下资讯。今天，中国已成为全球城市人口移动通信使用率非常高的国家。人们主要通过移动设备进行社交、家庭办公、图书阅读、购物、视频等。我国人口众多，使用智能手机用户比例大，我们有理由相信中国在未来的新市场和发展中占有重要地位。

基金项目：中国科技期刊国际影响力提升计划项目B类资助；上海高水平高校学术期刊支持计划A类资助；中国高校科技期刊研究会2017年专项基金课题资助项目(CUJS2017-012)；上海市高等院校科技期刊研究基金资助项目(SHGX2018A04)

2 全媒体数字出版下的市场推广

2.1 特点

罗伯特提出对于数字消费者的营销模式，以前是通过宣传目录推广产品，而现在在任何地方都可以获得图文信息[5]。市场营销在以一种不断尝试和不断循环的模式进行。数字营销是使用数字传播渠道来推广产品和服务的实践活动，从而以一种及时、相关、定制化和节省成本的方式与消费者进行沟通[6]。例如通过网络浏览数据，可以分析访客具体的阅读内容、访问频率，以及是否找到他们需要的信息等内容，从而分析制定相关个性化营销策略。

2.2 数字营销手段

数字营销手段越来越多样化[7]，目前针对出版物的主要有：电子邮件营销、搜索市场营销（搜索引擎的优化和点击付费的模式）、内容营销以及社会平台和建立APP。其中，内容营销是一种创造和分发有价值、相关的、持续的内容营销手段。这种营销手段通过吸引和获取清晰的客户群以达到盈利目的。

2.3 案例

诺贝尔奖获得者最多的出版商之一斯普林格（Springer）[8]，是STM领域知名的出版商。自1842年于德国创立，致力于学术出版事业。斯普林格电子数据库中，文献数量增长迅猛。其出版数据化推广发展非常迅速，他们的推广团队通过发送上百万份邮件和文章链接，直达全球千万科技工作者的E-mail邮箱，效果非常好，而且活跃于多个知名媒体社交平台。网站平台用户使用数据实时更新、即时可见，用户体验良好。

3 突破数字化发展瓶颈

传统图书出版目前面临的问题是每年出版较多品种，投入较高的成本，但总的销售册数并不理想，书店数量不断减少[9]。相比而言，自出版图书发展很快，主要生产者包括：亚马逊、eBooks、LuLu、企鹅等。

面对这样的发展瓶颈，我们该如何应对呢？Elsevier Science公司的Thomas V. Hartmann先生提出了比较好的见解：一是要了解自己的终端用户；二是要分析数字化出版的内容；三是要考虑生态系统的问题（也就是数字内容将成为复杂网络的一部分，与其他内容有交互作用）；四是注重内容的碎片化；五是解决视觉化问题；六是要在内容编辑与营销之间建立桥梁；七是要做用户分析。

这里，我们需要特别注意的是数字化发展下的版权问题。我国出版商须关注国际版权标准。作为WTO成员，须严格遵守WTO对版权的一些规定。我国出版商在数字转型中要在提高品牌度的同时保护好版权。需要特别注意数字内容如何被分发、如何被使用、是否被侵权等相关问题。要界定使用内容的规则，尊重其他国家的规则，版权合同与科技发展同步。

4 科技期刊数字化发展的思考

通过以上分析，有以下几点思考。

4.1 关于科技期刊数字化发展团队、作者群及读者群建设

首先，在科技期刊数字化发展中，团队成员的重要作用不言而喻。他们需要既懂期刊又懂技术。特别是新媒体平台的人员，他们承担着和读者直接交流和接触的工作。其次，发展

团队中，作者是将文章内容传达给读者的重要人员。而读者拥有良好的阅读体验后，可通过数字平台及时反馈建议并相互交流。

因此，可尝试为相关主题的作者创建网站博客、社交平台等。当然开始之前，要和作者沟通确认是否能坚持下去。因为每天能写的内容有限，如果不能坚持更新博客内容，这种方法不宜采用。同时，这些平台需要成熟的技术支撑。主题平台的建设是为了更好地让读者参与进来，让他们有更好的存在感，让他们能感觉是期刊出版的一部分。当平台拥有一个忠实用户的网站时，期刊的影响力品牌就在逐步树立。

4.2 关于科技期刊数字化推广注意事宜

推广开始前应先测试、调研并及时收取反馈信息。通过跟踪相关主题的作者群，充分了解每个社交网络的特点，同时密切关注新出现的网络平台和社区。其次，确保团队中执行项目的人员熟悉项目实时进度。不要急进，稳扎稳干，适时调整目标。建议将传统推广战略和新媒体推广战略两者结合，同步推进。在数字推广、策划选题方面给予作者长期支持。通过创建作者个人网站、社交平台、邮件简报推广、第三方网站推广(如科技期刊合作出版商)、相关社交媒体，多方位、多层次进行推广。可尝试制造有创意的数字内容，尤其是关注视频、音频内容的生产。如果技术支持不够，也可适当选择外包服务。

科技期刊文章并不是印刷出版后结束，而是有其生命力和持续性的。不管是在出版前还是在出版后，都可以通过数字化推广活动来提高文章的关注度和引用。文章出版后，也可以创造新的读者市场，如生物力学等一些交叉学科，就有可能通过良好的平台，结合多方位数字推广宣传，以吸引不同领域新的读者群。这也是我们期刊人重点关注之处，多平台、多时期数字化推广非常重要。

4.3 关于科技期刊网站、多媒体平台建设与维护

网站、多媒体平台建设需注意以下事项：要有核心信息，明确内容导向性，根据推广目标和读者群细化确定推送内容。平台信息传递要简练，方便读者找到想要的信息。优化搜索引擎，使用户能从该网站或平台快速、准确地找到相关信息。当读者对其内容产生兴趣时，相关界面应友好、易操作。同时，需及时更新信息，删除过时信息，定期测试每一个链接是否使用正常。网站、多媒体平台要随读者群在科技迅猛发展下的新的阅读特点而做相应调整。

5 展望

从11世纪40年代我国毕昇发明泥活字印刷术、1436年德国古登堡发明金属印刷术、1919年广播带来了声音的世界，到1937年电视的发明，都是单向的传媒交流。1999年，因特网功能电话，实现了即时即地的访问交流，标志着交互式媒体传播诞生。我们将进入一个体验型的媒体世界，即体验型媒体传播[10]。这是一种360°、沉浸式的场景体验。读者将从平面到三维立体的场景进行体验互动。因此，作为科技期刊出版工作者，我们应在全媒体数字化出版新形式下，通过灵敏的嗅觉，不断拓宽视野，认真考虑自己的责任，以更好地促进我国科技期刊创新与发展。

参 考 文 献

[1] 赵文彬.全媒体时代科技期刊的发展走向探讨.[EB/OL].[2014-11-26].http://media.people.com.cn/n/2014/

1126/c390949-26098646.html.

[2] 蒋红超.全媒体时代下传统科技期刊数字化的转型与发展策略[C]//第九届全国核心期刊与期刊国际化、网络化研讨会,太原.2011-9-16.

[3] TROLAND T R. The world on screen managing media for future success [EB/OL]. [2016-03-25]. https://www.linkedin.com/in/thomas-r-troland-a07bb66.

[4] 中国出版业行情分析[EB/OL]. [2018-01-14]. http://3y.uu456.com/bp_5x7qt6mym110ttc0odvv_1.html.

[5] Campaign Asia. Digital and online markets in China [EB/OL]. [2015-01-25]. https://www.CampaignAsia.com.

[6] 数字营销[EB/OL]. [2018-01-14]. https://baike.baidu.com/item/%E6%95%B0%E5%AD%97%E8%90%A5%E9%94%80/7181532?fr=aladdin.

[7] 何春燕.市场营销的手段及方法[EB/OL].[2017-08-08].http://wenku.baidu.com/link?url=zLbcCAWGa_2iavjmADYCppYACk99hcYzIJTCWBRYY4jBgZ1DbI-WWvRX5D-YdqKR8G_NNHagSN4zAAHKn1LEFhmUpBkq8ZYETI-EAyEhN6C.

[8] Springer publishing [EB/OL]. [2018-03-31]. https://en.wikipedia.org/wiki/Springer_Publishing.

[9] BAENSCH R E.从部分数据看美国的出版和图书销售情况[Z].全媒体数字出版与技术创新培训,纽约.2015.

[10] 王馨.新媒体时代的体验式传播[J].科技传播,2015(8):42-43.

高校社科期刊微信公众平台影响力提升策略
——以《重庆大学学报社会科学版》为例

胡 玥

(重庆大学期刊社,重庆 400044)

摘要:在学术期刊与移动媒体深度融合的背景下,以高校社科期刊微信公众平台为切入点,通过实际案例对微信公众平台用户影响力、图文影响力、菜单影响力进行深入剖析,提出通过扩大阅读受众群体、提升订阅号价值、扩展平台功能三种优化路径,进一步发展潜在订阅用户,打造为作者、编辑和外审专家服务的微信公众平台,从而为同行期刊提升微信公众平台影响力提供有益参考。

关键词:高校社科期刊;微信公众平台;影响力;案例;提升策略

近年来,微信作为互联网时代的新媒体正以迅速发展之势获取大众的广泛关注。顺应时代发展与变革,学术期刊微信公众平台的开通与运营已成为一种发展趋势,这不仅给学术期刊带来了机遇,也带来了挑战。随着微信公众平台的广泛使用,大部分学术期刊将公众平台打造成具备期刊推广、文章推荐、稿件查询等多功能的新媒体,给受众带来更便捷的体验。

微信公众平台账号有"服务号"和"订阅号"两种类型。服务号旨在为用户提供服务,给企业或组织提供业务服务与用户管理能力;订阅号主要是为媒体和个人提供新的信息传播方式[1]。高校学术期刊的微信公众平台一般为订阅号形式。文章将以《重庆大学学报社会科学版》微信公众平台的运营情况为案例,深入剖析高校社科期刊微信公众号的影响效用,从而提出提升期刊微信公众号影响力的有效途径。

1 《重庆大学学报社会科学版》微信公众平台的运营现状

以重庆地区为例,重庆现有期刊135种,其中科技类期刊79种,社科类期刊56种[2]。根据"CSSCI(2017—2018)收录来源期刊目录"[3]来看,重庆目前有《改革》《探索》《现代法学》《重庆大学学报社会科学版》《西南大学学报(社会科学版)》5种期刊被CSSCI收录。从目录可以看出,重庆地区高校社科类CSSCI来源期刊有3种,分别是西南政法大学主办的《现代法学》、重庆大学主办的《重庆大学学报社会科学版》以及西南大学主办的《西南大学学报(社会科学版)》。其中,创建微信公众平台的有重庆大学学报社科版(订阅号)以及以西南大学期刊社作为微信号的西南大学学报社会科学版(服务号)。

《重庆大学学报社会科学版》(以下简称"社科学报")是国家教育部主管、重庆大学主办的全面反映社会科学最新研究成果的综合性学术期刊,于2015年首次入选全国"百强报刊"[4]。该期刊在2015年4月创建微信公众平台(订阅号),账户名为重庆大学学报社科版。社科学报的微信公众平台界面底部为自定义菜单,菜单设置分为"在线查询""期刊内容"和"关于我们"3

基金项目:全国理工农医院校社科学报联络中心2016年度基金资助项目(LGNY16C3)

个栏目,"在线查询"包括"论文检索"和"稿件查询"2 个子栏目,可检索期刊发表的文章和查询作者投稿的文章情况;"期刊内容"分为"当期目录""过刊浏览"和"微刊阅读"3 个子栏目,可以便捷地在手机上浏览当期文章以及 2007 年至今的过刊文章;"关于我们"分为"期刊简介""投稿指南"和"联系我们"3 个子栏目,便于作者熟悉社科学报的情况和及时联系编辑部。社科学报微信公众平台主界面展示的是平台推送的多图文消息,一般是重点文章推介和相关学术会议等信息发布。同时,微信号具备以文字、图片以及语音等形式与后台管理员进行互动的功能。

1.1 用户影响力分析——公众平台关注情况

社科学报微信公众平台的受众群体以相关学术研究者、审稿人、投稿作者等科研工作者为主[5],目的是通过发布信息和已关注用户转发来发展潜在用户。然而,2015—2016 年期间微信公众平台的用户关注增长情况一直处于低迷状态,通过后台数据显示,截至 2016 年 12 月 31 日,粉丝数量仅为 268 人。为了更好地发挥公众平台的作用,扩大期刊的影响力,平台采用了以下方式进行用户推广:①在社科学报的期刊封底加印微信平台二维码;②向来稿作者、审稿专家发邮件时加推微信平台二维码;③期刊主办、承办各类会议、讲座时在宣传资料上加印微信平台二维码;④作者来电咨询时,介绍微信公众平台功能。通过以上措施,2017 年至今,微信公众平台的粉丝数量稳步上升,截至 2018 年 7 月,社科学报微信公众平台的粉丝数量为 798 人。

我们从后台数据显示的 2018 年 6 月 21 日—7 月 20 日的最近 30 天新关注人数增长数据(见图 1)发现,2018 年 6 月 23 日及 7 月 14 日人数增长较快,分别为 19 人、18 人。究其原因,在承办学术会议期间对微信公众平台的宣传,显著提升了微信公众平台的影响力。

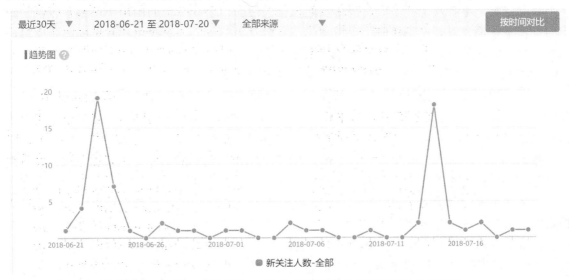

图 1 2018 年 6 月 21 日—7 月 20 日微信公众平台新关注人数趋势

但是,以上数据也反映出微信公众平台日常发布的重点文章推介对平台的影响力贡献较小,此类文章阅读量也较低。由此可见,用户更愿意关注与自身相关的资讯,如举办相关会议的信息等。

1.2 图文影响力分析——公众平台发布培训类资讯的典型案例

微信公众平台推送图文消息的目的是供用户阅读,用户阅读分为原文阅读和转发阅读,另外也可供用户收藏推送消息。社科学报微信公众平台推送的内容一般是图文消息,一条推送为一则图文内容,多数是期刊近期刊登的重点学术文章。2018年6月5日,管理员推送了一则题为"重庆大学'实证社会科学研究方法'2018年短训班通知"的培训类资讯消息,截至2018年7月20日,该信息阅读量为975次,在社科学报微信公众平台推送信息中阅读量排名第一。根据数据显示(见图2),在推送当天(2018年6月5日)图文总阅读人数达到了117人,总阅读次数为130人;分享转发人数为7人,分享转发次数为9次。由此可见,相关学生、专家等科研工作者对此次培训的关注度较高,此次信息推送收到了不错的效果。

时间	图文总阅读		公众号会话阅读		朋友圈阅读		分享转发		微信收藏人数	
	人数	次数	人数	次数	人数	次数	人数	次数	人数	次数
2018-06-11	4	4	2	2	0	0	0	0	0	0
2018-06-10	7	8	0	0	0	0	1	1	0	0
2018-06-09	1	1	1	1	0	0	0	0	0	0
2018-06-08	2	2	0	0	0	0	0	0	0	0
2018-06-07	7	7	2	2	0	0	1	1	0	0
2018-06-06	24	33	5	5	0	0	5	12	0	0
2018-06-05	117	130	44	46	0	0	7	9	0	0

图2 微信订阅用户阅读短训班通知的情况

与此同时,笔者发现:该图文消息虽然在已关注微信公众平台的用户中产生了较强的影响力,但是该消息没有产生任何用户留言等与后台互动的行为,潜在用户发展受限;同时,图文消息的转发量较低,在吸引更多用户关注公众平台的能力上仍显不足。

1.3 菜单影响力分析——公众平台自定义菜单点击率情况

社科学报的微信公众平台界面底部为自定义菜单,菜单设置分为"在线查询""期刊内容"和"关于我们"3个栏目。通过2018年6月1日—2018年6月30日的菜单点击情况(见图3)可以看出:"在线查询"的菜单点击率最高,其中子菜单"稿件查询"点击次数最多,为194次,点击人数为113人,人均点击次数为1.72次。"期刊内容"的点击量排在第二位,其子菜单"当期目录"点击量高于"过刊浏览";排在第三位的是"关于我们"菜单。

由图3可见:"稿件查询"子菜单使用频率较高,点击次数较多,说明使用自定义菜单进行搜索的一般为作者。作者关注微信公众平台的主要目的是通过便捷方式查询投稿的进度,在弹出的页面内输入稿件编号或者投稿作者姓名即可查询稿件情况,稿件状态分为"评审中""直接退稿"和"已采用"三种,详细内容如审稿意见等则需作者登录网页的投稿系统进行查看。

由此可以看出,微信公众平台"稿件查询"菜单产生的影响力较大,但由于该方式查询内容有限,手机移动终端展示内容信息不全,作者在查询一两次后仍会选择通过投稿系统进行详细内容查看,所以该部分的内容详尽程度有待提高。

2 高校社科类期刊微信公众平台的影响力提升策略

2.1 扩大阅读受众群体,发布具有社科期刊特性的图文消息

学术期刊微信公众平台是新媒体融合背景下具有鲜明时代特征的产物,其核心功能仍是

版本	菜单	子菜单	菜单点击次数	菜单点击人数	人均点击次数
20160323.01版 最近版本	在线查询	稿件查询	194	113	1.72
		论文检索	20	17	1.18
	期刊内容	当期目录	43	38	1.13
		过刊浏览	31	21	1.48
		微刊阅读	9	8	1.13
	关于我们	期刊简介	13	13	1.00
		投稿指南	18	16	1.13
		联系我们	6	5	1.20

图3 自定义菜单点击情况统计表

为用户推送投稿、期刊内容、行业资讯等信息，主要目的是为投稿作者服务。但是，扩大除投稿作者以外的阅读受众群体，从而引起相关学者、行业研究性人才、科研人员的关注，对提升期刊微信公众平台和期刊本身的影响力十分有益。

与科技期刊微信公众平台不同的是，社科类期刊应不定期发布前沿新闻资讯；同时，还可以聘请学者进行时政热点微访谈，将访谈内容进行编辑，通过后台管理员的二次创作以适应移动设备的阅读模式，从而引起相应学术研究者、社会人士的共鸣，利用口碑传播推动高校学术期刊微信公众平台的传播[6]，扩大非投稿作者的相关社会人士进行转发，提升影响力。

2.2 提升订阅号价值，实现与作者友好的微信互动平台

2.2.1 利用高校学术期刊特性，增强师生与微信公众号的黏性

作为高校主办的学术期刊，可以利用其在校特性，扩大在师生群体中的影响力。在校师生特别是在校学生这一年轻群体对微信的使用频率很高，对微信公众平台的关注热情也较高，通过手机微信进行知识获取已经成为他们的生活方式之一。因此，可以在学术会议、论文发表指导讲座等大型学术活动中，加强期刊微信公众平台的宣传，吸引在校师生关注期刊微信公众平台，为师生投稿提供有参考价值的指导性建议，有益于增强在校师生与期刊微信公众号的黏性[7]，增进在校群体对期刊本身的了解，更好地吸引优质稿源，为在校师生的学术论文发表提供服务。

2.2.2 满足订阅用户需求，深入完善与订阅用户的互动功能

在新媒体与学术期刊融合发展的过程中，满足微信公众平台对订阅用户的需要，是维持平台用户数量持续增长的重要影响因素。高校学术期刊的订阅用户主要是作者或有意向投稿的潜在作者群，因此，增强与这部分用户的互动关系可有效提升微信公众平台的影响力。①增强微信公众平台的后台功能，在自定义菜单中增加"用户中心"菜单栏，实现作者通过微信号、手机号等途径登录后可查看所投稿件详细状态、修改简单作者信息以及上传著作权转让合同等功能。②增强微信公众平台与订阅用户的留言回复、关键词回复功能，提升用户的参与积极性，吸引订阅用户持续关注期刊微信公众平台，进而发展潜在订阅用户。③延展微信公众平台功能，可以通过平台发布培训班、学术讲座、大型会议通知，并设置微信报名入口，实

现订阅用户通过移动设备即完成相应操作的功能；同时，还可以在微信公众平台上发布期刊近期优秀稿件评选工作的通知，并发布公示结果，从而引起投稿作者的广泛关注，进一步强化其互动功能。

2.3 拓展平台功能，打造为编辑、外审专家服务的微信公众号

微信公众平台的功能扩展离不开技术体系的保障，期刊与新媒体融合需要打造一个基于大数据、云计算、多平台、多渠道的技术体系，这是媒体融合的第一要素[8]。适应现代阅读模式的新趋势，越来越多的人采用移动终端进行"深"阅读，因此，合理化利用期刊微信公众平台的自定义菜单进行栏目设置，接入采编系统和审稿系统，对微信公众平台的利用价值有明显提升作用。①针对期刊编辑而言，可通过用户中心进行采编系统登录，在微信公众平台界面可以看到分配给编辑的稿件，并可以对稿件进行初审等；②针对外审专家而言，外审专家也可登录审稿系统，看到所审稿件的历史记录和待审稿件的详细情况，为专家提供一种新的审稿途径选择，方便外审专家实时审稿，有益于压缩审稿周期，从而提高行业专家对期刊微信公众平台的关注程度，一定程度上提升了平台影响力。

3 结束语

在学术期刊与移动媒体融合的背景下，移动终端将具备更强大、更完善的功能，其微信公众平台的作用也将日益彰显。通过对高校社科期刊微信公众平台的案例分析，剖析其已产生的积极效应和存在的不足之处，从而提出提升期刊微信公众平台影响力的具体优化途径。高校社科期刊应积极运用微信公众平台这一新媒体的传播形式，努力提升期刊的学术影响力和期刊微信平台的阅读影响力。

参 考 文 献

[1] 郑辛甜,毛文明.医学期刊微信公众平台的运营现状及影响力提升的分析[J].中国科技期刊研究,2014,25(5):667-670.
[2] 游滨."渝刊"出版创新与服务区域发展[J].编辑学报,2017,29(4):326-330.
[3] CSSCI 来源期刊目录(2017—2018 年)[EB/OL].[2017-12-16].http://cssrac.nju.edu.cn/a/cpzx/zwshkxwsy/20171216/2853.html.
[4] 《重庆大学学报社会科学版》期刊简介[EB/OL].[2015-09-20].http://qks.cqu.edu.cn/cqdxskcn/ch/index.aspx.
[5] 廖艳,魏秀菊.学术期刊微信公众平台传播特点及适宜应用形式分析[J].中国科技期刊研究,2015,27(5):503-508.
[6] 冀芳,王召露,张夏恒.人文社科学术期刊微信公众平台的发展——基于 533 种 CSSCI(2014—2015)来源期刊与 607 份问卷的调研数据[J].科技与出版,2016(11):75-81.
[7] 冀芳,张夏恒.CSSCI 来源期刊微信公众平台运营现状及优化策略[J].中国科技期刊研究,2016,27(7):756-762.
[8] 胡正荣.传统媒体与新兴媒体融合的关键与路径[J].新闻与写作,2015(5):22-26.

利用 VBA 一键提取 Word 论文上网元数据

刘永强，马昕红，樊 坤

(西安热工研究院有限公司热力发电编辑部，西安 710054)

摘要：为了减少期刊编辑部在每期论文网络出版时上传元数据的工作量，根据 Word 论文的标题、作者、单位、摘要、关键词、中图分类号、文献标识码、参考文献、备注等元数据的位置、样式、标注等信息确定提取规则，提出了一种基于 VBA 的上网元数据一键提取方法。采用该提取方法后，《热力发电》期刊每期提取元数据时间由 4 h 缩短至 1 h，达到了预期效果。该方法对编辑同行具有一定的借鉴作用。

关键词：元数据；信息提取；VBA；样式；论文上网

互联网时代，学术期刊面临前所未有的机遇和挑战，其出版方式和运营模式都迎来一场巨大的变革[1]。目前，几乎所有的期刊均以实现了网络出版，且已有部分期刊开始尝试开放存取。如何快速、高质量地提取拟发表论文的元数据是实现期刊网络出版的关键。随着计算机的广泛应用以及互联网的飞速发展，众多提取方法被应用到文档信息提取中[2-8]。

考虑到目前大多数作者采用 Word 撰写论文，且不少编辑部采用 Word 排版，急需一种依托 Word 文档的信息提取方法。吴春龙[9]基于 C#语言进行软件设计，实现了从损坏的 Word 97、Word 2003 文档中提取文本。汤克明等[10]在 Delphi 7.0 平台下开发了一个实用的 Word 文档分析工具，给出了 Word 文档常规属性的提取方法。文献[11-13]分别提出了 1 种 Word 表格与数据库数据双向转换的方法，既实现了从 Word 表格中采集提取数据存储到数据库中，又实现了从数据库中读取数据导出到 Word 表格中，该方法转换效率高，实用可行，但仅限于从 Word 表格的提取信息。郑河荣等[14]在对 Word 文档对象的分析基础上，介绍了 Word 文档信息的智能提取技术，但仅限于表格中的某些特定字段。

在争夺网络首发权的战争中，采用机械的复制粘贴方法提取元数据已不能满足要求。本文基于前人方法和经验，以《热力发电》期刊为例，设计出一种针对 Word 论文上网元数据的一键提取方法，对编辑同行具有一定的借鉴作用。

1 VBA

VBA 是 Microsoft 设计的最简单的开发工具，能够很方便地与其他软件兼容，具有直观、高速开发等特点[15]。VBA 位于 Word 开发工具中。开发工具提供了大量的指令及其他加载项功能。单击"文件"—"选项"—"自定义功能区"—在"主选项卡"列表中，选择"开发工具"复选框，单击"确定"，即可激活该选项卡，如图 1 所示。

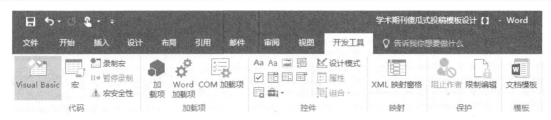

图 1　开发工具选项卡

2　元数据和提取规则

2.1　元数据

根据 Dublin 元数据标准[16]，考虑科技论文的特殊性[17]，其元数据可归纳为标题(副标题)、主要责任人(作者姓名、学历、机构、联系方法)、主题(关键词、主题词、论文分类号)、描述(摘要、目次、基金资助)、其他责任人(姓名、机构、责任方式)、日期(收稿日期、修改日期、发布日期)、资源类型、格式(期刊名称、期数、页面、页面尺寸)、标识符(文章编号、DOI)、语种、相关资源(参考文献)、版权、论文类型 13 个元数据和属性[6]。

结合《热力发电》期刊实际情况，本文所讨论的论文上网元数据是指论文的标题、作者、单位、摘要、关键词、中图分类号、文献标识码、参考文献、备注等信息。

2.2　提取规则制定

由于论文的格式一般都是固定的，通常论文的元数据一般都会集中在论文的前几页，并且各个元数据都会按照一定的顺序出现，比如论文的第一页通常会有论文的标题、作者、摘要和关键词等信息；而论文的每一项元数据都有其特定的字体、字号、行距等样式，并且同一项元数据中的所有文字都会采用同种样式；同时某些特定的元数据都会有关键词进行标注，如在摘要的正文前会加上关键词“［摘要］”等：结合这些特点可以提高对论文有效信息提取的效率和准确率[4]。《热力发电》期刊论文样式库和模板[18]首页分别如图 2 和图 3 所示。

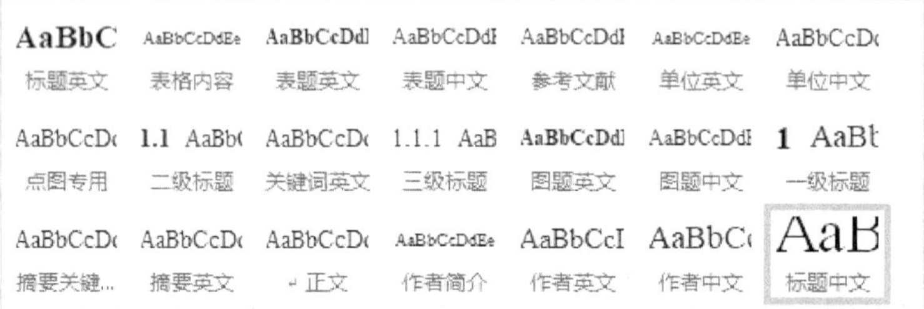

图 2　论文样式库

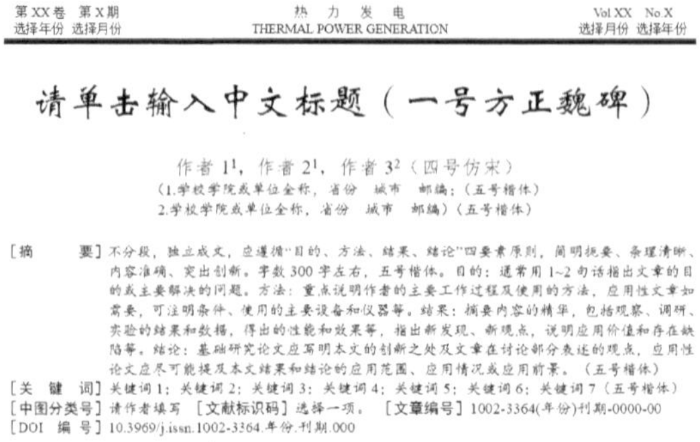
第 XX 卷　第 X 期　　热　力　发　电　　Vol XX　No.X
选择年份　选择月份　　THERMAL POWER GENERATION　　选择月份　选择年份

请单击输入中文标题（一号方正魏碑）

作者 1¹，作者 2¹，作者 3²（四号仿宋）
（1.学校学院或单位全称，省份　城市　邮编；（五号楷体）
2.学校学院或单位全称，省份　城市　邮编）（五号楷体）

［摘　　要］不分段，独立成文，应遵循“目的、方法、结果、结论”四要素原则，简明扼要、条理清晰、内容准确、突出创新。字数 300 字左右，五号楷体。目的：通常用 1~2 句话指出文章的目的或主要解决的问题。方法：重点说明作者的主要工作过程及使用的方法，应用性文章如需要，可注明条件、使用的主要设备和仪器等。结果：摘要内容的精华，包括观察、调研、实验的结果和数据，得出的性能和效果等，指出新发现、新观点，说明应用价值和存在缺陷等。结论：基础研究论文应写明本文的创新之处及文章在讨论部分表述的观点，应用性论文应尽可能提及本文结果和结论的应用范围、应用情况或应用前景。（五号楷体）
［关　键　词］关键词 1；关键词 2；关键词 3；关键词 4；关键词 5；关键词 6；关键词 7（五号楷体）
［中图分类号］请作者填写　［文献标识码］选择一项。　［文章编号］1002-3364(年份)刊期-0000-00
［DOI　编　号］10.3969/j.issn.1002-3364.年份.刊期.000

图 3　论文模板

结合图 2、图 3，根据元数据位置、样式、标注等信息确定提取规则。

(1) 借助样式读取整段。

中文标题、英文标题、中文姓名、英文姓名等均独占一段，可分别借助预设的"标题中文""标题英文""作者中文""作者英文"样式识别并提取。

```
If InStr(ActiveDocument.Paragraphs(i).Range.Style.NameLocal, "标题中文")>0 Then
    接收表.Cells(行, 1) = ActiveDocument.Paragraphs(i).Range.Text
ElseIf InStr(ActiveDocument.Paragraphs(i).Range.Style.NameLocal, "标题英文")>0 Then
    接收表.Cells(行, 2) = ActiveDocument.Paragraphs(i).Range.Text
ElseIf InStr(ActiveDocument.Paragraphs(i).Range.Style.NameLocal, "作者中文")>0 Then
    接收表.Cells(行, 3) = ActiveDocument.Paragraphs(i).Range.Text
ElseIf InStr(ActiveDocument.Paragraphs(i).Range.Style.NameLocal, "作者英文")>0 Then
    接收表.Cells(行, 5) = ActiveDocument.Paragraphs(i).Range.Text
```

(2) 借助标注提取整段。

中文摘要、中文关键词等均独占一段，且分别以"［摘要］""［关键词］"作为标注。查找这些标注定位到元数据所在段落，并替换掉这些标注即可。

```
If InStr(ActiveDocument.Paragraphs(i).Range.Text, "关 键 词") > 0 Then
    接收表.Cells(行, 7) = Replace(ActiveDocument.Paragraphs(i).Range.Text, "［关 键 词］", "")
ElseIf InStr(ActiveDocument.Paragraphs(i).Range.Text, "摘    要") > 0 Then
    接收表.Cells(行, 10) = Replace(ActiveDocument.Paragraphs(i).Range.Text, "［摘    要］", "")
    接收表.Cells(行, 12) = ActiveDocument.Sections(1).Footers(wdHeaderFooterFirstPage).Range
```

(3) 提取段落的一部分。

中图分类号、文献标识码与文章编号共居一段，分别以"［中图分类号］""［文献标识码］""［文章编号］"作为标注，且已知文献标识码和文章编号位数确定。此时可采用从右向左读取字符数的方法提取论文的中图分类号和文献标识码。

```
If InStr(ActiveDocument.Paragraphs(i).Range.Text, "[中图分类号］") > 0 Then
    MyString3 = Replace(ActiveDocument.Paragraphs(i).Range.Text, "［中图分类号］", "")
    MyString4 = Right(MyString3, 34)
    MyString5 = Right(MyString3, 41)
    接收表.Cells(行, 9) = Left(MyString4, 1)
    接收表.Cells(行, 8) = Replace(MyString3, MyString5, "")
```

(4) 读取多段。

全文一般有多条参考文献，可采用预设的"参考文献"样式识别，再借助循环逐条增加的方式提取。每条参考文献之间采用换行符 chr(13)或回车符 chr(10)分隔。

```
If InStr(ActiveDocument.Paragraphs(i).Range.Style.NameLocal, "参考文献") > 0 Then
    接收表.Cells(行, 11) = 接收表.Cells(行, 11) + Chr(10) + ActiveDocument.Paragraphs(i).Range.Text
```

(5) 读取多段并截去首尾。

作者单位可能不止一个，单位首尾用括号括起来。可采用预设的"单位中文""单位英文"样式识别，借助循环逐条增加的方式提取，再截去首尾的括号。

```
If InStr(ActiveDocument.Paragraphs(i).Range.Style.NameLocal, "单位中文") > 0 Then
MyString1 = MyString1 + ActiveDocument.Paragraphs(i).Range.Text
m = Len(MyString1)
接收表.Cells(行, 4) = Mid(MyString1, 2, m - 3)
ElseIf InStr(ActiveDocument.Paragraphs(i).Range.Style.NameLocal, "单位英文") > 0 Then
MyString2 = MyString2 + ActiveDocument.Paragraphs(i).Range.Text
n = Len(MyString2)
接收表.Cells(行, 6) = Mid(MyString2, 2, n - 3)
```

3 元数据一键提取

3.1 设置提取快捷键或按钮

借助宏功能设置提取快捷键或按钮。具体创建方法为：①单击"开发工具"选项卡—"代码"—"录制宏"，弹出"录制宏"对话框，修改宏名为"一键提取"；②将宏指定到键盘(也可指定到按钮)，弹出"自定义键盘"对话框，鼠标移至"请按新快捷键"，同时摁下 Ctrl+Shift+T，单击"指定"，接着单击"关闭"；③单击"代码"—"停止录制"，到此一键提取操作赋予快捷键 Ctrl+Shift+T。

3.2 一键提取主程序

主程序编辑方法为：①单击"开发工具"选项卡—"代码"—"宏"，弹出"宏"对话框；②选择"一键提取"，单击"编辑"，打开 VBA 窗口；③在"一键提取"程序节内输入以下程序：

```
Sub 单个提取()
Dim oApp As Object
Dim oappwork, 接收表
Dim MyString1, MyString2, MyString3, MyString4, MyString5
Dim m, n As Long
Set oApp = CreateObject("Excel.Application")
Set oappwork = oApp.Workbooks.Add
Set 接收表 = oappwork.Sheets(1)
行 = 1
接收表.Cells(1, 1) = "中文标题"
接收表.Cells(1, 2) = "Title"
接收表.Cells(1, 3) = "作者"
接收表.Cells(1, 4) = "中文单位"
接收表.Cells(1, 5) = "Author(s)"
接收表.Cells(1, 6) = "英文单位"
接收表.Cells(1, 7) = "关键词"
接收表.Cells(1, 8) = "分类号"
接收表.Cells(1, 9) = "文献标识码"
接收表.Cells(1, 10) = "摘要"
接收表.Cells(1, 11) = "参考文献"
接收表.Cells(1, 12) = "备注/Memo"

For i = 1 To ActiveDocument.Paragraphs.Count
```

```
        '此处填入 2.2 节中所列提取程序
    Next i
    oApp.Visible = True
End Sub
```

3.3 提取结果及整理

采用上述一键提取方法能以 Excel 工作簿的形式输出单篇论文上网元数据。以每期 20 余篇论文计，可生成 20 余个工作簿，将其汇总至 1 个工作簿内，即可得到当期网络出版所需的元数据。同理，可根据不同编辑部的需求，提取论文中的英文摘要、英文关键词、DOI 编号等数据。

4 结束语

本文设计了一种 Word 论文上网元数据一键提取方法。该方法在《热力发电》期刊网络出版中起到了明显作用，显著减轻了编务工作量。采用传统复制粘贴方法提取一期论文上网元数据约需 4 h，采用一键提取方法后仅需约 1 h。后期可在提取程序精简和提取方法智能化方面做深入研究。

参 考 文 献

[1] 廖坤,崔玉洁.网络时代学术期刊数字出版模式探析[J].编辑学报,2017,29(2):116-118.
[2] 刘华中.面向 PDF 文档的论文元数据提取方法研究[D].燕山大学,2012:2;4-6.
[3] 牛永洁,薛苏琴.基于 PDFBox 抽取学术论文信息的实现[J].计算机技术与发展,2014(12):61-63.
[4] 任林涛.PDF 格式中文科技论文的有效信息提取方法及分类研究[D].长春:吉林大学,2011:9-18.
[5] 赵子浩.基于集成学习的 OA 期刊论文元数据提取方法研究[D].秦皇岛:燕山大学,2012:1-3.
[6] 钱建立,吴广茂,蒋路.基于特征相似度的科技论文元数据提取算法研究[J].微电子学与计算机,2008,25(8):129-132.
[7] 杨海亮,徐用吉.利用 VB 读取方正排版文件提取元数据[J].中国科技期刊研究,2015,26(6):612-617.
[8] 冯民,毛善峰.一种适合大批量期刊元数据自动化提取的程序设计[J].中国科技期刊研究,2016,27(10):1081-1084.
[9] 吴春龙.C#语言实现从 Word 文档中提取文本[J].电脑编程技巧与维护,2013(13):84-87.
[10] 汤克明,陈峻.Word 服务器的接口解析与文档属性提取[J].计算机工程与应用,2008,44(28):79-82.
[11] 黄蔚,张璟,李军怀,等.非结构化 Word 数据表与 RDB 间的存储转换[J].计算机工程,2009,35(20):37-40.
[12] 肖刚,王洪恩,王昌建,等.基于 Word 文档的数据交换策略及其实现[J].计算机应用与软件,2004,21(3):34-6.
[13] 林宫.基于 OLE 和 VBA 的数据库与 Word 数据交互研究[J].福州大学学报(自然科学版),2006,34(6):831-835.
[14] 郑河荣,沈瑛,马珂绛,等.Word 文档信息的智能提取技术[J].绍兴文理学院学报(自然科学版),2003,23(9):33-35.
[15] 王克刚,齐军.Word 文档的程序控制[J].安康学院学报,2002,14(2):45-47.
[16] ANSI/NISOZ 39.85—2001. The Dublin core meta data element set [M]. Maryland: NISO Press, 2001.
[17] 屠彤辉.期刊论文的元数据描述探析[J].上海高校图书情报工作研究,2006(4):30-34.
[18] 刘永强,李园,马昕红,等.学术期刊傻瓜式投稿模板设计方法[J].编辑学报,2018,30(2):192-195.

《渔业学报(英文)》应用学术出版推广服务 TrendMD 的效果分析

黄 历，刘 艳，叶宏玉，陈 鹏，齐亚丽

(上海海洋大学学报编辑部，上海 201306)

摘要：对学术传播推广服务 TrendMD 的运行模式、服务特点进行了介绍，以《渔业学报(英文)》的应用实践为例，分析了《渔业学报(英文)》在 2018 年 2 月开始使用 TrendMD 服务至 2018 年 6 月间，与 2017 年同期比较论文下载量的变化，结果发现，短期内下载量无显著变化，但文章的曝光度得到很大提高，有 67 篇文章总共被推送到了约 600 家国际期刊或者网站上。学术论文的出版不是终点，让学术论文广泛传播、为人所见所用，才是科学研究的最终目的。因此，持续长期使用 TrendMD 的服务，随着推送系统机器学习能力会不断加深，推送必将越来越准，累积的数据越多，对应用效果的评估也将更准确。

关键词：学术出版；推广服务；TrendMD

据 *Science and Engineering Indicators* 2018[1]统计，中国学术论文的发文量已经超过美国，成为世界第一。然而，研究表明[2-5]，中国的科技论文在国际平台上的曝光度仍然很低，反映在文献计量学上即文章的被引量很低。

在传统的纸质出版模式中，出版和传播均由出版商或期刊编辑部来完成，传播的途径主要依靠订阅，学术传播的速度慢、范围小、效率低；互联网出现后，期刊出版网络化，学术论文的传播更加便利和高效，以谷歌学术[6]为代表的学术搜索引擎更是将学术传播的速度和广度推向更高的层次，但是学术传播的精确度低，作者还需要对返回的海量搜索结果进行筛选；此外，"开放获取"的出版形式，也是提高学术文献曝光度的有效方式。然而，以上传播方式都是以出版商或期刊编辑为核心的被动传播。新媒体出现后，学术传播的途径更加多元化，作者掌握了传播的主动权，传播内容和形式极大丰富[7]，在国内，微博、博客、微信公众号等成为作者分享学术文献，提升影响力与可见度、增加论文引用量的重要渠道。虽然新媒体使学术传播转入"作者驱动型"，但是这种传播方式在内容与形式上有一定的局限性，已不能满足学者对学术成果分享的需求。在信息网络技术高速发展的时代，让学术文献更好地传播，并为人所见所用，致力于学术传播服务的新工具应运而生。周小玲等[8]介绍过提高科研成果学术影响力的平台 Kudos；田文博等[9]以 Kudos 和 TrendMD 为例，分析了国际学术推广服务的使用效果。本文详细介绍了 TrendMD 学术传播服务新工具的服务模式，并结合使用 TrendMD 的推

基金项目：中国科协精品科技期刊工程项目(2015KJQK003-1)；2016 年度高水平高校学术期刊支持计划 B 类项目；上海市高等院校科技期刊研究基金资助项目(SHGX2018B03)

通信作者：齐亚丽，E-mail: ylqi@shou.edu.cn；陈鹏，E-mail: pchen@shou.edu.cn

荐服务所获得的阶段性数据，简单分析了应用效果，以期为我国学术论文的传播提供一些启发和帮助。

2 TrendMD 及其服务模式

2.1 TrendMD 简介

商业领域中，尤其是电子商务，"协同过滤技术"应用非常广泛，即消费者在购物网站中选购商品的同时，系统会推荐同类商品给消费者。学术出版中，Elsevier 也是应用该项技术的先锋，在其数据库网站 ScienceDirect 中，读者下载自己所需文献的同时，网站还会推荐相关文献，但这种推荐仅限 ScienceDirect 中的资源。

TrendMD 也是一家在学术出版领域内应用类似技术的服务公司，其成立于 2014 年，总部位于加拿大多伦多，与 Elsevier 推荐不同，其核心业务基于"相关学术内容的跨平台推荐"，将学术内容在不同的学术平台上展示，对于推进期刊与期刊之间的互通互联，对于方便高端读者的深度阅读，对于增加学术期刊所刊发内容的国际和国内曝光度都具有非常积极的作用。该公司自成立以来，在北美和欧洲已经与 Nature、Science、Elsevier、Taylor & Francis、Emerald、BMJ 等国际著名出版商旗下的超过 4500 家国际顶尖期刊合作。在国内，与中华医学会杂志社、中国激光杂志社、清华大学出版社期刊中心、浙江大学出版社学术期刊中心、上海大学期刊社、科爱公司等期刊社旗下的 200 多家期刊合作。在全球合作的期刊中，横跨医学、生物医学、生物化学、生物学、工程类、计算机科学、材料学、化学与化学工程、环境与生态学、动植物科学、农学、地球物理学、物理学、数学以及人文与社会科学等学科。目前，通过 TrendMD 的推荐服务，每月推荐出去的文章链接约 12 亿条，涉及 1 亿以上的不同读者，月增长速度超过 18%。

2.2 TrendMD 的服务模式

TrendMD 与期刊合作以后，会索引期刊所有论文的历史元数据(URL、文章标题、作者、摘要、出版年月)，在网站后台安装插件，通过一定的技术手段实现文章的精准推荐，在平台展示来自于本平台和第三方平台的相关文章内容，为作者提供更丰富的学术资源。以下将以 *Aquaculture and Fisheries*(AAF)(中文名《渔业学报(中文)》)为例说明 TrendMD 的服务模式。

要实现"相关学术内容的跨平台推荐"，首先期刊自建具有网刊发布、存取和浏览的功能的网站，或者每篇文章都具有网络页面且存在有效链接地址。将 TrendMD 插件安装在期刊网站后，即能实现推荐服务。任意打开一篇文章的页面后，如图 1 所示，在页面的下半部分出现了文章推荐，左下侧为本刊的文章，右下侧为其他平台的文章链接。

相应地，AAF 的文章也会出现在期刊平台中。如图 2 所示，AAF 一篇文章的基本信息和链接出现在了大平台 PANS 中。作者在 PANS 网站中浏览自己感兴趣的文章时，只要打开具体一篇文章的页面，就将触发 TrendMD 的推荐机制，利用"深度语义分析技术"迅速找到了 AAF 中与作者打开内容相关的文章，通过"协同过滤技术"推荐到打开的文章页面上，增加了 AAF 文章的曝光度。

另外，所有的推荐和点击在 TrendMD 中都有完整的记录(见图 3)，用户可以根据推荐和点击数据进行反向追踪，对于期刊了解目标用户和用户行为，制定出版计划和约稿对象具有非常重要的应用价值。

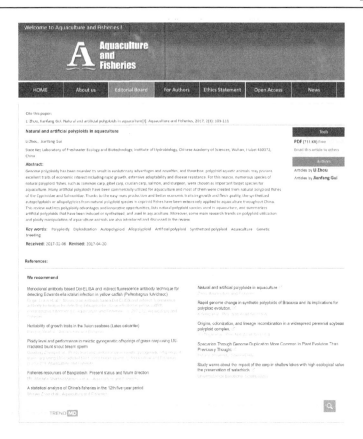

图 1　AAF 平台中具有推荐功能的文章页面

图 2　出现在 PANS 文章页面中的 AAF 文章链接

图 3　TrendMD 服务记录页面

3　应用效果分析

　　AAF 于 2015 年 11 月创办，是目前中国大陆第一本也是唯一正式获批创刊的水产渔业学术类英文刊。近年来，随着国家科技事业快速发展，科技期刊特别是英文科技期刊的建设和发展日益蓬勃。然而，被 SCI 收录的 50 种水产渔业类期刊中没有一本来自中国。因此，依托主办单位上海海洋大学的一流学科建设项目的支持，提升 AAF 的国际影响力，将 AAF 打造成具有国际专业水平的水产科技展示和学术交流平台，既是水产一流学科建设的重要组成部分，又是重要目标之一。基于此，AAF 于 2018 年 1 月 31 日正式与 TrendMD 签署合作协议，于 2018 年 2 月 5 日开始推送服务。截至 2018 年 8 月 14 日，AAF 共发表论文 76 篇，有 67 篇文章总共被推送到了约 600 家国际期刊或者网站上(表 1)，其中 75%的期刊为 SCI 收录期刊，按照影响因子排前 30 位的期刊中，以生物医学类期刊居多，这与目前 AAF 所刊文章多以基础生物学类研究论文为主有关，而且许多水生动物都被当作模式生物进行基础医学或药学的研究。此外，约有 110 万条文章的链接推送到了国际期刊或者高端媒体页面上，平均每月 15 万条。

表 1　被推荐到的期刊或网站(按 2017 年影响因子排序前 30 位)

期刊/网站	影响因子	推送次数	点击次数
Journal of Clinical Oncology	26.303	48	10
BMJ	23.259	57	3
Clinical Microbiology Reviews	20.642	349	2
Gut	17.016	205	8
American Journal of Respiratory and Critical Care Medicine	15.239	49	4
Annual Review of Physiology	14.327	304	3
Microbiology and Molecular Biology Reviews	13.439	226	2
Diabetes Care	13.397	182	28
Journal of Clinical Investigation	13.251	227	11
Annals of the Rheumatic Diseases	12.350	180	4
Annual Review of Earth and Planetary Sciences	11.391	22	1
Journal of Experimental Medicine	10.790	52	1
Annual Review of Microbiology	9.808	174	1
Thorax	9.655	63	4

表 1 （续）

期刊/网站	影响因子	推送次数	点击次数
PNAS	9.504	11 094	32
Annual Review of Cell and Developmental Biology	9.032	8	1
Journal of Cell Biology	8.784	102	1
Journal of the American Society of Nephrology	8.655	418	12
Plant Cell	8.228	248	1
British Journal of Sports Medicine	7.867	250	4
Journal of Nuclear Medicine	7.439	46	5
Diabetes	7.273	336	15
BMJ Quality & Safety	7.226	5	1
Journal of Neurology, Neurosurgery and Psychiatry	7.144	77	7
mBio	6.689	857	7
Science Signaling	6.378	65	2
Canadian Medical Association Journal	6.210	53	2
Annual Review of Environment and Resources	6.025	248	2
Plant Physiology	5.949	152	2
Molecular & Cellular Proteomics	5.232	36	1

文章的下载量可以反映文章受关注程度，因此，选取 2016 年创刊号的 6 篇文章，将未使用 TrendMD 推荐服务的 2017 年 2—5 月的下载量与使用了推荐服务的 2018 年 2—5 月下载量进行比较，尝试分析 TrendMD 推荐服务是否对文章的下载量有无影响。从表 2 可以看出，仅编号 1 的文章的下载量有一定的差异，通过对同一篇文章 2017 年和 2018 年同一月份下载量进行单因素方差分析，P 值都大于 0.1，两组数据无显著性差异。因此，短期使用 TrendMD 的推荐服务，对 AAF 文章下载量并无显著影响，结合表 1 中的点击数据，也可以说明这一结果。随着 AAF 与 TrendMD 的持续长期深度合作，推送系统机器学习能力会不断加深，推送必将越来越准，累积的数据越多，对应用效果的评估也将更准确。

表 2　2017 年和 2018 年相同时期的下载次数(基于 ScienceDirect 平台)

文章编号	2017年2月	2018年2月	2017年3月	2018年3月	2017年4月	2018年4月	2017年5月	2018年5月
1	129	437	147	337	163	298	241	304
2	136	112	199	193	144	138	187	86
3	78	54	92	57	80	72	76	91
4	85	59	153	77	53	58	89	82
5	40	25	37	24	30	27	21	49
6	39	59	46	84	14	25	22	35

4　结束语

目前，TrendMD 已经与水产养殖和渔业相关领域的国外诸多优秀期刊建立了合作关系，其中包括：Annual Review of Marine Science、Reviews in Fisheries Science & Aquaculture、Canadian Journal of Fisheries and Aquatic Sciences、Bulletin of Marine Science 等。通过 TrendMD

相关性(文章关键信息、大数据比对、个人用户行为)分析技术,*AAF* 发布的每篇文章,都有机会推送到国际期刊相关文章的页面上,吸引国际上相关读者点击、阅读甚至引用。同时也是 *AAF* 现有传播途径的一个非常必要的补充和读者市场的拓展,随着与 TrendMD 的长期深度合作,将来 *AAF* 的国际曝光度、全文阅读和国际引用会不断提高。

参 考 文 献

[1] Board. National Science [M]. Alexandria, VA: National Science Foundation, 2018.
[2] REN S L, LIANG P, ZU G. A Scientific publications: the challenge for Chinese scientific journals [J]. Science, 1999, 286(5445):1683-1683.
[3] REN S L, ROUSSEAU R. International visibility of Chinese scientific journals [J]. Scientometrics, 2002, 53(3):389-405.
[4] SHU F, LARIVIERE V. Chinese-language articles are biased in citations [J]. Journal of Informetrics, 2015, 9(3): 526-528.
[5] WU Y S, PAN Y T, ZHANG Y H, et al. China scientific and technical papers and citations (CSTPC): history, impact and outlook [J]. Scientometrics, 2004, 60(3):385-397.
[6] ACHARYA A, VERSTAK A, SUZUKI H, et al. Rise of the rest: the growing impact of non-elite Journals [M]. Scholargoogleblogcomm, 2014.
[7] ZOHREH Z, RODRIGO C, PAUL W. How well developed are altmetrics? A cross-disciplinary analysis of the presence of 'alternative metrics' in scientific publications [J]. Scientometrics, 2014, 101(2): 1491-1513.
[8] 周小玲,马瀚青,侯春梅,等.Kudos 平台对我国期刊出版平台影响力提升的启示[J].中国科技期刊研究,2016, 27(10): 1061-1063.
[9] 田文博,陈禾.国际学术出版推广新工具使用初探——以 Kudos、TrendMD 为例[J].科技与出版,2018(6): 110-115.

科技期刊移动出版面临的机遇与挑战

巩 倩[1]，李 锋[1]，接 潇[1]，张 弘[2]

(1.《同济大学学报(医学版)》编辑部，上海 200092；2.《同济大学学报(自然版)》编辑部，上海 200092)

摘要：分析了科技期刊移动出版的机遇与挑战，认为科技期刊移动出版应采用合适的形式，优化内容，提高阅读体验，满足读者的个性化需求。

关键词：科技期刊；移动阅读；移动出版

移动出版是将内容资源进行数字化加工，以手机、平板电脑、电子书阅读终端等移动设备为媒介，通过移动互联网进行传播的出版行为。在国家战略上，《关于推动新闻出版业数字化转型升级的指导意见》(新广发[2014]52号)与《关于推动传统出版和新兴出版融合发展的指导意见》(新广发[2015]32号)等重要文件先后出台，为我国传统媒体与新媒体的融合发展和科技期刊移动出版提供了重要政策保障。期刊编辑部和数字出版商纷纷投到移动出版业务，推出微信公众号、APP及自适应移动端官网等移动出版方式。但科技期刊图表较多、内容较长，不适合浅阅读，且受众群体较小，其移动出版较大众科普期刊逊色很多。随着移动技术的发展及移动设备的普及，读者也逐渐习惯移动阅读，科技期刊也应该改善移动阅读能力。为此，本文详细分析了科技期刊移动出版面临的机遇与挑战，以期为推动我国科技期刊的移动出版提供借鉴。

1 科技期刊移动出版的机遇

1.1 移动互联网覆盖面广，移动设备非常普及

随着4G移动网络的飞速发展和WiFi的普及，移动互联覆盖面越来越广，人们越来越习惯于从移动端来获取信息。2018年，中国仅仅智能手机的拥有量就达到3.54亿，还不包括平板电脑和电子书等，已经成为世界上智能手机用户量最多的国家。中国互联网络信息中心(China Inerenet Network Information Center, CNNIC)发布的《中国互联网络发展报告2018》显示，截至2017年底，手机已经成为最主要的移动上网设备，上网人群占比由2016年的96.1%提升至97.5%。这些都为移动阅读创造了积极有利的基础。

1.2 移动阅读已成为大众习惯

因为设备携带方便，查询信息便捷，阅读省时、省力，越来越多的人习惯在手机、平板电脑上进行浅阅读[1]。早在2011年，就已有接近一半(49.7%)研究人员对移动阅读非常依赖[2]。张维等[3]研究显示：约有92.31%的读者愿意使用手机、iPad等移动终端阅读科技期刊，只有7.69%不愿意。

基金项目：上海市高校科技期刊研究基金项目(SHGX2016C03)

1.3 移动出版内容表现丰富，无版面限制

传统的纸质出版形态通常是平面、静态的，而且论文的长短常常受到版面的制约，刊载的内容有限。数字网络环境下，论文可以添加音频、动画、视频等多媒体文件，使文章内容更完整，呈现形式更丰富，且不受版面限制。静态阅读变成了动态阅读。SpringerLink 拥有超过 2 000 本线上期刊，支持流媒体技术，可以添加具有缩放功能的高清晰照片，作者可上传文章相关的图表、数据及视频。

1.4 移动出版可以实现互动

传统期刊从作者投稿至文章发表，整个过程都需要编辑参与完成，并成为作者与读者之间的桥梁。移动互联时代，读者与作者的沟通可以不受时间和区域的限制，可以通过留言、邮件等形式随时进行。《中国互联网络发展报告 2018》显示，移动社交工具已成为中国智能手机中的必备应用，约 50% 的用户每日使用移动社交应用超过 3 次。截至 2017 年底，排名第一的典型社交应用为微信朋友圈，使用率为 87.3%，成为中国当前使用人数最多的社交网络平台。微信平台上越来越多的优秀内容源自传统出版权方。许多出版社和杂志社利用微信建立订阅号、服务号作为推广的工具。

2 科技期刊移动出版的挑战

2.1 出版内容单一

目前，很多科技期刊的移动出版仅仅是将纸质版论文简单复制发布，与各种数字出版平台内容几乎完全一致，并没有对内容进行任何加工。甚至部分期刊移动端无法下载全文，更新也不及时。

2.2 科技论文不适合浅阅读

科技论文一般单篇篇幅较长，一个页面无法展示，阅读时需要翻页和移动，阅读体验非常一般。同时，科技期刊论文内容均专业，一般均有较多的图表，阅读时候既需要较好的专业基础，还需要连贯性。科技期刊的读者需要的是深阅读和整体阅读，这与移动终端浅阅读的特点契合度不高[4]。

2.3 运营能力较弱

目前，国内外著名科技期刊均在移动出版领域做了很多开创性的工作，借此实现期刊的移动出版，增强传播能力，从而提高自身的学术影响力。国外的期刊中，中国读者耳熟能详的著名期刊，如 *Nature*、*Science*、*Cell*、*NEJM*、*JAMA*、*PNAS* 等均都已开发APP。国内仅少量的科技期刊开发了APP，影响力较大的是中华医学会系列期刊发布的APP。中华医学会主管期刊数量较大，且中华医学会的期刊基本都在本行业中文期刊中处于绝对领先地位，具备开发APP的实力；国内多数科技期刊编辑部规模有限，缺少技术支持且APP客户端开发工作量大，科技期刊缺乏专业人员，因此较少的科技期刊已开发APP。目前多数科技期刊以单刊出版的小规模方式运作，大部分都是学术编辑在兼职做移动出版，科技期刊编辑本身工作繁忙，且缺少专业背景，多数科技期刊的移动出版能力都非常弱。

3 科技期刊移动出版的策略

3.1 选择合适的出版模式

目前，科技期刊常用的移动模式有 APP、微信公众号、自适应移动端的官方网站。APP

更正式，但不太适合刊物较少的编辑部。微信公众号方便快捷，但是对人员也有要求，且读者只能阅读一本杂志。对于只有较少刊物的编辑部，与移动出版平台(如超星、知网)合作是一个有效的模式[5]。

通过收集读者的阅读时间和阅读习惯资料，移动出版平台可以分析得知读者关注的焦点，从而将期刊内容精确地推广到读者移动终端。移动出版平台可以同时阅读多刊，既满足读者的阅读要求，又能避免科技期刊自己做移动推广出现的资源浪费且效果不佳的局面。科技期刊可以充分借助超星、知网等移动出版平台将期刊内容精确推广到读者移动终端，有效提高科技期刊的移动出版。在这个过程中，科技期刊并不需要投入过多资源，只需要将期刊需要移动出版的内容提供给移动出版平台，由他们进行移动出版专业化制作和整合，这对目前中国散而小的科技期刊的移动出版是非常有效的手段。

3.2 优化出版内容

目前，数据库开展的数字出版依然处于主流地位。因此，科技期刊的数字出版必须采用最合适的技术，提供更快、更全的内容。

(1) 更新要快。科技期刊将数据交给中国知网、万方、重庆维普等大型数字出版公司后，除了独家代理外，一般均在论文发表几个月后才能在网站上全文下载，这种时间滞后性肯定会影响科技期刊的传播效果；而学术期刊可将纸质内容在移动终端与同步发布，甚至提前发布，从而有效缩短出版周期。

(2) 文章内容全。建议提供 PDF 和 HTML 格式两种格式的内容下载；除了有当期的全文下载外，还应该有过刊浏览和下载。

(3) 纸质版以外的内容。纸质版因为版面有限和传播技术的限制，很多科研内容不能完全展示。如医学期刊的手术及治疗方案动态演示、其他一些学科的原始数据都可以通过移动出版展示[6]。

(4) 增加文章点评。编辑可以对当期文章做导读。邀请由作者本人撰写文章的创新点和亮点，从而达到更好的传播效果，也可以提高读者的阅读体验。

(5) 期刊本身的介绍。如稿约、编委会以及本刊的影响因子、被引频次等相关统计结果的报道，还可以放一些期刊取得的重要成绩。

3.3 提高阅读体验

(1) 界面优化。科技期刊移动阅读时候要尽量避免翻页和放大、缩小，努力实现移动出版流媒体格式全文自适应阅读。

(2) 功能优化。应满足读者进行字体大小调整、图片点击缩放、背景选择、添加书签、图片点击缩放、提供每篇文献的引用格式、阅读笔记、PDF下载、检索等需求，适应不同场景的阅读需要，提供最佳阅读体验。

(3) 支持社交空间的传播分享，从而促进传播效果。应支持评论、转发、点赞，促进不同用户间的互动。

3.4 满足读者的个性化需求

科技期刊无论采用纸质载体还是电子媒介，有创建性、知识性、权威性的学术内容始终是读者的终极需要。大数据时代的读者变得越来越缺乏耐心，在信息过载的背景下，如何快速而精准地抓住读者的眼球、如何能帮助读者迅速地找到优质的内容，并将其广泛传播出去，变得十分重要[7]。科技期刊的读者和作者都具备较强的专业素质，学历较高，容易接受新鲜事物，对知识更新的要求远高于一般人群。但在快节奏的工作和高强度的学习过程中，他们渴望用最少的时间、最有效的方式来获取最需要的科技信息。所以，能否满足读者的个性需求是科技期刊移动出版的关键之一。

(1) 专题定制。很多期刊同一期的主题不集中，综合性期刊更是如此，而专题定制可以帮助读者把一段时间内本刊出版的同类文章集中起来，满足作者的阅读需求。

(2) 帮助作者和审稿人进行交流。同行评审是我国科技期刊主要审稿手段。但是随着学科的不断发展，审稿人，尤其是大同行审稿人，对很多稿件也不是十分了解，有的时候作者不能完全理解审稿人提的评审意见。如果有一个合适的平台能让作者和审稿人进行交流，既能提高稿件学术水平，又能增加审稿人和作者对期刊的认同感。

科技期刊应避免信息的过度"碎片化"，注重浅阅读与深度阅读的有机结合[8]。因为学术研究首先讲究的是真实性，不注重整体的碎片化阅读有时很容易断章取义，导致看到的往往就是片面的幻象。相信随着科技的进步以及期刊的重视，科技期刊的移动出版前景一定会越来越光明。

参 考 文 献

[1] 尹文卉.碎片化阅读状态下的读者培育研究[J].图书情报导刊,2016,1(6):75-77.
[2] 谢蓉.高校图书馆如何推广手机阅读[J].图书情报工作,2011,55(14):20-23.
[3] 张维,吴培红,栾嘉,等.医学期刊移动终端阅读服务问卷调查与实践探索——以《第三军医大学学报》为例[J].中国科技期刊研究,2018,29(6):598-604.
[4] 谢文亮,杨小川.移动互联网时代学术期刊的浅阅读与深阅读[J].中国科技期刊研究,2014,25(1):152-154.
[5] 占莉娟,方卿.学术论文移动出版服务科研用户存在的问题及对策[J].出版发行研究,2018(6):30-33.
[6] 占莉娟,陈晓峰.学术文章附作者讲解视频二维码的推广价值及注意策略[J].科技与出版,2017(11):97-103.
[7] 巢乃鹏,王成.基于用户体验的移动出版物评价体系研究[J].出版发行研究,2012(8):80-83.
[8] 陈鹏,叶宏玉,梁凯,等.移动阅读环境下学术期刊的发展启示[J].中国科技期刊研究,2015,26(3):300-304.

学术期刊智能出版的模式与形态分析

王婧，刘志强

(上海大学期刊社，上海 200444)

摘要：在《新一代人工智能发展规划》指导下，我国学术期刊新型出版模式与形态成为值得思考的问题。从智能出版的现状、战略性意义、面临的机遇与挑战展开分析，探讨传统出版与新兴出版在学术传播中的可行性路径。

关键词：智能出版；人工智能；学术期刊；出版流程再造

1 我国学术期刊智能出版的现状

2017 年 7 月国务院发布了《新一代人工智能发展规划》(以下简称《规划》)，提出了面向 2030 年我国新一代人工智能发展的指导思想、战略目标、重点任务和保障措施[1]。《规划》的出台，标志着人工智能已经列入了国家战略层面，举全国之力，2030 年抢占全球人工智能制高点，将战略目标定位在总体达到世界领先水平，使国民经济各行业都得到了鼓舞和激励。人工智能的快速发展将会对整个出版业产生极具颠覆性的改革与变化，会进一步推动数字出版的高速发展(包括出版业的流程再造、内容重塑、业态创新、大范围高新技术的应用、传统生产方式的变革以及传统出版业态的智能化改造等)[2]。

人工智能技术正在加速进入出版行业，在发行、印刷、数据加工、数字阅读、数字教育等领域得以广泛应用，为出版业的转型升级带来了更多的可能。同时，人工智能在出版流程的再造方面也提供了很多可能，比如语音录入、机器协助校稿、机器写作；在增强用户交互体验方面，很多机器在出版行业也得到逐步应用[3-4]。

国际上，欧美大众出版商多渠道与读者建立直接关系，获取海量数据，将数字阅读平台与社交网络平台相结合，实现内容产品"精准营销"，依托专业团队，建立图书大数据挖掘与分析能力。如全球最大的英文书籍出版商之一的 Harper Collins 集团、加拿大 Intellogo 公司、意大利 Messaggerie Italiane 出版社。国内多家数字出版企业已围绕人工智能展开实际应用，如龙源数字传媒、北大方正、咪咕数字传媒、超星集团等。

Harper Collins 通过与图书观察者(Bookseer)和封面蛋糕(Covercake)合作，这些专业公司为 Harper Collins 提供各个社交媒体平台上跟踪和收集的数据及其分析结果，以此增强图书出版决策和营销决策的精准性。Messaggerie Italiane 借助意大利政府所建立的大数据技术平台，采用可扩展的云计算和云存储服务，进行大数据技术应用的实践，从而应对复杂数据分析的挑战[6]。Intellogo 的机器学习引擎，通过大数据技术对读者在在线书店的阅读书单进行分析，分

基金项目：2018 年度"小编·仁和基金"重点项目(XBRH2018-003-003)

析庞大机构的复杂主题,理解概念与关键词,例如作品中的人物、性格、写作风格、地理位置和时间段等,从而基于读者阅读兴趣推荐图书。

龙源旗下的人工智能平台"知识树",通过积累龙源背后数千万篇文章,让旧内容换发新活力。当编辑定义了其中一部分内容以后,系统会自动帮他组成剩下的内容[5]。目前龙源已经与亚马逊、京东、当当对接,将内容输出到如今日头条等现在数字出版几乎所有的分发渠道。北大方正电子有限公司将图书信息、作者信息、读者信息、评价信息、销量信息以及用户行为信息,通过大数据分析,来帮助出版单位做出选题营销决策[3]。在选题策划方面也可根据热点词汇、热门事件、传播的频度和热度,对选题进行智能分析。咪咕阅读已经能够实现多场景、多角色的智能配音,并对人的语言进行模仿。不同的用户还可以选择自己所喜欢的语音语调,通过人工智能,借助全息成像、增强现实等技术,为读者带来全新的阅听感受[3]。超星集团云舟智慧平台为期刊编辑部提供强有力的编辑工具,其移动知识服务系统也是出版传播进入到全媒体、全介质、全渠道、全时空、全终端阶段的标志。

目前,群体智能在社会多个领域已经得到了充分运用:基于群体编辑的维基百科,基于群体开发的开源软件,基于众问众答的知识共享,基于众筹众智的万众创新,基于众包众享的共享经济等[2]。这些趋势昭示着人工智能已经迈入新的发展阶段,新研究方向和新范式已经逐步显现出来,学术期刊的智能出版将在智能化升级中日臻完善。

2 学术期刊新型出版模式与形态的战略性意义

党的十八届五中全会提出"五大发展理念",创新位列其首,并提出"必须把创新摆在国家发展全局的核心位置";党的十九大也提出"加快建设创新型国家",可见,创新在改革发展中的重要性和紧迫性不言而喻。创新的推进离不开人才,而人才培养、文化传承、科学研究、社会服务可以通过学术期刊这个重要媒介进行传播。

当前和今后一个时期,我国学术期刊工作将紧密围绕党的十九大重要思想,全面落实《国家中长期教育改革和发展规划纲要》的要求,不断优化学术期刊改革和发展环境,提升学术期刊出版服务水平、传播速度和广度,扩大我国学术期刊的社会和国际影响力。随着我国科技事业、出版事业的快速发展,我国学术期刊取得了长足发展,学术期刊出版如何立足传统出版,发挥内容优势,运用先进技术,实现出版内容、技术应用、平台终端、人才队伍的共享融通[7],成为学术期刊出版的重要发趋势,从而为学术期刊的跨越式发展提供途径。

以群体智能理念为先导,发挥人工智能技术(AI)、大数据技术(Big Data)和云计算(Cloud)的"ABC"三位一体推动力,解决我国学术期刊出版流程再造的问题[8],围绕学术期刊智能出版流程的特征、功能定位、传播、法制化等,构建集约稿、审稿、编校、印制、支付、评价、传播等环节一体化的可复制、可推广和可发展的智能出版模式,实现以协同化、同步化与一体化为典型特征新的出版流程的智能化发展。

3 智能出版的机遇与挑战

截至2017年2月6日,国家新闻出版广电总局认定的学术期刊有6 449种,占我国期刊数量的半数以上,学术期刊业正在蓬勃发展,学术期刊数量不断增长,品种也得到了极大的丰富,并涉及不同领域的多个学科,极大地满足了社会政治经济发展的需求和学科发展需要。学术期刊的智能出版为推动学术普及,扩大知识传播,促进跨界融合等方面带来了机遇与挑战。

3.1 秉承优质内容，抓住本质

在智能出版多模式的展现包围之下，组成学术期刊的一篇篇文章就像"漂泊的浮木"，需要学术期刊的出版者在文章的海洋中选择优质内容，前瞻性强、有特色的文章才是学术期刊出版的本质，是建立期刊形象，维护读者群的关键一环。通过智能化手段选择在认知和理解基本规则条件下的具有"思想"的内容进行出版，为学术期刊管理者、出版者提供了更为优质的选择空间。

3.2 瞄准群体智能，精准匹配

智能化系统的应用，在出版流程再造的过程中至关重要，使得智能出版在约稿、审稿、推送等环节做到精准匹配，找到目标作者群、审稿专家群、作者群。学术期刊中的智能标引将能实现电子刊、纸刊、音视频、数据库的多模式协同出版。基于知识标引的海量数据，通过知识计算、深度搜索和可视交互核心技术，实现对知识持续增量的自动获取，能真正构建出动态、开源的出版业知识服务大数据，形成跨学科、跨领域、多种数据类型的跨媒体知识图谱，融通各媒介以加深学术期刊受众黏性。

3.3 注重版权保护，维护权益

学术期刊的智能出版物在阅读体验和传播实效上显示着前所未有的优势，但在传播过程中的自由复制、下载、转载、转发等操作，无疑增加了版权维护的困难。因此在智能出版中始终明确学术传播的界限与意义，平衡与实现经济效益与经济效益相统一，协助学术期刊建设的相关政府管理机构、学术期刊出版单位、业务管理部门及业务合作单位、智能出版领域的专家学者，深化智能出版的改革与转型服务，推动智能出版物版权标准的研制与应用，促进监管的及时到位，有效维护学术期刊智能出版物的合法权益。

4 结束语

智能出版活动已逐步渗入到社会的发展与科技进步中，对学术期刊而言，它是难得的机遇，更是前所未有的挑战。不论是传统出版物还是出版人都面临着智能出版技术的直面冲击，新型出版模式给学术出版业带来的矛盾、纠结与逃避的心态并不可取，只有直面问题、理性分析、寻找方法、平衡新旧的积极心态才是应对之策。

参 考 文 献

[1] 国务院印发《新一代人工智能发展规划》[EB/OL].[2017-08-06].http://www.gov.cn/xinwen/2017-07/20/content_5212064.htm.

[2] 张新新,刘华东.出版+人工智能:未来出版的新模式与新形态——以《新一代人工智能发展规划》为视角[J].科技与出版,2017(12):38-43.

[3] 刘宇阳.人工智能,我们还有多远的路要走[J].出版参考,2017(9):5-8.

[4] 李开复,王咏刚.人工智能[M].北京:文化发展出版社,2017.

[5] 魏凯.大数据如何改变出版行业?[N].新华书目报,2016-07-11(7).

[6] 刘银娣.从经验到算法:人工智能驱动的出版模式创新研究[J].科技与出版,2018(2):45-48.

[7] 王婧,张芳英,刘志强,等.以"文化自信"坚定科技期刊的使命与担当——盘点2017年我国中文科技期刊[J].科技与出版,2018(2):38-44.

[8] 群体智能:新一代人工智能的重要方向[EB/OL].[2017-08-03].http://stdaily.com/index/kejixinwen/2017-08/03/content_564559.shtml.

利用微信二维码推广期刊论文的尝试
——以《激光杂志》为例

别雄波[1,2]，邓雯静[1]，崔永忠[1,2]，黄兰婷[1]

(1.重庆科技发展战略研究院有限责任公司，重庆 401123；2.《激光杂志》编辑部，重庆 401123)

摘要：以《激光杂志》为例，提出利用微信二维码作为宣传手段，为科技期刊的纸质版和数字化搭建桥梁，以期为纸质期刊的推广宣传及数字化提供一种新的发展思路和模式，弥补纸质期刊互动性欠佳、表现形式单一等缺点，为扩大期刊品牌效应、实现广泛的社会效益提供借鉴。

关键词：科技期刊；二维码；《激光杂志》

随着科学技术的不断发展，传统纸质媒体正在遭受新兴媒体的大力冲击。人们的阅读方式逐渐由原来的纸质阅读演变成通过互联网、手机等数字化手段来获取信息。2013年，《新闻周刊》在即将迎来纸质刊80周岁生日时停止了办纸质刊，全面转向数字出版；2014年6月，在全球享有盛誉的科技杂志 Computer World 在推出最后一期印刷版杂志后宣布向数字化渠道转型，通过邮件订阅电子杂志或网站的方式为读者呈现最新的内容；2014年7月，美国IDG集团旗下知名科技杂志 PC World 也宣布停止杂志印刷版向网站和数字版进军。近年来，国内部分编辑部由于纸质期刊发行量大幅下降，广告收入降低，最终不得不停刊。不仅是科技期刊，就连政府直属的一些媒体期刊也出现了类似的问题[1]。在新媒体如此强劲的冲击下，纸质期刊该如何走出困境是期刊界近几年的热点话题之一。《激光杂志》是重庆市科学技术委员会主管、重庆市光学机械研究所主办的有关光学领域的专业性科技期刊，自1975年创刊以来，一直秉承为光学方面的科技人才提供学术交流平台的理念，为了在学术期刊这条道路上走得更远，期刊利用二维码工具进行了大胆的尝试。

1 二维码的优势

传统期刊的传播主要以邮局订阅的方式进行。由于期刊的读者具有一定的局限性，尤其是学术性科技期刊，读者们大多只能在图书馆阅读到期刊。在如今数字信息爆炸的时代，这种传统的传播方式早已不再是主流，大部分读者更愿意借助简单方便的网络平台去了解、阅读期刊。

科技期刊具有一定的专业性，导致它只能是针对少数人群的小众读物，在市场上的占有率有限。另外，信息获取的便捷性，增强了同质信息之间的竞争，科技期刊的信息不可避免地会分流给同类其他期刊，由此进一步使期刊读者的数量下降。如果不借助现代发达的网络技术进行传播和宣传，仅仅靠那些有限的小众读者，编辑们辛辛苦苦编辑出来的科技信息不仅传播的速度很慢，受众数量将越来越少，有的将甚至不会为人所知，更别谈社会效益和经济效益了[2-4]。

随着阅读方式由纸质到电子的改变，越来越多的人选择在空暇时间利用手机来阅读文章和资料。在所有的阅读平台中，微信算是最主要的平台之一。微信具有传播速度快、用户基数大、没有时间和空间的限制等优点，是科技时代科技期刊扩大发展的重要平台之一。

二维码推广期刊的优势在于它可以将所有的数字信息集中建立在一个活码上，通过数字化的手段来达到在互联网环境中对作品的重复使用，把一份纸质的刊物变成无数份供人重复阅读的电子刊物，这样不仅可以将刊物推广到全国各地，更是对期刊的一种侧面宣传，树立杂志的品牌效应和影响力，同时也可以获得更多的作者和读者[5-7]。

二维码作为一种全新的信息存储、传递和识别技术，近几年已迅速融入期刊出版领域。据调查，二维码在国外的应用较多，手机二维码的应用普及率甚至达到了96%以上。在美国和日本，二维码不仅被广泛应用在票务、便利店等领域，而且在图书馆领域也发展不错。日本的科技期刊杂志上随处都印有二维码，扫码后会出现相应的文档内容或网站信息，这样不仅方便读者利用手机阅读，而且在无行中扩大了期刊的影响力[8-10]。但是，我国科技期刊对二维码在期刊中的应用的还处于起步阶段，关注度远远不够。这意味着二维码在我国科技期刊中的应用还有很大的空间。

2 二维码在《激光杂志》的实践应用

2.1 二维码在《激光杂志》中的应用

期刊出版按媒介可以分为纸质出版物、电子出版物、网络数据库出版物、移动出版物等，而二维码恰好能在它们之间架起桥梁，促进期刊在多种媒介出版形态中的传播。借助二维码和网络，读者用手机扫描便可以实现从纸质期刊到电子期刊的转变，然后根据自己所需再进行选择性的阅读，而这些仅仅只需要将文件添加进二维码即可。

《激光杂志》借鉴了知网数据库的方法，将每一期已经排好版的论文首页(PDF 格式)提取出来制作成二维码，二维码生成器购买的是国内草料二维码平台；将每一个做好的二维码放在对应论文标题的左侧或右侧，效果图如图 1 所示。

图 1　纸质期刊加码后的整体效果图

当作者或读者拿到刊物的时候可以扫描该二维码进行掌上阅读，如果觉得这篇论文值得学习和借鉴还可以分享给朋友或分享到朋友圈。当其他读者通过别人分享的方式阅读到该篇论文时，如果对论文中的内容想深入了解，可以通过知网数据库搜索论文题目下载并阅读全文。借着微信的快速传播特点，不仅可以给《激光杂志》树立比较好的品牌形象和知名度，而且对期刊的评价指标比如 Web 下载率、影响因子等都具有很好的帮助。同时我们也在论文二维码的内容中加入了《激光杂志》微信公众号的二维码，这样方便了作者去了解和熟悉我们，也对公众号增加粉丝数量取得了较好的成效。论文二维码扫描后的内容如图 2(a)、(b)所示，点击"预览"后的效果如图 2(c)。

图 2　扫描二维码后展示的内容

2.2　应用二维码后杂志取得的成效

《激光杂志》在 2017 年 11 月初开始试用二维码推广期刊的方法，在这短短的半年内取得了很好的效果。微信公众号的粉丝数量变化如图 3 所示，11 月初由于是试运用，很多地方没有做周全，所以粉丝数量增长不大，在 12 月对论文二维码的内容进行了调整和美工，粉丝数量当月净增长量就达到了 181 人。投稿网站的来稿量和知网数据库上文章的 Web 下载量如图 4 所示。由图可知，期刊推行二维码后，来稿量由以前的平均 30 篇/月增长到了 80 篇/月，Web 下载量也得到了较大幅度的提高，且持续增长趋势明显。

3　结束语

随着手机移动阅读的大众化普及，二维码将在推动期刊跨媒体传播、扩大期刊影响力等多方面发挥重要作用，故应该大力推动二维码在书刊信息内容中的应用，促进书刊的跨媒体传播。本文以《激光杂志》为例，介绍了期刊利用二维码实现纸质文献和电子文献完美对接，成功持续扩大了期刊的影响力。所介绍的方法简单、方便、可操作性强、效果明显，可供各期刊编辑部借鉴。

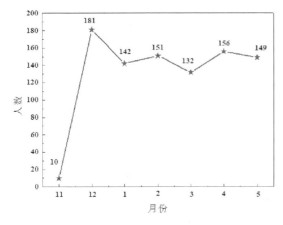

图3　2017年11月—2018年5月
《激光杂志》微信公众号粉丝净增情况

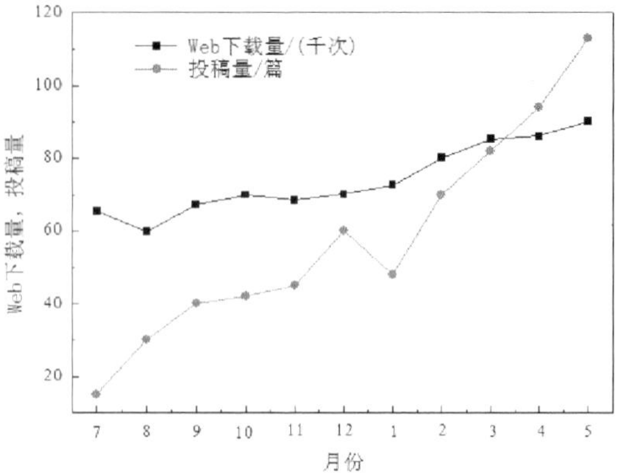

图4　2017年7月—2018年5月
《激光杂志》来稿量和Web下载量情况

参 考 文 献

[1] 张海东,孙继华,白净.纸质科技期刊二维码应用研究[J].农业图书情报学刊,2015(10):138-141.
[2] 郭晓亮,吉海涛,郭雨梅.科技期刊二维码的批量编码及其应用[J].中国科技期刊研究,2014(10):1267-1270.
[3] 杨郁霞.科技期刊二维码的应用情况分析[J].编辑学报,2013(4):374-376.
[4] 徐会永.期刊二维码现状及其推广可行性分析[J].今传媒,2014(10):105-106.
[5] 张玉楠,王姝,王晴.如何将二维码应用于科技期刊[M]//学报编辑论丛(2014).上海:上海大学出版社,2014:227-230.
[6] 黄定光,王金川.手机二维码在科技期刊数字化中的应用探索[J].中国科技期刊研究,2013(2):338-340.
[7] 张宜军,谢文亮.二维码在期刊出版发行中的应用[J].出版发行研究,2014(3):73-76.
[8] 吴婷,王晴,王跃.科技期刊数字版权贸易思路——以四川大学华西口腔医学院编辑部为例[J].编辑学报,2014,26(5):456-458.
[9] 苏爱华,彭佳红,王慧.基于活码技术的科技期刊移动阅读与传播研究——以湖南农业大学学报(自然科学版)为例[J].湖南科技学院学报,2016(11):172-176.
[10] 张海东,孙继华.科技期刊微内容传播的思考[J].中国科技期刊研究,2015(9):925-930.

智能化编辑加工系统的应用
——以《国际检验医学杂志》为例

周 丽,曾蕴林,苏 畅

(重庆市卫生信息中心,重庆 401120)

摘要:随着网络及互联网技术的发展和普及,越来越多的期刊和编辑部开始使用稿件采编系统,传统的稿件采集形式已成为制约期刊发展的关键问题,办公自动化、网络化的实践应用被期刊社或编辑部所认可和接受。借助计算机 VB(Visual Basic)代码和宏程序,实现期刊收稿、组稿、审稿、编辑加工到发排全过程的计算机系统软件智能化,可提高编辑的工作效率,扩大期刊的影响力。编辑部或期刊社采编系统在实现过程管理的基础上,应更加关注如何在编辑加工过程中利用智能化计算机系统来提升稿件采集、编审质量,而这一部分功能的开发很大程度上依赖于计算机数据库的电子信息资源技术。因此,计算机智能化编辑加工系统的开发已经成为科技期刊采编系统的发展趋势,也是科技期刊编辑出版的发展潮流。

关键词:智能化; Excel; Word; Visual Basic; 宏程序; 编辑加工; 数据库

近年来,很多出版部门、期刊社或编辑部为进一步完善稿件管理流程,提高工作效率,均使用智能化稿件采编系统来投审、维护稿件,同时稿件采编系统是编辑、作者、读者、编委间沟通平台,也是编辑们对外交流渠道。该系统使编辑进行稿件的三审及校对加工流程更加合理化、程序化[1-2]。

期刊稿件主流智能化采编系统可实现从作者来稿到审稿环节的全流程管理,相较于传统收稿和审稿环节而言,应用优势明显。例如,利用网络采编系统后,作者通过在线投稿、网络审稿,可有效避免稿件邮寄丢失情况的发生;另外作者通过采编系统进行投稿时依据系统提示填写投稿必要信息,采编系统会自动记录并存入系统资源库,同时使来稿量和编辑加工量的统计变得方便快捷,省去了人工登记的时间,化整为零,提高工作效率。另外,期刊稿件也可通过该系统实现全文发布,提高期刊文章的阅览量及刊物的影响力。目前,针对主流智能化采编系统所提供的投稿服务,都是需要作者手动复制粘贴输入稿件所有必要信息,对于大部分医学期刊 Word 稿件,采编系统没有自动集成作者投稿中有效信息的功能,例如作者、单位、摘要等稿件信息的自动提取,有些大牌期刊的采编系统虽涵盖自动提取作者有效信息功能,但如果作者书写稿件格式不规范,例如稿件题目过长,采编系统就会出现稿件有效信息的漏提或错提的 BUG。鉴于此项投稿工作机械、繁琐且耗时,占用了大量的时间成本,而且稿件采编系统中对于提升论文编辑质量方面的服务则相对较少,如期刊不常用数据单位信息的数据库也未建立等一系列未解决问题,如果能在现有的采编系统中整合作者稿件有效信

通信作者:苏 畅,E-mail: 2442103004@qq.com

息的自动提取功能，将极大提高稿件收集率，缩短投稿时间。因此，笔者以所在单位下属编辑部《国际检验医学杂志》为例，介绍一种巧用微软公司开发的包含协助开发环境的事件驱动编程语言 VB(Visual Basic)代码或宏程序提取元数据进行整合汇总，并建立适合该医学期刊编辑部的不常见指标单位数据库的编辑方式，将采编系统中编辑加工流程与计算机软件程序做到无缝衔接[3-5]。采用这种智能化编辑加工系统功能不仅对文章数据单位的准确性进行了校对，而且提高了期刊学术质量及编辑的工作效率，减少了人工编校错误及机械重复劳动时间，实现了从投稿系统元数据提取、稿件内容信息整合到医学期刊单位数据库的建立等智能化运用，同时也实现行业期刊编辑思维重新定位和转型升级。

1 投稿系统的智能化

1.1 设计思路

作者将 Word 稿件投稿到《国际检验医学杂志》时，对于稿件信息例如题目、作者单位、中英文摘要、关键词等都需要一一手动输入投稿系统中，这样增加了投稿时间，降低了投稿效率。笔者查阅常用的几款文献管理软件 Citavi、Mendely、Endnote、Refworks，它们均有免费提取稿件信息的功能，但鉴于软件付费版价格昂贵，很多期刊编辑工作者都会使用它们免费版。有研究者发现，该免费版系统软件会出现 30%的错误率[2]，例如将其稿件自动上传到 Mendely、Endnote 软件系统免费版或大牌期刊自带投稿自动抓取稿件 Word 信息系统中，若作者投稿格式不规范，稿件的第一行非题目内容且题目行数超过 3 行以上，就会出现跳行，采集的数据不匹配，而且某些系统软件会出现 BUG 即无法显示或题目显示不全。笔者通过查看该免费版系统软件的代码时发现题目的行数一般固定为 2 行以内，如果出现副标题或者题目字体较大且超过 3 行时，该系统软件就会出现 BUG，因此可以采用 Excel 中的 VB 代码或宏程序来实现该系统软件技术受限的问题。

1.2 巧用 VB 代码和宏程序抓取投稿信息

怎样才能更加有效地提取作者的题目信息呢，这是当前需要解决的首要关键问题。笔者经过多层次的计算机代码微程序测试发现，Word 稿件的题目无论书写多少行，即使中间出现空格，但最终都以"回车键"结束，而且题目行数若超过 2 行以上，可让系统继续自动搜索第 3 行及以上的题目内容。因此我们可以采用计算机系统 Excel 自带的 VB 代码采集稿件的有效信息，笔者先打开 Excel 系统点击查看代码调用 VB 代码书写器界面(见图1)，书写 VB 代码逻辑为根据题目的第一个字加上最后的回车键来定位稿件中的题目信息。笔者经过测试的 VB 代码如下：

```
Sub SELECTION()
    Dim S As String, T1, T2, i As Long, mypath As String
    S = Dir(ThisDocument.Path & "\*.doc*")
    Do While S <> ""
        If S <> ThisDocument.Name

    Then
            Set T1 = Documents.Open(ThisDocument.Path & "\" & S)
            i = 0
            Do While i <= 3          '第 2 页已经超出标题行，这里选 2
```

```
            i = i + 1
            S = T1.Paragraphs(i).Range
            If Len(S) > 2 Then ThisDocument.Content.InsertAfter S
         Loop
         T1.Close

      End If
      S = Dir
   Loop
   ThisDocument.Save
End Sub
```

另外，其他的稿件信息由于有特殊的符号和词语，例如《国检检验医学杂志》作者单位信息都是带有括号的形式，中英文摘要、关键词都以特定词语如"摘要"或"ABSTRACT"、关键词或 KEY WORDS 开头，最后以该段最终的句号结束。该信息的 VB 代码撰写的逻辑为将变量设置成这些特定词到最后的句号，然后进行代码 F5 执行。其他期刊社或编辑部可根据多样本量 Word 稿件格式进行汇总和整理，制定固定的投稿 Word 格式，然后根据此稿件格式来编写或录制 VB 代码及宏程序实现稿件 Word 信息的自动提取，缩短作者投稿的时间成本，提高投稿的成功率。

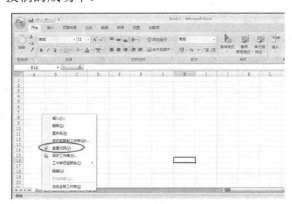

图 1　VB 代码书写器调用　　　　　图 2　VB 代码调动 Excel 表格

2　基于自动提取稿件信息代码优化后的额外增值功能

2.1　利用 VB 代码提取稿件正文中元数据

笔者所在编辑部为了提高引用率在 Word 稿件的页尾处添加了本文引用格式，基于上述自动抓取稿件信息代码，将其优化后可提取 Word 格式文章的关键词，自动在排版文件的页尾处生成元数据，例如"张三,李四,赵五,等.XXXXXX[J].国际检验医学杂志,2018,39(1):1-2"。重庆大多数的期刊都是 Word 稿件进行编校，可以利用计算机相关软件及编程进行书写 VB 代码来提取 Word 稿件中重要的元数据"作者名字""页码""题目"这些字符，然后利用 VB 代码自动生成本文的引用格式，由于《国际检验医学杂志》在科技论文在线和本刊官网上发布的论文全部免费下载，这样可方便其他作者引用，提高本刊他引率。另外还有一种关键词的简单查找功能服务，例如重庆某些期刊采用八爪鱼或书写代码等搜索工具进行期刊元数据提取，编辑们可根据需求自行需要选取合适的方式进行元数据采集。

2.2 代码优化

根据上文的初步代码进行测试及优化，替换新的所需关键词进行查找和写入引用格式的模板中，同时参考西南片区其他期刊编辑代码，进行改写，实现 Word 稿件的二次功能开发。

```
Dim arr1 As String
Dim ii，kk As Integer
Set App1 = CreateObject( "EXCEL． Application" )
Set Book1 = App1． Workbooks． Open( " d: \symbol． xls" )
Set sheet1 = Book1． Worksheets( " 医学期刊的关键词" )
App1. Visible = False
Do While sheet1． Cells( ii，1) < > " "
arr1 = sheet1． Cells( ii，2)
If ( arr1 = mytext) Then
'在数据库中找到相应的关键词
kk = kk + 1
arr11( j) = sheet1． Cells( ii，1)
j = j + 1
End If
ii = ii + 1
Set App1 = Nothing
ii = 1
Selection． Comments． Add Range: = Selection． Range
Selection． TypeText Text: = mytext +
path = " d: \equation"+ arr11(1)
'显示出相应的关键词
ActiveWindow． Panes(2)．
Close
```

3 宏程序或 VB 代码调动数据库 SHEET1

3.1 数据库 SHEET1 的建立

《国际检验医学杂志》由于内容涵盖医学检验实验相关内容，编辑们在审稿或稿件编辑加工中会遇到不熟悉的检验实验论文中常用的基因、蛋白、生化指标的数据单位，需要请教检验实验相关专家或翻阅文献书籍进行核实。若编辑们群策群力制作出编辑不熟悉但检验实验员常用的单位数据库——Excel 表格形式(SHEET1)这样就会节约大量的时间成本，在以后的稿件 Word 编辑加工时，遇见不熟悉的数据单位时可利用 Word 稿件中 VB 代码及宏程序调动该数据库 SHEET1 来对其稿件中检验实验数据单位进行查询和验证。对于其他期刊社或编辑部也可以根据自己的需要进行汇总并制作适合本单位使用的数据库 SHEET1，这样在稿件编辑加工时就可调动该数据库 SHEET1，有助于科技期刊学术质量的提高。

3.2 调动数据库 SHEET1 的方法

调动数据库 SHEET1 可采用传统的 Word 自带功能，在"插入"里面选择"对象"，再选择"Microsoft Excel"即可或者通过以下简单 VB 代码调动 Excel 的 SHEET1，该 VB 代码仅通过 Word VB 代码打开 Excel 小程序，调用之后的 Excel 界面如图 2 所示，代码如下。

```
sub Test()
    dim myWorkBook as Excel.WorkBook
    set myWorkBook = ActiveWorkBook
    msgbox myWorkBook.application.cells(1,1)
end sub
```

4 PDF 清样稿自动剪切及清样稿件邮件群发功能

鉴于《国际检验医学杂志》每期发送的清样稿均为 PDF 格式，因此需要手动剪切大量的 PDF 作者清样稿，而且由于给作者群发清样稿件的内容是相同的模板，如果该流程全部采用一一手动剪切 PDF 清样稿然后在群发作者邮箱耗时耗力。因此，笔者对智能化编辑加工系统软件 VB 代码及宏程序进行了多次测试与撰写，做了大量研究调查并提出利用 Excel 宏程序调用 Outlook 系统群发清样 PDF 附件的软件小程序，实现作者清样稿件自动剪切和清样稿件的群发功能[6-8]。其他医学期刊社利用的 MAILplus.RAR 进行群发稿件等新模式都可打破传统的手动输入模式，采用小程序软件系统提高编辑们的时间成本。

5 结束语

本文详细分析和总结了目前期刊社或编辑部在内容资源深度加工的程度、内容资源表现形式、信息延伸的范围、个性化定制、内容资源承载载体等方面的编辑加工特点，旨在找到适合国内医学期刊编辑加工新途径。分析表明，目前国内采编系统还有些尚未解决的技术问题：信息纠错能力较差、数据库只采集常用数据单位信息、不能自动提取作者投稿有效信息[9]。此外，目前国内大部分科技期刊采编系统对传统出版的内容资源缺乏整合和深度加工，无法把它们开发成可以再利用的产品有针对性地供医学期刊编辑使用，难以满足人工智能时代下对编辑的新要求。"利用 Excel 的宏程序及 VB 代码对 Word 投稿稿件二次功能的开发"角度对元数据进行搜索、内容进行重新组装，采用根据医学期刊个性化定制不常见指标单位数据库及医学类期刊关键信息的提取等编辑加工新模式，针对主流采编系统开发实用型编辑加工小程序是目前亟待解决的问题[7,10]。

参 考 文 献

[1] 黄莘,漆蓉,税红,等.稿件采编系统的操作分析[J].编辑学报,2008,20(2):153-154.
[2] 张晓丽,武文.稿件采编系统在期刊联合编辑部的应用实践与探索[J].编辑学报,2012,24(3):272-273.
[3] 刘铁英,黄春燕,熊光欣,等.基于 WORD VBA 的作者单位名称快速修订方法[J].编辑学报,2013,25(1):76-78.
[4] 陈庭木,徐大勇,秦德荣,等.偏相关与通径分析的 EXCEL VBA 程序设计[J].农业网络信息,2007(3):101-103.
[5] 喻革武.EXCEL 中 VBA 编程语言的命令介绍及编程[J].电脑学习,2001(4):30-31.
[6] 周丽.分割 PDF 文件的几种常用方式[J].新闻研究导刊,2015(12):353-354.
[7] 高飞,李彦春,尹世堂,等.大学学报稿件管理系统流程分析与软件开发[J].中国科技期刊研究,2010(5):518-521.
[8] 周丽.outlook 系统在编务工作中应用探析[J].出版与印刷,2014(2):15-17.
[9] 刘岩,刘鹏.应用 VB 和 Access 数据库设计开发学报稿件管理系统[J].中国科技期刊研究,2010(3):339-342.
[10] 梁建隽.VBA 编程与函数应用的比较[J].兰州交通大学学报,2012,31(6):94-96.

二维码在眼科期刊中的应用情况及分析

诸静英，谢　明，程　杰，杨美琴，徐斌靓

(复旦大学附属眼耳鼻喉科医院《中国眼耳鼻喉科杂志》编辑部，上海 200031)

摘要：通过调查《中文核心期刊要目总览》(2014 版)收录的 5 种眼科期刊，包括《中华眼科杂志》《中华眼底病杂志》《中华实验眼科杂志》《眼科新进展》《眼科》，在 2017 年全卷中应用二维码的情况，从而归纳分析二维码在期刊的刊印位置及其用途，以及应用二维码技术以提升期刊数字化出版、提供增值服务的建议。

关键词：期刊；二维码；数字出版；增值服务

　　随着互联网的不断发展以及移动终端的不断普及，数字出版在传统出版中的渗透也越来越广。我们最熟悉的知网、万方、维普等数据库都是传统期刊数字出版的最简易方式，该方式虽已大范围覆盖多数期刊，但其效用却较为简单——只是将传统期刊原封不动地进行了数字化，未能对其提供增值价值。一些市场适应性很强的报纸、期刊、图书，会较早地利用新媒体技术、互联网+的办刊理念，将新技术应用于传统媒体。例如《父母必读》于 2014 年 10 月刊中首次推出"扫一扫跟视频学育儿"的内容，视频主题围绕婴儿操、爬行学步游戏、瘦身瑜伽等展开，这些用文字图片无法轻松描述的动态信息，最终利用方格二维码技术和"扫一扫"动作来代替，点击出现的链接，即可在手机等随身电子产品上观看视频[1]。

　　二维码是用特定的几何图形按一定规律在平面分布的黑白相间的矩形方阵记录数据符号信息的新一代条码技术，由一个二维码矩阵图形和一个二维码号，以及下方的说明文字组成，具有信息量大、纠错能力强、识读速度快、全方位识读等特点[2]。通过手机摄像头扫描印刷在纸质出版物中的二维码图形，可以实现即时上网、快速浏览网页、阅读信息等[2]。通过二维码可以实现跨媒体阅读，弥补了传统纸质出版方式只能以平面二维形式来呈现信息的短板[3]。在市场适应性很强的期刊中，二维码的应用较为普及，但对于传统科技期刊在应用二维码方面的现况如何以及应用要点是什么的问题却罕见报道，本文即通过对 5 本国内眼科期刊(中文核心)在应用二维码技术情况方面，进行调查和分析。

1　调查对象与方法

　　本次调查的对象为《中文核心期刊要目总览》(2014 版，北大核心)收录的 5 种眼科期刊，包括《中华眼科杂志》《中华眼底病杂志》《中华实验眼科杂志》《眼科新进展》《眼科》。调查内容为这 5 本期刊 2017 年全卷应用二维码的情况。

2　结果及分析

　　通过调查，5 本国内重要眼科期刊，在 2017 年全卷中或多或少都应用了二维码技术——

基金项目：上海市高等院校科技期刊研究基金资助项目(SHGX2018B06)

在 2017 年度中的某一期或每期都刊印了二维码。在表 1 中详细列举了每期期刊印刷二维码的具体位置以及用途。根据刊登位置及具体用途，归纳如下。

表 1　5 种期刊 2017 年全卷中刊印二维码的具体位置及用途

期刊	二维码	具体位置及用途
眼科	有	位于第 3 期(213 页)补白，用于介绍学习班内容的扩展阅读
眼科新进展	有	位于每期版权页，用于链接期刊网站或期刊微信
中华眼底病杂志	有	位于每篇文章篇头，可扫描获取摘要，阅读全文需注册登录
中华实验眼科杂志	有	①位于每期版权页，用于链接期刊微信；②位于第 4 期(338 页)、第 5 期(473 页)补白，用于介绍学习班内容；③位于第 3 期(196 页)、第 5 期(442 页)、第 7 期(633 页)，用于链接手术视频，补充正文内容；④位于第 12 期(1119 页)补白，阅读会议纪要的更多内容
中华眼科杂志	有	几乎每期都有二维码(故不特意指出具体页码)，且多位于补白处，用于链接微信订购杂志，会议征稿通知，某公司眼科科普专家招募启事的扩展阅读，链接医菁汇等相关 APP 或微信

2.1　刊登位置

(1) 补白。补白位置是 5 本调查期刊中二维码出现最多的地方，《眼科》在全卷中出现的唯一一次二维码，就是在补白位置；《中华眼科杂志》印刷的二维码也位于补白位置。补白具有扩充期刊信息量、为科技工作者搭建交流与合作的平台、发挥引导读者、优化版面等功能[4]。通过在补白位置刊登学习班通知以及对应二维码，有利于读者通过扫二维码获得学习班的更多信息或者直接获得报名链接进行报名参会。

(2) 版权页。在调查的 5 本期刊中，《眼科新进展》和《中华实验眼科杂志》均在版权页印刷了二维码，且均链接到期刊网站或期刊微信。版权页是期刊较为醒目的位置，选择在版权页印刷链接期刊网站或微信的二维码，有利于读者发现并扫描获得期刊信息。

(3) 正文。在正文中印刷二维码的只有 2 本期刊，分别为《中华眼底病杂志》以及《中华实验眼科杂志》。《中华眼底病杂志》在期刊中的每一篇文章的文题旁均设置了二维码，扫该二维码即可获得该文摘要，但如若获得全文需注册账号并登录。《中华实验眼科杂志》2017 卷分别在第 3 期、第 5 期以及第 7 期中的 3 篇文章[5-7]的文末设置了二维码，均为文章相关的手术视频。图 1~3 分别为"反式劈核钩预劈核技术与常规超声乳化劈核技术在超高度近视合并核性白内障手术中应用的随机对照研究"一文的相应正文指示位置、文末二维码以及观看视频的手机截屏。相比《中华眼底病杂志》的二维码作用，《中华实验眼科杂志》的视频性二维码更具有延伸出版范畴的价值。

图 1　正文中示意视频插入位置

图 2　文末视频二维码

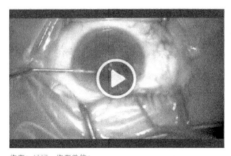

图 3　扫二维码获得视频的手机截屏

2.2　具体用途

通过对二维码在期刊刊印位置的分析，可以相应获得其具体用途，我们可将其归纳为以下几点：①链接期刊信息，宣传期刊，扩大影响力；②学术会议或学习班等通知的信息扩展，如报名等；③相关广告的信息扩展；④链接期刊具体文章，推进数字化出版；⑤正文内容的富媒体化，延伸传统纸质出版的出版范畴，提供增值服务。总之，二维码的应用是为读者提供期刊增值服务的有效且便捷途径，并且二维码刊印的位置与其所包含的内容是息息相关的。一般情况下，刊登在补白部分的二维码链接的是学习班等其他有关学科的信息；刊登在版权页的二维码链接的是期刊信息，如期刊网站或微信，可以方便读者更便捷地登录网站或关注微信平台，扩大期刊的宣传面；刊登在正文位置的二维码链接的是该文相关的信息。

3 二维码的应用

二维码的使用不仅可以为读者提供方便快捷、多样化的访问形式，提供丰富的信息内容，也可以有效扩大期刊的影响力。因此，期刊要不断适应读者的阅读需求，有效利用手机二维码的延伸功能，宣传自己，扩大影响，提高期刊的阅读受众[2]。二维码的本质是根据一个固定的计算转换方式，把一段文本信息转化为一个能够被识别的图片，目前很多平台都有免费生成二维码的渠道，网络上也有很多途径[8]。郭晓亮等[9]详细介绍了科技期刊批量编码的具体方法及实际使用。应该来说，二维码的应用在生活中已随处可见，科技期刊若没有特定的数字化相关部门，学术编辑也可尝试自行编码操作。包含不同信息的二维码有时肉眼难以区分，因此给期刊加印大量二维码，例如，给每篇文章编制二维码时，注意不要添加错误，以致读者扫描后获得不对应的信息。

此外，二维码可以链接到任何信息，因此若只是简单地将纸媒呈现到手机上阅读，并不能很好地体现其数字化意义，建议利用其能承载更多富媒体化信息(如更多图片、视频及音频等)的功能，来体现其数字化价值。

4 结束语

数字化是期刊发展的必然趋势[10-11]。二维码是传统纸质期刊与现代化数字出版的有效桥梁。二维码可以刊印在纸质刊物上，也可以投放在期刊网站上，读者通过手机扫描，可以获取二维码所包含的所有内容。应用二维码技术将是加快传统期刊数字化的有效手段，也是传统期刊除建立网站、加入数据库外的，可借助现有条件完成的。通过在传统期刊中加载二维码，可以丰富期刊的报道内容，呈现高数字化出版，将有利于期刊的学术内容多样性，扩大期刊学术影响力。

参 考 文 献

[1] 刘菁.移动互联网背景下母婴杂志发展策略[J].出版参考,2015,17:39-40.
[2] 张永强.多媒体时代手机二维码技术的宣传及应用[J].中国传媒科技,2013,18:70-71.
[3] 董子源.二维码在科技类学术期刊中应用的思考[J].出版与印刷,2015(1):7-9.
[4] 王雅雯.做好科技期刊的补白工作[J].中国科技期刊研究,2013,24(5):1016-1018.
[5] 管怀进.重视白内障合并角膜散光的精准手术矫正问题[J].中华实验眼科杂志,2017,35(3):193-196.
[6] 周琰健,由彩云,王甜,等.玻璃体切割术治疗增生性糖尿病视网膜病变中应用曲安奈德的止血作用及其机制[J].中华实验眼科杂志,2017,35(5):439-442.
[7] 杨珂,朱思泉,赵阳.反式劈核钩预劈核技术与常规超声乳化劈核技术在超高度近视合并核性白内障手术中应用的随机对照研究[J].中华实验眼科杂志,2017,35(7):629-633.
[8] 孙辉.二维码是怎么做出来的[J].家庭科技,2017(9):51-52.
[9] 郭晓亮,吉海涛,郭雨梅.科技期刊二维码的批量编码及其应用[J].中国科技期刊研究,2014,25(10):1267-1270.
[10] 黄爱东.学术期刊数字化发展趋势下学报的改革取向[J].科技与出版,2011,30(10):77-79.
[11] 黄定光,王金川.手机二维码在科技期刊数字化中的应用探索[J].中国科技期刊研究,2013,24(2):338-340.

医学科技期刊媒体融合发展路径探究
——以《康复学报》为例

易耀森

(福建中医药大学杂志社,福州 350122)

摘要:以《康复学报》为例,在分析医学科技期刊媒体融合发展的机遇与挑战的基础上,介绍了《康复学报》在媒体融合发展方面的实践情况及遇到的瓶颈。结果表明,《康复学报》已在媒体融合发展方面有了一定的进展,其主要路径有搭建微信公众服务平台、HTML全文结构化阅览、OSID二维码延伸阅读等。这表明:媒体融合时代,医学科技期刊出版模式日益多元化,应主动顺应媒体融合发展趋势,注重系统性,内容与平台协同发力;注重创造性,以创新推动融合发展;注重预见性,搭建个性化期刊平台,以满足用户多层次、个性化的信息需求,实现医学科技期刊与新媒体的深度融合。

关键词:医学科技期刊;新媒体;媒体融合;发展路径;内容为王

习近平总书记在2014年8月召开的中央全面深化改革领导小组第四次会议上强调,要推动传统媒体与新兴媒体在内容、渠道、平台、经营、管理等方面的深度融合[1]。医学科技期刊是传播最新医学科学技术信息的重要载体,是我国医学科技发展水平展示的重要平台。从21世纪初建立期刊网站、建立采编系统等,到出版过程、产品形态、产品运营发行等的数字化[2],再到媒体融合时代下微信公众平台、独立APP或小程序等移动应用,许多医学科技期刊都在主动顺应媒体融合发展的潮流,选择切实可行的发展路径坚持融合发展,推动医学科技期刊和新兴媒体的深度融合,实现信息内容、技术应用、平台终端、人才队伍的共享融通[3-5]。医学科技期刊如何把握媒体融合发展的机遇与挑战,探索符合自身实际的媒体融合发展路径是亟待研究的课题。

1 医学科技期刊媒体融合发展的机遇与挑战

1.1 医学科技期刊融合发展的新挑战

1.1.1 媒体融合发展对医学科技期刊"内容为王"提出了新的要求

(1) 对期刊内容的有用性和相关性提出新的要求。

党的十九大报告明确了文化建设在中国特色社会主义建设总体布局中的基本定位[6],当代中国人的需求已经由主要满足物质需求转化为主要满足精神需求。医学科技期刊肩负着文化选择、传承、创造的重任,为广大期刊用户提供丰富的精神食粮。期刊的受众在接触信息时就会根据信息的相关度和有用程度进行过滤分析,然后再与自己的需求进行匹配,这样就要求医学科技期刊要从受众的需求出发去策划选题、组稿约稿等,否则容易造成期刊关注度低、影响力不高的情况。

(2) 对期刊内容的互动性和参与性提出了新的要求。

传统的医学科技期刊内容组织形式大部分还是以专家约稿、会议组稿、作者投稿等形式为主，对期刊受众的内容喜好、期望值等关注不够，在采编过程中缺乏与受众的互动，期刊受众对内容的反馈渠道也不够通畅，这样容易导致期刊选题策划与受众实际需求不相吻合的情况。

(3) 对期刊内容的呈现形式和传播形式提出了新的要求。

传统的医学科技期刊在内容呈现形式上，大多是纸质版、电子版，而电子版几乎是纸质版的重复，呈现元素多以文字、图片为主，版面较为单一；在传播形式上，具有相对固定的出版周期，期刊受众对内容的获取常处于较为被动的状态，获取渠道以订阅纸质期刊或从文献数据库下载为主，期刊内容传播较为滞后。这与期刊受众个性化、多样化的阅读需求和便捷、自由的信息获取方式存在较大的差距。

1.1.2 媒体融合发展对医学科技期刊编辑队伍建设提出了新的要求

编辑队伍建设是期刊出版工作的重要环节之一，编辑队伍的整体素质直接影响着期刊质量。这就要求编辑人员要具备较好的编辑专业技能，同时具备相关专业学术素养。而媒体融合发展，还要求医学科技期刊的编辑人员要具备良好的信息技术水平，能较好地依托新媒体技术进行期刊内容采编、传播。这就要求要优化编辑队伍结构，吸纳信息技术专业人才，以满足媒体融合发展的需要。

1.2 医学科技期刊融合发展的新机遇

1.2.1 媒体融合发展可以提高期刊传播效率，扩大影响力

媒体融合时代，依托新媒体技术可以打破传统纸质期刊传播途径、速度的限制，有效缩短学术论文组稿、投稿、编辑、传播的周期，不仅节约了传播成本，还提高了信息传播的效率。此外，还可以对期刊受众的阅读行为和需求进行分析，提供有针对性、个性化的信息服务，不断扩大期刊的读者群和覆盖面，促进期刊传播力和影响力的提升。

1.2.2 媒体融合发展可以增强期刊互动性

新媒体技术的应用为编辑、作者、读者三方的沟通交流搭建了一个便捷高效的平台，依托可视化采编系统，作者投稿、编辑办公更为方便，作者与编辑部见的交流更为顺畅，可以有效缩短稿件查询、返修、编校等环节的时间，提升医学科技期刊的运行效率。此外，编辑部可以通过新媒体平台与作者、读者等期刊用户进行交流互动，及时了解期刊用户的特征和需求，有针对性策划选题，及时抓住研究热点，提升期刊质量和影响力。

2 《康复学报》媒体融合发展的实践探索

自 2015 年《康复学报》更名以来，就一直跟紧媒体融合发展潮流，努力尝试出版多元化、宣传多渠道的出版模式，最大限度使每一篇学术论文活起来，主动服务读者群，提升用户体验，扩大期刊用户群。经过 3 年左右的实践，初步形成了操作性较强、用户体验较好的媒体融合发展新路径。

2.1 搭建微信公众服务平台

《康复学报》微信公众服务号自开通以来，每周平均推送消息 2~3 条，以文章内容二次推送、期刊动态为主，具有较强的康复专业特色。开通 3 年多以来，微信公众号粉丝数量达到 2 000 多，文章推送效果较好。在文章推送时，编辑部对文章内容进行了二次加工，增加了

知识性和趣味性的趣味问答来讲解专业论文；也增加了部分康复训练操作视频，让读者对文章内容有更深层次的体会。经过微信公众服务号的推广，期刊文章活跃度明显提升，论文的显示度和引用率都有明显的提升。但由于缺乏相应的网络技术人才，未使用公众服务号的开发模式，更多高级功能无法启用，还无法实现刊网对接，用户体验感还有待于进一步提升。

2.2 OSID 二维码延伸阅读

《康复学报》加入 OSID(Open Science Identity)开放科学计划，在每篇论文上添加 OSID 二维标识码，为读者和作者提供一个与业界同伴交流学术研究成果的途径。期刊读者通过扫描 OSID 码，可以查看作者对文章的介绍，也可以像作者提问；作者可以上传语音、视频等更加立体化展示和传播研究横过，弥补传统纸质期刊的局限性，提升论文阅读量、下载量和引用率，扩大期刊的影响力。

2.3 HTML 全文结构化阅览

《康复学报》委托第三方网络技术服务公司对期刊论文进行 HTML 结构化制作，实现了期刊文章内容数据结构化、碎片化，增强了读者对康复医学关联知识语库的搜索便捷性。HTML 全文结构化有助于帮助期刊用户在海量文章信息下快速实现选择章节、知识点、查阅参考文献等碎片化阅读，主动切合期刊用户阅读兴趣点，提高了作者与用户的交互性，有助于了解期刊用户的特征和需求，提高信息供给的契合性。

3 媒体融合下医学科技期刊发展路径探究

2.1 注重系统性，内容与平台协同发力

首先，应坚持"内容为王"。医学科技期刊最重要的价值体现在期刊内容的学术质量上[7]。期刊根据办刊宗旨和受众需求，选择优势稿件资源进行合理配置、加工和整合，形成富有竞争力且符合受众需求的内容及时出版；主动依托新媒体技术，把传统期刊的"稳""准"与新媒体"快""活"有机结合起来，主动亮剑，开设特色栏目，策划高水平专题，争取独创、高质量的稿源，努力彰显期刊内容的专业性、创新性、针对性，在多元中立主导，让期刊用户在主流渠道中便捷获取自己所需的信息，这有助于扩大期刊的影响力，推动期刊融合发展。其次，精准把握，再造期刊平台。内容是期刊发展的核心，平台是期刊发展的基础，两者必须同时发力才能提升期刊的传播力、引导力、影响力、公信力。依托新媒体技术手段实现平台再造，顺应用户个性化的阅读习惯，呈现出不同层次的期刊内容，实现期刊内容多渠道传播和用户覆盖最大化。通过大数据、云计算等新技术，对期刊用户特征、阅读行为、内容需求等进行精准分析，努力打造针对性较强的期刊内容，实现分众化、精准化传播。

2.2 注重创造性，培养创新人才

媒体融合发展带来的不仅是传播方式的改变，更是媒体生态环境的重大改变。媒体融合时代，传统的医学科技期刊要以创造性思维积极推动融合发展，以内容建设为根本、先进技术为支撑、塑造品牌为重点、创新机制为动力，主动求新求变，积极探索期刊融合出版新模式，大力发挥好期刊内容优势；同时努力培养突破常规的创意型、复合型编辑人才以满足媒体融合时代期刊编辑工作多元化的需求。习近平指出："人是科技创新最关键的因素，创新的事业呼唤创新的人才；创新驱动实质上是人才驱动。"媒体融合时代，不同编辑角色的分工合作将是新常态，期刊编辑需要在传统期刊编校工作的基础上，进一步培养编辑主体意识、媒介传播意识、用户服务意识、即时互动意识和提升编辑人员的技术应用能力、专业学术能力、

资源整合能力、数据编辑能力[8],努力使编辑人员成为媒体文化的塑造者、科研创新的引导者、学术对话的组织者、用户需求的服务者。

2.3 注重预见性,搭建个性化期刊平台

习近平同志指出:"读者在哪里,受众在哪里,宣传报道的触角就要伸向哪里,宣传思想工作的着力点和落脚点就要放在哪里。"期刊工作也一样,着力点和落脚点要放在不断满足读者日益增长的信息需求上。科技日报社社长李平指出"融合价值,是现实的路径。"[9]医学科技期刊要实现其品牌价值关键在于契合读者的需求,在期刊选题策划、编辑、出版等环节中体现前瞻性和预见性,针对需求搭建个性化期刊平台、为用户生产和传递有价值的内容,提供高品质的有价值的信息服务。此外,医学科技期刊在传播上要认真研究读者的特点,实现精准推送;在服务上应认真研究读者需求,主动为读者提供个性化信息服务。一方面,要充分利用传统的期刊发行渠道与网站、微博、微信等新媒体平台针对特定的读者群、作者群、审稿专家提供精准的信息推送服务,扩宽期刊传播渠道;另一方面,要联合CNKI、万方、维普等知名网络数据库运营商或者尝试自建平台,构建满足用户多层次、个性化需求为核心的期刊融合发展平台,精准进行期刊内容的策划和再生产,提高期刊传播的自主性,以进一步提升期刊影响力。

3 结束语

医学科技期刊媒体融合发展,应在继承传统期刊编辑、出版优势的基础上,努力推动期刊内容、渠道、平台、经营、管理等方面的深度融合[10]。始终坚持以优质的内容生产为核心,创新期刊内容表达方式,在发挥传统医学科技期刊专业采编优势、内容资源优势的同时,努力适应媒体融合发展的新生态,围绕主题策划、组约稿件、内容编辑等重点环节,进行科学配置、形式创新、平台再造,积极构建一体化的期刊内容生产平台,不断提供满足用户多层次、个性化的信息需求,提升期刊用户的黏性,增强医学科技期刊的社会服务能力和竞争力。

参 考 文 献

[1] 中共中央,国务院.关于推动传统媒体和新兴媒体融合发展的指导意见[EB/OL].(2014-08-20)[2018-08-07].http://www.gapp.gov.cn/news/1656/223719.shtml.

[2] 习近平.坚持正确方向创新方法手段 提高新闻舆论传播力引导力[EB/OL].(2016-02-19)[2018-08-07]. http:// www.xinhuanet.com/politics/2016-02/19/c_1118102868.htm.

[3] 王顺善,李敏.媒体融合下的医学科技期刊创新发展路径研究[J].江苏大学学报(社会科学版),2017,19(6):87-92.

[4] 郭雨梅,郭晓亮,吉海涛,等.媒体融合背景下医学科技期刊的创新之路[J].编辑学报,2014,26(6):521-525.

[5] 刘津,田雨,李兰欣.医学科技期刊媒体融合发展困局与破局之策[J].编辑学报,2018,30(1):4-7.

[6] 习近平.决胜全面建成小康社会 夺取新时代中国特色社会主义伟大胜利——在中国共产党第十九次全国代表大会上的报告[EB/OL].(2017-10-18)[2018-08-09].http:cpc.people.com.cn/n1/2017/1028/c64094-29613660. html.

[7] 陈如毅.论媒体融合之下医学科技期刊的"内容为王"[J].荆楚学刊,2015,16(5):93-96.

[8] 庞达.论媒体融合时代科技期刊编辑的新角色与自我发展[J].编辑学报,2018,30(1):21-24.

[9] 李平.融入全面创新时代 实现传播力跨越——关于科技传媒融合发展的思考[EB/OL].(2016-08-23)[2018-08-10].http://www.sohu.com/a/111691974_160309.

[10] 陈晓峰,云昭洁,万贤贤.媒体融合精准知识服务助推医学科技期刊供给侧改革[J].中国科技期刊研究,2017,28(9):805-809.

数字环境下学术期刊开展内容增值服务的实践

孙丽华

(中国科学院上海应用物理研究所联合编辑部,上海 201800)

摘要: 以《核技术(英文版)》为例,介绍了科技期刊在数字环境下开展内容增值服务的策略,包括语义出版、论文转发评论、专题内容推送、移动互动交流平台搭建服务等。

关键词: 学术期刊内容增值;语义出版;移动互动交流平台

近年来,数字出版的发展根植于国民数字阅读习惯的形成和不断提高,用户的数字阅读需求成为数字出版不断发展的源动力[1]。根据中国新闻出版研究院《第十五次全国国民阅读调查报告》[2],2017年我国成年国民数字化阅读方式(网络在线阅读、手机阅读、电子阅读器阅读、Pad阅读等)的接触率为73.0%,较2016年的68.2%上升了4.8个百分点。该数据呈连续上升之势。根据目前的移动设备普及情况,中国成年国民阅读方式接触率将会持续增长到80%~85%后达到天花板。在人群普及后,提高我国国民的数字化阅读数量和质量将是行业发展升级的关键。

在这种新的出版环境下,学术期刊积极依托信息基础平台,将图像、文字、影像等学术资源进行多层次整合,通过多种内容发布途径和手段实现多元化出版,为用户提供内容表现形式更加丰富、传播载体更加多样的信息资源,使用户得到超越纸质期刊的信息内容和更高延伸价值的个性化服务,从而使学术期刊的价值由传统的内容生产拓展到内容增值,能够实现学术期刊"以用户为中心"的出版服务理念[3-4]。

国内学术期刊出版单位虽然意识到数字环境下为用户提供增值服务的重要性,但因为对数字化环境下增值服务的概念和范围不甚清楚,只是将纸质内容简单数字化后搬到网络上,没有充分利用数字化和大数据挖掘技术为用户提供个性化增值服务。主要问题表现在:①当前多数学术期刊提供的内容表现形式单一,论文扩展信息贫乏;②多数学术期刊没有开发出与移动终端特性相适应、格式相匹配的内容,不能适应当前移动化的阅读习惯;③没有为用户提供一个互动交流的平台,不能满足自主化和多向互动型的阅读方式等。

针对国内学术期刊在开展增值服务中存在的问题,本文根据学术期刊内容资源和用户资源特性,结合核技术英文期刊在内容增值方面的实践经验,对学术期刊开展增值服务的意义和开展增值服务的方法进行了探讨,以期对同行有所借鉴。

2 数字环境下学术期刊开展内容增值服务的意义

2.1 学术期刊将出版资源数字化处理能够使学术资源被用户最大化利用

数字出版就是利用数字化手段制作交互式阅读产品的出版方式[5]。传统的纸质出版物作为一次性资源,无法通过二次开发而被反复利用[6]。而在数字出版环境下,出版单位通过将出版资源数字化处理,使出版内容变成可继续开发和利用的信息资源。学术期刊将这些信息重新包装后通过多终端发布,使同一内容资源以不同的表现形式被全方位开发,为用户提供详尽、丰富的内容资源,使出版信息被最大化利用,学术资源获得增值。

2.2 学术期刊通过移动互动平台建设能够实现学术信息的互通和传播的最大化

学术期刊的职能是传播学术创新,展示学术成果。长期以来,学术期刊的用户定位就是相关学术领域的研究人员,因此,学术期刊始终带有小众化、高端化标签。学术期刊拥有丰富的、高附加值的学术资源,数字环境下,如何有效地将各类资源加工重组后向特定用户群发布是学术期刊开展增值服务的关键。Web 2.0 技术的出现为学术期刊拓展用户群提供了技术支撑。新的网络环境下,信息流动方式从传统的单向生产和传播,向期刊和阅读者之间以及阅读者和阅读者之间多向交流互动的方向转变[7],学术期刊通过开发移动互动平台,将传统纸质期刊"以内容为王"的特点与网络传播的"以关系为王"的社区文化有效结合,使传播和接受信息同步完成,用户可以通过期刊提供的平台,撰写评论、表达需求,期刊可以对用户的需求迅速做出反应,并提供具有针对性的服务。此外,用户还可以通过社交网络软件,传播、分享信息,从而使学术期刊能够在不同层次受众中传播,实现学术信息传播的最大化。

2.3 数字环境下学术期刊通过信息延伸服务能够提升期刊品牌价值

学术期刊的品牌价值取决于学术内容的创造性、读者的认同度和刊物发展的可持续性。只有当受众与期刊、受众与受众之间形成牢固的关系时,学术期刊的品牌才能形成并长期维持[8]。学术期刊通过对期刊内容进行不同形式的包装,为用户提供个性化的服务,扩展了期刊的服务范围,满足了不同层次受众的需求,使期刊的品牌特征性信息得到有效传播,使受众对品牌的认知不断得到加深和强化,赢得用户对期刊的认可,进而形成对该品牌的忠诚度,帮助学术期刊进入可持续发展的良性循环。

3 学术期刊开展增值服务的方法

3.1 开展语义出版,聚合数字资源

受传统出版的影响,在当前的出版模式下,大部分的学术期刊的数字化还停留在把出版后的文章 PDF 化的层面。由于 PDF 格式的文档缺乏详细的语义标注和互动功能,无法实现资源的交互操作,不能满足科研用户信息发现和深度研读的习惯。如何通过增加数据和信息之间的关联,提高学术数据和信息的获取效率,是学术期刊亟待解决的问题。语义出版的概念应运而生。

语义出版自 2009 年提出开始就受到了出版界和学术界的关注[9]。语义出版是指通过 XML、本体、关联数据等语义相关技术,对元数据进行结构化处理、深度处理和分类标引,使数据具有更好的开放性和扩展性,便于实现内容的动态关联,从而为实现内容的自获取与融合提供基础。其实质是在线信息服务提供商和大型学术出版机构运用语义网的核心思想与相关技术向用户提供科学知识的智能化发布、个性化获取和共享处理机制[10]。

《核技术(英文版)》在 2015 年开始基于 XML 技术的语义出版,对出版流程进行全方位改造、优化。XML 的优势具体表现在[11]:

(1) XML 数据能够对半结构化数据进行有效的存取和管理。如网页内容就是一种半结构化数据,而传统的关系数据库对于类似网页内容这类半结构化数据无法进行有效的管理。

(2) 提供对标签和路径的操作。传统数据库语言允许对数据元素的值进行操作，不能对元素名称操作，半结构化数据库提供了对标签名称的操作，还包括了对路径的操作。

(3) 当数据本身具有层次特征时，由于 XML 数据格式能够清晰表达数据的层次特征，因此 XML 数据便于对层次化的数据进行操作[12]。XML 数据适合管理复杂数据结构的数据集，如果已经以 XML 格式存储信息，则 XML 数据利于文档存储和检索；可以用方便实用的方式检索文档，并能够提供高质量的全文搜索引擎。另外 XML 数据能够存储和查询异种的文档结构，提供对异种信息存取的支持。

(4) XML 文件还可以很方便地转换为 HTML、PDF 及手机格式等各种内容格式，实现出版资源在一次制作后能够在多种终端上同时发布。

通过语义出版，我们在期刊网站推出了全文 HTML 出版方案，支持网站 PDF 下载和 HTML 在线阅读。同时为了便于国内用户的移动端阅读，我们对出版论文进行了流媒体文本制作，实现了文内检索的功能，使读者在流媒体文本的阅读过程中，可以精准地对文章内的关键词、主题词进行查找，并快速跳转到该词所在的文章位置，帮助读者的阅读、学习和科研应用。

3.2 开通学术论文评论转发功能，提高论文传播效率

罗杰斯认为信息扩散是一种特殊类型的传播，要得以实现需要考虑四个主要因素：创新、传播渠道、时间以及社会系统[13]。Web 2.0 时代，用户从单纯的信息接受者转变成了接收和发布信息的完全参与者，用户转发成为信息推荐的主要方式，一条信息被其他用户转发就是一个扩散的过程，而附有评论的转发可看作是对原信息的再创新。转发的传播方式能够跨越不同的用户和社群，产生裂变式的信息扩散效果，从而形成用户对原始信息的内容增值和意义挖掘[14]。学术期刊的学术信息具有专业性和系统性的特点，如果学术期刊的学术论文仅仅以内容本身进行传播，人们对它重视程度往往是不高，其传播效率往往是非常有限的，但是当学术论文的信息传播是建立在一种信任关系基础上时，其传播的效率、影响力及传播能量将会是相当巨大的[15]。学术期刊开通学术论文的转发评论功能，在用户群体从众心理和归属感的作用之下将有助于期刊吸引更多的目光，形成更多的话题讨论，达到宣传的效果，最终形成社会影响力。

《核技术(英文版)》从 2018 年起在网站使用 Sharedit 来转发出版论文。作者和期刊订阅者可以获得由 Sharedit 生成的论文的传播链接，这一独特链接指向"正式出版版本"的论文，任何出版后的变动都会有更新。在 Sharedit 中，论文除了可以以流式增强 PDF 的形式免费供读者阅读外，还能提供带有超链接的直列引文和图表、注释功能，以及文章计量信息等。作者和订阅者可以将科研论文的传播链接粘贴到任何地方，如社交平台、知识库、网站、邮件等。随后读者也可以以相同的方式转发论文。Sharedit 的分享方式打破了传统订阅的壁垒，使得研究能够最大程度的被发现、获得、理解和分享。《核技术(英文版)》开通 Sharedit 分享功能至今，通过作者的分享达到 383 次，我们的作者正在逐步接受这种新的信息传播方式。

3.3 开展移动平台的专题出版，实现信息的精准推送

学术期刊自产生以来，其基本形式几乎从未发生过变化，一直都是线性结构，每期包括几篇或十几篇文章，按先后顺序编排。随着互联网技术的快速发展和信息技术的进步，在线阅读逐渐成为科研工作者的主流阅读方式。在线的学术期刊数据库覆盖面更广、资料更全、更新频率更快，有助于检索者能够更快速地获取行业动态。但是，作为互联网时代信息传播

和知识服务的重要平台，学术期刊数据库在大大提高人们检索效率的同时，也因其弱化了学术期刊栏目、缺乏凝聚某领域学术共同体、难以适应用户阅读习惯向移动端转型等问题。

《核技术(英文版)》在超星学习通中开通了"专题出版"功能[16]，该功能是内容的专题化，改变以往按期出版的出版模式，编辑可以随时根据当前热点、重点和课题，把期刊不同期、不同刊、不同栏目中的同一专题的论文挑选出来，并嵌入音频/播客、视频或者图片幻灯片/交互式图片等多媒体资源，快速形成一个融入自己思考、选择和判断的专题文章包在专题市场发布，实现按需、即时出版。专题出版的内容表现突破了文字加图片的单一静态出版模式，实现了科研成果的全景在线展示，丰富了学术思想的表达能力。借助移动平台"专题出版"的转发和分享功能，编辑可以向特定用户群即时推送出版信息，能够实现学术信息传播利用的精准性和实用性。

3.4 搭建移动端互动平台，为用户提供更具参与性的阅读服务

数字出版环境下信息的传播方向是双向甚至多向传播，有很强的互动性，期刊与用户，用户与用户之间可以进行双向及多向沟通，用户对信息可以及时反馈。目前国内很多期刊还停留在通过留言板、FAQs、E-mail 的方式对作者投稿期刊遇到的问题即进行回答，互动性差，反馈不及时，交流的内容单一，并且很少考虑读者的互动需求，也不能进行用户与用户的多向沟通交流。

我们编辑部在移动端搭建了"中科院应物所联合编辑部"互动交流平台，目的是为编辑、专家、读者、作者等打造一个集知识、经验、智慧的思想交流平台。该平台具有参与性、互动性的服务功能，用户可以通过平台就学术领域问题发表意见、进行交流。基于该移动端互动交流平台，我们将传统期刊的孤立、孤独阅读变成读者对文章进行评论、点赞，甚至打赏，读者可直接与作者交流互动，还可以向其他人推荐、转发分享，使学术思想和学术观点相互碰撞，引起用户对同一主题的共同关注，实现学术思想的交互传播，进而强化用户对期刊的参与度。

我们的交流平台设置了"会员期刊""官网展示""专家风采""公告通知""移动图书馆""专题阅读""名家讲坛""交流平台"等几个栏目。"会员期刊"中将《核技术(英文版)》《核技术》《辐射研究与辐射工艺学报》纳入其中，开放原则，不设文章阅读并发数限制，最大限度地传播期刊，方便读者阅读。读者可以将优秀的期刊文章转发至笔记、小组、消息、邮箱、微信、QQ，并能通过其他社交媒体平台直接打开阅读，实现优质内容的智慧分享。"交流平台"支持读者、作者、编者在线实时交流互动，基于小组交流圈实现对学术问题的集中思考、判断、分析、协同与执行。"名师讲坛"视频收录内容为国内众多知名专家学者、学术权威们多年的学术研究成果。我们将这部分视频资料作为专业知识的扩展，供读者观看。视频资料可以提供给观众更广泛的阅读资源，带给读者不同于普通读物的阅读效果，对于提高学术期刊的信息传播能力都是有帮助的。

4 结束语

学术期刊是研究成果转化为生产力的媒介，其传播的学术内容往往代表着国内最新的科技水平，是国家软实力发展情况的集中体现。在当前数字出版环境下，学术期刊作为学术交流的主流平台，应该顺应社会需求，积极尝试和探索新的发展模式，扩大学术传播影响力，

为文化创新、科技创新提供传播渠道,做好发展创新的排头兵。

<h2 style="text-align:center">参 考 文 献</h2>

[1] 艾瑞咨询.2018年中国数字出版行业研究报告[EB/OL].[2018-03-09].http://report.iresearch.cn/report/201803/3178.shtml.

[2] 中国新闻出版研究院.第十五次全国国民阅读调查报告[EB/OL].[2018-04-18].http://new.qq.com/omn/20180418/20180418A0KKDC.html.

[3] 张静.科技期刊借助数字化手段提供增值服务探析[J].编辑学报,2013,25(2):105.

[4] 张维,吴培红,冷怀明.数字化环境中国内外科技期刊增值服务的发展现状[J]编辑学报,2014,26(2):156.

[5] 汪新红,王国红,彭绍明.论科技学术期刊出版的数字化媒体化转型[J].编辑学报,2012,24(5):481.

[6] 刘冰,游苏宁.我国科技期刊应尽快实现基于结构化排版的生产流程再造[J].编辑学报,2010,22(3):262.

[7] 陈梁.微博客与社会信息传播方式的演变[M]//中国网络传播研究(第四辑).2010:269.

[8] 向飒.期刊数字化发展及品牌延伸[M].北京:中国传媒大学出版社,2013:1.

[9] SHOTTON D, PORTWIN K, KLYNE G, et al. Adventures in semantic publishing: exemplar semantic enhancements of a research article [J]. PLoS Computational Biology, 2009, 5(4):e1000361.

[10] 王晓光,陈孝禹.语义出版:数字时代科学交流系统新模型[J].出版科学,2012,20(4):81

[11] 庄子明.基于XML的数据库技术及应用[J].计算机工程,2002,28(1):119.

[12] 丁海珈,卢小宾,马明敏.数字复合出版工程在科技期刊信息服务中的应用[J].编辑学报,2012,24(1):71.

[13] 罗杰斯.创新的扩散[M].北京:中央编译出版社,2002:10.

[14] 张弥弭.基于网络自媒体平台的品牌传播模式研究[D].厦门:厦门大学,2014.

[15] 喻国明.微博影响力发生的技术关键与社会机理[J].新闻与写作,2011(10):64.

[16] 超星云舟.内容为王的新突破:域出版[EB/OL].[2016-05-04].https://mp.weixin.qq.com/s/OVbV6tFbNcCvXUmqEPBo3w.

《中国药理学报》高被引论文分析及启示

朱倩蓉，吴民淑

(中国药理学报编辑部，上海 200031)

摘要：在 Web of Science 数据库中检索《中国药理学报》自 1984 年被美国科学引文索引(SCI)收录后至 2017 年所发表的各类文献，采用共时法和限定频次法将总被引频次超过 100 次的论文定义为高被引论文。运用 Web of Science 的引文分析功能探讨高被引论文的特征。结果显示，综述类论文的被引频次超过原创研究论文。肿瘤学、神经与精神病学、糖尿病、中草药、新机制、新靶点和新技术类文章引用更高。我国自主创新的新药研发类文章具有最长的引用周期。高被引论文的平均引用高峰出现在发表后第 7 年。高被引论文国内来稿占 70%，国际来稿占 30%。上海市、北京市和江苏省位列国内地域排名前三名。大约 50% 的高被引论文作者的 H 指数在 20~30 之间，说明作者的科研工作具有较大的学术影响力。高被引论文的施引文献的国际化率高，国内读者贡献率 48.2%，国际读者贡献 51.8%。国际引用按照总施引频次排序主要来自美国、韩国、印度、日本、意大利、英国和西班牙等 7 个国家。传统中草药优势与新药研究前沿并举，基础研究与转化研究并重，维护与发展核心作者群，构建学报的报道特色是进一步提高影响因子的有效途径。

关键词：高被引论文；Web of Science；学科分布；地域分布；H 指数；引用曲线；施引文献

科技期刊的学术影响力是指在某一段时期里科技期刊对其所处科研领域内科研活动的影响。它既是科技期刊学术质量和论文数量的协同影响，也是科技期刊在科学活动中的作用和价值的共同体现[1]。科技期刊的被引用存在明显的"二八"现象，任何一个期刊的影响因子主要是由少数高被引论文贡献。高被引论文的质量决定了科技期刊学术影响力的深度。高被引论文的数量决定了科技期刊学术影响力的范围。高被引论文构成了我国科技期刊学术影响力的核心[2]。近年来，国内外科学评价越来越重视对高被引和高影响力论文的研究。

《中国药理学报》(以下简称学报)1980 年创刊，由上海药物研究所与中国药理学会共同主办。1984 年被美国科学引文索引收录，是 SCI 药学药理学领域的核心期刊。经过近 40 年的努力，学报的影响因子稳步攀升，先后超过《日本药理学杂志》和《欧洲药理学杂志》。2018 年科睿唯安公布的最新结果显示学报影响因子达到 3.562，在 SCI 药学药理学排行榜中首次闯入 Q1 区。本研究通过回顾性分析学报自 1984 年入选美国 SCI 到 2017 年的所有发表论文，采用共时法与限定次数法界定高被引论文，通过分析学报高被引论文的特征了解学报影响力的产生和来源，希望能够更精准地把握选题组稿的思路，不断提升影响因子，争取早日赶上《英国药理学杂志》和《美国药理学与实验治疗学杂志》。

2 研究对象与研究方法

2.1 数据库平台与研究对象

本文以学报自1984—2017年的所有论文为研究对象，运用科睿唯安Web of Science平台的引文分析功能，对于在1984—2017年发表所有的原创研究、综述、会议论文与述评进行统一分析，对其引用表现进行分组，提炼共性特征。

2.2 采用共时法和限定次数法确定本研究的高被引论文

限定被引频次法、百分比法和普莱斯定律法是确定高被引论文的常用的三种方法。限定被引频次法根据被引频次的分布状况，选择10或5的整数倍作为高被引频次的标准。百分比法通常根据文献计量学中的"二八"现象，把被引频次较高的前20%的论文作为高被引论文。如果文献量很大，可以提取前10%、5%和1%作为高被引论文。普莱斯定律是用来确定高产和高影响力作者的。多数情况下，高产作者和高被引论文的分布具有相同或相似的规律。因此可以借用普莱斯定律确定高被引论文[3]。

如果考虑论文发表的时间先后，又可以分为共时法和历时法。共时法把研究时间区间内不同年代发表的论文等同对待，历时法是分别检索不同年代发表的论文，按照上述方法确定不同年代的高被引论文，最后把不同年代的高被引论文集合起来，作为要研究的高被引论文[3]。

由于学报在Web of Science数据库中被引频次真正较高的文章数比较少，最高被引频次316次，最低被引频次0次，采用百分比法和普莱斯定律入选的论文被引频次的差距非常大，不利于分析创刊近40年高被引论文的整体特征。最后采用限定次数法把在统计时间窗口内总被引频次超过100次的论文定义为高被引论文，一共获得高被引论文42篇，占总论文数的0.5%。对这42篇高被引论文从栏目类型、学科特色、地域特征、核心作者、引用曲线和施引来源这6个方面来分析其特征。

2.3 高被引论文特征分析

2.3.1 栏目类型的划分

按照综述、研究原著、述评和会议论文这四个栏目，对入选的42篇高被引论文进行归纳整理，并计算这4类论文的平均总被引频次。

2.3.2 学科特色的划分

学报是药理学和生物医学相关领域的综合性的药理学学术刊物，涉及的门类众多。随着研究水平的不断进步，涌现出了许多新兴的热点研究专题。分别根据重大疾病和重要专题对学科特色进行划分。例如根据疾病类型可以分为：神经精神药理、心血管药理、肿瘤药理、内分泌药理、免疫药理、肝脏药理等。根据重要专题，又可以分为中药专题、G蛋白耦联受体专题、干细胞专题、自噬专题、纳米药物专题等。因为许多论文涉及两个或者多个学科领域或者专题，均分别统计计算。

2.3.3 地域特征分析

稿源是科技期刊的生命线。按照论文的第一完成单位，通过对来稿地区和单位的统计，分析学报核心作者群的特征，为维护和发展学报的核心作者群提供依据。

2.3.4 引用曲线分析

总被引频次和期刊影响因子重点都在于被引频次的数量,并不关注时间维度下被引频次的分布。而引文曲线则从时间维度揭示了被引频次的分布,相对于数量绝对值,引文曲线更加直观。根据 Web of Science 平台的引用查证功能统计高被引论文在论文发表后的逐年被引频次,以时间为横坐标,以被引频次为纵坐标,绘制引文曲线,统计每篇论文的引用达峰时间,分析引用模式[4]。

2.3.5 施引地区分析

读者的国际化是科技期刊国际化的一项重要指标。运用 Web of Science 的引文分析功能,每篇高被引论文选取引用前 5 名的国家和地区,统计 42 篇高被引论文的主要引用地区和各地区对总被引频次的贡献率,探讨国内与国外,亚洲与北美读者的引用偏好与引用特点,为选题和组稿提供支持。

2.3.6 核心作者 H 指数分析

H 指数(也叫 h-index)是一个混合量化指标,最初是由美国加利福尼亚大学圣地亚哥分校的物理学家乔治·赫希(Jorge Hirsch)在 2005 年的时候提出来的,其目的是量化科研人员作为独立个体的研究成果。作者的 H 指数越高,则表明他的论文影响力越大。以作者姓名和单位组合成检索字段,检索出作者的论文,通过 Web of Science 的"创建引文分析"功能得到作者的 H 指数。因为有些作者的单位会有多次的变动,查出的 H 指数对单位有变动的作者来说不准确,所以本文重点考察了单位十年内没有发生变动的作者的 H 指数。

3 结果

3.1 高被引论文的栏目类型

在总被引频次超过 100 的高被引论文中,综述 26 篇,26/42,占比 61.9%,原创研究论文 16 篇,占比 38.1%,没有述评和会议论文。平均单篇被引频次综述是 167.30 次,原创研究是 138.60 次。综述在数量上和单篇被引频次上都超过原创研究,优势明显。排名前十的高被引论文有 9 篇是综述,既有较长的引用周期,又有较高的年均被引频次。这些大多是著名药理学家和重要研究小组的撰文,都是科学家各自强势的研究领域,同时这些科研课题有着较好的系统性和延续性,这说明基于作者自己的工作又被国内外读者广泛关注的综述具有较强的影响力与号召力。例如北京药物研究所张均田教授的人参皂甙系列工作、北京医科大学药理学教研室关于灵芝的特色研究均闯进高被引论文前十名。

3.2 高被引论文的学科特色

按照疾病类型划分,学报涉及神经与精神疾病、恶性肿瘤、糖尿病、心血管疾病和免疫类疾病的高被引论文所占比重较大,与学报这四类疾病相关论文发稿量比较大有关,也说明了这四类疾病的发病率和关注度相比其他类型的疾病更高,对新药研发的需求也更大。中草药在各类疾病中的应用和其作用机制研究一直是我国药理学研究的传统与特色,中草药及其衍生物的药理研究成果受到韩国、日本和新加坡研究人员的高度关注。天然产物研究占到学报高被引论文的 50%。基础研究领域有关药物研发新靶点的综述广受读者欢迎。G 蛋白偶联受体是 2012 年诺贝尔医学奖的获奖成果,大约 40%的现代药物都以 G 蛋白偶联受体作为靶点。2012 年学报副主编徐华强研究员组织的 G 蛋白偶联受体专刊获得了国内国际读者的认可。专刊论文"G 蛋白偶联受体在药物发现中的应用"成为发表年限较短的高被引论文。自噬参与了多种疾病发病的病理过程,围绕自噬发现药物靶标并设计相应的小分子药物是近年的研究热点。

在学报的高被引论文中涉及自噬专题论文的就有 3 篇,都来自苏州大学。干细胞研究涉及多种疾病的治疗方案的革新,在生物医学的各个领域都广泛开展。干细胞研究既属于基础研究又在未来具有明确的转化价值,所以这类专题引用率最高。学报 2013 年刊发的干细胞专刊获得读者的高度关注。在学报发表年限最短的 5 篇高被引论文中,干细胞专刊论文就有 2 篇,年均被引频次分别为 56.8 和 47.0,居 42 篇高被引论文的第 1 位和第 2 位(见表 1)。

表 1 学报发表年限最短的 5 篇高被引论文

题名	学科分布	被引频次	发表年份	年均被引频次	单位名称
Mesenchymal stem cells: a new trend for cell therapy	干细胞	284	2013	56.8	上海交通大学附属仁济医院
Understanding and targeting cancer stem cells: therapeutic implications and challenges	肿瘤干细胞	235	2013	47.0	苏州大学附属第二人民医院
Application and interpretation of current autophagy inhibitors and activators	自噬	101	2013	20.2	苏州大学药理学教研室
Tools for GPCR drug discovery	GPCR	113	2012	18.8	上海药物研究所
The role of BDNF in depression on the basis of its location in the neural circuitry	忧郁症	103	2011	14.7	山东大学药学院
Gold nanoparticles in cancer therapy	纳米	100	2011	14.3	新加坡国立大学

3.3 高被引论文的稿源分析

3.3.1 地域与机构分布

在学报的高被引论文中,按照第一完成单位进行统计,境内论文 29 篇,占比 70%;境外论文 13 篇,占比 30%。美国成为境外主要来稿国家。进一步分析境内论文,上海 8 篇,北京 6 篇,江苏 5 篇,中国台湾 3 篇,福建 2 篇,湖北 2 篇,其他浙江省、山东省和甘肃省各 1 篇。上海、北京和江苏位列前三,与周珠凤的研究结果基本一致[5]。说明地域经济文化的发展与高被引论文的产出具有比较强的相关性。上海药物研究所、北京药物研究所、北京大学、苏州大学、中国药科大学、华中科技大学、福建医科大学、浙江大学、山东大学、兰州大学成为学报高被引论文来源的主要机构。

3.3.2 作者结构分析

作者是期刊论文的重要外部特征之一,是决定期刊论文质量的关键;而核心作者更是期刊质量稳固和继续发展的坚实基础[6]。高被引论文有 22 篇来自学报主编、副主编和各届编委,约占高被引论文总数的 50%,显示出高水平的编辑委员会对学报工作的重要贡献。已经卸任的老编委的经典研究有着很长的引用生命周期,不仅在发表后第 1 年与第 2 年对学报的影响因子做出了重要贡献,对学报各年的总被引频次也做出了重要贡献。新上任的主编和副主编与新一届编委的研究选题紧跟国际热点,发表后在短期内就收到了国内外读者的关注和引用。作者来自 10 个药理学分支学科,呈现相对集中又多样化的特征(见表 2)。少数作者已经退居二线,大部分作者依旧活跃在科研一线。

表 2 核心作者的专业分布

专业	人数	比例/%	和药理学高度相关
神经药理	11	27.5	是
肿瘤药理	5	12.5	是
心血管药理	5	12.5	是
免疫药理	4	10.0	是
肝脏药理	2	5.0	是
内分泌药理	1	2.5	是
药物制剂	1	2.5	是
植物药	5	12.5	是
药物靶点	4	10.0	是
干细胞	2	5.0	是

我们对高被引论文作者进行了 H 指数计算，有几位作者因单位变动没有得到完整的论文数据，故无法得到准确的 H 指数，最后得到 36 位高被引论文作者 H 指数的分布情况。有 1 位作者的 H 指数达到了最高 60；有 3 位作者的 H 指数介于 40~50 之间，有 7 位作者的 H 指数介于 30~40 之间；有 17 位作者的 H 指数在 20~30 之间；有 8 位作者的 H 指数介于 10~20 之间(见表 3)。

表 3 核心作者 H 指数的频数分布

H 指数	人数	人数百分比/%
>50	1	2.8
40~50	3	8.3
30~40	7	19.4
20~30	17	47.2
10~20	8	22.2

由表 3 可知，学报高被引论文作者的 H 指数基本呈正态分布，大约 50%的作者的 H 指数在 20~30 之间，说明作者的工作在国内和国际读者中具有较大的影响力。在 H 因子超过 40 的作者中，有 2 位均已退休，2 位即将要退休，这反映出 H 指数的本质是评价学者的累积持久绩效[7]。H 指数超过 20，同时年龄在 50 岁以下的科学家只有上海药物研究所谢欣教授。通过 H 指数的分析，我们发现学报核心作者的科研工作整体上有比较大的学术影响力，但是年龄偏大。学报核心作者群中缺乏 H 指数超过 15，年龄在 45 岁以下的青年学者。

3.4 高被引论文的引用曲线

引用曲线模式主要分为持续增长型、显峰型、双峰型和振荡型这 4 种形态。这 4 种形态在学报的高被引论文中均有表现。

3.4.1 持续增长型

论文在发表当年或者第 2 年就获得引用，且被引频次随时间推移呈现持续增长。这类论文发表后的认可程度高，随着领域发展与推动，其提出的理论与方法获得更为广泛的认可和应用，具有持久的学术影响力。例如学报 2009 年发表的关于神经退行性疾病的综述，论文发表后当年即获得 4 次引用，引用量于第 2 年快速攀升到 25 次，2010—2015 年呈现出双峰特征，

2016 年再次爆发攀升。施引文献学科分散度高，不仅分布在神经科学和药理学领域，还分布在其他 45 个交叉学科领域。施引文献地域分布广，读者来自美国、中国、印度、日本、西班牙和意大利等 47 个国家和地区[8]（见图 1）。

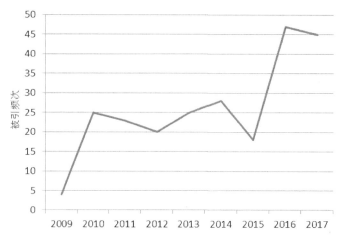

图 1　持续增长型引用曲线[8]

3.4.2　显峰型

显峰型是论文被引用的基本常态，论文在发表当年立即获得引用，并在几年的时间内达到引用高峰，此后缓慢下降并趋于稳定。这类高被引论文发表后即被认可，但是随着该领域自身发展需求的变化和进步情况，逐渐被新成果新理论新方法所取代，符合论文发表后成长、成熟、衰退的生命周期[4]。学报大部分高被引论文的引文曲线呈显峰型。学报排名第 1 的高被引论文引用在发表后第 7 年达到峰值，此后缓慢下降并保持每年一定的频次[9]（见图 2）。

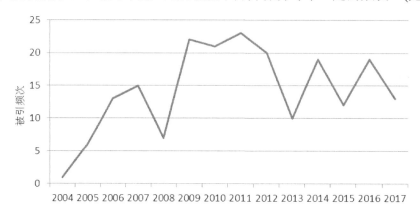

图 2　显峰型引用曲线[9]

3.4.3　双峰型

双峰型的主要特征是被引频次在时间轴上呈现 2 个明显的高峰，2 个引用高峰之间有明显的距离。例如金国章院士的四氢原小檗碱同类物的研究[10]（见图 3）。

3.4.4　振荡型

振荡型的主要特征是每年的被引频次随着时间的推移在一个相对固定的区间反复振荡。唐希灿院士的新药石杉碱甲的最原创的药理学研究成果的引用就符合这个特征[11]（见图 4）。

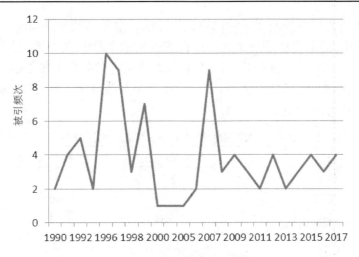

图 3　双峰型引用曲线[10]

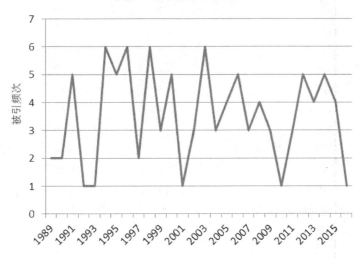

图 4　振荡型引用曲线[11]

3.5　高被引论文的年代分布

入选的高被引论文的发表时间跨度是 1986—2013 年，其中发表数量最多的是 2001—2010 年，占入选总数的 81%。2011—2017 年发表的论文有 5 篇入选，1984—1999 年只有 3 篇入选。引用时间最长的论文是唐希灿院士的抗早老性痴呆的新药石杉碱甲的首创成果，1986 年获得第 1 次引用，直到 2017 年依旧被国内国际同行引用，引用年限超过 30 年。发表年限最短的论文是来自仁济医院的"间充质干细胞：细胞治疗的新趋势"，2013 年发表，至今已有近 300 次的引用，平均每年被引用超过 50 次。

3.6　高被引论文的引用高峰

大多数论文的引用高峰出现在论文发表后第 2 年，这是科技期刊影响因子计算的理论依据。可是学报的高被引伦文的平均引用高峰并没有出现在发表以后的第 2 年，最早出现在发表后第 2 年，最晚出现在发表后 10 年，平均引用高峰出现的时间是发表后第 7 年。陈汐敏发现 6 种医学学报的高被引论文发表后平均 6 年引用达到峰值[12]。

3.7　施引文献的地区分布

读者的国际化是衡量科技期刊国际化的重要标准。根据 Web of Science 的施引文献分析，每篇高被引论文选取前 5 名国家和地区，统计施引文献在各国的分布。结果显示施引文献国内占 48.2%，国际占 51.8%。境外施引国家分析，北美地区主要是美国(23.4%)，亚洲地区主要是韩国(10.8%)、印度(5.09%)与日本(2.24%)。欧洲主要是西班牙、意大利、英国与德国。美国成为学报境外引用的最高的国家(见表 4)。

表 4　学报高被引论文的施引文献的地区分布

国家	总施引频次	贡献率/%
中国	2 017	48.20
美国	979	23.40
韩国	454	10.80
印度	213	5.09
日本	94	2.24
加拿大	74	1.80
西班牙	72	1.72
意大利	68	1.62
英国	61	1.40
德国	45	1.10
马来西亚	24	0.60
法国	20	0.50
伊朗	19	0.40
新加坡	13	0.30
以色列	10	0.24
俄罗斯	8	0.20
瑞典	7	0.17
泰国	5	0.12
澳大利亚	4	0.10
总计	4 187	100

4　启示

4.1　高度重视综述的约稿

综述在学报的发文比重并不大，通常每期只有 1~2 篇综述性稿件。本研究发现综述在高被引论文中占比 60%，且篇均引用次数也超过原创研究论文。陈汐敏对 6 种医学学报的高被引论文的栏目类型进行了分析，结果也显示综述的平均单篇被引频次为 33.2，基础医学为 27.4，临床医学为 24.9[12]。在学报的高被引论文中，中草药研究在中国和亚洲的韩国、日本、新加坡和马来西亚有着广大的读者群。涉及新药研发新机制和新靶点的研究，美国读者的关注度更高。针对不同地区读者群体的偏好，把握不同研究机构的优势领域组稿，有利于形成学报的报道特色，也更容易获得读者的认可。

4.2　基础研究与转化研究并重

药理学是连接医学和药学的桥梁，也是基础医学与临床医学的桥梁。学报的高被引论文中既有从分子和细胞层面研究疾病的新的病理机制和新的药物靶点等基础药理研究，也有具有潜在转化价值的新技术和新方法的介绍。具有潜在转化价值或者经济价值的文章获得的关注度更强烈，引用周期更持久。学报排名第 1 的高被引论文就是关于天然产物海巴戟天 Noni 抗衰老的系统性综述，发表后不久就收到了日本的来信，申请本文的日语翻译权。我们发现人参、灵芝多糖、黄芪多糖、丹参提取物、青蒿素衍生物等天然产物研究具有重要转化价值，新技术类专题纳米药物在药物制剂领域也有着潜在的转化价值。在今年刚刚召开的编委会上，丁健主编介绍了国际大刊 Nature 与 Science 在选择稿件时非常注意研究的转化医学价值，要求编辑部的组稿工作要跟上国际大刊的方向。

4.3 维护与发展核心作者群

高质量原创性成果的作者资源和作品资源是科技期刊发展的生命线，稿源的争夺是科技期刊竞争的焦点。核心作者群是指在某一期刊或领域发表的论文较多，影响较大的作者集群，也称为活跃作者群。学报排名前 10 的高被引论文中的通讯作者中，有中国药理学会的理事长、学报的副主编和老编委。例如神经药理北京药物所张均田教授和杜冠华教授、上海药物研究所唐希灿院士和金国章院士、免疫药理领域的北京大学医学部林志彬教授和上海药物李晓玉教授，虽然是学报 90 年代的核心作者，但是也客观反映了学报自创刊以来的研究成果。随着时代的发展，中青年科学家的不断涌现，其中有不少海归的科学家。但是他们更倾向于把高质量的工作首先投向国外，虽然这其中的原因复杂，但是给学报的核心作者的更新与发展带来很大的挑战。一方面只有不断提高影响因子，提高发表论文的国际显示度，进一步与国际接轨，才能获得这批中青年专家对学报的认可；另一方面，借鉴他刊经验组建学报青年编辑委员会团结一批中青年专家，这对优化核心作者的年龄结构实现作者群体的良性更替具有重要意义。

参 考 文 献

[1] 任胜利.有关精品科技期刊发展战略的思考[J].编辑学报,2005,17(6):393-395.
[2] 韩维栋,薛秦芬,王丽珍,等.挖掘高被引论文有利于提高科技期刊的学术影响力[J].中国科技期刊研究,2010,21(4): 514-518.
[3] 刘雪立.基于 Web of Science 和 ESI 数据库高被引论文的界定方法[J].中国科技期刊研究,2012,23(6): 975-978.
[4] 王海燕,马峥,潘云涛,等.高被引论文与"睡美人"论文引用曲线及影响因素研究[J].图书情报工作,2015,59(16):83-88.
[5] 周珠凤,姜叙诚,刘晓华,等.综合性医学中文核心期刊高被引论文特征分析[J].中国科技期刊研究,2013,24(5):885-888.
[6] 廉清.《图书情报工作》核心作者群分析研究[J].现代情报,2004(11):55-59.
[7] 朱惠,邓三鸿,杨建林.我国图书情报学领域博士生导师 H 指数分析[J].图书与情报,2013(5):57-66.
[8] DONG X X, WANG Y, QIN Z H. Molecular mechanisms of excitotoxicity and their relevance to pathogenesis of neurodegenerative diseases [J]. Acta Pharmacologica Sinica, 2009, 30(4):379-387.
[9] WANG M Y, WEST B J, JENSEN C J, et al. Morinda citrifolia (Noni): a literature review and recent advances in Noni research [J]. Acta Pharmacologica Sinica, 2002, 23(12):1127-1141.
[10] 许守玺,俞蕾平,韩匀茹,等.四氢原小檗碱同类物对 D1 和 D2 多巴胺受体亚型的作用[J].中国药理学报,1989,10(2): 104-110.
[11] 王月娥,岳东贤,唐希灿.石杉碱甲的抗胆碱酯酶作用[J].中国药理学报,1986,7(2):110-113.
[12] 陈汐敏,接雅俐,蒋莉,等.从 6 种医学学报的高被引论文分析看如何提高医学学报类期刊的影响力[J].中国科技期刊研究,2013,24(4): 666-670.

500篇医学高被引论文的特征分析

黄崇亚，卓选鹏，张 敏，欧阳丰

(西安交通大学期刊中心医学编辑部，西安 710061)

摘要：利用中国知网的"中国引文数据库"、万方数据知识服务平台等数据库，对中国 1979—2014 年间医学期刊高被引论文进行筛选，被引频次最高的前 500 篇论文为高被引论文，从被引次数、作者、参与机构、参考文献及基金资助情况等方面进行统计分析。统计结果表明：500 篇高被引论文发表在 2000 年以后居多；主要分布在专科性较强的期刊；被引频次最高的为《各类脑血管疾病诊断要点》，年均被引频次为 1 172.40；学科栏目中高被引论文所占比重前六位栏目为临床研究(20.8%)、综述(11.4%)、调查研究(7.8%)、技术方法(7.8%)、诊断标准(7.6%)、诊断指南(7.6%)；主要分布学科为内科、外科、妇产与儿科学、中医药学、药学；作者人数多数为 3 位以内或 1 个机构；尽管有国家、省部级或其他基金论文，无基金资助的论文仍占 85.4%；参考文献总数基本在 14 篇以内，且引用发表当年近 3 年文献的论文接近 50%。

关键词：医学论文；高被引论文；期刊论文

高被引论文是指被引频次较高的论文，根据文献计量学的二八定律定义为被引频次前 20% 的论文，汤森路透公司[1]将其定为 10 年内论文引用次数排在前 1%的论文。高质量、高被引的学术论文往往是比较重要的科研成果，代表较高的学术水平[2]，是树立期刊品牌的重要基石，也是影响因子的主要贡献者[3]，对其特征进行统计分析能够准确地反映医学学科发展现状及未来发展趋势和研究热点，有利于期刊的选题策划和组稿方向，为进一步明确办刊思路及组约优质稿源提供参考，为医学期刊学术水平和影响力的提升提供数据及理论支持。近年来，相关研究[4-8]主要是对医学的某一个学科或某一种杂志的高被引论文加以分析，而对大数据背景下的全医学学科高被引论文大样本量的统计及特征分析目前尚未见报道。本研究基于大数据下的全医学期刊 1979—2014 年间发表的前 500 篇高被引论文为研究对象，用文献计量学的基本理论与方法，通过纵向、横向研究对高被引论文加以分析、归纳、总结，旨在得出医学高被引论文具有的特征、影响因素及传播的规律。

1 资料来源及高被引论文选取

1.1 资料来源

利用中国知网的"中国引文数据库"、万方数据知识服务平台等数据库，发布时间选择 1979—2014 年，被引时段截止到 2015 年 9 月 30 日，对期间医学正规期刊发表的全部医学论文的被引用情况进行检索。

基金项目：中国高校科技期刊研究会专项课题资助项目(CUJS2017-002)；陕西省出版科学基金重点资助项目(17ASC01)

1.2 高被引论文选取及分析

筛选出被引频次最高的前 500 篇论文为高被引论文,将其被引用次数等资料下载、保存、整理、分类,无误后导入 SPSS 16.0 进行统计分析。分析包括被引次数、作者、参与机构、基金资助情况、关键词数及参考文献等。

2 结果与讨论

2.1 时滞特征

500 篇高被引论文的发表年份为 1979—2014 年,如图 1 所示,2000 年为峰值。以 2000 年为分界点,2000 年以后的高被引论文要多于 2000 年之前,分析原因可能与 2000 年以后随着国家的科研评价体系的变化,国家对科研投入的不断加大,研究成果数量增加及质量提升有关。方红玲指出,我国大多数科技论文被引峰值出现在论文发表后第 8 年[9],2008 年以后高被引论文明显减少可能与论文发表时间短尚未达到被引峰值年代有关。

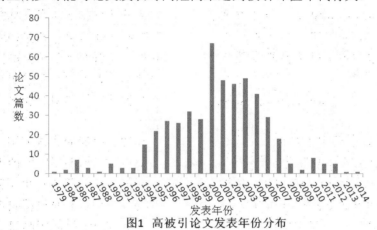

图1 高被引论文发表年份分布

2.2 期源特征

发表高被引论文 5 篇以上的期刊一共 27 种(图 2),其中居多的是中华类杂志 18 种,占 66.7%。排名前五位的分布为《中华护理杂志》《中华心血管病杂志》《中华妇产科杂志》《中华结核和呼吸杂志》和《中华骨科杂志》,医学专科性期刊高被引论文较多。

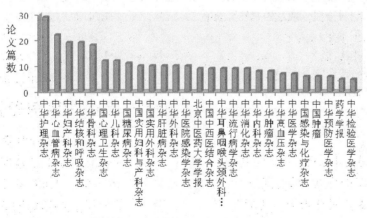

图2 高被引论文主要发表期刊分布

2.3 引频、下载特征

500 篇高被引论文中,筛选出前 30 篇高被引论文的被引频次和下载频次,如表 1 所示,可看出标准、指南、建议、方案等规范性、指导性、参考性的医学文献居于高被引文献的前列。被引频次列居首位的是发表于《中华神经科杂志》的《各类脑血管疾病诊断要点》,其总被引频次达 23 448,年均被引频次为 1 172.40。而下载频次最多的为发表于《中华高血压杂志》的《中国高血压防治指南 2010》,其总下载次数达 56 276 次,年均下载次数为 11 255.20 次,与总被引频次为 2 438 次不匹配。客观来看,被引频次并不能完全反映读者的阅读需求。指南类文献实用性强,读者很可能下载阅读后直接指导临床应用,而不需要作为文献引用。本研究的结果也验证了关卫屏[10]提出的观点。

表 1 前 30 篇高被引论文被引频次及下载频次

次序	篇名	被引频次		下载频次	
		总被引频次	年均被引频次	总下载次数	年均下载次数
1	各类脑血管疾病诊断要点	23 448	1 172.40	6 735	336.75
2	脑卒中患者临床神经功能缺损程度评分标准(1995)	11 017	550.85	4 189	209.45
3	病毒性肝炎防治方案	7 918	494.88	3 509	219.31
4	慢性阻塞性肺疾病诊治指南(2007 年修订版)	7 287	809.67	278	30.89
5	中国成人血脂异常防治指南	4 563	507.00	605	67.22
6	中国正常人 SCL-90 评定结果的初步分析	3 673	122.43	3 260	108.67
7	中风病诊断与疗效评定标准(试行)	3 167	158.35	3 176	158.80
8	我国成人体重指数和腰围对相关疾病危险因素异常的预测价值:适宜体重指数和腰围切点的研究	3 039	217.07	3 833	273.79
9	支气管哮喘防治指南(支气管哮喘的定义、诊断、治疗及教育和管理方案)	2 746	211.23	3 333	256.38
10	慢性心力衰竭诊断治疗指南	2 513	279.22	482	53.56
11	中国高血压防治指南 2010	2 438	487.60	56 276	11 255.20
12	社区获得性肺炎诊断和治疗指南	2 317	231.70	7 655	765.50
13	中华医学会手外科学会上肢部分功能评定试用标准	2 262	141.38	1 214	75.88
14	慢性收缩性心力衰竭治疗建议	2 227	159.07	1 514	108.14
15	护士工作压力源及工作疲溃感的调查研究	2 226	139.13	4 854	303.38
16	附:慢性鼻窦炎鼻息肉临床分型分期及内窥镜鼻窦手术疗效评定标准(1997 年,海口)	2 188	121.56	1 075	59.72
17	不稳定性心绞痛诊断和治疗建议	2 149	134.31	899	56.19
18	中华医学会糖尿病学分会关于代谢综合征的建议	2 059	171.58	3 338	278.17
19	新生儿缺氧缺血性脑病诊断依据和临床分度	1 965	103.42	750	39.47
20	儿童哮喘防治常规(试行)	1 849	102.72	578	32.11
21	关于糖尿病的新诊断标准与分型	1 789	111.81	2 696	168.50
22	肺结核诊断和治疗指南	1 768	117.87	3 213	214.20
23	免疫组织化学反应结果的判断标准	1 762	88.10	3 280	164.00
24	医院获得性肺炎诊断和治疗指南(草案)	1 733	101.94	1 604	94.35
25	血脂异常防治建议	1 679	88.37	1 632	85.89
26	医院感染诊断标准(试行)	1 667	111.13	1 535	102.33

表1（续）

次序	篇名	被引频次		下载频次	
		总被引频次	年均被引频次	总下载次数	年均下载次数
27	急性胰腺炎的临床诊断及分级标准(1996 年第二次方案)	1 649	86.79	1 057	55.63
28	《社会支持评定量表》的理论基础与研究应用	1 604	72.91	6 152	279.64
29	症状自评量表(SCL-90)	1 582	49.44	3 141	98.16
30	儿童支气管哮喘防治常规(试行)	1 569	130.75	2 073	172.75

2.4 栏目特征

500 篇高被引论文中，所占比重最多的栏目为临床研究(20.8%)，其次为综述(11.4%)、调查研究(7.8%)、技术方法(7.8%)、诊断标准(7.6%)、诊断指南(7.6%)。这前六位栏目共包揽 500 篇高被引论文的 63%。高被引论文所属的栏目显示，医学高被引仍以临床研究为主，其次是综述性的文章，通过大数据下的大样本量的统计与分析，本研究也验证了大家所说的综述论文容易高被引的观点。

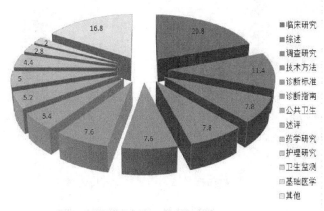

图3 高被引论文栏目类型构成比（%）

2.5 学科特征

对医学高被引论文 10 篇以上的学科分布进行对比分析发现，自 1979—2014 年间，内科、外科、妇产与儿科学、中医药学、药学一直稳居高被引学科的前列。除此之外，2000 年以前，高被引学科还包括心理学、神经病学与精神学、临床医学综合；2000 年以后护理学、预防医学与卫生学、肿瘤学、综合性医药卫生跻身于高被引学科前列，特别是护理学，跃居于第 2 位。说明自 2000 年以后，护理学研究逐渐成为热门，预防医学与卫生学也越来越受到重视，可能与我国人口老龄化与国际提出的健康中国 2030 规划需要以预防为主，关注老年护理与康复有关，同时由于肿瘤的高发使得肿瘤学相关的研究人员与机构越来越多，综合性医药卫生居于高被引前列，说明在 2000 年后医学相关学科有了长足的发展。

2.6 地区特征

作者地区分布前 5 位分别为北京、上海、广东、江苏和四川，占 71.7%。北京地区比例最大，占到 48.6%。这与北京地区雄厚的科研力量、众多科研参与人员、丰富的资源以及独特的先天优势是分不开的(见图 4)。

表 2 高被引论文的学科分布

位次	学科	篇数/%	位次	学科	篇数/%
1979—2000 年(242 篇)			2001—2014 年(258 篇)		
1	内科学	48(19.8)	1	内科学	74(28.7)
2	外科学	35(14.5)	2	护理学	27(10.5)
3	妇产科学与儿科学	24(9.9)	3	外科学	27(10.5)
4	中医学与中药学	24(9.9)	4	预防医学与卫生学	24(9.3)
5	心理学	15(6.2)	5	妇产科学与儿科学	23(8.9)
6	药学	13(5.4)	6	中医学与中药学	14(5.4)
7	预防医学与卫生学	13(5.4)	7	肿瘤学	12(4.7)
8	护理学	12(5.0)	8	综合性医药卫生	11(4.3)
9	神经病学与精神学	12(5.0)	9	药学	10(3.9)
10	临床医学综合	10(4.1)			

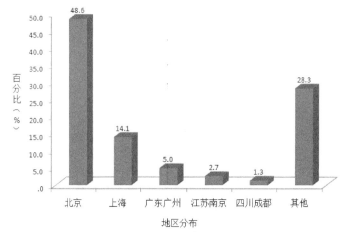

图4 高被引论文作者所在地区分布

2.7 作者特征

作者数量上来看，独立作者占 20.8%，2 位作者的占 19.2%，3 位作者占 13%，作者数在 3 位以内(不包括没标识)的占到了 53%；集体作者中 1 个机构占 63.2%，2 个机构占 14.4%(见图 5 和图 6)。

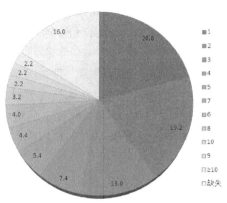

图5 高被引论文作者人数构成比（%）

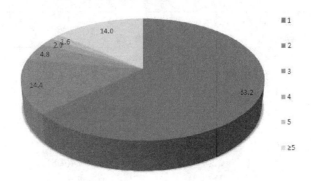

图6 高被引论文参与机构数量构成比（%）

2.8 基金特征

500篇高被引论文受基金资助情况，如表3所示。各类基金资助论文共73篇，其中国家级项目论文有36篇(7.2%)，省部级项目论文29篇(5.8%)，其他项目论文8篇(1.6%)，其余427篇(85.4%)为无基金资助论文。在1996—2005年这10年间的基金项目论文达63篇，占全部项目论文的86.3%。提示在2000年前后，国家、省部级各类资助单位提高了对医学科研项目的重视程度，随之而来科研成果喷涌而出。值得注意的是，有85.4%的高被引论文无基金资助而篇均被引频次达737.4次，这提示期刊编辑人员在审稿过程中，要善于发现那些没有基金资助，但科研价值较高、有高被引潜力的稿件。

表3 高被引论文基金资助情况

时间段	基金类型				合计
	国家级	省部级	其他	无	
1979—1989	0	0	0	14	14
1990—1995	2	1	0	42	45
1996—2000	16	9	3	153	181
2001—2005	13	17	5	150	185
2006—2010	5	2	0	56	63
2011—2014	0	0	0	12	12
合计	36	29	8	427	500
总被引频次	19 603	15 776	4 891	314 857	
篇均被引频次	544.5	544.0	611.4	737.4	

2.9 文献特征

500篇高被引论文篇均参考文献数(13.2±12.3)篇，其中中文参考文献数为(5.8±6.9)篇，英文参考文献数为(9.6±10.0)篇，发表当年近3年的参考文献数为(5.8±6.5)篇。各类参考文献数量及频次如表4所示。约60%的高被引论文总参考文献数在14篇以内，其中81篇其总参考文献数为0的文章栏目类型为诊断标准、指南、方案、会议纪要、技术方法等。调查研究类文章的参考文献总数基本在3~14篇之间。接近50%的高被引论文引用了发表当年近3年的文献，这提示编辑人员在稿件的审理过程中尤其要注意对参考文献的关注，同时也提示作者在做课题研究的同时要时刻关注国内外相关领域的最新动态，将有利于扩大研究成果的影响力。

表 4 高被引论文参考文献数量情况

总参考文献数/篇	n/%	中文参考文献数/篇	n/%	英文参考文献数/篇	n/%	发表当年近3年文献数/篇	n/%
0	81(16.2)	0	139(27.8)	0	119(23.8)	0	138(27.6)
8	32(6.4)	2	57(11.4)	3	34(6.8)	1	52(10.4)
10	31(6.2)	1	47(9.4)	4	29(5.8)	2	47(9.4)
9	27(5.4)	3	43(8.6)	5	29(5.8)	3	38(7.6)
6	23(4.6)	4	37(7.4)	1	24(4.8)	4	28(5.6)
3	22(4.4)	6	23(4.6)	2	24(4.8)	5	24(4.8)
5	22(4.4)	5	22(4.4)	6	24(4.8)	7	22(4.4)
11	22(4.4)	7	16(3.2)	7	23(4.6)	6	17(3.4)
7	18(3.6)	8	10(2.0)	8	21(4.2)	8	12(2.4)
4	16(3.2)	其他	104(20.8)	9	16(3.2)	其他	121(24.2)
13	16(3.2)			10	16(3.2)		
12	13(2.6)			12	10(2.0)		
14	11(2.2)			其他	130(26.0)		
18	11(2.2)						
其他	155(31.0)						
N	500		500		500		500
$\bar{x}\pm s$	13.2±12.3		5.8±6.9		9.6±10.0		5.8±6.5

3 结论

本课题在大数据的海量医学文献的基础上，不分刊源、不细分学科，共筛选出前 500 篇高被引论文，进行统计特征分析。结果显示：高被引论文多集中在 2000 年以后；发表在医学专科性强的期刊较多；标准、指南、建议、方案等规范性、指导性、参考性类的文献居于高被引文献的前列；学科分布以内科、外科、妇产与儿科学、中医药学、药学为主；作者人数多数为 3 位以内或 1 个机构；尽管有国家、省部级或其他项目论文，无基金资助的论文仍占绝大多数；参考文献总数基本在 14 篇以内，且引用发表当年近 3 年文献的文章接近 50%。编辑人员在审稿过程中，可参考本次研究成果，发现科研价值较高、有高被引潜力的稿件。

参 考 文 献

[1] Thomson Reuters. Essential science indicators [EB/OL]. [2017-07-22]. https://esi.incites.thomsonreuters.com.
[2] 徐伟,张军,沈志超.科学产出的文献计量学研究[J].中华医学图书情报杂志,2003,12(2):55-57.
[3] 韩维栋,薛秦芬,王丽珍.挖掘高被引论文有利于提高科技期刊的学术影响力[J].中国科技期刊研究,2010,21(4):514-518.
[4] 杨红芸,孙波,王晴.17 种口腔医学核心期刊高被引论文的特征分析[J].中华医学图书情报杂志,2013(12):75-78.
[5] 尚淑贤,吴晓初.1999—2008 年皮肤科学高被引论文特征分析及思考[J].中国科技期刊研究,2012,23(3):397-400.
[6] 方红玲.2003—2008 年眼科学高被引论文统计分析[J].中国科技期刊研究,2010,21(2):197-200.
[7] 胡清华.《浙江大学学报(农业与生命科学版)》2002—2011 年高被引论文特征分析及启示[J].中国科技期刊研究,2013,24(4):699-702.
[8] 张晓丽,乐建鑫.《东南大学学报(自然科学版)》高被引论文特征分析及启示[J].中国科技期刊研究,2012,23(6):1008-1012.
[9] 方红玲.我国科技期刊论文被引量和下载量峰值年代——多学科比较研究[J].中国科技期刊研究,2011,22(5):708-710.
[10] 关卫屏,游苏宁.《中华儿科杂志》未被引文章分析[J].编辑学报,2008,20(6):560-562.

新形势下英文科技期刊拓展优质稿源的途径
——以 *Advances in Manufacturing* 为例

姜春明

(上海大学期刊社 *Advances in Manufacturing* 编辑部，上海 200444)

摘要：稿源质量是期刊的生命线，是工作的重中之重。从 *Advances in Manufacturing* 自身工作的实践出发，分别从聘请专家组织专刊或专题、期刊与国际性学术会议合作、策划高质量的综述论文，以及多途径宣传推广期刊等如何拓展英文科技期刊的优质稿源进行了简单总结，以期对同行有所启发。

关键词：英文科技期刊；策划组稿；Advances in Manufacturing

近年来，国家大力提倡和发展英文科技期刊，中国科学技术协会等六部委自 2013 年起先后组织实施两期"中国科技期刊国际影响力提升计划"，大力扶持优秀英文科技期刊的发展。尤其是 D 类计划，重点支持新创办或拟创办的英文期刊。据中国科学技术信息研究所统计，2017 年我国英文科技期刊有 373 种，英文科技期刊的发展进入良好的发展契机。英文科技期刊发展走出国门，提高国际显示度，重中之重是提高期刊的稿源质量。已有不少研究涉及科技期刊的组稿等，如期刊不同阶段的组稿策略、专题或特刊主题选取技巧等[1-13]。然而这些研究大多集中在相对成熟的期刊中，或主要聚焦国内的中文期刊，或是关注一些已经创办多年，在领域内已有一定名气的英文科技期刊。对于一本新创办的英文期刊而言，如何策划组织优质稿源这方面的研究比较少。

笔者所在的 *Advances in Manufacturing*(AiM)是上海大学主办、上海市教育委员会主管的英文科技期刊，2013 年创刊，季刊，与 Springer 合作出版，主要刊登先进制造领域的最新研究成果和热点，2017 年收到期刊被 SCIE 收录的通知，且论文追溯到 2013 年第 1 卷第 1 期，取得历史性突破。2018 年公布了其第一个影响因子 1.706，位于 Q3 区。本文拟以 AiM 期刊为例，详细分析拓展优质稿源的主要措施，以其对其他新创的英文科技期刊的组稿有所借鉴。

1 拓展优质稿源的主要措施

1.1 组织专刊或专题

所谓学术专刊是指学术期刊针对某一个学术焦点所出的特辑。专刊可以在一期内集中展现某一学术领域最广阔范围的学术进展，既可以总结已经研究出的结果和结论，又可以探索新的研究方向与课题。AiM 在策划组织专刊的过程中，积极发挥编委会的作用，调动编委的积极性。通过邀请来自美国、法国、意大利、澳大利亚、新加坡、土耳其等国家的编委来访上海大学，召开国际编委会，让编委们充分意识到期刊存在的问题，并提出解决办法，更重要的是要让编委对期刊有归属感。每次国际编委会上均能确定出 1~2 个专刊为下一年度的出版计划，从很大程度上保证了优质稿源。此同时，还与我校机电工程与自动化学院、材料科学与工程学院等共同举办"先进制造技术进展与发展趋势"论坛，组织10余场次的学术讲座，邀请这些编委与师生们进行学术交流，促进相关学科建设，融合发展，达到双赢的效果。AiM期刊自创刊至今已出版的专刊如表1所示。

表1 AiM 期刊自创刊至今已出版的专刊信息

出版时间	专刊名称	Guest editor
2013 年第 3 期	Micro-nano Manufacturing	瑞典查尔姆斯大学 Johan Liu 教授和芬兰阿尔托大学 Mervi Paulasto-Kröckel 教授
2014 年第 1 期	Advanced Manufacturing and Automation	挪威科技大学王克胜教授和上海大学的屠大维教授
2015 年第 1 期	Application of High Strength Steels in Lightweight Commercial Vehicles	比利时 Hardy Mohrbacher 博士
2015 年第 4 期	Production Methods for Difficult-to-Manufacture Materials	土耳其萨班哲大学 Erhan Budak 教授
2016 年第 4 期	Solid Bonding Phenomena and Jointing Technologies	意大利巴勒莫大学 Livan Fratini 教授
2017 年第 1 期	Advanced Manufacturing	澳大利亚新南威尔士大学 Liang-chi Zhang 教授
2018 年第 3 期	Chatter Stability of Machining Processes	土耳其萨班哲大学 Erhan Budak 教授

1.2 与国际性学术会议合作，遴选优质稿件

通过与学术会议合作，积极向与会专家推荐介绍期刊，组织稿件，提高期刊的影响力。如2016年8月AiM作为"期刊支持单位"参加机械与运载工程科技2035发展战略国际高端论坛(参会人数200人，其中有40多位院士)。2016年12月AiM参与在印度召开的"第四届生产与工业工程国际会议"，从该会议中遴选相关论文推荐到AiM等。AiM作为2017年中国材料大会和2017中-法金属增材制造基础及应用研究学术论坛的合作期刊。2018年AiM同样作为第五届IEEE云计算与智能系统国际会议和第14届亚洲计算机辅助外科会议的合作期刊，推荐优秀论文到AiM。因此，与会议合作，推荐优秀论文到期刊不失为一个重要的途径。据不完全统计，AiM上已出版了10余篇从会议中遴选并经过严格同行评议的论文。

1.3 策划高质量的综述文章

对期刊而言，综述文章的重要性不言而喻。2018年AiM组织了2015—2016年发表的论文在2017年高被引论文作者表彰活动，其中前两篇文章均是综述。一等奖论文(Optimization of fused deposition modeling process parameters: a review of current research and future prospects. Adv Manuf (2015) 3:42-53)作者为澳大利亚斯威本科技大学Omar A. Mohamed教授，该教授最初是AiM的审稿专家，在组稿过程中，尤其是在期刊还没有被SCI收录之前，编辑部不定期会向审稿专家发邀请函组稿。正是在这种背景下，Omar A. Mohamed接受了组稿邀请。2018年9月29日，这篇文章在Web of Science数据库中总被引频次已达73次，根据对应领域和出版年中的高引用阈值，到2018年6月为止，该高被引论文受到引用的次数已将其归入Engineering学术领域同一出版年最优秀的1%之列。二等奖论文作者为新加坡国立大学倪亦靖

院士(X. Wang, S. K. Ong, A. Y. C. Nee. A comprehensive survey of augmented reality assembly research. Adv Manuf (2016) 4:1-22)。倪院士是 AiM 期刊海外副主编，在 Web of Science 数据库中，输入 NEE AYC，可以查到倪教授共出版 243 篇论文，总被引频次达 4 073 次，H-index 达 35，具有比较高的国际学术影响力。总之，综述文章并不是每个人都可以写的，而且也不能是参考文献的累加和博士生的开题报告。一般情况下，写综述的专家须针对某专题做了大量的研究工作，其学术研究能力得到国内外同行认可。只有这样的专家才有能力对大量参考文献中的数据进行整理归纳，并分析提炼出自己对该学科领域的未来发展观点。

1.4 多途径推广期刊，提高国际能见度和自由来稿的概率

如何推广宣传期刊，让更多的人了解期刊同样至关重要。AiM 采取的主要措施如下：①积极同国内外数据库联系，从不同角度提高其显示度。②与专业数据公司合作。如通过科睿唯安的"全球国际影响力提升服务"进行全球推广，精准发送 E-mail。另一方面，与北京仁和汇智信息技术公司合作进行相关的论文电子版等方面的宣传推广，从不同方面提高其影响力。③开通期刊微信公众号，不定期推送最新每期目录、期刊新闻等。遴选部分高质量综述论文的摘要进行翻译，然后通过微信公众号进行推送。另一方面，为了方便移动终端媒体的阅读，期刊网站升级为 2.0 版本，实现 RWD 快速响应式。

2 结束语

英文科技期刊是国际学术交流的重要平台，对全球科技的进步具有重要的推动作用。目前，国家正大力扶持英文科技期刊的发展，作为一名英文期刊的办刊人也应抓住此机遇，采取积极有效的措施，策划组织拓宽优质稿源，为期刊的发展奠定基础。另一方面，还可以积极向同行期刊调研，学习其组稿经验并运用到实际工作中，与此同时，积极与期刊的国际合作出版商沟通交流，将"借船出海"用到极致，为优质稿源提供保障，从而提升我国英文科技期刊的影响力和显示度。

参 考 文 献

[1] 刘丽,刘俊丽.专刊主题选取对提升期刊学术质量的影响——以 Acta Mechanica Sinica 专刊出版为例[J].中国科技期刊研究,2015,26(5):465-469.
[2] 高伟.英文科技期刊特刊组稿的策略与实践探索[J].中国科技期刊研究,2018,29(2):189-195.
[3] 刘丹.我国英文科技期刊不同发展时期的国际组稿定位与策略[J].编辑学报,2016,28(5):498-499.
[4] 黄娟,刘谦,吴民淑.《中国药理学报》出版学术专刊的实践[J].中国科技期刊研究,2009,20(3):504-506.
[5] 何玉娟.科技期刊如何做好学术专刊出版[J].科技与出版,2012(11):32-34.
[6] 黄敏.科技期刊专题策划路径探析[J].中国科技期刊研究,2012,23(4):642-645.
[7] 黄蓓华.专题策划:提升科技期刊品牌的重要途径——以《绿色建筑》系列专题策划为例[J].中国科技期刊研究,2013,24(3):745-747.
[8] 黄锋,黄雅意,辛亮.出版学术专刊对科技期刊影响力的研究[J].科技传播,2016,8(14):44-46.
[9] 孙鲁娟,张以民,李云霞等.专刊组织过程中的经验及问题——以 Journal of Integrative Agriculture 为例[J].农业图书情报学刊,2015,27(9):133-136.
[10] 骆超.科技期刊特刊约稿的实践与思考——以《水利水电科技进展》百年校庆特刊为例[J].编辑学报,2016,28(3):287-289.
[11] 吴宁.科技期刊刊庆几年特刊的编撰与设计[J].编辑学报,2017,29(3):239-242.
[12] 田恬,陈广仁.学术特刊出版的主题策划与质量控制——《科技导报》"屠呦呦荣获诺贝尔奖特刊"探析[J].中国科技期刊研究,2016,27(11):1139-1145.
[13] 范真真,李明敏,孔琪颖等.科技期刊综述约稿及其影响分析[J].编辑学报,2013,25(增刊 1):S9-S11.

高级科普期刊组稿之要
——《自然杂志》经典专题组稿成效分析

段艳芳,方守狮

(上海大学期刊社《自然杂志》编辑部,上海 200444)

摘要:根据中国知网数据,统计分析 2005—2017 年《自然杂志》重要文章和专题组稿的被引次数和下载次数。结果表明,专题组稿和由院士、国家杰出青年科学基金获得者等高层次作者撰写的文章影响力远高于其他文章,对提升期刊的质量和影响力起了关键作用。为保持期刊的学术水平和影响力,高级科普期刊的组稿应关注重大科学研究计划和科学研究热点,向相关领域的专家约稿。

关键词:专题组稿;科普;期刊;自然杂志

高级科普期刊是以科学家为主要作者,以研究人员、高校师生和有一定科技知识背景、对科技进展感兴趣的人们为主要读者,以提高读者科学人文素养为己任的期刊。与学术期刊类似,高级科普期刊注重稿件内容的重要性、前沿性、创新性。除此之外,高级科普期刊还重视文章的可读性和通俗性,以引起不同专业读者的兴趣,力争成为不同专业、不同学科的桥梁。英国《自然》、美国《科学》和《科学美国人》均为久负盛名的高级科普期刊,国内的高级科普期刊也不少,如由上海科学技术出版社主办的《科学》、中国科学院物理研究所主办的《物理》和上海大学主办的《自然杂志》等。

提升学术质量和影响力是科技期刊面临的一项重要的任务,高级科普期刊也不例外。策划组稿是学术杂志拓展优质稿源的重要方式,直接关系到期刊的内在质量和水平[1-3]。对于以约稿为主的高级科普期刊而言,策划组稿是一项基础而重要的工作,不仅关系到期刊的生存,而且关系到期刊的影响力和进一步发展[4]。

《自然杂志》主要依托一流科学家作者群、瞄准重大学科来撰写相关领域的科学进展进行策划组稿,取得了不错的成效[5-6]。1978 年创刊至今已近 40 年,大约刊出两院院士文章 400 多篇。其中,2005 以来,共刊出两院院士文章 150 多篇,国家杰出青年科学基金获得者(杰青)文章 80 多篇,国家重点基础研究发展计划(973 计划)项目专题报道 30 多个。我们结合《自然杂志》历年组稿工作实践,对高级科普期刊的组稿特点、组稿成效进行分析。

1 从《自然杂志》组稿实践看高级科普期刊的组稿特点

高级科普期刊体现了"博"与"专"的结合、学术性与可读性兼备、科技前沿与历史贯通。"博"是指关注自然科学各个分支,物理学、化学、天文学、地球科学、生命科学、材料科学等,涉及的学科门类广;"专"是指作者为某一学科的专家,对该领域有比较深入的了解。文章所探

基金项目:上海市文教结合高水平高校学术期刊支持计划项目

讨的是具有学术价值的内容，但在写作上要注意读者的理解程度，要求深入浅出、图文并茂，以引起读者的兴趣。高级科普期刊不仅关注科技前沿进展，同时也注重追溯科研成果的来龙去脉，注重从思想脉络去剖析自然科学发展的曲折路径。

高级科普期刊的特点决定了办刊要以约稿为主，而且要向专家约稿。以《自然杂志》为例，主要向从事科学研究的一线专家约稿，约稿率常年保持在90%以上。从《自然杂志》办刊体会来看，组稿经验和特点包括：①注重不同学科的平衡，紧跟科研热点，结合科技前沿和读者兴趣做好选题策划；②以从事一线科学研究或对科普比较热心的专家为作者主体；③编委推荐制是行之有效的组稿方式，《自然杂志》一半以上的约稿由杂志编委推荐作者撰稿。

2 从院士、杰青文章的被引情况来看作者群定位的准确性

期刊的总被引频次、篇均被引频数、影响因子等是传统的基于引证分析的学术影响力评价指标。根据《中国学术期刊影响因子年报》，《自然杂志》历年来的影响因子分别为0.866(2009年)、0.638(2010年)、0.699(2011年)、0.906(2012年)、0.976(2013年)、1.202(2014年)、1.068(2015年)、0.821(2016年)，平均影响因子为0.897，在综合性科学技术期刊中一直处于排名比较靠前的位置。那么，究竟哪些文章对杂志的学术影响力贡献最大呢?对文章被引情况的分析表明，不同文章对《自然杂志》影响因子的贡献差异非常大，少数高被引的文章为杂志贡献了大多数的被引次数，高被引文章主要集中在专题组稿，作者集中在院士、杰青等高层次专家。

2005—2017年间，《自然杂志》刊载两院院士文章156篇。根据中国知网的数据，截至2018年8月2日，这156篇院士文章总被引为2 944次，篇均被引为18.9次，总被下载107 479次，篇均被下载689.0次。表1列出了部分被引频次高的论文。根据中国知网的数据，截至2018年8月2日，这30篇文章的总被引达1 161次，篇均被引38.6次；总下载频次为33 610次，篇均被下载1 120.3次，单篇最高被下载频次为7 080次。这些由院士撰写的原创科普文章在强调学术性的同时，能够兼顾可读性，做到"外行能看懂，内行受启发"。2016年，《自然杂志》编辑部将部分被引频次高的论文结集成册，组织出版《院士解读科学前沿》一书[7]。

表1 《自然杂志》部分经典论文被引情况一览表

序号	作者	题目	刊出时间	被引次数	下载频次
1	徐玉如	水下机器人发展趋势	2011年第3期	217	7 080
2	姜文汉	自适应光学技术	2006年第1期	172	1 889
3	李小文	地理学第一定律与时空邻近度的提出	2007年第2期	149	2 342
4	方精云	寻找失去的陆地碳汇	2007年第1期	94	1 736
5	黄荣辉	全球变暖背景下中国旱涝气候灾害的演变特征及趋势	2010年第4期	94	1 549
6	汪品先	从海底观察地球——地球系统的第三个观测平台	2007年第3期	83	667
7	干福熹	中国古代玻璃的起源和发展	2006年第4期	45	1 952
8	周兴铭	高性能计算技术发展	2011年第5期	39	997
9	李德仁	地球空间信息学及在陆地科学中的应用	2005年第6期	36	628
10	莫宣学	岩浆与岩浆岩:地球深部"探针"与演化记录	2011年第5期	32	824
11	郑度	中国西北干旱区土地退化与生态建设问题	2007年第1期	30	993

表 1 （续）

序号	作者	题目	刊出时间	被引次数	下载频次
12	朱清时	中医学的科学内涵与改革思路	2005 年第 5 期	26	506
13	欧阳自远	嫦娥二号的初步成果	2013 年第 6 期	18	223
14	周邦新	三维原子探针——从探测逐个原子来研究材料的分析仪器	2005 年第 3 期	17	815
15	欧阳钟灿	转动分子马达：ATP 合成酶	2007 年第 5 期	16	964
16	汪品先	编制地球的"万年历"	2006 年第 1 期	14	367
17	舒德干	达尔文学说问世以来生物进化论的发展概况及其展望	2014 年第 1 期	9	1 615
18	舒德干	进化论的几个重要猜想及其求证	2008 年第 4 期	8	1 114
19	闻玉梅	剖析乙肝病毒的包膜——乙肝表面抗原的生物学功能及其致病机制	2010 年第 6 期	8	709
20	汪品先	破冰之旅：北冰洋今昔谈	2008 年第 5 期	7	261
21	吴新智	人类起源与进化简说	2010 年第 2 期	7	3 734
22	方精云	灌丛化草原:一种新的植被景观	2014 年第 6 期	7	310
23	郭爱克	小虫春秋：果蝇的视觉学习记忆与认知	2009 年第 2 期	7	557
24	唐孝威	人类意识流的重要构成部分——心智游移	2015 年第 1 期	7	462
25	刘维民	形色各异的摩擦磨损与润滑	2014 年第 4 期	7	339
26	周忠和	孔子鸟的研究现状	2009 年第 1 期	4	257
27	冼鼎昌	百年来物理学和生命科学的相互影响和促进	2006 年第 2 期	3	267
28	周忠和	简说羽毛化石的研究	2011 年第 2 期	3	167
29	彭平安	古老地质样品的黑碳记录及其对古气候、古环境的响应	2015 年第 2 期	1	186
30	沃兹沃斯	现代钢、古代钢和碳定年法	2006 年第 3 期	1	100
合计				1 161	33 610

注：数据来源为中国知网(截至 2018 年 8 月 2 日的统计结果)。

从表 1 中可以看到，徐玉如院士所撰《水下机器人发展趋势》被引 217 次，姜文汉院士所撰《自适应光学技术》被引 172 次，李小文院士所撰《地理学第一定律与时空邻近度的提出》被引 149 次，位列被引次数的前三名。把评价范围扩展到 2005 年以来《自然杂志》刊载的所有文章，按照被引次数由高到低排序，被引次数最多的 3 篇文章正是这 3 篇文章。

对 2005—2015 年刊载于《自然杂志》的 83 篇杰青文章进行统计，根据中国知网的数据，截至 2018 年 8 月 2 日，这 83 篇文章的总被引 589 次，篇均被引 7.1 次，总被下载 44 361 次，篇均被下载 534.5 次。篇均被引频次较高，但远不及院士文章的平均被引频次。

两院院士、国家杰出青年科学基金获得者文章的篇均被引次数远高于杂志影响因子，这说明《自然杂志》历年来的影响因子和总被引主要依靠是以两院院士、杰青为主要作者群的科学家所写的文章来支撑的。为何会有这样的结果呢？初步分析有以下原因：首先，院士是科学技术方面的最高学术称号，是为国家做出突出贡献的科学家，本身具有较强的号召力和影响力；其次，他们所撰写的科普文章，大多是对自己重大科研成果的系统总结，学术内容重要，写作上也做到了深入浅出，更容易为读者所接受。

综述所述，我刊"瞄准一流专家"办刊的思路对提高杂志的学术影响力具有重要作用。

3 从专题组稿看重大选题的组稿方向

3.1 从"青藏高原"学科论文的被引看策划组稿方向：重大科研项目

《自然杂志》设有"专题综述"栏目，每期刊载一个专题。最近十年共刊载"青藏高原""气候变化""极地探索""雾霾""石墨烯""储氢材料""进化古生物学""史前文化交流""植物生物学""太阳系外行星""EAST 全超导托卡马克""模式生物""太阳能与光伏发电""构造地质学""表观遗传学""诺贝尔奖简介"等 50 余个专题。

在策划专题组稿时，我们关注中国科学院院士咨询项目、国家重点基础研究计划(973 计划)、国家高技术研究发展计划(863 计划)等项目的研究概况与科研进展，组织刊载 20 多个专题。以"青藏高原"学科论文为例，2007—2017 年共刊出"青藏高原"学科相关的论文 23 篇，其中专题 4 个，均具有较高的被引次数和下载次数。以 2013 年第 3 期刊载的"青藏高原"专题为例，该专题为中国科学院院士咨询项目"气候变化对青藏高原环境与生态安全屏障功能影响及适应对策"的研究成果，由姚檀栋、吴国雄、郑度和李文华四位院士领衔撰写的 4 篇文章组成。截至 2018 年 8 月 2 日，该专题文章总被引次数为 95 次，总下载次数为 3 270 次，篇均被引次数为 23.8，篇均下载次数为 817.5，具有较高的学术影响力，具体情况参见表 2。

从"青藏高原"学科论文的被引情况可以看到，重大科研项目是策划组稿一个很好的方向，相关文章通常具有较高的学术影响力，从而有利于杂志影响力的提升。

表 2 《自然杂志》"青藏高原"专题文章被引情况一览表

序号	作者	题目	刊出期次	被引次数	下载频次	基金资助
1	姚檀栋	青藏高原冰冻圈变化及其对区域水循环和生态条件的影响	2013 年第 3 期	45	1 512	中国科学院院士咨询项目"气候变化对青藏高原环境与生态安全屏障功能影响及适应对策"
2	吴国雄	青藏高原极端天气气候变化及其环境效应	2013 年第 3 期	22	723	中国科学院院士咨询项目"气候变化对青藏高原环境与生态安全屏障功能影响及适应对策"
3	郑度	青藏高原关键区域土地覆被变化及生态建设反思	2013 年第 3 期	7	365	中国科学院院士咨询项目"气候变化对青藏高原环境与生态安全屏障功能影响及适应对策"
4	李文华	青藏高原主要生态系统变化及其碳源/碳汇功能作用	2013 年第 3 期	21	670	中国科学院院士咨询项目"气候变化对青藏高原环境与生态安全屏障功能影响及适应对策"
合计				95	3 270	

注：数据来源为中国知网(截至 2018 年 8 月 2 日的统计结果)。

3.2 从"雾霾""新能源材料"专题论文的被引看策划组稿方向：科学研究热点

关注科学研究热点进行策划组稿也是策划组稿的一个方向，下面以"雾霾"和"新能源材料"两个专题为例来介绍。

雾霾问题是大众关注的热点之一。《自然杂志》组织了一个"雾霾"专题和一篇文章，其引用情况见表 3。这 4 篇文章总被引次数为 148 次，篇均被引次数为 37 次，单篇最高被引 101 次；总下载频次为 9 696，篇均下载频次 2 446.5 次，单篇最高下载频次 8 466 次。

表 3 《自然杂志》"雾霾"专题的被引情况一览表

序号	作者	题目	刊出时间	被引次数	下载频次	基金
1	阚海东	雾霾污染与人体健康	2013年第5期	101	8 466	国家重点基础研究计划(973计划)
2	陈建民	雾污染及其形成机制	2013年第5期	1	149	同上
3	叶兴南	灰霾与颗粒物吸湿增长	2013年第5期	29	694	同上
4	鲍晓东	雾霾污染控制与车用汽油清洁化	2014年第6期	17	477	同上
总计				148	9 786	

注：据中国知网数据(截至2018年8月2日的统计结果)。

新能源材料也是科学研究热点之一，我刊组织过"储氢材料"专题，共4篇文章，其被引情况见表5。4篇文章的总被引次数为102次，篇均被引次数25.5次；总下载次数为5 917次，篇均被下载次数为1 479.3。

表 4 新能源材料专题的被引情况一览表

序号	作者	题目	刊出时间	被引次数	下载频次	基金
1	吴国涛	设计新型高容量储氢材料	2011年第1期	13	642	国家重点基础研究发展计划(973计划)
2	潘洪革	高容量储氢材料的研究进展	2011年第1期	44	3 047	同上
3	孙大林	车载储氢技术的发展与挑战	2011年第1期	31	947	国家自然科学基金项目
4	周国治	镁基储氢材料的热力学和动力学	2011年第1期	14	1 281	国家高技术研究发展计划项目
总计				102	5 917	

注：数据来源为中国知网(截至2018年8月2日的统计结果)。

科学研究热点比较受学界和大众关注。从"雾霾"和"新能源材料"两个专题的数据分析可以看出，研究热点相关的专题文章也确实获得了较高的被引次数和下载次数。科学研究热点是重要的策划组稿方向，今后要予以更多的关注。

4 结束语

分析了《自然杂志》十年多的组稿成效，结果表明：专题组稿和由院士、杰青等高层次专家撰写的高级科普文章对于获取优质稿源和提升期刊质量起了关键的作用。为保持期刊的影响力和关注度，高级科普期刊的选题策划组稿应瞄准国内外科学研究热点和重大科研项目，由相关学科的学科带头人领衔组织相关专家撰稿。

参 考 文 献

[1] 刘玉姝,何亚楣,李国强,等.开拓学术期刊优质稿源的途径[J].编辑学报,2010,22(4):362-363.
[2] 孔红梅,段靖,郭雨齐,等.提高中文科技期刊学术影响力的方法[J].国科技期刊研究,2013,24(1):187-190.
[3] 王茜,倪力强,沈皓,等.科技期刊专题组稿策略探索与分析[C]//第十二届全国核心期刊与期刊国际化、网络化研讨会论文集.2014:255-258.
[4] 方守狮,董远达.探索高级科普期刊的办刊之道——办《自然杂志》的几点体会[J].中国科技期刊研究,2006,17(2):268-270.
[5] 方守狮,樊均幼.《自然杂志》风雨三十年[J].自然杂志,2008(3):156-159.
[6] 方守狮,段艳芳,沈美芳,等.主编的策划组稿和科学家的支持是做强科技期刊的必要条件——谈谈《自然杂志》策划组稿实践与作者群分析[M]//学报编辑论丛(2011).上海:上海大学出版社,2011:14-17.
[7] 《自然杂志》编辑部.院士解读科学前沿[M].上海:上海大学出版社,2016.

基金论文特点及对办刊的启示
——以《北京航空航天大学学报》为例

李 晶

(《北京航空航天大学学报》编辑部,北京 100083)

摘要:统计分析了《北京航空航天大学学报》(以下简称《北航学报》)2001—2017年发文量、基金论文数、基金论文比、多项基金引用情况,及基金级别、类型等指标。结果表明:《北航学报》2001—2017年间共有3 226篇文章受5 378项基金资助,基金论文比特别是标注多项基金的基金论文比呈上升趋势,但标注多项基金的论文被引次数整体偏低;基金级别中国家级基金占51.71%,省部级基金占33.84%,其他类型基金比例逐渐增长;资助最多的基金类型分别为国家自然科学基金,占37.69%,航空科学基金,占9.67%,国家高技术研究发展计划(863计划),占8.78%,国家重点基础研究发展计划(973计划),占3.33%,符合期刊特色。建议应理性看待基金论文,不盲目追捧,但可从基金为切入点追踪行业热点研究方向,组约优质稿件。

关键词:基金论文;学科特色;办刊启示;正向引导

基金论文是科研人员在进行科学研究的过程中,受国家政府部门、企事业单位或其他基金组织提供的科研经费资助而撰写的论文。对于大部分学科而言,论文是科学成果最主要的内容载体和传播形式,因此反映科学研究进展情况的科技论文也是科学基金资助成果的最主要形式[1-2]。基金项目通常要经过比较严格的评审,从申请到确立都要经过专家的反复研究论证和严格评审,具有较高的水准和较大的难度,因此,某一学科内基金论文能代表该领域的主要研究方向,受到研究者的高度关注与重视。对于科技期刊而言,基金论文数量的多少既是检验期刊学术质量的重要标志,又是综合评价期刊论文质量的指标,因此,研究分析科技期刊刊载基金论文量,对了解期刊提高期刊质量、扩大影响、提高知名度都有一定意义[3-4]。

本文以《北京航空航天大学学报》(以下简称《北航学报》)2001—2017年的基金论文情况为例,了解基金论文产出的特点和规律,探讨基金论文与行业发展、期刊发展的关系,从基金论文角度为办刊提供参考和指导。

1 研究对象和方法

以《北航学报》2001—2017年出版的全部193期(含2001年1期增刊)所刊载的5 177篇论文为统计对象,提取每篇脚注中基金资助信息,记录基金类型和基金数量。因1篇论文可能受2种及以上基金资助,或受同一类型基金多个项目资助[4-7],故按下述方式分别记录基金论文数和基金数量:某文脚注标注"基金项目:国家自然科学基金(61222304);航空科学基金(2014ZC51031);国防基础科研项目(B2120132006)",记为基金论文1篇,基金数量3项;脚注标注:"基金项目:国家重点基础研究发展计划(973计划)(2011CB012800,2011CB012804)",

记为基金论文1篇，基金数量2项。整理数据，统计分析《北航学报》17年间的基金论文数、基金论文比、基金类型等指标。

2 结果与分析

2.1 年发文量、基金论文数及基金论文比

《北航学报》2001、2002年为双月刊，2003年改为月刊，2001—2017年共发表论文193期，5 177篇，从表1可以看出，共3 226篇文章受5 378项各级、各类基金资助，即每年平均刊发基金论文约190篇，每期平均刊载基金论文约16篇，占期均文章数的50%以上。表1和图1显示，基金论文比呈上升趋势，由2001年的44.60%上升为2017年的83.39%，增长了近30%，而《北航学报》2001—2016年刊载论文中"航空航天科学与工程"占41.10%[8]，17年平均基金论文比为62.31%，间接说明国家对航空航天相关学科的重视程度不断加强，投入力度不断加大，设立并资助了一大批课题和基金项目，为我国航空航天科研事业注入活力，也对我国航空航天学科发展产生了巨大推动作用。《国家中长期科学和技术发展规划纲要(2006—2020)》确定的16个重大科技专项中有5项与航空航天学科密切相关[9]，在纲要发布的3~5年逐步产生效果，也是自2011年开始，基金论文比始终保持在60%以上，高于17年平均基金论文比的重要因素之一。

表1 《北航学报》2001—2017年发文量、基金论文数、基金论文比及总基金项数

年份	年总发文量/篇	基金论文数/篇	基金论文比/%	论文中总基金数/项
2001	213	111	52.11	116
2002	183	84	45.90	108
2003	267	129	48.31	171
2004	274	139	50.73	204
2005	296	172	58.11	254
2006	334	191	57.19	286
2007	339	195	57.52	291
2008	342	199	58.19	315
2009	347	201	57.93	324
2010	334	189	56.59	297
2011	313	197	62.94	305
2012	327	215	65.75	375
2013	319	213	66.77	389
2014	300	212	70.67	395
2015	333	264	79.28	559
2016	343	254	74.05	524
2017	313	261	83.39	465
合计	5 177	3 226	62.31*	5 378

注：*为平均值。

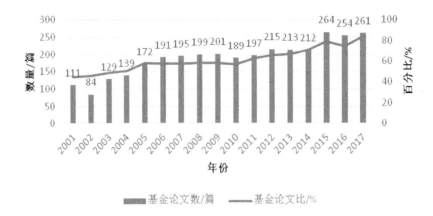

图 1 《北航学报》2001—2017 年基金论文数及基金论文比变化趋势

2.2 论文中基金项数及不同项数基金论文占比

由表2可见，2001年标注1项基金的论文篇数占当年基金论文总篇数比例为70.91%，而17年间该比例呈下降趋势，至2017年减少为40.61%。而标注2项、3项、4项及以上基金的论文篇数比例则呈不同程度增长趋势，标注2项的由2001年的12.73%增长为2017年的32.95%；标注3项的由2001年的1.82%增长为2017年的14.18%，最高值为14.77%；标注4项的由2001年的0.91%增长为2017年的6.90%，最高值为8.33%；特别是标注4项以上基金的论文数量在2012年前几乎为0，但2012年后迅速增长。

表 2 《北航学报》2001—2017 年不同项数基金论文占当年基金论文比例

年份	1 项 篇数	占比/%	2 项 篇数	占比/%	3 项 篇数	占比/%	4 项 篇数	占比/%	4 项以上 篇数	占比/%
2001	78	70.91	14	12.73	2	1.82	1	0.91	0	0
2002	62	73.81	20	23.81	2	2.38	0	0	0	0
2003	93	72.09	30	23.26	6	4.65	0	0	0	0
2004	90	64.75	36	25.90	10	7.19	3	2.16	0	0
2005	110	63.95	44	25.58	16	9.30	2	1.16	0	0
2006	119	62.30	51	26.70	19	9.95	2	1.05	0	0
2007	125	64.10	47	24.10	20	10.26	3	1.54	0	0
2008	123	61.81	46	23.12	22	11.06	6	3.02	2	1.00
2009	120	59.70	48	23.88	25	12.44	7	3.48	0	0
2010	113	59.79	49	25.93	22	11.64	5	2.65	0	0
2011	123	62.44	48	24.37	18	9.14	8	4.06	0	0
2012	122	56.74	54	25.12	21	9.77	13	6.05	5	2.33
2013	108	50.70	57	26.76	23	10.80	16	7.51	9	4.23
2014	102	48.11	59	27.83	23	10.85	17	8.02	11	5.19
2015	114	43.18	72	27.27	39	14.77	22	8.33	17	6.44
2016	108	42.52	78	30.71	36	14.17	17	6.69	15	5.91
2017	106	40.61	86	32.95	37	14.18	18	6.90	14	5.36
合计	1 816	56.29*	839	26.01*	341	10.57*	140	4.34*	73	2.26*

注：*为平均值。

统计样本标注基金数量逐年增加，基金标注由单项向多项发展，这一方面显示了《北航学报》发表文章获基金资助几率逐年上升，同一项目组或课题组获得资助的基金数量也逐渐增多，也从侧面说明了航空航天相关学科蓬勃发展，越来越受到国家和社会各界关注，得到了较为充足的来自不同途径的基金支持；另一方面，一篇文章标注多项基金项目是否合理，是否表示文章影响力高，也不尽然。

以2012—2016年标注4项以上基金的基金论文为研究对象，截至统计时(2018年1月31日)，此部分基金论文各频次被引情况如表3所示。2012—2016年论文最高被引次数分别为36、29、36、20、10次，与表3中数据对比可发现，标注基金项目最多的几篇文章被引次数与当年所有文章相比排名非常靠后，且多项基金论文中不乏零被引文章，说明基金资助的论文中也有不少质量较差、影响力非常低，甚至很多在发表之后的3年内也很难获得较高的引用，特别是标注多项基金的论文，切勿以标注基金数来判断论文学术质量。

另外，由于目前各基金管理机构对论文基金资助项目标注尚无明确限定，对基金项目资助的论文与资助项目的一致性也未有审核，论文主题和所标注基金项目内容无关的情况时有发生[10-11]。仍以2012—2016年标注4项以上基金的基金论文为研究对象，分析所标注基金项目，还存在以下情况：①虽然文章标注了基金项目，但文章内容并非该基金的关键技术成果；②文章内容与基金研究内容毫不相干；③文章作者中不包括所标注基金的主要责任人，或是文章作者中含基金主要负责人而其并未实际参与文章撰写；④文章投稿时所标注基金项目尚未获批，利用出版时间迟滞，后期进行补充标注；⑤文章投稿时所标注基金项目早已结题。

表3 2012—2016年标注4项以上基金论文各频次被引情况　　　篇

年份	0	1	2	3	4	5	6	7	8	9	10	15
2012							1		1	1	1	1
2013	1		2	1	1		1		1	2		
2014		1	2	2				1				
2015	6	5	1	1	1	1			2			
2016	6	4	3	2								

2.3 基金级别及类型

基金资助级别及类型可以从侧面反映学科所受基金资助的主要来源以及受国家和社会各界对该学科的关注程度，同时也可反映期刊吸纳高级别基金论文的能力。2001—2017年5 378项基金按级别分为国家级基金(如国家自然科学基金、航空科学基金、国家高技术研究发展计划(863计划)、国家重点基础研究发展计划(973计划)等)、省部级基金(如教育部、各省科技厅、各省自然科学基金等)和其他基金，各级别、各类型基金论文分布分别如表4、表5所示。

从表4可以看出，北航学报2001—2017年基金论文中国家级基金共有2 781项，占论文标注所有基金项数的51.71%，位于全部基金资助之首，这说明国家级基金项目是《北航学报》论文资助的主要来源，对《北航学报》的发展起到了重要的促进作用，也从侧面说明航空航天产业是国防工业的支柱产业，是一个国家科技水平、国防实力、工业水平和综合国力的集中体现和重要标志；省部级基金共1 820项，占33.84%，位列第2，说明国家部委、各省对航空航天领域的科研工作关注度和支持力度较大，受其资助所发表论文在航空航天领域亦有较大的影响力。

表4 《北航学报》2001—2017年基金论文中不同级别基金占所有基金数比例

年份	论文中基金数/项	国家级		省部级		其他	
		数量/项	占比/%	数量/项	占比/%	数量/项	占比/%
2001	116	55	47.41	52	44.83	9	7.76
2002	108	53	49.07	48	44.44	7	6.48
2003	171	85	49.71	75	43.86	11	6.43
2004	204	106	51.96	84	41.18	14	6.86
2005	254	147	57.87	92	36.22	15	5.91
2006	286	138	48.25	129	45.10	19	6.64
2007	291	149	51.20	122	41.92	20	6.87
2008	315	165	52.38	121	38.41	29	9.21
2009	324	175	54.01	118	36.42	31	9.57
2010	297	163	54.88	106	35.69	28	9.43
2011	305	151	49.51	114	37.38	40	13.11
2012	375	182	48.53	143	38.13	50	13.33
2013	389	202	51.93	129	33.16	58	14.91
2014	395	199	50.38	130	32.91	66	16.71
2015	559	279	49.91	138	24.69	142	25.40
2016	524	274	52.29	122	23.28	128	24.43
2017	465	258	55.48	97	20.86	110	23.66
总计	5 378	2781	51.71*	1820	33.84*	777	14.45*
方差			0.000 806		0.005 640		0.004 510

注：*为平均值。

从表4还可看出，2001—2017年，受国家级基金资助的论文比例较为稳定，方差较小；受省部级基金资助的论文比例逐渐下降，而其他类型基金资助论文比例逐渐增长，主要包括市、区级科研基金，科研院所、大学及企业基金，国家重点实验室基金等，故此几类基金论文比例方差略大。航空航天相关学科不仅是满足国家重大战略需求的国防支柱产业，同时在其不断发展过程中带动了一系列科学技术的进步，形成了一批交叉优势明显、基础与应用并重、军民融合发展的学科，受到来源更广泛、内容更丰富的基金项目支持。如"九五"计划提出运用军工高技术发展船舶、飞机、卫星等民用产品，逐步建立适应社会主义市场经济发展的国防工业运行机制和国防动员体系；"十五"计划提出积极推进具有战略意义的高技术研究，集中力量在信息技术、生物技术、新材料技术、先进制造技术、航天航空技术等关键技术领域取得突破；"十二五"计划更是明确指出建设新型国产干支线飞机、通用飞机、直升机产业化平台，建设导航、遥感、通信等卫星组成的空间基础设施框架，坚持经济建设贯彻国防需求，加大重大基础设施和海洋、空天、信息等关键领域军民深度融合和共享力度。从此脉络也可看出，随着我国科技日益进步，国防实力日益强大，航空航天将会由传统的军工行业逐步与其他行业交叉融合相互渗透，在突破关键技术完成原始创新后将其先进成果应用于民用领域，深化军民融合产业发展，促进更多学科发展，从而受到更多省部级、市区级科研机构和企业的重视和关注。

资助论文的基金类型虽与论文水平无必然联系，但通过基金来源，可从侧面反映该期刊在不同领域和行业科学研究中所受的关注程度，以及各类基金资助的广度。表5显示：

2001—2017《北航学报》刊载基金论文按标注基金类型分,比例居于首位的是国家自然科学基金,占 37.69%;其次分别是航空科学基金,占 9.67%;国家高技术研究发展计划(863 计划),占 8.78%;国家重点基础研究发展计划(973 计划),占 3.33%。4 种基金共占所有基金的近 60%。

国家自然科学基金由国家自然科学基金委员会领导,坚持支持基础研究,资助的学科类别相当广泛,是我国最主要的基金资助;航空科学基金由中国航空工业集团公司领导,目的是为研究解决航空科技发展中的技术问题提供科学依据,主要资助航空科学技术领域的科学研究活动,是支持航空科技基础性研究的主要渠道之一;国家高技术研究发展计划(863 计划)和国家重点基础研究发展计划(973 计划)均由科技部领导,前者侧重重大技术的突破,偏向应用,后者偏重基础科学领域。

说明国家级基金是《北航学报》主要资助基金来源,对航空航天相关学科科研攻关项目提供了必要的资金支持,其中国家自然科学基金是最主要资助基金,表明国家自然科学基金是在我国自然科学研究过程中发挥主导作用的"普适"基金。而后 3 种基金计划带有鲜明的航空航天及国防特色更类似于"专项"基金,表明除国家自然科学基金这种"普适"基金外,"专项"基金对科学研究的资助也是非常重要的,尤其对航空航天等国防支柱学科,"专项"基金由于其鲜明的专业特色,能覆盖更多尖端技术和细分学科,因此成为《北航学报》资助基金的重要来

表 5 《北航学报》2001—2017 年基金论文中不同类型基金占所有基金数比例

年份	国家自然科学基金		航空科学基金		国家高技术研究发展计划(863 计划)		国家重点基础研究发展计划(973 计划)	
	数量	占比/%	数量	占比/%	数量	占比/%	数量	占比/%
2001	42	36.21	24	20.69	28	24.14	1	0.86
2002	26	24.07	32	29.63	10	9.26	1	0.93
2003	45	26.32	25	14.62	36	21.05	5	2.92
2004	67	32.84	30	14.71	32	15.69	9	4.41
2005	76	29.92	28	11.02	62	24.41	4	1.57
2006	102	35.66	40	13.99	27	9.44	6	2.10
2007	113	38.83	19	6.53	18	6.19	11	3.78
2008	109	34.60	27	8.57	38	12.06	11	3.49
2009	107	33.02	26	8.02	53	16.26	10	3.09
2010	102	34.34	28	9.43	44	14.81	8	2.69
2011	94	30.82	30	9.84	24	7.87	14	4.59
2012	164	43.73	34	9.07	26	6.93	27	7.20
2013	166	42.67	39	10.03	18	4.63	16	4.11
2014	147	37.22	43	10.89	16	4.05	23	5.82
2015	246	44.01	29	5.19	19	3.40	16	2.86
2016	235	44.85	40	7.63	21	4.00	17	3.24
2017	186	40.00	26	5.59	16	3.44	9	1.94
合计	2 027	37.69*	520	9.67*	472	8.78*	179	3.33*

注:*为平均值。

源,也从侧面说明《北航学报》发表论文多与航空航天学科相关,符合该领域"专项"基金的资助要求。而受"863 计划"资助的基金论文比例远高于受"973 计划"资助的基金论文比例,说明《北航学报》刊登论文多侧重于重大技术突破及实际工程应用,-基础研究方面较少。

3 讨论与建议

3.1 充分利用学科红利吸收优质稿件

航空航天产业处于装备制造业的制高点,是一个国家科技实力、国防实力、工业水平和综合国力的集中体现和重要标志。因此近年来国家对航空航天产业投入力度较大,《国家中长期科学和技术发展规划纲要(2006—2020)》中设立的 16 个重大科技专项中有 5 项与航空航天学科密切相关[9],党的十九大报告进一步明确提出建设航天强国的战略目标,让航天人探索宇宙、逐梦太空的步履更加坚定有力。虽然由于航空航天学科的重要性和特殊性,使得大量承担重大战略使命的相关课题带有一定的密级,无法公开发表,导致优秀科研成果欠缺,但是随着交叉学科、新兴学科蓬勃兴起,以及军民融合、成果共享深度发展,航空航天学科带动了一系列相关学科的发展,并且衍生出更多扎根基础学科、面向民用领域的研究方向,从而获得更广泛和丰富的基金支持。作为航空航天类期刊,应珍惜并充分利用学科带来的发展势头,吸收优质稿件,及时向国内外展示我国航空航天领域优秀科研成果,从而更好地促进学科发展。

3.2 客观、辩证地看待基金论文

基金论文并不意味着学术水平高、学术质量好,甚至论文标注基金信息也有造假现象,必须做好国家科研经费资助项目的信息公开工作,基金管理机构之间应该加大信息共享力度,避免同一团队以近似研究内容多方申请、多方争取项目重复资助的情况[10]。编辑更应把好关,本着严谨、科学、客观的办刊态度,以严格的同行评议程序对待基金论文,坚持内容为王,对所有来稿一视同仁,不盲目追捧基金论文,更不能盲目授予基金论文特权,对基金论文,在把好其质量关的同时,要求作者诚实标注基金信息,核实其标注基金项目信息,坚决杜绝虚假标注基金项目的情况出现[12-14]。

3.3 发挥基金的正向引导作用

尽管基金论文学术质量未必高于非基金论文,但科学基金制度作为目前国际上科学研究和技术开发活动中最有效和普遍采用的基本科研资助方式之一,对国家竞争力的提高和科学技术进步发挥着巨大的推动作用,且基金资助范围和指导思想也往往代表行业内的重点、前沿研究方向。如国家自然科学基金力学学科"十三五"期间重点支持的近空间高超声速流场内局部稀薄气体流态机理和方法研究、高速流动中的可压缩湍流问题等,加强的高超声速空气动力学模拟与实验、航空航天动力学与控制等,都是与航空航天科技息息相关的重大问题。编辑可以基金项目为切入点追踪行业热点研究方向,进行稿件组约。

参 考 文 献

[1] 陈留院.人为因素对科技期刊基金论文比评价指标的影响[J].中国科技期刊研究,2009,20(4):634-636.
[2] 谭旻.基金资助论文的计量测度与合作网络研究[D].杭州:浙江大学,2016.
[3] 邵晓军,颜志森."211 工程"大学学报的载文量与基金论文比分析[J].编辑学报,2011,23(4):372-374.
[4] 郭娟.《光子学报》2002—2011 年基金论文统计分析[J].编辑学报,2015,27(增刊 1):S39-S42.

[5] 徐晶,王昱苏,田慧,等.基金论文比作为期刊评级体系指标的探讨——基于 2007—2011 年口腔医学类期刊基金论文的引用情况分析[J].中国科技期刊研究,2014,25(7):949-953.
[6] 黄开颜.《编辑学报》2001—2010 年基金论文定量分析及建议[J].编辑学报,2012,24(1):97-99.
[7] 窦春蕊,马秋明,温晓平,等.2012—2014 年 F5000 农业科学类论文资助基金研究[J].中国科技期刊研究,2016,27(8):831-837.
[8] 李晶.《北京航空航天大学学报》2001—2016 年载文学科及来源分析[M]//学报编辑论丛(2017).上海:上海大学出版社,2017:378-383.
[9] 蔡斐,刘德生,俞敏,等.打造为行业服务 推动学科发展的航空期刊集群[J].科技与出版,2017(5):17-20.
[10] 马建霞,张志强,刘静,等.2007—2013 年 NSFC 国家杰出青年科学基金项目的论文产出与影响力分析[J].中国科学基金,2015(2):108-115.
[11] 夏朝晖.基金论文比在科技期刊评价体系中的作用探析[J].中国科技期刊研究,2008,19(4):574-577.
[12] 王小艳.科技论文基金项目标注不实分析及对策[J].中国科技期刊研究,2014,25(7):954-957.
[13] 吕小红.正确对待基金论文 严格审核基金信息[J].编辑学报,2012,24(5):445-447.
[14] 韩磊,邱源.学术期刊须警惕基金论文中基金项目不实标注现象[J].编辑学报,2017,29(2):151-154.

《机电工程》提高论文被检索概率的探索

罗向阳，张 豪，周昱晨

(浙江省机械工业情报研究所《机电工程》杂志社，杭州 310009)

摘要：针对数字出版时代，部分作者撰写论文时因检索意识不强，可能导致其论文发表后被检索概率偏低的问题，通过优化编辑加工流程，有针对性地进行加强原稿检索、加工，以及提高作者撰写论文时的检索意识等方面的探索，为提高期刊的学术水平、扩大期刊的影响力提供借鉴。

关键词：机电工程；检索概率；编辑加工

在当今网络信息时代，传统出版业正逐步向数字化转型。因此，科技期刊也不可避免地由传统出版模式向数字出版模式转变，期刊的汇编权已经被数字化所替代。全世界每天都有大量的科技论文在发表，而在网络的世界里，每一篇科技论文的存在方式都是个体独立的。因此，在如此海量的科技成果中，如何更容易地被别人关注或者检索到，是广大科技论文的作者以及期刊社、编辑部等出版从业者都必须引起重视和关注的问题[1-2]。

根据以往的研究，数字出版时代科技成果或者说是科技论文能够被读者检索到的几率，通常与科技论文本身所包含的成果价值、论文撰写的水平以及期刊社、编辑部等出版部门的编辑水平等因素相关。首先，优秀论文发表之后，通常其获得的网络下载量和被引频次相对一般的论文高；其次，是作者撰写论文的水平问题，如果作者论文撰写水平高，并且在论文中作者很好地把成果的创新性突出地体现了出来，也会使该论文及成果获得行业内较高的关注度；再次，则是科技期刊编辑的水平问题，譬如在同等的科研成果水平下，如果通过编辑人员的精心编辑，有针对性地进行一些针对检索领域的加工，则也会使该论文至少比编辑前，获得相对更高的被检索几率。

由此可以发现，在稿件修改过程中，如果作者可以有意识地多从检索角度出发针对性地作一些修改；在编辑部编辑过程中同样地从检索角度对原文进行编辑，则该论文及成果能够被更多的人所关注、检索到。从编辑部角度出发，就可以间接地提高论文发表的所在期刊的被引频次、影响因子等学科文献指标，进而对该期刊整体学术水平的提高产生影响。

针对以上的分析，本文结合本刊实际工作在此方面作了一些实践与探索。

1 约取优秀论文

基于一项高水平的学术成果，再加上研究的内容又是学科前沿或是热点，那么这样的论文相对于一般的论文，发表之后其受到学界关注的程度肯定是要更高一些。想要提高自身期刊论文的受关注程度，首先肯定是要获得更多如此优秀的论文作品。因此，从编辑部的角度出发，想方设法多向专家约取高质量的优秀论文，就可以从源头达到提升期刊所发表的科技论文被更多的人所关注的目的。

对于如何更加有效地开展约稿工作，本刊过去也已经进行了很多的探索。举例来说，从方法上：针对编辑个体采取约稿目标责任制，每年都根据制定约稿的具体任务进行编辑部内部考核，奖优罚劣，切实调动起编辑约稿的积极性；针对编委会成员，每年在编委会议召开期刊也针对编委个体作了一定数量上的要求；另外，在平时的工作中，编辑部也采取了一些灵活多变的约稿措施，例如：常规约稿、随机约稿、委托约稿、借助资深编委影响力约稿等，特定时期还采取依托高校资源、以重点学科及实验室为目标、关注基金信息、课题定向跟踪、学术会议等其他方式。从手段上，本刊要求编辑个体做好约稿的后续工作[3-4]。编辑部的约稿也从以往直接简单地向专家约稿，向学科热点、学科综述等有针对性地约稿转变。以上实践，使得本刊在这方面的工作取得了一些进展。

但是，现实中约稿工作实际做起来存在不小的难度，尤其是向"大牌"专家约稿，这在当下应该也是国内学术期刊界普遍存在的困局。

在此种情况下，如何想办法对提升现有稿件的质量，从网络检索的专业角度去进行一番加工，是一种值得一试的方法。

2 深化编辑加工

深化编辑加工流程主要就是在编辑部原有正常编辑工作的基础上，从检索角度对稿件进行一些加工。

在目前的计算机检索平台中，只有论文能够被检索到才有下载的可能。从目前知网、万方等国内知名的数据库出发，其主要的检索项目有主题、关键词、篇名、全文、作者、单位、摘要等，其中除去全文之外，其他各项都是作者、读者检索的可见信息。从编辑角度出发，一篇论文的关键词、篇名和摘要等是可变要素。因此，编辑工作中重视关键词、篇名和摘要等的编辑工作，就能使论文既反映出所在学科的普遍性，也能在一定程度上更好地反映出其在学术上的创新性，增加被检索到的几率。

在参考同行经验的基础上，本刊在对关键词、篇名、摘要等二次文献信息进行了检索方面编辑加工的探索。

2.1 篇名体现研究内容

篇名作为科技论文的一个重要组成部分，是文章内容的高度概括。一篇优秀的科技论文，读其篇名就可使人一目了然地大致了解到论文的主要内容，激发读者的阅读欲望，从而有可能被读者下载及引用[5]。由于网络信息化的发展，人们获取信息更大程度上是依赖网络搜索，因此篇名的撰写显得比以往更加重要。

除了篇名通常所要求的合乎题意、简洁明了之外，还应该有针对性地迎合网络化检索的特点作必要的加工。篇名中必须有能体现论文研究内容的关键词汇。

例如本刊的一些篇名："人工智能研究与进展；支持向量机原理与展望；基于机器学习的自然特征匹配法"等。这些篇名中包含人工智能、支持向量机、机器学习这些涵盖一个比较大的学科的词汇，在网络搜索中很容易被发现，事实也证明这些文章网上下载次数是比较高的。

2.2 摘要中体现创新

摘要如果不能将论文最重要的内容准确地提炼出来，就无法突出论文的精华所在，再优秀的论文也可能因此失色不少，影响到文章被关注、下载和引用。目前摘要编写中的主要问题有要素不全、或缺目的、或缺方法、繁简失当等[6]。结合本刊的实际，摘要的编辑加工方面有针对性地抓住以下几点：①目的部分。抓住论文的主要探讨问题，凸现读者最希望了解的内容，不要简单重复篇名。②方法部分。突出其中具有新颖性、创新性的要点内容适当详写，以增强读者阅读的兴趣，而对于其中的一般内容、过程无须太过详细。③结果部分。尽量采用数据对比这一直观的表达方式，切忌重复论文中的结果内容，以准确表达成果所达到的效果。④结论部分。尽量针对研究中探讨的最主要问题，给出一个明确的结论，并与目的和结果相呼应。

目前，本刊接受的一般来稿的摘要大多达不到目前网络搜索方面的特定要求，而其中主要修改的地方通常为摘要四要素中的研究方法部分。其中使研究方法及步骤清晰、逻辑分明、层次递进，创新点突出，都是本刊对论文摘要进行编辑优化的重点方面。

例如有这么一段摘要："本文研究了大变压器绝缘损坏导致变压器失效问题。分析了各种失效原因，并提出了改进方法。最后获得了一种可靠方法，有效地解决了这一种大问题。"这是一段很典型的摘要，整个摘要没有实质内容，创新性更无从说起。既然作者没有利用好摘要对自己的成果进行必要的展示，读者又怎么能够及时关注到这样的论文和成果呢？本刊编辑后，上述摘要修改为："对一起大变压器事故损坏情况进行了检查，对事故原因进行了分析，提出造成该次事故的原因是变压器低压引线的绝缘支架机械强度不够。为了避免类似事故的发生，变压器设计时不但要对绕组的抗短路能力进行验算，还应对引线支撑件的抗短路能力进行验算"。

2.3 关键词的顺序及其选取范围

关键词不正确或不规范，论文即使被发表到有影响的期刊上也会降低论文被检出和引用的机会[7]。除了按有关部门要求关键词应选用规范的主题词之外，本刊从检索角度提出提高关键词的具体要求：

(1) 注意撰写顺序及完整性。

除了通常要求关键词选择出现在篇名和摘要中的核心词外，一般可多从摘要的四要素出发，步骤清晰、层次递进，从摘要大致可以看出文章轮廓。例如，一篇采用有限元方法研究汽轮机叶片振动特性的文章，关键词修改为"动力机械；叶片；振动；有限元方法"，这样很清楚文章的整体研究情况，同时从这几个方面都有可能检索到这篇文章。

(2) 反映研究的大领域。

关键词要将文章所属的大领域涵盖其中，具体来说就是将能定位研究领域、采用的方法、研究对象的词作为关键词，就可能提高文章被关注程度。例如：笔者编辑部一篇关于气囊抛光加工的文章《磨粒固化气囊光整技术及试验研究》，针对的是模具激光强化表面的问题，其所属的大领域为模具表面的光整加工。原文没有将"光整加工"作为关键词，经编辑后将"光整加工"作为其中一个关键词。又如：一篇关于高速铁路钢轨磨削的文章《基于三点法的高铁钢轨打磨砂轮磨损检测仿真》，所属的大领域为高速铁路。原文没有将"高速铁路"作为关键词，经编辑后加入"高速铁路"作为关键词。

(3) 去除太具体的内容。

太具体的内容或词语，往往因范围太窄，会影响文章被检索到的几率。以论文《气流非均匀分布时百叶窗翅片式换热器性能仿真》为例，作者原稿给出的关键词为"百叶窗翅片式换热器;试验;数值模拟",这里第1个关键词给出的信息太多、太具体,将其范围放宽,改成"换热器"。这样将检索范围适当放大,可以提高文章被检索到的几率。

3 提高作者检索意识

编辑部本身编辑的工作量大,如果上述工作全部落在编辑部,必然会给本来人手就紧张的编辑人员工作带来压力,为此,本刊考虑从作者角度出发,引导作者在进行论文撰写以及修改时,按本刊所提出的要求,自觉地从检索角度去作一些针对性的修改。同时,从作者角度出发,基于此类修改可使作者增强检索方面的意识,在其后续的论文撰写过程中就会自然而然地重视起这方面的问题。

本刊具体的做法有以下几点:

(1) 宣传检索意识的重要性。

本刊在官网"投稿须知"栏目中特意强调了检索的意义,使作者意识到检索的重要性,即一篇科技论文其篇名、摘要、关键词等撰写的质量将直接影响论文的被关注程度,影响到该论文发表以后的各项学术指标和显示度。

一个具有检索意识的作者,知道如何使自己的文章能在互联网上更快、更有效地被读者检中,会自觉地从读者的需求出发,重视起篇名、摘要、关键词等信息的撰写,并在论文撰写和修改过程中体现出来。

(2) 提供范例。

本刊在官网"投稿须知"栏目中专门辟有针对篇名、摘要、关键词等撰写的要求,并配发有代表性的模板,供作者投稿及稿件修改时参考。另外,本刊从反面列举出一些具有代表性的实例,来进行具体的对比说明,让作者认识到哪些篇名、摘要、关键词等撰写是有不足的,加深作者对此的理解。

(3) 明确修改要求。

针对主编终审初步决定录用的稿件,本刊在给作者提出最后修改要求时,明确要求作者作检索方面的具体修改;最后主编根据稿件修改是否达标,最终决定其录用与否。

本刊具体做法是:凡是上述几方面不符合要求的一般稿件,一律不得录用,直至修改到位;针对不符合要求的优秀稿件,先行录用,再在编辑阶段与作者沟通进行加工完善。以此方法来确保此项措施落到实处。

(4) 产生的效果。

2012年以后,本编辑部从网络检索角度,有针对性地加强了对来稿题目、摘要、关键词等要素的编辑加工力度,在来稿的稿源质量基本不变,来稿的学科变化不大的情况下,本刊所发表论文的下载量、引用率等量化指标,相对以往有了较为明显的上升。

根据中国知网的数据分析可知,2012年以后,本刊每年的总下载频次从2012年的9万次左右,上升到2016年的超过11万次,每年均保持了一定幅度的上升,如表1所示。

表1 《机电工程》总下载频次

年份	2012	2013	2014	2015	2016
总下载频次/次	9.0	9.4	9.5	10.7	11.3

2012—2016年间,本刊每年的复合总被引频次以及综合总被引频次也保持逐年上升势头。

复合总被引频次如表2所示。

表2 《机电工程》复合总被引频次

年份	2012	2013	2014	2015	2016
复合总下载频次/次	2 133	2 498	3 051	3 303	3 516

综合总被引频次如表3所示。

表3 《机电工程》综合总被引频次

年份	2012	2013	2014	2015	2016
综合总下载频次/次	878	1 034	1 249	1 305	1 438

5 结束语

网络信息时代，学术论文的编撰应该以最大限度提升提高论文被检索到几率为重要目标之一。只有这样，学术成果才能真正实现借助期刊媒介实现最大限度传播的目的。但是，广大作者撰写论文时，大多数对这个问题不够重视，期刊相关工作者对此认识也存在一定的局限性。为了提升论文的被检索概率，进而提升期刊的影响力，期刊编辑在工作过程中，应加强对作者进行提升论文被检索概率的宣传，同时有针对性地修改论文，最大限度提升已接收论文的"身价"，使接收论文的成果可以以最完美的形式展示在读者面前，进而得到更好的传播，以此提升期刊的影响力。

本文通过《机电工程》的工作实践表明，从约取优秀论文、深化编辑加工、提高作者检索意识等方面出发，注重提高所发表论文学被检索到的概率，就能在一定程度上提高期刊的Web下载量、被引频次、影响因子等量化指标，进而提升期刊的整体学术水平。

参 考 文 献

[1] 赵大良.投稿与卖萝卜:其所好[EB/OL].[2010-11-24].http://blog.sciencenet.cn/blog-71721-387 156.html.
[2] 赵大良.科研论文写作新解——以主编和审稿人的视角[M].西安:西安交通大学出版社,2011.
[3] 罗向阳,赵群,李辉,等.科技期刊编辑如何开展约稿工作——以《机电工程》杂志为例[J].中国科技期刊研究,2012(3):449-451.
[4] 罗向阳,张翔.科技期刊约稿方法的再探讨[M]//学报编辑论丛(2013).上海:上海大学出版社,2013:280-283.
[5] 罗式胜.篇名关键词链特征的统计分析及应用[J].中国图书馆学报,1995(1):1-3.
[6] 赵立华.高校学报摘要写作中存在的问题与对策[J].现代情报,2003(4):37-39.
[7] 邵永强.学术论文中的关键词及其选取方法[J].现代情报,2003(11):177-178.

中国作者发表的肿瘤学高被引 SCI 论文特征分析及启示

陈汐敏[1]，丁贵鹏[2]，接雅俐[1]，蒋 莉[1]，唐 震[1]，冯振卿[1]

(1.南京医科大学学报编辑部，南京 211166；2.南京医科大学病理学系，南京 211166)

摘要：利用 Web of Science 数据库，检索 2013—2017 年中国作者发表的肿瘤学高被引 SCI 论文概况，分析其中中国作者发表的肿瘤学高被引 SCI 论文特征。结果表明，中国肿瘤学高被引 SCI 论文数量逐年提高，平均被引频次 81.70。发表中国肿瘤学高被引 SCI 论文的期刊的影响因子主要位于(5, 10]，大部分是英、美期刊，只有 2 种是中国主办的期刊，部分期刊中国作者论文高被引率低。高被引论文集中在某些研究方向上，国内 4 所机构肿瘤学研究水平较高。由此可知，中国肿瘤学期刊还有较大发展空间，应针对全球关注的研究热点和重点机构有的放矢地争取稿源，制定有效措施，鼓励在向国外高水平期刊投稿的同时也激励中国作者向本国期刊投稿。

关键词：SCI； Web of Science； 肿瘤学； 高被引论文； 中国作者

由于目前国内评价体制的影响，以及全球性 SCI 现象和 SCI 崇拜，大量优质医学稿件投到国外[1]，优质稿源缺乏几乎是各家期刊面临的首要问题[2]，作为医学主要分支的我国肿瘤学相关医学期刊也不例外。由于国内外期刊之间的竞争越来越激烈，为了能知己知彼、有的放矢地采取措施争取稿源，增强我国肿瘤学相关医学期刊在全球期刊出版市场的竞争力和话语权，就必须了解我国肿瘤学相关医学研究在 SCI 收录期刊上的论文出版情况，特别是高被引论文情况，以便于及时掌握目前我国肿瘤学的研究热点、优秀研究成果和重点研究机构，从而为我国肿瘤学相关医学期刊争取稿源、采取措施提高影响力提供方向。已经有许多研究基于文献计量学对医学相关领域的高被引论文进行了研究，但这些研究仅针对国内中文期刊数据库进行分析[3-6]，且只分析了我国作者在中文期刊上发表高被引论文的情况。在目前稿件外流情况严重的情况下，只针对中文医学期刊的研究不足以代表目前我国医学相关研究工作的实际水平。一些研究利用 Web of Science 平台对医学相关领域的高被引论文或热点论文进行研究[7-10]。但由于我国医学研究同西方发达国家相比还是有较大差距，绝大部分被研究的高被引论文或热点论文均是国外作者的文章，缺少对中国作者发表的 SCI 论文的文献计量学研究数据。为了确切掌握我国作者在国际上发表肿瘤学研究论文的质量和影响力，有必要对我国作者发表的肿瘤学高被引 SCI 论文进行分析，从而真实了解我国肿瘤学研究水平，进而推动我国期刊持续稳定地发展。目前尚未检索到对中国作者发表的肿瘤学高被引 SCI 论文的文献计量学分析的相关报道。鉴于此，本研究拟利用文献计量学的研究方法，利用 Web of Sciences

---

基金项目：中国高校科技期刊研究 2017 年专项基金课题(CUJS2017-020)；第四届"江苏省科技期刊研究基金"(2017C01)

数据库的检索分析功能，研究中国作者在 SCI 收录期刊中发表的肿瘤学高被引论文特征，特别是发表期刊特点，为国内肿瘤学以及相关医学期刊的发展提供参考。

1 研究方法

本文分析所用的全部数据均来自Web of Science核心合集[11-12]。数据检索方式为：在Web of Science核心合集检索界面下，地址=(China) And 出版年=(2013—2017)，"更多设置"下拉菜单勾选"Science Citation Index Expanded (SCIE-EXPANDED)"。在检索结果页面，选择"研究方向=Oncology"，对检索结果进行精炼，筛选出肿瘤学论文。考虑到报道创新性科研成果和研究进展的医学论文还是以论著和综述为主，所以用"论文类型=article和review"和"ESI高水平论文=high cited papers"进一步精炼结果，检索结果可导出至Excel表。检索时间2018-01-04。由于通信作者单位为中国的论文才能算作知识产权为我国的论文，由于在Web of Science中不能直接精炼通信作者单位为中国的论文，所以在Excel表中进一步手工检索通信作者单位为"China"的论文，结果可得到2013—2017年中国作者发表的肿瘤学高被引SCI论文以及来源期刊。通过Journal Citation Reports数据库可分别查询期刊影响因子(IF，2016年)、出版地等相关信息。统计各刊发表中国肿瘤学高被引论文的数量和占全部高被引论文的比例(%)=期刊发表的中国肿瘤学高被引论文数/中国作者肿瘤学高被引论文总数×100%。统计各刊的中国作者论文高被引率(%)=期刊发表的中国作者肿瘤学高被引论文数/期刊发表的中国作者论文数×100%。提取论文关键词，去重后可以凝练论文的研究方向。统计通信作者单位可以得到论文的发表机构分布信息。所有数据在Excel表中进行相关汇总和分析。

2 结果

2.1 2013—2017 年中国肿瘤学高被引 SCI 论文的特征

检索共得到 298 篇通信作者单位为中国的高被引论文，其中 2013 年 36 篇(12.08%)，2014 年 49 篇(16.44%)，2015 年 59 篇(19.80%)，2016 年 75 篇(25.17%)，2017 年 79 篇(26.51%)，高被引论文数呈逐渐升高趋势，说明我国的肿瘤学研究能力和产出能力增强(见图 1)。论著 236 篇(79.19%)，综述 62 篇(20.81%)，以论著为主。大部分论文(233 篇，78.19%)有各级各类基金资助，其中国家级基金资助(包括国家自然科学基金、863 项目、973 项目等)203 篇，占 87.12%(203/233)。

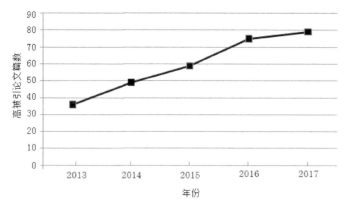

图 1 2013—2017 中国作者发表的肿瘤学高被引 SCI 论文数

对298篇论文的被引频次情况进行分析,被引频次最高2 181次,为2016年发表在 CA-A CANCER JOURNAL FOR CLINICIANS 上的"Cancer Statistics in China, 2015",最低8次,平均81.70。对论文的被引频次分布情况进行分析(见图2)。被引频次位于(50, 200]的论文数量较多,共有164篇,占55.03%。被引频次>50次的论文共有174篇,占58.39%。说明中国作者肿瘤学高被引SCI论文的影响力是客观存在的。

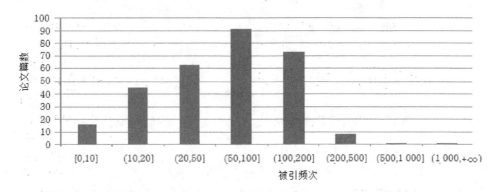

图2 中国作者肿瘤学高被引SCI论文的被引频次分布情况

2.2 中国肿瘤学高被引SCI论文的发表期刊情况

2.2.1 期刊的影响因子分布

298篇高被引论文发表在65种期刊上,期刊影响因子(Impact factor, IF)分布情况见图3所示。IF最低0.75,为印度主办的 JOURNAL OF CANCER;最高187.04,为美国主办的 CA-A CANCER JOURNAL FOR CLINICIANS。IF位于(5, 10]的期刊最多,共22种,占33.85%。IF大于10的共有5种,IF小于或等于5的期刊有38种(占58.46%)。总体来看,高影响力期刊数量偏少,这也与中国作者倾向在影响力不高的期刊上投稿有一定关系[12]。

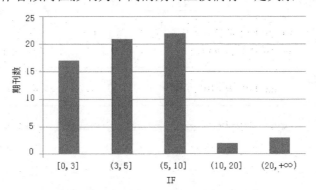

图3 发表中国作者肿瘤学高被引SCI论文的期刊IF分布情况

2.2.2 期刊的出版地分布

65种期刊涉及13个国家,其中美国(27种)和英国(17种)期刊较多,占67.69%,远超过其他国家,与他们是出版大国、基数大、高质量期刊较多有关。可喜的是,有2种中国主办的期刊发表了中国作者的高被引论文,分别是 CHINESE JOURNAL OF CANCER RESEARCH(发表5篇,IF=3.0)和 CHINESE JOURNAL OF CANCER(发表4篇,IF=4.11)(见图4),说明我国的肿瘤学研究和肿瘤学期刊在世界范围内都存在一定影响力。

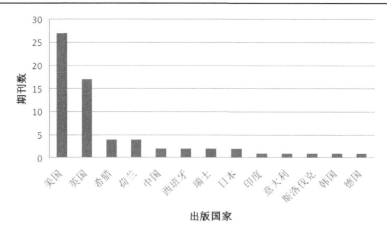

图 4 发表中国作者肿瘤学高被引 SCI 论文的期刊出版地分布

2.2.3 发表高被引论文数量前十的期刊情况

发表中国作者肿瘤学高被引 SCI 论文数量前十的期刊见表 1，共 15 种期刊(11 种 IF 大于 5，2 种 IF 大于 20)，有 191 篇高被引论文，占全部高被引论文的 64.1%(191/298)。15 种期刊均是美、英、荷兰等西方出版强国的期刊，没有亚洲期刊，说明一部分中国作者的研究已经受到全球关注，中国作者在肿瘤学方面的研究能力不容小觑。

表 1 发表中国作者肿瘤学高被引 SCI 论文数量排前十位的期刊情况

排名	刊名	论文/篇	高被引论文/篇	高被引率	在全部高被引论文占比/%	IF	期刊归属地域
1	CANCER LETTERS	1 000	33	3.30	11.07	6.375	荷兰
2	ONCOTARGET	9 251	32	0.35	10.74	5.168	美国
3	TUMOR BIOLOGY	3 761	23	0.61	7.72	3.65	瑞士
4	JOURNAL OF HEMATOLOGY & ONCOLOGY	271	16	5.90	5.37	6.35	英国
5	JOURNAL OF CLINICAL ONCOLOGY	109	13	11.93	4.367	24.008	美国
6	CANCER RESEARCH	409	11	2.69	3.697	9.122	美国
7	JOURNAL OF EXPERIMENTAL & CLINICAL CANCER RESEARCH	448	9	2.01	3.027	5.189	意大利
8	CLINICAL CANCER RESEARCH	295	8	2.71	2.687	9.619	美国
9	INTERNATIONAL JOURNAL OF CANCER	460	7	1.52	2.35	6.513	瑞士
9	LANCET ONCOLOGY	61	7	11.48	2.35	33.9	美国
9	MOLECULAR CANCER	329	7	2.13	2.35	6.204	英国
9	MOLECULAR CARCINOGENESIS	264	7	2.65	2.35	4.185	美国

表 1 （续）

排名	刊名	论文/篇	高被引论文/篇	高被引率	在全部高被引论文占比/%	IF	期刊归属地域
10	BMC CANCER	954	6	0.63	2.01	3.228	英国
	ONCOGENE	588	6	1.02	2.01	7.519	英国
	ONCOTARGETS AND THERAPY	1 559	6	0.38	2.01	2.453	英国

发表中国作者肿瘤学高被引 SCI 论文最多的是 CANCER LETTERS(33 篇)。此外，共有 20 篇高被引论文发表在 IF 超过 20 的期刊(JOURNAL OF CLINICAL ONCOLOGY、LANCET ONCOLOGY)上。虽然从总体来看，高影响力期刊出版中国作者的论文数量仍然偏少，但是其成为高被引论文的几率却比其他低影响力期刊多得多。LANCET ONCOLOGY 发表中国作者论文 61 篇，7 篇均是高被引，中国作者论文高被引率 11.48%；JOURNAL OF CLINICAL ONCOLOGY 发表中国作者论文 109 篇，13 篇高被引，中国作者论文高被引率 11.93%。因此我国真正有实力的研究成果还是要争取在高影响力期刊上发表，以提高我国在国际肿瘤学研究中的地位和影响力。

另外，需注意 ONCOTARGET 和 TUMOR BIOLOGY。这两种期刊虽然高被引论文数较多，但是其发表中国作者论文总量也大，中国作者论文高被引率低，分别为 0.35%和 0.61%。据报道，这两种期刊将不被 SCI 收录[13-14]。

2.2.4 中国作者论文高被引率最低的 10 种期刊情况

研究发现，一些期刊发表中国作者肿瘤学论文总量较大，但是中国作者论文高被引率却很低，中国作者论文高被引率最低的 10 种期刊见表 2，这 10 种期刊的 IF 都不高，大部分不超过 3，唯一 IF 超过 5 的 ONCOTARGET 目前也被 SCI 剔除。其中不少是希腊、韩国、斯洛伐克的期刊。3 种期刊 MOLECULAR MEDICINE REPORTS、INTERNATIONAL JOURNAL OF CLINICAL AND EXPERIMENTAL PATHOLOGY、ONCOTARGET 发表中国作者论文数量巨大，超过 1 000 篇/年，但高被引论文却很少，中国作者论文高被引率低。

2.3 中国肿瘤学高被引 SCI 论文的研究方向

统计中国作者发表的肿瘤学高被引 SCI 论文的关键词，凝练文章的研究方向，提取词频≥20 的关键词，可以看到(见表 3)：中国作者关注最多的为肺癌、乳腺癌、结直肠癌、前列腺癌、肝细胞肝癌、胃癌，且这些领域研究水平较高，广受全球研究者关注；与肿瘤发病机制相关的基因治疗、细胞学研究、microRNA 研究、干细胞研究、通路研究、长链非编码 RNA、上皮-间质转化、转移、凋亡等，以及体外试验、治疗预后等研究也受到较多关注。

2.4 中国肿瘤学高被引 SCI 论文的发表机构

298 篇肿瘤学高被引 SCI 论文来自 97 个机构，高被引论文数排名前十的院校及发文情况见表 4。共发表 179 篇高被引论文，占 60.1%，说明我国肿瘤学高被引 SCI 论文集中在这些机构，且大部分机构 2013—2017 年发表的肿瘤学论文总数均较多。4 所大学(南京医科大学、中山大学、上海交通大学、复旦大学)的高被引论文数量最多，且他们也是发表肿瘤学 SCI 论文数量最多的机构，说明这 4 所大学肿瘤学研究的数量和质量均较高。

表 2 中国作者论文高被引率最低的 10 种期刊情况

排名	刊名	论文数/篇	高被引论文数/篇	高被引率/%	在全部高被引论文占比/%	IF	期刊归属地
1	MOLECULAR MEDICINE REPORTS	5 509	2	0.04	0.67	1.692	希腊
2	ONCOLOGY LETTERS	4 338	2	0.05	0.67	1.39	希腊
3	INTERNATIONAL JOURNAL OF CLINICAL AND EXPERIMENTAL PATHOLOGY	5 367	3	0.06	1.01	1.706	美国
4	ASIAN PACIFIC JOURNAL OF CANCER PREVENTION	1 267	1	0.08	0.34	2.514	韩国
5	ONCOLOGY REPORTS	2 679	3	0.11	1.01	2.662	希腊
6	EXPERIMENTAL CELL RESEARCH	451	1	0.22	0.34	3.546	美国
7	AMERICAN JOURNAL OF TRANSLATIONAL RESEARCH	1 108	3	0.27	1.01	2.829	美国
8	INTERNATIONAL JOURNAL OF ONCOLOGY	1 004	3	0.30	1.01	3.079	希腊
9	ONCOTARGET	9 251	32	0.33	10.74	5.168	美国
10	NEOPLASMA	278	1	0.36	0.34	1.871	斯洛伐克

表 3 中国作者肿瘤学高被引 SCI 论文中词频≥20 的关键词

排名	关键词	词频	排名	关键词	词频
1	EXPRESSION(表达)	86	13	LONG NONCODING RNA(长链非编码 RNA)	32
2	TUMOR(肿瘤)	65	14	GASTRIC-CANCER(胃癌)	30
3	METASTASIS(转移)	59		PROLIFERATION(增殖)	30
4	LUNG-CANCER(肺癌)	58	15	EMT(上皮-间质转化)	27
5	BREAST-CANCER(乳腺癌)	52	16	PROGRESSION(进展)	25
6	MICRORNA(微小 RNA)	49	17	GROWTH(生长)	24
7	CANCER(癌)	45		INVASION(侵犯)	24
8	CELLS(细胞)	40	18	APOPTOSIS(凋亡)	22
	COLORECTAL-CANCER(结直肠癌)	40		SURVIVAL(存活)	22
9	HEPATOCELLULAR-CARCINOMA(肝细胞肝癌)	39	19	ADENOCARCINOMA(腺癌)	21
	PROSTATE-CANCER(前列腺癌)	39		GENE-EXPRESSION(基因表达)	21
10	CARCINOMA(肉瘤)	37		IN-VITRO(体外)	21
11	POOR-PROGNOSIS(预后差)	35		UP-REGULATION(上调)	21
12	GENE(基因)	34	20	PATHWAY(通路)	20

表4 发表肿瘤学高被引论文数量排名前十的机构

排名	机构名称	肿瘤学SCI论文数/篇	高被引论文数/篇	在全部高被引论文占比/%
1	南京医科大学	2 680	27	9.06
2	中山大学	4 225	17	5.70
3	上海交通大学	4 051	16	5.37
4	复旦大学	4 175	15	5.03
5	中南大学	1 997	10	3.36
5	郑州大学	1 564	10	3.36
6	国家癌症中心	216	9	3.02
6	第二军医大学	1 289	9	3.02
6	南方医科大学	1 604	9	3.02
7	中国医科大学	1 867	8	2.68
7	香港中文大学	1 084	8	2.68
8	中国人民解放军总院	785	7	2.35
9	中国医学科学院	2 428	6	2.01
9	哈尔滨医科大学	1 551	6	2.01
9	天津医科大学	1 559	6	2.01
9	西安交通大学	1 345	6	2.01
10	苏州大学	1 534	5	1.68
10	第三军医大学	990	5	1.68

3 讨论

3.1 中国肿瘤学期刊尚有发展空间

从2013—2017年中国作者发表的肿瘤学高被引SCI论文数量来看，中国的肿瘤学研究实力仍在增强，高被引论文数逐年提高。高被引论文的平均被引频次81.70，27.85%(83/298)的论文被引频次超过了100次；从发表这些高被引论文的期刊IF来看，IF为(5,10]的期刊最多，还有一些期刊IF超过了10甚至20；绝大部分的高被引论文都是基金资助论文，特别是国家级基金资助情况多见，说明这些研究确实代表了我国的肿瘤学研究热点和较高水平。但对发表期刊的分析来看，这些成果大部分流失到国外主办的期刊，特别是美、英、荷兰、希腊、日本、瑞士、韩国等，且往往需要支付版面费，大部分都从各级各类基金中支出，大量资金流入了国外出版商的口袋。发表中国作者肿瘤学高被引SCI论文的期刊中，只有2种我国出版的期刊，且发表的高被引论文数量不多。这与我国肿瘤学SCI收录期刊较少、整体影响力不高也有一定关系。因此可以认为我国的肿瘤学高质量论文缺少发表平台，存在高质量肿瘤学论文产出和出版发表之间的供需矛盾，从这个视角出发，我国的肿瘤学相关医学期刊还有较大的发展和提升空间。

3.2 高被引论文集中在部分期刊

发表中国作者肿瘤学高被引SCI论文数量最多的15种期刊发表了64.1%的高被引论文，11种IF均在5以上，2种IF在20以上，说明高被引论文还是集中出现在影响力相对高的期刊上，和之前许多研究一致。并且从中国作者论文高被引率来看，IF高的期刊，中国作者论文高被引率相对较高。因此我国作者真正有实力的研究还是应该争取在 IF 5 分以上甚至更高 IF 的期刊上发表，才能使得论文能受到更多关注，更高程度发挥论文作用。而不是盲目最求 SCI 论文数量，为了毕业、晋升等利益需要，把一个完整的研究拆分成许多部分来进行分篇发表，导致被高水平期刊录用的几率大大降低。要提升我国肿瘤学研究在国际舞台上的地位，就不能仅仅为了出版而发表，而这也需更多舆论导向和政策支持。

3.3 注意中国作者论文高被引率低的期刊

研究中发现一些期刊发表中国作者肿瘤学论文数量较大，如 *MOLECULAR MEDICINE REPORTS*、*ONCOLOGY LETTERS*、*INTERNATIONAL JOURNAL OF CLINICAL AND EXPERIMENTAL PATHOLOGY*、*ONCOTARGET*、*TUMOR BIOLOGY*，但是中国作者在其上发表论文的高被引率却很低(见表 2)。而目前已有消息称 *TUMOR BIOLOGY* 和 *ONCOTARGET* 将不被 SCI 收录，这两种期刊由于超大的发文量，难以把控出版流程中的质量，导致产生一些学术不端论文，存在掠夺性出版倾向而被 SCI 剔除。其他期刊后续命运如何，更要引起我国研究人员的重视。事实上，与其支付高昂版面费在国外影响力一般的期刊上发表，还不如发表在国内较高水平的期刊上，其影响力并不亚于国外的一般期刊，甚至从总体上来看，我国的作者和读者获益更多[15]。

3.4 关注高被引研究方向

从中国作者发表的高被引肿瘤学 SCI 论文研究成果来看，中国作者较多关注和研究的肿瘤是肺癌、乳腺癌、结直肠癌、前列腺癌、肝细胞肝癌、胃癌，而这些肿瘤在我国的发病率较高，研究开展得更为全面和深入，也是全球肿瘤学研究者所关心的，容易得到较多引用以带动期刊影响力和出版质量的提升。此外，中国作者有关肿瘤发病机制的基因治疗、细胞学研究、microRNA 研究、干细胞研究、通路研究、长链非编码 RNA，上皮细胞-间质转化、转移、凋亡、体外试验、治疗预后的研究和关注度都较高。对医学期刊编辑来说，就要有敏锐的眼光，鉴别来稿中涉及以上领域的论文，关注和抓住这些方面的优质稿件，尽可能地提升期刊出版质量和影响力。

3.5 关注高产且高质量的研究机构

从论文的来源机构来看，高被引肿瘤学 SCI 论文集中在一些重点研究机构，18 所院校发表了大部分的肿瘤学高被引 SCI 论文。要特别关注南京医科大学、中山大学、上海交通大学、复旦大学等相关肿瘤学研究机构和实验室，他们的肿瘤学研究已经相当成熟，肿瘤学 SCI 论文数量也最多，高被引论文数量也较多，说明这 4 个机构近年肿瘤学论文的数量和质量领先国内，是我国高质量肿瘤学论文的主要产地。对于编辑来说要特别注意这些机构的肿瘤学研究团队，有目的地约请优质稿件，有助于提高期刊质量和影响力。

综上，本研究分析了中国作者肿瘤学高被引 SCI 论文特征，认为我国的肿瘤学期刊尚有发展空间，应关注高被引的研究方向和国内重点研究机构，努力促进自身影响力的提高，以适应我国不断发展的肿瘤学研究水平。我国的学术研究机构、期刊出版部门、科研评价机构和相关政府部门应该联合起来，加大对作者的宣传，不仅要宣传向国外高影响力期刊投稿的优势，也要宣传向国外影响力一般期刊投稿的风险；同时制定切实有效的政策和措施，鼓励在向国外高水平期刊投稿的同时也激励中国作者向本国期刊投稿，真正促进我国在国际肿瘤学研究中占据一席之地，增强我国医学期刊在全球期刊出版市场的竞争力和话语权。

参 考 文 献

[1] 刘雪立.全球性 SCI 现象和 SCI 崇拜[J].中国科技期刊研究,2012,23(2):185-190.
[2] 付晓霞,沈志伟,夏爽,等.中国医学科研工作者在 SCI 收录期刊与中文期刊发文比较[J].编辑学报,2014, 26(4):401-405.
[3] 陈芳.动物医学类期刊高被引论文分析及其对编辑选题组稿的启示[J].中国科技期刊研究,2012,23(5): 818-821.
[4] 陈汐敏,接雅俐,蒋莉,等.从 6 种医学学报的高被引论文分析看如何提高医学学报类期刊的影响力[J].中国科技期刊研究,2013,24(4):666-670.
[5] 陈汐敏,丁贵鹏,接雅俐,等.肿瘤学研究热点论文的分析及对我国医学期刊编辑的启示[J].中国科技期刊研究,2014,25(2):282-286;292.
[6] 戴丽琼.2006—2010 年《中国肿瘤》高被引论文分析[J].预防医学情报杂志,2012,28(5):392-396.
[7] 倪明,闫雷,陆瑶,等.基于 WoS 和 CSCD 的肿瘤类高被引文章分析[J].中国科技期刊研究,2015,26(12):1311-1318.
[8] 邱均平,杨瑞仙.基于 ESI 的学科热门论文的计量研究——以临床医学学科为例[J].情报科学,2010,28(1): 53-57;60.
[9] 方红玲,常海敏,刘雪立.基于 ESI 的全球眼科学发展态势和研究热点分析及启示[J].中国科技期刊研究, 2017,28(10):965-970.
[10] 陈汐敏,丁贵鹏,接雅俐,等.国内外临床医学高被引论文的对比分析及启示[J].预防医学情报杂志,2015, 31(10):837-843.
[11] 李志兰,王晓峰,丁洁,等.中国光学论文发表现状及对中国光学期刊的启示[J].中国科技期刊研究,2017,28 (2):184-189.
[12] 陈汐敏,丁贵鹏.中国肿瘤学稿件外流现象与对策分析[J].中国科技期刊研究,2018,29(6):568-573.
[13] 官方证实:2018 年起,ONCOTARGET 将不再被 SCI 收录![EB/OL].(2018-01-09).[2018-03-26]. http://www.sohu.com/a/215542989_419916.
[14] 期刊《Tumor Biology》被 SCI 除名[EB/OL]. (2017-07-16) [2018-04-05]. http://www.sohu.com/a/158196632_607269.
[15] 莫愚,王旭,谢秋红,等.由 Web of Science 数据库分析高影响力中华医学会系列期刊引发的思考[J].编辑学报,2015,27(4):405-408.

基于 ESI 的英文科技期刊约稿策略
——以材料科学领域为例

徐 诺，苗秀芝，程建霞

(《哈尔滨工业大学学报》编辑部，哈尔滨 150001)

摘要：以材料科学领域为例，介绍科技期刊编辑利用 ESI 数据库组约高质量学术论文的方法和策略，为提升我国科技期刊的国际影响力和竞争力提供借鉴经验。

关键词：ESI；科技期刊；热点文章；材料科学领域；约稿策略

基本科学指标数据库(Essential Science Indicators, ESI)是基于 Web of Science(SCIE/SSCI)收录的全球 12 000 多种学术期刊的 1 000 多万条文献记录而建立的计量分析数据库，旨在衡量科学研究绩效、跟踪科学发展趋势。ESI 统计指标主要包含三个板块：顶级文章(Top Papers)、高被引文章(Highly Cited Papers)和热点文章(Hot Papers)。热点文章反映了最新的科学发现和研究动向，是经过严格筛选和精确计算得出的最近两年内在一定时间段内的被引频次排在各学科前 0.1%的论文[1]。

事实上，ESI 数据库在提升科技期刊办刊质量和国际影响力方面也发挥着重要的指导作用。一个国家或研究机构的基础科学研究水平可以通过发表论文的情况所反映，尤其是在国际高水平期刊发表的论文数量，常被作为定量判断的标志[2]。通过 ESI 数据库分析，科技期刊编辑能够系统地分析 Web of Science 包含的科技文献，从而了解著名科学家、研究机构、国家或区域和学术期刊在某一学科领域的发展和影响，利用该资源找到影响热点文章和专刊组约决策的基础数据。

1 组约热点话题稿件的意义

通常，邀约知名学者撰写的文章整体质量较高。他们创新性的理论和方法，容易赢得引领效应，有望短期内大幅度提高期刊学术影响力，吸引更多优质稿源。基于这一思考，本研究通过对 ESI 数据库的热门论文检索、搜索主题词或学术短语及时获知该领域内最受关注的热点话题，了解材料科学领域的前沿方向，细化小专业领域的研究主题，利用热点文章的精髓达到吸睛目的。

科技热点研究的最关键要素是"创新"，科技期刊编辑要具备敏锐的获取、分析信息的能力，特别是能够主动地深入到科技前沿阵地，准确把握学科发展动向、组约高质量的引领型文章。策划组稿是现代编辑的重要工作环节之一，也是编辑活动最具创新性的内容。当大众媒体铺天盖地报到世界重大科技奖项之际，当人类取得重大科技进展或突发事件造成恐慌的时候，科技期刊如果能从科学的角度及时跟进报到，深入解读，就起到大众传媒无法达到的科普和宣传效果。2010 年，在我刊创立之初，新闻媒体铺天盖地报道诺贝尔物理学奖授予英国曼彻斯特大学科学家安德烈·海姆和康斯坦丁·诺沃肖洛夫，以表彰他们在石墨烯材料方面的卓越研究。随即，编辑部启动快速组稿机制，组约国际知名学者，并对此进行了深入的研究报道。文章一经刊出，下载量和引用数据空前高涨，取得了良好的宣传效果。

为了全面提升我国科技期刊的国际影响力，本文结合一些实践经验，从选题策划、约稿策略等方面介绍如何基于 ESI 数据库快速抓住科技热点组约热点稿件。

2 ESI 数据库热点文章数据的来源及特征

2.1 热点文章数据来源

登陆 InCites Essential Science Indicators 网站(http://esi.incites.thomsonreuters.com/IndicatorsAction.action)，选择"Indicators"数据，在左侧一栏"Results List"下拉框的 22 个学科，即"Research Fields"勾选"Materials Science"，限定本文的研究范围为材料科学领域的 Hot Papers。从网站数据库导出数据，将 189 篇热点文章以 download*excel 表格形式按照不同类别保存检索结果。

2.2 热点文章数据的特征

对 189 篇热点文章的作者合作率、国家合作度、机构合作度进行统计，得知热点文章的合作程度较高，拥有 2 个以上机构、国家的文章篇数均排在第一，共计 107 篇；在国家合作度统计上，单个国家贡献的热点文章数量为 82 篇，占 43.4%，这一数字显示美国、中国等国家在材料科学领域的科研成果瞩目，独立完成科学研究的能力强；只有 1 个作者署名的文章篇数为 0，作者合作率达到 100%；在机构合作统计中，2~4 和≥5 个机构的文章分别有 63 篇和 126 篇。说明全球范围内共同开展科学研究的趋势较强，在某种程度上有助于提高论文的全球学术影响力。

发表热点文总数位居前三位的国家依次是中国、美国、英国。其中，中国的热点文章数为 110 篇，美国的为 78 篇，分别占这 16 个国家热点文章总数的 35.0%和 24.9%。中科院发表的热点文章数位居国内第一，武汉大学、北京大学、清华大学等机构也表现出强劲势头。通过上述分析可知，我们需要迫切思考的问题就摆在眼前：中国并不缺乏优秀的科研成果，但是中国的优秀科研成果绝大多数并不是发表在中国的科技期刊上，科技期刊编辑如何才能吸引中国的优秀科研成果回归中国的科技期刊，以繁荣中国的科技期刊市场，提升中国科技期刊的国际竞争力和影响力。

笔者对 189 篇热点文章进行分析，发现金属材料、纳米复合材料、太阳能电池、2D 和 3D 打印材料、聚合物、石墨烯、能量收集、碳材料、光催化剂、生物材料、功能材料等都是热点文章的关键词，如表 1 所示。

表1 材料科学领域 ESI 来源文献的主要热点词汇频次统计

排序	频次	热点词汇	排序	频次	热点词汇
1	36	Metal Materials	7	19	Polymer
2	25	Nanocomposites	8	17	Batteries
3	24	Carbon composites	9	17	Photocatalyst
4	22	2D, 3D, 4D Materials	10	14	Energy
5	22	Graphene	11	12	Nanosheet
6	20	Solar Cells			

表1可见，2D和3D打印材料这两年被媒体不断报道，根据ESI数据库显示它已经成为热点

话题。我刊编辑经过多次向专业科研人员请教相关问题,敏锐地发现现在至未来几年4D打印材料将会成为材料科学领域热点中的热点,它是超越3D打印技术的一次新科技革命。期刊编辑于2018年5月主动约请世界近60位在4D打印材料研究较为突出的知名学者,其中成功约请到由美国加州大学洛杉矶分校知名教授Ali Khadmehosseini(被汤森路透选为世界最具影响力的高被引学者之一,2014—2018)和美国华盛顿大学的Lijie Grace Zhang副教授组织4D打印特刊。

3 英文科技期刊约稿策略的建议

目前,中国科技期刊的国际化推行缓慢,形势不容乐观,在国际上的影响力还较低[3]。爱思唯尔、施普林格·自然集团几大主要科技出版集团已形成了期刊集群化的垄断优势。稿件的质量和创新性是科技期刊生命活力的根基。影响科技期刊稿件质量的主体包括作者、审稿专家和编辑,其中编辑发挥关键作用[4]。作为一名科技期刊编辑,有责任去思考选题与组稿策略,以此来提高科技期刊的综合评价指标,具体包括:

3.1 实施编委会推荐制,组约国内外知名研究机构的合作研究成果

科技期刊编委会成员是主编及行业学者经过反复讨论遴选出来的,他们对本学科热点、难点及发展趋势,本专业读者的阅读习惯等,有更深层次的理解和体会[5]。同时,编委在学术圈有较高的威望和影响力,对科技期刊的审稿、编委职责等有相关经验,能够准确把握期刊的内容定位。因此,定期召开期刊编委会,实施编委会推荐制约请国内外知名研究机构的合作研究成果对期刊的良性发展是极其必要的。

笔者和一些影响因子较高的材料类专业知名期刊的编辑沟通发现,这些期刊每年或者每2年都要召开国际编委会,编委会通常是借助全球有影响力的材料类知名国际会议召开之际召开。期刊编辑提前通过邮件形式,就编委会的开会议题、召开时间和地点等事宜提前与编委会成员进行沟通。利用专业学术会议的空闲时间召开编委会,效率极高,解决了地域限制等不利因素,为编委成员节约宝贵的时间。在参加专业学术会议的同时,就组稿、约稿及时咨询编委的建议,不但可以强化编委的责任感和使命感,确保审稿的公正、准确和高效,还为下一年度期刊组约热点高水平文章和专刊制定了详细的计划,保证了充足、有影响力的稿源。

我刊在创刊初期制定每两年召开一次编委会的规定。借助小专业领域有影响力的国际会议,如International Conference on Smart Materials and Nanotechnology in Engineering、美国SPIE会议等,分别在深圳、澳大利亚和西班牙等地组织国际编委会。会议期间,编委积极踊跃发言讨论当前智能和纳米材料领域的热点话题,确定了下期专刊的题目,介绍编委熟知的优秀课题组取得的最新科研进展,为期刊编辑组约下一年度热点文章、综述文章提供重要思路。

3.2 参加相关学科专业国际会议,与高被引机构和知名学者建立多方位合作关系

专业学术会议通常涵盖了该学科领域的最新研究进展和热点专题,各领域的科研人员一般通过学术会议和专业期刊进行研究成果的发表和交流[6]。科技期刊编辑如果能够参加专业学术会议,不仅能够加强专业知识的学习,还能熟悉和了解学科热点,与高被引机构和知名学者建立多方位合作关系,为期刊准确把握学科方向和组约高水平稿件提供重要的参考。高水平国际知名学术会议的参加者极有可能成为编辑的潜在约请目标。编辑通过参加学术会议当面与专家交流和组织稿件常常是最有效的组稿方式,与其他组稿方式相比,具有目标明确、沟通效率高、来稿效率快等特点,这也是科技期刊编辑的重要工作内容和技能[7-9]。参会期间,编辑充分利用机会宣传自己的刊物,推广期刊品牌,利用自己的真诚和良好的沟通能力与热

点文章专家讨论，给专家留下深刻的印象，专家很可能愿意为期刊贡献优质稿件。

3.3 依靠政府政策导向，重视中国学者的力量支撑中国科技期刊的发展

2016年5月30日，习近平总书记在全国科技创新大会、两院院士大会、中国科协第九次全国代表大会上的讲话提到："广大科技工作者要把论文写在祖国的大地上，把科技成果应用在实现现代化的伟大事业中。"在国际科技竞争白热化的当下，中国的办刊人迫切需要中国科学家的支持，需要通过发表一流的学术论文来支撑中国的科技期刊[10]。作为科技期刊编辑，要积极响应国家号召，基于国家重大需求和政策建议，立足实现把中国科技期刊建成世界一流期刊的伟大使命。2015年我国著名学者屠呦呦教授获得诺贝尔生物医学奖。笔者检索查证了中国知网(CNKI)的中国引文数据库，屠呦呦教授在青蒿素研究的同行里成果突出，在国内期刊发表了34篇论文，这些主要论文都发表在了国内的期刊上。还有许多爱国学者始终将科研报国铭记于心，愿意把自己的原创性科研成果发表在祖国的知名学术期刊，这对广大编辑同仁是极大的鼓舞。科技期刊编辑应抓住机遇，借助自己刊物的品牌和编辑的真情实意打动科研人员，邀请他们撰写高水平文章。

2017年11月，美国科睿唯安公司公布了全球2017年"高被引科学家(2017 Highly Cited Researchers)"名单，其中中国(不含台湾地区)入选249人，排名第三，实现41%的最高增长[11]。在中国内地高校中，清华大学、北京大学、浙江大学、电子科技大学等表现突出，入选人数在10人以上。根据ESI基本科学指标库2013年的数据，哈尔滨工业大学材料科学学科已进入全球前1%的行列[12]。以 *International Journal of Smart and Nano Materials* 为例，我刊编辑从2014—2017年中国"高被引科学家"(不含台湾地区)名单中整理了材料领域入选的科学家名单。2015年经过多次和主编讨论，新增高被引专家中科院江雷院士、西北工业大学黄维教授担任我刊编委，他们的加入为期刊选题、组稿提出建设性意见。

2016年底，我刊主编邀请中国科学院院士、中国科学院金属研究所沈阳材料科学国家(联合)实验室先进炭材料研究部主任、清华-伯克利深圳学院低维材料与器件实验室主任成会明院士做客哈尔滨工业大学"科学家讲坛"，为师生作了关于热点话题"石墨烯材料的制备与应用探索"的学术报告，我刊编辑在会场与成院士进行了积极的沟通和交流，为后续邀约期刊热点话题文章奠定了基础。

3.4 建立一支高水平、具有国际视野的办刊团队

新时代赋予科技期刊编辑新的历史使命，作为一名科技期刊编辑要具有敏锐的洞察力。科技期刊编辑不但要对整个审稿流程进行把关，还要具备利用并分析多媒体、ESI、WoS等数据库资源了解学科发展动向的能力。抓住并约请到热点文章，这是成就期刊高被引频次文章的关键，也是提高期刊影响因子的根本[13]。在大数据时代，倡导科技文献的资源共享，实现信息资源的高效利用[14]；综述类文章和专刊文章的影响力较大，容易增加期刊的引用次数和下载量[15-17]。科技期刊编辑要重视综述文章和专刊文章的约稿工作。以本研究为例，科技期刊编辑通过对ESI数据库热点文章国别、机构、作者、期刊、热点关键词等信息进行分析，找到科技前沿、优秀的科研机构和研究人员，凭借各种权威机构发布的专业领域信息，将热点词汇分类，统计最有可能撰写文章的潜在作者，提前做好约请准备工作。

3.5 充分发挥科技期刊编辑的创造性和主动性，实现办刊方式的革新

本文在前面已经阐述了约请热点文章的重要性。约请文章可以分为约请高被引文章、热点文章、综述文章、系列专刊等等。笔者经过调研发现很多国际知名期刊已经加大和国际知

名院所的合作力度。以 *Nature* 为例，2018 年借北大 120 周年校庆之际报道北大知名科研团队取得的科研成果；*Science* 在北航 60 周年校庆之际报道其突出的创新研究成果；2017 年 5 月 24 日 *Advanced Materials* 在同济大学 111 周年校庆之际出版专刊等等。以上经验说明这些顶级科技期刊不断加大创新力度，采取新的推广方式，与知名院校联合，借助双方的知名度和专刊的吸引力，打造"引领型"期刊。正像 *Advanced Materials* 主编在其 25 周年庆撰写的主编寄语里面谈到："我将一如既往地鼓励期刊编辑继续经常参加专业级别国际会议，定期去知名院校进行拜访"。无疑，科技期刊编辑采取主动出击的方式，充分发掘期刊的办刊特色和品牌效应，是编辑同仁能否邀请到高质量稿件的关键之一。

科技期刊编辑要开阔视野，善于学习和总结经验，对待编辑工作持有开放性和包容性的态度。通过 ESI 数据库对热点文章发文期刊进行分析，比对与自己期刊在出版内容相似、水平近似的科技期刊。从他刊的出版信息、发文类型、编辑团队、编委特征、作者分布、网页建设、特色栏目、媒体推广等角度出发，借鉴有利于自己期刊建设和发展的优良经验。

4 结束语

我国科技期刊要想得到良好的发展，必须积极参与到国际竞争中来，准确把握自身定位，编辑应充分发挥自身的主观能动性和创造力，学习优秀期刊先进经验并发挥自身特色，组约高质量稿件，以此增强中国科技期刊在世界的竞争力和影响力。

参 考 文 献

[1] 方红玲,常海敏,刘雪立.中、日、印、韩四国高影响力论文产出状况对比研究[J].中国科技期刊研究,2013,24(6):1070-1073.
[2] 张玉华,潘云涛.科技论文影响力相关因素研究[J].编辑学报,2007,19(2):81-84.
[3] 任胜利.《中国科技期刊国际化发展》专题序[J].中国科技期刊研究,2015,26(3):217.
[4] 许玉艳,刘欢,韩刚,等.基于危害分析与关键控制点原理的科技期刊稿件质量控制[J].中国科技期刊研究,2017,28(11):1006-1010.
[5] 孙激,毛萌,洪卓越,等.《中华妇幼临床医学杂志》(电子版)的特色及其编委会的职责[J].中国科技期刊研究,2007,18(6):1032-1034.
[6] 徐丁尧,步召德.科技期刊学术会议组稿策略[J].中国科技期刊研究,2017,28(2):126-130.
[7] 王静,冯学赞,马宝珍.提高科技期刊约稿质量和成功率的途径与方法[J].编辑学报,2013,25(6):553-555.
[8] 刘丹.我国英文科技期刊不同发展时期的国际组稿定位与策略[J].编辑学报,2016,28(5):498-500.
[9] 陈小华.论行业科技期刊的几种选题组稿策略——以《森林防火》杂志为例[J].中国科技期刊研究,2014,25(1):109-111.
[10] 游苏宁.屠呦呦获得诺贝尔奖对中国科技期刊的启示[J].科技导报,2015,33(20):115-117.
[11] 2017 年全球高被引科学家名单揭晓[EB/OL].[2018-06-05].http://www.edu.cn/ke_yan_yu_fa_zhan/zui_jin_geng_xin/201711/t20171117_1567335.shtml.
[12] 徐诺,程利冬.《International Journal of Smart and Nano Materials》国际合作办刊实践及体会[J].编辑学报,2015,27(3):283-284.
[13] 任胜利.国际学术期刊出版动态及相关思考[J].中国科技期刊研究,2012,23(5):701-704.
[14] 游苏宁,陈浩元.立足本土力挺主业面向世界勇立潮头[J].编辑学报,2015,27(1):1-5.
[15] 黄青,冯有为.综述论文与学术期刊影响力[J].中国科技期刊研究,2009,20(6):1130-1131.
[16] 刘志远.综述性论文在综合类科技期刊中的作用及组稿策略——以《科技导报》组稿实践为例[J].中国科技期刊研究,2017,28(6):504-508.
[17] 徐书荣,潘静,马新荣.科技期刊中述评类综述文章的学术作用和质量评价[J].中国科技期刊研究,2017,28(11):1016-1021.

入选 Scopus 数据库对提高科技期刊传播力的作用

王继红，肖爱华，邓 群

(中国矿业大学学报编辑部，江苏 徐州 221008)

摘要：采用文献资料法和文献计量法，以 Scopus 数据库中可以被检索到的 623 种中国期刊为研究对象，检索出其 2013—2015 年的 SNIP、IPP 和 SJR，再利用统计学方法对其进行对比分析。统计《中国期刊引证报告(核心版)》中矿山工程技术类期刊的指标，并进行对比分析。选取 2014 版《中文核心期刊要目总览》中矿业工程类 3 种入选 Scopus 数据库和 3 种未入选的期刊，以 WoS 核心集为数据源，对比其国际被引频次。再用网络调查法分析被收录期刊的特征，分析 Scopus 数据库评价功能对办刊的作用。结果表明：从均值、中位数及各分散性指标来看，SNIP 略有下降，而 IPP 及 SJR 在增加。被 Scopus 数据库收录期刊在《中国期刊引证报告(核心版)》中的影响因子和总被引频次上升幅度大，在 WoS 核心集的被引频次上升幅度也大。一直被入选的期刊多数能严格执行该数据库的选刊标准。入选 Scopus 数据库可以加强期刊的传播力和规范性建设，期刊应积极合理利用该数据库的各项功能提升自己。

关键词：科技期刊；Scopus 数据库；传播力；规范性

改革开放以来，随着科技的发展，我国科技期刊也获得极好的发展机会，越来越多的科技期刊被各大国际数据库收录。这些国际数据库不但具有检索功能，还具有学术评价和期刊评价功能，它们的进驻到底给中国期刊带来了何等影响？刘群等[1]研究得出了入选 PubMed 数据库对提升医学期刊国际影响力具有重要作用的结论。王继红等[2]综述了研究 Scopus 数据库的相关文献，总结出该数据库可以方便科技期刊更全面地了解自己和学科发展现状，期刊可以根据由 Scopus 数据库的期刊评价指标和学科发展评价指标为自身发展进行科学定位。郑佳之等[3]认为 SCI 数据库收录并没有明显地提升中国期刊的国际影响力，特别是中文期刊。文献[4-6]指出，SCI 数据库繁荣了中国的学术出版，促使中国期刊跻身国际舞台。已有的文献仅对某些国际数据库对中国期刊影响力方面进行了研究，而对目前世界上收录期刊数量最多的国际数据库——荷兰的 Scopus 数据库对我国科技期刊传播力的影响并没有研究。

谢文亮等[7]将传播力定义为：为使期刊在传播过程中达到良好传播效果而所运用的各种方法、技术和手段的总和。他强调学术期刊要有好的传播力，既要有好的内容，也需要重视传播环节，包括出版环节、发行环节、发布环节、宣传环节和互动环节，一个好的数据库平台会在传播力建设 5 个环节中均发挥积极作用。

Scopus 数据库由荷兰 Elsevier 公司于 2004 年 11 月正式推出[8-9]，其基于一套严格的选刊

基金项目：江苏省科技期刊研究基金项目(JSRFSTP2015C01)

程序及客观的计量方法。Scopus 数据库中收录了各个学科领域中具有高品质的科技期刊、会议论文集、专利以及学术著作等；同时，还收录了每一篇论文中所引用的参考文献并按照被引作者、出处和出版年代编制成索引，是世界上最大的摘要和引文数据库；具有覆盖学科全面、数据来源丰富等特点，兼有检索、引文分析评价、超强链接等功能，集成了对科技期刊、书籍和网络信息以及图书馆本地资源的访问。2015 年 9 月，THE 世界大学排名结束了与汤森路透的合作，转而采用 Scopus 论文库中有关科技期刊发表的数据[10]。这应该是看中了 Scopus 数据库期刊涵盖面更广的优势。可见 Scopus 数据库在世界上的声望逐步提高，正在被全球广泛使用，有越来越多的人关注 Scopus 数据库，换言之也在关注着其收录的科技期刊。2016 年 Scopus 数据库增加新的学术期刊质量评价指标 CiteScore 之后，有更多的学者看好 Scopus 数据库，认为 CiteScore 或将取代 JCR[11-12]。叶艳等[13]、肖仙桃等[14]和 Bergstrom 等[15]对两者的评价指标与方法进行了对比，认为两者对期刊影响力的评价结果总体存在较高的一致性，将并存一段时间，并推动完善国际期刊评价方法的研究热潮。

已有的相关文献，要么是介绍 SJR、SNIP、SNIP2 等指标的原理和特点[16-21]，要么是利用这些指标进行某一学科、某一地区不同期刊的评价和横向比较[22-31]，样本量少，缺少对大样本的纵向比较，更缺少对被 Scopus 数据库收录的中国期刊整体指标变化的研究。本文利用文献计量法、文献资料法和统计学的方法，对被 Scopus 数据库收录的期刊的 SNIP、IPP 和 SJR 进行研究，以分析入选 Scopus 数据库对提高科技期刊传播力的作用。

1 对象与方法

本文采用文献资料法和文献计量法，以 Scopus 数据库中可以被检索到的 623 种中国期刊为研究对象，检索出其 2013—2015 年的 SNIP、IPP 和 SJR，再利用统计学方法对其进行对比分析，找出其变化规律。以 2012—2017 年版《中国期刊引证报告(核心版)》的数据为统计源，因《中国期刊引证报告(核心版)》的动态调整，剔除因 2016 年新入选而数据缺失严重的《矿山机械》，以剩余的 22 种矿山工程技术类期刊为研究对象，统计其核心影响因子、核心总被引频次和综合评价总分，并进行被 Scopus 数据库收录和未被收录的期刊指标的对比分析。

2014 版《中文核心期刊要目总览》矿业工程类期刊中共有 21 种期刊，其中只有《中国矿业大学学报》《采矿与安全工程学报》和《煤炭学报》入选 Scopus 数据库。选取这 3 种入选 Scopus 数据库和 3 种报道范畴类似却未入选的期刊(《中国矿业》《煤矿安全》和《中国煤炭》)为研究对象，以 WoS 核心集为数据源，检索时间以 1 年为跨度，检索出 6 种期刊被引用的文献信息，利用 Excel 整理并计算出 6 种期刊 2011—2016 年在 WoS 核心集中的被引频次，对比其国际被引频次的差异。本研究用网络调查法分析被收录期刊的特征。

2 结果与分析

笔者认为，一个好的数据库不但能提高期刊的传播力和影响力，还应该对加强期刊规范化建设等方面作出贡献。基于此，笔者从 Scopus 数据库对我国期刊学术传播力和规范化建设两方面的影响着手，进行了分析与研究。

2.1 对被收录的中国期刊学术传播力的影响

2.1.1 被收录的中国期刊 SNIP、IPP 和 SJR 指标变化

Scopus 数据库不但具有强大的文献检索功能，还拥有比较全面的期刊评价和文献评价功

能。SNIP、IPP 和 SJR 是其引用比较早的三项期刊评价指标。SNIP (Source Normalized Impact per Paper)是指篇均来源期刊标准影响,是将期刊所属学科领域获得的实际引用和期望引用所作的相对评估。IPP (Impact per Publication)是指篇均影响,即来源期刊中每篇论文受到引用的平均次数,也是计算 SNIP 公式中的分子。SJR (SCImago Journal Rank)是指期刊排名评估系列所获加权引用,引用加权取决于施引系列的主题领域及声望。

为研究 Scopus 数据库对其收录的中国期刊学术影响力的作用,本文以 Scopus 数据库中可以被检索到的 623 种中国期刊为研究对象,在 Scopus 数据库中检索出其 2013—2015 年的 SNIP、IPP 和 SJR,再利用统计学方法对其进行对比分析,分析结果如表 1 所示。

表 1 被收录的中国期刊 2013—2015 年的 SNIP、IPP 和 SJR 统计结果

指标	SNIP			IPP			SJR		
	2013	2014	2015	2013	2014	2015	2013	2014	2015
均值	0.558	0.541	0.457	0.488	0.537	0.539	0.289	0.309	0.312
中位数	0.506	0.496	0.403	0.340	0.340	0.336	0.227	0.236	0.227
方差	0.174	0.163	0.121	0.343	0.415	0.420	0.069	0.076	0.085
标准差	0.418	0.403	0.347	0.586	0.644	0.648	0.263	0.275	0.292

注:1.中位数描述的是数据中心位置的数字特征,比中位数大或小的数据个数大约为样本容量的一半。若数据的分布对称,均值与中位数接近,若数据的分布为偏态,则均值与中位数差异会较大。中位数的一个显著特点是受异常值得影响较小,具有较好的稳健性。2.方差是描述数据取值分散性的一种度量,其算术平方根为标准差。

从均值、中位数及各分散性指标来看,总体来说 SNIP 略有下降,而 IPP 及 SJR 在增加,这与丁佐奇等[28]的研究结论一致。3 种指标都较分散呈现右偏态,即大于均值的样本量较多。在分子 IPP 增加的情况下,SNIP 却呈现出下降的趋势,分析原因应是作为分母的归属学科引用潜力增大,即期望引用增大,这正是 SNIP 作为期刊评价指标的缺陷所致。分析出现这种情况的原因:在期刊所属的学科中,若统计期刊的论文被某论文引文数量众多的期刊引用,统计期刊的被引频次仅增加 1,但其归属学科引用潜力将大幅增加,最终结果反而导致统计期刊 SNIP 降低[19]。因此,我们在进行期刊纵向比较时,SNIP 的意义不大,可以不关注。从表 1 可以看出,进入 Scopus 数据库可以使期刊的 IIP 及 SJR 指数增加,即增大期刊的影响力。

2.1.2 被收录的中国期刊的国内影响力对比

统计 2012—2017 年版《中国期刊引证报告(核心版)》中 22 种矿山工程技术类期刊的核心影响因子、核心总被引频次和综合评价总分,并进行对比分析,从而说明该数据库对期刊发展的影响。22 种期刊中核心影响因子减小的只有 3 种,其余均有不同程度的增加,但增加的幅度不同。其中《矿业科学技术》(*International Journal of Mining Science and Technology*)、《采矿与安全工程学报》、《中国矿业大学学报》分别自 2006 年、2009 年和 1998 年入选 Scopus 数据库以来,一直被收录在 Scopus 数据库中。而《金属矿山》《矿业研究与开发》和《煤炭地质与勘探》曾经被收录了一段时间。从统计结果看,一直被收录的期刊的核心影响因子和综合评价总分增幅较大,曾经被收录的期刊的增幅居中,而未被收录的期刊增幅较小,甚至有 3 种期刊出现了下降。可见被 Scopus 数据库收录可以增加中国期刊的国内影响力。

2.1.3 被收录的中国期刊的国际影响力对比

选取 2014 版《中文核心期刊要目总览》矿业工程类期刊中入选 Scopus 数据库的 3 种期刊

(《中国矿业大学学报》《采矿与安全工程学报》和《煤炭学报》),以及 3 种报道范畴类似却未入选的期刊(《中国矿业》《煤矿安全》和《中国煤炭》)为研究对象。近年来,两组种期刊的国内影响因子等指标处于一直上升的状态,这是进行 Scopus 数据库对两组期刊国际影响力提升作用对比的前提。

以 WoS 核心集为数据源,检索时间以 1 年为跨度,检索出 6 种期刊被引用的文献信息。根据两组期刊的检索结果,整理计算出其在 WoS 核心集数据库中的被引频次,如表 2 所示。通过纵向比较发现,不但入选 Scopus 数据库期刊在 WoS 核心集数据库的被引频次远高于未入选 Scopus 数据库的期刊,而且其被引频次的增幅也远高于未入选的期刊。仅《采矿与安全工程学报》因入选 Scopus 数据库的时间段,且受更名的影响,其被引频次总量偏低,但其增幅达到 547.9%,比未入选 Scopus 数据库的期刊高出很多,这充分说明入选 Scopus 数据库期刊对其国际影响力的提高具有促进作用。就被引频次变化趋势来看,入选 Scopus 数据库期刊的被引频次均呈逐渐增长的趋势,而未入选 Scopus 数据库期刊的被引频次则增长趋势不明显,甚至出现了下降。可见,入选 Scopus 数据库期刊对提升期刊的国际影响力尤其是被引频次有重要的作用[28]。

表 3 两组期刊在 WoS 核心集数据库的被引频次

刊名	刊期	收录情况	被引频次						
			2011	2012	2013	2014	2015	2016	2017
中国矿业大学学报	双月刊	1998 至今	300	352	362	308	338	397	473
采矿与安全工程学报	双月刊	2009 至今	23	40	51	51	94	127	149
煤炭学报	月刊	2001 至今	474	611	653	651	744	876	938
中国矿业	月刊	否	95	142	121	73	73	60	59
煤矿安全	月刊	否	49	91	58	72	46	64	21
中国煤炭	月刊	否	78	90	74	57	55	62	68

注:《煤炭学报》收录时间为 2001 至今、1998、1994—1995、1984—1987、1981—1982 年,因为表格空间限制,表中仅列出"2001 至今"这一项。

2.2 对被收录的中国期刊规范化建设的影响

Scopus 数据库遴选期刊具有严格的标准,如英文摘要的规范化、参考文献的规范化等,并对所收录的期刊以定量和定性相结合的方式进行实时审核,动态调整。

2.2.1 Scopus 数据库遴选标准

Scopus 数据库遴选期刊的最低标准是:期刊应为同行评议期刊;能定期出版并已注册 ISSN 码;参考文献为罗马字符,且具备英文摘要与英文题名;具有出版伦理与学术不端声明;是出版 2 年以上的期刊;期刊网站备有审稿相关资讯。期刊符合上述主要资格标准,方可纳入审核程序。

进入审核程序后的期刊由独立的内容遴选委员会 CSAB 会加以严格审核,CSAB 是一个国际团队,由主流科学学科的代表科学家、研究人员和图书馆员所组成。CSAB 会以定量与定性相结合的衡量方式加以审核。在审核过程中所使用的标准,可分为五大类:①期刊方针、学术内容、期刊学术影响力,编辑出版和网络在线出版,共有 16 条标准,其中办刊方针要求期刊有明确的办刊目标和范围说明,还要有说服力的编辑政策,同时要求作者分布要有多样性。期刊还应提供西文字符的引文参考文献(要求每篇文章的参考文献至少有 80%属于西文字符)

和英文题目与摘要。期刊必须是同行评议期刊，同行评议的级别越高，期刊将获得更高的分数。该类别占总分数的 35%。②学术内容包括考察期刊对该领域的学术贡献、摘要的清晰度、刊载内容和期刊目标及范畴是否一致，以及文章的可读性。该类别占总分数的 20%。③期刊学术影响力包括期刊刊载文章和期刊编委所发表的文章在 Scopus 数据库中的引用情况，为确保地域的平衡性，Scopus 有意选择了宽泛的方法以确保能覆盖更多具有地域性并低于平均引用率的期刊。该类别占总分数的 25%。④编辑出版方面审核的内容，包括期刊是否有稳定的稿源，编辑力量是否能够保证按期出版。该类别占总分数的 10%。⑤期刊内容的在线服务能力，包括期刊文章是否可在线获得，是否提供在线英文摘要信息，以及是否提供清晰的信息导航服务，以方便读者可以快速定位全文。该类别占总分数的 10%。

需要说明的是，Scopus 要求每份索引期刊与出版书籍必须包含明确、一贯的出版伦理与学术不端声明。

2.2.2 收录期刊规范性建设实证

笔者选取部分被 Scopus 数据库收录的中文期刊，通过查阅其官网等相关信息，对照审核标准，发现一直被收录在该数据库的期刊在这 16 条标准上做得比较好，比如《中国矿业大学学报》《动力工程学报》《采矿与安全工程学报》等。而有些期刊因为在某方面做得不好，即便被一时收录，但是最终还会被剔除。如《东×××××学报》，该刊在期刊网站上没有明确的出版伦理与学术不端声明，且文后参考文献中未给出被引论文的英文翻译。《石×××建设》存在文章网络在线滞后、文后参考文献中未给出被引论文的英文翻译的不足。《中国××××学报》存在文章没有网络在线、期刊网站功能简单、没有明确的出版伦理与学术不端声明、文后参考文献中未给出被引论文的英文翻译的不足。

可见，若想成功入选 Scopus 数据库，并永葆一席之地，需要期刊从各个方面更加规范建设自己，这也是紧跟时代发展、与世界接轨的一个表现。据了解，仍有很多期刊希望进入该数据库，这些期刊正积极地向该数据库的审核标准努力规范自己。这说明，Scopus 数据库在一定程度上加速了中国期刊的规范化建设。

2.3 Scopus 数据库强大功能对期刊发展的影响

Scopus 和 WoS 一样功能强大，需要科技期刊工作者潜心研究开发利用。根据 Scopus 数据库中的指标数据分析，为期刊的发展指引方向，如选题组稿、组建或调整编委会、了解同行竞争期刊、调整期刊定位、调整期刊发文数量等。丁筠等[31]结合《仿生工程学报》(英文版)编辑部工作实际，指出科技期刊工作者可以利用 Scopus 数据库强大的文献链接功能发掘期刊潜在的读者和作者进行文章推送，利用引文跟踪及作者分析功能实现快速查找和评估作者和专家，利用期刊评价功能实时对期刊进行评估、跟踪对比相关期刊、查找优势和不足，及时根据结果调整期刊发展策略。丁佐奇等[28]用 Scopus 的评价指标 SJR、H 指数、自引率和零被引率对江苏省 38 种科技期刊进行了评价研究，分析出各个期刊的优劣势，帮助期刊管理者更好地制定发展政策。

利用好 Scopus 数据库的期刊评价、学科分析、作者分析等功能可以帮助期刊管理者更好地发展期刊。如通过独特的引文检索，可以了解研究内容和研究方向的演变，而不受关键词变迁的限制。利用 Scopus 数据库的作者评价分析功能可以发现并评鉴作者、专家或者编委，根据评鉴结果进行约稿或者调整编委成员。利用 Scopus 数据库的学科分析和学科评价功能来跟踪学科热点，帮助科技期刊选定用稿方向、选择优质稿件。还可以利用 Scopus 的施引文献分析功能,可以分析期刊读者特征,如分布在哪些国家、属于哪些机构、被哪些期刊引用的最多等等,这些信息可以帮助期刊制定发展方向,也可以分析竞争对手的优劣势。

3 结束语

与其他国际数据库相比,Scopus 数据库收录了更多的期刊、书、专利、会议论文等,而且收录期刊的学科覆盖面更广[32],强大的数字传播影响力和严格的选刊制度,对我国入选的科技期刊影响力传播、规范化建设发展起到了积极作用,同时为科技期刊提供了一个更为广阔的向国际展示的窗口。另外,Scopus 数据库强大的分析和评价功能,方便入选期刊更全面地了解自己,及时调整自己的发展方向。期刊在入选 Scopus 数据库后能让更多的学者看到,也就更容易吸收到更优质的稿源,促进期刊传播力的提升。

期刊管理者应该积极地、充分地利用好 Scopus 数据库里的各项功能,实时监测分析期刊曾经报道过的各类文献影响力如何,进而明确以后的用稿方向。也可以根据分析结果对期刊的明星作者和明星机构制定奖励和激励政策,以吸引更多的优质文献,以便从出版内容到传播环节中的出版环节、发行环节、发布环节、宣传环节和互动环节,都能助力期刊传播力建设。

参 考 文 献

[1] 刘群,孙昌朋,王谦入,等.入选 PubMed 数据库对提升医学期刊国际影响力的作用[J].中国科技期刊研究,2015,26(12):1344-1347.
[2] 王继红,肖爱华,张贵芬,等.Scopus 数据库研究综述[J].中国科技期刊研究,2016,27(12):1241-1247.
[3] 郑佳之,徐瑞亚.SCI 收录对中国科技期刊国际化实质性影响初探[J].中国科技期刊研究,2010,21(4):508-510.
[4] 石应江,齐国翠,李哲,等.SCI 与我国科技期刊的国际化[J].中国科技期刊研究,2014,25(10):1323-1327.
[5] 王继红,刘灿,邓群,等.中国 SCIE 收录期刊学科分布及建议[J].编辑学报,2015,27(6):576-578.
[6] 王继红,刘灿,邓群,等.建设 SCIE 空白学科期刊提升科技期刊国际影响力[J].中国科技期刊研究,2015,26(12):1336-1343.
[7] 谢文亮,王石榴.学术期刊的传播力与传播力建设策略[J].中国科技期刊研究,2015,26(4):425-430.
[8] About Scopus [EB/OL]. [2018-04-20]. https://www.elsevier.com/solutions/scopus/content.
[9] 张建,张苏.Scopus 数据库的特点与功能[J].情报探索,2007(3):67-69.
[10] 殷晶晶.我国创建世界一流大学路径探究——基于世界大学排名分析[J].江苏高教,2017(5):25-28.
[11] 喻海良.难道因 CiteScore,路透社赶紧把 SCI 和 JCR 卖了?[EB/OL].(2016-12-16)[2017-06-15].http://blog.Sciencenet.cn/blog-117889-1021066.html.
[12] 时朋朋.爱思唯尔 CS 因子或取代 JCR 影响因子,路透社 237 亿抛售 SCI 乃神人[EB/OL].(2016-12-17)[2017-06-15]. http://blog.sciencenet.cn/home.php?mod=space&uid=629608&do=blog&id=1021263.
[13] 叶艳,张李义.基于 CiteScore 指数与影响因子的期刊评价研究——以经济管理领域期刊为例[J].情报科学,2017,35(7):126-131.
[14] 肖仙桃,曲建升,王玏,等.CiteScore 与 JCR 期刊评估指标的比较分析[J].中国科技期刊研究,2017,28(10):954-958.
[15] BERGSTORM C T, WEST J. Comparing impact factor and Scopus CiteScore [EB/OL]. [2017-08-01]. http://www.eigenfactor.org/projects/posts/citescore.php.
[16] MOED H F. New developments in the use of citation analysis in research evaluation [J]. Varia-scientometrics,

2009, 57(1):13-18.
[17] LEYDESDORFF L. Scopus's source normalized impact per paper (SNIP) versus a journal impact factor based on fractional counting of citations [J]. Journal of the American Society for Information Science and Technology, 2010, 61(11):2365-2369.
[18] WALTMAN L, VAN ECK N J, VAN LEEUWEN T N, et al. Some modifications to the SNIP journal impact indicato r[J]. Journal of Informetrics, 2013, 7(2): 272-285.
[19] 王璞,刘雪立,刘睿远,等.基于Scopus数据库的SNIP及其修正指标SNIP2研究综述[J].中国科技期刊研究,2013,24(5):838-842.
[20] 邹新贝,程小娟.引文评价新指标SNIP与IF、h指数和SJR的理论比较研究[J].图书情报工作,2012,56(10):14-16.
[21] 杨晶晶,邹新贝.引文评价新指标SNIP在国内外期刊中的实证研究[J].图书情报工作,2012,56(10):10-13.
[22] 王一华.基于IF(JCR)、IF(Scopus)、H指数、SJR值、SNIP值的期刊评价研究[J].图书情报工作,2011,55(16):144-148.
[23] 魏瑞斌.基于Scopus的SJR指数分布规律研究[J].现代情报,2011,31(10):100-106.
[24] 李雪,张潇娴,邱文静,等.我国海洋科学类期刊评价中的SJR指数应用研究[J].编辑学报,2012,24(5):506-510.
[25] 顾东蕾,郑晓南,程启厚,等.Scopus数据库收载中国期刊的文献计量学研究[J].中国科技期刊研究,2012,23(5):767-770.
[26] EFREMENKOVA V M, GONNOVA S M. A comparison of Scopus and WoS database subject classifiers in mathematical disciplines [J]. Scientific and Technical Information Processing, 2016, 43(2):115-122.
[27] 耿鹏,汪勤俭,郭建秀.我国医学学术影响力分析——基于SJR网站的研究[J].预防医学情报杂志,2013,29(6):494-498.
[28] 丁佐奇,缪宏建.Scopus收录期刊文献计量指标的分析及思考——以江苏省38种科技期刊为例[J].中国科技期刊研究,2014,25(8):1068-1074.
[29] 顾欢."影响因子百分位"与SNIP的跨学科评价效力实证分析[J].情报杂志,2017,36(7):134-137.
[30] 顾欢."标准特征因子""标准论文影响分值"与SNIP在跨学科评价中的相关性分析[J].情报杂志,2017,36(8):120-123.
[31] 丁筠.Scopus在英文科技期刊编辑中的应用[J].科技与出版,2016(12):31-38.
[32] 邱均平,叶晓峰,熊尊妍.国外索引工具的发展趋势——以Scopus为例[J].中国索引,2008,6(1):2-14.

科技论文被引数据的定量分析
——以《南昌大学学报(工科版)》为例

邱俊明

(南昌大学期刊社,南昌 330047)

摘要:通过查询《中国科学引文数据库》(CSCD),得到 2013—2016 年 CSCD 来源刊对《南昌大学学学报(工科版)》所刊载论文的被引情况的相关数据。根据该数据,定量分析了《南昌大学学学报(工科版)》论文的被引量和被引频次分布情况、单篇论文的被引频次分布情况、被引论文的作者单位分布情况,2013—2016 年,学报工科版共有 298 篇论文被引用,被引总频次为 494 次,单篇被引频次最高的为 16 次。298 篇被引论文大部分分布在工程技术类学院,但分布不均匀。

关键词:引文;统计分析;期刊质量

CSCD(Chinese Science Citation Database)中文全称是中国科学引文数据库,其内容丰富、结构科学、数据准确。该数据库创建于 1989 年,收录我国数学、物理、化学、天文学、地学、生物学、农林科学、医药卫生、工程技术和环境科学等领域出版的中英文科技核心期刊和优秀期刊千余种[1-2]。CSCD 已被中国科学院、高等院校、国家图书馆等许多单位使用,并作为科研项目及成果评价与评审的重要依据。CSCD 提供著者、关键词、机构、文献名称等检索点,满足作者论著被引、专题文献被引、期刊、专著等文献被引、机构论著被引、个人、机构发表论文等情况的检索[3]。

《南昌大学学报(工科版)》(以下简称学报工科版),创办于 1964 年,原名《江西工学院学报》,1985 年改为《江西工业大学学报》,1993 年更为现名,国内外公开发行。学报工科版主要刊载化工、环境、机械、食品、自动化、电子、计算机、水利、水电、土木建筑工程、材料科学与数理学科等方面的学术论文和研究报告,在国内外有一定的影响。为了更准确地掌握学报工科版论文的具体被引情况,利用 CSCD 数据库,得到 2013—2016 年 CSCD 来源刊对学报工科版所刊载论文的引用情况的相关数据。对该数据进行统计、分析、比较和归纳研究,一方面可以揭示自然科学及工程技术等相关科技研究领域中的研究人员对学报工科版载文的借鉴和吸收情况;另一方面方便笔者以后的组稿和约稿工作,有利于提高学报工科版的学术质量。此方法可为期刊编辑了解自己刊物被引用情况提供借鉴与参考。

1 研究方法

本文基于 CSCD,以南昌大学学报为检索点,时间跨度选择 2013—2016 年。利用 CSCD 提供的导出表功能,先将搜索出来的来源文献和被引文献以.xlsx 格式导出,借助中国知网、万方数据服务平台和期刊社每年学报工科版的合订本,逐步核实各个引用学报工科版的数据。

然后利用微软的 Excel 软件，根据研究的需要，分别建立不同的工作表，统计出在 2013—2016 年 CSCD 来源刊对学报工科版所刊载论文的被引用情况的相关数据，得到学报工科版论文被引量和被引频次的分布情况、单篇论文的被引频次分布情况、被引论文的作者单位分布情况。

2 结果分析

引用是科学文献的基本属性之一。文献之间存在相互引证[4]，科学文献的相互引用是引文分析的主要依据[5]。研究期刊论文被引量的分布，可以得到该刊载文被利用的程度和广度。期刊论文的被引量越大，次数越多，就越能显示该刊物的价值和学术水平。另外，一篇学术论文被引用次数越多，表明该篇论文在学术界所产生的影响越大，如果是全部都是正面评价，则表明该篇论文在该领域的学术地位很高[6-7]。

2.1 被引量及频次的分布

对 CSCD 检索结果进行统计，2013—2016 年，学报工科版共有 298 篇论文被引用，被引总频次为 494 次，这些被引论文具有重要的借鉴和参考价值，是学报工科版学术质量的重要体现。通过对被引论文年代分布的统计，可以知道学报工科版不同的出版年载文的被引情况，被引论文的传播及利用情况。表 1 是学报工科版论文被引量和被引频次的分布情况。由表 1 可以得知：①在统计的 4 年里，1993—2015 年各年发表的论文都有被引用，但各年被引用的分布不均匀。2010、2011、2012 年为学报工科版所发表论文被引篇数和被引频次相对较多的年份，2011 年达到峰值，被引篇数为 36(占比为 12.08%)，被引频次为 87(占比为 17.61%)。② 2011 年后，被引量和被引频次逐年明显下降，这与论文传播扩散需要一定的时间有关。2016 年统计当年，没有当年发表的论文被引用，说明高水平论文还是欠缺，值得深思，这与刊物所处的境况有关。由于本校的管理人员鼓励研究人员发表高水平论文，导致本校的学者近年纷纷把高水平论文投向校外期刊，稿件外流情况比较严重。这样在学报工科版发表的高水平论文偏少，影响刊物的办刊质量。为了吸引高质量论文在学报工科版发表，必须加强组稿工作。

表 1 学报工科版论文被引量和被引频次的分布情况

年份	被引篇数	占比/%	被引频次	占比/%	年份	被引篇数	占比/%	被引频次	占比/%
1993	3	1.01	3	0.61	2005	15	5.03	17	3.44
1994	5	1.68	7	1.42	2006	19	6.38	26	5.26
1995	3	1.01	5	1.01	2007	18	6.04	21	4.25
1996	1	0.34	1	0.20	2008	21	7.05	28	5.67
1997	3	1.01	3	0.61	2009	25	8.39	41	8.30
1998	7	2.35	8	1.62	2010	31	10.40	64	12.95
1999	2	0.67	2	0.40	2011	36	12.08	87	17.61
2000	10	3.35	19	3.85	2012	27	9.06	52	10.53
2001	10	3.35	14	2.83	2013	16	5.37	29	5.87
2002	14	4.70	20	4.05	2014	6	2.01	7	1.42
2003	11	3.69	11	2.23	2015	5	1.68	8	1.62
2004	10	3.35	21	4.25	总计	298	100.00	494	100.00

2.2 单篇论文被引频次的分布

在 2013—2016 年,学报工科版 298 篇论文一共被引用了 494 次。由表 2 可知:被引用 1 次的论文最多,达到 196 篇,占被引用篇数总数的 65.77%;被引用 2 次的论文有 58 篇,占被引用篇数总数的 19.46%,被引频次为 116 次;被引用 3 次的论文有 26 篇,占被引用篇数总数的 8.72%,被引频次为 78 次;被引用 5 次及以上的论文共有 10 篇;单篇被引频次最高的为 16 次,但仅仅只有 1 篇,占被引用篇数总数的 0.34%。

表 2 单篇论文被引频次的分布

项目	篇数	占比/%	被引频次
被引 16 次	1	0.34	16
被引 8 次	2	0.67	16
被引 7 次	1	0.34	7
被引 6 次	3	1.01	18
被引 5 次	3	1.01	15
被引 4 次	8	2.68	32
被引 3 次	26	8.72	78
被引 2 次	58	19.46	116
被引 1 次	196	65.77	196
合计	298	100.00	494

2.3 被引用 5 次及以上论文的分布

论文被引用与否是评价一篇文章的价值大小的重要指标[8]。高被引论文的质量决定着期刊学术影响力的深度,是评价期刊影响力的重要指标[9]。单篇被引 4 次的论文有 8 篇,被引频次为 32 次;被引 5 次的论文有 3 篇,被引频次为 15 次(见表 2),这说明学报工科版在工程技术领域及自然科学等相关学科占有一定的地位,有一定的影响。单篇论文被引 4 次及以上的论文有 18 篇,占比为 6.04%,被引频次为 104 次。总体来讲,学报工科版高被引论文占比还是偏小。

通过表 3 可知,单篇被引 5 次及以上的学术论文具有一定的共性:①论文所研究的主题多是该学科领域被众多研究人员所关注的热点问题。比如在食品科学与技术领域,总黄酮的提取、黑灵芝的一些功能研究,就引起了很多学者的关注。②一些重要的研究方法应用在新领域,在该领域引起了研究人员关注,拓宽了该方法的使用范围,比如主成分分析法、响应面法等。③具有一定的学术价值,创新性较好,对该学科的相关研究人员具有较强的参考价值。如螺旋输送器的原理与设计,对相关机械设计人员有较强的借鉴价值。另外,论文作者具有较强的科研能力,是本领域的知名专家和学报工科版的重要作者群。

表 3 被引用 5 次及以上的论文

被引论文名称	出版信息	被引频次
稻米主要营养成分和矿质元素的分布分析	2010,32(4)	5
稻壳制备超细二氧化硅新工艺	2009,31(2)	5
地沟油催化裂解制备生物燃油	2010,32(3)	5
毒死蜱对 DNA 潜在损伤作用的研究	2010,32(1)	6
主成分分析法在鄱阳湖水质评价中的应用	2010,32(2)	6
黑灵芝中性提取物三萜含量测定及抗氧化作用研究	2011,33(4)	6

表 3 （续）

被引论文名称	出版信息	被引频次
水生植物对铜、铅、锌等重金属元素富集作用的评价研究	2004,26(1)	7
螺旋输送器的原理与设计	2000,22(4)	8
盘式制动器摩擦温度场的数值模拟	2012,34(3)	8
应用响应面法优化超声波提取荆芥中总黄酮的工艺	2011,33(2)	16

2.4 论文作者的分布

根据统计，学报工科版 298 篇被引论文的作者情况(仅以第 1 作者所在单位统计)见表 4。可知：①被引论文作者，大多是分布在工程技术领域的学院。但不同的学科被引论文数量还是存在差异。②资源环境与化工学院、机电工程学院作者被引次数较多。资源环境与化工学院、机电工程学院都有博士点，具有一定的实力。虽然我校材料学科和食品学科较强，但相关作者不太投学报工科版，不能体现该学科的实力。以后要加强这些强势学科的约稿和组稿。

将被引论文的所有作者列出，按照以下原则：每篇论文被引 1 次，则该论文每个作者都计被引 1 次，采取累积制，可以得出 298 篇被引论文的所有作者的累积被引频次排列。引用次数 6 次及以上的作者如下：陈建新(6 次)、陈奕(6 次)、邓泽元(6 次)、何华燕(6 次)、胡兴(6 次)、刘晓红(6 次)、刘晓珍(6 次)、李文娟(6 次)、李媛媛(6 次)、汪佳蓉(6 次)、王敏炜(6 次)、许春晓(6 次)、曾海燕(6 次)、占春瑞(6 次)、张思宇(6 次)、冯雅玲(7 次)、杨丽珍(7 次)、杨旭辉(7 次)、荣亮(7 次)、简敏菲(7 次)、周启兴(8 次)、朱升干(8 次)、胡勇克(8 次)、戴莉莉(8 次)、黄笔武(8 次)、欧阳珊(8 次)、皮亚南(8 次)、万金保(8 次)、吴小平(8 次)、吴禄慎(9 次)、黄少文(9 次)、徐义红(10 次)、游海(10 次)、郑为完(11 次)、熊进刚(11 次)、谢明勇(12 次)、刘莹(14 次)、张国文(14 次)、弓晓峰(15 次)、聂少平(15 次)、邱祖民(18 次)、肖鉴谋(18 次)、刘奉强(18 次)、刘太泽(18 次)、郑典模(19 次)、蒋柏泉(25 次)。其中陈建新、陈奕、邓泽元、刘晓红、王敏炜、黄笔武、欧阳珊、皮亚南、万金保、吴小平、吴禄慎、黄少文、徐义红、郑为完、熊进刚、谢明勇、刘莹、张国文、弓晓峰、聂少平、邱祖民、肖鉴谋、郑典模、蒋柏泉等均是我校的教授，大部分人还是博士生导师，也是工科版的主要作者群。

表 4 被引文献作者分布情况

作者所在学院	被引次数	占比/%
资源环境与化工学院	142	28.74
机电工程学院	82	16.60
食品学院	63	12.75
建筑工程学院	51	10.32
材料科学与工程学院	32	6.48
理学院	19	3.85
信息工程学院	19	3.85
化学学院	11	2.23
生命科学学院	10	2.02
其他学院或外单位	65	13.16
合计	494	100.00

3 结论

(1) 2013—2016年,学报工科版共有298篇论文被引用,被引总频次为494次,2010、2011、2012年为学报工科版所发表论文被引篇数和被引频次相对较多的年份,2011年达到峰值。

(2) 学报工科版论文有一定的影响,单篇论文被引4次及以上的论文有18篇,占比为6.04%,被引频次为104次。学报工科版高被引论文占比还是偏小,必须加强优质稿件的组稿工作。加强对科研骨干的约稿工作,特别是重大项目的主持人、学科带头人,让他们将自己科研团队的新成果投稿到学报工科版,提高学报优质稿件的占比,特别是要吸引交叉学科和研究热点领域的优质论文。

(3) 298篇被引论文大部分分布在工程技术类学院,但分布不均匀。今后加大对我校材料科学和食品科学两大优势学科的组稿力度。

参 考 文 献

[1] 中国科学院情报文献情报中心.中国科学引文数据库来源期刊[EB/OL].[2018-07-15].http://www.sciencechina.cn/index_more1.jsp.
[2] 贺艳慧,李路,李欣,等.国内四大核心期刊遴选体系对比分析与研究[J].图书情报导刊,2017,2(12):53-56.
[3] 百度百科.中国科学引文数据库[EB/OL].[2018-04-15].https://baike.baidu.com/item/中国科学引文数据库/1305301?fr=aladdin.
[4] 朱大明.科学引证概念模型建构与分析[J].中国科技期刊研究,2017,28(3):251-256.
[5] 林平.《大学图书情报学报》引文数据比较分析[J].大学图书情报学刊,2007,25(1):86-90.
[6] 程刚,邹专仁.《情报资料工作》载文被引情况的定量分析[J].情报资料工作,2001(1):24-26.
[7] 王莉,翟亚锐,司士荣.《天津大学学报》引文及论文被引数据的定量分析与研究[J].天津大学学报(社会科学版),2006,8(2):143-147.
[8] 周芹芳,申曦,刘雄宇.1989—2013年中国地理信息系统研究综述:基于CSCD的计量分析[J].云南地理环境研究,2014,26(1):22-29.
[9] 于红玮.高校学报学术影响力计量分析实证研究:以《北京服装学院学报》为例[J].北京服装学院学报,2018,38(1):79-92.

新创中文科技期刊的办刊策略

黄江华

(长江师范学院《三峡生态环境监测》编辑部,重庆 408100)

摘要:新创中文科技期刊既有起点高、理念新、视野广的机遇,又有生存空间小、稿源不足、知名度低、影响力弱的困境。对此,新刊发展要正视困境,抢抓发展机遇,应从精准定位,抢占生存空间,多元策划,抢抓优质稿源,立体营销,抢占宣传阵地三方面入手,走出一条特色鲜明的良性发展的办刊之道。

关键词:新创中文科技期刊;办刊策略;优质稿源

改革开放以来,我国科技期刊取得长足发展。截至 2017 年底,国内科技期刊总量达 5 020 种,居世界第三位。然而,在数千种科技期刊中,英文科技期刊仅 300 余种,占比不足 7%,中文(中英文)科技期刊达 4 700 多种,占比超过 93%[1]。因此,办好中文科技期刊,提升国际影响力,对高效优质推出科学成果,引领和推动科技创新,展示国家科学技术发展与创新水平,意义重大。而作为中文科技期刊方阵中的新创期刊,如何全面准确地把握国家大政方针,学习借鉴国内外优秀期刊的办刊经验,运用切合实际的办刊策略,顺利度过办刊初创期,快速融入期刊大家庭,使其茁壮成长,是期刊人必须认真思考的课题。

1 新创中文科技期刊面临的机遇和挑战

新创中文科技期刊(以下简称"新刊")与成熟科技期刊相比,既有办刊起点更高、理念更新、视野更广的后发优势,也有生存空间小、稿源少、知名度低、影响力弱的困难处境[2]。这就需要办刊人正视新刊发展的困难处境,有效利用其后发优势,抓住机遇,迎接挑战,走出一条良性发展的办刊之道。

1.1 新刊发展的机遇

一是起点更高。新刊从可行性论证,到提出创办申请,再到获批创办,都是经过主办单位严密论证、主管单位鼎力支持、报刊管理部门严格审批,因此,获批的新刊办刊目标明确,保障到位。科技传播需要高品质科技期刊的支撑[3],从"科技三会",到一系列提升科技期刊影响力计划,都体现出国家对科技期刊建设的高度重视。因此,无论是微观层面的主办单位支持力度,还是宏观层面的国家政策环境,新刊发展的起点更高。

二是理念更新。在"互联网+"时代,期刊已经是一个分享、共享的平台,期刊发展以质量为生命线,以团队构建为基础,以优质服务为保障,在这样背景下催生的新刊,会根据特定受众需求,进行有针对性的社会科技文化服务,其办刊理念更新。

基金项目:国家社会科学基金西部项目 (12XXW007);重庆市科学技术期刊编辑学会 2017 年期刊出版研究基金项目 (CQKJC201703)

三是视野更广。国内外优秀期刊建设,已是站在引导科学研究、推动科技创新、促进科技进步和文化发展的高度,从国际视野的角度,来推动科技期刊发展,提升期刊影响力。新刊就可以站在这些优秀期刊"巨人"的肩膀上,放眼世界,吸收和借鉴成功的办刊经验,从而助力新刊快速发展。

1.2 新刊发展面临的挑战

一是生存空间小。新刊要在数千种期刊中求生存、谋发展,会面临期刊集团、名刊对优质资源的霸占,同生态类期刊对一般资源的挤占,生存压力大,发展空间小。

二是稿源不足。新刊创办之初,一些期刊编辑部由于稿件征集工作准备不充分,加之一些主办、主管单位自身学科支撑能力有限,导致稿源严重不足,新刊编辑出版时常处于"等米下锅",甚至"无米下锅"的状态。

三是知名度低。期刊知名度是指期刊对作者、读者影响的广度和深度。新刊由于办刊时间短,宣传力度不够,加之学科专业、作者群和读者群的特定性,与同类型成熟期刊相比,知名度低。

四是影响力弱。期刊影响力是指期刊论文发表后受关注的程度,衡量指标是以该期刊影响因子大小而定。根据现行评价体系,新刊第三年才会产生影响因子,而决定影响因子的关键是发表论文的被引次数和被引刊物级别。新刊因没有进入核心期刊序列,因此很难吸引到高质量文章发表,影响力自然弱于其他成熟期刊。

2 新创中文科技期刊的办刊策略

中文科技期刊"有自己独特的使命,应专注于向中国人传播科学,充分发挥编委会的作用,并保证较高的学术质量。中文科技期刊不需要与英文科技期刊去比较,它有自己的一片天地。"[4]新刊要开辟出自己的一片天地,这需要办刊人正视困难处境,摸清期刊发展规律,抢抓发展机遇,找到适合期刊发展的办刊路径。

2.1 精准定位,抢占生存空间

参照艾·里斯与杰克·特劳特的定位理论[5],期刊定位就是在对本刊和同生态类期刊进行深入分析,对消费者的需求进行准确判断的基础上,确定本刊与众不同的优势及与此相联系的在消费者心中的独特地位,并将它们传达给目标消费者的动态过程。

由此可以看出,新刊想要在国内5 000余种科技期刊阵营中求生存、谋发展,一要深入了解同生态类期刊,并加以全面分析;二要摸清消费群体(受众)需求,为其提供特定的科技文化服务;三要认清自身的优势和不足,对其办刊宗旨、发展目标、服务面向等进行精准定位。"新办科技期刊要想生存并发展下去,首要的问题在于明确从独特角度和层面为特定读者对象提供他们所需要的社会科技文化服务。满足了特定人群的特定社会科技文化的需求,刊物也自然拥有了自己的生存基础和发展空间。"[6]

2.2 多元策划,抢抓优质稿源

稿源是期刊生存和发展的种子,稿件质量的好与坏直接决定了期刊的优与劣。策划是一种方法与手段,犹如选种育种一般,对所需稿件进行找寻、筛选、甄别和加工,从而形成产品为特定受众提供服务。因此,稿源尤其是优质稿源是期刊工作的核心,办刊的所有工作都需围绕这一核心展开。

由于评价体系、考核目标等因素的影响,导致优质稿源被迫留洋、被大刊名刊霸占,造成所有期刊都急需优质稿源,绝大多数期刊没有优质稿源的局面。面对这一局面,新刊要抢抓优质稿源,唯有从多元策划入手,结合期刊自身特点和优势:一是策划编委,组建合理的编委队伍,形成期刊发展的智囊团,充分发挥编委会履行选题、组稿及同行评议等方面的功能。二是策划作者,培育核心作者群,形成期刊发展中坚力量,持续支持期刊发展。三是策划选题,从"研究内容的前沿性、研究数据与学术水平的权威性、研究认识的纵深性"[7]入手,追踪学术研究热点,社会关注兴奋点,提高期刊关注度和引用率。

2.3 立体营销,抢占宣传阵地

"互联网+"时代,信息资源共享,谁占有最前沿、最优质的信息和资源就意味着拥有更多地发展机会,谁搭建最畅通、最迅捷信息资源传播渠道就意味着掌控宣传阵地的主动权。新刊发展,需要及时让更多读者及时掌握期刊知识信息,需要着力扩大影响力和提升知名度,这势必要通过立体营销手段来实现。

立体营销必须产生立体效果。新刊的立体营销是指在办刊过程中整合线上线下的全媒体营销渠道,包括PC端、移动端、传统纸媒等方面的多种营销手段结合,有效推介宣传期刊,扩大影响力,提升知名度,更好地服务受众。一是做大PC端。PC端就是接入个人电脑的接口,一般指个人用户端,目前很多期刊访问者是通过个人电脑来实现。因此,新刊要主动融入知网、万方、Web of Science等数据统计源,借助数据库平台扩大影响;着力打造服务界面好的期刊自网,通过自建平台全面推介期刊。二是做精移动端。得移动端者得网络媒体天下,这是信息时代发展规律。新刊必须紧跟时代步伐,结合自身特点和优势,利用APP、公众号、微信等移动新媒体做好期刊的精准服务工作。三是守好传统纸刊。对于学术期刊而言,纸质刊的功能越来越被消减,这是不争的事实。然而,纸刊具有翻阅舒适感、资料价值、便于长久保存等特性,因此,必须办好传统纸质刊,为新刊的传承和发展奠定坚实基础。

3 结束语

习近平总书记指出,广大科技工作者要把论文写在祖国的大地上,把科技成果应用在实现现代化的伟大事业中。办科技期刊要有久久为功、利在长远的耐心和耐力,要让更多的原创性科研成果能够发表在中国的学术期刊上。对此,新刊应主动承担起发表交流科技原始创新成果的重任,立足长远,做好规划,找准路径,建好队伍,运用恰当的办刊策略,走出一条有特色、有竞争力、有影响力的路子。

参 考 文 献

[1] 余晓洁.练就内功"造船"出海——中国科协聚力世界一流科技期刊建设[EB/OL].[2002-04-16].http://www.xinhuanet.com/ 2018-04/16/c_1122691207.htm.
[2] 叶继元,臧莉娟.新创学术期刊评价探讨[J].中国社会科学评价,2016(2):4-12.
[3] 刘忠范.中文科技期刊的独特使命——谈中文科技期刊的发展[J].科技导报,2017,35(21):卷首语.
[4] 里斯,特劳特.定位[M].王恩冕,译.北京:中国财经出版社,2002.
[5] 方熠.新办科技期刊的四个定位[J].出版科学,2007,15(6):41-43.
[6] 李小燕,郑军卫,田欣,耿懿,张蕾春.中文科技期刊影响力分析与提升路径——以石油天然气工程类期刊为例[J].中国科技期刊研究,2016,27(11):1221-1227.

拓宽审稿专家选择途径 多渠道提升审稿积极性

刘佳佳,张淑华

(国家海洋技术中心《海洋技术学报》编辑部,天津 300112)

摘要:专家审稿是稿件处理的重要环节,关系到学术期刊的论文质量和出版周期,但存在审稿周期长、拒审率高、审稿意见参考价值不足等问题。本文从如何拓宽审稿专家选择途径、如何更好地调动审稿专家积极性两方面进行探讨,认为编辑应该充分利用投稿论文的参考文献、外出学习的机会、丰富的网络资源和投稿作者等多种途径,根据论文内容有针对性地选择审稿专家,而不应该仅仅局限于编委或现有审稿专家库的专家。同时需要对专家审稿状况定期进行评估,避免向无意审稿的专家送审稿件,既延误审稿计划,也浪费人力物力,实现对审稿专家库的优化和动态管理。通过提升期刊知名度、加强初审、充分对专家给予尊重、提升审稿专家的社会贡献感等方式,来提高专家的审稿积极性。

关键词:审稿;多途径;动态管理;积极性;社会贡献

专家审稿是稿件处理的重要环节,关系到学术期刊的论文质量和出版周期[1],但存在审稿周期长、拒审率高、审稿意见参考价值不足等问题[2]。如何选择合适的审稿专家,如何调动专家审稿的积极性,对保证期刊学术质量和正常出版周期有重要作用,是每位编辑应该认真学习并深入探讨的课题。本文将从如何拓宽审稿专家选择途径、如何更好地调动审稿专家积极性两方面进行探讨。

1 拓宽选择途径,动态管理审稿专家库

每一个编辑部都有独立的审稿专家库,但这不代表稿件的送审工作就万事大吉。因为可能存在现有专家因为时间、精力有限拒绝审稿,因为专业方向存在差异不便审稿,因为合作关系回避审稿等情况,这就要求编辑在日常工作中做个有心人,拓宽审稿专家选择途径,将适合审稿的专家及时纳入审稿专家库,将不再乐于参与评审工作的专家及时备注,做到对审稿专家库的优化和动态管理,便于根据每篇稿件的具体情况精确送审,避免在选择审稿专家时出现"偏差"。

1.1 利用参考文献遴选对口专家

编辑需要对论文进行细致审读,在对研究内容有一定了解的基础上,根据自己对该领域的认识,从编委或审稿专家库中选择合适的审稿专家。但如今,随着科学技术的不断发展,学科之间的交叉渗透越来越明显,激生了许多学科增长点和交叉学科、边缘学科[3],从而导致有时很难在编委或审稿专家库中找到与待审论文专业方向和专业深度一致的专家。这时,可以根据论文的题名、关键词在数据库中查找相近文献,或梳理论文的参考文献,选择论文题

目和待审论文最为相似的，阅读原文，找出和待审论文研究内容最相近的，并查看作者、通信作者的工作单位、研究方向和联系方式。然后再去对应的高校、科研院所的网站对该作者进一步检索，查看作者的年龄、职称、职务、研究领域以及近年来论文发表的情况，对作者是否具备审稿能力、能否同意审稿做初步判断，通过电话或邮件的方式与专家取得联系，发出审稿邀请。但此方式存在部分参考文献的第一作者为学生，需要从作者中确定导师的问题，又或者有些参考文献的原文中或者对应网站上难以查到作者的邮箱、电话等，这就导致可能查询多篇论文，也难以找到合适的专家或者专家联系方式的情况。

1.2 参加学术会议结识新的专家学者

参加学术会议有助于学术期刊编辑更新专业知识，了解领域最新研究方向、动态，是与专家学者直面交流的好机会。编辑在参会之前应该认真了解会议的日程安排、报告内容、主会场和分会场的安排情况，对自己感兴趣的报告题目和报告人，事先查阅一下相关信息，在和专家进行面对面交流时做到心中有数，同时也体现了对专家的尊重。注重和参会青年学者的接触、沟通，他们在一线从事科研工作，处于事业的上升期，并且精力充沛，往往既有刊登论文的意愿，也乐于参与稿件的评审工作。此外，编辑在参会前应该准备好一定数量的期刊宣传页和最新出版的刊物，利用会议间隙，向与会专家介绍刊物的情况，了解他们的研究方向和研究领域，并向他们发出真诚的审稿、投稿邀请[4]。

1.3 关注各类"人才计划"，扩充审稿专家库

国家、各省市现在有许多"人才计划"，这些引进人才很多较为年轻，同时因为回国时间不长，在国内学术界还没有太大的名气。但他们在海外知名高校或者科研机构的学习、从业经历，奠定了他们扎实的专业基础，再加上引进单位的重视，在科研方面予以的支持，将来很多人会成为领域内的专家。在日常工作中，编辑需要做一名有心人，注重查找此类青年学者的信息，了解他们的研究领域、学术态度。

1.4 从投稿作者中发现潜在的审稿专家

统计我刊近 5 年来刊登论文的作者信息，发现很多高质量论文的作者是高校教师或研究院所科研工作者。这些作者选择在期刊投稿，代表了他们对期刊的认可度，同时他们的研究领域、研究水平都与期刊相符合，是纳入审稿专家库的合适人选。

1.5 按需选择作者推荐审稿专家

研究表明采用作者推荐的审稿专家有利于稿件评审通过，存在评审的不公正[5-6]。但不能因此对作者推荐的审稿专家弃之不用，编辑部应该对审稿专家的研究领域、职称、年龄、工作单位等信息认真核实，按照不同学科纳入审稿专家库，有选择地请他们评审推荐人的稿件，更多地请他们评审其他稿件[7]。

1.6 优化审稿专家库 实现动态管理

编辑不仅需要扩充审稿专家库，还需要对专家审稿的状况定期进行评估，以实现对审稿专家库的优化和动态管理。一般而言，专家信息包括年龄、职称、工作单位、研究领域、学术成果等，但仅依靠这些信息，编辑无法对送审情况做出预判段，一旦出现拒绝审稿、延迟审稿、应付审稿等情况，编辑部就较为被动，需要重新选取专家再进行审稿，既延误了审稿计划，影响稿件的处理程序，又浪费了人力物力，造成不必要的损失，还会给编辑部的声誉造成不良影响[8]。所以编辑在对专家信息进行收集、积累的同时，还要对专家的审稿时间、审稿质量、评审能力和水平、工作态度等方面进行评估，做好登记[9]，以保证编辑能合理地安排

稿件送审，避免向无意审稿的专家送审稿件，提高审稿效率。

2 提高专家审稿积极性

2.1 提升期刊的学术影响力和知名度

学术期刊的影响力和知名度是影响专家审稿积极性的关键因素。通过对多个期刊编辑部的电话调研，目前审稿费大多在50~150元之间，和专家审稿付出的时间、精力相比十分有限。针对有编辑提出，通过提高审稿费来提升专家审稿积极性的做法，咨询我刊部分审稿专家，发现了解同行研究状态、积累学术信息，积累学术人脉、与编辑部建议长期联系，认可自我价值、获取学术荣誉才是专家乐意审稿的主要内在动因[10]。所以编辑部应在提高期刊影响力和知名度方面多下工夫，努力形成"专家审稿积极性高—刊登稿件质量高且时滞短—学术期刊品质提升—专家审稿积极性更高"的良性循环[11]。

2.2 初审工作更加细致、负责

初审的主要目的是将学术水平明显偏低、与本刊宗旨不符的论文剔除掉，而只将具有送审价值的稿件给专家评审[12]。但在实际工作中，有的编辑初审态度不够认真，抑或是由于自身专业背景、知识储备及学术鉴别能力等原因，不愿或不能对稿件的取舍做出客观、准确的判断[13]，导致初审把关过于宽松，致使太多低质量稿件进入审稿专家阶段，增加了专家的工作量，极易招致审稿专家反感[14]，同时也增加了编辑工作量。学术期刊编辑部有必要依据期刊学术定位和来稿数量，制定初审的基本要求[15]，编辑不仅应该从编辑规范角度对稿件进行审阅，更应该从学术观点的表述是否清晰、论证过程是否完整并逻辑清晰、论据是否充分、题名是否能涵盖文章的主题、摘要是否能反映文章的创新点、引言是否对国内外相关研究加以简要综述和梳理、参考文献引用是否完整和准确等方面做出初步、有效的评价[13]，将真正具有送审价值的稿件送给专家评审，既能减轻专家的审稿负担，也能增加审稿专家对期刊工作的认可度[7]。尽量避免约请职务、职称较高的专家评审一般性稿件。

同时学术期刊编辑在不断加强编辑业务综合能力学习的同时，还应该注重自己分管的专业领域方面知识的积累，及时把握研究热点、研究进展，对稿件归属的小学科能做到细致划分，避免出现把稿件送给专业不对口的专家评审，影响审稿质量和效率。

2.3 对审稿专家给予充分尊重

考虑到很多专家日常工作繁忙，即使有审稿的意愿但在时间、精力上却心有余而力不足，编辑部在日常工作中，应多渠道了解专家近期工作开展情况及愿意承担的审稿量，均衡送审稿件，避免盲目送审、过量送审。

对于拒绝审稿的专家，应充分地理解与尊重，与专家进一步沟通了解拒审原因，如确实不愿意参与稿件评审工作，在审稿专家库中及时备注，避免再次送审，损害期刊形象。如是因为送审稿件质量太低、稿件专业不相符、送审频次太密等原因造成，编辑需要在下次送审时杜绝此类现象，表达希望能后续合作的意愿，争取以良好的职业形象和素养，以足够的耐心和细心与审稿专家建立起良好的合作关系。同时，应该给专家充裕的审稿周期，避免审急稿。

除此以外，编辑还可以利用外出学习、参会的机会，联系当地合作较多的审稿专家当面拜访，通过对刊物的介绍，让专家对稿件审理工作更加重视，同时编辑还能获得审稿意见以外的更加丰富的信息，为长期合作奠定基础。

2.4 提升审稿专家的社会贡献感

采取多种方式提升专家的社会贡献感,强调外审工作的公益性,来调动专家的审稿积极性[2]。比如定期刊登审稿专家名单、定期发送致谢邮件、向外审专家发放聘书、定稿意见向专家反馈、向审稿专家赠寄样刊、听取专家在期刊发展方面的意见和建议等[16]。

3 结束语

审稿工作直接影响着期刊的质量,关系到期刊的学术地位和知名度,是每个编辑部、每名编辑需要认真研究的课题。针对目前很多编辑部面临的审稿难,专家审稿积极性不高的问题,提出应该拓宽审稿专家选择途径,并多方式激励专家审稿积极性,努力形成"专家审稿积极性高—刊登稿件质量高且时滞短—学术期刊品质提升—专家审稿积极性更高"的良性循环。

参 考 文 献

[1] 彭洁.谈优化专家审稿队伍[J].编辑学报,1997,9(1):38-39.
[2] 钟琳,高超民.科技期刊外审专家激励措施扎根研究[J].中国科技期刊研究,2016,27(3):278-281.
[3] 许四平,倪鹏,王溪婷.新形势下科技期刊审稿制度的建立于完善[J].学会,2009(8):58-61.
[4] 张淑敏,辛明红,段为杰,等.如何通过学术会议促进组稿和审稿工作[J].编辑学报,2014,26(1):52-54.
[5] 任胜利,王久丽.同行评议中审稿人遴选方式对审稿结果的影响:以《自然科学进展》为例[J].中国科技期刊研究,2006,17(5):722-725.
[6] 丁佐奇,郑晓南,吴晓明.科技期刊中的利益冲突问题及对策防范[J].编辑学报,2010,22(5):385-388.
[7] 丁佐奇.提高同行专家审稿积极性的实践及思考[J].编辑学报,2017,29(1):58-60.
[8] 董时军,胡玫,卢福日力,等.我国临床医学期刊审稿问题与对策[J].中国科技期刊研究,2013,24(6):1195-1197.
[9] 幸建华.影响科技期刊专家审稿的心理因素与编辑对策[J].编辑学报,2008,20(6):534-535.
[10] 占莉娟.科技期刊审稿人的审稿动因分析[J].中国科技期刊研究,2015,26(4):363-368.
[11] 陈朝晖,谢明子.如何发挥科技期刊编委会的作用[J].编辑学报,2007,19(3):205-206.
[12] 万玉玲,杨南.量化管理机制在期刊工作中的实践[J].中国科技期刊研究,2004,15(4):391-393.
[13] 郭红明.影响审稿专家积极性的因素分析及对策[J].编辑学报,2015,27(6):560-563.
[14] 张凤新.科技期刊核心编委队伍的建立与作用[J].中国出版,2012(12):14-16.
[15] 翁志辉,林海清,柯文辉.论学术期刊审稿环节的优化[J].编辑学报,2016,28(6):532-535.
[16] 刘宇.科技期刊稿件外审应注意的若干问题[J].出版科学,2011,19(3):30-33.

从近 10 年《针灸推拿医学》发文情况看期刊发展

张翠红，洪　珏，马晓芃，刘　婕，黄琴峰

(《针灸推拿医学》编辑部，上海 200030)

摘要：从 2007—2016 年的年发文量、发文类型、基金论文比、作者情况、引文情况、关键词分布和中国大陆外论文比七个方面对《针灸推拿医学》(英文版)10 年来的情况进行总结，以指导期刊的发展。结果显示：年发文量有逐年下降趋势；论著类文章比例及基金论文比例逐年提高；篇均作者人数明显增加，多单位合著论文比例逐年增加；篇均引文数逐年增加；关键词居前 5 位的分别是针刺疗法、按摩、推拿、电针和灸法；中国大陆外论文比相对稳定，但偏低。这些结果表明刊物的发展与刊名和办刊宗旨相符，刊发文章的质量逐年提高，今后应进一步提高中国大陆外论文比，促进期刊的国际化发展。

关键词：针灸学；推拿学；科技期刊；学术期刊；英文版；编辑；期刊发展

"科技是第一生产力"，而科技期刊是科技研究成果的汇集。期刊质量不仅决定其发表的论文是否被阅读、被引用，也反映一个国家的科技发展水平和知识创新能力[1]。为此，国家相关部门制定了一系列期刊评价标准。中国科学技术信息研究所承担的"中国科技论文统计与分析项目"也研究制定了较为完善的中国科技论文评价指标。这些标准和指标为科技期刊的发展指明了方向。然而，决定一种学术期刊水平高低的重要因素是一段时间内该刊所刊载的科技论文的水平，所以对学术期刊的评价基本上就是对其刊载论文的整体评价。

为了解本刊的发展现状，根据本编辑部积累的资料，参考本刊在中国知网、万方及德国 Springer 数据库上的统计信息，对《针灸推拿医学》(英文版)近 10 年来的发文情况进行分析，以对本刊的发展现状进行客观评价，从而明确下一步发展方向。

1　《针灸推拿医学》(英文版)简介

《针灸推拿医学》(英文版)(ISSN: 1672-3597，CN: 31-1908/R，双月刊)，创刊于 2003 年，是目前国内唯一一种既有针灸学又有推拿学的专业学术期刊，也是唯一一种推拿专业的英文期刊，弥补了国内推拿学英文版期刊的空白。

2　《针灸推拿医学》(英文版)近 10 年发文分析

2.1　年载文量

期刊的年载文量是指某一期刊在一年内所刊载的论文总量。年载文量是反映一种期刊信息含量的重要指标，在期刊每期页数、排版格式及文字大小均不变的前提下，年载文量越高，说明单篇论文的篇幅越短；反之，则意味着单篇论文的篇幅越长。

对本刊 2007—2016 年的年载文量进行分析(见图 1)，2007 年本刊年载文量为 106 篇；2008

年最高,为 123 篇;随后逐年下降,2016 年降为 75 篇。由此可见,近 10 年来,本刊年载文量呈逐年下降趋势。因近 10 年本刊每期页面数没有变化,排版格式及文字大小也没有明显改动,年载文量的逐年下降则说明本刊发表的单篇论文的篇幅有逐年上升的趋势。

2.2 文章类型

为了便于统计,根据内容将本刊已发文章分为论著(包括基础研究、临床研究及专题研究等)、综述文献(包括名医经验、meta 分析及综述等)、短篇(包括临床报道、个案报道、刺法灸法、经络腧穴及针灸器材等)三种类型。对本刊 2007—2016 年发表的文章类型进行分析(见图 2),2007 年本刊发表的论著类论文占年载文量的 65.1%,综述文献类文章占 24.5%,短篇类文章占 10.4%;2008 年,论著类文章比例有所下降,短篇类文章比例有所提高;之后,短篇类文章比例下降,论著类文章比例稳中有升。这一结果说明本刊发表的论著类文章比例有逐年提高的趋势,综述文献类文章比例保持平稳,而短篇类文章比例逐年下降。在期刊页数不变的情况下,这一结果与本刊年载文量逐年下降的结果相吻合。

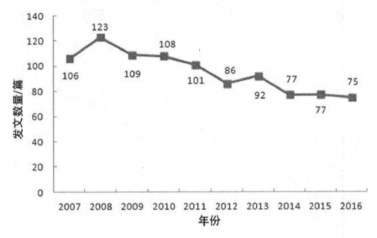

图 1　年载文量

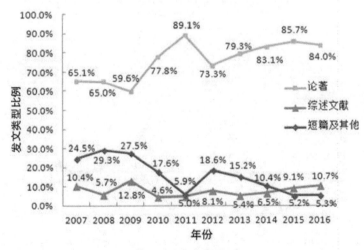

图 2　发表文章类型

2.3 基金论文比

基金论文是指受某些研究基金支持的科研项目所产出的论文,往往代表某研究领域的新趋势，一般水平较高。基金论文比指某一期刊所发表的文章中各类基金资助的论文占全部论文的比例，这个比例越高，说明期刊的整体水平越高[2]。

对本刊 2007—2016 年的基金论文比进行分析(见图 3)，2007 年本刊基金论文占年载文量的 26.4%，2016 年升至 65.3%。从图 4 可见，本刊发表的国家级基金论文占全部基金论文的比例从 2007 年的 15.1%升至 2016 年的 56.0%。这一结果表明本刊已发文章所受的资助项目级别有逐年提高的趋势，而资助项目级别较高的研究团队发表的论文质量相对较高，篇幅相对较长，这一结果与本刊年载文量逐年下降及研究类文章逐年上升的结果相符合。

分析其原因，可能与本刊于 2015 年入选中国科学引文数据库(Chinese Science Citation Database, CSCD)(核心库)，编辑部进行了相应宣传，并进行了积极约稿有关。CSCD 自 2007 年与美国 Thomson-Reuters Scientific 合作，以 ISI Web of Knowledge 为平台，实现了与 Web of Science 的跨库检索。CSCD 是 ISI Web of Knowledge 平台上第一个非英文语种的数据库，被誉为"中国的 SCI"。CSCD 核心库收录期刊发表的文章更容易被中国大陆外学者阅读和引用，更有利于科学研究结果在中国大陆外的传播。因此，从国内科研评价角度讲，入选 CSCD 核心库后，科研工作者更愿意将自己的科研成果发表在本刊。

图 3　基金论文比

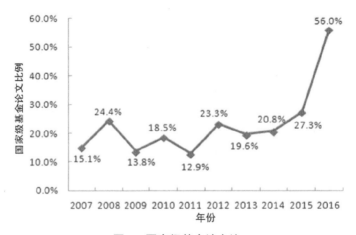

图 4　国家级基金论文比

2.4 作者情况

对本刊 2007—2016 年刊发文章的作者情况进行分析(见图 5)，2007 年本刊刊发文章的篇平均作者数为 3.0 人，2016 年升至 5.2 人。从图 6 可见，多单位合著论文比 2007 年为 37.7%，2008—2010 年有所下降，2011 年后逐年上升，2016 年升至 54.7%。

图 5　篇均作者数

图 6　多单位合著论文比

这一结果表明本刊发表的多单位合作论文逐年增加，这与本刊国家级基金论文比逐年提高相符合。因为国家级资助项目，如国家基础研究计划(973 计划)、国家自然科学基金项目等多为多单位合作项目，这些项目取得的包括科研论文在内的科研成果也为合作单位共享。

2.5 引文情况

一种科技期刊的引文数量可以直接体现出该刊吸收利用同学科和相邻学科信息的能力及与其他科技信息媒体交流的能力。科技期刊引文的类型分析可以反映该学科各类文献的使用数量、质量情况，及各专业发展现状与趋势，从而确定各类文献载体的利用程度，为科学评价信息源的应用价值提供量化依据[3]。

对本刊 2007—2016 年刊发文章的平均篇引文数量进行分析(见图 7)，2007 年平均篇引文数为 5.0 篇，2016 年升至 22.4 篇。这一结果表明本刊的平均篇引文数逐年上升，提示在我刊发表论文的针灸推拿科研人员对已有研究成果和最新信息的利用能力有了进一步提高，针灸推拿类科技期刊的影响力和渗透力进一步加强。

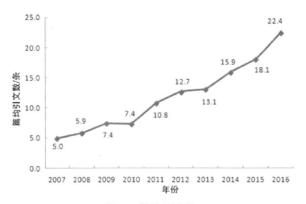

图 7　篇均引文数

2.6　关键词分布

关键词是为了文献标引工作从报告、论文中选取出来用以表示全文主题内容信息款目的单词或术语。关键词标引在于表达文章主题以满足情报检索需要。因此，关键词是论文的检索标志，是表达文献主题概念的自然语言词汇。因此，关键词能鲜明而直接地表述文献论述或表达的主题，使读者在未看到学术论文的文摘和正文之前便能一目了然地知道论文论述的主题。

对本刊 2007—2016 年刊发文章的关键词进行分析总结(见图 8)，本刊近 10 年刊发文章中位居前 5 位的关键词依次是针刺疗法、按摩、推拿、电针和灸法。这一关键词分布规律与本刊的刊名和办刊宗旨完全吻合，即针灸、推拿并重，旨在报道针灸、推拿研究领域的最新动态，在世界范围内传播和发扬针灸和推拿临床医学，推广中医针灸和推拿文化、促进中国原创的针灸、推拿医学的国际交流。

2.7　中国大陆外论文比

英文期刊要想走向国际化，先决条件是稿源国际化，也就是要拓展国际稿源，提高国外论文比[4]。我国现有英文版生物医药期刊稿源国际化程度还不够，平均中国大陆外论文比为 18.8%，还有待于提高[5]。

对本刊 2007—2016 年发表的中国大陆外论文比进行分析(见图 9)，2007 年中国大陆外论文比为 1.9%，2008 年和 2012 年较高，分别为 8.1% 和 7.0%，其余年份基本在 2.0%~3.0% 之间，2016 年为 2.7%。这一数据低于我国现有英文版生物医药类期刊的平均水平[6]。

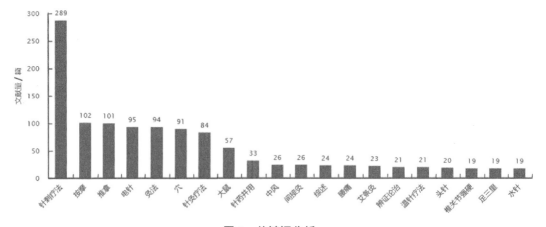

图 8　关键词分析

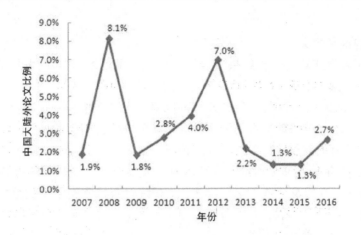

图 9 中国大陆外论文比

初步分析认为，学科特点是导致这一结果的根本原因。针灸、推拿医学均为中国的原创医学，在中国已有几千年的历史，虽然传到国外也有上千年的历史，但国外从事针灸推拿的医生多以华人为主，其中很大部分是脱离了中国体制约束的医生或科研工作者。他们走出国门后，不再有升职称和申报科研项目的需要，因此很少撰写针灸推拿的专业论文，不发表论文，引用本刊文章作参考文献也就无从谈起。即使国外研究者有专业论文需要发表，也多选择在国外的替代医学类杂志投稿，这一点导致本刊的中国大陆外论文比偏低。与此同时，国外的针灸推拿医生比较关注针灸推拿的临床疗效和优势病种，因此会通过购买本刊的数字化文章了解中国大陆针灸推拿医学的发展现状。这种学科特点可能是本刊在 Springer 数据库下载量较高(2010 年后，年均下载量均在 12 000 篇次以上)，而文章的他引率不高，从而导致本刊影响因子不高的主要原因。

3 总结与展望

3.1 取得的成绩

近 10 年的刊发文章情况分析结果表明，本刊在国内外的影响力不断增加，期刊的各项指标日趋完善。本刊的数字版文章下载量逐年增加，以德国 Springer 数据库为例，本刊年下载量已经由 2008 年的 7 477 篇次增加到 2016 年的 14 222 篇次。同时，本刊被多家国内外知名数据库收录，如德国 Springer 数据库、波兰的哥白尼索引(Index of Copernicus, IC)、世界卫生组织西太区医学索引(The Western Pacific Region Index Medicus, WPRIM)、荷兰 Scopus 数据库及国内的中国科学引文数据库(Chinese Science Citation Database, CSCD)(核心库)、中国知网和万方数据库收录。2017 年被科睿唯安[Clarivate Analytics,原汤姆森路透(Thomson Reuters)]的新兴资源引文索引(Emerging Sources Citation Index, ESCI)收录。随着期刊的不断发展，本刊影响因子由 2008 年的 0.034 上升到 2016 年的 0.391；本刊基金论文比由 2007 年的 26.4%增加到 2016 年的 65.3%。

这些结果说明本刊已经在国内外作者和读者中产生了一定影响。相较同类期刊，本刊作为一种全英文期刊，可以面向更多的中国大陆外读者，在国际影响力和学术辐射广度上较同类期刊有更多优势，有助于推动中国原创的针灸学和推拿学在国际上进一步应用和发展，有利于国家把握针灸推拿医学研究的国际话语权[7]。因此，办好《针灸推拿医学》(英文版)具有重要的历史和政治意义。

3.2 对期刊发展的指导意义

2007—2016年刊发文章的分析结果较全面地反映了本刊近10年的发展情况，可以为本刊及同类期刊的发展提供一定指导。

首先，对过去一段时间内刊发文章的分析可以检验期刊定位和办刊宗旨。每一种期刊都有其定位和办刊宗旨，通过对刊发文章的回顾性分析，可以检验期刊的栏目、发文的类型是否满足期刊定位的主要读者的需要，发文的内容是否符合既定的办刊宗旨，从而为期刊的发展指明方向。对本刊过去10年的发文分析结果表明本刊的发展方向符合本刊的办刊宗旨：报道针灸推拿医学的研究成果，为普及针灸推拿医学知识、传递针灸推拿医学科技信息、促进针灸推拿医学科技成果转化提供平台和载体，推动针灸推拿医学的发展。从而提示本刊今后可沿当前方向进一步发展，进一步完善期刊的各项指标。

其次，作为英文版期刊，应进一步加强期刊的国际化。期刊的国际化成为必然的趋势和我国科技期刊发展的一个战略目标[8]。英文版期刊因其在世界范围内的语言优势可以作为我国科技期刊国际化的主力军，因此，对英文版期刊的国际化程度要求更高，稿源、编委、审稿专家的国际化要不断深入。从近10年的刊发文章分析结果可以看出，本刊的中国大陆外来稿比例偏低，稿源国际化程度有待提高。《针灸推拿医学》(英文版)要参与国际竞争，就要进一步加强国际化发展。因此，我们应进一步加强宣传工作，向更多的国外专家约稿、组稿，提高中国大陆外来稿量；同时邀请更多的国外知名学者担任本刊的编委和审稿专家。

最后，期刊的发展要始终坚持"内容为王"。科技期刊评价是一个极其复杂的工作，涉及期刊设计、发文类型、论文内容等多个方面。但作为期刊出版者，不能一味地追求影响因子等期刊评价指标，而要牢记只有做出优质的内容，才有更多的读者；读者接受广，文献的传播就广泛，就意味着文献有更大的影响力[9]。

目前，本刊的影响因子尚不高，稿源国际化程度偏低。这一方面与针灸推拿是中国的原创医学的学科特点有关，另一方面也提示本刊的影响力和辐射范围有较大的提升空间。作为母语非英语的英文版期刊出版者，应更加重视期刊的"内容"，这里的"内容"，除了学术上的"专业内容"外，还包括"语言内容"，既要保证用地道的英语表达专业内容。因此，英文版期刊一定要重视英文的正确表达。同时，要一如既往地注重来稿质量，严格遵守三审三校及同行评议的出版规定，认真研究每次期刊审读结果[10]，严把编校质量关[11-13]，保证出版内容的科学性、创新性，保证英文表达的可读性和准确性。

4 结束语

要想办好一种期刊，可谓任重道远[14-15]。过去10年，本刊虽然取得了一定进步，但也存在一些问题[16]：如在英文非母语的中国，英文刊编辑的工作量大，面临的压力和挑战也大[17-18]；针灸推拿作为中国的原创医学，部分专业术语的英文翻译尚未形成公认的国家标准；期刊国际化程度有待提高；等等。因此，建议国家对英文版期刊给予更多的政策支持，如开展针对英文刊的继续教育培训；在期刊资助和评优时照顾学科的特点，给小学科期刊一定的照顾，不要以单纯的影响因子作为衡量期刊质量的唯一标准。这样可以减轻英文版期刊编辑的心理压力，有利于保障英文刊编辑队伍的稳定性，从而促进英文刊的良性可持续发展[19-20]。

此外，为推动期刊的进一步发展，编辑部应进一步加强本刊的国内外宣传，如开展英语为母语的针灸推拿医学专业国际留学生的评刊、赠刊活动。通过活动,既可以追踪针灸推拿医学研究热点,指导今后的选题,也可以发现专业术语翻译中的问题,以进一步提升论文的可读性。同时,本编辑部坚持与中国针灸学会实验针灸分会、上海市针灸学会眼耳鼻喉分会共同主办学术会议,通过大会报告向与会代表介绍本刊,并赠送过刊,以增加相关科研、临床工作者对本刊的了解,从而为今后向本刊投稿,引用本刊文献打下基础。另外,加强与在本刊发表过文章的国外作者的联系,进一步推动期刊数字化发展,利用微信公众号、超星流媒体等技术向国内外读者和作者推送本刊的近期热点文章,以扩大期刊的影响力。最后,应进一步加大论著类及综述文献类文章的约稿力度,因论著类及综述文献类文章承载的信息量大,很大程度上决定了期刊学术影响力和竞争力的强弱[21-22]。

参 考 文 献

[1] 倪天赐.从 SCI 看我国科技期刊国际影响力[J].出版科学,2007,15(5):42-46.
[2] 刘睿远,刘雪立,王璞,等.基金论文比作为科技期刊评价指标的合理性——基于 SCI 数据库中眼科学期刊的实证研究[J].中国科技期刊研究,2013,24(3):472-476.
[3] 程智强,江洪涛.科技论文关键词标引应琢磨的几个问题[J].编辑学报,2014,26(1):40-42
[4] 王攀智,董燕萍,雷水英.拓展国际稿源提高国外论文比——以《国际肝胆胰疾病杂志》(英文版)为例[J].编辑学报,2010,22(4):343-344.
[5] 张慧敏.引文分析法的内涵及研究实证[J].编辑学报,2006,18(增刊1):174-177.
[6] 吕盈盈,张欣.我国英文版生物医药类期刊的现状分析及展望[J].西南农业大学学报(社会科学版),2010,8(3):260-261.
[7] 余党会,沈志超,石进英,等.我国英文版生物医药类期刊现状的调查[J].中国科技期刊研究,2007,18(2):227-233.
[8] 梁小建.我国学术期刊的国际话语权缺失与应对[J].出版科学,2014,22(6):12-16.
[9] 董策,陈辉,俞良军.中国科技期刊国际化之路——从"被国际化"到真正走向"国际化"[J].编辑学报,2017,29(1): 76-79.
[10] 陈如毅.论媒体融合之下学术期刊的"内容为王"[J].荆楚学刊,2015(5):93-96.
[11] 刘清海,张楚民.期刊出版事后审读的定位与审读体系的规范[J].编辑学报,2009,21(5):385-387.
[12] 杨耀锦,汪英,吴珏琼.不让编校质量成为"绊脚石"[J].科技与出版,2013(9):53-55.
[13] 凌霞.提高科技期刊编校质量问题的思考[J].传播与版权,2016(9):72-73.
[14] 盛丽娜.科技期刊编校质量与学术影响力的关系[J].中国科技期刊研究,2013,24(1):76-79.
[15] 石红青,朱乾坤.期刊质量认定结果的影响因素及原因——从强化作者写作规范意识角度[J].编辑之友,2016(1): 27-31;58.
[16] 刘婕,洪珏,张翠红,等.《针灸推拿医学》(英文版)的现状、挑战及其对策[M]//曹金盛.科技期刊发展与导向(第九辑).上海:上海科学技术文献出版社,2014:37-41.
[17] 张翠红,马晓芃,洪珏,等.编辑英文期刊参考文献的体会[M]//曹金盛.科技期刊发展与导向(第八辑).上海:上海科学技术文献出版社,2012:156-160.
[18] 曹煜.英文版医学期刊编辑素养[J].医学信息学杂志,2009,30(4):82-84.
[19] 张翠红.医教研三位一体演绎编辑角色的实践与体会[J].编辑学报,2013,25(4):397-399.
[20] 郑淑瑛,吕应春,周小东,等.医学期刊编辑心理健康状况与国内常模比较研究[J].精神医学杂志,2016,29(6):440-442.
[21] 盛丽娜.国际眼科学权威期刊不同文献对影响因子贡献度分析[J].中国科技期刊研究,2015,26(1):106-111.
[22] 马峥.科技期刊刊载文献的类型分布和传播规律——以中国科技核心期刊为例[J].编辑学报,2017,29(2):108-111.

影响力指数(CI)对期刊评价的影响分析
——以《陶瓷学报》为例

吴庆文

(景德镇陶瓷大学,江西 景德镇 333001)

摘要:以《中国学术期刊影响因子年报》相关数据为基础,择例《陶瓷学报》2011—2016年数据进行统计分析,探讨CI对期刊评价的影响。结果表明:CI除了可以较全面反映期刊学术影响力,也能够改善期刊影响力指数排序的合理性;期刊影响力综合评价体系对我国学术期刊提高国际影响力具有指导意义。

关键词:CI;期刊评价;TC;IF

学术期刊是科研人员进行学术交流的一个主要平台,因此期刊的学术质量已成为论文学术水平的一个重要参考。长期以来,由于SCI、SSCI等国际学术评价指数对我国期刊的片面评价,人们曾一度对中国学术期刊的国际化地位和发展信心不足。2013年,由中国学术期刊(光盘版)电子杂志社与清华大学图书馆联合成立的中国学术文献国际评价研究中心首次提出了一种综合评价学术期刊影响力的方法,连续几年应用于"中国最具国际影响力学术期刊""中国国际影响力优秀学术期刊"的遴选,基本原理及计算方法和结果都得到了国内外学术界和期刊界的基本认可[1]。科技类期刊评选结果发现:"2012中国最具国际影响力学术期刊"中SCI收录的期刊有87种,非SCI收录期刊有88种;"2012中国国际影响力优秀学术期刊"中SCI收录的期刊有17种,非SCI收录期刊有158种。遴选结果表明:我国已有一批非SCI科技期刊的国际影响力达到甚至超过了SCI收录的中国期刊。这些入选期刊中,科技类期刊非SCI收录期刊的总被引频次高于1 239种SCI收录的国际期刊;人文社科类期刊的总被引频次也高于120多种SSCI收录的社科类国际期刊[2]。上述情况表明,部分我国优秀的中文学术期刊可以成为具有相当影响力的国际化期刊。2014年《中国学术期刊影响因子年报》正式将CI列入各学科期刊排序指标。

本文以《中国学术期刊影响因子年报》的相关数据为基础,择例《陶瓷学报》2011—2016年影响因子等文献计量指标和2014—2016年影响力指数进行统计分析,探讨影响力指数对期刊评价的影响。

1 常用的文献计量指标对期刊学术评价存在的问题

常用的文献计量指标有期刊的总被引频次(TC,评价对象为期刊已发表的所有文献)、影响因子(IF,评价对象为期刊在统计年之前两年发表的文献)、即年指标(评价对象为期刊在统计年发表的文献)等。

期刊的总被引频次与办刊历史、发表论文数量、所在学科、论文类型和内容质量等直接相关。一般来讲,质量越高、办刊历史越长、累计发表文献或单位时间里出版的文章数量越多的期刊,总被引频次越大。因此,期刊的总被引频次与发文量密切相关。如我国少数期刊以收取版面费为主要盈利手段,审稿不严,大量刊发水平不高的论文,却获得较高的总被引频次。因此,以总被引频次单项指标来评价期刊的学术影响力,会严重挫伤学术期刊的积极性,助长学术浮躁之风,也不甚客观、科学[3]。

影响因子也并非一个最客观评价期刊学术影响力的指标。一般来说,期刊评价体系都是以影响因子来说明期刊的影响力。有些期刊研究领域广,引用率自然会较高。例如生物和化学类的期刊,一般情况下较易获得很高的影响力。影响因子虽然在一定程度上可以表现期刊学术质量的高低,但影响因子与学术质量间并不呈线性正比关系。因此,影响因子也不具备对学术质量进行精确定量评价的功能。同样,即年指标也是如此[4]。

上述指标的评价对象是期刊在不同时期发表的文献,且评价角度、计量方法各不相同,任一指标都不能全面反映期刊的影响力。期刊评价中片面强调其中某个指标,都容易导致期刊出现不良发展倾向,甚至引发期刊的学术不端行为,干扰期刊正常发展。

2 CI 的具体统计方法

CI 是反映同一学科期刊中各刊影响力大小的综合指标,它是将期刊在统计年的他引总被引频次(TC)和他引影响因子(IF)指标进行组内线性归一化后向量平权计算所得的数值,用于对组内期刊排序。CI 的科学性在于,首次综合使用了总被引频次和影响因子两种计量指标,从文献生命周期的不同阶段和角度,全面反映期刊学术影响力[5]。其计算公式为:

$$CI = \sqrt{2} - \sqrt{(1-A)^2 + (1-B)^2}$$

式中,$A = \dfrac{IF_{个刊} - IF_{组内最小}}{IF_{组内最大} - IF_{组内最小}}$ $A \in [0, 1]$,$B = \dfrac{TC_{个刊} - TC_{组内最小}}{TC_{组内最大} - TC_{组内最小}}$ $B \in [0, 1]$。

CI 是一个较全面反映期刊学术影响力的指数,可以给出同一学科领域期刊的影响力排序。它只可用于同一学科期刊排序,不可用于跨学科比较。

2.1 统计源文献

为了突出反映期刊对中高端学术研究的影响力,计算构成 CI 的 TC、IF 时,选用了《中国学术期刊影响因子年报》中各学科期刊综合他引影响因子排名前 60%的期刊以及博士论文和会议论文。

2.2 他引频次、他引影响因子

为了体现公平计量,CI 计算中,TC 为他引总频次,IF 为他引影响因子。

2.3 量效指数(Journal Mass Index, JMI)

为了解决某些期刊盲目扩大发文量,追求高的 TC 而忽视学术质量的问题,引入量效指数(JMI)。JMI 是某刊影响因子对应的发文量与该刊影响因子的比值[6]:

$$JMI = \dfrac{某刊影响因子}{该刊影响因子对应的发文量}$$

JMI 越小,表明该刊发文规模大而影响力不大。为了全面反映期刊的量效关系,JMI 计算中采用了《中国学术期刊影响因子年报》公布的复合影响因子。

2.4 JMI 对 CI 的修正

《中国学术期刊影响因子年报》对量效指数低于阈值期刊的 CI 进行了修正。JMI 阈值分别是取JMI最小的5%的科技期刊临界值,如果其可被引文献量大于平均可被引文献量,则对其TC所占权重进行修正。修正前CI中的TC和IF的权重比例为1∶1,修正后TC权重根据JMI大小分别降低至0.2~0.05。具体调整方法为:

$$CI = \sqrt{2} - \sqrt{(1-A)^2 + (1-kB)^2}$$

式中,k为他引频次调整系数。

3 从提高CI视角分析《陶瓷学报》影响因子等文献计量指标

3.1 2011—2013年《陶瓷学报》的影响因子等文献计量指标

根据《中国学术期刊影响因子年报》数据统计,《陶瓷学报》2011—2013年影响因子等计量指标如表1。由表1可知,《陶瓷学报》复合总被引呈上升趋势,复合他引影响因子除了2013年略下降外,也是呈上升趋势。经检索2012—2014年版《中国学术期刊影响因子年报》中所有陶瓷类期刊,按影响因子排序,2011年《陶瓷学报》在陶瓷类期刊排名第一;2012年、2013年《陶瓷学报》在陶瓷类期刊排名第二。

表1 2011—2013年《陶瓷学报》影响因子等文献计量指标

统计年份		2011年	2012年	2013年
	复合总被引	612	711	731
复合类	影响因子	0.412	0.494	0.333
	他引影响因子	0.367	0.468	0.284
	5年影响因子		0.553	0.452
	即年指标	0.040	0.077	0.019
	期刊综合总被引	238	300	306
期刊综合类	影响因子	0.247	0.281	0.218
	他引影响因子	0.202	0.255	0.169
	5年影响因子		0.301	0.239
	即年指标	0.032	0.077	0.019
基础研究类	影响因子	0.221	0.251	0.198
	他引影响因子	0.176		
	即年指标	0.032	0.060	0.019
技术研究类	影响因子	0.220	0.281	0.210
	他引影响因子	0.199		
	即年指标	0.032	0.077	0.019

注:数据来源于《中国学术期刊影响因子年报》(自然科学与工程技术)。

3.2 2014—2016年《陶瓷学报》的影响力指数等文献计量指标

《中国学术期刊影响因子年报》于2014年将影响力指数(CI)正式列入各学科期刊排序指标。《陶瓷学报》2014—2016年影响力指数等文献计量指标如表2。由表2可知,2014—2016年《陶瓷学报》复合总被引和影响因子整体呈上升趋势。其中,2014年、2015年复合总被引上升幅度较大,2016年复合总被引略有下降。CI总体呈上升趋势(2016年略有下浮)。经检索2015—2017年版《中国学术期刊影响因子年报》中所有陶瓷类期刊,按影响力指数排序,《陶瓷学报》除2014年排名第二外,2015年、2016年上升至第一。

表 2 2014—2016 年《陶瓷学报》影响力指数等文献计量指标

统计年份		2014 年	2015 年	2016 年
	影响力指数 CI 值	158.678	169.205	156.910
复合类	复合总被引	935	1115	1074
	影响因子	0.549	0.688	0.797
	影响因子排序	51/174	32/173	28/175
	他引因子排序	0.326	0.338	0.504
	5 年影响因子	0.660	0.721	0.756
	即年指标	0.173	0.113	0.068
期刊综合类	期刊综合总被引	427	498	505
	影响因子	0.433	0.571	0.613
	他引因子排序	0.210	0.221	0.320
	5 年影响因子	0.395	0.463	0.477
	即年指标	0.173	0.113	0.054

注：数据来源于《中国学术期刊影响因子年报》(自然科学与工程技术)。

3.3 《陶瓷学报》提高影响力指数(CI)采取的相关措施

论文质量是学术期刊影响力的基础。《陶瓷学报》围绕如何提高自身影响力指数(CI)，推出了一系列有针对性的举措：一是紧紧依托中国硅酸盐学会陶瓷分会秘书处常设《陶瓷学报》所在期刊社的优势，每年协助陶瓷分会承办国内外陶瓷行业研讨会等活动，关注专业研究动态，了解前沿学术成果，从会议论文中遴选优质稿件；二是聘请国内外相关学科的知名专家、学者任《陶瓷学报》编委，要求编委每年定期或不定期在《陶瓷学报》发表 1~2 篇高质量的文章并积极向期刊推荐优质稿源，提高了《陶瓷学报》在学科领域的知名度；三是《陶瓷学报》从近年来在本刊发表论文的作者中遴选出文特质优、职称学历较高且承担过国家重点攻关课题项目或基金项目的专家学者，不定期向他们约稿，从中挑选出优秀稿件；四是为提升《陶瓷学报》的国际影响力，期刊每期刊登 1~2 篇优秀英文论文；五是编辑部建立了严格的审稿制度，并不断采取举措提高编辑人员自身的文字功力和专业素养，从投稿中慧眼识珠，发现好稿件，择优录用。通过上述措施，《陶瓷学报》稿件质量不断提高，期刊的影响力指数(CI)逐年提升，使《陶瓷学报》在陶瓷类期刊中近年排名第一。

4 期刊影响力综合评价体系的建立对我国学术期刊的影响

目前，我国有 6 000 多种学术期刊，其中科技期刊数量以及学术论文的产量已排名世界第二[7]。相对于学术期刊和论文的数量，我国学术期刊的国际影响力有很大的提升空间。中国学术期刊国际影响力评价体系获得了期刊界、高校和科研单位的一定认可。该评价体系可以公平公正地评价我国学术期刊的国际影响力；引导我国优秀成果少外流并吸引国际优质稿源；提升我国学术期刊在国际同行中的话语权，也在一定程度上规范了中国学术期刊自我综合操行，起到了引领中国学术期刊不断提升学术质量的"指挥棒"作用。我国学术期刊应借助中国学术期刊国际影响力评价体系，跻身国际期刊发展行列，拓宽期刊发展空间，提升学术期刊国际影响力水平。

5 结论

(1) 影响力指数(CI)综合使用了影响因子和总被引频次两种计量指标,从文献生命周期的不同阶段和角度,全面反映期刊学术影响力[8]。CI作为全面评价我国学术期刊国际影响力的学术指标,借助"他引总被引频次/他引影响因子双指标归一化向量平权统计模型",明显改善了期刊影响力指数排序的合理性,打破了以影响因子为单一指标的学术评价方式,对全面客观评价我国学术期刊的国际地位,具有指导意义。

(2) 围绕提高影响力指数(CI)这根"指挥棒",《陶瓷学报》采取了一系列有效措施,使得稿件质量不断提高,刊物的影响力指数(CI)逐年提升。因此,《陶瓷学报》近几年在陶瓷类期刊中排名第一。

(3) 中国学术期刊国际影响力评价体系的建立可以公平公正评价我国学术期刊国际影响力,引导我国优秀成果少外流,吸引国际优秀稿源,提升我国学术期刊在国际上的话语权,逐步提高我国学术期刊的国际地位。

参 考 文 献

[1] 徐艳霞.全面评价我国学术期刊国际影响力的学术指标 CI 发布[EB/OL].(2014-01-02)[2018-06-02]. http://www.gzpopss.gov.cn/bjb/201417104750.asp.

[2] 中国新闻出版传媒集团.中国最具国际影响力学术期刊、中国国际影响力优秀学术期刊遴选办法及结果简介[N].中国新闻出版报,2012-12-31.

[3] 伍军红,肖红,张艳,等.科技期刊国际影响力评价指标研究[J].编辑学报,2015,27(3):214-218.

[4] 丁佐奇,郑晓南.期刊影响因子、论文被引证次数与学术质量评价的矛盾[J].中国科技期刊研究,2009,20(2):286-288.

[5] 中国学术期刊(光盘版)电子杂志社有限公司.中国学术期刊影响因子年报[R].2012-2017.

[6] 肖宏,伍军红,孙隽.学术期刊量效指数(JMI)的意义和作用[J].编辑学报,2017,29(4):340-344.

[7] 宋亚珍,刘枫,许育彬.对"中国国际影响力学术期刊评价体系"建设的思考[J].今传媒,2017,25(4):114-115.

[8] 温晓平,郭柏寿.2013年中国最具国际影响力科技学术期刊的现状及思考[J].编辑学报,2014,26(6):612-616.

"上海文创 50 条"背景下《创意设计源》助推"非遗+文创"产业路径探讨

刘中华,焦基鹏

(上海工艺美术职业学院《创意设计源》编辑部,上海 201808)

摘要:学术期刊是学术成果传播交流的重要平台,也是连接学界与产业成果转化的重要桥梁。文章以"上海文创 50 条"政策为背景,深入剖析了《创意设计源》在助推"非遗+文创"产业成果转化现状,探讨其在助推"非遗+文创"产业的创新传播路径,以期为"非遗+文创"科研成果的转化提供借鉴与参考。

关键词:上海文创 50 条;《创意设计源》;"非遗+文创"产业;成果转化;传播

2017 年"上海文创 50 条"提出:加强数字出版与全面提升出版、印刷、发行整体水平,大力实施出版行业"互联网+"战略,着力构建与中国近现代出版发祥地和传统出版重镇地位相适应的出版产业新格局[1]。为贯彻落实十九大报告关于"推动中华优秀传统文化创造性转化与创新性发展,加强文物保护利用和文化遗产保护传承"的精神和《中国传统工艺振兴计划》"建立国家传统工艺振兴目录"的任务要求,2018 年《文化和旅游部、工业和信息化部关于发布第一批国家传统工艺振兴目录的通知》提出:各省、自治区、直辖市文化厅(局)加强工作部署,采取并落实有针对性的振兴措施,重点选取具备一定传承基础和发展前景,传承人群较多,有助于发挥示范带动作用,形成国家或地方品牌的传统工艺项目,并适当向能够带动地方经济发展,扩大就业的项目倾斜[2]。《创意设计源》作为"非遗+文创"产业成果转化和交流的重要学术平台,有助于"非遗+文创"科研人员从选题策划、设计思路、成果展示的传播与再利用,需进一步强化学术期刊的纽带作用,凸显服务意识和引导作用。

1 "非遗+文创"产业的内涵

非物质文化遗产是人类在历史长河中,经过文化创造之后遗留下来供人类继续发展的文化基础。"非遗+文创"产业化过程中,需将传统文化与现代设计理念有机融合,制作出既有传统文化内涵,又融入现代人文元素的艺术精品,让非遗"活起来"才能行稳致远,真正推动非遗创造性转化与创新性发展。其具体路径可从两方面展开:一方面与文化创意产业相结合。通过文化创意手段,将非遗资源融入现代社会生活,充分发挥非遗资源的不可复制性,挖掘其经济价值的巨大潜力,以激活非遗生命力为宗旨,为非遗赢得可持续发展的未来,实现非遗创意性保护的目标。另一方面与文化旅游相结合。以非遗 IP 资源为核心,遵循适度开发原则,将非遗衍生品的开发与旅游产品的开发有机融合,迎合现代人的审美习惯、消费心理和市场需求,拉近产品与大众之间的距离,使之成为文化产业新的"经济增长点"[3]。最后,需树立品牌意识,充分整合旅游、创意、设计、制造、服务业等关联行业资源,形成产业共生模式,借势推广传播等有效平台，创新和引导消费需求，最终实现"非遗+文创"项目价值变现，形成广泛市场认知和价值认同，从而带动产业跃升[4]。

2 《创意设计源》在"非遗+文创"产业成果转化与传播中的作用

2.1 《创意设计源》是"非遗+文创"产业成果转化与传播交流的重要纽带

"非遗+文创"产业科研成果的形式主要包括学术论文、个案分析、文创产品设计等，其成果转化与交流传播需充分发挥学术期刊的中介桥梁作用，推广传播其最新研究成果。《创意设计源》是面向全国各地区"非遗+文创"产业不同科研成果的传播平台，反映了我国各地区非遗成果转化与科研成果水平。近年来，编辑出版活动的整体水平提升，增强了"非遗+文创"产业成果转化与传播的时效性，对于加快当前"非遗+文创"产业发展的步伐起着一定的积极促进作用。目前，《创意设计源》某些"非遗+文创"科研成果逐渐得到相关专家学者的认可，诸如：自2015 年以来，《创意设计源》先后获得全国 985、211 高校艺术学学科带头人，学界泰斗，中国工艺美术协会会长与秘书长等国内外有影响的专家来稿支持，为不同区域科研人士间学术成果的相互交流奠定坚实基础[5]。

2.2 《创意设计源》对"非遗+文创"产业成果创新具有先导作用

《创意设计源》对于"非遗+文创"产业成果的转化与传播具有较强的专业性，所刊载的"非遗+文创"产业学术成果，可为相关科研人员提供选题价值验证与选题方向确认的学术支持和先导作用，从而推动"非遗+文创"产业成果转化全面协调与健康发展，诸如：2016 年第 4 期《创意设计源》主题论坛"振兴传统工艺"，就得到了文化和旅游部非遗司的肯定性评价，并向全国非遗文化机构发布传播，为广大非遗产业工作者的成果转化提供创新发展思路。

3 《创意设计源》转化与传播"非遗+文创"产业成果的现状

3.1 定位不够精准，学术影响力需提升

《创意设计源》创刊于 2009 年，由上海工艺美术职业学院主办，旨在立足学院工艺美术学科建设优势，重点关注传统工艺美术领域的发展与创新，设计创新与创意文化产业领域的发展趋势，以及创意思维设计的前沿学术观点争鸣。根据《创意设计源》栏目设置现状，可对接"非遗+文创"产业成果所属栏目分别为"民俗民艺""创意前线""主题论坛""特色栏目"。但近十年，《创意设计源》文献所属栏目排在首位的是"设计探源"，而"非遗+文创"产业成果因每期栏目与主题不固定，呈现出定位不够精准、分布紊乱等现状，且缺乏全面、系统的品牌特色记忆点，内容精准性与学术影响力需进一步提升。

3.2 稿源建设不足，成果转化与传播有待继续加强

《创意设计源》共有"主题论坛""跨界探索""创意前线""设计探源""设计教育""民俗民艺""特色栏目"等 7 个栏目。从近十年各栏目发表文献数量看，在"非遗+文创"产业成果转化方面组稿力度不够，发文量较少，且目前发表的"非遗+文创"产业相关文章多集中在非遗 APP 开发、旅游文创产品等领域，缺乏对业界最新、最前沿的学术成果报道，其主要原因有以下两方面：一方面，由于期刊出版实行"三审、三编、三校、一读"制度，编辑策划、组稿和出版周期较长，往往使得"非遗+文创"产业成果转化与传播相对滞后；另一方面，出于某些原因，业界科研人员发表学术成果往往带有很强的目的性，他们会首先选择将最新研究成果发表于核心期刊，并为之倾注大量精力撰写学术论文。有些科研人员并不是很关心科研成果的推广

传播的时效性与应用性，即使被核心期刊退稿，延迟科研成果的发表期限，他们也会选择同类期刊发表，而不会选择一般刊物，这使很多重要科研成果不能很快传播出去。

3.3 市场联动机制以及科研成果转化可行性需要再提高

《创意设计源》目标群体定位是科研单位和高等院校的研究人员，很少涉及企业人员的科研成果转化，市场联动机制不强，导致选题策划结构性组配较为单一，且会出现一定程度的重复。目前，许多"非遗+文创"产业科研人员的研究重点是能否申请国家级或省部级重点项目立项，而对于科研成果如何转化为生产力、能否带来社会经济效益等并没有明确目标要求。同时，很多科研人员对科研项目先进技术的探索，仅停留在理论性的探讨，忽略了科研成果转化过程中的可行性探析，导致理论与实践脱节。很多科研成果没有得到企业的认可和投入使用，使得科研成果转化存在严重滞后性。另外，《创意设计源》编辑人员受专业方向的限制，人力资源建设不足，且没有与业界、学界审稿专家建立密切的、长期的合作关系，使得信息交流不顺畅，资源得不到有效利用，这些因素影响了其在成果转化中最大限度地发挥作用，其可行性有待进一步提高[6]。

4 《创意设计源》助推"非遗+文创"产业成果转化、创新传播路径

4.1 精准期刊定位，打造品牌期刊

"非遗+文创"产业成果转化与传播是一项立体化、全方位的工程，需要深层次、差异化树立期刊品牌形象，主动服务于"非遗+文创"产业的发展，强化期刊特色，走差异化发展之路。《创意设计源》调整期刊定位，强化特色服务主要体现在以下几方面。

4.1.1 选题策划整体组配，增设专刊专栏

选题设计是选题策划的核心工作，有着极为丰富的内涵。它是编辑人员在采集信息过程中分类整理、分析研究基础上开发出版资源、设计选题的创造性活动。栏目是期刊的骨架，期刊的特色主要通过栏目的设置来彰显[7]。2018年《创意设计源》对接"非遗+文创"产业成果转化与传播，增设"地域传统工艺美术与设计"专刊专栏，从产业政策解读、教育传承、企业创新生产、个案分析等角度进行结构性组配，总体构思出版物，突出重点、合理布局，旨在为我国各地区传统工艺美术个案研究与产品开发、地域工艺美术史研究、非遗文创产品开发与设计等领域最新研究成果提供学术平台，全方位、多层次、多向度诠释"非遗+文创"产业的整体发展概况，从而强化特色服务，提升学术影响力。

4.1.2 精准定位目标人群，走差异化路线

《关于进一步加强和改进高校出版工作的意见》指出："要引导中小出版单位根据自身特点，科学合理定位，明确主攻方向，走适合自身发展的'专、精、特、新'发展道路。鼓励高校学报向专业性学术期刊转型"[8]，这为高校期刊未来发展指明了方向。期刊要生存，需要拥有自己的读者群，为读者服务，满足特定读者的阅读需求，是期刊生存乃至发展的落脚点。近年来，期刊读者小众化、细分化趋势明显，精准定位目标人群，应坚持以人为本，通过市场调查，综合考虑读者的自然条件、社会条件、心理条件，根据社会的发展和期刊市场的变化动态地调整，才能做到有的放矢。2018年《创意设计源》第4期特邀中国工艺美术协会会长、秘书长以及业界权威人士就行业的创新发展所面临的问题进行学术探讨，同时为扩大稿源建设、满足读者需求，目标人群正适当对接企业人员，切实推动"非遗+文创"产业成果转化与传播的可行性。

4.1.3 增强期刊鲜明特色，树立品牌形象

大凡成功的期刊，内容上都有其他刊物无法替代的独特个性，要做到"人无我有，人有我新，人新我变"，密切关注社会生活发展，与时俱进，开拓创新。品牌是一种无形资产，期刊形成品牌的过程也是风格形成的过程，打造品牌期刊，最为重要的是对于凸显自我特色的内容风格要有执着的追求，努力保持较高水准。为纪念《创意设计源》创刊 10 周年，2019 年《创意设计源》编辑部将从封面装帧设计、版式设计等诸多方面全新改版，并设计统一的视觉形象，重点突出期刊鲜明的定位特色，形成期刊外在形态风格与内容风格相得益彰的品牌特色，提升期刊的品牌记忆度。

4.2 健全期刊运行体系，加快成果传播速度

近年来，"非遗+文创"产业发展迅速，急需转化与交流传播其最新研究成果的学术平台，学术期刊只有健全期刊运行体系，加强自身建设，开拓创新，才能积极应对。

4.2.1 强化核心工作，培育高素质复合型编辑人才

期刊健康、快速地运行，离不开编辑人员的辛勤付出。"互联网+"时代，不仅要求编辑人员具有扎实的基本功，还要求他们熟悉编辑出版的各个环节。2018 年《创意设计源》编辑部不定期组织编辑人员参加国内各大出版编辑专业研讨会与"非遗+文创"国际论坛，开拓眼界、增长见识，注重"复合型"人才的培养，全面提升编辑人员创新思维能力、新媒体运营能力与市场营销能力，并与其他科研机构合作，协同发展。同时，编辑部始终坚持稿件三审责任制度与同行评议制度，严把稿件质量关，将作者优势、编辑优势、社会信息优势及经济优势转化为办刊优势，不断提升核心工作效率，加快成果转化与传播的速度，提升学术影响力。

4.2.2 优化稿件流程建设，提升成果转化与传播的时效性

优化稿件流程的前提是扩大稿件资源建设，这要求期刊编辑在组稿过程中深入研究选题与制订组稿方案的同时，做到及时登记、及时审读、及时答复(三个"及时")处理日常来稿，并根据刊物的性质和市场定位在具体组配相关稿件时，遴选优质稿件，创新体制优势，使期刊整体结构层次分明，完整统一。另外，"非遗+文创"产业是一个不断发展进步的生态体系，编辑在策划期刊内容并组织稿件时，要以学术发展的前瞻眼光，把握"非遗+文创"产业发展的趋势，及时"预测"读者的阅读趣味，运用编辑的智慧来使刊物内容与社会同步，提升成果转化与传播的时效性。自 2016 年起，《创意设计源》编辑部每年定期推出年度选题指南，2018 年选题指南重点推出"非遗+文创"产业特色栏目，以对接"非遗+文创"产业成果转化与传播，且在每个出版周期内，根据刊物编辑出版流程的规范化要求，分别确定审稿、编辑加工与整理、校对、审定发稿、签发付印等各个环节的时间限量，从而保证期刊按时出版。

4.2.3 搭建数字出版平台，创新成果传播路径

重庆《今日教育》杂志社副总编辑汪熙坤曾说："数字出版不是传统出版内容的数字化，而是涉及出版理念、内容生产、运营模式等全面重构的新产业形态。"[9] 随着智能手机、iPad 等移动终端载体的大量涌现与普及，改变了民众阅读方式与获取资讯的渠道，讲究多载体、实时看、随分享的融媒体出版模式已成为数字出版的发展趋势。在"上海文创 50 条"背景推动下，《创意设计源》编辑部已搭建上海非物质文化遗产(工艺美术类)自建数据库，并开设 OA 资源访问窗口，将收集到的上海市级非遗项目(学术著作、创新作品、影音视频)进行全方位数字化展示与呈现。为进一步对接"非遗+文创"产业成果转化与传播，编辑部正筹建上海工艺美术职业学院数字出版云服务平台，增设自留地窗口，在校师生可将各自研究的学术成果与实

践创作的整体构思与分阶段设计草图，随时随地上传至自留地窗口，促进相互间的交流。同时，借鉴兄弟期刊协调编纂模式，《创意设计源》编辑部搭建在线投稿平台，逐步实现编校一体化，办公透明化的目标。用户可实名登录投稿系统，追踪稿件处理情况，随时反馈意见，建立数字出版机构与用户间的良性互动关系，缩短出刊时间，创新成果传播路径。

4.3 期刊服务专业化，增强成果与市场间的联系

4.3.1 基于社群营销，联动市场供需平衡

一般来说，传统期刊营销方式是通过批发商和零售商完成的。"互联网+"时代以用户需求为中心的社群营销逐渐活跃，它是在充分调研用户阅读习惯与媒体使用偏好基础上，根据用户分享体验与感受，达到宣传与推广的目的。期刊作为流通商品，可提取核心元素，基于社群营销，构建视觉统一的期刊文创产品，把好"非遗+文创"产业成果质量关，营造粉丝经济，联动市场供需平衡。2019年《创意设计源》将全新改版，需借助微信朋友圈、公众号等新媒体平台，构建"非遗+文创"作者群，定期推送最新科研成果，并与相关企业保持密切联系，邀请企业人员参与成果传播与转化的全过程，从而提升期刊的市场影响力，以获得相关企业的资金支持，通过理论联系实践，切实加强期刊成果与市场间的联系，提高"非遗+文创"产业成果的转化率，更好地为社会经济发展服务。

4.3.2 开展版权贸易，加强维护知识产权

2018年7月16日，国务院总理李克强在第二十次中国欧盟领导人会晤中明确表示："对于侵犯知识产权的行为，中国当局将加大惩罚力度，加倍惩罚，中国保护知识产权，不仅是保护中国和外方合作的环境，而且是保护中国企业自身的创新发展。"[10] 为加强维护科研人员知识产权不受非法侵犯，《创意设计源》编辑部从组稿、定稿、编辑、出版与发行等环节，实行作者签字授权与文图责任自负制度，对所有来稿均进行学术不端审查，从源头上杜绝学术不端行为的产生，同时编辑部不定期对出版的学术成果转载、被引情况进行审查，对未标明来源出处的不端行为，保留法律追诉权利，切实保障"非遗+文创"产业成果转化与传播健康良性循环发展。

4.3.3 发挥农家书屋效能，参与精准文化扶贫

2018年"全民阅读"第五次被写入政府工作报告，已成为国家层面加强顶层设计的重大倡议。农家书屋则是乡村振兴计划中关注农村、农民发展的民心工程、德政工程，合理有效地将两者结合，有利于推进公共文化服务体系标准化与均等化，实现精准文化扶贫。《创意设计源》不断探索市场化与本土化的运作方式，大力推进出版走出去，定期邮寄最新出版作品到全国各大高校，包括少数民族地区，不定期参加全国各大图书、期刊博览会，增进交流与精准传播。2018年，编辑部将扩大邮寄范围，精准定点的投递到各农家书屋，积极参与国家精准扶贫计划，提高出版开放水平，将社会文化资源与广大农民日益增长的精神文化需求进行对接。

5 结束语

文创是文化产业的核心竞争力。非物质文化遗产创造性转化与创新性发展需与文创相结合。"非遗+文创"是挖掘非遗之美，赋予非遗之活力，适度开发非遗IP资源，可促进非物质文化遗产活态传承与永续发展。学术期刊是"非遗+文创"产业成果传播与转化的重要平台，在传播"非遗+文创"科研成果、展示"非遗+文创"孵化效应等方面发挥了不可替代的作用。《创意设

计源》作为学术期刊专业交流服务平台,在"上海文创50条"背景下,结合办刊资源优势,对接"非遗+文创"产业发展,不断调整期刊定位,加快数字出版平台建设,充分发挥平台和媒介作用,对出版内容资源进行全方位、立体式、深层次开发利用,努力为"非遗+文创"产业的发展提供全方位、专业化和现代化的服务。

参 考 文 献

[1] 上观新闻.关于加快本市文化创意产业创新发展的若干意见[EB/OL].(2017-12-14)[2018-07-17].https://www.jfdaily.com/news/detail?id=73959.

[2] 新华社.文化和旅游部、工业和信息化部联合发布第一批国家传统工艺振兴目录[EB/OL].(2018-05-24)[2018-07-19].http://www.gov.cn/xinwen/2018-05/24/content_5293430.htm.

[3] 李慧勇.给非遗一个美好未来//非遗+文创[N].山西日报,2018-02-06.

[4] 陈智勇.用好"非遗"资源发展文创产业[N].泉州晚报,2018-01-26.

[5] 侯文,李秋菊.科技期刊在成果转化中的作用[J].科技传播,2014(12上):205.

[6] 关华,张然.学术期刊在科技成果转化中存在的问题及对策[J].河北工业大学学报(社会科学版),2016,8(2):89-92.

[7] 付友华.地方高校学报服务学校转型发展之探讨——以《黄冈师范学院学报》为例[J].黄冈师范学院学报,2018,38(2):106.

[8] 财新网.教育部、国家新闻出版广电总局关于进一步加强和改进高校出版工作的意见[EB/OL].(2015-03-13)[2018-07-28].http://china.caixin.com/2015-03-13/100790840.html.

[9] 汪熙坤."互联网+"时代数字出版的趋势与应对[J].数字出版,2016(8):39-40.

[10] 新华网.第二十次中国欧盟领导人会晤联合声明[EB/OL].(2018-07-16)[2018-07-19].http://www.xinhuanet.com/2018-07/16/c_1123133778.htm.

高校学术期刊国际化路径探索
——以《首都体育学院学报》为例

王晓虹，朱姣，王子朴

(《首都体育学院学报》编辑部，北京 100191)

摘要：高校学术期刊的国际化是业内关注的焦点，也是学术期刊在不断进行探索的领域。国际化办刊是近几年一些学术期刊相继调整的发展定位，创办英文刊和出版中文刊的英文版是当前具有一定条件的期刊的国际化办刊路径，然而，对于不完全具备创办英文刊和出版英文版的期刊而言，国际化办刊路径就要立足期刊主办单位实际情况而进行探索。采用文献资料法、个案研究法和数理统计法，对《首都体育学院学报》"俄罗斯体育理论与实践"栏目进行量化分析，探讨期刊根据自身条件在国际化进程中的路径选择，以期为进一步丰富和完善学术期刊国际化路径提供参考。

关键词：学术期刊；科技期刊；国际化；特色栏目

学术期刊的国际化在近些年是业内关注的焦点，也是学术期刊在不断进行探索的领域。期刊的国际化是一个尚无定论的问题，但是学术期刊国际化的研究成果颇丰，期刊主办单位从挖掘国际作者、补充国际编委、执行国际标准等方面展开了探索，本文基于我国学术期刊国际化研究现状，以《首都体育学院学报》近几年的实践探索为例进行定量分析与梳理，以期为进一步丰富和完善学术期刊国际化路径提供参考。

1 学术期刊国际化研究现状

1.1 学术期刊国际化特征指标研究较全面、细化

有学者以定量和定性的方法对学术期刊国际化程度评价指标进行了研究，其指出：国际论文数量、国际引用频次、期刊国际化广泛性由稿源国数量及引用国数量两方面统计参数来衡量。作者在已有研究成果的基础上初步提出了期刊国际化程度的分项及综合量化的评价指标概念和计算方法，期刊国际学术贡献量、国际广度、国际化强度及国际化程度综合评价指标，该学者对于期刊国际化程度评价指标做了全面的分析与论证[1]。

1.2 学术期刊国际化途径研究尚有空白

有学者提出：学术期刊国际化的路线包括进行国内外组稿、将审稿人作为潜在作者进行培养、与国际著名刊物进行交流学习，与具有较大影响力的相关专业学术期刊进行交流，期刊文种选择[2]。还有学者从国际化途径角度切入展开研究，其认为学术期刊国际化主要途径有

通信作者：王子朴，E-mail: wangzipu@cupes.edu.cn

进行正确的定位、编辑团队国际化、办英文刊、出版规模网络化、集团化等[3]。由上可见，研究者对学术期刊国际化提出了多种途径和路线，但这些途径和路线还存在空白，即本文探讨的"引进来"路径。

2 研究方法

2.1 文献资料法

通过中国知网中文期刊全文数据库搜索篇名为"期刊""国际化"的文章有 368 篇；篇名为"俄罗斯""期刊"的文章有 31 篇；篇名为"俄罗斯""体育理论与实践"的文章有 2 篇；共计 401 篇，在此基础上阅读近 2 年的文献，为文章奠定研究的理论基础。剔除无效文献，最终获得与该文相关的 19 篇文献。与此同时，搜索《首都体育学院学报》2011—2017 年发文，从中筛选"俄罗斯体育理论与实践"栏目发文的被引频次和 Web 下载量。本文数据检索截止日期为 2017 年 12 月 31 日。

2.2 个案研究法

以《首都体育学院学报》国际化办刊路径为个案进行研究，就其"俄罗斯体育理论与实践"栏目进行量化分析，以此探讨《首都体育学院学报》国际化办刊路径的成效。

2.3 数理统计法

将在中国知网搜索到的"俄罗斯体育理论与实践"栏目 43 篇发文按照题名、发表日期、作者人数、作者单位数、被引频次、Web 下载量建立 Excel 数据库进行统计与计算。

3 《首都体育学院学报》国际化路径选择

当前，部分学术期刊在探索和尝试国际化办刊，简单说国际化办刊就是"走出去"或"引进来"。而对目前的学术期刊而言，创办英文刊显然是"走出去"的一条路径，但这也并非所有学术期刊的必由之路。而需视期刊主办单位实际情况进行选择和实践，作为不具备创办英文刊的期刊，"引进来"是一个可行的途径，但是，"引"什么和怎么"引"是期刊必须要考量的，因此，"引进来"的方式值得探讨，以《首都体育学院学报》为例，近年来在"引"什么和怎么"引"方面进行了探索，从 2011 年开始，《首都体育学院学报》与俄罗斯《体育理论与实践》杂志进行合作，每期刊发其同期重头文章，"引进来"的形式主要采用译文配专家点评，点评主要通过邀请业内知名教授结合论文内容进行评价或推荐。

3.1 "引进来"俄罗斯体育科研成果的意义

3.1.1 俄罗斯体育科研成果的价值

(1) 前苏联在世界体育领域占据体育强国地位。其很长时间居体育强国之列，并且在奥运会中参赛项目多，整体实力强，稳居奥运金牌榜榜首。体育科研在许多方面也有着较高水平，尤其在生物医学、体育教育及训练方法等诸多方面有着自身的学科流派，拥有大量的知名学者和卓越的成果[4]。

(2) 俄罗斯体育科研水平和训练理念有一定的先进性。尽管俄罗斯体育事业因国家体制变革曾走下坡路，但目前已经有所恢复。俄罗斯为加强体育科研工作实施了很多举措，例如：①地方体育科研所要辅助俄罗斯国家体育科研所的工作，为国家代表队训练做基础；②恢复国家重大体育课题的招标制度；③增强高校的科研能力，建设科研基地，为俄罗斯的竞技体育发展提供科学指导，并培养高水平的体育科研人才。2000 年以后，俄罗斯的体育科研力量的核心是国家体育科研所[4]。俄罗斯体育科研在原有水平上有一定程度的进步，竞技体育实力有了较高的水平。有研究者发现，2004—2008年俄罗斯的体育水平处于一个较高的阶段，体育科研有一定优势。尤其在运动训练方面是俄罗斯体育科研的重点领域，并且运动医学、生理和生物力学方面也在日渐盛行。俄罗斯的一些训练理念在国际上仍具有一定先进性，例如：俄罗斯在女子撑杆跳这个项目上有着独到的训练方法。

3.1.2 《体育理论与实践》杂志能反映俄罗斯体育领域的科研水平

《体育理论与实践》是俄罗斯国立体育大学主办的体育综合性学术刊物，是俄罗斯体育科技信息的主要载体之一。《体育理论与实践》刊载的学术论文基本上反映了俄罗斯体育领域的最新学术成果和科研成果，反映了俄罗斯体育领域的科研水平[4]。随着俄罗斯学术科研期刊数量剧减，当前能够反映俄罗斯体育科研发展状况的主要学术期刊就是《体育理论与实践》[4]。

4 《首都体育学院学报》引进栏目的国际化尝试

4.1 "引进来"俄罗斯《体育理论与实践》重头文章

有研究者[5]提出：促进体育科技与国际化的融合，提升中国体育学术期刊质量和水平，扩大体育学术期刊国际知名度与影响力，达到国际化现代传播效果，加快与国际接轨的步伐，是实现期刊国际化发展的目标。学术期刊的国际化实现路径是多样的。显然，国际化目标的实现任重而道远，而国际化路径是每个期刊主办单位根据自身实际情况进行选择的一个可变项。《首都体育学院学报》的国际化办刊路径从"引进来"开始，从2011年开始截至到统计日期，《首都体育学院学报》每期刊发1篇或2篇《体育理论与实践》杂志的重头文章，同时配合封二进行文章推荐，共发文43篇。

4.2 "俄罗斯体育理论与实践"栏目发文概况

(1) 发文量情况。2011—2017年共发文43篇。期间，"俄罗斯体育理论与实践"栏目每期将该栏目邀约的俄文原稿翻译为中文，并邀请本领域知名学者进行点评，形成了本刊特色比较突出的一个栏目。

表1 2011—2017年"俄罗斯体育理论与实践"栏目发文数

年份	2011	2012	2013	2014	2015	2016	2017	合计
发文量/篇	8	6	6	6	6	6	5	43

(2) 作者合作情况。学术期刊论文的重要属性之一是常见一篇论文拥有多名作者。在确定的时域内，某学科的学术期刊每篇论文的平均作者数，定义为该时域内这一学科学术期刊的作者合作度[6]。载文作者合作率是指2个或3个以上作者的文章数与总的载文篇数的比值，是评价学术期刊载文作者合作程度的重要指标[7]。

由表2可见，"俄罗斯体育理论与实践"栏目统计年间刊载的文章由1人独立完成的占22.7%，2人合作完成的占45.5%，3人及3人以上的占20.5%。这说明该栏目发文作者研究合作程度高，独立完成科研的作者不多，某种程度上，这与该栏目刊登稿件内容的研究方向有关，见表3。该栏目发文内容的研究方向主要集中在运动训练、运动生物力学、运动生理、运动医学、体育教育、运动生物化学、运动技术、奥林匹克方面，运动训练技术与理论发文占到53.49%，运动生理学发文占11.6%，运动生物力学发文占9.3%。这些领域依靠第一作者独立研究完成尚有一定难度，因此，这些领域作者合作程度高，某种程度也是客观所需。

表 2 显示，论文作者合作度在 1.63~3.33 之间，均值为 2.16，显示出统计年间，该栏目发文作者合作度波动性较大，合作程度忽强忽弱，起伏较大，总体看来，该栏目发文作者的合作意识较强。

表 2　2011—2017 年"俄罗斯体育理论与实践"栏目论文作者合作度

年份	作者人数/篇				总发文/篇	作者合作度/(人/篇)
	1	2	3	4		
2011	4	3	1	0	8	1.63
2012	0	0	4	2	6	3.33
2013	3	2	0	1	6	1.83
2014	2	2	1	1	6	2.00
2015	0	4	2	0	6	2.33
2016	1	5	0	0	6	1.83
2017	0	4	0	1	5	1.80
合计	10	20	9	4	43	2.16
占比/%	22.7	45.5	20.5	9.1	—	—

注：1 代表有 1 个作者，2 代表有 2 个作者，以此类推。

表 3　2011—2017 年"俄罗斯体育理论与实践"栏目发文类目(篇)

类目	2011	2012	2013	2014	2015	2016	2017	总计	占比/%
运动训练	5	4	5	1	2	5	1	23	53.49
运动生物化学	0	0	0	1	0	0	0	1	2.3
运动生物力学	0	1	0	2	1	0	0	4	9.3
运动医学	0	0	1	1	0	0	0	2	4.7
体育教育	1	1	0	0	0	0	1	3	7.0
运动技术	1	0	0	0	0	0	1	2	4.7
运动生理学	0	0	0	1	3	0	1	5	11.6
奥林匹克	1	0	0	0	0	0	0	1	2.3
运动心理学	0	0	0	0	0	0	1	1	2.3
其他	0	0	0	0	0	1	0	1	2.3
合计	8	6	6	6	6	6	5	43	100

(3) 作者单位合作情况。论文单位合作度指一定时域内某种或某类期刊每篇论文的平均作者单位数。论文作者合作度和论文单位合作度这 2 个指标是反映论文合作研究度的重要指标，也说明了某一学科课题研究的深广度[7]。同样有研究表明，研究机构的合作次数与被引频次呈正线性相关关系[8]。

通过对 2011—2017 年"俄罗斯体育理论与实践"栏目论文单位合作度统计分析(见表 4)可知，一个单位撰写的论文占论文总数的比例最大，占 62.8%；2 个单位合作的论文数量占 34.9%；3 个单位合作撰写的论文数最少。由表 4 可见，该栏目论文合作者不存在跨国性的国际合作，该栏目发文大部分由俄罗斯体育专业院校和普通高等院校合作完成，占发文量 83.4%，这也表明在俄罗斯高校科研能力强，学术氛围浓厚，高等学校教师是俄罗斯科研队伍的主要力量(见表 5)。

表 4 2011—2017 年"俄罗斯体育理论与实践"栏目论文作者单位合作度

年份	单位数/篇			论文数/篇	单位合作度/(人/篇)
	1*	2*	3*		
2011	4	4	0	8	1.5
2012	4	1	1	6	1.5
2013	6	0	0	6	1.0
2014	3	3	0	6	1.0
2015	4	2	0	6	1.3
2016	3	3	0	6	1.5
2017	3	2	0	5	1.4
合计	27	15	1	43	—
占比/%	62.8	34.9	2.3	—	—

注：1*代表有 1 个单位，2*代表有 2 个单位，以此类推。

表 5 2011—2015 年"俄罗斯体育理论与实践"栏目论文作者系统分布

年份	体育高校/篇	普通高校/篇	科研单位/篇	运动队/篇	赛事组织机构/篇	其他/篇	合计/篇
2011	6	4	2	2	0	1	15
2012	6	5	0	0	0	0	11
2013	3	2	0	0	1	0	6
2014	3	4	1	0	0	1	9
2015	1	5	2	0	0	1	9
2016	3	6	0	0	0	0	9
2017	2	5	0	0	0	0	7
合计	24	31	5	2	1	3	66
占比/%	36.4	47	7.6	3.0	1.5	4.5	—

2011—2017 年"俄罗斯体育理论与实践"栏目发文单位合作度处于 1.0~1.5 之间，合作度趋势不太明显，没有明显的上升或下降趋势，说明在俄罗斯一个单位或同一系统交流机会大，有利于科研合作关系形成。

(4) 论文被引频次与 Web 下载量情况。期刊被引频次指期刊自创刊以来所登载的全部引文在统计当年被引用的总次数，是反映期刊被引程度的重要文献指标，可以显示该期刊被使用和受重视的程度，以及其在科学交流中的地位[9]。下载次数指该期刊所登载的全部文献在统计当年被下载(包括全文浏览、转存和打印)的总频次，反映了期刊在网络上的载体影响力和被应用的能力[8]，可见，"俄罗斯体育理论与实践"栏目发文的被引频次与 Web 下载统计起始于栏目创立，见表 6。"俄罗斯体育理论与实践"栏目发文在统计年间总被引频次为 29，被引率达到 67.4%，Web 下载总量达 3 852 篇次，篇均下载率达 89.6%。有研究表明，学术期刊的被引率反映着学术期刊所载论文的学术价值、资料价值和实用价值[10]，由此可见，该栏目一定程度上对提高期刊被引发挥了一定作用，同时也以其风格鲜明的点评形成了栏目的特色。

(5) 参考文献情况。"俄罗斯体育理论与实践"栏目的发文中，参考文献全部为外文文献。有研究[10]表明：参考文献的数量对论文的被引频次没有显著影响，参考文献的质量对论文被引频次也没有显著的影响，但被引频次与参考文献均是影响论文学术水平的重要因素，参考文献与论文被引频次的相关性不显著，因此，参考文献可以作为论文评价体系中独立于被引频次的评价指标。所以,本论文对"俄罗斯体育理论与实践"栏目发文的参考文献不做统计分析。

表6　2011—2017年"俄罗斯体育理论与实践"栏目发文被引与Web下载量

年份	发文量	被引频次	Web下载量/篇次
2011	8	8	1309
2012	6	6	546
2013	6	4	802
2014	6	4	326
2015	6	5	398
2016	6	2	233
2017	5	0	238
合计	43	29	3 852
被引率		67.4%	
篇均下载率		89.6%	

5　结束语

当前,以创办英文刊或出版中文版对应的英文刊的途径实现学术期刊国际化的情况越来越多,然而,对于不完全具备创办英文刊和出版英文版的学术期刊而言,国际化办刊路径就要立足学术期刊主办单位实际情况来探索,例如拓展国际编委、培养国际作者等,可根据主办单位的发展定位、优势学科资源或人才资源等来实现国际化。《首都体育学院学报》根据自身实际情况并依靠人才资源在国际化进程中迈出了尝试性的一步,可以说"俄罗斯体育理论与实践"栏目形成了鲜明特色,这既丰富了学术期刊国际化的路径,也拓展了学术期刊特色栏目建设的方式。

参 考 文 献

[1]　朱大明.科技期刊国际化程度评价指标和方法[J].中国科技期刊研究,2015,26(3):325-329.
[2]　李艳双,宋长占,鞠善宏,等.小众学术期刊的国际化办刊路线:以《菌物研究》为例[J].科教导刊,2015,12(下):142-143.
[3]　沈娅瑜.我国科技期刊国际化发展的主要途径分析[J].赤子,2015(上中旬):56.
[4]　赵金华.俄罗斯2004—2008年体育科研动态的研究[D].上海:上海体育学院,2010.
[5]　李勇勤,王永顺,孔垂辉,等.体育学术期刊国际化研究进展[J].武汉体育学院学报,2015,49(3):12-17.
[6]　刘瑞兴.学术期刊的作者合作度[J].图书馆学研究,1990(3):61-64.
[7]　赵金华,王玲.对俄罗斯期刊《体育理论与实践》2004—2008年的文献计量[J].内江科技,2014(5):97-98.
[8]　苏芳荔.科研合作对期刊论文被引频次的影响[J].图书情报工作,2011,55(10):144-148.
[9]　杨弘.学术期刊被引频次与下载次数的关系[J].安徽农业科学,2013,41(4):1820-1821.
[10]　姜磊,林德明.参考文献对论文被引频次的影响研究[J].科研管理,2015,36(1):121-126.
[11]　Е·А·切列波夫,Г·К·嘉鲁基娜.在大学生排球队中克服人际交往中情感障碍的研究[J].首都体育学院学报,2017,29(5):385-387.
[12]　Л·И·鲁贝舍娃,С·А·普罗宁.《体育理论与实践》杂志的演进:生成·发展·前景[J].首都体育学院学报,2016,28(1):1-7.
[13]　Т·А·施利科,А·А·斯莫利娜.在少年武术运动员训练阶段训练过程的最佳结构与内容的确定[J].首都体育学院学报,2016,28(2):97-99.

[14] B·B·泽伯泽也夫,O·C·兹达诺维奇.高级滑雪两项运动员综合训练程度的信息资料库的研制[J].首都体育学院学报,2016,28(3):193-197.

[15] Л·Д·娜扎连科,Н·А·卡萨特基娜.在高级体操运动员训练中动作精湛技艺理念的形成[J].首都体育学院学报,2016,28(4):289-291.

[16] A·A·卡巴诺夫,B·M·巴施金.对教育学诊断作为辅助方法控制运动员训练过程的研究[J].首都体育学院学报,2016,28(5):385-387.

[17] E·T·科鲁宁.对与体操相结合的集体球类项目竞技后备人才身体训练的研究[J].首都体育学院学报 2016,28(6):481-483.

[18] P·B·塔姆波甫采娃,И·A·尼库利娜.不同专项运动员完成极限工作时的能量代谢激素调节的特点[J].首都体育学院学报,2017,29(1):1-3.

[19] H.B.彼施科娃,Л·И·鲁贝舍娃.从发展大学生竞技运动的视角探讨竞技俱乐部与体育教研室活动的整合[J].首都体育学院学,2017,29(2):97-99.

[20] B·A·波戈金,Г·Н·波诺马廖夫.射击运动员的协调能力与技能的共轭完善[J].首都体育学院学报,2017,29(3):193-195.

[21] B·C·勃科夫,E·A·契列波夫,E·M·扬奇克,等.依据信息指标控制跳高运动员的专项身体训练的研究[J].首都体育学院学报,2017,29(4):289-291.

[22] 吴坚,冉强辉我国学术期刊的国际化及集群效应的实现路径探索:以体育学术期刊为例[J].出版发行研究,2016 (1):53-55.

如何把握军校期刊工作的方向感

李淑娟[1]，陈 健[2]，李正莉[1]

(1.火箭军工程大学，西安 710025；2.陕西师范大学，西安 710119)

摘要：为了确保军事期刊坚持正确政治方向不偏航，针对军事期刊的性质属性，提出四点建议：必须始终牢记"姓党为党"服务的宗旨意识；增强政治意识、大局意识、核心意识和看齐意识；提升政治鉴别力、敏锐性、洞察力；提升服务工作的中心性、针对性、有效性。

关键词：军队期刊；政治工作；方向性

习近平总书记在会见中国记协第九届理事会全体代表和中国新闻奖、长江韬奋奖获奖者代表时，对新闻工作者提出了4点希望，第一点就是"要坚持正确政治方向"。坚持正确政治方向是新闻工作者工作过程中要遵循的首要原则、根本性原则，是一切行动的"纲"。对于军队院校期刊编辑而言亦如此，然而当前一些编辑工作者在这个问题上存在一些模糊认识，认为期刊尤其是科技期刊重在把握其科学性、准确性、严谨性、创新性等，与政治性关系不大。其实不然，首先从期刊的归属来说，军队院校期刊通常是由军队院校主管主办；其次从期刊的功能作用来说，军队院校是贯彻落实党的路线、方针、政策的重要工具，是宣传军队院校部队教学训练成果的重要平台，是交流科研创新成果的重要窗口，其性质必然姓军；同时，从工作实践来看，期刊每年收到的稿件中，尤其社科期刊总有一些存在个人主义、自由主义等倾向；科技期刊也会涉及国防重大科研攻关项目。因此，作为军队院校期刊编辑，必须将"坚持正确政治方向"放于第一位。然而，如何坚持正确政治方向？本文认为最重要的是应该把握期刊的"方向感"。"方向感"是判断力，是一切行动的前奏，需要期刊编辑面对立场、观点、方法等思想领域的问题作出判断和选择，从而体现出政治信念、政治觉悟和政治敏锐性。基于此，本文对军事期刊如何把握方向感进行了系统研究。

1 始终牢记"姓军为军"服务的宗旨意识

党对新闻舆论工作的领导是"党媒姓党"的根本要求。习近平总书记强调，"党的新闻舆论工作坚持党性原则，最根本的是坚持党对新闻舆论工作的领导。"[1]军队院校期刊是由军队各单位主办，是军队院校教学训练科研学术机构的一个重要组成部分，为此它的性质和任务必须服从并服务于军队的性质和任务。因此，必须牢牢把握姓军为军这一政治灵魂，时时刻刻不能动摇，一丝一毫也不能偏离。

1.1 深刻理解新闻舆论工作的职责使命

2016年2月19日在党的新闻舆论工作座谈会上，习主席着眼党的工作全局，提出"高举旗帜、引领导向、围绕中心、服务大局、团结人民、鼓舞士气、成风化人、凝心聚力、澄清谬误、明辨是非、联接中外、沟通世界"[2]48字媒体职责和使命，精准地指出了当前和今后一个时期新闻媒体应把握的方向。因此，作为军队院校期刊编辑要深刻理解这48字的深刻内涵，不断强化职责意识和使命意识。

1.2 深刻认识"党媒姓党"[3]的本质属性

什么是"党媒姓党"？就是习近平总书记所说，党的新闻舆论工作坚持党性原则，最根本的就是坚持党对新闻舆论工作的领导。军队院校主办的期刊是党和军队的宣传阵地，姓党体现党的意志首先要坚持正确的办刊宗旨、给予期刊准确的定位、坚持正确的舆论导向、不断唱响主旋律[4]。

1.3 深刻把握"军媒姓军"的任务要求

作为军队院校期刊必须坚持全心全意为广大官兵服务，坚持服务国防和军队改革，服务转变战斗力生成模式提升、服务军队院校教学改革、服务部队训练需求；必须直面军队院校工作中的问题实事求是、坚持真理；必须坚持评价客观公正、数据准确。

2 增强政治意识、大局意识、核心意识和看齐意识

我军历来以党的旗帜为旗帜，以党的方向为方向，始终在贯彻党的意志主张上标准更高、走在前列。对于军队院校期刊而言，具有正确的方向感，首先应该在实践中坚持不忘初心，增强政治意识、大局意识、核心意识和看齐意识[5]。

2.1 增强政治意识

在目前错综复杂的形势下，国外各种敌对势力采用各种手段对我们进行渗透，国内的不法分子为了些许利益切取军事秘密，军队院校期刊要始终保持清醒的政治头脑，始终坚持党性原则，深入学习贯彻新时代习近平总书记系列重要讲话精神，领会习主席观察世界认识问题的宽阔视野，学习习主席解决问题的科学方法，灵活运用马克思主义新闻观，始终把握正面宣传的主旋律，确保舆论导向不偏航。对于违反党的路线、方针、政策的稿件，不仅给予退稿处理，还要对其进行教育引导，确保期刊刊载的内容始终同党中央保持高度一致。

2.2 增强大局意识

此次深化国防和军队改革，推进力度之大、触及利益之深、影响范围之广前所未有。军队院校期刊作为宣传主阵地，在稿件数量、内容以及期刊发展方面不可避免地受其影响，同时很多期刊面临转、改、撤、并，对此军队院校期刊必须突破自身认识的局限性，从国防和军队长远发展的全局高度认识分析问题，抓住涉及新时代强军兴军的战略问题、制约部队发展的瓶颈问题、官兵关心关注的现实问题，增强工作的主动性。

2.3 增强核心意识

中国近现代的发展实践表明，正是有了中国共产党这样一个坚强的领导核心，中华民族的伟大复兴才一步一步迈向辉煌。军队院校期刊作为承载院校科研学术成果的重要组成部分，军校学报增强核心意识，就是要充分挖掘院校教学科研发展规律，研究军队教学科研训练发展的时代要求[6]，围绕体现前沿、引领创新、服务实战进行开拓创新。

2.4 增强看齐意识

看齐，是党作为一个政治组织在政治上的根本要求。当前，在互联网盛行的时代，各种信息鱼龙混杂、良莠不齐，各种声音层出不穷，军队院校期刊在办刊过程中必须充分发挥自身优势，不断学习，及时刊载党的新理论、新成果，及时刊载新的路线方针政策，及时传达

新的指示要求，引导广大官兵积极投身国防和军队现代化建设中来。

3　提升政治鉴别力、敏锐性、洞察力

军队院校期刊肩负着宣传、教育、鼓舞、引导全军广大官兵积极投身军队现代化建设的重任。正确把握期刊的方向感，还要求期刊编辑持续加强学习，不断提升自身的政治洞察力、政治鉴别力、政治敏锐性。

3.1　不断提升政治鉴别力

政治鉴别力是指人们从政治上鉴定和识别事物与事件性质是非和属性的能力。随着我国信息化程度的逐渐加深，信息传播途径更加多元，传播速度更加快捷，西方敌对势力从未放弃对我进行细化、分化，广大官兵作为社会群体的一员思维更加活跃，涉猎的信息更加复杂。这就要求期刊编辑在组稿、审稿、校对过程中对稿件中或明或暗存在政治倾向的语句、观点进行鉴别。

3.2　不断提升政治敏锐性

军队院校期刊尤其是科技期刊，通常情况下刊载的都是工程方面的理论研究、实验探索、方法创新、工艺改进等方面的研究成果，很少涉及政治方面的主题，但是在作者投来的稿件过程中，也会出现国家明文禁止的实验原料。社科期刊经常会涉及国家主权、领土完整等方面的问题，这些稿件通常情况下结构合理、论述翔实、说明透彻、语句通顺，具有很深的隐匿性，这就要求期刊编辑时刻保持高度政治敏锐性，在审稿、编辑、校对过程中，无论是自由来稿，还是专家约稿，无论是个人独立完成的稿件，还是集体合作完成的稿件，都要认真审阅，对于有问题的稿件坚决不发，对于把握不准的稿件，都要认真查阅各种文献资料，杜绝任何政治问题出现苗头。

3.3　提升政治洞察力

军队院校期刊编辑应该保持敏锐的政治洞察力、透彻的分析力，多学习多分析，提升透过细节看危害的能力，绝不能随波逐流、盲目刊载。

4　提升服务工作中心性、针对性、有效性

围绕中心、服务大局，是党的宣传思想工作的基本职责。在实现中华民族伟大复兴的进程中，军事期刊编辑工作者必须始终坚持强军为本这个大局，必须时刻关注改革强军这一大势，进一步加强形势宣传和主题宣传。

(1) 以新时代强军目标为引领，围绕"能打仗、打胜仗"[7]这个核心，加强选题策划、专题研究、舆论宣传和思想引导，以坚定广大官兵的道路自信、理论自信、制度自信和文化自信，推动党中央和中央军委各项部署在广大官兵头脑中扎根，在部队工作中落地。

(2) 把习主席关于深化国防和军队改革的重要论述宣传好。重点围绕深化国防和军队改革的总体要求、指导原则和目标任务，深化国防和军队改革的战略举措、科学方法、组织实施进行选题策划，以增强广大官兵对改革必成的强烈信念。同时，围绕改革进程和官兵思想实际进行选题策划，既要求稿件将实施改革强军战略丰富内涵和重大意义讲清楚，又要把事关官兵切身利益的改革举措讲清楚。

(3) 着眼改革强军，进一步围绕政策宣传和政策解读进行专题策划。稿件判断的标准首先是将国防和军队改革的紧迫性、必要性、重要性说明白，其次突出阐述国际形势，当今世界

复杂形势，维护国家安全的途径，突出阐述如何坚持和发展中国特色社会主义，如何协调推进"四个全面"战略布局；突出阐述如何贯彻落实新时代强军目标和新形势下军事战略方针，如何履行好新时代的军队使命任务等。

5 结束语

综上所述，有方向感要求军队院校编辑能够运用大历史视野看问题、思考问题、不断学习、不断更新，要求军队院校期刊始终坚持正确的舆论导向，弘扬主旋律，释放正能量，以真正促进国防和军队现代化建设。

参 考 文 献

[1] 习近平.新闻舆论工作要牢牢坚持党性原则[N].青年报,2016-05-13(1).
[2] 孟威.48字方针:凝心聚力目标所循[J].青年记者,2016(9):12-14.
[3] 陈芃.试论自然科学论文审读时的政治质量意识[J].青海师范大学学报(哲学社会科学版),2013,35(3):166-168.
[4] 邓绍根."党媒姓党"的理论根基、历史渊源和现实逻辑[J].新闻与传播研究,2016(8):5-14.
[5] 应厚非,王洪印.论"四个意识"对高校新闻工作的指导意义[J].法治与社会,2017(6):209-210.
[6] 李宗,原媛.关于军校学报发展现状和对策的思考[J].编辑学报,2015,27(3):257-259.
[7] 阮凯,周成来.按照能打仗打胜仗要求做好政治工作[J].政工学刊,2014(3):24-25.

新媒体时代医学期刊论文外审退稿原因及策略分析

姬静芳[1,2]，贾泽军[1,2]

(1.《中国临床医学》杂志编辑部，上海 200032；2. 复旦大学附属中山医院科研处，上海 200032)

摘要：新媒体的普及推动科技传播的同时，也深刻影响着科技期刊的发展。退稿是保证期刊质量的重要手段，外审退稿是其重要组成部分。外审退稿意见多种多样，涉及各个方面。外审退稿意见若处理得当，能帮助作者提高科研和写作水平；若处理不当则易使作者产生负面情绪，从而给期刊带来负面影响，而新媒体环境会使这种影响扩大。以《中国临床医学》杂志为例，总结了医学论文外审退稿意见，分析了外审退稿存在的问题，并以此为基础提出一些改善退稿处理措施的建议。

关键词：医学论文；退稿；新媒体

新媒体在科技期刊尤其是医学期刊中的应用率较高。陶华等[1]的研究纳入了 55 种中国科技核心期刊，医学期刊新媒体的应用率为 40.0%。随着新媒体的普及，学术传播越来越便捷，科技论文的产出速度也越来越快。与此同时，论文中试验设计和写作存在的共性问题也更加突出。若论文中存在的问题较大或较多，论文将会被退稿。

退稿是保证期刊质量的重要手段，在期刊发展过程中具有不可替代的作用，退稿意见中的专家审稿意见对提升被退稿作者的科研水平十分具有启发性。但是，当专家的评审意见较为尖锐时，编辑若处理不当则会对优质作者群体的构建和吸引产生负面影响，不利于期刊的发展[2]。《中国临床医学》（以下简称本刊）为综合类医学期刊，有利于对医学科研文章中存在的问题进行归纳，而这些问题在科研论文中可能有一定共性。因此，本文以本刊为例，深入探讨了外审退稿原因及退稿策略，以期为科研文章的筛选、作者群的建立等提供帮助，进而提高期刊质量。

1 退稿情况

《中国临床医学》收录临床各学科及医学基础论文，2016 年 6 月—2018 年 4 月共收稿 2 216 篇，退稿 1 569 篇(70.8%)，其中外审退稿 204 篇(13.0%)。初审退稿多为伦理问题，包括一稿多投和抄袭。204 篇外审退稿稿件中，论著类 176 篇、综述 10 篇、病例报告类 18 篇。

2 退稿原因

2.1 文章价值

204 篇文章中创新性、科学性、可读性、实用性问题依次出现 79 次(38.7%)、69 次(33.8%)、59 次(28.9)、8 次(3.9%)；文献[3-4]显示，这几方面的欠缺是医学论文退稿的主要原因。其中，

4种原因均在论著中出现，科学性未在综述中出现，实用性未在病例报告中出现(见表1)。

表1　204篇退稿文章的文章价值的不足　　　　　　　　　　　　　　　　　　n(%)

文章类型	创新性	科学性	可读性	实用性
论著 (N=176)	65(36.9)	65(36.9)	53(30.1)	7(4.0)
综述 (N=10)	6(60.0)		1(10.0)	1(10.0)
病例报告 (N=18)	8(44.4)	3(16.7)	5(27.8)	

2.2　正文

176篇论著中，退稿原因出现在文章的各个部分，其中以资料不全或不清最常见(36.93%)，其次为结果不足(31.25%)、研究方法不全或不清(26.14%)；具体见表2。10篇综述以论述内容问题为主，其中内容不全6次(60%)、缺重点2次(20%)。10篇病例报告中，出现资料不全10次(55.6%)、讨论欠深入5次。

表2　176篇退稿论著出现的主要问题

项目	n	百分比/%
病例选择		
少	26	14.77
不当	16	9.09
伦理	5	2.84
样本量不当	2	1.14
真实性	1	0.57
基线资料	50	
不全	65	36.93
旧	3	1.70
研究方法		
不清/不全	46	26.14
组别不当	30	17.04
随访时间短	9	5.11
观察指标少/不当	7	3.98
标准	92	
不清	34	19.32
不当	9	5.11
统计		
不当	18	10.23
错误	4	2.27
结果		
不足	55	31.25
数据不详	4	2.27
错误	4	2.27
讨论		
欠深入	24	13.64
相关性差	6	5.27

2.3 细节

176 篇文章中，出现前后不一致、逻辑性、结果不能说明结论、前言未说明研究依据次数较多(见表3)。综述与病例报告中也出现了逻辑性差的问题，分别为 4 次(40%)、1 次(5.56%)。

表3 176 篇论著出现的其他常见问题

项目	n	百分比/%
题目不准确	32	15.7
前后不一致	40	22.72
逻辑性	22	12.50
结果不说明结论	21	11.93
前言未说明依据	15	8.52
摘要描述欠佳	5	2.84
术语不当	5	2.84
基金不符	4	2.27
写作不认真	3	1.70

2.4 参考文献

论著、病例报告中均出现了参考文献引用少、不当、旧和缺重要文献的问题。综述中出现 2 次参考文献旧的问题(见表4)。

表4 204 篇文章参考文献部分问题 $n(\%)$

文章类型	少	不当	旧	缺重要文献
论著 (N=176)	4(2.27)	2(1.14)	8(4.54)	6(3.41)
综述 (N=10)	3(30.00)	1(10.00)	2(20.00)	2(20.00)
病例报告 (N=18)			2(11.10)	

3 外审退稿对期刊发展的影响

3.1 保证文章价值

创新性、科学性差是本刊外审退稿的主要原因。创新性和科学性差的文章可能无法通过修改改善。新媒体时代，文章的创新性和科学性情况更显突出，尤其在创新性方面，即使是编辑也可以通过网络检索基本了解，专家则更易作出判断，有时甚至将一篇甚至多篇以往发表的文章罗列在审稿意见中。专家通过对文章整体的把握，从而保证期刊的水平。

3.2 指导作用

从表 4 可以看出，退稿原因中涉及文章的各个部分，多类科技期刊体现了一点[5-6]。新媒体时代，专家库更加全面和细化，专家选择对应性更强，客观性也更容易实现，退稿意见因此更客观和详细，使退稿更有说服力。这更有利于编辑部对文章做出最终判断，并有助于提高编辑的业务水平及促进其专业知识的积累，同时有利于培养作者的科研思路及提高其写作水平，从而使期刊健康发展。

4 外审退稿中存在的问题及改进

4.1 退稿处理不当

退稿不当可能导致作者产生负面情绪，进而使其对期刊产生负面印象，再有优质稿件时不愿再投，这不利于作者群体的发展。外审退稿不当主要包括以下几个方面：①有时文章写作太差或专家较为严苛，专家撰写退稿意见语气较为尖锐，而新媒体时代退稿邮件常为固定的模板，且表达较生硬[2]；②由于学科细分，专家擅长的研究方向与文章研究内容有些偏离[7]，导致退稿意见与文章主题有所不符；③审稿时间过长，或作者多次修改后被退稿。

4.2 退稿处理改进

对于上述退稿问题，可以通过以下方法改进：①编辑在不改变审稿意见的基础上，删除或修改生硬的表达，将意见转为指导作者提高科研和写作水平的建议，并欢迎其继续投稿；②在精确选择专家的基础上，在退稿邮件中欢迎作者提出异议，当作者提出异议时积极处理，如送另一位相关专家审阅；③除选择审稿较快的专家外，增强编辑与专家的沟通，可通过建立微信好友等关系及时联系；④告知作者期刊缺乏哪方面主题稿件或计划策划哪类专题[7]；⑤将常见退稿原因在期刊网站、公众号等推出，指导作者写作时避免类似问题。此外，对于文章可读性问题，也可以将文字表达规范、图表格式等以举例的方式在媒体上以标题等形式列出，作者可点进去查看。

5 结束语

外审是保证本刊文章质量的重要手段。本研究中外审退稿原因涉及文章的各个方面，资料、方法、结果不足出现率均较高，细节上以前后不一致最常见。这些原因可能普遍存在于科技期刊中。了解退稿原因有助于提高编辑的学术水平和编校技能，但存在表达不当或审稿偏倚等问题，可引起作者的负面情绪，不利于作者群的发展。编辑在整合外审退稿意见时，应修饰表达，以指导为目的，并充分利用新媒体手段指导写作，进而降低退稿率，提高期刊影响力。大数据时代，文章水平及存在的不足可能越来越容易被编辑、专家甚至专门的系统识别，审稿意见和外审退稿意见可能会越来越精准，使科研文章质量越来越好，科技期刊面临更大挑战同时也有更大的机遇。

本研究的不足之处在于：①由于仅能获取本期刊相关数据，未进行各个领域的细分，且对其他学科期刊的数据分析不足，因此结果存在偏倚；②未针对新媒体时代与以往外审退稿的原因之间的差异进行分析，因此新媒体给退稿带来的影响还有待进一步分析。

参 考 文 献

[1] 陶华,朱强,宋敏红,等.科技期刊新媒体传播现状及发展策略[J].编辑学报,2014,26(6):589-592.
[2] 谢文亮.学术期刊退稿中编辑与作者的沟通技巧[J].中国科技期刊研究,2017,28(10):948-953.
[3] 郭玉慧,周静,侯维娟,等.《中国微侵袭神经外科杂志》退稿原因分析及建议[J].中国微侵袭神经外科杂志,2017,22(10):477-480.
[4] 王炳彦,董海原.科技期刊常见退稿原因分析及对策探讨——以《中国药物与临床》为例[J].中国药物与临床,2014,14(8):1154-1156.
[5] 陈子郁,李雪华,唐银星,等.《华南国防医学杂志》退稿分析[J].华南国防医学杂志,2017,31(1):58-62.
[6] 张美琼,卢怡,陈鹏.《水产学报》退稿原因分析及对策[J].中国科技期刊研究,2008,19(6):1008-1011.
[7] 颜廷梅,任延刚,刘瑾.《中国实用内科杂志》内分泌专业终审会退稿原因分析[J].编辑学报,2011,23(2):143-145.

从"四大水刊"现象谈 Mega 期刊与传统期刊之争

郑辛甜

(浙江大学医学院附属第二医院《中华急诊医学杂志》编辑部,杭州 310009)

摘要:近期,一些科研机构对 Scientific Reports 和 PLoS One 等四本刊物上发表的论文提出了一系列限制措施,使一些学者对 Mega 期刊的误解加深,认为 Mega 期刊是通过降低评审门槛来抢夺拒稿率高的传统期刊的学术出版资源。笔者分析了 Mega 期刊的特征及其对传统期刊提出的挑战,提出需要将 Mega 期刊与掠夺性出版相鉴别,并期待 Mega 期刊等创新形式在开放获取大潮中的未来表现。

关键词:Mega 期刊;开放获取;掠夺性出版

"灌水"一词相信逛过网络论坛的人都不会觉得陌生,这一行为通常指在论坛中发大量无意义的帖子。理论上,"灌水"和学术出版的基本准则之一——"创新性"是相悖的。那学术期刊中就不存在"灌水"现象吗?近期,一些高校和科研机构对备受争议的"四大水刊(Oncotarget、Medicine、Scientific Reports、PLoS One)"上发表的论文提出了一系列限制措施,如不予报销发表的论文版面费、不给奖励、不算入晋升和考核计分等等,一时间吸引了许多原来并不了解这四本学术期刊的学者的极大关注。与此同时,另一个与这些刊物相关的名词"Mega 期刊"也逐渐进入人们视线。Mega 期刊就是灌水刊物吗?是通过降低门槛来抢占传统学术出版资源的掠夺性出版吗?笔者试从"四大水刊"的出现和发展来探讨 Mega 期刊与传统期刊竞争的现状及未来。

1 "四大水刊"与 Mega 期刊

被称为"四大水刊"的四本学术期刊其出现和发展有一些共性,笔者将其基本模式归纳如下:

(1) 开放获取(Open Access, OA)。

(2) 发表周期短,发文量大。Medicine 和 Oncotarget 都是周刊,2015 年 Medicine 发文 1 989 篇,Oncotarget 发文 3 204 篇。对于创刊时即为数字期刊的 Scientific Reports 和 Plos One,则都没有期号,每年采用文章编号制。Scientific Reports 的年发文量从 2011 年的 205 篇已激增到 2016 年的 21 056 篇;而 PLoS One 创刊 11 年,已发表 18 万多篇论文,平均每年有 1 万多篇。

(3) 刊文范围广。Oncotarget 是一种肿瘤学方面的专业期刊,其主页上注明的出版范围为"癌症研究和肿瘤学。考虑到肿瘤发展和人体器官的整体性,本刊也刊发内分泌学、病理学、老

基金资助:中国高校科技期刊研究会 2017 年专项基金(CUJS2017-008)

年病、生理学和免疫学相关的论文。"PLoS One 将报道范围之广做到了极致，接受所有科学学科的原始研究，包括跨学科研究、阴性结果和复制研究，可以归类的学科范围就包括：生物学和生命科学、计算机和信息学、地球科学、生态学和环境科学、工程技术、医学和药学、人口学、物理学、方法学研究、科学政策、社会科学等。

(4) 发表费用高昂。Oncotarget 中研究性论文、综述、病例报告的发表费为 3 400 美元，研究视角类的论文发表费用为 1 900 美元。Scientific Reports 则按不同地区有不同标准，具体为英国(及其他地区)1 110 英镑，美洲 1 675 美元，欧洲 1 305 欧元，日本 18 000 日元，中国 11 200 人民币。PLoS One 的发表费为 1 495 美元。

(5) 影响因子适中。2016 年的影响因子 Scientific Reports 为 5.228，Oncotarget 为 5.008，PLoS One 为 3.057，Medicine 为 1.206。值得一提的是 Medicine 2015 年影响因子 5.723，而 2016 的影响因子仅为 1.21。

基于以上几个特征，笔者认为这四种期刊被人诟病的主要问题是出版范围过大，同行评议不够严谨(但也有一些科研人员为这些期刊正名，认为审稿过程还是比较严格的)以及发表费用高昂，但这些并不影响全世界的科研工作者们纷纷向其投稿。

有学者认为，过去十几年间，学术出版界最重要的发展趋势之一就是采用 OA 的 Mega 期刊的出现。根据维基百科的定义，Mega 期刊指比传统期刊出版量大许多，而收稿率较高的同行评议开放获取模式出版的学术期刊[1]。PLoS One 被指是 Mega 期刊的鼻祖，而这种能创造巨额利润的出版模式一经面世，便被其他出版商竞相模仿，甚至一些"掠夺性"开放获取期刊也纷纷复制这一模式。Mega 期刊一般的特征有：报道范围广；论文评议的标准不是研究的创新性和重要性而是方法和结果的科学性；通过论文处理费来支持出版开支。其他被认为与 Mega 期刊有关的特点还包括：快速的审稿和出版流程；有学术编辑甚至是由学术编辑组成的庞大编委会；提供增值服务，如基于创新共享许可的可重新利用的图片和数据等。Mega 期刊还必须是纯在线出版、完全开放获取的，这有别于一些混合开放获取期刊[1]。目前比较著名的 Mega 期刊主要有：PLoS One、Scientific Reports、BMJ Open、Springer Plus、Peer J、SAGE Open 等。至于"四大水刊"中的 Oncotarget 和 Medicine 为何不被认为是 Mega 期刊，笔者认为可能的原因是这两种刊物的报道范围尚没有 PLoS One 和 Scientific Reports 这么广。另外 Oncotarget 在其官网首页自称为"免费获取的多学科传统期刊"，有固定的出版周期，目前已达每周出版 2 期，而且可以根据用户需要提供单独印刷版，但已有学者将此刊列入"潜在的掠夺性学术期刊"名单中。至于 Medicine，之前是一种影响力不错的传统医学期刊，近几年改变了出版经营策略后才出现了刊文量狂涨的现象。

因此，笔者认为，Mega 期刊是改变期刊出版业传统趋势的一大创新，不能简单等同于灌水期刊，然而部分灌水期刊也表现出了一些掠夺性出版的特质。

2 Mega 期刊对传统期刊的挑战

Mega 在英文中有"宏大的"之意，笔者认为 Mega 期刊对传统期刊最大的挑战并不仅仅是其庞大的载文量，而更重要的是其宽泛的报道范围，这是专业越来越细分的传统期刊受限于学术出版流程而无法企及的。诞生于 2006 年的第一种 Mega 期刊 PLoS One 至今仍被视为 Mega 期刊楷模，2018 年已是它创刊的第 11 年。在 2013 年的巅峰时期，它一年出版了 31 509 篇论文，就一种期刊而言，这样的出版量使其成为全球最大的一种学术期刊。值得深思的是，根据影响因子的计算公式，如此大的刊文量对其影响因子的提高是不利的，但是 *PLoS One* 近几年的影响因子还算比较稳定。由此，笔者推测，传统的论文质量指标如引用量和下载量，可能可以通过推广发表后的在线评论和针对论文的讨论来提高整个学术群体兴趣度指标而得以增强。

Mega 期刊报道范围的宽泛正是对过去几十年间学术出版专业化程度不断加深的颠覆。Mega 期刊的论文不是根据一组狭窄的主题标准选择的，也不是通过特定读者的"重要性"或"兴趣"来评估的。这对出版商来说是显著提高其规模经济能力的有效途径，因为出版商不再需要同时运营一大批有着不同收录标准的期刊，而可以为一种期刊建立一体化的稿件处理及出版流水线，同时可以节约大量人力物力来处理一些在被接收前经历反复投稿退稿循环的论文[2]。有趣的是，这一举措已经被一些非 Mega 期刊的出版商采用，他们通过将拒稿的论文推荐给一个公司的另一种期刊以实现稿件的"内部"流通。Mega 期刊的广泛收稿也在一定程度上影响了传统学术出版本身。以往编辑、编委以及审稿人作为学术质量的把关人，评价论文指标中第一项同时也是非常重要的一项就是"是否符合报道范围"，一些跨学科的研究无论多么新颖，一般都处于劣势。而 Mega 期刊鼓励跨学科研究，不考虑基于主题的评价标准，允许发表后决定论文的"重要性"，这可能对学术共同体中存在已久的权力体系提出挑战。与此同时，由于其广泛的主题范围以及便捷的可获取性，Mega 期刊有可能进一步促进学术界与其他领域间的联系，例如政府决策者、卫生系统官员、记者和教育工作者等都能在一种期刊中就轻松接触到学术研究，有望使研究成果得到更大范围的利用[2]。

3　Mega 期刊与掠夺性期刊

虽然 Mega 期刊的庞大刊文量和金色 OA 所需的较高的论文处理费(ACP)为一部分学者所不满，但是真正让人不齿的是之前提到一些期刊模仿 Mega 期刊的运行模式，进行无门槛的所谓的"同行评议"，周期极短地刊发数目众多的论文，基本是以收取论文处理费为目的进行出版活动，这些期刊被称为掠夺性期刊。

笔者认为可以从以下几方面区分 Mega 期刊与掠夺性期刊。

首先，很少有 Mega 期刊是作为独立期刊进行出版的，大多数 Mega 期刊都隶属于某一个庞大的出版集团。事实上，Mega 期刊与同一出版集团中一些传统的拒稿率高的高影响力期刊存在着某种共生关系。高影响力的期刊拒稿的文章比例非常高，但是仅从接受的论文中得到收入。这就意味着 Mega 期刊能为其他退稿率较高的期刊在出版商内部提供财政补贴，实现"以刊养刊"。而至关重要的是，Mega 期刊从高影响力的期刊中获得回报，即"名誉补贴"，这一出版集团分层模型真正实现了优势互补[3]。而掠夺性期刊的操作就显得更容易且更廉价，他们往往有一个独立的出版流程和所谓的"编委会"，通过发表大量的文章，使他们看起来更成功，又反过来吸引更多的文章。掠夺性期刊也是通过广泛报道科学、工程和技术所有领域的论文，而最终目的是期刊所有者的经济收益。从某种意义上说，掠夺性期刊的运作方式类似于在线存储库，因为它们几乎接受所有提交的资料，而且所归档的内容几乎没有任何价值[4-5]。

其次，从同行评议水平、版权保护、出版伦理等方面也可以区分 Mega 期刊与掠夺性期刊。*PLoS One* 和其他一些 Mega 期刊自称他们在同行评议这方面仅仅在范围上与传统期刊有所不同，而不是严格程度。*PLoS* 系列杂志要求在上传论文的同时，必须上传数据来确保文章质量，这一做法除了能更准确地评估结果的科学性，并且必要的时候，便于实验重复。虽然许多人对此有异议，认为发表那些无重大成果和重复性研究毫无意义。但 Mega 期刊的同行评议过程非常公开透明，支持发表后评议和评论，而且在保护数据版权和防范学术不端等方面都有严格的标准。但是反观一些掠夺性期刊，他们只是简单降低了准入门槛，甚至是无门槛，直接丢弃科研人员信赖的评审和筛选机制。有学者曾经曝光了五本掠夺性期刊[6]，他们通过调查发现，主要的问题包括：发表的论文能够很容易被检索出为剽窃；有的期刊官方网站隐藏了域名和机构；编委会名单是虚构的，主编及其任职机构都无法核实；论文的编辑加工水平非常低；论文要求签署授权书，但是期刊又基于创新共享协议，显然自相矛盾；吹嘘已被许多数据库收录而实际没有；提供虚假的影响因子实则未被 SCI 收录；有的期刊甚至在作者须知中提到接受已发表论文或会议论文的修订版。

因此，笔者建议所有科研人员在发表科研成果甚至在引用论文时都要提防掠夺性期刊，科研管理机构也有义务曝光这些期刊名单，以打击学术不端行为，净化学术出版环境。

4 Mega 期刊的未来

2016 年 9 月，曾经最大的 Mega 期刊 *PLoS One* 已被赶超。2011 年创刊的 *Nature* 的子刊 *Scientific Reports* 在这个月内出版了 1 940 篇论文，而 *PLoS One* 是 1 756 篇。Mega 期刊与传统期刊的共生关系能否继续尚不得而知，毕竟 Mega 期刊只可存活于开放获取的出版生态中，但可以肯定的是对 Mega 期刊质量下降的担忧仍将继续[7]。

笔者认为，就目前来看，在越来越强调开放获取的学术出版的领域，Mega 期刊这一激进的学术出版创新形式的表现还是值得继续期待的，例如人文社科领域就陆续出现了许多 Mega 期刊。但随着开放获取程度的逐步深入，学术出版的各个环节都会受到深远的影响，因此 Mega 期刊也有可能会不露痕迹地消失，抑或被另一种更有竞争力的出版模式所替代。

参 考 文 献

[1] Mega journal from Wikipedia, the free encyclopedia [EB/OL].[2017-07-28]. https://en.wikipedia.org/wiki/Mega_journal.
[2] Claire Creaser. The rise of the mega-journal [EB/OL]. (2014-05-05) [2017-08-04]. http://blog.lboro.ac.uk/sbe/2014/05/05/the-rise-of-the-mega-journal.
[3] BJÖRK B C. Have the "mega-journals" reached the limits to growth? [J]. Peer J, 2015(3):e981.
[4] PINFIELD S. Mega-journals: the future, a stepping stone to it or a leap into the abyss? [EB/OL]. (2016-10-03) [2017-08-05]. https://www.timeshighereducation.com/blog/mega-journals-future-stepping-stone-it-or-leap-abyss.
[5] 江晓原,穆蕴秋.警惕国外"开放存取杂志"及"掠夺性期刊"的陷阱[J].出版发行研究,2017(8):70-71.
[6] JEFFREY B. Five predatory mega-journals: a review [J]. The Charleston Advisor, 2013, 14(4):20-25.
[7] SPEZI V, WAKELING S, PINFIELD S, et al. Open-access mega-journals: the future of scholarly communication or academic dumping ground? A review [J]. Journal of Documentation, 2017, 73(2):263-283.

基于数据分析的学报稿源优化建议
——以《北京工业大学学报》为例

杨开英[1]，吕小红[1]，赵宪珍[2]

(1.北京工业大学学报编辑部，北京 100124；2.北京工业大学校史馆，北京 100124)

摘要： 高校学报的影响因子偏低，组稿难，学报需要多途径加强学术经营。首先，对综合类学报的影响因子进行了区间划分，并对机械工程类专业期刊进行了对比；然后，以《北京工业大学学报》为例，从中英文文献的被引用率对比、零被引论文的占比等方面分析了影响因子偏低的原因。受评价导向的影响，学报长期被高层次作者源所忽视，学报自投稿的学术质量堪忧，为了寻求突破，给出了组织较高学术影响力论文的一些建议。

关键词： 影响因子年报；数据分析；中英文文献被引用比率；零被引；组稿策略

高校学报是以反映本校科研和教学成果为主的学术理论刊物[1]。高校学报的作者大多是刚从事科研工作，需要培养和扶植的新人，因此有人戏称高校学报为"尿片期刊"[2]。多数高校学报每年的自投稿量相比发稿量绰绰有余，但是学报最头疼的问题之一还是稿源。在科研团队的考核体系中，论文的数量、质量与科技期刊关系密切，对高级别期刊的青睐是科研人员的必然选择。学报长期被高层次作者源忽视的现实很残酷，从业编辑的成就感受到压抑，困境激励着编辑团队尝试多种途径寻求突破。大数据的发展为编辑部提供了很好的技术手段，编辑要善于分析和利用数据。笔者以《北京工业大学学报》为例，从数据分析入手，从学术质量层面了解学报的现状，尝试各种途径去获取优质稿源，办出特色学报。

1 学报类期刊影响因子分析

一直以来，《中国学术期刊影响因子年报》[3]以复合总被引及影响因子作为第一排位指标，其次是期刊综合总被引及影响因子。自 2015 年起，增加了一项综合反映期刊影响力的计量指标——影响力指数 CI 值，期刊评价系统越来越趋于科学化，然而，影响因子依然是期刊评价的重要参数。根据《中国学术期刊影响因子年报》中的期刊影响力指数及影响因子，综合性科技期刊 424 种，按影响力指数 CI 进行排名，用 Excel 的筛选功能统计"学报"字段的有 341 种。本研究重点关注学报类期刊影响因子，将影响因子按区间进行划分，如表 1 所示。可以看出，77.12%的学报影响因子处于 $x<0.4$ 区间；影响因子 $0.4 \leq x<0.5$ 的学报占 10.86%；影响因子 $0.5 \leq x<0.6$ 的学报占 6.45%；影响因子 $x \geq 0.6$ 的学报只占了 5.58%，期刊影响因子最高为 0.798。学报类科技期刊的影响因子整体偏低。

基金项目： 中国高校科技期刊研究会专项基金课题(CUJS2017-014)；学报定位与学校科研发展匹配度的实证研究(301321546318500)

笔者作为机械工程的栏目编辑,关注机械工程类专业期刊(共86种)的影响因子,把综合类学报和专业期刊进行了对比,机械工程类专业期刊影响因子的区间分布如表2所示。可以看出,专业期刊影响因子的分布跨度大于学报,影响因子比学报高的专业期刊数量不多,但却是学报优质稿源的有力竞争者,科研人员在向国内的科技期刊投稿时,普遍倾向于影响力相对较高的几种专业期刊。

表1 学报按期刊影响因子的区间分布

期刊影响因子	期刊数量	期刊数量比/%	期刊影响因子	期刊数量	期刊数量比/%
$x<0.1$	45	13.20	$0.4 \leq x<0.5$	37	10.86
$0.1 \leq x<0.2$	88	25.80	$0.5 \leq x<0.6$	22	6.45
$0.2 \leq x<0.3$	80	23.46	$0.6 \leq x<0.7$	11	3.23
$0.3 \leq x<0.4$	50	14.66	$x \geq 0.7$	8	2.35

表2 机械工程类按期刊影响因子的区间分布

期刊影响因子	期刊数量	期刊数量比/%	期刊影响因子	期刊数量	期刊数量比/%
$x<0.1$	14	16.28	$0.6 \leq x<0.7$	2	2.33
$0.1 \leq x<0.2$	29	33.72	$0.7 \leq x<0.8$	2	2.33
$0.2 \leq x<0.3$	9	10.47	$0.8 \leq x<0.9$	0	0.00
$0.3 \leq x<0.4$	10	11.63	$0.9 \leq x<1.0$	1	1.16
$0.4 \leq x<0.5$	8	9.30	$1.0 \leq x<2.0$	4	4.65
$0.5 \leq x<0.6$	6	6.98	$x \geq 2.0$	1	1.16

学报最高的影响因子不超过0.8,机械工程专业期刊的影响因子大于0.8的有6种期刊。高层次作者通常优先选择SCI或EI检索期刊以及国内高影响力的中文专业期刊,根据个体采访,投稿人会把自己认为学术价值较高的科研成果投到国际上的知名期刊,再次就是国内的排名在前的专业期刊,学报还在其后。这一点可以从实际审稿工作中得到证实,有审稿专家反馈给编辑部:前不久刚给某专业期刊审过同一篇论文,建议严控学术不端行为。经核查后发现,从投稿时间上判断,是作者在投专业期刊被拒稿后改投的学报,学报在争取优质稿源方面面临着严峻的挑战。

2 学报影响因子偏低可能的原因分析

2.1 中文文献被引用的比率偏低

中文科技期刊的读者范围主要限于国内,而英文期刊的受众面更广,中国科技为了争取在国际上的话语权,创办的英文期刊数量在逐年增多,截至2018年4月为373种,比2016年307种增加了21.5%,数据来源于第9届中国英文科技期刊研讨会报告,中文科技期刊的发展空间在进一步被压缩。统计了本学报2014—2016年的所引用文献的语种,同时又回溯了2000年及2010年文献语种的数据,中文文献的被引用率如表3所示。

可以看出:统计年份中,总被引文献中中文文献的被引用率均不超过50%,平均为42.69%,英文文献的被引用率大于中文文献。在被引的中文文献中,除期刊外,其他还包括会议论文、学位论文、专利等,其中中文期刊的被引用率占2/3左右,在科技成果的传播过程中,科技期刊是科技成果传播的主渠道。科技人员在进行科技攻关时,参考和引用行业内最新的科技成果,这些数字反映了中文期刊在发表最新科技成果方面已经处于劣势。中文文献的被引用率普遍偏低，因此造成了中文科技期刊的影响因子也偏低。

表 3 中文科技期刊文献(北工大学报)的被引用率

年份	参考文献总数/篇	英文文献总数/篇	中文文献/篇			中文文献占总文献的比例/%	中文期刊占中文总文献的比例/%
			总数	期刊	其他		
2000	818	465	353	191	162	43.15	54.11
2010	3 227	1 748	1 479	1 047	432	45.83	70.79
2014	4 404	2 538	1 866	1 323	543	42.37	70.90
2015	4 534	2 609	1 925	1 424	501	42.46	73.97
2016	4 651	2 808	1 843	1 268	575	39.63	68.80

注：2000 年为季刊，其他年份为月刊。

2.2 零被引和低被引论文的比率高

学报类的影响因子偏低，是和零被引论文的比例高密切相关的。于 2016-01-14 采集了自 1974 年创刊至 2015 年 12 月底的零被引论文 1 737 篇(动态数据)，所占比例为 33.83%[4]；于 2017-01-23 采集了自 1974 年创刊至 2016 年底的零被引论文为 1 534 篇(动态数据)，占比为 28.40%，由于时间跨度较长，早期的零被引论文偏多，这些数据高于中国作者发表在 SCI 收录期刊上的论文的平均零被引率 24.20%[5]。科技期刊均不同程度地存在着零被引论文现象，但是学报的稿源大多是在读研究生的论文，科研经历尚浅，学术研究和分析能力较弱。零被引论文通常篇幅较短，承载的科技信息量比较单薄；分析深度不够，逻辑思维欠缺；结论叙述过于笼统，缺少有参考价值的学术思想等。较高的零被引率和数量众多的低被引论文使得学报的影响因子偏低。

在学术评价导向的影响下，作者通常把科技成果按认知期刊的级别进行投稿，在自然分流的情况下，学报的自投稿大多为在读研究生的习作，或是被高级别期刊拒稿修改后的论文，学术质量不高。因此，学报的影响因子偏低。

汤宏波等[6]研究了从历史、国际视野看中国科技期刊的困境与发展，在争取科技信息资源方面，欧美科技期刊条件全面占优。由引用文献语种的比率和零被引的比率可知，在与国际交流日益密切的大环境中，越来越多的高质量科研成果以英文的形式发表，中文期刊面临着前所未有的困境，学报在争取优质稿源方面还需加大投入，力争在同行期刊中办出特色。

3 稿源优化的建议

科技期刊的作者资源是科技期刊赖以发展的生命线[7-8]。依靠编委组稿[9-11]是编辑部的共识。学报的编委大部分来自本校教授，然而不作为的编委占多数，历年的被引用数据表明，编委给学报供优质稿源的积极性不高。科技期刊出版的实质是争取先进科技信息资源，学报的影响因子普遍偏低，归根到底还是所刊发的论文学术质量不高所致。学报所面临的困境促使编辑团队积极寻找突破，在进一步激励编委支持学报的同时，学科编辑需要有针对性地去邀请专题策划人去组织优质稿源。

3.1 分析潜在的优秀作者资源

科技期刊相关数据库平台将科技论文的重要参数统计形成个刊影响力统计分析数据报告反馈给编辑部，编辑要善于挖掘、分析和利用数据来指导编辑工作。从个刊影响力统计分析数据库获取关于作者方面的数据，提取报表中有参考价值的数据项：作者、本刊发文量、总发文量、基金论文数、疑似学术不端文献数、本刊影响力评估和总影响力评估等信息。对比本刊篇均被引频次和篇均被引频次的作者发现，两个数据差异较大的多为校内的知名教授，有职称晋升需求的老师，发校外期刊的论文数量远比发在本校学报的论文数量多，该群体更关注专业期刊。从篇均被引频次的平均值来看，发现本校学报的办刊水平总体低于本校的科研水平。

个刊影响力统计分析数据报告提供的作者信息对编辑部的工作具有重要的指导作用。依据数据分析，排除有学术不端倾向的作者，有针对性地了解高影响力作者所承担的科研项目及研究进程，面向高影响力的作者约稿，是编辑部的工作重点。大多数教授在保证学生顺利毕业的情况下，通常不会拒绝向他们拜访性地去约稿(优先刊发或高稿酬)，被约谈的教授能够为学报献计献策，并为学报推荐学术专家。实践证明，这些受邀的教授都能够做到尽心尽责，完成编辑部委托的任务，比开编委会"恳求"编委投稿效果要好。

3.2 面向"重量级"的专家组织专题

学术圈的层级观念不容忽视。向一般的教授或副教授约稿时，通常会以"博士毕不了业"等各种理由婉拒，由于受上级的约束，其自主性受到一定的限制。同时，为了杜绝学术不端，科研团队加强了管理，课题组的成员公开科研成果时，以什么形式发表，投哪个期刊，都需要课题负责人的签字。因此，学报应直接面向重量级的课题负责人组稿，学报提供相关优惠，但要求保证学术质量，并通过严格的三审制，择优录用稿件。

(1) 面向校内的高层次研究团队(院士、杰青等)组稿。为了保证优秀科研成果的产出，国内各大学及科研院所的人才争夺战愈加激烈，强大的科研团体背后有着先进的科技资源。高校自己培养的院士或引进的学术带头人日益增多。学术团队每年产出的科技成果相对较多，由学报负责人出面约谈，争取部分成果在学报上发表，形成相应的激励机制和带动效应。目前，学报已经成功组织了"厌氧氨氧化在污水处理中的研究与应用"专题和"垃圾渗滤液处理机理与技术研究"专题，均由彭永臻院士为学报组稿。高层次负责人有很强的学术影响力，通过他们能吸引到校内外的优秀论文。

(2) 面向德高望重的临界退休但不离科研工作的学术专家组稿。几十年的教书育人积累了丰富的人脉资源，有较强的号召力，其子弟遍布国内外，有的甚至已经成为学术带头人。学报可以借某种理由激发专家的组稿热情，来支持学报的工作，取得的效果很好。学报已经刊发 2 个专题："纪念钱令希院士诞辰 100 周年专题"和"纪念王存新教授从教 40 周年暨于北京工业大学任教 20 周年专题"。稿源作者包括钟万勰院士、程耿东院士以及外围的知名教授。组稿专家分别是隋允康教授和王存新教授，组稿专家的学术圈子在一定程度上决定着稿源的学术质量，高能的组稿专家对学报影响力的提升起到了积极的作用。

3.3 面向有潜力的青年学者组稿和补充审稿专家库

青年学者是学术研究的后备力量，这个群体虽没有资深的背景，但是上进心和求知欲都处于上升阶段，处于学术成长期，也是集中发表学术成果的爆发期。他们兼职的愿望较强，干劲比较足，学报应该组织一个真正能服务学报的学术委员会，成员以副高级职称为主，吸收少量正高职称的学术专家组，为学报组稿和审稿，把好学术关。学科编辑在整个过程中发挥组织和协调作用，提升编辑的执行力，把学报工作做细做好。

3.4 发布热点专题目录，进行征稿

学报是综合性的期刊，收稿的范围相对较广，灵活性较强。建议学报以专家策划组稿为

主，以自投稿为辅。提前策划专题，通过专题策划专家向相关领域的科研人员组稿。通过多关注国内外高级别学术会议，捕捉某行业内的最新进展或新兴的研究热点，由编辑部有效主导自投稿的收稿领域。将已刊发的论文目录及论文链接向相关行业的科研人员进行推送，引起同行的关注，来扩大学报的影响力。

4 结束语

稿件的学术质量是期刊的生命力，以策划专题的形式提高学报的学术质量。编辑通过数据分析，关注过刊的反馈效能，减少零被引和低被引论文的比率，通过尽快、尽早地出版最新的科研成果来保证期刊受到最大程度的关注。减少自投稿的发文比例，针对高被引论文的作者约稿，做好学术经营，办出学报特色，逐步提高学报的学术和社会影响力。

参 考 文 献

[1] 教育部办公厅.高等学校学报管理办法[S].北京:教育部办公厅,1998.
[2] 吕小红.对高校学报定位及其发展的认识——由"尿片期刊"引发的思考[M]//学报编辑论丛(2015).上海:上海大学出版社,2015:63-66.
[3] 中国科学文献计量评价研究中心.中国学术期刊影响因子年报(自然科学与工程技术)[M].北京:《中国学术期刊(光盘版)》电子杂志有限公司,2016.
[4] 杨开英.利用作者分析报表优化期刊组稿对象——以北京工业大学学报为例[M]//学报编辑论丛(2016).上海:上海大学出版社,2016:366-369.
[5] 付晓霞,游苏宁,李贵存.2000—2009 年中国 SCI 论文的零被引数据分析[J].科学通报,2012,57(18):1703-1710.
[6] 汤宏波,吕新华.从历史、国际视野看中国科技期刊的困境与发展[J].编辑之友,2017(2):32-35.
[7] 杜秀杰,葛赵青,刘杨,等.基于著者索引的高校学报核心作者群分析[J].编辑学报,2006,18(5):366-368.
[8] 张丽颖,王萍,张瑞亭.刍议科技期刊的作者及审稿人[J].中国科技期刊研究,2006,17(1):123-124.
[9] 吴洋意.医学期刊重视编委资源的合理利用[J].中国科技信息,2009(2):155-156.
[10] 汤敏华.充分发挥编委作用 办好中医药期刊[J].今传媒,2012(12):120-121.
[11] 乔红.充分发挥编委作用 增强学术刊物竞争力[J].编辑学报,2002,14(6):441-442.

《建筑钢结构进展》传播及引证数据分析与思考

刘玉姝[1]，张 瑾[2]，何亚楣[1]，陆 芳[1]

(1.同济大学《建筑钢结构进展》编辑部，上海 200092；
2.《中国学术期刊(光盘版)》电子杂志社有限公司，北京 100192)

摘要：以《建筑钢结构进展》为例，对期刊十几年来的传播数据和引证数据进行统计，包括载文量、基金项目支持情况、年下载量、机构用户数量及分布、海内外高下载文献、国际影响力指标、复合影响因子、零被引文献和高被引文献、被引期刊数目和分布、高被引作者、高被引机构等等。通过对这些数据的对比分析，了解了期刊的发展趋势和不足，明确了期刊发展的方向，也探索了提高期刊受关注度和影响力的新举措。

关键词：传播数据；引证数据；发展趋势；影响力；新举措

《建筑钢结构进展》(以下简称《进展》)创办于1999年，是同济大学主办的建筑钢结构专业学术期刊，2005年改为双月刊。《进展》以推动我国建筑结构事业的发展，促进相关理论研究及实用技术与新型产品开发，加强国内外学术交流，加快科研成果向生产力转化为宗旨，为广大从事建筑钢结构研究、设计、制作、安装和施工以及维修防护等相关领域的工程技术人员、高等院校师生和科研工作者服务。《进展》重视国内外建筑钢结构领域的最新科技信息，主要刊登各类建筑钢结构的计算理论、实用设计方法、计算机辅助设计技术、制作与安装工艺，展示国内外有特色的建筑钢结构设计案例，广泛交流建筑钢结构新体系、新技术、新工艺、新材料和新产品及其在工程中的应用情况，介绍各国建筑钢结构设计规范以及我国建筑钢结构设计规范的背景资料。自创刊以来，《进展》在学术界的影响不断扩大，2007年入选中国科学技术信息研究所的"中国科技核心期刊"，2011年入编北京大学图书馆的《中文核心期刊要目总览》2011年版(即第六版)之建筑科学类的核心期刊，并在2014年和2017年连续入编《中文核心期刊要目总览》之建筑科学类的核心期刊。现已是"2015—2016年度"和"2017—2018年度"中国科学引文数据库来源期刊，也是RCCSE核心学术期刊。杂志曾荣获第三届上海市高校优秀科技期刊奖，入选2016年度中国高校百佳科技期刊，还获得了2016—2018年度上海市高水平高校学术期刊支持计划项目资助。

根据《中国学术期刊影响因子年报》(2016版)和(2017版)统计：《建筑钢结构进展》杂志在2015和2016年影响因子(JIF)的学科排序分别为：复合影响因子15/144和35/156、期刊综合影响因子14/144和25/156，排名在10%~20%左右。

有作者对《西藏民族学院学报》《北京中医药大学学报》《内蒙古大学学报》《水道港口》《西安科技大学学报》等[1-6]，以及福建省高校学报、中国药学期刊、体育法学类论文等[7-9]

的引证数据进行了分析研究。至今《进展》已出版了近20年,出刊100余期,因此非常有必要全面梳理《进展》这些年来的传播数据和引证数据,通过对《中国学术期刊影响因子年报》中历年这些数据的对比分析(统计时间为2018年6月24日),了解期刊的发展趋势和不足,进一步明确期刊发展的方向,从而探索期刊发展的新途径。

1 期刊的传播数据

1.1 载文量

载文量是指某一期刊在一定时期内所刊载的相关学科的论文数量。载文量是反映一种期刊信息含量的重要指标。图1给出了《进展》2002—2017年的载文量数据。《进展》2002年被知网收录,为季刊,每年的载文量在40~45篇之间(含会讯、通知等),2003年因为出了1期以"钢结构住宅"为专题的增刊而使得载文量大幅增加至64篇。2005年《进展》由季刊变为双月刊,使得2005—2014这10年间的年均载文量基本稳定在75篇左右,2015—2017年则年载文量基本稳定在90篇左右。可以看出,《进展》载文量整体处于一个稳步上升的态势。

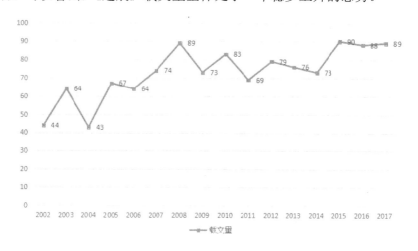

图1 《进展》2002—2017年的载文量数据

1.2 基金论文比

基金论文比指某期刊所发表的文献中各类基金资助的论文占全部可被引文献的比例。基金论文往往代表了某研究领域的新趋势和制高点。一般而言,各学科领域基金资助的研究项目普遍具有方法先进、学术水平高、研究深入等特点。组织刊发基金论文已成为提高期刊学术水平行之有效的措施之一[10]。图2给出了《进展》2008—2016年的基金论文比数据。可以看出,《进展》所刊载的基金文献占比量逐年增大,从2008年的0.22上升至2013年的0.60,并在近几年基本稳定在0.53和0.62之间。从横向比较来看,《建筑结构学报》《土木工程学报》《同济大学学报(自然科学版)》《工业建筑》等刊在2012—2016年的基金论文比平均值分别为0.940、0.936、0.868、0.738,本刊的基金论文比还尚需提高。

1.3 下载频次

Web下载量也是评价期刊论文受关注度的一个重要指标。若要从根本上提高期刊Web下载量,刊载的论文必须要对科研工作者或者在理论上提供借鉴,或者在工程实践中提供应用,这样才能获得更多读者的关注。另外,还要在检索入口上下功夫,在论文标题、关键词和摘要等关键检索项目上进行规范著录将有助于提高Web下载量。还有一个关键因素,就是如何尽

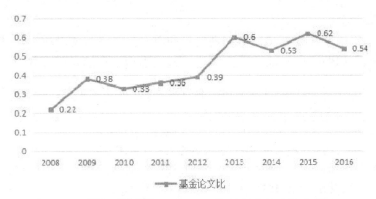

图2 《进展》2008—2016年的基金论文比数据

早地让论文发表,从而让读者尽早地下载阅读,在这方面,论文的优先出版,以及目前知网推出来的网络首发的做法应该非常值得推崇。图3给出了《进展》2008—2016年的Web下载量数据。可以看出,该数据也是基本呈逐年上升的态势。尤其从2012年开通优先数字出版以来,Web下载量呈直线上升趋势,2016年下载量2.81万次约为2008年下载量1.47万次的两倍。

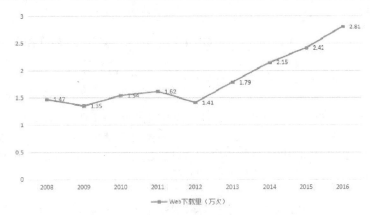

图3 《进展》2008—2016年的Web下载量数据

1.4 国内外机构用户

国内外机构用户共3 435家,分布比较广泛。国内机构共3 328家,高职院校用户较多;国外机构用户共107家,其中北美、西欧、澳洲机构用户占比较高,如图4所示。

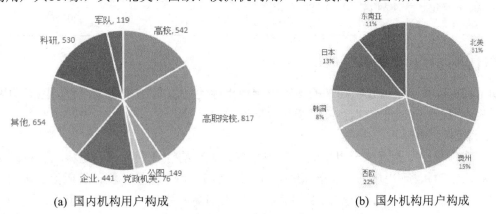

(a) 国内机构用户构成　　　　　　　　(b) 国外机构用户构成

图4 《进展》2016年的国内外机构用户

1.5 高下载文献

表1和表2分别给出了2002—2016年《进展》的海内外高下载文献排名。从中可以看出，结构抗火、高强钢、屈曲约束支撑、组合结构、预应力钢结构等是研究热点。

表1 2002—2016年《进展》的国内高下载文献排名(前10名)

序号	题名	作者	发表年月	下载量
1	结构抗火研究进展与趋势	李国强,吴波,韩林海	2006/2	2 875
2	超高强度钢材钢结构的工程应用	施刚,石永久,王元清	2008/8	2 047
3	屈曲约束支撑体系的应用与研究进展(Ⅰ)	汪家铭,中岛正爱,陆烨	2005/2	1 845
4	促进我国建筑钢结构产业发展的几点思考	沈祖炎,李元齐	2009/8	1 403
5	型钢混凝土柱粘结滑移性能及 ANSYS 数值模拟方法研究	薛建阳,赵鸿铁,杨勇,李俊华,王彦宏	2006/10	1 354
6	钢-混凝土组合桥梁研究及应用新进展	樊健生,聂建国	2006/10	1 305
7	屈曲约束支撑体系的应用与研究进展(Ⅱ)	汪家铭,中岛正爱,陆烨	2005/4	1 204
8	预应力钢结构学科的发展与深化	陆赐麟,张爱林,张国军	2006/4	1 190
9	钢板剪力墙抗震行为与设计	蔡克铨,林盈成,林志翰	2007/10	1 107
10	钢结构抗火研究进展	魏东,孙秀山,刘应华,朱建明	2006/8	1 068

表2 2002—2016年《进展》的海外高下载文献排名(前10名)

序号	题名	作者	发表年月	下载量
1	三面受火的矩形钢管混凝土柱受力机理与耐火极限	杨华,刘发起,吕学涛,张素梅	2011/12	37
2	超高强度钢材钢结构的工程应用	施刚,石永久,王元清	2008/8	31
3	结构抗火研究进展与趋势	李国强,吴波,韩林海	2006/2	22
4	台北101大楼钢结构工程之施工监造(Ⅰ)	钟俊宏,谢绍松,甘锡滢	2005/10	17
5	台北101层国际金融中心之结构施工技术与其设计考量概述	谢绍松,钟俊宏	2002/8	15
6	FRP管-混凝土-钢管组合柱力学性能的试验研究和理论分析	滕锦光,余涛,黄玉龙,董石麟,杨有福	2006/10	15
7	火灾下钢结构楼板的薄膜作用	丁军,李国强	2003/4	14
8	从汶川地震灾害看钢结构在地震区的应用	李国强,陈素文	2008/8	14
9	工程结构抗火研究进展与建议	李国强,吴波,蒋首超	2010/10	14
10	600米级超高层钢结构节点可实施性设计重点探讨	倪志刚	2016/2	14

2 期刊的引证数据

期刊的引证数据主要包括期刊的国际影响力指标(包括国际被引总频次和国际影响因子)、复合影响力因子、高被引文献、被引期刊数据等。

2.1 国际影响力指标

影响力指数CI：是反映一组期刊中各刊影响力大小的综合指标，它是将期刊在统计年的总被引频次(TC)和影响因子(IF)双指标进行组内线性归一后、向量平权计算所得的数值，用于对组内期刊排序。这就要求影响因子和总被引频次都高才能获得高CI值，也就是说期刊既要办精办好，还要办大办强。从图5可以看出2016年是2012年国际他引总被引频次的2倍，2016

年国际他引影响因子是2012年的1.6倍。说明《进展》的国际影响力还是在逐渐提高的。但和本学科的权威期刊相比还是有较大的差距,仍需继续努力。

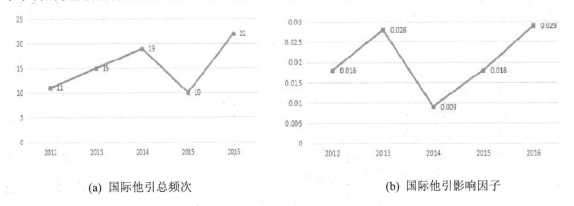

(a) 国际他引总频次　　　　　　　　　(b) 国际他引影响因子

图5　2012—2016年《进展》的国际影响指标

2.2　复合影响因子

复合影响因子是以期刊综合统计源文献、博硕士学位论文统计源文献、会议论文统计源文献为复合统计源文献计算,被评价期刊前两年发表的可被引文献在统计年的被引用总次数与该期刊在前两年内发表的可被引文献总量之比。图6给出了《进展》2012—2016年的复合影响因子数据,可以看出从2013年到2014年是一个飞跃,从0.468急增到0.964,但是又从2015年的0.981降为2016年的0.673。虽然近五年《进展》的复合影响因子高于土木建筑工程学科的复合影响因子(0.438~0.484),但是《进展》复合影响因子的降低原因还是值得深究。

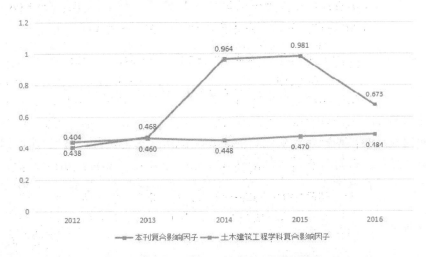

图6　2012—2016年《进展》的复合影响因子

2.3　高被引文献

表3给出了2012—2016年《进展》的高被引文献排名(前10名),这里可以发现一些研究的热点,比如"建筑工业化",然后我们以"建筑工业化"为搜索关键词,利用中国知网"学术趋势"检索发现2011年收录量为36篇,2013年收录量为114篇,2016年收录量则快速增长为379篇,几乎呈几何级数增长,如图7所示。因此,优秀期刊要能抓住学科前沿,紧跟研究热点。

表3 2012—2016年《进展》的高被引文献排名(前10名)

序号	篇名	作者	发表年月	被引↓	下载
1	建筑工业化建造的本质和内涵	沈祖炎,李元齐	2015/10	27	961
2	以钢结构建筑为抓手 推动建筑行业绿色化、工业化、信息化协调发展	沈祖炎,罗金辉,李元齐	2016/4	19	755
3	扩翼式连接钢框架抗震性能试验研究	王燕,王玉田,郁有升	2013/2	17	244
4	空心普通和再生钢管混凝土柱抗震性能研究Ⅰ:试验与有限元研究	李卫秋,查晓雄,余敏	2012/6	17	296
5	轻钢装配式住宅示范工程的设计与应用	侯和涛,孙燕飞,刘玮龙	2013/10	16	676
6	钢管再生混凝土柱承载力及抗火性能研究	刘轶翔,查晓雄	2012/6	16	357
7	高强度钢材及其焊缝脆性断裂与疲劳性能的研究进展	王元清,林云,周晖,张延年,石永久	2012/10	16	825
8	梁柱弱轴连接翼缘削弱型节点的滞回性能研究	郁有升,孙婷,王燕	2013/2	15	273
9	外伸端板高强度螺栓抗拉连接设计方法研究	刘秀丽,王燕	2013/2	15	301
10	下部支承结构对网壳结构强震响应的影响研究	支旭东,于志伟,范峰	2012/8	14	200

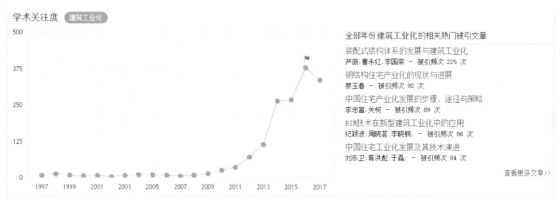

图7 建筑工业化相关收录文章数量以及热门被引文章

2.4 被引期刊数据

被引期刊数反映了期刊对其他期刊的影响,即本刊被谁关注。被引期刊数增多表明读者的广度、层次级别、影响面、影响力等越来越大。图8给出了2012—2016年《进展》被引期刊数变化趋势,可以看出《进展》的影响面、广度是越来越大的。表4给出了2016年《进展》的被引期刊排名,可以看出《进展》排名靠前的被引期刊基本都是建筑科学领域的几种重要刊物,具有较高的集中和关注度。

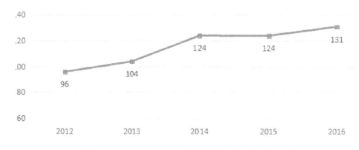

图8 2012—2016年《进展》的被引期刊数量

表4　2016年《进展》的被引期刊排名(前5名)

序号	刊名	频次↓	期刊影响因子	核心类别	核心排序
1	钢结构	30	0.302	建筑科学	33/37
2	工业建筑	22	0.347	建筑科学	8/37
3	建筑结构学报	19	1.110	建筑科学	2/37
4	建筑结构	19	0.342	建筑科学	10/37
5	施工技术	13	0.645	建筑科学	31/37

3　对于《进展》传播和引证数据的分析和思考

从上述传播和引证数据来看，总的来讲，《进展》的影响力是逐渐增大的，但是在2016年《进展》的复合影响因子有较大幅度的下降，这里也对下降的原因做了进一步的剖析，发现主要是研究生论文和会议论文引用频次减少、期刊自引频次减少、高影响力作者发文量减少、基金论文减少带来的影响，其中前两者的影响程度较大，分别为20%和10%左右。另外零被引文献的影响也不可忽略，在2015年，除去一些启事、会讯、公告、序言、总目录等，共有11篇文献是零被引的，列在表5中，在这11篇零被引文献中，有7篇是非基金论文。在表5中还发现了一个问题就是这11篇文献还是具有不少下载量的，但是下载量没有转换为引用量，这是一个值得深思的问题，可能是因为这些论文的内容对后续的研究指导意义不大，或者不是近几年的主流研究热点。

表5　2015年《进展》发表的零被引文献

序号	篇名	作者	发表年月	下载量
1	Y形截面轴压构件的稳定承载力	魏鸣宇,邓洪洲	2015/2	153
2	开洞对冷弯薄壁管桁架组合墙体抗剪性能的影响研究	王静峰,许尽武,余波	2015/12	121
3	大跨度敞开式金属屋面板抗风揭模拟试验研究	王静峰,王海涛,陆健伟,王波	2015/12	120
4	Q550高强度钢焊接H形柱轴心受压承载力试验研究	邱林波,侯兆新,薛素铎,刘毅,陈水荣	2015/6	113
5	单层柱面索撑网壳结构的形态优化	杨建林,葛金明	2015/8	96
6	立柱-导轨间距对冷弯薄壁型钢墙体立柱性能的影响	刘涛,郭成喜	2015/4	87
7	徐汇日月光天幕结构选型与设计	张峥	2015/8	84
8	厚型防火涂料保护钢柱三面受火时截面温度分布规律及计算方法	王培军,夏金环,杜秋笛	2015/2	81
9	深圳湾体育中心风洞试验及风振分析研究	何连华,陈彬磊,陈凯,郭宇飞,张勇	2015/10	79
10	九华山超高佛像环形空间网格构架新技术研究	钱礼平,曾伟,张永生	2015/12	62
11	劲性支撑穹顶结构敏感性分析	高占远,薛素铎,何永发	2015/10	57

4　结束语

从办刊角度来看，为了提高期刊的影响力，无外乎是以读者需求为出发点从内因——即稿件的质量入手，抓住高被引作者、抓住学科前沿，紧跟研究热点，这样才能提供研究人员所需的学术文章,另外,应尽量提早文章的发表时间,多利用知网的网络首发功能应该是提高文章下载量和引用频次的一个新途径。

参 考 文 献

[1] 孔繁秀.基于CNKI对《西藏民族学院学报》引证数据统计分析[J].西藏民族学院学报(哲学社会科学版),2010,31(5):73-78;83.

[2] 张弛,路广林,尤海燕,等.2008—2011年《北京中医药大学学报》在《中国科技期刊引证报告》的数据分析[J].北京中医药大学学报,2013,36(3):213-216.

[3] 白鲜萍.《内蒙古大学学报》(自然科学版)2007—2007年引证数据分析[J].内蒙古大学学报(自然科学版),2009,40(2):229-232.

[4] 李树华,周然.《水道港口》期刊引证数据分析[J].水道港口,2009,30(3):226-228.

[5] 王强,许建礼,马静,等.《西安科技大学学报》创刊30年引证数据分析研究[J].技术与创新管理,2013,34(1):73-74;82.

[6] 杨忠民,李克永,刘洁,等.《西安科技大学学报》引证数据分析思考[J].西安科技大学学报,2014,34(4):505-508.

[7] 林锋.福建省高校学报引证数据分析[J].武夷学院学报,2010,29(4):89-91;111.

[8] 丁佐奇,郑晓南,吴晓明.基于Web of Science引证数据分析中国药学期刊的国际化前景与策略[J].中国科技期刊研究,2011,22(5):704-707.

[9] 张健,王龙龙.体育法学研究影响性因素实证分析——基于CSSCI(2003—2012年)体育法学论文引证数据[J].成都体育学院学报,2013,39(7):1-5.

[10] 陈留院,人为因素对影响因子、基金论文比和Web下载量评价指标的影响[J].科技管理研究,2014(1):82-85.

服务主编学术引领的主编团队建设

朱建育

(上海应用技术大学期刊社《应用技术学报》编辑部，上海 200235)

摘要：针对高校期刊主编以兼职为主、投入精力不足的现实情况，提出建构主编团队，发挥主编学术引领作用，提升期刊的学术内涵和影响力。分析高校期刊编委会组成、解构期刊主编功能，提出设置执行主编配合主编管理、青年编委辅助主编学术拓展。建设以主编为学术中心、编委为学术支撑、执行主编为期刊出版、管理中心的主编团队，构建融学术、出版、管理为一体的办刊模式，以真正体现主编学术视野、发挥其学术资源优势、落实期刊定位、提升期刊影响力等。通过合理搭建编委会框架，设置以执行主编为管理、协调核心，主编为学术中心，青年编委等的主编团队，有效地发挥主编的学术引领作用，促进期刊发展。

关键词：主编；学术引领；执行主编；主编团队；团队建设

根据《现代汉语词典》，主编是指编辑工作的主要负责人、出版物全体编辑人员的领导者。期刊主编按定义，是期刊和学报的编辑事务主持者、总策划和总设计师，重要性不言而喻。在知网出版类期刊中，以主编为关键词检索，有超过 4 000 多篇涉及主编的相关研究，如：主编的角色定位、责任意识、岗位职责等以及如何切实发挥主编作用等。韩燕丽等[1-5]从发挥主编的作用和角色定位等角度提出，期刊主编决定了期刊的学术水准、质量，决定了期刊在该学术领域的地位。闫群等[6]通过对办刊队伍建设研究提出，主编需要角色定位，要组建团队，要利用自己的影响力为期刊发展搭建一个互动交流平台。陈志贤等[7]从主编的职责、管理能力以及学术把关、学术监督等，提出主编对期刊学术质量和影响力提升的重要性。谭本龙等[8]从高校学报兼职主编的现实出发，提出兼职主编有存在在位缺失无法履行职责现象，不利于学报发展和办刊质量提升，建议实行主编实职制，或设立执行主编，明确各自职责。丁洁等[9]从学术期刊创刊的角度，探讨了主编在创办新刊中的重要职责，包括组建编委团队、约稿组稿、把握热点策划前沿专题等，提出采用聘用制和业绩考核机制，以提升主编的工作积极性和主动性。莫弦丰等[10-11]认为主编是更名学术期刊转型期影响力提升的重要因素，提出建立包括编委的主编团队是更名期刊发展的关键因素。廖智宏等[12]从学理上，梳理了主编与学报整体水平和内在质量间的关系。

毋庸置疑，主编是期刊的灵魂和统帅，有什么样的主编就有什么样的期刊，一个优秀的主编对于期刊的定位、目标与发展等起着至关重要的作用。主编，不仅需要了解学术前沿、为期刊寻找学术前沿，确定主题和专题定位，同时，还要积极组织编委开展专题组稿工作，

基金资助：上海高校科技期刊研究基金资助项目(SHGX2016C04)

展示学术前沿，宣传、推广期刊。

本研究则通过对学报主编职责从学术和管理 2 个方面进行解构，提出主编团队概念。通过建设主编团队，发挥主编学术水平和影响力，由青年编委协助落实，执行主编以期刊出版管理为主，做好服务、沟通、联系工作，服务主编和编委。

1 高校学报主编职责和作用

据国家新闻出版总署发布的我国新闻出版业数据显示，2017 年我国共有各类期刊 10 000 多种，其中科技期刊 5 000 余种，学术类科技期刊 2 000 余种，高校学报 1 300 种。

高校学报作为我国学术期刊中的特殊组成部分，在科研成果展示、学术传播交流、促进学科建设、服务经济社会发展等方面发挥了重要的作用。学报编委会章程明确规定，学报主编兼具学术影响力和管理能力，是需要有一定的时间保障和精力方能胜任的专职岗位。

诸多期刊发展案例显示，一位优秀的主编能够引领期刊走出困境走上发展的道路。主编如何真正发挥其作用，制定期刊的中长期发展规划和出版方针，掌握学术发展动向，对于学报定位以及专业化转型发展尤为重要。2015 年教育部、国家新闻出版广电总局联合印发《关于进一步加强和改进高校出版工作的意见》，进一步明确了高校学报专业化的发展方向。在政策引领下，许多高校已思考学报转型发展和专业化建设，从内向的综合性学报向专业化的学术期刊转型，期望通过转型实现发展。转型学报不同于新刊，面临着转型定位和学科取舍、原编委的去留等问题，这就要求主编兼具学术能力和魄力。此外，开放办刊，编委间的沟通和联络、组稿约稿以及出版、宣传等工作，也需要主编投入大量时间和精力。主编能够长期兼顾管理和学术，在国内学术出版界较为少见。

事实上，目前高校以兼职主编为主的现实，从客观上已经无法保障主编完成其相应的岗位职责，迫切需要组建强有力的主编团队协助主编完成其职责，实现学报功能定位，顺利实现转型发展。

2 编委会一般模式和主编任职情况

2.1 国内高校学报编委会的构成

国内学术期刊编委会的构成常见的有 4 种模式(见图 1)，主编、编委是编委会的 2 个基本组成部分，图 1 虚线框中为非必备要素，不同组合形成编委会的 4 种模式。模式 1，编委会由主编（副主编）和编委组成。在此基础上，或设置主任委员会的管理团队、或设置执行主编、或者同时设置主任委员会和执行主编，组成了其他 3 种编委会模式。

学术期刊主编，一般由院士、单位领导或知名专家担任。执行主编、执行(常务)副主编，由期刊出版管理人员担任，作为管理性职务。主任委员一般由单位主要领导担任，副主任委员由主管领导任，主编同时还兼副主任委员。一般这类期刊的重大决策由主任委员会决定。

2.2 上海地区高校主办学术期刊编委会框架和主编等任职情况

采用电话访谈、调研等方法，分析汇总了上海地区 18 所高校主办的 46 种科技期刊(含科技类学报 22 种)的编委会框架构成、主编人选情况，如表 1 和表 2 所示。

从表 1 和表 2 可见，46 种期刊包含了全部的 4 种模式。其中有 19 种期刊(含学报 12 种)编委会设有主任委员会，14 种设置执行主编(副主编)。主编中 63.04%的期刊由院士和领导(校长)担任，学者担任的，占 36.96%。有 13.04%的期刊，通过设立执行主编或常务副主编，使

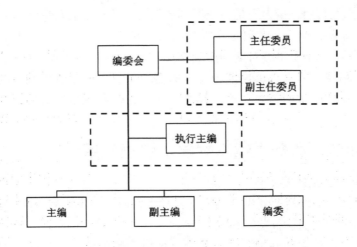

图 1 期刊编委会模式(虚框中的部分,为非必备要素)

得期刊专业管理人员能协助主编完成其岗位职责中的出版和管理工作功能,甚至落实组稿等学术方面的工作。有 30.43%的期刊设置执行主编(常务副主编或副主编),这些期刊已意识到兼职期刊主编的精力投入不足,设置了执行主编或副主编,由期刊专业管理人员担任,参与出版管理;有 69.57%的期刊,编辑部管理人员和编辑出版人员没有在编委会中担任副主编或编委,这些期刊编辑部看似没有参与期刊管理,而事实上却负责期刊出版。

表 1 上海地区高校学术期刊编委会设置和主编情况

	主编			主任委员	执行主编 (常务副主编)*	副主编*
	领导	院士	学者			
期刊数	20	9	17	19	6	8
占比/%	43.48	19.56	36.96	41.30	13.04	17.39

注:*表示编辑部管理人员任职情况,截至 2017 年 12 月。

表 2 编辑部管理人员担任期刊编委会相关情况

	执行主编(常务副主编)	副主编	总计
期刊数	6	8	14
占比/%	13.04	17.39	30.43

2.3 主编投入精力不足、无法履职缘由

教育部《高等学校学报管理办法》明确规定,学报主编由校(院)长聘任,其任职条件包括:政治理论水平、学术造诣、作风正派,同时精通编辑出版业务。学报编辑部实行主编负责制。高校学报主编肩负着领导管理和编辑出版的重任,不仅应有很深的学术造诣,同时也应该是编辑出版的业务带头人。主编是我国高校学报管理中的一个不可或缺的重要岗位。从调查的数据可以看出,高校学报主编一般由单位领导(校长)、院士或知名学者担任。校领导、院士等专家,事务繁忙,很难按照编委会章程规定承担主编工作。导致产生该现象的主要原因如下:

(1) 主办单位对主编岗位重要性认识不足。主编岗位多为兼职,职责不明,目标任务不明。

主编的岗位仅以编委会章程宏观要求，没有具体的考核要求。

(2) 兼职主编投入时间、精力不足。在期刊的发展、定位、目标等关键问题上缺乏系统的思考和规划；专题策划、组稿、邀稿工作投入精力不足。

(3) 主体责任不明。兼职主编对期刊出版规律和新技术、新媒体等传播模式了解不多，缺少专业的办刊经验和精力。主办单位期刊发展等要求考核对象是编辑部。编辑承担了保障期刊按时出版和出版编校质量的首要任务，其中不乏有些学报编辑已成为办刊的主体，他们更加关心的是稿件的数量。

3 建立主编团队，服务主编发挥学术引领作用

3.1 主编功能解构，建立主编团队

主编职责和功能主要包括期刊出版的全部：学术影响力、期刊管理(目标、规划等)、出版(编辑出版管理)以及影响力提升(发行和推广)等。

主编职责编委会章程中明确规定，主要为：主持刊物的编辑、出版和发行、推广工作，贯彻办刊方针，把握办刊方向；主持制定刊物的选题策划、栏目设置和组稿、发稿计划；复审、终审或加工重要稿件，把好稿件质量关；系统地收集和研究刊物所涉及的学科学术动态和编辑出版信息，提出对编辑工作具有指导意义的建议或方案，不断提高刊物质量。

按照职责要求，目前兼职主编的模式很难符合上述要求。而通过解构主编的职责，将其分为学术和出版管理 2 个方面：与学报定位、发展、目标等学术影响力和学术内涵建设相关的，由兼职主编承担；而与期刊管理、出版、发行等出版管理、服务社会的期刊出版方面的具体实务工作，则由执行主编负责。执行主编承担起协调、落实期刊出版管理等重要职责，为主编搭建平台，发挥主编的学术优势特点；同时建立青年编委团队协助主编，帮助主编落实组稿、约稿等的学术方面具体工作。

3.2 主编团队组成

主编团队组成：主编、执行主编、青年编委。主编宏观把握学报，了解行业专业前沿，负责确定期刊的定位、专题、组稿、约稿等学术工作，以及学术宣传等。有号召力的学术带头人或学术名人担任。执行主编(常务副主编)或副主编负责期刊出版和管理，服务主编和编委决策。由具有管理经验、学科背景等的高级专业技术期刊出版管理人员担任。配合主编制定学报的中长期发展规划，负责落实主编的学术思想，实施期刊出版和发行等相关工作，落实编委会年度工作计划和专题组稿、约稿工作。管理期刊编校质量和出版质量，负责学报的宣传、推广等具体活动，无缝架起学术和出版的桥梁。行业内有影响力的学者专家担任编委，青年编委则有一定的学术发展前景和科研成果，热心期刊出版的年轻学者，富有活力和精力充沛。针对青年编委有激励和推出机制。开展专题组稿、策划等工作，协助主编，落实主编的组稿计划等。

通过主编团队，全方位关注学报学术质量方面、学术影响力、组稿约稿、推广宣传，以及期刊出版管理和服务社会等方面。科学有序的管理模式，有利于发挥学报主编的作用，继而实现学术质量和影响力提升，实现期刊转型，促进发展，弥补兼职主编在办刊上的投入精力不足的不利因素。

4 《应用技术学报》主编团队实践和专业化转型发展

上海应用技术大学主办的学报编委会自创立时设有主任委员，2013 年起设置执行主编，由期刊社负责人担任。《应用技术学报》创刊后，建立以主编为学术中心、青年编委为生力军以及编委为学术支撑的主编团队[13]，以执行主编为期刊出版、管理中心，融学术、出版、管理为一体的办刊模式，主动组稿约稿。通过主编和编委专家的学术影响力，产学研合作等渠道，扩大组稿范围，扩大期刊的影响力，服务学科发展。执行主编密切与主编联系，共同制定期刊发展目标、发展规划、推荐编委人选和青年编委人选，组建与期刊定位和发展目标相一致的编委团队。主编的工作重心为编委组建、期刊定位、学科和专业方向取舍。主编的学识、影响力、人格魅力以及人脉关系作用，为学报创刊和发展提供了良好的资源保障。

通过主编团队，学报真正解决了以往主编、编委等名人效应短期明显，长期时间精力投入不足等的制度性问题。《应用技术学报》转型发展中，通过合理编委会设置和主编、编委人选的选择，以及青年编委的增补和退出等的激励制度，学报在建设发展中，以主编为学术核心，执行主编融合学术、管理、出版，协调学报发展。主编清晰的办刊目标、主办单位的投入、办刊人员的配合，执行主编积极探索出版规律，形成专题组稿模式等服务学校应用技术定位，实现良性循环。

参 考 文 献

[1] 韩燕丽.主编在学术期刊建设中的作用[J].科技与出版,2012(9):32-35.
[2] 刘明寿.科技期刊主编的角色定位[J].编辑学报,2015(12):522-524.
[3] 王金莲.论高校自然科学学报主编的贡献意识[J].编辑学报,2013,25(6):514-517.
[4] 邝幸华.论科技期刊主编的多重角色[J].编辑学报,2001,13(2):96-97.
[5] 刘炳琪.论科技期刊主编的管理能力对提高科技期刊品质的影响[J].编辑学报,2006(s1):74-76.
[6] 闫群,张晓宇,刘培一,等.中国科技期刊办刊队伍现状、问题与发展策略[J].科技与出版,2017(7):104-107.
[7] 陈志贤,黄仲一.防范学术不端论文出版的立体策略[J].中国科技期刊研究,2017,28(7):605-609.
[8] 谭本龙,钟昭会.高校学报主编在位缺失与应对策略[J].中国科技期刊研究,2015,26(12):1239-1243.
[9] 丁洁,王晓峰,胡艳芳,等.主编在学术期刊创刊中的职责与工作探讨[J].中国科技期刊研究,2017,28(1):8-12
[10] 莫弦丰,葛华忠,郑琰燊,等.更名学术期刊转型期影响力提升的关键因素分析[J].科技与出版,2017(10):47-50.
[11] 冯秀兰.充分发挥主编和编委作用提高期刊学术质量——以北京林业大学学报为例[J].中国林业教育,2017,35(3):76-78.
[12] 蔡斐,李明敏,徐晓,等.青年编委的遴选及其在期刊审稿过程中的作用[J].中国科技期刊研究,2017,28(9):856-860.
[13] 朱建育.综合性学报专业化转型及思考——以《应用技术学报》为例[M]//科技期刊发展与导向(第11辑).上海:上海大学出版社,2018:32-38.

基于康复期刊影响力提升的思考与对策

万 甜

(福建中医药大学《康复学报》编辑部，福 350122)

摘要：康复期刊是传播康复知识、提高人民健康水平的重要期刊。本文就提高康复期刊影响力做了如下思考：提高康复期刊质量，建设特色康复栏目，提高康复论文的创新性，利用媒体宣传康复期刊，依托康复学会扩大期刊影响，突出康复特色优势，增加优质稿源，康复期刊的策略营销，提高康复期刊利用率。期望从多方面进一步提高康复期刊影响力。

关键词：康复期刊； 期刊影响力； 康复知识

康复医学是 20 世纪中期新兴的一门学科。康复医学是一门针对功能障碍的诊断、评估、防治和训练的医学学科，通过最大限度改善患者功能障碍，弥补和重建患者各项功能缺失，努力恢复患者正常生活水平的医学学科，运动疗法、作业疗法、针灸推拿、理疗等是康复医学的有效手段和重要内容。康复期刊对于普及和宣传康复医学知识、探讨研究康复医学新理论、推动康复科研交流、提高患者功能康复具有重要作用。康复期刊的发展，能带来更大的社会效益。但是，康复期刊在国内外医学领域的影响力不足、发行量偏低是目前面临的问题。为此，笔者结合实际工作经验就如何提高康复期刊的影响力进行了探讨。

1 提高康复期刊质量

质量是学术期刊生存和发展的根本，也是科技期刊的生命力，如何提高、解决期刊的质量问题是编辑永恒的主题[1]。编辑流程的任一环节差错，都会大大降低期刊的使用价值。提高康复期刊质量应从以下几方面探讨。

(1) 了解康复期刊宗旨。康复是一门通过诊断与评估指导治疗、训练的一门新学科，通过弥补或重建各种功能缺失，消除患者功能障碍，从而减少患者致残，最大限度恢复患者功能水平。编辑人员必须了解康复期刊办刊宗旨，才能有效择文，指导作者修改文稿。

(2) 加强素质管理。编辑工作者作为编辑的主体，如果想要追求编辑质量，努力提高编辑素质至关重要。编辑素质包括政治修养、科学素养及业务素养等[2]。编辑首先要爱岗敬业，心甘情愿"为他人做嫁衣"，要有良好的思想政治觉悟。其次要具备端正的科学态度和责任心，以及良好的科学学术素养。康复科技期刊编辑必须钻研康复科学领域的相关知识。此外，编辑还要具备一定的业务素养，包括语言文字的驾驭能力、科学的思维能力、实际操作能力、文稿的鉴别能力、实际的编排能力等[3]。

(3) 提高质量控制。首先编辑人员要遵循严格编辑相关的规章制度和标准规范，执行论文优选、稿件三审、责任编辑、责任校对、稿件终审等制度[4-5]。其次，要重视内涵质量和外在质量控制。内涵高指的是内容属于科学前课题，具有一定的创新性，并且内容准确且满足有时效性等要求。外在质量高指的是稿件相关细节必须科学化、标准化及规范化，编辑必须严控稿件的内容、文字、结构、图表、参考文献以及编排格式等[6]。

2　建设特色栏目，提高康复论文的创新性

当今，国内期刊市场化正循序渐进进行改革，各类期刊在互相借鉴的同时，又彼此存在竞争与对抗，生存难度加大。因此，如何在竞争的市场中保持期刊影响力，使刊物脱颖而出，始终保持高水平优势，是编辑从业者及每个编辑部门面临残酷的现实问题[7]。

期刊如何直面现实的竞争与挑战，学术界以特色栏目建设为主题进行了相关研究，并取得一定成果。特色栏目建设对提高期刊影响力意义重大。重视期刊特色和优势栏目建设，是期刊可持续发展的重要保障。特色的事物具有竞争优势，特色的期刊才可以取得广泛认同，才能保证社会效益和经济效益[8]。

当前，科技发展迅速，研究成果不断呈现，而学术科研成果的创新至关重要，因此要求选用的稿件务必具有特色和创新性。因此，康复期刊要生存，除了要办特色刊，还要重视、提高康复论文的创新性，必须追踪科学技术最新研究成果，站在科学理论前沿，不断推出新的热点问题、前沿问题，吸引广大读者。

3　利用媒体宣传康复期刊

大众媒体报纸、网站、电视、广播、手机等，能有效传递信息，走进千家万户，目前步入老年化社会，康复的需求至关重要，如果康复期刊能够通过大众媒体宣传，把期刊提供的科技成果，通过大众媒体采用通俗化的语言传递给公众，可以改变其束之高阁的现状[9]。因此，媒体可以作为传递康复信息的枢纽。

国际主流科技期刊常与媒体合作，而国内期刊较少将科学论文以新闻的方式发布，原因如下：①科技期刊新闻意识不强；②大众新闻媒体不够关注科技期刊。因此，科技期刊要强化新闻意识，通过学术期刊的优势吸引媒体眼球；同时，新闻媒体应加大对科学技术成果的关注度，大力宣传，让科技成果产生更大的社会和经济效益。目前国际康复期刊越来越多的在影响着普通老百姓，而让人欣慰的是国内期刊如《中国康复医学杂志》《中华物理医学与康复杂志》等也有通过专题报道来传递康复知识，如果国内康复期刊能进一步加强与媒体合作，把传统中医药康复知识传递给国内外康复需求者，不仅能有效提供期刊的影响力，更能够为老百姓造福。

4　依托康复学会扩大期刊影响

康复期刊应重视与主管部门、各级学会保持紧密联系，通过学会开展学术研讨、继续医学教育等，为作者、读者、社会各界人士作好服务，提高科技期刊的影响力和学术权威性。一方面，康复期刊可以通过康复一级学会、中医药学会等举办继续医学教育时，设置栏目，刊登康复论文，增加期刊的吸引力。另一方面，康复期刊可以请求学会的支持，通过康复期刊，发布新的标准、诊疗规范、草案等，提高康复期刊的知名度[10]。

5 突出康复特色优势

康复期刊要具有竞争力，能在各种科技期刊竞争环境下发展壮大，必须找准期刊定位，现代康复与传统中医康复相结合，突出中医康复特色，发挥传统中医康复的特点和优势，充分体现康复科技期刊，特别是中医康复期刊独特的价值[11]。在办刊定位、期刊宗旨、稿件优选、特色栏目设置、学术交流等方面尽可能体现中医康复特色，实现中医康复期刊自身的持续发展和创新跨越[12]。

比如《中国康复医学杂志》根据专科临床康复选题组稿，如神经康复、骨科康复、儿童康复、精神康复、肿瘤康复、疼痛康复等专科，吸收了不同专业研究人员的喜爱，提升了期刊影响力。《中国康复理论与实践》每期设立专题报道，栏目范围广泛，涉及康复评定、康复工程、辅助技术、社区康复、社会康复、心理康复、康复护理、康复管理、康复教育、职业康复、言语康复、文体康复、康复技术、传统医学康复等，特别是不断增加社区康复内容，满足社会需求，取得很好的效果。因此，康复期刊要提高其影响力，务必做出独特的康复栏目，才能在众多期刊中立足、发展。

6 增加优质稿源

康复期刊，应该通过增加优质稿源，提高期刊的质量，从而有效提高期刊的影响力。首先，编辑可多参加一些康复医疗的学术会议，从会上约到或组到高质量的稿件。其次，可以通过直接与专家联系的方式，约到优质稿源。再次，在约稿时，应先选择一两个康复方向，避免研究范围太广泛。作为一个刊物，必须注重在哪些康复方面突出特色，做到专而精，办出刊物特色。

7 期刊的策略营销

通过采取有效的策略营销，是期刊扩大影响力的一个新方向[13]。营销是推广康复期刊的重要途径，数字化、网络化期刊出版技术，必将引领期刊从纸质出版向全媒体出版转型，传统出版业必须搭建有效的数字出版平台，开发数字化核心技术[14-16]。比如中华医学会系列杂志通过开展数字化出版工作，累计诸多经验：①集中、培养大批高素质的编辑骨干；②凝聚一些具有知名度的专家；③积累丰富的内容资源；④有效掌握用户的需求；⑤宣传渠道丰富多样[17]。诸多优势是短期内其他期刊难以超越的。康复期刊想发展，想要营销，必须借鉴。利用现代网络技术，架构一个多层架构体系，比如康复期刊学习视频、康复病例资料库、康复医学继续教育、标准或指南信息库及康复资讯等，有效拓展康复期刊在数字化平台的经营模式，更好的接近读者。

8 提高康复期刊利用率

通过提高康复科技期刊利用率，也可以有效地提高期刊的影响力。高校图书馆是阅读期刊的一个有效的窗口，因此，加速高校图书馆期刊深层次的开发与提高康复期刊利用效果是关键[18]。通过以下方面可以使康复期刊的价值得以充分实现。

(1) 图书馆现代化技术应用。计算机技术等信息技术的使用可以提高工作人员的效率，实现期刊、论文管理的自动化，通过计算机强大的网络，加工、处理及检索信息，可以更好地发挥康复期刊信息源的作用，从而有效提供期刊利用率，这是扩大期刊影响力的一个新方向。

(2) 坚持开架借阅。期刊管理就是希望读者方便借阅,开架借阅可以减少很多不必要的环节,节约读者时间,降低拒借率,尽量方便读者。从而提高康复期刊的利用率,包括利用速度、利用数量、利用深度、利用频率等。期刊的另一有效价值就是不断被查阅参考,如果康复期刊坚持开架借阅,可以转化为更有效的价值,提高影响力。

8 结束语

康复科技期刊学术影响力是一个国家康复水平及实力的真实体现。目前社会老年化明显,康复的重要性日趋重要,因此,作为传播康复知识期刊,有责任通过各方面措施,大力发展,努力提高国内影响力,甚至国际学术声誉和科技影响力[19-20]。当然康复期刊自身努力的同时,需要期刊主管部门、专家、作者、读者等社会各方长期共同的努力[21]。国家期刊管理部门应作出决策,积极发展康复期刊,为康复期刊的发展提供良好的支持。

参 考 文 献

[1] 王晓宇.关于提高科技期刊编辑工作质量的思考[J].编辑学报,2011,23(1):52-53.
[2] 张淑敏,辛明红,段为杰,等.如何提高稿件初审环节的工作质量与效率[J].编辑学报,2014,26(4):354.
[3] 殷莹,张丽萍,吴娟,等.科技期刊编辑必备的5大意识[J].编辑学报,2015,27(3):292-295.
[4] 赵瑞.科技期刊专题质量控制与策划管理[J].编辑学报,2016,28(2):147-149.
[5] 刘静,朱琳.我国科技期刊出版管理体制改革研究进展[J].中国科技期刊研究,2014,25(6):804-809.
[6] 王晚霞.学术期刊编辑的学术理想与期刊质量[J].四川理工学院学报(社会科学版),2014,29(1):101-106.
[7] 余志虎.基于资源优势的学术期刊特色栏目建设[J].中国科技期刊研究,2015,26(6):572-577.
[8] 杨建肖,刘伟霄,王雅娇,等.策划行业特色专栏提升期刊影响力[J].中国科技期刊研究,2016,27(4):804-809.
[9] 陈培颖,任艳青,欧彦,等.科技期刊强化宣传推广的若干策略[J].中国科技期刊研究,2015,26(8):886-891.
[10] 黄苏萍,黄丰,陈成东.关于提高中医药期刊影响力的思考[J].编辑学报,2009,21(2):141-143.
[11] 刘晓燕,薛一如,凌霞,等.提高地方行业科技期刊影响力的实践与探索[J].天津科技,2016,43(11):94-96.
[12] 王轶.中国学术期刊的综合影响力分析[J].重庆大学学报(社会科学版),2016,22(4):119-125.
[13] 丁美霞.提升学术期刊影响力的几大要素[J].中国出版,2013(4):51-53.
[14] 张铁明,颜帅,佟建国,等.关于提高我国科技期刊学术影响力的思考[J].编辑学报,2010,22(2):99-102.
[15] 李若溪,游中胜,田海江,等.我国学术期刊的网站建设现状调查与网络期刊进化趋势分析[J].中国科技期刊研究,2013,24(6):1049-1055.
[16] 张秀梅,李婧,刘立营,等.数字出版对科技期刊评价的影响[J].科技与出版,2011(11):15-18.
[17] 张凯.基于百度指数的科技期刊影响力大数据分析[J].中国科技期刊研究,2016,27(7):779-784.
[18] 张晓艳.关于提高纸质期刊利用率的思考[J].图书馆学刊,2010(7):30-32.
[19] 俞立平.期刊影响力指标的时间异质性及其重构研究[J].图书情报工作,2016,60(12):109-114.
[20] 程靖.提升学术期刊学术影响力的具体路径[J].出版发行研究,2013(4):105-107.
[21] 刘筱敏,马娜.中国科协科技期刊国际影响力分析[J].中国科技期刊研究,2014,25(3):335-339.

2017年5所师范大学学报作者情况分析

林 磊

(《华东师范大学学报(自然科学版)》编辑部,上海 200062)

摘要:对 2017 年 5 所师范大学的学报(自然科学版)的第一作者身份、第一作者及通信作者的电子邮件地址等情况进行统计分析。统计发现,有近 40% 的文章没有提供第一作者的信息,硕士研究生是学报第一作者的主力,第一作者使用的邮箱中排名居首的是 163,而官方邮箱则是通信作者的首选。

关键词:高校学报; 作者身份; 电子邮件地址

随着生活节奏的加快,电子邮件已成为学术交流的主渠道之一。为了解师范大学学报稿源的构成以及作者使用电子邮件的偏爱情况,本文选取了华东师范大学、陕西师范大学、江西师范大学、四川师范大学、上海师范大学等 5 所师范大学的学报(自然科学版),对它们 2017 年的作者情况进行了简单的统计与分析。由于第一作者是稿件的主要贡献者,因此,了解他们的身份很有必要。

1 第一作者身份情况统计与分析

基于各种考虑,并非每种学报或学报的每篇文章都有第一作者的身份信息。我们将第一作者的身份进行了如下的简单分类:本科生、硕士研究生、博士研究生、在职人员(大学的或公司的)、讲师(或工程师)、副教授(或副高级工程师)、教授(或高级工程师)。对于只有通信作者信息的,如果是单一作者,也默认为第一作者。5 种刊物的第一作者身份统计情况见表 1。

表 1 5 所师范大学学报第一作者身份情况

	无信息	本科生	硕士生	博士生	在职	讲师	副教授	教授
华东师大	0	2	59	6	2	12	10	7
陕西师大	87	0	0	1	0	6	15	8
江西师大	68	0	0	1	0	9	19	21
四川师大	70	0	1	1	3	24	19	16
上海师大	10	5	76	4	6	12	7	6
合计	235	7	136	13	11	63	70	58

从表 1 可以看出,华东师范大学学报 2017 年的总发文数是 98,其每篇文章基本上都有第一作者与通信作者的信息。硕士研究生是发文的主力,占总数的 60.2%。位列第二和第三的分别是讲师和副教授。

陕西师范大学学报的总发文数是 117,但却有 87 篇文章无第一作者信息,占总数的 74.4%。实际上,该刊基本上只介绍通信作者,而忽略第一作者,所以只有出现单一作者时我们才能了解第一作者的身份。从已介绍的第一作者情况来看,位列前二的分别是副教授和教授。

江西师范大学学报的总发文数是118，但是无第一作者信息的文章却有68篇，占总数的57.6%。该刊有的文章只介绍第一作者，而有的只介绍通信作者，也有的两者都有介绍的。从已介绍的第一作者情况来看，位列前二的分别是教授和副教授。

四川师范大学学报的总发文数是134，有70篇文章无第一作者信息，占总数的52.2%。该刊基本上第一作者与通信作者两者间只介绍一个，除非是单一作者。从已介绍的第一作者情况来看，位列前二的分别是讲师和教授。

上海师范大学学报的总发文数是126，有10篇文章无第一作者信息，占总数的7.9%，情况较好。从已介绍的第一作者情况来看，硕士研究生是发文的主力，占总数的60.3%。位列第二和第三的分别是讲师和副教授，与华东师范大学学报相近。

这5种期刊共有235篇文章无第一作者信息，占总篇数的39.6%。就已介绍的第一作者情况来看，发文排名前三分别是硕士研究生、讲师和教授。如果将第一作者信息补全，我们有理由相信硕士研究生应是发文的绝对主力。这应该是我国目前高校学报(自然科学版)的现状。

华东师范大学学报的作者介绍，其基本信息有：姓名、性别、职称(身份)、研究方向以及电子邮件地址，典型的形式如文献[1]。

陕西师范大学学报的作者介绍，其基本信息有：姓名、性别、职称(身份)以及电子邮件地址，典型的形式如文献[2]。

江西师范大学学报的作者介绍，一般采用"作者简介"(即，第一作者简介)或者"通信作者"两者之一的形式，基本信息有：姓名、出生年份、性别、籍贯、职称(身份)、研究方向以及电子邮件地址。偶有"作者简介"与"通信作者"都出现的情况(见文献[3])。

四川师范大学学报的作者介绍，一般采用"第一作者简介"或者"通信作者简介"两者之一的形式，基本信息有：姓名、出生年份、性别、职称(身份)、研究方向以及电子邮件地址(见文献[4])。

上海师范大学学报的作者介绍，一般采用"作者简介"(即，第一作者简介)、"导师简介"的形式，基本信息内容与四川师范大学相同。但是其英文稿件只介绍通信作者，且无出生年份的信息。导师一般都是通信联系人，但偶尔有另有通信联系人的情况(见文献[5])。

2 作者电子邮件地址情况统计与分析

在本节中，我们来统计各学报的第一作者及通信作者使用电子邮件的情况。官方邮箱是指各高校或研究机构所提供的单位邮箱。一般来说，提供作者介绍时，同时会提供他们的电子邮箱地址，但也偶有不提供的，特别是在介绍通信作者时，也发现有不提供邮箱地址的，这一点非常奇特。也有提供的邮箱地址是错误的，这些都只能作为无信息处理。我们将这些信息分别列于表2~表11中。

表2 华东师范大学学报第一作者主要电子邮件地址统计

无信息	官方邮箱	163邮箱	126邮箱	QQ邮箱
6	14	35	7	20

表3 华东师范大学学报通信作者主要电子邮件地址统计

无信息	官方邮箱	163邮箱	gmail	hotmail
19	53	17	2	2

由于华东师范大学学报文章的大部分第一作者是学生,因此使用官方邮箱的人数排名第三也不足为奇。但有意思的是,在使用官方邮箱的人群中,竟然有一半是学生。通信作者中大部分使用官方邮箱,有 2 人使用了 QQ 邮箱,人数与排列后两位的持平。

表 4　陕西师范大学学报第一作者主要电子邮件地址统计

无信息	官方邮箱	163 邮箱	126 邮箱	QQ 邮箱
86	9	13	2	2

表 5　陕西师范大学学报通信作者主要电子邮件地址统计

无信息	官方邮箱	163 邮箱	126 邮箱	QQ 邮箱
0	74	23	11	3

陕西师范大学学报中有信息的第一作者实际上都是文章的唯一作者,除了一位是博士生外都是高校教师(见表 1),但是使用人数排列第一的是 163 邮箱,说明官方邮箱并不是他们的主要选择。同样,在通信作者方面,使用非官方邮箱的人数竟然占了近 37%。这一现象令人深思。此外,在通信作者中,有 3 人使用 Sina 邮箱,与使用 QQ 邮箱的人数持平。

表 6　江西师范大学学报第一作者主要电子邮件地址统计

无信息	官方邮箱	163 邮箱	126 邮箱	QQ 邮箱
68	14	14	10	6

表 7　江西师范大学学报通信作者主要电子邮件地址统计

无信息	官方邮箱	163 邮箱	126 邮箱	QQ 邮箱
45	33	12	10	6

从表 6 可以看出,江西师范大学学报在提供信息的第一作者中,使用官方邮箱的人数与使用 163 邮箱的持平。而且,使用官方邮箱的作者清一色都是高校教师。

表 8　四川师范大学学报第一作者主要电子邮件地址统计

无信息	官方邮箱	163 邮箱	126 邮箱	QQ 邮箱
71	9	33	4	9

表 9　四川师范大学学报通信作者主要电子邮件地址统计

无信息	官方邮箱	163 邮箱	126 邮箱	QQ 邮箱
44	17	36	8	9

从表 9 可以看出,四川大学学报的通信作者中,使用官方邮箱的人数仅能排列第二,这说明或者他们所在的学校不提供官方邮箱,或者尽管提供了,但是他们不愿意或者不重视官方邮箱的使用。

表 10　上海师范大学学报第一作者主要电子邮件地址统计

无信息	官方邮箱	163 邮箱	126 邮箱	QQ 邮箱
11	33	27	11	36

表 11　上海师范大学学报通信作者主要电子邮件地址统计

无信息	官方邮箱	163 邮箱	126 邮箱	QQ 邮箱
11	88	16	3	3

从表 10 可以看出,除了官方提供的邮箱,上海师范大学学报的第一作者偏爱使用的邮箱前三位分别是 QQ 邮箱、163 邮箱和 126 邮箱。从表 11 可以看出,上海师范大学学报刊文的通信作者主要使用官方邮箱,因为他们主要是高校教师,且基本都使用了学校提供的邮箱。

表 12 和表 13 汇总了五校学报的第一作者及通信作者的主要邮件地址。从表 12 可以看出,在提供邮件地址的第一作者中,使用 163 邮箱的人数最多,使用官方邮箱的只排名第二,而 QQ 邮箱和 126 邮箱分别排名第三和第四。从表 13 可以看出,无通信作者地址信息的文章占总数的 20.0%。而在提供邮址信息的文章中,使用官方邮箱的通信作者占绝对多数,但是也仅占提供邮址信息文章总数的 55.9%,排名后三位的依次是 163 邮箱、126 邮箱和 QQ 邮箱。

表 12　5 所师范大学学报第一作者主要电子邮件地址总汇

无信息	官方邮箱	163 邮箱	126 邮箱	QQ 邮箱
242	79	122	38	73

表 13　5 所师范大学学报通信作者主要电子邮件地址总汇

无信息	官方邮箱	163 邮箱	126 邮箱	QQ 邮箱
119	265	104	32	22

3　结束语

第一作者是学术论文的主要贡献者,但是从我们不完全的统计分析来看,有近 40%的第一作者无身份信息介绍。从尊重作者的角度来考虑,建议学报尽可能对第一作者进行介绍,尽管这样可能会暴露一些第一作者的身份是学生的事实。

对于作者介绍中提供的信息,我们认为"姓名""性别""职称(身份)""研究方向",以及"电子邮件地址"是必要的,而"出生年份"以及"籍贯"则可有可无。

高校学报文章的通信作者绝大多数是高校教师,但是仍有超过 40%的作者没有使用官方邮箱,这说明或者他们所在的学校没有提供官方邮箱,或者虽然提供了,但不方便使用,再或者是作者不愿意使用官方邮箱或不重视官方邮箱。我们认为,在正式的学术交流场合,应尽可能使用官方邮箱。因为,使用官方邮箱,一来显得学术交流比较正式,二来也能证明作者的身份。如果用官方邮箱向学术期刊投稿,杂志社对其身份的信任度较高;如果用官方邮箱向国内外陌生的同行或机构发邮件进行学术交流,对方的接受度也较高。因此,希望广大作者注意这个问题,多使用官方邮箱。

参 考 文 献

[1] 陈海龙,彭伟.改进 BP 神经网络在交通事故预测中的研究[J].华东师范大学学报(自然科学版),2017(2): 61-68.

[2] 高淑敏,李艳玲.一类捕食-食饵模型平衡解的分歧及稳定性[J].陕西师范大学学报(自然科学版),2017,45(2): 14-19.

[3] 宋传静,张毅.时间尺度上奇异 Lagrange 系统对称性与守恒量[J].江西师范大学学报(自然科学版),2017, 41(6): 637-640.

[4] 杨名慧,文洁晶,冯克勤.外差组及其通信应用[J].四川师范大学学报(自然科学版),2017,40(4): 561-568.

[5] 王路,李莉,罗汉文,等.一种基于微蜂窝小区用户比例公平的改进资源分配算法[J].上海师范大学学报(自然科学版),2017,46(1): 23-27.

高校期刊创刊及更名后的商标注册策略

陈 辉

(上海应用技术大学，上海 200235)

摘要：对高校期刊创刊及更名的取名、忽视刊名取名与刊名商标注册的原因进行分析，提出刊名商标注册需要重视的策略和解决问题的思路，以期得到同行对于高校期刊创刊及更名后商标注册的重视，给高校期刊在专业化转型中更名取名和商标注册提供参考。

关键词：高校期刊；创刊；更名；商标注册策略

由于高校综合性期刊普遍受到专业性期刊的强烈冲击，在强调期刊集群化、专业化、数字化建设过程中，高校往往会通过期刊刊名变更寻求发展成专业性期刊的机会。近年来，每年有十多所新增、更名高校产生，这些高校的综合性期刊也会选择在学校更名后对期刊进行相应的更名。高校期刊的创刊取名、更名是高校期刊发展方向的最直接反映，对期刊自身来说，这种行为是其转型升级创新发展的重要手段。因此，高校期刊创刊取名、更名的恰当与否，更能体现期刊的发展方向。对此，刘美爽等[1]统计了农林类期刊刊名的变更存在的问题，提出确立刊名的 4 点建议和刊名变更需要具备 6 点要求。秦洁雯等[2]研究期刊更名的方向和必然性。姜春霞[3]研究科技期刊更名对其影响力的影响。孙丰国等[4]探讨了期刊更名的原因和存在的问题，并提出了慎重更名和选择恰当时机更名的建议。比较多的研究者对期刊的创刊取名或变更取名撰文探讨，但对期刊刊名进行商标注册的讨论，近年来却鲜有文章进行探讨，在知网进行检索发现，近十年中也只有十多篇相关文献。周觅[5]分析了期刊主管者和主办者对刊名商标注册不重视问题，提出对期刊刊名商标进行多渠道、多方位的保护。胡杨等[6]对期刊刊名注册商标的途径与原则，阐述了期刊刊名注册商标的重要性。但与创刊取名和专业化转型更名取名同样重要的刊名商标注册问题，往往不被人注意，常单独讨论这两个问题。为此，本文根据工作中的一些体会进行总结撰文，对期刊创刊及更名、忽视刊名取名与商标注册的原因进行分析，提出高校期刊创刊及更名后商标注册策略，梳理需要重视和解决问题的思路，以期得到同行对于期刊创刊及更名后对商标注册的一些重要性加以重视，特别给高校综合性期刊在专业化转型中更名取名时提供参考。

1 期刊取名与商标

1.1 期刊取名

《期刊出版管理规定》第二条所称"期刊又称杂志，是指有固定名称，用卷、期或者年、季、月顺序编号，按照一定周期出版的成册连续出版物"[7]。固定刊名即期刊经依法登记、获

基金资助：上海市高等院校科技期刊研究基金资助项目(SHGX2018C08)

准出版发行，有确定的、不与已有期刊重复的名称。在国内外对期刊的界定中刊名被列为最基本的构成要素之一[8]，刊名要求主题明确、吸引读者。

刊名取名没有明确的规定，但刊名显著与否有一定的评判标准。期刊比较常见的取名方式有：期刊刊名的命名通常由限定词、学科主题属性、文献属性3部分组合构成[9]，此命名方式以学科主题属性为核心的"三段式"命名；学术性期刊取名在某种程度上还存在优势命名模式，一般情况下以"学科名称或学科通用词"+"学报"的定名模式为最佳[10]。这类命名均选择了学科或学科通用词，刊名具有具实性[11]的特征，在期刊极其普遍。如《中国科技期刊研究》《中国激光》《编辑学报》《应用数学学报》等。由于期刊刊名的现状，使用学科名称或学科通用词作为刊名引起公众误解的可能也小，也具有商标所要求的显著性特征，注册商标成为可能。

1.2 商标与商标注册

按照《商标法》[12]对商标含义的规定，任何能够将自然人、法人或者其他组织的商品与他人的商品区别开的标志，包括文字、图形、字母、数字、三维标志、颜色组合和声音等，以及上述要素的组合，应当有显著特征。许多学科或学科通用词容易被认为是对商品特征的描述，易被读者识别为对商品内容的描述，即通常所说的显著性弱。但这种显著性弱的刊名经过长期使用后使其赋予了区别于原描述意义的含义后，能够以其识别商品或服务来源的，应当认定其具有显著特征。根据《最高人民法院关于审理商标授权确权行政案件若干问题的意见》[13]第7条规定，描述性标志也并非绝对属于商标法规定的不得作为商标注册的情形。如上海大学《社会》编辑部出版的期刊《社会》，作为描述性意义"名称"的期刊刊名的"社会"，经过30多年的使用，作为期刊刊名已使公众足以将此名称识别为关注中国社会转型中出现的深层次问题，搭建中外社会学者之间、社会学与其他相关学科之间学术对话的平台的一个显著性标志。期刊《交大法学》[14]的"交大法学"商标通过诉讼后成功注册也是一个案例。

商标是否进行注册没有强制性规定，商标注册是自愿注册的法律性保护。商标注册是按照规定的注册条件和程序向商标局提出申请并获得批准、准予注册的法律手续，也是获得商标专用权法律保护的前提和条件。期刊刊名作为商标意义的名称，若不进行商标注册，其知识产权的法律意义无法得到保障。因此，一份期刊的刊名只有经过商标注册，才能得到商标的专用权，受到法律保护。

1.3 期刊刊名与商标、商标注册之间的联系

作为新闻出版总署批准的刊名，仅是获得了一个公开面向公众的名称，出版单位拥有的仅是作为期刊出版的合法性及刊名的唯一性。期刊刊名又是联系期刊与读者的纽带，同样具有显著特征，是期刊区别于他人商品(期刊)的一个固定性标志，也可将期刊刊名称为期刊的商标(标志)。它可以进行商标注册也可以不进行商标注册。若期刊出版单位管理者法律意识强烈，那么自然会将所办期刊的刊名名称进行商标注册申请并经核准，从而获取商标专用权，获得法律性保护。实践中也可以将期刊名称、出版单位名称或简称，单独或者两者一起进行商标注册，共同受法律保护。作为国家工商总局商标局核准的刊名名称注册商标，不仅是一种商标标志，更是当刊名遇到不法侵害时可以拿起法律保护自身权益的有力武器。

2 忽视期刊刊名申请商标注册的主要原因

2.1 高校及出版单位对商标知识产权保护的不够重视

高校对学校科技成果的专利保护现在已经得到了比较充分的重视，成立了知识产权办公

室管理，但对同样属于知识产权保护范畴的商标保护还没有引起足够的重视。特别重要的一个原因是，高校期刊的出版单位都不是独立法人，期刊编辑部只是学校的一个行政部门，而且高校成立的知识产权办公室也没有将其纳入到管理体系之中。

2.2 刊名的唯一性、刊名与注册商标的相似性容易引起管理者误解

自1987年国家新闻出版总署要求期刊重复刊名更名以来，在期刊正式出版物中重名现象不复存在，所以容易引起管理者的疏忽而认为是唯一的。作为期刊的"名称"的刊名与作为"商标"刊名往往是同一名称，但二者在保护范围上全然不同。期刊刊名仅受《出版管理条例》《期刊出版管理规定》保护，是一种行政审批下的排他性保护。而刊名注册商标受《商标法》保护，是一种法律性保护，其保护范围远远大于《出版管理条例》。当然还存在一些管理者没有意识到符合商标法规定的期刊刊名是可以注册为商标的。

2.3 登记机关和登记权限不同

依据《出版管理条例》设立的《期刊出版管理规定》，"期刊由依法设立的期刊出版单位出版。期刊出版单位出版期刊，必须经新闻出版总署批准，持有国内统一连续出版物号，领取《期刊出版许可证》"，期刊的刊名和国内统一连续出版物号由国家新闻出版总署批准，是一种强制的审批制度。《商标法》规定了由"国务院工商行政管理部门商标局主管全国商标注册和管理的工作"，即统一注册。但注册与否取决于出版单位的自愿，实行的是自愿注册制度。国家新闻出版总署、国务院工商行政管理部门商标局，这两个不同部门和不同层级的行政机关分别实施的行政审批行为，必然会发生被批准的刊名名称与注册商标的冲突与矛盾。

3 期刊刊名的商标注册策略

期刊刊名作为商标注册需进一步规范，出版单位应从创刊及更名后及时构建期刊名称的商标注册策略。从实践操作中，拟定好的刊名名称，提前进行刊名、商标检索，确定商标注册类别进行防御，纳入统一的知识产权管理体系，等等，都是可行有效的策略。

3.1 拟定好的刊名名称

利用图形性可目视的区别，避免混淆并引起读者的注意。运用企业形象设别系统(CIS)将刊名文字、期刊图形表达结合使用，如徽标、中英文名称等。

3.2 提前进行刊名、商标检索

期刊出版单位应积极主动地向学校提出申请刊名商标注册，并做好刊名、商标检索查询。原新闻出版总署在2007年时还要求期刊申请和变更手续中需提供《商标注册申请事先查询单》，但现行的审批手续中又没有了此项要求，许多期刊管理者并不会注意到这一点。为维护期刊刊名使用的合法性，在取名初期就应对拟立刊名(含备用名)进行期刊名称查询和注册商标查询，防止刊名重复和刊名被注册等情况发生，防患于未然。

刊名、商标检索意义重大，能够避免无谓的时间浪费。由于国家商标局"中国商标网"提供的商标查询也有时滞，出版单位从拟名到申请层层申报审批也需要办理时间，还可能会遇到刊名审批或商标审批的驳回、异议等情况。为此对经批准创办或获得更名批准的期刊，及时申办期刊刊名的商标注册，使期刊刊名得到最大程度的保护。

3.3 确定商标注册不同类别进行防御，及时注册并做好后续维护

对期刊刊名的商标注册只进行一个分类注册还是进行多个分类的跨类注册，要预先进行策划设计；对出版单位名称或简称注册总商标，对每本期刊依刊名名称注册分商标，或者两

者结合使用也要进行事先策划设计。一方面加强对期刊及出版单位的保护，另一方面形成商标保护圈。在重视注册申请的同时，还需重视后续维护，避免注册时效到期失效及商标被侵权行为的产生。

3.4 纳入统一的知识产权管理体系

高校期刊出版单位加强知识产权管理，特别应将期刊知识产权范畴的版权、商标权以及企业形象设别系统(CIS)纳入到学校整体知识产权管理体系中。一是形成商标管理机制。对期刊商标的注册，使用，转让等情况全部统一管理。二是加强日常管理，为创立品牌商标做准备。商标的日常管理包括对商标公告的监测和处理商标侵权事件。通过日常监测发现新的商标申请与自己注册商标的相似性，如遇发生及时提出异议，保护自身商标的专有权。当发生侵权行为时，及时利用法律手段处理商标侵权事件，确保期刊商标不受损害。三是期刊的商标品牌培养是一项长期复杂的工程。取得商标只是第一步，维护商标不被侵害是一项长期任务，管理者既要有长远规划，又要做好各方面工作，才能不断开拓期刊市场，创建优秀的期刊品牌，提升办刊效益和期刊的核心竞争力。

4 结束语

期刊创刊及更名是为提升期刊办刊能力和期刊影响力做准备的，一个良好的开端是成功的一半。做一本期刊，不仅需要投入财力、人力、智力，往往还倾注着主办者的理想和情怀，而且其声誉也需靠长期积累，最后凝聚到期刊名称上。在期刊创刊更名的同时，规划好刊名商标注册策略，提高对期刊刊名的保护意识，维护自身利益，做好期刊刊名的知识产权保护。

参 考 文 献

[1] 刘美爽,张君颖,高雪.农林类科技期刊刊名确立与变更研究[J].科技与出版,2015(12):120-124.

[2] 秦洁雯,段艳文.从2015年度期刊创办和期刊更名看我国期刊发展趋势[J].科技与出版,2016(3):23-25.

[3] 姜春霞.科技期刊更名影响力研究:以《国外医学(卫生学分册)》更名《环境卫生学杂志》为例[J].科技与出版,2013(9):117-120.

[4] 孙丰国,王芸虹.期刊更名分析:基于2009—2015年国家新闻出版广电总局数据[J].出版发行研究,2016(8):57-60.

[5] 周觅.学术期刊刊名商标的注册使用与品牌保护[J].出版发行研究,2015(5):66-69.

[6] 胡杨,欧宾.论科技期刊刊名商标化[J].编辑学报,2010,22(1):21-23.

[7] 新闻出版总署.《期刊出版管理规定》[EB/OL].(2008-04-28)[2018-08-15].http://www.sapprft.gov.cn/sapprft/govpublic/6682/341.shtml.

[8] 刘远翔,杨进生,万琦华.小议期刊刊名[J].消费导刊,2009(1):239-240.

[9] 马峥,王菁婷.中国科技核心期刊刊名的"三段式"命名规律[J].编辑学报,2014,26(6):529-531.

[10] 徐会永.论科技期刊名称中"黑天鹅事件"的启示[J].编辑学报,2015,27(1):16-18.

[11] 蒋亚林.期刊刊名的象征性与具实性[J].出版科学,2007,15(4):60-61.

[12] 中华人民共和国商标法[EB/OL].(2015-07-29)[2018-08-15].http://sbj.saic.gov.cn/zcfg/sbflfg/201309/t20130903_232848.html.

[13] 最高人民法院关于审理商标授权确权行政案件若干问题的意见[EB/OL].(2017-01-11)[2018-08-15].http://www.court.gov.cn/zixun-xiangqing-34732.html.

[14] 吴园妹.期刊名称的商标注册问题:上海交通大学诉国家工商总局商标评审委员会商标申请驳回复审行政纠纷案[J].中华商标,2016(10):36-39.

《国际麻醉学与复苏杂志》编委会职能实现的编辑部策略

孙立杰

(《国际麻醉学与复苏杂志》编辑部，江苏 徐州 221002)

摘要：以编辑部实践为例，总结编辑部发挥编委会作用的策略。提高思想认识、转变被动意识是实现编委会职能的基础；充分认识期刊的现状，掌握编委资源，是实现编委会职能的条件；有针对性地调整工作流程，采取多种形式工作，是实现编委会职能的技术手段；提高服务质量，增强编委凝聚力，是实现编委会职能的保障。

关键词：科技期刊；编委会；编辑部；职能

编委会是期刊编辑出版工作的学术指导机构，对期刊编辑出版工作起着指导、监督和咨询的作用，对科技期刊的发展具有重要的作用。其职能包括：审定期刊编辑方针、办刊宗旨以及编辑部的编辑出版计划；定期检查指导编辑部的工作，对期刊学术质量进行指导和把关；研究解决编辑部提出的有关编辑出版问题，审查评议期刊编辑排版、印刷质量和出版发行中的问题[1]。其中最主要职能是：审稿工作、组稿工作和宣传工作[2-3]。编委会通过审稿把握期刊的学术质量，通过组稿提高期刊的学术质量，通过宣传扩大期刊的学术影响力，是科技期刊编辑出版的重要环节[4]。

但是，目前多数期刊编委会在运行过程中或多或少存在问题，如编委荣誉化、官员化、挂名化现象严重，编委会工作制度执行不力，缺乏激励机制、考评制度，编委会机构臃肿，编委与编辑部沟通有限，编委不尽责，等等[1,5]，使得编委会的职能虚化，极大地影响了编委会重要作用的发挥。

如何调动编委的积极性，发挥编委会的职能作用，是我们面临的一个迫切问题。

1 《国际麻醉学与复苏杂志》编委会的现状及问题

本届《国际麻醉学与复苏杂志》编委会为2017年换届的第四届编委会，编委会的组成沿袭往届编委会组成的思路，兼顾了学科专业结构、年龄结构、地区结构等，由顾问、总编辑、副总编辑、委员会委员、通讯编委、常务编委、特邀编审、特邀编委等271名成员组成，属大型规模编委会[6]。编委来自于全国，多为麻醉学专业(亚专业)的学科带头人、三级甲等医院麻醉科主任、硕士生导师、博士生导师等，且与《中华麻醉学杂志》《临床麻醉学杂志》编委会成员多有重复。

对于《国际麻醉学与复苏杂志》而言，由于期刊的发展历史、国内优秀稿源的外流、同类专业期刊的竞争等原因，我刊尤其重视编委会对期刊学术质量的指导和把关职能，即审稿和组织优秀稿源。但目前现状是，本刊编委会职能作用发挥并不如人意，前述的种种弊病均有体现。相较于中小规模的编委会而言，我刊编委会机构臃肿、凝聚力不够、职能效率低下尤其明显。对于期刊最为切实的需求——审稿和组织优秀稿源来说，没有发挥应有的职责，具体表现为：送审稿件不能按时审回、无端拒稿、审稿意见不够详细，没有推荐稿件，不撰写稿件，对期刊相关事项不关心。

2 改进措施

2.1 提高认识，转变理念

编委会对期刊办刊质量的重要性是不言而喻的，编辑部要充分认识并重视编委会职能发挥对期刊发展的重要作用。编辑部将如何实现编委会职能作为最迫切的一个问题进行讨论。

从通常的认识上来说，编辑部在编委会的指导下进行工作，负责期刊出版的日常工作，体现编委会的指导意见，贯彻编委会的办刊方针，执行编委会的工作决策。从编委会的组成来看，编委会是一个相对松散的组织，大多数编委的职责也都是兼职的，因此编委会职能的实现缺乏主动性；而编辑部是一个专职的部门，有专职的人员，具有较好的主动能力和执行能力。但在编委会层面上，种种原因导致了编委不积极作为的现实；在编辑部层面，基本上是在等待决策、被动执行。编委消极的工作态度及编辑部的被动等待，不利于工作的积极开展，只能使得编委会职能虚化。

张艳霞[1]、程宁[7]等指出，正确处理好编委会与编辑部的关系、提高编辑部的主动性是编委会职能实现和充分发挥作用的关键。

因此，编辑部统一思想，充分认识编委会对期刊发展的决定性作用，决定变被动为主动，采取必要的措施主动引导、协助编委会职能的实现。期望编委会和编辑部工作互相促进，从而发挥出各自的职能作用，促进期刊的健康发展。

2.2 深入了解，掌握信息

如前所述，我们已经梳理了编辑部目前亟待解决的几个问题，了解了目前编委会存在的问题，如何在目前实际状况下破解难题是当务之急。我们认为编委会的职能实现和发挥还是要通过当届编委会内部资源的优化来完成。既然要优化资源，首先就要掌握信息和资源。

以期刊的长远发展为出发点，以解决目前实际问题为重点，编辑部结合期刊当期现状编制并发放了编委调查表，内容包括编委的个人信息、专业信息、审稿信息、兼职信息、科研信息等，并请编委对期刊建设发表意见和建议，以期全面掌握编委会的现状，分析编委会职能虚化的原因，进而有针对性地调整编辑部的有关工作，积极配合编委会职能实现。

经过对反馈信息的梳理，相对精确地掌握了编委会成员的信息，分析印证了我们对部分现象原因的推测，也收到了诸多编委提出的意见和建议，为调整编辑部工作流程和制定相应措施提供了依据。如在稿件送审时，根据审稿人的年龄、亚专业、审稿速度等分配稿件和审稿频次，以避免"鞭打快牛"现象。

2.3 调整工作流程，提高审稿效率

通过分析调查表数据我们发现，本届编委会成员中：83.1%的编委为硕/博士生导师，77.4%的编委有行政职责(科主任、副主任)，68.4%的编委承担 3 种以上期刊的审稿工作，且绝大多数编委还有临床诊疗工作，76.2%的编委认为每月审稿 1~2 篇是合理的。因此，我们认为，工作繁忙、时间紧张是导致编委不能及时审稿、拒稿、审稿意见不够详细的原因之一。

另外，我们对审稿流程进行了分析，我刊原审稿程序中专业审稿有两次审稿，分别为编

委审稿和副总编审稿，其中编委审稿是同时送审 3 位编委，等到 3 位编委的审稿结果全部返回后，再根据编委审稿结果的不同组合结果，按需进行副编审审稿。这种审稿程序达到了尽量公平的目的，但带来的副作用是审稿时间的延长。

根据编委的反馈及对流程的分析，编辑部对审稿流程进行了调整：①减少专业审稿次数。将编委审稿的 3 人审稿改为 2 人审稿，一则减少总的审稿工作量，二则可以降低审稿超时的概率。②分散送审，减少个人压力。根据调研的结果，编辑部尽量控制每位编委每月审稿 2 篇，尽量减少编委个人工作量；对于工作热情高的编委，不受 2 篇的限制。有时"能者多劳"其实是"鞭打快牛"，是不公平的。③亚专业对口审稿。专业对口审稿会提高审稿意见质量，相对缩短审稿时间。④做好后勤保障工作[8]。编辑预审工作，包括查重、写作要求、专业范围、学术水平等，尽量减少干扰因素；审稿提示工作，如编委审稿超时，办公室会与编委联系，提示审稿情况，多数编委随后会审回稿件，这比转审的时间效率高。

2.4 合理利用资源，多种形式约稿

约稿是获取优秀稿件的有效手段，但我刊之前通过编委义务、个人约稿等方法约稿收效甚微。经编委会讨论，我刊将专刊或专题形式的主题约稿作为主要手段，传统约稿手段为辅。在主题约稿时，编委会指定副总编作为主题约稿的负责人，并要求负责人撰写或提供一篇高水平的领衔文章，专题出版时显著标注专刊主编或专题主编姓名。

本刊副总编不仅具有相当高的学术水平，更有强大的人脉资源，对研究者、研究机构、诊疗机构的能力和水平有较好的把握。通过副总编进行专业主题约稿，相较于编辑个人约稿来说，约稿对象学术专长对题、稿件质量有保证。同时，编辑部通过本刊编委微信群、投稿网站、合作网站发布相关消息，充分发挥我刊编委多的优势，鼓励广大编委通过朋友圈发布消息，以进一步扩大约稿信息受众。另外，如果本刊待刊的稿件中有约稿主题的文章，将其归入约稿主题稿件。

本刊于 2017 年 6 月召开第四届编委会第一次常务编委(扩大)会议，会上确定了 2018 年出版 3 期专刊，并指定了专刊主编。目前，3 期专刊已于 2018 年第 4、7、9 期出版，专刊的约稿数量超出预想，选择余地较大，部分稿件具有很高的学术水平，验证了我刊主题约稿的设想，达到了预期的效果。

2.5 提高服务质量，增强凝聚力

编辑部与编委会、编委之间要有一个良好的互动机制，定期不定期进行交流，编辑部把指导意见落实过程中存在的问题及时反馈给主编和编委会，使得编委会可以及时修正意见以便更好地指导期刊的发展，积极、良好的互动会增加期刊的凝聚力，使编委、编委会与编辑部之间的关系更加融洽，有利于编委会职能作用的发挥[2]。

编辑部建立了编委微信群，为编辑部和编委的互动提供了平台。平台在遵守法律法规前提下开放管理，交流信息是丰富的，如编辑部发布期刊运行、管理等方面的知识，论文写作中的有关注意事项，每期的目录及文章摘要，转发编辑业务中相关的语言文字知识等；编委们可以转发相关学科研究的最新进展、会议消息、编委获奖信息、审稿系统障碍等，也可以是其他的信息。编委微信群的建立，增强了编辑部、编辑与编委间的联系。对于审稿超期未回的提醒，除发出 E-mail 及短信提醒外，要求编务与审稿编委进行电话沟通提醒，语言的交流有助于感情的交流，效率较高。在编辑部内部，统一思想认识，强调服务意识，要求编辑部所有人员对编委通过各种方式反映的问题及时作出反馈并进行回复沟通。对编委撰写或推

荐的稿件予以绿色通道政策。

以上措施提高了编辑部的服务效率,为编委的工作创造一个良好的工作环境,拉近了与编委之间的距离,以增加认同感和凝聚力。

3 结束语

目前,中文期刊的办刊现状有目共睹,存在的问题也并非一日之久,但我们不能一味怨天尤人,因为无济于事;承认现实,分析现状,勇于尝试,才有可能促进期刊的发展。期刊操作层面的应对之策也多有论述,本文内容也无创新之处,均为经验借鉴,经过一年多的实践,给我们的启示是:一定要解放思想,勇于尝试。

每种杂志的具体情况都不一样,可利用的资源也并不一样,编辑部的措施和方法应因刊制宜,分步实施。本刊编委会的职能还有待继续发挥,编辑部的工作还有待进一步扩展和完善,如逐步完善编委激励机制、考评制度以增进编委的凝聚力,通过组稿制度、选拔青年委员并建立青年委员审稿小组来扩大稿件来源、提高审稿效率等等。希望广大同仁共享实践经验,共同促进期刊事业的发展。

参 考 文 献

[1] 张艳霞.编辑视角下学术期刊编委会的职能与实现[J].北京印刷学院学报,2017,25(8):141-143.
[2] 闵莹,万丹丹,温镭,等.医学期刊学术质量的重要保障——充分发挥编委会职能[J].天津科技,2016,43(6):87-90.
[3] 朱晓文,宋冠群.编委会对提高期刊质量所起的作用[J].编辑学报,2013,25(6):564-566.
[4] 李军纪,张策,段志光.《山西医科大学学报》充分发挥编委会作用的实践[J].中国科技期刊研究,2011,22(6):916-918.
[5] 夏青.高校学报编委会存在的问题与对策[J].合肥工业大学学报(社会科学版),2006,20(4):181-183.
[6] 朱大明.学术期刊编委会人数规模的探讨[J].中国科技期刊研究,2016,27(1):33-38.
[7] 程宁.科技期刊编委会的定位与功能探讨[J].科技情报开发与经济,2012,22(18):94-96.
[8] 郭红明.影响专家审稿积极性的因素分析及对策[J].编辑学报,2015,27(6):560-563.

功利性学术论文的由来和治理

华启清

(福建农林大学学报(哲学社会科学版)编辑部,福州 350002)

摘要:功利性学术论文现象普遍,且有愈演愈烈的态势。越来越多的作者不是根据科学研究成果来写论文,而是在造论文,这种低劣的论文都带有功利性质,对社会危害极大。论文分析了功利性学术论文的由来,提出了治理功利性论文的主要措施:去除学术指挥棒,还学术本真;破除学术行政化,还学术净土;提高自身学术声誉,还学术敬畏。

关键词:功利性学术论文;学术评价;学术论文

论文的学术质量备受关注,如何评价论文的学术质量,评价标准如何制订和实施,也众说纷纭。由于没有强有力的评价体系,一些高校和学术机构对人才的引进或职称的评定等大部分只看其是否发表在他们认定的所谓核心期刊目录上的论文。一些人为了达到各自的目的,甚至不惜代价进行学术造假。如 2017 年施普林格出版集团撤下了《肿瘤生物学》2012—2016 年发表的 107 篇论文[1-2]。这些被撤稿论文的作者全部来自中国,撤稿原因主要是论文作者编造审稿人和同行评审意见。早在 2015 年 8 月,斯普林格撤下 10 个学术期刊已经发表的 64 篇论文,这些论文均出自中国作者[1]。

从上面事件可以看出,出现的学术乱象是发生在学术领域的那些有悖学术道德、准则、规范的个人或集体行为[3]。现有的评价体制和激励机制以及评价论文的指挥棒和风向标,显然存在明显的问题[4-5],才导致功利性论文的不断出现,而且表现出愈演愈烈的态势。

求真是学术的生命。学术研究是一门需要潜心做的学问,需要研究者毕生精力去探索,学术理论源于实践,又返回指导实践,来服务社会和大众。而当今一些作者没有脚踏实地,心浮气躁,甚至投机取巧,无非就是功利二字。利字当头,那么"学"和"问"必定被放在后面,对学术成果的抄袭、剽窃、侵吞、伪造也就在所难免。而学术是没有捷径可走,只有脚踏实地,不懈努力,才有可能修成正果。

1 功利性学术论文的由来

笔者认为,功利性学术论文主要是指以某些功利为目的而撰写的低劣论文。上至两院院士、大学校长,下至研究生、大学生,都卷入其中。目前出这么多低劣的功利性论文,其原因有各种各样。

如对高校来讲,功利性学术论文的由来主要表现在以下几个方面:①学术行政化。高校人事部门制定评职称条件,目前主要因素之一也就是学术论文所发表的期刊等级,如评教授要发表权威期刊论文或 SCI 论文,否则免谈;科研管理部门推荐申报成果奖,有些也需要发表权威期刊或者 SCI 论文,没有这个也是免报。今日高校,发表学术论文被放到空前的、过度重要的位置。学校是否优秀,教师能否晋升,研究生是否可以毕业,科研的成果能否验收通过,学术论文都成为非常重要的衡量指标。多数高校对教师的年度考核和晋升等要求,都有严格的论文发表量规定,而一个大学每年的论文发表篇数,会影响到官方和民间的各种大学排行榜的位置,有些校领导把大学排名作为主要的工作目标,科研中心工作或者引进人才也是围绕是否能发表高质量论文作为标准,是否发表在 SCI 作为标准,使得千军万马都在写论文、拼数量、拼影响因子。高校把发表论文作为一种僵化的教条,学术论文被严重异化了,成了一种功利化的手段。②学术指挥棒泛滥。不同的部门会制定不一样的评价或奖励标准,对学术论文发表的要求也各不相同,对一些人来讲,为了谋取各种学术称号,面对各种等级的奖励计划、优惠政策、人才工程等,都会令一些人躁动不安,急火攻心,但其难耐面壁破壁之功,往往就会产生投机取巧的念头。这个指挥棒迫使多少默默无闻的"英雄豪杰"绞尽脑汁,甚至有些人不择手段,极少数人不惜学术造假。殊不知,学术论文的好坏,质量的高低,是由同行的学术专家说了算,而不是其发到哪个期刊上,由该期刊是否权威、核心或 SCI 期刊平台上说了算,这道理谁都知道,目前以刊评文现象还比较严重,论文学术质量只看出处的比较多,期刊是权威期刊,那么在这里发表的论文也是权威论文。其实大家都知道,权威期刊中的影响因子等,本来是一种使用文献计量学的方法对学术期刊进行统计的结果,只是图书情报部门对学术期刊的价值的初步判断,而非真实的对学术论文质量或者对实践价值的评价。所以,这些评价标准有否代表性,是否科学,不得而知。而在某些高校如获至宝,看得很重,这岂不是荒唐之至。客观地说,让人"被逼无奈"——是因为指挥棒出了问题。③作者自身学术声誉不够重视。一些作者为了获取自身的利益,往往会给自己进行过度的学术包装,利用谋取的学历、学位、学衔等,为其在各种场合中谋利,导致自身水平与实际能力不相符合,有名无实或名不符实。一些教师为了应付各种考评,也不顾自身的声誉,铤而走险,拼凑数据发表论文,或者可以说是造论文,写对实践没有指导价值的论文,以应对各种评定的需要。

2 功利性学术论文的治理

功利性学术论文如果发表,其危害极大,不但影响到被收录数据和观点的正确性,也使使用者造成混乱,直至威胁到整个社会的研究基础和研究环境。对功利性学术论文的有效治理,必须从源头上标本兼治。要激励那些献身科学、力求不断创新且有真才实学的学者,同时惩治那些急功近利、投机取巧和牟取私利之人。要从相关政策、法制以及管理制度上,建立健全公平合理的考核体制,特别是对学术评价的体制机制要彻底摒弃功利二字。

2.1 去除学术指挥棒,还学术本真

目前,有些高校为了高校排名靠前一点而不择手段,对发表在权威期刊或 SCI 期刊上的论文不惜重金,进行奖励。如对发表在国外 SCI 论文,每篇奖励金额高达数十万元甚至百万元(还根据等级来评判)。把一篇论文的好坏定位在其在什么刊物发表,有多少影响因子[6],至于学术共同体的内在评价如何,则可以忽略不计[7]。这个学术指挥棒导致学术的异化。日前,政府有关部门出台了相关的文件,如 2018 年 10 月中共中央办公厅、国务院办公厅印发的《中共中央办公厅 国务院办公厅关于深化项目评审、人才评价、机构评估改革的若干意见》中也提出,"突出品德、能力、业绩导向,克服唯论文、唯职称、唯学历、唯奖项倾向,推行代表

作评价制度，注重标志性成果的质量、贡献、影响"。科技部、教育部、人力资源社会保障部、中科院、工程院也联合发文，开展清理"唯论文、唯职称、唯学历、唯奖项"专项行动。从这一意见中可以看出，国家对人才的评价有了具体的规定，是要突出人的品德和能力，要激励那些献身科学、不断创新、有真才实学的人才。从另一侧面也说明，考核人才、评价人才，要看的是其实际成果及个人的实际能力，以及他的标志性成果的质量、贡献和影响。同样，学者实行论文代表作制度，克服的是"唯论文"的倾向，同时也是摒弃低劣的功利性学术论文的重要举措。各高校应该破除这个"唯论文"的学术指挥棒，这样才能还学校风清气正的研究环境，使学校不在为排名而奔波，切实搞好自己的教育和科研事业；使教师不要为学术论文发表挤破头，安心搞好教学工作；使科研人员不再为课题申报或验收而发愁，静下心来，认真搞好科研，真正把科研立足于服务经济社会发展和广大人民群众。

2.2 破除学术行政化，还学术净土

学术行政化，很多时候出于学术利益，还会充当学术不端的保护伞，这进一步让学者失去学术尊严意识。国内学者论文被大规模撤销后，中国科协等部门出台了《发表学术论文"五不准"》[4]，指向很明确，就是治理请第三方机构代写论文，代弄同行评审。可是，对于论文被撤的作者，没有任何公开报道，也没有公作学者所在机构是否对其进行了进一步的学术调查和处理。导致作者对学术尊严和学术荣誉不重视的根本原因，是学术严重行政化。像发表论文，不仅要看论文本身的创新性，而且要看其对实践是否具有指导价值和运用价值。然而国内一些地方由行政力量主导的学术管理和评价，几乎把在核心期刊发表论文，作为评价学者的全部，根本不看论文究竟有什么创新和实践价值，导致评价学术的行政化倾向。推进学术去行政化，按照学术原则和规则进行学术管理和评价，才能让学者有学术尊严、学术荣誉感，并基于此参与学术活动，国内的学术才能融入国际学术环境之中。否则，严重的学术功利化，会令中国学术的整体公信力受到严重伤害，从而制约中国学术赢得世界的尊重。

高校学术评价的功利化现状还表现为学术评价偏重行政权力、推崇成果数量而忽视质量。这分别是由于行政部门干预过多和学术成果的效率优先观念造成的。追根溯源，学术评价的功利化现状源于教育制度和文化价值观。借鉴西方学术评价的经验，高校学术评价要尊重学术的独立性，把创新作为学术评价的最高标准和价值取向，并建立内、外机制结合的学术评价制度。

2.3 提高自身学术声誉，还学术敬畏

良好的学术声誉能最大遏制作者学术不端行为的发生，但学术声誉不好量化，是一个综合性极强的因素。作为学者，要努力提高自己的学术水平，创新研究成果，积极提高自身的学术素养，"板凳要坐十年冷，文章不写一句空"。时刻保持对科学研究的虔诚和敬畏，像爱护自己的眼睛一样爱护自己的学术品格，像珍惜自己的生命一样珍惜自己的学术声誉。同时，要防止学术成为功利的奴隶，维护学术尊严和学术诚信，树立对学术的敬畏。

遏制功利性学术论文的发表，各期刊同仁也同样肩负着重要的使命，必须要严把学术质量关，杜绝各种各样的关系稿和质量低劣的稿件；同时，各大型数据库也要选择学术质量高的学术论文入库，对不合格的学术论文也必须实行下架制度，以便净化学术环境；有关部门要打击学术腐败、维护学术权威，共同营造风清气正的学术氛围和学术环境。

参 考 文 献

[1] 观澜君.107篇中国医学论文造假被撤,丢的仅是医生的脸吗[EB/OL].(2017-04-26)[2018-08-01].http://guancha.gmw.cn/2017-04-26/content_24310558.htm.
[2] 倪思洁.107篇论文被撤双方都在反思[EB/OL].(2017-04-22)[2018-08-01].http://news.sciencenet.cn/htmlnews/2017/4/374226.shtm.
[3] 陈颖.论学术乱象的由来和治理——兼谈学术期刊主编的责任与作为[J].澳门理工学报,2017(4):120-126.
[4] 刘旭.发表学术论文首提"五不准"[EB/OL].(2015-12-04)[2018-05-14].http://edu.people.com.cn/n/2015/1204/c1006-27889171.html.
[5] 许纪霖.回归学术共同体的内在价值尺度[J].清华大学学报(哲学社会科学版),2014,29(4):78-82
[6] 李夕菲.影响因子评价体制下地方高校社科学报的学术担当[J].河南大学学报(社会科学版),2016,58(8):137-148.
[7] 张广海.现行学术评价体制下大学中文学刊的发展之道——"大学中文学刊与大学当代文化使命"研讨会综述[N].中华读书报,2012-11-28(12).

军队医学学报引文分析

董瓅瑾[1]，王淑琴[2]，郝 倩[3]

(1.武警后勤学院学报编辑部，天津 300309；2.武警后勤学院图书馆，天津 300309；
3.浙江省医学科学院情报所，杭州 310013)

摘要：对《第二军医大学学报》《解放军医学院学报》《第三军医大学学报》《武警后勤学院学报(医学版)》《医学争鸣》《医学研究生学报》《白求恩医学杂志》7 种军队医学科技期刊近 5 年的引文情况进行了分析。结果表明，军队医学院校学报具有普通高校学报所特有的先天缺陷，即来稿内容虽广，但涉及多领域多学科多专业，特色不够鲜明。在目前期刊评价唯 SCI 为上的评价体系下，学报影响力的提升变得愈发困难。要解决这个问题，学报需要积极争取加入国内外各知名检索系统，做好数据分析；在传统推广方式的基础上，借助多媒体融合的传播优势，对期刊进行有效地宣传；找准特色，抓好稿源，优化稿件处理流程；抓好编辑培养加强编辑部建设，不断尝试摸索各种方法，努力突破学术刊物发展中的瓶颈。

关键词：军队医学院校；学报；引文

军队医学科技期刊是反映军队医学发展水平的重要载体，为军队医疗事业蓬勃发展起到了积极的推进作用。作为反映军队医学科技发展的重要窗口，军队医学科技期刊展示了军队医学科技发展的光辉历程。军队医学院校学报作为军队医学科技期刊的排头兵，承载了展现军队医学科技发展的新发现、新观点、新方法的重要作用。

影响因子是目前评价期刊的重要指标。通常认为，影响因子越高，期刊影响力越大。影响因子在一定程度上反映了期刊的学术质量。期刊影响因子与刊物前两年发表论文在统计当年的被引用的总次数和前两年发表论文总数密切相关。高被引论文数量与影响因子成正比。科学文献的被引用，体现了科学知识和文献信息的继承和利用，标志着学科的发展。文献的引证关系能客观地反映出科学文献之间的内在联系，不但可考察某一学科的研究动态、研究现状，还可以了解这一学科的核心作者及文献的传播利用情况[1]。期刊的被引频次是客观评价期刊的指标之一，显示了期刊被使用和受重视的程度以及在科学交流中的作用和地位。作为文献计量分析法的重要组成部分，引文分析历来是考察期刊综合实力的常用方法之一。引文分析法利用各种数学及统计学方法进行比较、归纳、抽象和概括，对科技期刊论文的引用和被引用现象进行分析，以揭示其数量特征和内在规律[2]。中国知网(CNKI)是数字出版平台具有文献分类、跨库检索、定量评价等功能，提供的数据较全面准确。本文选取了 7 种军队医学院校学报作为研究对象，对其 5 年引文情况进行统计分析，同时综合中国科学技术信息研究所出版的中国科技期刊引证报告(核心版)所提供的核心被引频次、综合评价总分等数据进行分析，旨在客观实际的反映 7 种军队医学院校学报的学术水平，为进一步提升军队医学院校学报影响力出谋划策。

1 研究对象与方法

1.1 研究对象

《第二军医大学学报》、《解放军医学院学报》(原刊名《军医进修学院学报》)、《第三军医大学学报》、《武警后勤学院学报(医学版)》(原刊名《武警医学院学报》)、《医学争鸣》(原刊名《第四军医大学学报》)、《医学研究生学报》(原刊名《金陵医院学报》)、《白求恩医学杂志》(原刊名《白求恩军医学院学报》)7种医学期刊均为军队医学科技期刊，并被中国知网收录。其中《医学争鸣》《医学研究生学报》《第二军医大学学报》《第三军医大学学报》被《中文核心期刊要目总览》收录。

1.2 方法

登陆中国知网网站(http://www.cnki.net)，在网站首页点击进入引文数据库，分别检索"期刊=《第二军医大学学报》《解放军医学院学报》《第三军医大学学报》《武警后勤学院学报(医学版)》《医学争鸣》《医学研究生学报》《白求恩医学杂志》"，每种学报的"出版时间"分别选取 5 个时间段，"2010—2010" "2011—2011" "2012—2012" "2013—2013" "2014—2014"，利用期刊分析器分别对 7 种学报 2010—2014 年 5 年的影响因子、发文量、基金发文量、引文量、篇均引文量、被引量、篇均被引率等数据进行统计。并结合 2015 年版中国科学技术信息研究所出版《中国科技期刊引证报告(核心版)》所提供的核心被引频次、综合评价总分等数据进行分析。引文检索时间截至 2017 年 5 月 12 日。

2 结果

2.1 7种军队医学院校学报影响因子

CNKI数据库查询结果显示，2010—2014年7种军队医学院校科技期刊影响因子整体趋势保持平稳，2014年影响因子均高于2013年影响因子(见图1)。《医学研究生学报》影响因子在7种军队医学院校科技期刊中居于首位，其次为《第三军医大学学报》《第二军医大学学报》。2015年版中国科技期刊引证报告(核心版)数据显示，2014年55种医药大学学报类期刊包括本研究中《第三军医大学学报》《第二军医大学学报》《解放军医学院学报》《武警后勤学院学报(医学版)》，核心影响因子分别为0.587、0.412、0.450、0.352，排名分别为16、28、25、37；综合评价总分71.8、57.6、42.1、29.0，排名分别为2、12、29、47。《医学研究生学报》在48种医学综合类期刊中核心影响因子0.403，排名36；综合评价总分44.9，排名15。2010—2014年，《第三军医大学学报》《第二军医大学学报》《医学研究生学报》影响因子保持平稳态势，发文学术水平较高，影响力较大。《解放军医学院学报》的影响因子逐年上升，增长速度明显快于其他刊物，这与该刊物加强编辑部自身建设、紧密依靠院政策指导密切相关。作为解放军总医院/军医进修学院的院刊，《解放军医学院学报》借鉴武汉同济医科大学的成功做法，在要求学生发文SCI和Medline的同时，鼓励其在学报发文，提升了学报学术水平，充分展示了解放军总医院学术水平，并为长期提高学报学术质量和可持续发展以及进入国际知名检索机构打下坚实基础[3]。

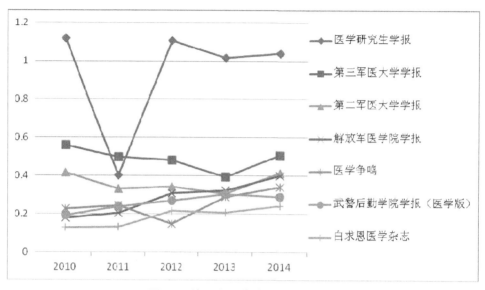

图1　7种军队医学学报影响因子折线图

2.2　7种军队医学院校学报发文量和基金发文量

由图2可以看出，2010—2014年，7种军队医学院校学报中《第三军医大学学报》发文量最多，其次为《解放军医学院学报》。《医学争鸣》发文量较低。《第三军医大学学报》《解放军医学院学报》《第二军医大学学报》发文量逐年下降。《第二军医大学学报》《第三军医大学学报》《医学研究生学报》《解放军医学院学报》基金发文量较多，其中《第三军医大学学报》基金发文量最多，5年共发表基金论文2 090篇，年均发表418篇(见图3)。《第二军医大学学报》《医学研究生学报》《解放军医学院学报》5年共发表基金论文分别为941篇、1 057篇、1 050篇。《医学争鸣》和《白求恩医学杂志》基金发文量较少。

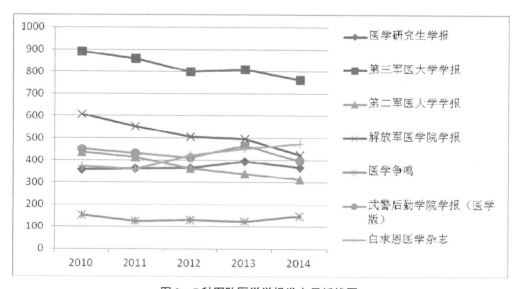

图2　7种军队医学学报发文量折线图

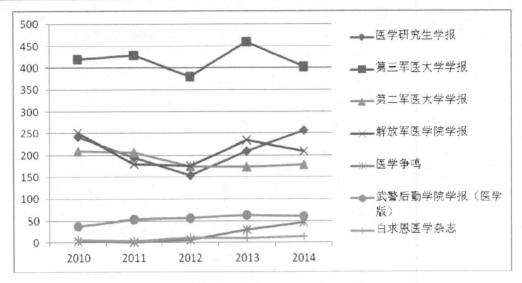

图 3　7 种军队医学学报基金发文量折线图

2.3　7 种军队医学院校学报被引量和篇均被引率

7 种军队医学院校学报的影响力逐年上升，与被引率正相关。2010—2014 年，各学报被引量逐年上升，尤其以《第三军医大学学报》被引量上升最为显著，由 2010 年 105 篇上升至 2014 年 3 145 篇。《第二军医大学学报》《武警后勤学院学报（医学版）》《白求恩医学杂志》2010 至 2014 年被引量相近。(见图 4)。

2010—2014 年，《医学研究生学报》篇均被引率居于首位，《第三军医大学学报》《第二军医大学学报》篇均被引率紧随其后。除《医学争鸣》外其他 7 种学报篇均被引率逐年下降，《医学争鸣》2010—2012 年呈上升趋势，且 2011—2012 年上升趋势显著，2013—2014 年篇均被引率有所回落(见图 5)。

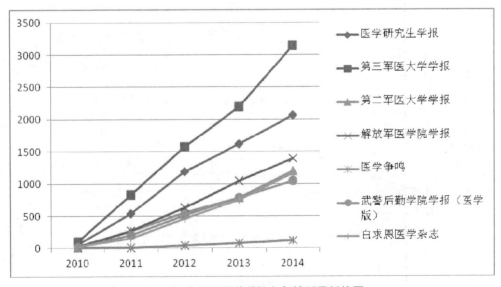

图 4　7 种军队医学学报各年被引量折线图

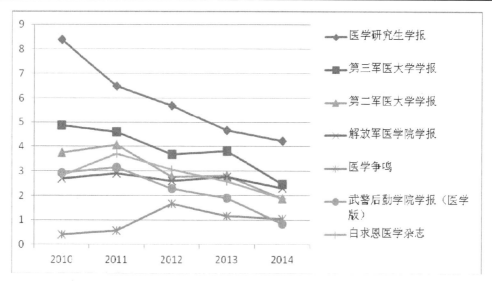

图 5 7 种军队医学学报篇均被引率折线图

2.4 7 种军队医学院校学报引文量和篇均引文量

由图 6 可以看出，7 种军队医学学报引文量稳中有升，尤其以《第三军医大学学报》各年引文量上升趋势最为明显。《医学研究生学报》2010 至 2014 年引文量最高，2014 年引文量达到 6 871 篇。《第二军医大学学报》2011 年至 2013 年引文量有所下降，但 2014 年引文量有所上升。《白求恩医学杂志》引文量逐年上升。如图 7 所示，2010—2014 年，《医学研究生学报》篇均引文量在 5 年间均居首位，其余 7 种学报篇均引文量均呈上升趋势，以《解放军医学院学报》篇均引文量上升趋势最为显著。《医学争鸣》在 2013、2014 年篇均引文量增长显著。《白求恩医学杂志》篇均引文量保持平稳。

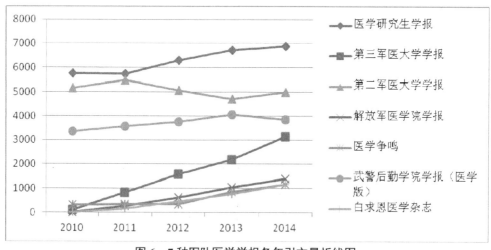

图 6 7 种军队医学学报各年引文量折线图

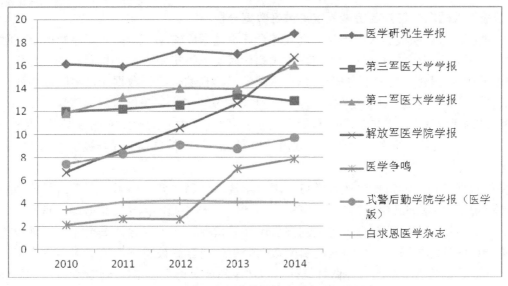

图 7　7 种军队医学学报篇均引文量折线图

2.5　7 种军队医学院校学报下载量

2010—2014 年，7 种学报下载量显著上升，尤其以《解放军医学院学报》下载量上升最为显著。由 2010 年 7 011 篇上升至 2014 年 97 655 篇。《武警后勤学院学报(医学版)》《白求恩医学杂志》5 年来下载量保持相同的增长趋势(见图 8)。

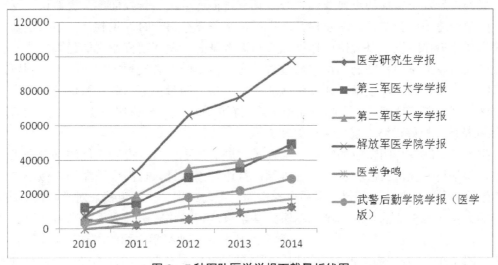

图 8　7 种军队医学学报下载量折线图

3　讨论

军队医学院校学报也具有普通高校学报所特有的先天缺陷，来稿内容虽广，但涉及多领域多学科多专业，特色不鲜明。由于受刊物自身学术影响力和办刊水平所限，学报往往缺乏对优秀稿件的吸引力。在 SCI 的冲击下，原有的院校优秀论文也全部外流，出现了论文学术质量相对较低，研究广度和深度不足等问题。在"马太效应"的影响下，学报很难凭借自身条件吸引优秀稿件，影响力的提升变得愈发困难。这需要各学报办刊人不断尝试摸索各种方法，突破学术刊物发展中的瓶颈。

3.1 积极加入国内外各知名检索系统，做好数据分析

学报可以通过积极加入中国学术期刊综合评价数据库(CAJCED)、中国生物医学文献数据库(CBM)、中国科学引文数据库(CSCD)(中国科学院文献情报中心)、中国科技论文与引文数据库(CSTPCD)(中国科学技术信息研究所)、中国学术期刊综合评价数据库、中国核心期刊要目总览、荷兰《医学文摘》(EMBASE)、美国《化学文摘》(CA)、美国《剑桥科学文摘》(CSA)、美国《乌利希期刊指南》(UPD)、英国国际农业与生物科学中心(CABI)文摘数据库、俄罗斯《文摘杂志》(AJ)、波兰《哥白尼索引》等国内外检索系统，宣传自己，提升被引几率，扩大学术影响力。

做好数据分析，编辑部要认真学习中国科学技术信息研究所出版的《中国科技期刊引证报告(核心版)》，掌握其中所提供的核心总被引频次、核心影响因子、核心即年指标、核心他引率、核心引用刊数、综合评价等期刊被引用计量指标、期刊来源计量指标、学科分类内期刊计量指标的计算方法，做好每年的引文数据分析，清楚高被引频次论文的学科分布、专业分布、作者分布等基本情况，并做好统计。与往年高被引论文基本情况进行比较，摸出趋势，为高被引论文的约稿及提高来年影响因子打好坚实基础。

3.2 多媒体融合，打造精品期刊

传统期刊推广的方式主要是通过刊物交流、会议交流、邮发、人际推广等方式，缺点是受众面窄、传播速度慢。如今，伴随着信息技术的飞速发展，期刊也应因时制宜，在传统推广方式的基础上，借助互联网和多媒体融合的传播优势，进行有效宣传，事半功倍。微信公众号已成为信息发布传播的重要媒体之一，具有传播速度快、传播面广、更新快、互动强的特点。医学论著中的新技术、新发现、新进展往往需要在第一时间见刊，才能保证其研究价值。编辑要能抓住时机，以最快的速度让其与读者见面，发挥研究论文的最大价值。若以传统出版模式，以纸质刊物印刷邮寄，通过数据库上传，由读者搜索数据库，下载浏览，往往拖延了时间，新进展、新技术、新发新就会大打折扣。编辑部可以利用微信公众平台、期刊网站、微博等渠道及时有效、不间断地推送期刊新的内容，以此来吸引更多的读者和作者。

3.3 找准特色，抓好稿源，优化稿件处理流程

学报因自身缺少鲜明特色的缺陷，陷入了发展的瓶颈。若各办刊人能注意选题策划、借助院校优势学科专业，找准特色，抓好稿源，打造特色栏目，也能突破瓶颈，做出自己的特色。韩维栋等[4]的研究显示各刊物联系自身实际，主动策划、选题组稿，对于刊物形成特色、提高影响力是非常重要的。如《第二军医大学学报》刊发临床医学方面的高被引论文17篇，占高被引论文的56.7%。《第三军医大学学报》刊发的基础医学方面的高被引论文15篇，占高被引论文的50.0%。若刊物忽视选题策划、刊发的论文学科分散、难以形成自身特色刊发的论文学术水平低，影响力偏小。《医学争鸣》杂志是目前国内与争鸣有关的唯一医学学术期刊，其办刊特色主要表现在封面设计、栏目设置和内容设定三个方面。每期开设了封面故事专栏文章，并根据这一专栏文章的内容设计封面，达到封面故事与封面图像的完美结合[5]。《医学争鸣》设有多个栏目，如名家(院士)论坛、专家述评、专家论坛、医学假说、医学观察、医学前沿、发明与创新、学术争鸣、学术探讨、医疗改革、伦理研究、观点与视角、建议及对策、整合医学等。期刊以反映发明与创新、否定与假说、探索与发现等前沿医学思想，传播医学领域新观点、新方法和新成就，服务医学科学研究和我国卫生事业发展为宗旨。最大的特色就是报道医学学术方面的各种看法和观点，注重理性的交锋、实证的研讨和冷静的争论[6]。在

找准特色,要抓好稿源。博士毕业及高级职称晋升时,常需要发表多篇文章。为能使自己的科研成果及早见刊,他们往往将同一课题的系列文章刊发到不同刊物,以求短时间内刊发。学报可以把握时机,尽可能争取作者系列研究论文,连续几期甚至一期刊出系列论文报道,留住优秀稿源。各学报可通过绿色通道,缩短刊出周期,留住优质稿源;开设特色专栏,突出原创性研究论文的影响力,从而提升期刊的学术影响力[7]。

3.4 抓好编辑培养 加强编辑部建设

我国的生物医学期刊上千种,医学期刊的发展少不了医学编辑的辛勤付出。科技期刊编辑人才的培养已成为当前亟待解决的问题。目前,我国还没有医学期刊编辑规范的专业培养途径。要成为一名合格的医学期刊编辑,需要经历适应阶段、发展阶段和成熟阶段。在培养创新意识、竞争意识、读者意识和法律意识的基础上要具备高尚的编辑职业道德。同时需要专深的生物医学知识和广博的科普知识,扎实的语言学知识,全面的信息学、统计学、流行病学和循证医学知识,以及精湛的编辑出版业务知识,兼具良好的沟通协调能力。要想成为一名合格的编辑,在储备基本功的同时要不断地学习。王璐曾对军内一些期刊编辑部进行了一个综合调查,调查表明:54%的编辑在近3年内没有参加过军队组织的学习与培训[8]。编辑的培训往往是通过偶尔参加地方组织的学习或培训,或者编辑部内部边学边用和实践中自学方式。我们呼吁相关的协会机构能组织规范的循序渐进的培训,通过走出去规范的学习,扩展视野,能使我们的优秀编辑队伍日渐壮大,更好地为作者、读者服务,推动期刊事业大踏步前进。

参 考 文 献

[1] 狄亚敏,魏萍.《解放军药学学报》1999—2011年载文被引分析[J].解放军药学学报,2013,29(1):88-92.
[2] 刘丽斌,张如意.普通高校学报零被引论文分析及应对措施——以《天津职业技术师范大学学报》为例[C]//全国核心期刊与期刊国际化、网络化研讨会.2016.
[3] 谭燕,王慧敏,朱丹,等.《军医进修学院学报》2005—2009年载文及引文分析[J].军医进修学院学报,2010(9):937-938;944.
[4] 韩维栋,屈清慧,刘大晶.22种医药卫生类高校学报的高被引论文的统计分析[J].中国科技期刊研究,2009,20(5):838-843.
[5] 袁天峰,吴涛,黄良田.《医学争鸣》杂志特色办刊的实践[J].中国科技期刊研究,2013,24(1):141-142.
[6] 侯瑞,金晓琳,李海鸥.新形势下军队院校科技期刊的发展之路[J].中国科技期刊研究,2011,22(2):180-183.
[7] 曾艳彩,肖湘,李雪华,等.2011—2015年军队医学综合类核心期刊主要评价指标分析[J].华南国防医学杂志,2017,31(1):53-57;66.
[8] 李江涛,肖青,孙陆青,等.军校学报编辑人员继续教育现状及对策[J].继续教育,2010(2):48-49.

"领导重视"与高职学报质量提高

傅美贞

(金华职业技术学院学报编辑部，浙江 金华 321007)

摘要：提高期刊质量是科技期刊发展中亟待解决的关键问题，许多专家学者认为办刊水平和期刊质量的提高取决于编辑人员素质。但高职院校的学报有其特殊性：编辑部成立时间短；编辑人员少，工作压力大；高职学报在综合性期刊中所处的地位低，稿源质量较差等。认为要提高高职学报的质量必须要争取领导重视，只有领导重视学报工作，才能建立健全各项规章制度，才能争取到充足的办刊经费，才能引进人才配备编辑力量，才能有条件提高编辑人员的综合素质，从而提高高职学报的质量。

关键词：高职院校；学报；编辑质量

随着科技期刊编辑出版服务提供体系的变化、市场机制的强化以及出版体制改革的深入，科技期刊编辑出版事业面临着许多机遇与挑战[1]。作为反映高等职业教育研究、教学改革、产学研合作发展及其科技创新成果的载体和阵地，占有高校学报半壁江山的高职学报自有其存在和发展的意义。一本高质量的期刊，对读者具有可读性和指导性，对市场具有竞争性和占有性，对社会具有效益性和推动性[2]。质量是科技期刊的生命，是决定科技期刊影响力和可持续发展的关键。学报质量是指其整体质量，可分为文章的学术质量、文字编校质量、版式设计质量和印刷装订质量等，其中学术质量是根本，编校质量是保证[3]。要出版一本高质量的学报是众多因素的有效组合，有高水平的作者来稿，工作作风严谨的审稿队伍和高素质的业务过硬的编辑，还有大量的人财物的投入，更重要的是还要有各级领导的关心支持和高度重视。

1 高职院校学报现状

高职院校是我国教育改革的产物，相比较其他本科院校，成立时间短，但发展速度快，目前在数量上已占我国高校的半壁江山，高职学报作为学校发展的必然产物，这几年势头迅猛、在全国已有 1 000 多家。这规模庞大的高职学报当然也有其自身的特点，根据马余平[4]等很多学者的调查研究及本人多年学报工作经验与了解，把高职学报的现状大致罗列如下。

1.1 高职学报性质

高职院校学报在科技期刊中所处的地位较低，都不在 SCI、EI、CSSCI、北大核心等核心期刊之列，属于一般类期刊，且被认为不及本科院校的学报。

高职学报多为综合性期刊，大部分是季刊，少数是双月刊，还有一些因稿源及其他原因而不定期出版；高职学报的经费来源主要是学校拨款，部分学报收取适当的版面费，学报出版后主要用于学术交流或赠阅，基本不存在经营活动。高职学报编辑部大多数不是学校直属部门，多为科研处、教务处等部门的二级机构，不具备法人资格。主编多由主办单位领导(校级)兼任，但一般不主持具体的工作；编辑部主任一般由科研处处长或教务处处长兼任，主持学报编辑部的具体工作，学报的工作只是他们工作中的一小部分。从高职学报机构的设置和管理的层次也可以反映出在很多高职院校学报只是一个边缘化的部门，没有得到学校的足够重视。

1.2 稿源(作者)情况

由于高职学报办报时间短、影响力小，在科技期刊中的地位也低，高水平的作者或者高水平的研究成果不会投稿给高职学报，高职学报目前主要的稿源来自需要参加中低级职称评定的作者。究其原因，主要有：一是我国高校现行的职称晋升制度，以研究课题的立项单位或刊载论文期刊的级别来衡量作者的学术水平，评审部门会认为发表在高职学报上的论文水平不够，不能作为高级职称晋升的支撑材料，因而高级职称的晋升者势必会选择一些影响力大的学术期刊进行投稿，所以高职学报中副高职称及以上的作者寥寥无几，大多数投稿者的职称较低，许多还是在校研究生。二是有些科研课题的政府立项部门也将课题的研究成果是否在核心期刊上发表作为能否结题的依据，导致本校的大部分科研成果——论文外流。三是由于主编(校级领导)甚至编辑部主任不看重学报工作，忽视向高层次作者的约稿工作，也没有约稿经费上的支持，致使高质量的稿源缺乏。因此，高职学报的稿源范围窄、投稿者层次低、稿源不足和质量普遍偏低，编辑部可选余地就小了，稿件的学术质量受到影响。

1.3 编辑人员的工作情况

由于主编等领导对学报工作的不重视，编辑部工作人员岗位编制少，编辑出版人员严重缺乏，双月刊的编辑一般2~4人，季刊的编辑大多1~2人，基本上没有编务人员，不符合我国国家科学技术委员会发布的《科学技术期刊管理办法》对学术期刊的编制数的要求。编辑部主任由科研或教务处处长兼职主持工作，学报编辑出版的具体工作由编辑人员来完成，如从来稿登记开始，到送审稿、与作者沟通、编辑校对到出版后交流赠阅，贯穿编辑出版的全过程。编辑的工作繁琐，劳动强度大，基本疲于应付，学报刊出文章的编校质量势必受到影响。

学报编辑大多从学校各专业科室抽调，从事编辑工作多是半路出家，有部分编辑人员还兼有其他教学、科研工作，编辑业务知识基本上在平时的工作中积累，偶尔会外出参加学习培训，就连国家新闻出版局规定的编辑人员每年需完成72学时的培训学习都很困难，专业从事编辑工作的人员就更少了。

学报工作有其特殊性，既不像教师那样教书育人桃李满天，也没有从事科研工作那样成果累累荣誉满墙，工作辛苦且很难出成绩，待遇低且发展空间有限，在职称评聘、考核奖励等很多方面都与同校教师或科研人员存在差距。这就导致学报编辑部人难留、人难进，一边是缺乏高素质的编辑人才，可人家不愿意来或者人来了却留不住，一边却是由于编制紧张新人难进。高职学报编辑部对编辑人才的吸引力不强。

1.4 编辑部管理工作

高职学报编辑部由于体制上的不顺，导致学校缺乏对学报工作的有效领导与管理，不够重视和关心编辑部的建设。学报工作的相关制度在办刊之初就有制定，如来稿登记制度、审稿制度、校对制度、定稿制度等，还有各个岗位的职责，但学校缺乏定期对学报工作的检查和研究，更不用说会采取一些切实可行的措施来提高编辑人员的政治思想与业务知识水平，提高学报的办刊质量和水平。由于学校疏于管理，编辑人员也会因承担着繁重的工作而忽视编辑应有的职责，加之编辑部可能没有奖优罚劣制度，没有对编辑人员的工作业绩进行考核，从而导致编辑人员工作积极性不高。

从高职学报的现状可以看出高职学报面临着发展瓶颈，管理体系混乱、稿源质量低、编辑工作杂等，直接影响学报质量和今后的发展。

2 影响高职学报质量的因素综述

对于如何提高科技期刊的质量，找准影响科技期刊质量的主要因素，很多学者或从业人员都进行了系统的分析与研究。孙菊[5]认为应该从源头上抓起，通过与作者的互动，使来稿的编排质量普遍提高，从而使期刊整体编辑质量稳步上升。李无双等[6]认为：①要从重视审稿、优化审稿队伍、强化审稿程序来提高稿件的学术质量；②要提高编辑人员的综合素质提高编辑加工质量；③要提高印刷装帧质量，来满足期刊质量的进一步提高。闫其涛等[3]从编辑的工作角度，对稿件的初审、审稿专家的选择、退修意见的编写及编校工作的认真负责进行了研究，认为编辑应树立责任心、加强自身素质的培养，以促进期刊的发展。王新奇[7]认为科技期刊的质量受制于编辑人员素质、来稿质量、编校质量、工艺方法等多种因素，并提出通过期刊总体目标设计，控制学术质量、文字符号和图表质量、标准化和规范化质量、编辑出版质量等途径来实现期刊的质量控制。而罗月花[8]认为现代编辑工作的多元性，需要编辑具备多方面的素质，如要有捕捉信息的敏锐性，有较强的主体意识，要勤于思考、具有开拓创新意识，有扎实的专业基础和较高的语言文字水平，有严谨细致的敬业精神，有求真务实、切实为作者服务的意识等。松炳超、赵艳静和郝春艳等均探讨了编辑素质对期刊质量的影响[9-13]。还有尹志诚[14]、陈石平[15]等从强化创新意识论述了提升期刊质量的途径和方法。以上专家学者从编辑出版的不同环节阐述了影响期刊质量的因素和提高质量的措施，仁者见仁，智者见智，但是笔者认为他们的研究中忽略了"领导"对期刊编辑出版工作的重要影响，离开了"领导"对学报工作的重视与支持要提高高职学报的质量是很困难的。

3 "领导"在提高高职学报质量中的作用

学报主编是学报工作的直接责任人，是学报发展的灵魂。一个称职的主编既是学报发展方向的把握者，也是业务工作的带头者，更是能够团结带领全体人员做好工作的领导者；在学报发展中既懂得自己取得的成绩与长处，又能充分了解发展中的困难和问题；能有效配置学报自有人财物等资源使其得到充分利用，又能与有关领导和部门做好沟通协调争取外来资源。高职学报目前面临的窘境有很大程度是因为领导体系不完善，主编是兼职的，编辑部主任也是兼职的，学报工作只是其工作的一小部分，还可能是最不重要的部分，那又有多少时间和精力能用在上面呢？影响高职学报质量的因素千条万条，但是领导不够重视是较为普遍的现象，提高领导对学报工作的重视，并不一定是解决问题的唯一办法，但肯定是非常有效的措施，笔者以为在领导的重视关怀下做好以下几点很关键。

3.1 提升学报编辑部地位

对于高职学报编辑部的机构设置，教育部早有明文规定：公开发行的学报编辑部应相当于系或校属研究所一级的学术机构。目前大部分高职学报编辑部从属于科研处或其他处室，客观上削弱了学报的地位，极不利于学报的发展。对于学报编辑部目前的状况要彻底改变，学报编辑部在学校应该享有其应有的机构位置；要明确学报编辑部是学术机构不是行政机关，不能用行政命令代替学术管理；必须遵循学报特有的办刊规律，树立学报的权威；学校要委派校级领导干部切实地主管学报，并要提供必要的办公场所、图书资料和设备，帮助其逐步提高编辑出版工作现代化的水平[16]。

3.2 划拨充足的办刊经费

高职学报目前主要以赠阅交流为主，基本没有参与市场化的经营活动，学报是非营利性的，尽管有少量的版面费或者广告赞助收入，但审稿费、校对费、出版费、邮寄费等的列支也是必不可少的。学报的办刊经费主要依靠学校拨款。由于经费的不足，很大程度上制约了高职学报的发展，编辑部普遍编辑人员少、工作压力大、工资福利差，某种程度上也是源于压缩开支。所以，如果学校领导(主编)重视学报工作，会增加办刊经费，扩大编辑队伍，提高职工待遇，就可以减少编辑的杂务性劳动，提高编辑工作质量；编辑才有时间和精力去参加各种学术会议交流学习，提高自身的编辑业务和学术水平；编辑部才可以有针对性地约稿，提高稿源的学术质量；另外还可以在排版、出版问题上做些改进，提高学报的出版质量。

3.3 提高编辑队伍素质和人才引进

高职学报编辑大部分从各个学科抽调而来，不是科班出身，没有系统的编辑理论方面的知识，对于编辑业务知识只是来自工作中积累和极少的外出培训，工作起来效率低且容易出错。一本好的科技期刊离不开一支高素质的编辑队伍，虽然文章来自作者之手，但从收稿、初审、编辑、校对到出版发行，每个环节都离不开编辑的辛勤劳动，因此学报编辑的素质深刻影响着学报的质量，高水平的编辑队伍是创办精品期刊的重要保障。学校领导要下决心引进高层次专业人才充实编辑队伍同时采取措施提高在职人员的编辑业务水平。

3.3.1 增加在职编辑业务培训的机会

尽可能地创造条件(时间和经费)让编辑人员参加必要的业务培训，至少能完成国家规定的72学时的业务学习，有条件的最好能参加系统的编辑理论学习；并给编辑人员提供参加各类学术会议的机会，去了解各个学科的最新发展动态，开阔视野，提高他们对科技发展的敏感性、对学术质量的鉴别能力。

3.3.2 引进专业人才

增加编辑岗位的编制，招聘专业人才来充实编辑队伍。如招聘编辑学专业的应届本科毕业生、其他专业的硕博士；从校内外抽调高层次人才进入编辑队伍，这是提高编辑队伍素质短平快的有效手段。那么学校就需创造能够吸引人才的有利条件，譬如工作环境、福利待遇等，要让人家愿意来、留得住，并且能安心工作，尽心为学报服务。

3.4 加强高职学报管理工作

高等学校学报工作是高等学校科研和教学工作的组成部分，学校应加强对学报工作的领导与管理：定期研究学报工作，检查学报的政治方向和贯彻执行党和国家有关方针政策的情况，重视并关心编辑部的建设，采取切实措施不断提高编辑人员的政治思想与业务学识水平，提高学报的办刊质量和水平[16]。

3.4.1 加强对编辑工作的考核

加强对编辑工作的考核，没有考核就没有管理，通过严格的考核办法奖优罚劣，一定要彻底纠正做与不做一个样、做好做坏一个样的陋习，通过检查与考核对学报工作进行有效监督，有效激励职工的工作激情；通过考核可以让优秀人才脱颖而出，推动编辑人才的团队建设；通过检查考核可以发现工作中的问题利于及时整改。

3.4.2 建立健全学报编辑人员的激励机制

如何让高职学报编辑部对编辑人才有吸引力，如何能让真正有能力的人在学报编辑部有施展才华的空间，建立健全一套学报编辑部的激励机制，已是当务之急。激励机制的建立和健全，在评优评先、职称评聘以及福利待遇等方面有一套可操作的办法，对考核优秀的编辑在职称评聘、职工福利等方面予以优先考虑；在其他有关的经济上、政治上的待遇予以倾斜，鼓励编辑争优创先，努力提高自己的业务水平。当编辑获得相关部门"优秀编辑"称号或学报得奖时，学校应给予一定的奖励；而编校差误率大于规定值时，给予一定惩罚。因此，加强对学报工作的检查与考核和激励是推进管理实效、提升管理质量的有效手段。

4 结束语

领导就是管理、指挥、协调、督促、激励单位全体成员去实现既定目标的个人或集体，他或她具有法律赋予的一定权力，对管辖范围内的人财物具有某种程度上的支配权。领导对人财物的支配不会是一律平等的，会因为认识上的差异有所不同。因此，要利用各种渠道和手段促使领导对学报工作的高度重视，充分利用好"领导"这种资源。对于高职学报来说，成立时间短，可以说还是草创阶段，办报经验不足，在人员、设备、经费、管理等方面存在问题多，要提升学报的办刊水平，首先要争取领导的重视与支持，主管学报日常事务的领导(常务副主编或编辑部主任)要向校领导多汇报、多沟通，让学校领导了解学报的发展情况，了解所取得的成绩，也了解发展中遇到的困难和问题。学报的发展离不开各级领导的关心与支持，高职学报从无到有就是领导重视关心的结果。要提高学报的质量，让学报办出水平、办出特色，这是一个系统工程，需要很多有效元素的完美配置，而能够拥有这些元素、调动这些元素的人就是领导。一部好的舞台剧，剧本是基础，演员的演技是保证，而好的导演则是演好整台剧的核心，领导就是提高高职学报质量这部戏的导演。

参 考 文 献

[1] 周志新.论构建新时期科技期刊编辑职业精神的作用及其核心要素[J].编辑学报,2012,24(4):314-316.
[2] 陈艳芬.新世纪高校学报青年编辑素质探析[J].编辑学报,2002,14(增刊1):80-82.
[3] 闫其涛,张睿,毛万霞,等.编辑在提高科技期刊质量中的作用[J].编辑学报,2013,25(增刊1):65-66.
[4] 马余平,费芳.我国高职学报编辑素质的现状调查与分析[J].商丘职业技术学院学报,2013(3):118-120.
[5] 孙菊.编辑人才是强刊的关键[J].编辑学报,2014,26(6):605-607.
[6] 李无双,潘淑君.提高科技期刊质量的探索与实践[J].农业环境科学学报,2006(5):56-57.
[7] 王新奇.提高科技期刊质量的途径研究[J].唐都学刊,2012,18(5):101-104.
[8] 罗月花.从编辑劳动的多元化谈编辑素质的培养[J].东华大学学报(社会科学版),2009,9(2):144-145.
[9] 松炳超.科技期刊编辑的素质对期刊质量的影响[J].科技资讯,2012(8):251-252.
[10] 赵艳静,武立有,何静菁.编辑素质在提高科技期刊学术质量中的作用解析[J].编辑学报,2015(增刊1):60-62.
[11] 郝春艳.关于期刊编辑素质的几点思考[J].理论界,2008,19(2):185-186.
[12] 王海云.浅谈编辑素质对科技期刊质量的影响[J].科技创新与生产力,2015(4):42-43.
[13] 师宝萍.编辑素质对高校学报质量的影响[J].淮海工学院学报(社会科学版·人文纵横),2011,9(19):37-39.
[14] 尹志诚.高校学报编辑应具备6种意识[J].编辑学报,2007,19(2):150-151.
[15] 陈石平.论提高科技期刊质量[J].绍兴文理学院学报,2003,23(7):98-100.
[16] 教育部办公厅.关于印发《高等学校学报管理办法》的通知:教育厅(1998)3号[R].1998-04-01.

2008—2017年收录《海南医学》论文文献计量学分析

邢维春，马琪奇，王俐颖，柯宇雯，黄才胜

(海南医学杂志社，海口 570203)

摘要：统计并分析了2008—2017年在《海南医学》上发表论文的学科分类、相关机构、项目资助等情况，结果表明：《海南医学》10年发表的论文涉及普通内科学、环境科学、病毒学、免疫学、儿科、微生物学、卫生保健科学服务及药理学与药学等，其中普通内科学发表论文数量占比最高；发表论文的数量总体平稳，维持在每年1 300~1 800篇之间；论文的资助基金主要来自国家机构。为提高《海南医学》的影响力，期刊须严格控制发表论文数量，优先选用基金支持稿件方面，持续提高刊物发表论文的质量。

关键词：《海南医学》；文献计量学；论文统计

《海南医学》狭义的定义是研究海南地区相关疾病的医学。如今《海南医学》早已摆脱其字面含义而发展成为集基础医学、临床医学和预防医学为一体的期刊，涉及微生物学、病毒学、免疫学、传染病学和公共卫生与预防等多学科交叉[1-2]。本文对《海南医学》2008—2017年发表论文的学科门类、研究机构、支持基金等进行总结分析，以期为今后的办刊提供基础性数据，为广大读者了解本刊提供一个总结性窗口。

1 材料与方法

1.1 资料来源

以《海南医学》杂志作为数据源，检索2008—2017年期间发表的全部论文，对论文的学科领域、发表作者、支持基金进行归类整理。同时以年为单位，收集一年期间《海南医学》发表的所有论文，对其数量进行总结。

1.2 统计分析

采用Excel 2010对2008—2017年《海南医学》发表的论文进行统计数据。同时结合中国知网(CNKI)数据进行分析。

2 结果

2.1 2008—2017年《海南医学》发表论文的学科分布和影响力评估

根据中国知网搜索结果表明，16 233条可索引海南医学相关研究，其中免疫学、微生物学、药理学与药学、环境科学、病毒学、卫生保健科学服务、普通内科学和儿科占有一定比例(图1)。其中：普通内科学的占比最高，达到2 399篇；而环境科学、病毒学、免疫学占比较低，各有 1 篇、6 篇和 11 篇；儿科、微生物学、卫生保健科学服务及药理学与药学居中，分别发表了 990 篇、457 篇、306 篇及 285 篇。临床医学总被引频次、总下载频次、篇均被引频次、篇均下载频次分别为 9 668、176 012、3.1 和 57.0；外科学、肿瘤学、妇产科学的总被引频次分别为 8 568、4 882、5 795 (表 1)。

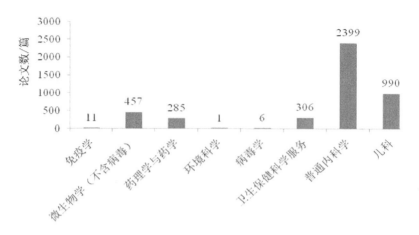

图 1　2008—2017 年各学科发表论文数

表 1　2008—2017 年《海南医学》发表论文影响力评估

排名	学科	影响力评估			
		总被引频次	总下载频次	篇均被引频次	篇均下载频次
1	临床医学	9 668	176 012	3.1	57.0
2	外科学	8 568	128 776	2.9	43.5
3	肿瘤学	4 882	119 147	2.5	60.5
4	妇产科学	5 795	83 531	3.6	51.7
5	心血管系统疾病	3 929	80 456	3.2	66.3
6	儿科学	3 043	50 653	2.9	48.1
7	内分泌腺及全身性疾病	2 728	62 592	3.1	70.1
8	急救医学	2 523	38 374	3.1	47.0
9	神经病学	2 432	56 859	3.0	69.9
10	泌尿科学	1 761	37 585	2.5	53.2

2.2　2008—2017 年《海南医学》年度发表论文分布

2008—2017 年，《海南医学》发表的论文总数基本维持在 1 300~1 900 篇之间，每个年度略微存在波动，但总体上呈现基本平稳(图 2)。其中 2010 年发表的论文数量最多达到 1 843 篇，而 2015 年发表论文数量最少为 1 369 篇。在近年来我国医学研究逐渐深入开展的大背景下，《海南医学》一直秉承优中选优的办刊标准，注重在论文的质量上把关，严格控制录用门槛，使得 10 年来的论文发表数量维持在稳定的水平上，对于办刊质量的提高起到很大的促进作用。

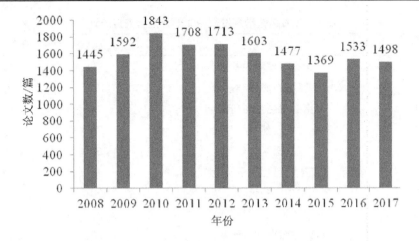

图 2 2008—2017 年《海南医学》年度发表论文分布

2.3 2008—2017 年《海南医学》部分作者发表论文统计

在 2008—2017 年间发表论文中，投稿来源上主要集中在我国南方部分医院，如海南省人民医院、深圳市宝安区松岗人民医院等(表 2)。其中发表论文最多的前 10 位作者有 4 位为来自海南省人民医院，这也体现了《海南医学》在海南地区的影响力，同时本刊也持续关注并作为一个窗口及时传递海南地区医学研究进展。

表 2 2008—2017 年《海南医学》发表论文前 10 作者统计

姓名	论文数量	比例/%	单位
李建军	22	0.14	海南省人民医院放射科
黄平	19	0.12	深圳市宝安区松岗人民医院妇科
张志坚	18	0.11	重庆市巴南区人民医院重症医学院重症医学科
文国强	17	0.10	海南省人民医院神经内科
李艳	16	0.10	武汉大学人民医院检验科
陈实	15	0.09	海南省人民医院儿科
陈光元	14	0.09	深圳市宝安区松岗人民医院妇产科
许贤照	14	0.09	解放军第 180 医院健康管理中心
陈勇	13	0.08	海南省人民医院麻醉科
周开伦	12	0.07	海南省人民医院肝胆外科

2.4 2008—2017 年《海南医学》发表论文基金支持统计

在相关学科研究的支持方面，分析表明国家自然科学基金是主要资助来源，占比 1.97%。其他国家重大的专项研究经费及各部委的项目资助也占据海南医学及相关学科研究的重要地位。国内经济比较发达的地区如广东的资金资助也排名靠前，而广西作为经济欠发达地区通过专项高端人才引进项目资助了这方面的研究，进一步地分析发现这个地区的该领域的资助更多是在农业牲畜业等寄生虫和传染病方面(表 3)。

表 3　《海南医学》发表论文部分基金支持统计

排名	基金项目	论文数量	比例/%
1	国家自然科学基金	320	1.97
2	海南省自然科学基金	199	1.23
3	海南省卫生厅科研基金	74	0.46
4	湖北省自然科学基金	70	0.43
5	广东省医学科研基金	60	0.37
6	广东省自然科学基金	45	0.28
7	广东省中医药管理局基金	30	0.18
8	四川省卫生厅科研基金	27	0.17
9	海南省教育厅科研基金	20	0.12
10	广西科学基金	17	0.10
11	湖北省教委科研基金	16	0.10
12	陕西省科委基金	15	0.09
13	国家科技支撑计划	14	0.09
14	新疆维吾尔自治区自然科学基金	14	0.09
15	陕西省自然科学基金	13	0.08
16	陕西省教委基金	12	0.07
17	南京医科大学科技发展基金	9	0.06
18	广西壮族自治区科技攻关计划	8	0.05
19	湖南省教委科研基金	7	0.04
20	国家高技术研究发展计划(863 计划)	7	0.04

3　讨　论

对《海南医学》进行统计分析，以期反映 2008—2017 年《海南医学》论文发表相关学科情况。《海南医学》发表论文主要以科学发现和技术创新成果为主，开设述评、基础研究、临床研究、检验与临床、影像与临床、药物与临床、疾病监控、调查研究、综述、临床经验、荟萃分析、健康教育、医院管理、护理、短篇报道等栏目。不同学科间发表论文数量的差异明显，其中普通内科学的占比最高。这个领域涵盖了消化内科、呼吸内科、神经内科、心脏内科等，包含的内容较多，同时也是目前医学研究最广泛的领域[3-4]。其发表论文占比最高与目前往本刊投稿数量最多的领域相契合，体现了《海南医学》对论文要求综合，突出共性，普及性的特点。

《海南医学》自 1989 年创刊至今，对稿件质量严格把关。在目前稿源逐年增加的大背景下，10 年年均发表的论文总数基本维持在 1 300~1 900 篇之间，总体上呈现基本平稳，这对提高办刊质量起到了很好的基础性作用。目前发表的论文主要集中在我国南方地区也与期刊在成长过程中的"立足海南，面向全国，辐射海外"定位有密切关系。随着近年来与全国各医学期刊交流深入，积极拓展在全国的影响立也是大势所趋，更重要的是力争吸引国外优秀医学成果在本刊的发表，扩大期刊的综合影响力。此外，《海南医学》对稿件质量的把控还体现在发表论文的基金支持上。从统计的情况看，国家自然科学基金为刊登论文支持基金的绝对多数。

而国家自然科学基金主要以原创性研究为主，这说明了本刊稿件有相当一部分是原创基础性研究，这也是刊物对保证质量，鼓励原创性成果的体现[5]。

未来各期刊的竞争将会越来越激烈，《海南医学》在维持原有的刊登范围基础上，逐步考虑交叉学科的论文选刊，免疫学、微生物、药理学与药学、环境科学等存在较大的研究交叉，这些学科的交叉对于研究创新性有极强的要求[6]。而国内目前研究的薄弱环节，如传染病、寄生虫病学、公共环境职业健康和药理学等，尚与先进发达国家有较大差距，相关领域的研究正逐步被重视，且有了长足的进步[7]。《海南医学》在今后的选稿过程中也会关注我国这些薄弱的研究领域，持续对部分冷门学科研究成果给予关注。这也反映出对我国研究的薄弱环节不仅需要医疗机构的努力强化研究，事实上刊物在这个过程中也起到很大的促进作用。

参 考 文 献

[1] 海南医学编辑部.《海南医学》稿约[J].海南医学,2018,29(3).
[2] 陆秀萍,曾玲.重力滴注鼻饲对心内直视术后机械通气婴幼儿的影响[J].海南医学,2017,28(7):1168-1169.
[3] 鲁重美. 普通内科是医学生和青年医师的成长基地[J].中华内科杂志,2004,43(1):7-8.
[4] 方圻.我国需要更多的普通内科医师[J]. 中华内科杂志,2003,42(10):674.
[5] 张诗乐,盖双双,刘雪立.国家自然科学基金资助的效果——基于论文产出的文献计量学评价[J].科学学研究,2015,33(4):507-515.
[6] 王佳燕,史金端,符式刚,等.热带医学论文文献计量学分析[J].中国热带医学,2017,17(8):847-852.
[7] 王佳燕,谢永慧,黄艳,等.1997—2015年SCI收录热带医学学科期刊的情况及刊文分析[J].预防医学情报杂志,2017,33(11):1192-1198.

SCI 收录电化学期刊的比较分析

何晓燕

(上海大学期刊社《电化学能源评论》编辑部,上海 200444)

摘要:利用 Web of Science 和 JCR 数据库,统计分析了 7 种位于 Q1 区电化学期刊的影响因子、载文量、被引频次、栏目设置、稿源分布以及中国作者贡献等情况。通过比较和分析 SCI 收录的 7 种 Q1 区电化学期刊的特征,为我国电化学期刊的发展提供借鉴和参考。

关键词:电化学期刊; 期刊分析; Web of Science 数据库; 影响因子

近年来,电化学科研成果层出不穷,电化学学科与电化学期刊不断发展壮大,我国对打造中国电化学精品期刊的愿望越来越强烈。然而目前针对电化学期刊特征的比较分析却少见报道。参考影响力分析的常用重要指标[1],本文选取期刊影响因子、载文量、被引频次等作为研究对象进行分析对比,借鉴其办刊经验,为我国电化学期刊的发展提供参考,同时也为电化学界学者了解电化学期刊的概况提供参考资料。

1 Web of Science 数据库中电化学类期刊统计

SCI 已被认为是评价科技期刊权威的数据库,是衡量期刊水平的重要依据[2]。本文在 Web of Science 数据库 JCR (Journal Citation Reports) 中,选择了 Electrochemistry 分类,2017 年共收录了 28 种期刊[3],期刊所属国别如表 1 所示。由表 1 的统计数据可以看出:电化学期刊主要集中在欧美发达国家,美国与加拿大共 8 种期刊,占比 29%;欧洲共计 18 种,占比 64%;没有中国期刊。这 28 种期刊中只有一种开放获取期刊为 Sensors,在 Q3 区,影响因子为 2.475。

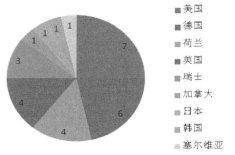

图 1 Web of science 数据库中 "Electrochemistry" 的期刊所属国别统计

2 2017 年 7 种 Q1 区电化学期刊的情况

2017 年 SCI 收录的 28 种电化学期刊中,Q1 区共有 7 种期刊。表 1 列出了这 7 种期刊的出版单位、刊期以及 2017 年影响因子等基本信息。比较 7 种期刊的出版周期发现,其中 5 种由 Elsevier 出版公司出版,1 种由 Wiley 出版公司出版,1 种由美国化学会出版。其中 4 种为月刊,占 57%。*Journal of power sources* 为半月刊,*Sensors and Actuators B-Chemical* 每年出版 15 期,而 *Electrochimica Acta* 每年出版 28 期,是 7 种刊中出版周期最短的刊。影响因子大于 10 的只有一种为 *ACS Energy Letters*,月刊,出版单位为美国化学协会。

表 1 7 种电化学期刊的基本信息

编号	刊名	简称	出版单位	2017 年 IF	刊期/年
1	ACS Energy Letters	ACS Energy Lett	美国化学会	12.277	12
2	Biosensors & Bioelectronics	Biosens Bioelectron	荷兰(Elsevier)	8.173	12
3	Journal of power sources	J Power Sources	荷兰(Elsevier)	6.945	24
4	Sensors and Actuators B-Chemical	Sens Actuator B-Chem	瑞士(Elsevier)	5.667	15
5	Electrochimica Acta	Electrochim Acta	英国(Elsevier)	5.116	28
6	Electrochemistry Communications	Electrochem Commun	美国 (Elsevier)	4.660	12
7	ChemElectroChem	ChemElectroChem	德国(Wiley)	4.446	12

3 影响因子、载文量和总被引频次分析

期刊的影响因子指的是该刊前 2 年发表的文章在当年的平均引用次数。影响因子是国际通用的评价期刊质量的重要指标。一般来说，期刊的影响因子越高，代表期刊的被引用率越高，影响力越大。另一方面也反映出该刊的学术水平高[4]。根据 JCR 数据，7 种期刊 2013—2017 年影响因子变化见表 2。从表 2 中可以看出，虽然 ACS Energy Lett 2017 年才出第一个影响因子，却是 7 种刊中唯一一种影响因子超过 10 的期刊，是其中影响力最高的期刊。Biosens Bioelectron、J Power Sources 与 Sens Actuator B-Chem 这三种刊物 2013—2017 年的影响因子是逐年递增的，分别增长了 27%、33%以及 48%。Electrochim Acta 与 Electrochem Commun 这两种刊物在 2013—2017 年的影响因子除了在 2016 年比前一年略有下降之外，其他时间影响因子几乎都是逐年稳中有升的，分别增加了 25%与 9%。而 Q1 区最后一位 ChemElectroChem 在 2015 年取得第一个影响因子，为 3.506，到 2017 年也增加到 4.446，增加 27%。可见，7 种刊的影响力几乎都是逐年增加的。

表 2 2013—2017 年 7 种期刊影响因子变化趋势

编号	刊名简写	影响因子				
		2013	2014	2015	2016	2017
1	ACS Energy Lett	—	—	—	—	12.277
2	Biosens Bioelectron	6.451	6.409	7.476	7.780	8.173
3	J Power Sources	5.211	6.217	6.333	6.395	6.945
4	Sens Actuator B-Chem	3.84	4.097	4.758	5.401	5.667
5	Electrochim Acta	4.086	4.504	4.803	4.798	5.116
6	Electrochem Commun	4.287	4.847	4.569	4.396	4.660
7	ChemElectroChem	—	—	3.506	4.136	4.446

除了影响因子之外，期刊的载文量和被引频次也是期刊的重要指标。载文量可以反映科研发展水平，而被引频次反映文章的影响范围和辐射区域，与该文章的质量高度相关[5]。根据 Web of Science 数据，2013—2017 年间 7 种期刊每年的载文量和年总被引频次情况见表 3。7 种期刊的载文量差别很大。J Power Sources 与 Sens Actuator B-Chem 两种刊的年载文量在 1 000 篇以上，Electrochim Acta 年载文量在 2 000 篇以上，远高于其他期刊。2017 年 ACS Energy Lett、Electrochem Commun 与 ChemElectroChem 三种刊的载文量在 500 篇以下。2013—2017 年 7 种

刊载文量有增有减。2017年 ACS Energy Lett 的载文量相比2016年增加了一倍。J Power Sources、Electrochim Acta 与 Electrochem Commun 2017年载文量比2013年分别减少14%、1%以及42%。而 Biosen Bioelectron、Sens Actuator B-Chem 与 ChemElectroChem 2017年载文量比2014年分别增加17%、45%、66%。

载文量的变化与影响因子以及年总被引频次之间的变化并无明显规律可循。因为尽管载文量有增有减，但除了 Electrochim Acta 以外的6种期刊年总被引频次几乎都是每年递增的，而且除了 ACS Energy Lett 以外的6种期刊的影响因子几乎也是每年递增的。由此可见，7种刊的影响力几乎是逐年提升的。

表3 2013—2017年7种期刊的载文量与年总被引频次统计

编号	刊名简写	载文量(篇/年)/年总被引频次				
		2013	2014	2015	2016	2017
1	ACS Energy Lett	—	—	—	204/227	407/3 909
2	Biosens Bioelectron	864/1 593	822/7 119	980/15 039	1 015/21 823	958/30 204
3	J Power Sources	1 540/2 021	2 154/13 606	1 991/28 415	1 651/40 731	1 326/54 843
4	Sens Actuator B-Chem	1 363/1 043	1 514/6 962	1 487/16 008	1 651/25 117	2 194/35 180
5	Electrochim Acta	2 184/—	2 226/—	2 349/—	2 469/—	2 169/—
6	Electrochem Commun	430/412	320/2 271	278/3 811	240/5 024	251/5 949
7	ChemElectroChem	—	264/244	251/1 157	301/2 416	439/3 743

4 期刊栏目设置情况

对7种刊2017年各栏目文章发文进行了统计分析，结果见表4。

表4 2017年7种期刊的各栏目文章数

编号	刊名简写	Article (占比%)	Review (占比%)	Editorial Material (占比%)	Correction	Proceeding paper	Letter
1	ACS Energy Lett	348 (86)	10 (3)	47 (11)	2	—	—
2	Biosens Bioelectron	898 (94)	49 (5)	2 (0.2)	9	83	—
3	J Power Sources	1291 (97)	24 (2)	2 (5)	7	—	2
4	Sens Actuator B-Chem	2177 (99)	10 (0.5)	0	6	1	1
5	Electrochim Acta	2137 (99)	7 (0.3)	14 (0.6)	11	121	—
6	Electrochem Commun	247 (98)	1 (0.4)	0	3	—	—
7	ChemElectroChem	412 (94)	20 (5)	6 (1)	1	—	—

注：数据来源于 Web of Science 核心合集(2018年7月30日)。

从 Web of Science 2017年的统计数据来看，各期刊的栏目设置大同小异。由表4可见，7种期刊均刊载 Article、Review 类文章，7种刊中只有 Sens Actuator B-Chem 与 Electrochem Commun 不发表 Editorial Material 栏目文章。Biosens Bioelectron、Sens Actuator B-Chem 与 Electrochim Acta 均设置 Proceeding paper 栏目。而 J Power Sources 与 Sens Actuator B-Chem 还设有 Letter 栏目。总体来说，7种刊均以发表 Article 为主，Article 占比85%以上，Review 占比不高于5%，有3种刊 Sens Actuator B-Chem、Electrochim Acta 与 Electrochem Commun 中 Review 占比均低于1%。

5 稿源分布与中国作者贡献

对7种期刊2015—2017年来的稿源分布做统计分析发现,稿源绝大多数来自美国和中国,其发文量之和占总发文量40%以上。除了 ACS Energy Lett 之外,中国稿源均为首位,中国稿源占发文总量30%以上,而 Biosens Bioelectron 中国作者发文总量占到发文总量的53%。

2015—2017年中国作者在7种期刊中的发文情况见表5。从表中可以看出,2015—2017年中国作者发表在7种期刊的文章总和为10 052篇,可见中国作者大量的论文发表在国外的知名电化学期刊上。中国作者在 Electrochim Acta 上发表文章数目最多为3 330篇,发表在 ACS Energy Lett 上最少为114篇。中国作者在 ACS Energy Lett、Sens Actuator B-Chem 与 ChemElectroChem 上发文量呈现增加趋势。并且在除了 ChemElectroChem 之外的6种刊中,中国作者文章平均被引次数均高于期刊全部发文的平均被引次数。可见,中国作者的论文质量高于平均水平。中国作者的稿件对这6种刊的近几年的发展作出很大贡献,提升了期刊的影响力。由此可见,要想提高期刊的影响力要从提升稿件的质量下手。

表5　2015—2017年中国作者在7种期刊中发表文章的情况

编号	刊名	发文量/篇			3年发文/篇	篇均被引/次	
		2015	2016	2017		中国作者	期刊
1	ACS Energy Lett	—	20	94	114	13.0	12.6
2	Biosens Bioelectron	524	564	495	1 583	17.6	15.8
3	J Power Sources	863	684	565	2 112	16.0	13.1
4	Sens Actuator B-Chem	576	722	1 038	2 336	11.2	10.1
5	Electrochim Acta	1 150	1 190	990	3 330	11.5	9.2
6	Electrochem Commun	69	66	71	206	8.2	8.1
7	ChemElectroChem	73	99	199	371	6.1	6.5

注：数据来自 Web of Science 核心合集,2018年7月30日。

6 结束语

本文选取 SCI 收录的7种影响因子处于 Q1 区的电化学期刊作为研究对象,通过对比分析发现:①7种期刊的影响力在逐年增加。②7种刊2015—2017年的稿源主要来自中国和美国,中国作者发文量占比达30%以上,最高达到53%。③虽然我国电化学研究成果得到了国际同行的广泛认可,也为外国知名期刊的发展作出了重要贡献,但同时我国高质量的电化学文章大量外流。目前电化学领域中还没有中国主办的期刊,可见打造出具有国际影响力的中国精品期刊具有十分重要的意义。

参 考 文 献

[1] 张铁明,颜帅,佟建国,等.关于提高我国科技期刊学术影响力的思考[J].编辑学报,2010,22(2):99-102.
[2] 刘小燕,姚远.SCI 收录高校英文科技期刊的统计与分析[J].中国科技期刊研究,2015,26(1):86-92.
[3] Clarivate Analytics. Web of Science: Journal citation reports [EB/OL].[2018-07-30].http://jcr.incites.thomsonreuters.com/JCRHomePageAction.action?#.
[4] 刘雪立.基于 Web of Science 数据库预测 SCI 期刊影响因子的方法[J].科技与出版,2014(2):87-91.
[5] 王丽.中国知网数据库中高被引文献与高下载文献类型分析——以医药卫生科技类文献为例[J].编辑学报,2015,27(5):503-506.

理工类高校学报零被引论文分析及应对措施
——以《太原理工大学学报》为例

朱 倩[1,2]，贾丽红[1]

(1. 太原理工大学学报编辑部，太原 030024；2. 太原理工大学现代科技学院，太原 030024)

摘要：从学科分布、第一作者类型、外审专家意见、基金项目、传播效率以及引用偏好和引用规范等方面对《太原理工大学学报》2007—2011 年间发表的零被引论文为研究对象，对零被引论文的学术价值和学术质量评价指标进行分析和归纳总结。**研究结果表明**：零被引论文主要出现在非优势学科；不同类型的第一作者对零被引论文的贡献大小依次为研究生、初中级、副高、正高；77.9%同行评议专家第一审意见认为该零被引论文缺乏创新性或创新不足，且有 90%左右的专家评审意见认为此类论文的试验设计及方法或数据分析、结果与讨论等方面存在相应问题，需要进行修改后再审；零被引论文与有无基金项目相关性不大；导致零被引论文出现的原因还有传播形式单一、引用偏好和引用规范等的问题。为此，提出通过拓宽来稿渠道、加强审稿工作、加大宣传力度、加强软硬件建设等方式来避免此类论文出现，以期达到提升高校学报的学术影响力和综合实力的目的。

关键词：零被引论文；反向评价指标；高校学术期刊；太原理工大学学报

学术论文的被引频次在一定程度上反映了该论文的被认可度和被关注度，其刊载的论文被引频次越高或高被引论文越多，说明其学术影响力越大。对此，国内许多学者对正向评价指标(即高被引文章)进行了大量的研究，与此相对的零被引论文和低被引论文的研究相对较少，而零被引频次作为反向评价指标，近年来越来越受到学者们的关注。

Garfield 早期发表关于论文零被引现象的一系列文章[1-3]，并且呼吁大家重视零被引和低被引的论文。之后 Hamilton[4]通过对零被引论文的相关数据进行了定性分析，根据结果说明了零被引论文所占的大致比例。Glanzel 等[5]通过观察 1980 年发表的论文在而后的 21 年间被引频次的变化，对零被引论文所占比例的时间变化情况进行了分析。Rann[6]最早对"睡美人"现象，即零被引论文中的迟滞承认现象进行定义，且认为并非所有的零被引论文都是毫无价值的。Rousseau[7]首次提出通过被引数学模型，并与 Egghe[8]共同进行了研究，对首次被引和零被引文章进行描述，由此观察出文献被挖掘的速度和规律，对零被引论文后续的研究具有实际意义。

而国内关于零被引的相关研究起步较晚。2008 年，关卫屏等[6]对 2005 年发表在某一医学类专业期刊中的 143 篇未被引用的文章进行深入分析，通过研究发现论文的类型与被引情况关系密切。2009 年，梁立明[7]以一篇被迟滞承认的超弦理论论文为例论证了"睡美人"现象，他认为该现象在科学研究中虽属于小概率事件，但仍需在文献收藏方面持谨慎态度，很可能其中有一些被埋没的高价值文献。而后，刘雪立等[8]在2011年建立了科技期刊的反向评价指标，即零被引论文率，研究结果认为此指标用于科技期刊的评价是必要且合理的。2012年，付晓霞等[9]通过对2000—2009年被SCI期刊收录的中国作者的论文中零被引数据进行分析发现，发表在影响因子(IF)低于10的期刊论文数与零被引论文数量呈负相关。随后，陈留院[10]、职桂叶等[11]、方红玲[12]、王颖等[13]对某一学科领域的期刊中零被引论文的特征及分布规律进行了总结，并分析了其可能出现的原因。特别是唐晓莉[14]针对经济类期刊进行研究表明，将期刊零被引率用于期刊评价反向指标具有一定的合理性和必要性，同时指出经济类学科发表的论文在2~3年这个时间窗口内论文零被引率与期刊综合实力关系密切，超过此年限后两者之间关系越来越弱。但李美玉等[15]认为，虽然期刊的零被引率可作一个评价的反向指标，但需要考虑学科之间差异性。

在现有研究成果中，对期刊零被引的研究主要集中在医学类、图书情报类、经济类及农业类等专业期刊上。对于理工类高校学报零被引论文的研究较少。本文以理工类高校学报《太原理工大学学报》(简称《学报》)为例，通过中国知网中的引文数据库对《学报》零被引论文进行筛选和提取，统计分析此类论文的特征及产生原因，以期提高高校学报的学术质量和学术影响力。

1 数据来源与研究方法

通过中国知网(CNKI)的引文数据库，对2008—2012年发表在《学报》上的所有文章的被引情况进行检索，检索日期为2018年5月30日，最终选取其中零被引的论文作为研究对象进行统计分析。

通常来说，在文章发表后的一定年限内从未被其他作者或研究成果所参考和引用，我们称之为零被引论文。而所谓的一定年限，学者们普遍认为是论文发表后的2~5年。

为了较为准确地选取《学报》零被引论文的范围，本文结合前人的研究成果及《学报》文章的特点，通过统计计算出了《学报》平均被引半衰期，最终选定的零被引论文范围为论文发表后的6~10年，其具体发表时间为2008—2012年。本文的所有统计数据均通过Excel处理获取。为了进一步分析出零被引论文产生的原因，笔者查阅了2008—2012年专家审稿意见单，并对其进行了总结和分析。

2 结果分析

2008—2012年，《学报》总刊文量为859篇，其中在6~10年后零被引论文数量为145篇，占论文发表总数的17.13%，将主要从学科分布、第一作者职称学历、外审意见、基金资助、下载次数等方面进行分析。

2.1 零被引论文与学科分布的关系

《学报》栏目设置是结合了本校优势学科而进行设置的。根据本校的专业优势及设置特点，《学报》所发表文章的学科栏目设置主要包括：材料科学与工程、化学与化学工程、机械工程、矿业工程、环境工程、计算机科学与技术、信息工程、电气与动力工程以及基础理论(包括力学、数学、物理等)。针对各学科类别中零被引论文进行数据统计，如图1所示。

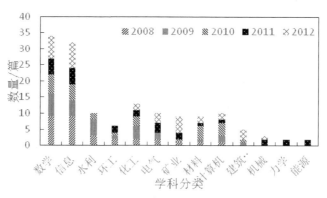

图 1 2008—2012 年零被引论文学科分布

由图 1 可知，2008—2012 年《学报》145 篇零被引论文中，基础理论类的论文数量最多，其中包括数学最多 34 篇，力学 2 篇，占零被引论文总数的 24.8%；其次是信息工程类，占论文总数的 22.1%。由于稿件自身质量、学术应用价值的差异以及各学科自身特性的关系，从而形成了上述分布特征。就数学专业而言，其本身为传统基础学科，一般很少有较大的创新性研究成果的出现，活跃度不及材料、化学化工、环境工程等学科。但是，也有一些活跃度较高的二级学科，如统计学、数值分析等，由于此类论文具有一定的应用背景，更容易被科研人员所关注，因此学报编辑在选稿是应特别注意。

通过对《学报》被引情况的整体考察，不难发现，大多数高被引论文出自材料科学与工程、化学与化学工程、矿业工程、土木工程等学科，零被引论文的数量也相对低于其他学科。这在一定程度上体现出我校优势学科较强的科研实力和相关科研成果较高的学术影响力，但由于目前稿件外流情况严重，这些专业优质稿件在《学报》发表的数量相对较少。

2.2 零被引论文与第一作者类型的关系

职称或学位是了解作者发文动机的主要切入点[16]。对《学报》2008—2012 年 145 篇零被引论文的第一作者职称或学位统计的结果如表 1 所示。从第一作者职称或学位分布情况看(见表 1)，在 2008—2012 年间，零被引论文中研究生作者的篇数最多(包括博士研究生和硕士研究生)，占零被引论文总篇数的 35.9%；初中级职称作者次之，占总篇数的 31.03%，副高职称作者占 23.4%，正高职称作者人数最少，占 9.7%。从副高和初中级职称的作者来看，由于需要晋升职称或完成项目结题，急于达到考核要求，导致多数"速成"论文可能无法兼顾学术质量与内容创新，甚至在论文中会出现一些"硬伤"，若编辑把关不严，即使稿件发表也很难引起学者们的关注，更不用提借鉴和引用了。

表 1 2008—2012 年零被引论文第一作者职称或学位分布

年份	零被引论文	职称/人			学位/人	
		正高	副高	初中级	博士研究生	硕士研究生
2012	33	3	8	9	9	4
2011	27	7	2	8	8	2
2010	27	0	7	4	5	11
2009	28	3	9	10	0	6
2008	30	1	8	14	0	7
合计	145	14	34	45	22	30

就在读硕士研究生，目前许多高校把是否有一篇毕业生本人为第一作者的中文核心论文设置为毕业的重要条件之一，这就使得硕士生的学业压力加大，加之他们又处于科研道路的起步阶段，导致部分学生在科研论文的创作上显得力不从心。而导师所带学生众多，受时间和精力的影响不能兼顾每位学生这是目前高校中存在的普遍问题，为了让学生顺利毕业，导师会在论文发表方面提供可能的便利，而《学报》作为服务高校师生的特殊职能，发表此类论文"义不容辞"，因此出现相当比例的零被引论文也就不足为奇了。

而对于在校的博士研究生而言，无论是科研水平还是拟发表的科研成果都有更高的要求，本校《学报》往往是为满足学校最低毕业论文数量要求的首选，而他们较好的科研成果往往选择更高级别的期刊发表，这也是博士生论文在零被引中占一定比例的主要原因。

2.3 零被引论文与论文内在质量的关系

为了进一步说明《学报》零被引论文与论文学术质量之间的关系，综合分析了 67 位同行专家对《学报》在 2008—2012 年间发表的 145 篇零被引论文的第一次评审意见，如表 2 所示。虽然这些文章之后进行了不同程度的修改，并最终通过评审，但仍成为零被引论文，这点值得编辑们对此进行关注。

表 2 2008—2012 年发表的零被引论文专家评审意见综合分析

学术评价		稿件内容				稿件处理意见
创新性	实用性	论据	设计及方法	数据	结果与讨论	
有重大创新	优	充分明确	合理	正确可靠	论点明确与内容相符	可刊用
0(0)	3(2.1)	6(4.1)	4(2.8)	3(2.1)	4(2.8)	5(3.4)
有创新	中	较充分明确	较合理	一般	重点不突出	修后可发
32(22.1)	137(94.5)	42(29.0)	13(9.0)	140(96.6)	138(95.2)	12(8.3)
尚有创新	较差	不明确但充分	不完整	处理方法不当	结果重复未深入讨论	修后再审
98(67.6)	5(3.4)	97(66.9)	91(62.8)	2(1.4)	3(2.1)	128(88.3)
创新不足		无	不合理			退稿
15(10.3)		0(0)	37(25.5)			0(0)

注：括号外的数值表示对某一篇文章专家评审意见的数量；括号内的数值为对文章做出某一等级的评价的专家评审意见数量占总评审意见数量的百分比。

通过对专家评审意见的统计分析可以看出：67 位审稿专家对 145 篇零被引论文进行第一次评审并给出的意见中，仅有极少数专家在学术评价和稿件内容栏目中对这些论文给以优秀的评价；认为零被引论文有重大创新、试验设计及方法合理、数据正确可靠、论点明确与内容相符的专家数占总人数的 0~4.1%之间，平均不足 3%；约有 22.1%的专家认为这些零被引论文涉及的领域及研究内容有创新；绝大多数专家认为零被引论文涉及的内容尚有创新、实用性中等，分别占同行专家评审意见的 67.6%、94.5%；认为零被引论文创新不足的评审专家意见占 10.3%；认为实用性较差的评审专家意见在 3.4%左右。由此可见，缺乏创新性或创新不足是零被引论文的主要特征之一，给出这两种评审意见的文章数占总篇数的 77.9%。

与评审专家对零被引论文较为温和的学术评价相比较，绝大多数专家认为零被引论文本身均存在不同程度的质量问题，如表 3 所示。尽管在 145 篇零被引论文的评审意见中有 29.0%的意见认为论据较为充分明确，但仍有 66.9%的意见显示该类论文对选题依据的论述虽充分但重点不够突出，缺乏较新文献的支持。近 89.0%的专家评审意见认为零被引论文的试验设计及方法不完整或不合理；98.0%的评审意见认为数据分析一般或处理方法不当；97.0%的评审专家意见认为零被引论文的结果与讨论重点不突出或结果重复未深入讨论。然而，与评审专家对零被引论文稿件内容作出较差的评价相比，他们给编辑部的稿件处理建议与评价意见大相径庭，没有一位评审专家建议直接退稿或另投他刊(见表 2)。显然，零被引论文的产生与稿件本身的质量问题、专家评审的"友好"处理意见和编辑部的疏忽等因素有较为直接关系。

2.4 零被引论文的基金项目情况

目前，许多编辑部存在在初审稿件时首先看文章是否有省部级、国家级基金项目支持的现象。这是由于科研基金资助的项目在立项之初，创新性和先进性已经通过众多评审专家的审查，由此产生的论文普遍存在学术水平高、方法较先进、研究较深入等特点。正是由于该原因，初审者往往认为只要有基金项目资助的论文就可以直接通过送外审专家评审，缺少对文章内容质量的评判，从而增加了零被引论文出现的几率。

对《学报》零被引论文基金项目资助情况进行统计，如图 2 所示，可以看出：零被引论文中无基金项目资助的，占总论文中无基金论文数量的 22.9%；其次是省级基金资助的论文，占总省级基金数量的 14.7%；获国家级基金资助的项目和获得校级基金资助的项目分别占其总数的 12.8%(39/305)和 8.3%。总体上看，有基金项目的论文总体比无基金项目的论文多，零被引论文与有无基金项目以及何类基金的相关性不大，这与王颖等[13]、谭雪静等[17]的研究结果基本一致。因此，在初审稿件的环节不能以是否有基金项目资助作为录用稿件的标准之一。

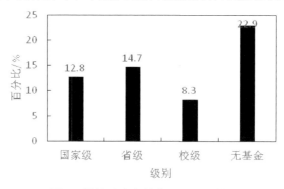

图 2　零被引论文基金项目资助情况

2.5 零被引论文与传播效率的关系

除《学报》稿件的自身质量外，传播效率和引用偏好也是不容忽视的问题。期刊的知名度和影响力往往影响着该刊所刊载论文的使用效率[18]。

目前，《学报》主要的宣传推广方式有刊物交流、人际推广、微信传播以及数据平台推广。在过去较长一段时间里，刊物交流和人际推广是《学报》对外交流和宣传的主要手段。刊物交流，主要是通过邮寄刊物的方式与科研院所、各高校图书馆以及省内外期刊编辑部等进行交流。这种方式存在传播范围较窄，阅读对象固定(多为同行)等的弊端，不利于提升刊物的知名度和学术影响力；不仅如此，在邮寄过程中，时常会出现由于地址变更等原因导致某些单位无法收到刊物而被退回，更甚者会导致刊物丢失的现象，这样的无效投递不仅浪费人力物力财力，而且使传播效率也会大幅下降。而人际推广则主要是通过作者、审稿专家、编委等人群进行一对一的对刊物进行宣传。这两种传统的方法已不能满足现在《学报》传播效率的需求。随着互联网+技术的不断发展，微信公众号的出现使《学报》有了更多展现自身实力的平台,为推广提供了更加有效的途径。

通过对比《学报》高被引论文的特征发现,通常这些论文在发表后的3年内均可得到引用,这也符合论文的引用高峰一般出现在发表后的2~3年这一论断[19];一旦错过引用高峰,论文便很难再被引用。当前《学报》应该充分利用新媒体平台的优势及时推送和宣传新发表的论文,并鼓励作者进行文章的自我推荐,是文章得到更多读者的关注,从而提高传播效率。

2.6 零被引论文与引用规范和引用偏好的关系

零被引论文产生的一个原因与是否符合论文引用规范有一定关系。研究发现,有一部分零被引论文并非未被引用,而是由于文章的引用不规范未被统计上。由此,对《学报》145篇零被引论文的下载频次进行了统计,分析结果发现,145篇零被引论文的平均下载频次为96.1次,一些论文单篇的下载频次甚至高于400次,这就说明它们在一定程度上已经受到相关领域研究人员的关注。然而,高下载量却零被引的现象值得我们深思,也许是因为该论文研究方向或研究领域热门但其本身并未对读者提供有价值的信息,致使读者在下载后没有使用;再有可能是因为读者在引用此文时并未进行规范而正确的引文标注,导致文章虽被引用但仍然是"零被引"的现象。

大多数作者为了能够使自己的论文体现出创新性和前瞻性,倾向于引用国外SCI、EI期刊或相关专业领域内权威学者的文章作为参考文献。由于这些期刊的影响力和文章学术价值均相对较高,作者想要通过引用此类文献提升论文价值这一方法,来获得更好的发表平台。引用高水平文献固然重要,这在一定程度上可以说明作者在汲取国内外先进科研成果方面付出了辛劳,同时也反映出作者在引用文献方面存在一定的偏差,即择优倾向。对外文期刊文献的价值一味地肯定,忽略了考察文献本身内容适用性[20]。《学报》或多或少受刊名、自身学术影响力及地域的限制,致使其发表的多数优秀论文成为作者在选择引文时回避的对象,错误评估其载文本身的学术价值。

3 措施

3.1 拓宽来稿渠道,吸引优质稿源

《学报》应积极关注各领域的最新研究成果、学术热点及读者需求,提前制定并发布关于下一年度的选题计划,便于在初审时根据计划决定稿件的取舍,确保稿件的学术价值。

高等院校是重要的科研阵地,每年大量科研成果由此产出,《学报》应依托学校重点学科优势以及丰富的学术资源,与学科带头人积极沟通,并为其提供便利的学术成果发表平台。同时,还需充分发挥编委会的作用,编委会成员多数是由本领域专家或本校学科带头人构成,对学科的前沿动态、国内外的学术交流情况和研究热点非常了解,开展相应的组稿约稿工作时,多与他们进行有效沟通,更容易吸纳到优质稿件。

《学报》还需进一步完善约稿制度,通过行之有效的约稿方式来吸引优质稿源。除普通电话和邮件等的越高方式外,还可以通过参加各专业领域的学术交流或学术研讨会来进行;同时对审稿专家这类潜在的作者进行系统化管理。

3.2 加强审稿工作,提升稿件质量

通过对零被引论文审稿意见的研究发现,有些稿件虽然其评审意见良好,但仍然为零被引,这在一定程度上是由选择审稿人失误或审稿方式不当而造成的。因此,想要通过专家审稿来提高稿件质量的关键在于选择具有高水平、有责任的审稿专家对文章进行把关。基于此,

《学报》可以通过定期评价专家的审稿质量，在现有的审稿专家中筛选出学术水平高、治学严谨的专家教授组成审稿专家库，同时采取"双盲审"的评审机制。

3.3 加大宣传力度，实现传播多元化

有效的宣传方式对提升学报认知度和影响力能起到事半功倍的效果。利用中国知网和超星学习通等平台的推送服务，向读者、作者及专家学者们推送学报的文章，通过第三方媒介来扩大《学报》的传播范围，以期达到资源共享的目的。利用微博、微信和移动客户端等新媒介的传播优势，建立传统平台与新兴媒体相加的模式，达到 1+1>2 的宣传效果，以此来适应有传统阅读到碎片化阅读的新方式。同时，还可以利用校园网的优势，定期对《学报》优秀文章选推发布，打通多元化的宣传渠道，及时做好文章的推广，把握好文章引用的最佳时段，持续推送宣传，扩大论文的影响力，减少零被引论文的出现。

3.4 加强软硬件建设，增强刊物综合实力

《学报》是科研成果发布和宣传的平台，我们需要结合办刊实际和资源优势，对选题以及栏目设置进行科学的规划，由此来推动学报从"大杂烩"的现状向专业化、特色化办刊方向转变。其次要注重编校稿件的严谨性和规范化。严格按照国家标准对文章进行编排、校对，从细节着手提高办刊质量。不仅如此，我们还需要采取合理的奖励机制，吸引校外优秀稿件，可根据作者需求和审稿的实际情况对优质稿件安排优先出版，有效控制校内优质稿件外流。此外，更应注重编辑人员的业务能力培养，定期组织编辑参加业务学习和技能培训，提升编辑的综合能力，多提供与优秀期刊、同行进行交流和学习的机会，汲取优秀的办刊经验，并有意识地培养青年编辑的创新能力，由此提升《学报》的软实力。

4 结束语

本文以《太原理工大学学报》2008—2012 年的零被引论文为例，从学科分布、第一作者类型、内在质量、基金项目、传播效率以及引用偏好和引用规范等方面进行了分析，探讨了零被引论文产生的原因，并提出需要从加强选题策划吸引优势稿源入手，在加强审稿工作和编辑人员综合素质的同时，加大多元化的传播力度，从而提高稿件的质量，减少零被引论文的产生，最终达到提高学报知名度和影响力的目的。

参 考 文 献

[1] GARFIELD E. Uncitedness and identification of dissertation topics [G].Current Contents,1972:14.

[2] GARFIELD E. Uncitedness Ⅲ—importance of not being cited [G].Current Contents, 1973.

[3] GARFIELD E. I had a dream...about uncitedness [J].The Scientist,1998, 12(14):10.

[4] HAMILTON D P. Publishing by-and for? -the numbers [J].Science,1990, 250(4986):1331-1332.

[5] GLANZEL W, SCHLEMMER B, THIJS B. Better late than never? On the chance to become highly cited only beyond the standard bibliometrics time horizon [J].Scientometrics, 2003(3):571-586.

[6] RANN A F. Sleeping beauties in science [J]. Scientometrics, 2004, 59(3):467-472.

[7] ROUSSEAU R. Double exponential models for first-citation process [J]. Scientometrics, 1994(1):213-227.

[8] EGGHE L, ROUSSEAU R. Theory and practice of the shifted Lotka function [J]. Scientometrics, 2012, 91(1): 295-301.

[9] 关卫屏,游苏宁.《中华儿科杂志》未被引文章分析[J].编辑学报,2008,20(6):560-562.

[10] 梁立明,林晓锦,钟镇,等.迟滞承认:科学中的睡美人现象——以一篇被迟滞承认的超弦理论论文[J].自然辩

证法通讯,2009,31(1):39-45.
- [11] 刘雪立,方红玲,周志新,等.科技期刊反向评价指标——零被引论文率及其与其他文献计量学指标的关系[J].中国科技期刊研究,2011,22(4): 525-528.
- [12] 付晓霞,游苏宁,李贵存.2000—2009 年中国 SCI 论文的零被引数据分析[J].科学通报,2012,57(18):1703-1710.
- [13] 陈留院.师范大学学报(自然科学版)零被引频次论文特征分析[J].中国科技期刊研究,2013,24(2):299-303.
- [14] 职桂叶,何建妹,夏小东,等.《中国水稻科学》发表后两年内零被引论文分析[J].中国科技期刊研究,2013,24(4):16-720.
- [15] 方红玲.我国 5 种眼科学中文核心期刊零被引论文特征分析[J].中国科技期刊研究,2014,25(7):945-948.
- [16] 王颖,杨春华,刘伟,等.图书情报学核心期刊零被引论文及应对措施[J].中华医学图书情报杂志,2013,22(9):73-77.
- [17] 唐晓莉,武群芳,王继民.论文零被引率与期刊影响力关系的研究——以经济学学科为例[J].图书情报工作,2014,58(19):100-104.
- [18] 李美玉,王硕,郑德俊.中文期刊零被引率与期刊关键评价指标相关性分析——以图书情报学科为例[J].中国科技期刊研究, 2015,26(4):399-404.
- [19] 徐晓芹.零被引论文产生的原因分析——以《植物营养与肥料学报》为例[J].中国科技期刊研究,2015,26(7):763-768.
- [20] 谭雪静.《海洋科学》零被引论文分析[J].编辑学报,2017,29(1):93-95.
- [21] 刘丽斌,张如意.普通高校零被引论文分析及应对措施——以《天津职业技术师范大学学报》为例[J].中国科技期刊研究,2016,27(12):1315-1320.
- [22] 朱梦皎,武夷山.零被引现象:文献综述[J]. 情报理论与实践,2013,36(8):111-116.
- [23] 徐红星.《中国科技期刊研究》2008—2012 年核心作者群的分析研究[J].中国科技期刊研究,2013,24(6):1074-1078.

几种核心农业高校学报分析

吕 晶

(东北农业大学学术理论研究部,哈尔滨 150030)

摘要:采用文献计量法,对比分析了 2014 版《中文核心期刊要目总览》中 8 种农业高校学报自然版 2011—2017 年出版指标因子、引证指标因子和影响因子差异,旨在了解农业高校中文核心期刊的办刊质量。结果表明:出版指标中,《西北农林科技大学学报》载文量及可被引文献量最高,年均分别为 457 篇和 416 篇,《华中农业大学学报》可被引文献比较高,平均为 0.96,8 种期刊的可被引文献比为 0.90~0.96;引证指标中,《云南农业大学学报》《西北农林科技大学学报》引用半衰期较长,分别为 8.3 和 8.0 年,《南京农业大学学报》和《华南农业大学学报》被引半衰期较长分别为 9.1 和 9.2 年,衰老速度慢;影响因子中,《南京农业大学学报》《中国农业大学学报》《西北农林科技大学学报》《华中农业大学学报》复合影响因子较高,总体发展态势良好,业内认可度较高。总体而言,我国农业高校自然版核心期刊影响力普遍较小,在提升国际竞争力和影响力方面任重道远。

关键词:农业高校学报;核心期刊;评价指标;学术影响力

中国是农业大国,农业科技的进步及其成果的传播,对农业发展有重要的推动作用。学报是具有典型中国特色的学术期刊,作为反映高校科研及教学成果的窗口,为促进社会发展和进步发挥重要作用。依托农业院校创办的农业高校学报是我国目前最为重要的农业科技文献类型之一。丰富优质的稿源是学术期刊发展前提,目前农业高校学报稿源却严重不足。首先,大量优秀论文外流严重;其次,农业高校学报多为农业综合性学术期刊,各刊覆盖面较广,特色不突出,栏目设置相互重叠;再次,农业各学科领域专业性学术期刊与高校学报形成竞争。许多高校出于自身发展角度的规定也对本校学报不利。这些歧视性政策更加剧了高校学报的"稿荒",出现了"体制改革论""综合改专论""市场淘汰论"等不利舆论影响。

国家重视科技期刊的发展,2015 年 11 月由中国科协、教育部、国家新闻出版广电总局、中国工程院联合发布《关于准确把握科技期刊在学术评价中作用的若干意见》,更好地服务国家创新驱动发展战略,推动我国科技发展和学术繁荣,进一步提高我国科技期刊的学术质量、学术影响力和国际竞争力,合理引导科技工作者科研成果传播行为,不断优化学术生态对进一步提升国内期刊学术质量具有战略性意义[1]。习近平总书记强调"广大科技工作者需要把论文写在祖国的大地上,把科技成果应用在实现现代化的伟大事业中"[2],号召学术期刊应以文化自信助理中华民族伟大复兴,更需要结合高校"双一流"建设需要,让学报成为全国乃至世界的科技发展窗口,才会有更大的发展空间[3]。分析期刊出版指标因子、引证指标因子和影响因子等，是了解办刊情况与提升办刊水平的有效途径，本文根据地域分布选取几种核心农业大学学报开展分析，各学报均依托院校背景，可比性较强，探讨各区域期刊办刊质量，以期为农业科研服务。

1 对象与方法

以 2014 年计入《中文核心期刊要目总览》(第七版)的 8 种农业高校自然科学期刊(见表 1)：《南京农业大学学报》(NN)、《西北农林科技大学学报》(XB)、《华中农业大学学报》(HZ)、《中国农业大学学报》(ZN)、《华南农业大学学报》(HN)、《云南农业大学学报》(YN)、《沈阳农业大学学报》(SN)、《东北农业大学学报》(DN)[4]2010—2016 年刊载的论文为研究对象，分析论文刊载数量、引用情况等，研究数据来源于笔者统计和中国知网统计及 2011—2017 年版《中国学术期刊影响因子年报(自然科学与工程技术)》(统计年为 2010—2016 年)[5-11]。

表 1 几种核心农业高校学报简介

学报名称	主办单位	主管单位	创刊	2008 年版(38)	2011 年版(38)	2014 年版(34)
NN 双月	南京农业大学	国家教育部	1956 年	2	5	4
XB 月刊	西北农林科技大学	国家教育部	1936 年	4	3	5
HZ 双月	华中农业大学	国家教育部	1956 年	5	6	8
ZN 月刊	中国农业大学	国家教育部	1955 年	6	4	15
HN 双月	华南农业大学	华南农业大学	1959 年	11	13	16
YN 双月	云南农业大学	云南省教育厅	1986 年	26	23	23
SN 双月	沈阳农业大学	辽宁省教育厅	1956 年	20	10	14
DN 月刊	东北农业大学	东北农业大学	1957 年	35	31	25

2 结果与分析

2.1 出版指标

2.1.1 载文量统计与分析

载文量是指某一期刊在一定时期内所刊载的相关学科论文数量，是期刊信息含量的重要指标之一，可反映期刊信息丰富度。2010—2016 年 8 种期刊的载文量基本情况如图 1 所示。由图可知：《西北农林科技大学学报》一直保持领先优势；《华南农业大学学报》载文量最低，自 2014 年由季刊调整为月刊，但整体载文量基本稳定；《中国农业大学学报》逐年稳步上升，自 2016 年由双月刊调整为月刊，未来发展趋势有待研究；《沈阳农业大学学报》《华中农业大学学报》载文量呈下降趋势；《东北农业大学学报》载文量显著下降，其余期刊基本稳定。

2.1.2 可被引文献量

可被引文献量指某期刊在指定时间范围内发表的可被引文献(指可能被学术创新文献引证的一次发表文献)的总篇数。2010—2016 年 8 种期刊的可被引文献量基本情况如图 2 所示。由图可知：《西北农林科技大学学报》可被引文献量最高；《华南农业大学学报》最低；《中国农业大学学报》可被引文献量稳步上升；而《东北农业大学学报》2014 年出现明显下降，可被引文献量与载文量密切相关，与载文量变化趋势基本一致。

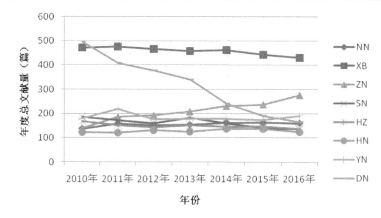

图1 2010—2016年年度总文献量变化

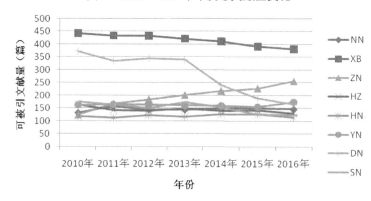

图2 2010—2016年可被引文献量变化

2.1.3 可被引文献比

可被引文献比指某期刊在指定时间范围内发表的可被引文献量与载文量之比。2010—2016年8种期刊的可被引文献量基本情况如图3所示。由图可知：《华中农业大学学报》可被引文献比较高；《西北农林科技大学学报》较低，其文献丰富度较高；《东北农业大学学报》可被引文献比逐年显著上升，由2010年0.75上升至2014年1.00，表现尤为突出，在载文量减少的同时可被引文献比并未同步降低，与刊物质量的提高密不可分。

2.2 引证指标

2.2.1 引用半衰期和被引半衰期

引用半衰期指某期刊在某年引用的全部参考文献中，较新一半是在多长一段时间内发表的。被引半衰期是指某期刊论文在某年被引用的全部次数中，较新的一半被引论文发表的时间跨度，与总被引频次、影响因子、载文量、出版时滞等密切相关。两个指标可以衡量期刊老化速度。2010—2016年8种期刊的引用半衰期和被引半衰期的基本情况如图4和5所示。由图可知：《云南农业大学学报》《西北农林科技大学学报》引用半衰期较长；《南京农业大学学报》和《华中农业大学学报》被引半衰期较长，这两个期刊持续影响时间较长，衰老速度慢。

2.2.2 引用期刊数和被引期刊数

引用期刊数指某期刊在统计年引用期刊的种数，被引期刊数则是指在统计年引证某期刊的期刊种数。既可测度期刊影响范围，又可测度期刊扩散状况，对每一种科技期刊来说，除

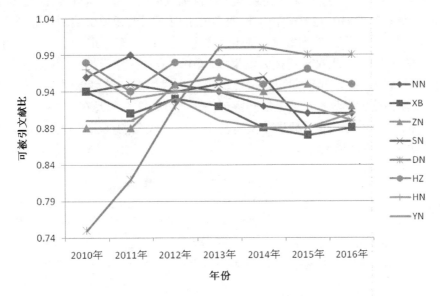

图3 2010—2016年可被引文献比变化

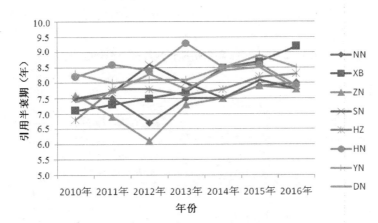

图4 2010—2016年引用半衰期变化情况

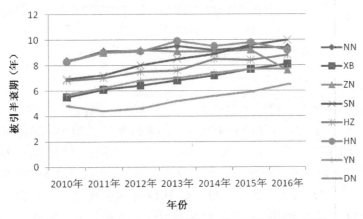

图5 2010—2016年引用半衰期和被引半衰期变化情况

了学术质量因素，被引期刊数应随其刊载论文学科范围而变化，一般刊载论文学科分布越广，被引用期刊数应越多。2010—2016 年 8 种期刊的引用期刊数和被引期刊数的基本情况如图 6 和 7 所示。由图可知：引用期刊数量与期刊可被引用文献量有一定关系，引用期刊数较高的《东北农业大学学报》《西北农林科技大学学报》《中国农业大学学报》3 种期刊在 2011—2014 年可被引用文献量均较高，其他期刊均保持稳定；被引用期刊数可以体现期刊在某领域内重要性，《西北农林科技大学学报》被引期刊数最高，但值得注意的是在 2013—2014 年期间《东北农业大学学报》在可被引用文献量较低情况下，具有较高的被引期刊数，说明其在农业综合学报领域的影响力不断增大。

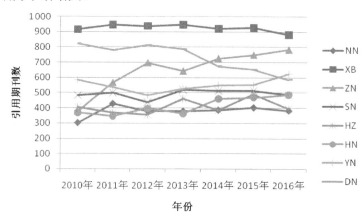

图 6 2010—2016 年引用期刊数和被引期刊数变化

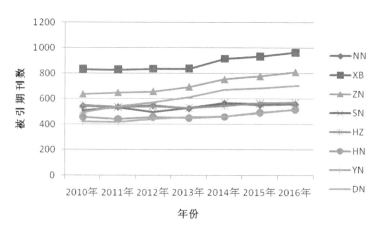

图 7 2010—2016 年引用期刊数和被引期刊数变化

2.2.3 他引总引比

他引总引比是指某期刊在统计年被该期刊之外的综合统计源期刊引用总次数与总被引频次之比。主要是从另一个角度反映期刊影响因子的客观程度。2010—2016 年 8 种期刊的他引总引比的基本情况如图 8 所示。由图可知：《沈阳农业大学学报》《西北农林科技大学学报》《中国农业大学学报》《云南农业大学学报》他引总引比较高；《南京农业大学学报》他引总引比出现小幅下降后提升；《东北农业大学学报》自 2012 年大幅提升，说明 2012 年后影响因子代表学术影响力的提升主要由他刊引用贡献，而非自引，刊载论文质量提高，影响力增强。

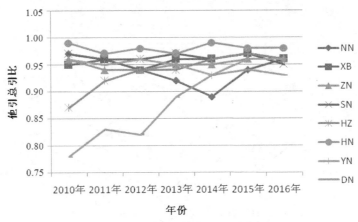

图 8　2010—2016 年他引总引比变化

2.3　影响因子

2.3.1　复合总被引频次

复合总被引频次指某期刊自创刊以来发表的全部可被引文献在统计年被复合统计源引用的总次数，反映该期刊总体被使用和受重视的程度以及学术交流中的作用和地位。2010—2016年 8 种期刊的复合总被引频次的基本情况如图 9 所示。由图可知：《西北农林科技大学学报》复合总被引频次远高于其他期刊且稳步提升；《云南农业大学学报》《华南农业大学学报》较低，其余期刊相差不大。说明《西北农林科技大学学报》在农业高校学报中具有较大影响力。

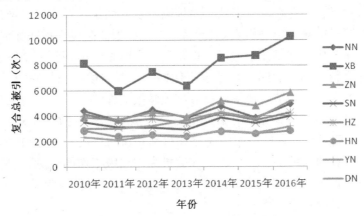

图 9　2010—2016 年复合总被引变化

2.3.2　复合影响因子(JIF)

复合影响因子(JIF)指某期刊前两年发表的可被引文献在统计年被复合统计源引用总次数与该期刊在前两年内发表的可被引文献总量之比，是反映期刊影响力和学术作用的相对统计指标。各期刊的复合影响因子变化情况较复杂，有保持稳定的，也有大落大起的。2010—2016年 8 种期刊的复合影响因子的基本情况如图 10 所示。由图可知：2010—2014 年《南京农业大学学报》《中国农业大学学报》《华中农业大学学报》复合影响因子逐年上升，高于其他学报，2015 年则大幅度下降后逐渐升高；《西北农林科技大学学报》《东北农业大学学报》呈年际高低变化，《华南农业大学学报》《华南农业大学学报》均保持上升趋势；2012 年前《沈阳农业大学学报》降低趋势明显，但 2014 年后稳步上升。从年均影响因子方面，《华中农业大学学报》《南京农业大学学报》《中国农业大学学报》《西北农林科技大学学报》四本期刊年均影响因子在 1.0 以上。

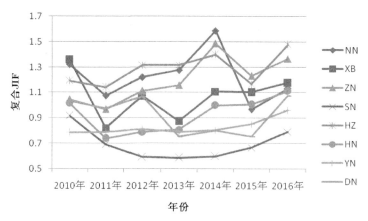

图 10 2010—2016 年复合 JIF 变化

3 结论与建议

《西北农林科技大学学报》年度文献量和可被引文献量均处于较高水平，结合引证指标可以发现，其稿源相对丰富，学术影响力较大。《东北农业大学学报》在年度文献量和可被引文献量降低的情况下，可被引文献比、他引总引比显著上升，学报论文质量逐年提高。《南京农业大学学报》《中国农业大学学报》《西北农林科技大学学报》《华中农业大学学报》复合影响因子较高，总体发展态势良好，业内认可度较高。农业大学学报中仅《南京农业大学学报》入选 2012 年"中国国际影响力优秀学术期刊"名单，说明农业高校学报在如何进一步提高学术期刊的国际竞争力和影响力方面任重道远，也是我国农业综合类期刊未来发展重要方向。

如何能够在这个特殊的历史时期，使学报保持成绩并继续争先是高校学报从业者的使命和责任。首先，从宏观上建立学术自信，农业高校学报的作者主要为科研人员及在校研究生，目前我国缺乏科学的科研评价体系，依赖国外某些权威数据库导致优秀稿源外流。目前，学报"窗口"作用弱化，同质化为科研成果的传播和科学知识的普及。2015 年 3 月教育部和国家新闻出版广电总局发布的《关于进一步加强和改进高校出版工作的意见》，提出内外兼修创办更具影响力高校学报的措施；在此大环境下，主管部门应与国外检索系统加强沟通，同时给予学报政策支持等建设性对策。

其次，学术影响力是期刊生存和发展根本，从微观方面学报主动出击。

(1) 编辑部应关注并参与国内国际相关会议动态，针对刊物特点，发展熟悉国际形势并了解国内期刊外籍华人编委和审稿专家，提高期刊国际审稿水平及业界影响力；积极邀请相关学科青年学者约稿，跟踪其科研进展，适时组稿，针对本校交叉学科，建立期刊特色栏目，形成良性循环，提升期刊品牌效应。

(2) 在"985""211"类教学和科研并重高校中，通常以 SCI 作为教师工作业绩的主要考核指标，特别是一些高校出于自身发展角度制定对本校学报不利的规定，使学报的发展更遇寒冬。但这既是挑战也是机遇，目前学报大部分仍以校内作者为主，局限性在某个学术圈而没有真正"走出去"，此时，编辑部应与各相关高校(经作者调查，目前部分农业高等院校尚未对研究生毕业提出 SCI 发表要求)、科研院所设立联络站，直接与一线科研人员沟通，了解其(毕业、课题、晋升等)论文发表的需要及存在问题等，借此积极创新学报出版机制。同时重视扩展同行审稿专家数据库,要让期刊的目标作者了解到大学学报是隶属于整个学术圈的发表平台[12]。

(3) 重视基金项目及优秀硕博论文,就学术期刊而言,基金论文可反映本专业领域新动向,具有一定的科研导向作用。因此,国家自然科学基金、"863"计划等和省部级以上课题资助论文,其研究内容创新性较强,学术质量较高。硕博论文基本是导师课题研究内容,尤其是受基金资助立项,同时经过导师及审稿人把关润色,并不乏高水平论文。目前大部分学报应在保证稿源的前提下,不以载文量为重,质量才是生命力的重要保证。

(4) 打铁还需自身硬,编辑人员在具备广博精深的专业知识、较强的语言文字功底的同时,还需要高度的责任感和使命感。对于一般质量稿件,准确把握文章闪光点同时,给予作者具体而明确的修改意见,保证文章优质见刊;对于高质量的稿件我们严格按照审稿程序加快审稿,尽量加快每个环节的处理进程,环环相扣,缩短出版时滞,将对作者产生较大的吸引力。

参 考 文 献

[1] 中国科学技术协会,教育部,国家新闻出版广电总局,等.关于准确把握科技期刊在学术评价中作用的若干意见[EB/OL].(2015-11-11)[2018-07-02].http://www.gapp.gov.cn/news/1663/268504.shtml.

[2] 习近平.在全国科技创新大会、中国科学院第十八次院士大会和中国工程院第十三次院士大会、中国科协第九次全国代表大会上的讲话[EB/OL].(2016-06-01)[2018-07-02].http://news.sciencenet.cn/htmlnews/2016/6/347582.shtm.

[3] 张凤莲,李丽.大学学报发展中的矛盾及初步对策[J].科技与出版,2002(5):4-5.

[4] 朱强,何峻,蔡蓉华.中文核心期刊要目总览:第7版[M].北京:北京大学出版社,2015.

[5] 杜文涛.中国学术期刊影响因子年报(自然科学与工程技术):2011年(第9卷)[R].北京:《中国学术期刊(光盘版)》电子杂志社,2011.

[6] 杜文涛.中国学术期刊影响因子年报(自然科学与工程技术):2012年(第10卷)[R].北京:《中国学术期刊(光盘版)》电子杂志社,2012.

[7] 杜文涛.中国学术期刊影响因子年报(自然科学与工程技术):2013年(第11卷)[R].北京:《中国学术期刊(光盘版)》电子杂志社,2013.

[8] 杜文涛.中国学术期刊影响因子年报(自然科学与工程技术):2014年(第12卷)[R].北京:《中国学术期刊(光盘版)》电子杂志社有限公司,2014.

[9] 肖宏.中国学术期刊影响因子年报(自然科学与工程技术):2015年(第13卷)[R].北京:《中国学术期刊(光盘版)》电子杂志社有限公司,2015.

[10] 肖宏.中国学术期刊影响因子年报(自然科学与工程技术):2015年(第14卷)[R].北京:《中国学术期刊(光盘版)》电子杂志社有限公司,2016.

[11] 肖宏.中国学术期刊影响因子年报(自然科学与工程技术):2015年(第15卷)[R].北京:《中国学术期刊(光盘版)》电子杂志社有限公司,2017.

[12] 张凤莲,李丽.大学学报发展中的矛盾及初步对策[J].科技与出版,2002(5):4-5.

中国争建双一流高校之力学学科 ESI 数据分析

严巧赟[1]，徐海丽[1]，刘志强[2]

(1.上海大学期刊社《应用数学和力学(英文版)》编辑部，上海 200444；2.上海大学期刊社，上海 200444)

摘要： "双一流"建设是现阶段中国高校发展的一个重大战略性工程，一流学科建设更是重中之重。建设一流的力学学科，对推动力学学科的科技期刊的发展影响重大。基于 Essential Science Indicators(ESI)的数据统计分析，探索在工程学领域国内 6 所建设一流力学学科的高校的数据表现，并提出了提升科技期刊国际影响力的建议。

关键词： 一流力学学科；Essential Science Indicators (ESI)数据库；科技期刊

2015 年 10 月 24 日，中华人民共和国国务院印发了《统筹推进世界一流大学和一流学科建设总体方案》[1]。随后，经过近两年的评估遴选认定，在 2017 年 9 月 21 日，教育部、财政部和国家发展与改革委员会发布了《关于公布世界一流大学和一流学科建设高校及建设学科名单的通知》[2]。世界一流大学和一流学科建设，简称"双一流"。在双一流建设中，建设世界一流学科是建设世界一流大学的基础和路径[3]。

学科建设其中的一个重要环节是培养高层次的科研队伍，这也是科技论文作者之源。科技期刊是科研工作者展示科研成果的重要平台，学科建设的重视和发展将直接推动科技期刊的发展，重视学科建设可从稿源上提升科技期刊的学术水平[4]。目前国内的大多数科技期刊，都面临优质稿源紧缺的严峻局面。学科建设如火如荼地开展对科技期刊的发展起着积极的作用。而反之，科技期刊的壮大及其影响力的提升也能更好地服务于学科建设，两者之间是一种互助互赢的关系。本文基于 Essential Science Indicators(ESI)的数据统计，从论文发表数量和被引频次等角度展示了"双一流"中建设高校一流力学学科的科研成果，并提出应向实力强劲的力学学科建设队伍约稿以提升科技期刊影响力的建议。

1 建设一流力学学科高校

建设世界一流大学和一流学科，是党中央和国务院作出的重大战略决策，也是中国高等教育领域在"211 工程""985 工程"以及"优势学科创新平台"和"特色重点学科项目"等重点建设工程后的又一重要的国家战略[5]。在入围名单中，首批双一流建设高校共 137 所，其中世界一流大学建设高校 42 所，包括 A 类 36 所和 B 类 6 所，世界一流学科建设高校 95 所，双一流建设学科共计 465 个(其中自定学科 44 个)[6]。

作为一门传统而经典的基础学科，力学学科更需要专家学者的不断发展和创新。在公布的一流学科建设高校中，共有 6 所大学进入建设一流力学学科的名单，分别是清华大学、北京航空航天大学、哈尔滨工业大学、南京航空航天大学、西安交通大学和宁波大学。这 6 所

基金项目： 上海市高等院校科技期刊研究基金资助项目(SHGX2018A04)

学校的力学学科创办时间见表1。从表1可以看到，前五所学校的力学研究都起源于20世纪五六十年代，发展得也非常成熟和全面，而得益于省部级重点计划的资助和支持，起步较晚的宁波大学的力学专业在本世纪发展迅猛，跻身全国一流的力学研究高校。本文基于这6所高校在ESI数据库中的具体数据展开讨论。

表1　6所"双一流"高校建设力学学科的起源

学校名称	创办起源
清华大学	1958年钱学森、郭永怀和钱伟长等创办"工程力学研究班"
哈尔滨工业大学	1952年在全国第一个建立理论力学、材料力学和结构力学教研室
西安交通大学	工程力学专业成立于1957年，是全国最早的力学专业之一
北京航空航天大学	1952年创建流体力学研究所
南京航空航天大学	工程力学专业创建于20世纪60年代
宁波大学	工程力学专业设立于2001年

2　ESI

ESI，即基本科学指标数据库，是世界著名的学术信息出版机构美国科技信息研究所(ISI)于2001年推出的衡量科学研究绩效、跟踪科学发展趋势的基本分析评价工具[6]。基于Web of Science核心合集数据库[SCIE(科学引文索引扩展)和SSCI(社会科学引文索引)]的深度分析，通过ESI可以确定其设置的22个学科领域中最有影响力的国家和地区、学术机构、论文、科学家和出版物。ESI设置的学科包括：农业科学(Agricultural Sciences)、生物学与生物化学(Biology & Biochemistry)、化学(Chemistry)、临床医学(Clinical Medicine)、计算机科学(Computer Science)、经济与商业(Economics & Business)、工程学(Engineering)、环境科学与生态学(Environment/Ecology)、地球科学(Geosciences)、免疫学(Immunology)、材料科学(Materials Science)、数学(Mathematics)、微生物学(Microbiology)、分子生物学与遗传学(Molecular Biology & Genetics)、综合交叉学科(Multidisciplinary)、神经系统学与行为学(Neuroscience & Behavior)、药理学和毒理学(Pharmacology & Toxicology)、物理学(Physics)、植物学与动物学(Plant & Animal Science)、精神病学与心理学(Psychiatry/Psychology)、社会科学总论(Social Sciences, General)、空间科学(Space Sciences)[7]。

ESI每年更新6次，每次更新的数据覆盖10年6个月，例如，最近的一次更新在2018年9月，此次更新的数据时间跨度为2008年1月1日至2018年6月30日。通过对Web of Science核心合集数据库中约11 730种期刊近11年的论文数据进行统计，按被引频次的高低排序，可以确定出进入ESI数据库的阈值。ESI数据库仅展现了全球前1%的作者和科研机构和全球前50%的国家和地区以及期刊的引用数据。作为公认的衡量世界一流大学和世界一流学科的"世界标准"之一，中国的各大高校和科研院所也非常重视这一指标。

ESI将TOP论文分为两类：高被引论文(Highly Cited Papers)和热点论文(Hot Papers)。ESI高被引论文是在某学科中在收录时间范围内被引频次位于该学科所有论文前1%的论文。在Web of Science数据库中高被引论文带有奖杯图案。热点论文则是近两年发表且近两个月内被引频次居相应学科全球所有论文前0.1%的论文。高被引论文和热点论文都具有时效性。

3　6所高校在ESI数据库Engineering中的数据统计

ESI工程学领域，包含了力学、建筑学、生物学、机械工程、电气工程、材料科学与工程、自动化与控制工程、土木工程等学科[8]。在 ESI 中，工程学期刊共 855 本，电子电气工程类 SCI 期刊(260 本)在工程学期刊中占比最高，力学类期刊亦占据举足轻重的比例，共 134 本，约占 16%，其他类期刊占比均少于这两类刊。图 1 给出了 6 所高校在 Engineering 领域已发表的论文数和总被引频次。图 2 为图 1 对应的各大高校的发表论文篇均被引频次。由图可见，清华大学的论文发表数和总被引频次均高于其他高校，但在图 2 的篇均被引图中，哈尔滨工业大学居于首位。

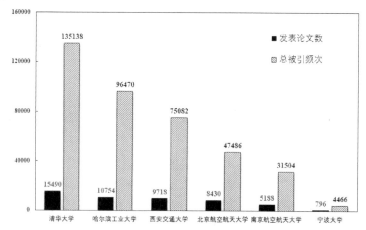

图 1　6 所高校在 ESI 数据库 Engineering 中发表论文数和总被引频次

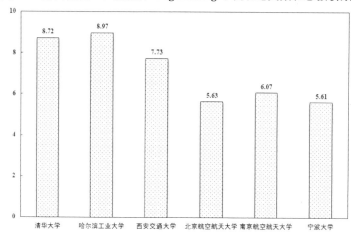

图 2　6 所高校在 ESI 数据库 Engineering 中发表论文的篇均被引

图 3 则给出了最近一次数据库更新后，6 所大学发表的高被引论文数和热点论文数。哈尔滨工业大学和清华大学的高被引论文数遥遥领先于其他 4 所学校，西安交通大学居中。而在热点论文数方面，哈尔滨工业大学的发表数量远高于其余学校，哈尔滨工业大学的工程学实力可见一斑。

从表 1 可以看到哈尔滨工业大学是力学学科建设最早的高校之一。该校的力学学科涵盖固体力学、工程力学、一般力学与力学基础 3 个二级学科，在 2007 年被评为国家重点一级学科，2012 年在全国高校重点一级学科排名中获得并列第一。哈尔滨工业大学能够拥有如此优异的科研成绩离不开其一流的科研队伍建设。该学科现有的科研人员包括工程院院士 4 人，长江学者 4 人，国家杰出青年基金获得者 2 人，国家教学名师 2 人。学科承担了国家安全重大基础研究项目(国防973)2项,合作承担国家973和国防973项目4项、国家自然科学基金重点项目53项,承担国家863计划、总装备部重大专项、国防预研等60多项科研课题,多

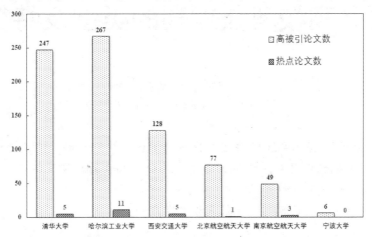

图3　6所高校在ESI数据库Engineering中发表的高被引论文数和热点论文数

次荣获国家科技进步奖、技术发明奖和其他省部级奖等[9]。大力发展学科建设,将志同道合的科研工作者汇聚起来创建出一支富有凝聚力的科研队伍,从而高效地输出科研成果,以此真正地实现学科的进步和发展,这是可持续发展的,并且是一个良性循环。哈尔滨工业大学的优异成绩也正是说明了这个过程对建设一流学科的重要性。对于中国的力学类科技期刊而言,与优秀的科研队伍建立良好的合作关系,无论是约稿或是审稿,都是一个互帮互助实现共赢的好办法。

3　结束语

本文就双一流建设中的建设一流力学学科的6所高校在ESI数据库Engineering领域的表现展开讨论,对发表论文数量、被引频次、篇均被引频次、高被引论文和热点论文等方面进行了深入探索。6大高校在ESI的数据分析从一定程度上展现了其学科建设的成果。对科技期刊而言,尤其是力学期刊而言,这6所高校的力学学科实力毋庸置疑,向实力强劲的力学学科建设队伍约稿,不失为提高优秀稿件数量的一个方法。

参 考 文 献

[1]　国务院关于印发统筹推进世界一流大学和一流学科建设总体方案的通知[EB/OL].[2015-11-05]. http://www.gov.cn/zhengce/content/2015-11/05/content_10269.htm

[2]　教育部,财政部,国家发展改革委关于公布世界一流大学和一流学科建设高校及建设学科名单的通知[EB/OL]. [2017-09-21].http://www.moe.gov.cn/srcsite/A22/moe_843/201709/t20170921_314942.html.

[3]　方守恩,曹文泽,谢辉,等.推进世界一流大学和一流学科建设的思考与实践[J].中国高等教育,2017,3/4: 18-23.

[4]　郭俊仓,何博雄.科技期刊发展与学科建设的关系.中国科技期刊研究,1999,10(4):56-258.

[5]　王洪才."双一流"建设的重心在学科[J].重庆高教研究,2016,4(1):7-11.

[6]　衣永刚.全面理解加快"双一流"建设[J].上海教育,2017,36:71-71.

[7]　张伟,宋鹭.中国高校进入ESI前1%学科统计调查及对大陆高校学科建设的启示[J].清华大学教育研究, 2011,32(6):36-45.

[8]　梁瑛,邹小筑.ESI工程类与中国教育部学科分类的对比研究[J].农业图书情报学刊,2016,28(1):76-81.

[9]　英盛.规格严格.功夫到家——哈尔滨工业大学[J].电子技术与软件工程,2016,24:7-8.

民族地区高校科技期刊的类型及特征分析

马殷华，李小玲

(广西师范大学学报编辑部，广西 桂林 541004)

摘要：统计并分析了 2000—2015 年 5 个民族自治区内的期刊出版情况、全国冠"民族"两字的高校学术期刊情况和民族期刊专委会的会员期刊的类型及特征，并依据分析结果，给出了期刊发展建议。

关键词：民族地区；科技期刊；少数民族文字期刊

中国高校科技期刊研究会民族期刊专委会初步定义，民族类高校科技期刊由两部分组成：一部分是民族自治地方即 5 个自治区[1]和 30 个自治州[2-3]所属的普通高校科技期刊；另一部分是有"民族"两字的高校科技期刊。按照上述定义，我国具体有多少种民族类高校科技期刊？分布在哪些地区？它们都是"中国高校科技期刊研究会"的会员吗？为了便于工作的推进和开展，本文作了相关调查统计和分析。

1 民族自治区内的期刊出版情况(分布和种类)

本节调查研究数据基于中国知网"中国经济社会大数据研究平台"(http://data.cnki.net/)，统计时限为 2000—2015 年。

由表 1 可知，2001—2002 年 5 个自治区的期刊发展进入了快速发展期，期刊出版种数增长比率出现了 15 年来的峰值，2003 年后出现了徘徊和波动。总的来说：①2003—2014 年新疆、宁夏期刊出版种数呈现增长态势，西藏总体保持不变，内蒙古和广西呈现先下降后平稳趋势，与全国持续稳步增长的发展态势不一致。②15 年间，全国期刊出版种数增加了 1 241 种，增长了 14.22%，5 个自治区增加了 44 种，增长了 7.67%。③"十二五"期间，5 个自治区的期刊出版总数及增长比率基本保持稳定，与"十一五"期间相比，稍有下降。2014 年 5 个自治区期刊出版种数 618 种(占全国的 6.20%)，比历史最高值(2002 年的 641 种)减少 23 种，全国比率减少了近 1 个百分点。

1.1 自然科学、技术类期刊出版种数

由表 2 可见：2001—2010 年 5 个自治区自然科学、技术类期刊出版种数增加了 5 种，增长了 2.56%，小于全国的增长率(4.39%)；宁夏、西藏的出版种数基本保持不变，广西的增幅比较大(为 10.29%)，内蒙古和新疆的略有波动，与 2005 年比，2010 年内蒙古的出版种数下降了 5.45%。总的来说，2005—2010 年 5 个自治区自然科学、技术类期刊出版种数有所增加，增长率稍缓于全国的同期值，保持在全国同类型期刊出版种数的 4.10%左右。

基金项目：中国高校科技期刊研究会民族类高校科技期刊编辑学研究计划一般项目(MGKJQY1414，MGKJQY1803)

表 1　我国 5 个民族自治区期刊出版种数情况表(2000—2014 年)

年份	期刊出版种数						5 个自治区合计种数
	内蒙古自治区	新疆维吾尔自治区	宁夏回族自治区	西藏自治区	广西壮族自治区	全国	
2000	154(1.77%)	174(1.99%)	30(0.34%)	25(0.29%)	191(2.19%)	8 725	574(6.58%)
2001	158(**1.78%**)	189(2.13%)	31(0.35%)	27(0.30%)	**202(2.27%)**	8 889	607(6.83%)
2002	**159**(1.76%)	213(**2.36%**)	33(**0.37%**)	34(**0.38%**)	202(2.24%)	9 029	641(**7.10%**)
2003	**159**(1.75%)	195(2.15%)	24(0.26%)	34(0.37%)	200(2.20%)	9 074	612(6.74%)
2004	149(1.57%)	—	—	—	—	9 490	—
2005	150(1.58%)	206(2.18%)	34(0.36%)	34(0.36%)	180(1.90%)	9 468	604(6.38%)
2006	150(1.58%)	206(2.18%)	34(0.36%)	34(0.36%)	184(1.94%)	9 468	608(6.42%)
2007	148(1.56%)	206(2.18%)	34(0.36%)	34(0.36%)	184(1.94%)	9 468	606(6.40%)
2008	151(1.58%)	208(2.18%)	35(**0.37%**)	35(0.37%)	184(1.93%)	9 549	613(6.42%)
2009	149(1.51%)	209(2.12%)	36(**0.37%**)	**36**(0.37%)	185(1.88%)	9 851	615(6.24%)
2010	149(1.50%)	209(2.11%)	36(0.36%)	**36**(0.36%)	185(1.87%)	9 884	615(6.22%)
2011	149(1.51%)	207(2.10%)	35(0.36%)	35(0.36%)	184(1.87%)	9 849	610(6.19%)
2012	148(1.50%)	210(2.13%)	**37(0.37%)**	35(0.35%)	186(1.89%)	9 867	616(6.24%)
2013	148(1.50%)	**214**(2.17%)	**37(0.37%)**	35(0.35%)	182(1.84%)	9 877	613(6.21%)
2014	147(1.48%)	**214**(2.15%)	**37(0.37%)**	35(0.35%)	185(1.87%)	**9 966**	618(6.20%)

注：统计时设起止年限为 2000—2015 年，报告中对没有统计数据的年份做删减处理。括号内数据为占全国期刊出版种数的百分比；"—"表示未见统计数据。

表 2　我国 5 个民族自治区自然科学、技术类期刊出版种数情况表(2005—2010 年)

年份	期刊出版种数						5 个自治区合计种数
	内蒙古自治区	新疆维吾尔自治区	宁夏回族自治区	西藏自治区	广西壮族自治区	全国	
2005	55(1.17%)	59(1.25%)	10(0.21%)	3(0.06%)	68(1.44%)	4 713	195(4.14%)
2006	55(1.17%)	59(1.25%)	10(0.21%)	3(0.06%)	68(1.44%)	4 713	195(4.14%)
2007	58(1.21%)	61(1.27%)	11(0.23%)	4(0.08%)	68(1.42%)	4 794	202(4.21%)
2008	51(1.04%)	56(1.14%)	10(0.20%)	3(0.06%)	75(1.52%)	4 926	195(3.96%)
2009	51(1.03%)	56(1.13%)	10(0.20%)	3(0.06%)	75(1.52%)	4 936	195(3.95%)
2010	52(1.06%)	58(1.18%)	11(0.22%)	4(0.08%)	75(1.52%)	4 920	200(4.07%)

注：统计时设起止年限为 2000—2015 年，表中对没有统计数据的年份做删减处理。括号内数据为占全国期刊出版种数的百分比。

1.2　少数民族文字期刊出版种数

由表 3 可见：2006—2011 年，新疆地区少数民族文字期刊出版种数增加了 10 种，增长了 10.64%(全国增加了 30 种，增长了 15.63%)，其他 4 个地区没有大的变化；5 个自治区合计种数增加了 11 种，但占全国的比率由 2006 年的 79.69%下降到了 2011 年的 73.87%。

表 3 我国 5 个民族自治区少数民族文字期刊出版种数情况表(2006—2011 年)

年份	期刊出版种数						5 个自治区合计种数
	内蒙古自治区	新疆维吾尔自治区	宁夏回族自治区	西藏自治区	广西壮族自治区	全国	
2006	44	94	—	14	1	192	153(79.69%)
2007	44	94	—	14	1	192	153(79.69%)
2008	44	94	—	14	1	192	153(79.69%)
2009	44	94	—	14	1	192	153(79.69%)
2010	46	101	—	14	—	207	—
2011	44	104	—	15	1	222	164(73.87%)

注：统计时设起止年限为 2000—2015 年，表中对没有统计数据的年份做删减处理。括号内数据为占全国期刊出版种数的百分比；"—"表示未见统计数据。

2 全国冠"民族"两字科技期刊现状

2000 年，我国高等民族院校院校有 12 所[4]，2010 年发展到 18 所[5]，10 年间增长了 50%。

根据国家新闻出版广电总局(http://www.gapp.gov.cn/zongshu/magazine.shtml)数据，冠"民族"两字的期刊有 98 种，其中：高校主办的公开出版的学术期刊 44 种(自然科学、技术类 11 种(25.00%)、哲学、社会类 18 种(40.90%)、文理综合类 9 种(20.46%)、少数民族文字类 6 种(13.64%))。少数民族文字类期刊中，有 2 种是科技期刊(《内蒙古民族大学学报(自然蒙古文版)》和《内蒙古民族大学学报(蒙医药学版蒙文版)》)。

冠"民族"两字的高校主办的科技期刊共 22 种(含文理综合类 9 种和少数民族文字类 2 种)，主办单位分布在：北京(1 种)、青海(2 种)、云南(2 种)、广西(3 种)、内蒙古(2 种)、湖北(3 种)、贵州(2 种)、河北(1 种)、辽宁(1 种)、四川(2 种)、宁夏(1 种)、陕西(1 种)、甘肃(1 种)等 13 个省、市、自治区。

3 民族期刊专委会会员期刊现状

3.1 高校主办的科技期刊

这里以中国知网"期刊大全"(http://navi.cnki.net/KNavi/Journal.html)中收录的信息为研究对象，通过 CN 号检索 5 个自治区的自然科学与工程技术类期刊种数，并分析、统计主办单位为高校的科技期刊情况，详细结果如表 4 所示。

表 4 我国 5 个民族自治区科技期刊出版种数情况表

检索项	期刊出版种数						5 个自治区合计种数
	内蒙古自治区	新疆维吾尔自治区	宁夏回族自治区	西藏自治区	广西壮族自治区	全国	
自然科学与工程技术类	51	41	13	4	87	5 551	196(3.53%)
高校主办科技期刊	13	10	5	1	17	—	46

注：未含综合版学术期刊；数据来源为中国知网"期刊大全"；"—"表示未见统计数据。

从表4可见，中国知网"期刊大全"中收录的期刊种数与其"中国经济与发展统计数据库"(下简称"统计数据库")(表2)中有差异，可能原因：①与期刊准入退出机制有关。凡是加入过中国知网的都会被收录在案，哪怕是后来遭遇了"停刊""改刊名"等状况的期刊也会记录在案。但"统计数据库"不同，它会剔除"停刊"处理的期刊。②期刊从未加入中国知网。如少数民族文字期刊未加入CNKI，故不在统计数据内，还有少部分期刊如《西藏农牧学院学报》。这样的话，"统计数据库"会统计在内，但"期刊大全"中就不会有相关的统计数据和信息。

3.2 民族期刊专委会的会员期刊

围绕民族期刊专委会的初步定义，本文把以下几类期刊归属为会员：①中国高校科技期刊研究会(下简称"研究会")网站上"单位会员"(http://www.cujs.com/huiyuan.asp?provinceid=1)中公布的数据，含5个自治区及其他民族地区的高校科技期刊单位会员；②研究会民族期刊专委会成员单位；③自2013年首届民族期刊专委会活动以来参加评比活动的相关期刊。根据以上3个条件，收集统计到会员期刊71种。

3.2.1 类型及特征分析

从分布地看，会员期刊分布在全国16个省、自治区、直辖市(广西24%，内蒙古21%，新疆17%，宁夏7%，云南7%，湖北4%，吉林4%，海南3%，甘肃3%，四川1%，贵州1%，辽宁1%，河北1%，湖南%，西藏1%，北京1%)。其中，约70%期刊会员分布在5个自治区，而广西、内蒙古和新疆的会员比例更高，占5个自治区的88%。这一方面体现了期刊发展与地方经济社会的发展水平和发展速度密切相关；另一方面也说明，民族期刊的发展关键还是要靠民族地区的期刊同仁们共同努力。

从期刊类别看，涵括了基础科学(22种，占30.98%)、医药卫生科技(15种，占21.13%)、工程技术(5种，占7.04%)、农业科技(7种，占9.86%)、信息科技(2种，占2.82%)、社会科学(教育综合)(11种，占15.49%)和少数民族文字(9种，占12.68%)七大类，其中少数民族文字类以出版语种区分类别。数据统计表明，工程技术类和信息科技类所占的比例≤9%，体现了民族地区在这些研究领域上相对薄弱。社会科学(教育综合)类(15.49%)比例稍大，从某种角度反映出不少期刊各学科研究成果来稿量不足的问题，特别是自然科学类的研究成果产量偏低现状，这对提升期刊整体质量水平，扩大期刊或学术影响力都是不利的。

从出版周期看，分半月刊(2种，占2.82%)、月刊(7种，占9.86%)、双月刊(27种，占38.03%)、季刊(29种，占40.84%)、半年刊(6种，占8.45%)五大类，以双月刊和季刊为出版主流。半年刊的主办单位分布在新疆、内蒙古和西藏，其中5种是少数民族文字期刊，占全部少数民族文字期刊的66.67%；半月刊的主办单位分布在内蒙古和海南，基础科学类1种，医药卫生科技类1种，均为非少数民族文字期刊。总的来说，季刊的比例偏大，出版周期普遍偏长，不利于学术成果的快速传播，与当今信息技术的发展不相称。

统计分析还发现，基础科学类期刊(22种)一般为双月刊(占31.82%)和季刊(占59.09%)，医药卫生科技类期刊(15种)则为月刊(占26.67%)、双月刊(占40.00%)和季刊(占26.67%)，而社会科学(教育综合)类期刊(11种)以双月刊(占72.73%)为主导。可见，医药卫生科技类成果产出和传播相对较快，或许可以考虑作为"领头羊"带动民族期刊的整体发展。72.73%的社会科学(教育综合)类为双月刊而非季刊，或许意味着我们可以加快这类期刊文理分刊的发展步伐。

3.2.2 核心期刊种数分析

71种会员期刊中，有10种为2014年北京大学图书馆《中文核心期刊要目总览》(第七版)

中文核心期刊，其中 8 种为综合性科学技术类，2 种为综合性农业科学类(见表 5)。10 种核心期刊办刊地点大多分布在省会城市，经济、技术相对发达，信息来源广且快。5 个自治区中，广西、新疆、内蒙古的办刊实力相对较强，新疆地区农业科技实力不容小视。宁夏、西藏需要重点扶持。

表 5 民族期刊专委会会员期刊 10 种北图核心期刊情况

北图学科类别	北图隶属度排序	刊名	办刊地点
综合性科学技术	22	兰州大学学报(自然科学版)	甘肃兰州市
	55	广西大学学报(自然科学版)	广西南宁市
	64	广西师范大学学报(自然科学版)	广西桂林市
	71	内蒙古大学学报(自然科学版)	内蒙古呼和浩特市
	89	桂林理工大学学报	广西桂林市
	112	内蒙古师范大学学报(自然科学汉文版)	内蒙古呼和浩特市
	118	新疆大学学报(自然科学版)	新疆乌鲁木齐市
	121	中南民族大学学报(自然科学版)	湖北武汉市
综合性农业科学	19	新疆农业科学	新疆乌鲁木齐市
	32	新疆农业大学学报	新疆乌鲁木齐市

数据来源：2014 年北京大学图书馆《中文核心期刊要目总览》(第七版)。

4 结论

4.1 民族地区期刊发展稳中有降，新疆地区发展较快，高校是重要的办刊阵地

民族地区期刊出版以 5 个自治区为办刊主力，期刊出版总数基本稳定在全国期刊出版总数的 6%~7%(最高比例为 7.1%，最低时为 6.19%)。2009 年以来略有下降趋势：①2014 年 5 个自治区期刊出版种数为 618 种(占全国的 6.20%)，比历史最高值(2002 年的 641 种)减少了 23 种，全国比率减少了近 1 个百分点。②2005—2010 年间 5 个自治区自然科学、技术类期刊出版种数有所增加，增长率稍缓于全国的同期值，保持在全国同类型期刊出版种数的 4.10%左右。③2006—2011 年间，5 个自治区少数民族文字期刊总计增加了 11 种，但占全国的比率由 2006 年的 79.69%下降到了 2011 年的 73.87%。其中新疆地区少数民族文字期刊发展较快，增长了 10.64%，其他 4 个地区没有大的变化。

冠"民族"两字的学术期刊中，高校是办刊主力(占 44.9%)，主办单位分布在全国 13 个省市自治区。其中科技期刊类有 1 种进入北京大学图书馆《中文核心期刊要目总览》(2014 版)，实现了零的突破。

4.2 民族期刊专委会的会员期刊主要分布在 5 个自治区

71 种会员期刊分布在全国 16 个省区直辖市。其中，约 70%期刊会员分布在 5 个自治区。基础科学类、医药卫生科技类和社会科学(教育综合)类是主要的期刊类别；双月刊和季刊是出版主流。会员期刊中有 10 种是 2014 版北大中文核心期刊。

4.3 少数民族文字期刊是最具民族特色的期刊形式，发展相对稳定

2006—2011 年间全国少数民族文字期刊总数由 192 种发展到 222 种，其中新疆地区增长最快(增长了 10.64%)。5 个自治区是这类期刊的主要办刊地(占 70%~80%)，建议就如何缩短期刊出版周期，提升期刊质量水平和影响力等方面开展全面分析、评估和专项研究。

5 问题及建议

5.1 出版周期偏长，酌情考虑采取变更刊期等措施

71 种会员期刊中，双月刊和季刊是出版主流，这显然与信息网络环境的大环境下对信息快速传播的时代要求不相称，不紧跟时代步伐，就会被时代拉下甚至是抛弃。出版周期长，意味着论文出版时滞更长。科技期刊作为科技成果的载体和传播渠道，在有效的时间内快速传播最新成果和信息，才能为社会发展和科研服务[6-10]。

5.2 刊载文章与期刊本身类别不符，需正视

调查统计中发现，有些刊物原定位是"农业科技"类的，但通过目次刊发的论文总体情况看更接近"基础科学"类，如《塔里木大学学报》。这不仅可能会在国家的"学术期刊认定和清理"中遇到不必要的麻烦，长此以往，还会影响刊物整体质量的提升。毕竟，零散不成规律的论文影响力肯定比不上系列论文的"组合拳"威力！笔者认为，必须从期刊长远的可持续发展出发，增强组稿策划意识以及编辑引领和导向意识。

5.3 文理综合类期刊比例偏大

调查结果显示，文理综合类期刊的文科优势明显，不少期刊办得非常具有民族性和地域性特色。他们依托地域文化，推出特色栏目，吸引了外界的"眼球"，在期刊市场中培育了核心竞争力，凸显了期刊品牌价值，取得了期刊荣誉[9]。这类期刊的编辑同仁就民族地区如何特色办刊方面做了探索和实践[11-15]，但基本集中在人文社会科学方面。他们的努力值得肯定和赞扬，办刊思路和实现途径值得自然科学技术期刊的借鉴。我们认为，如果文理能分开办刊，各自的发展前景会更好。

5.4 参加活动的会员期刊少，需要发展新会员

从民族期刊专委会处得知，每年实际参加专委会活动的会员期刊在 25 种左右，以本文调查结果 71 种期刊为基本底线的话，有很大的会员发展空间。专委会应该加大宣传和发展力度，如建立地区联络员制度，丰富和完善原有的入会条件等；了解相关会员的具体情况对会期进行调整，精心设计、开展学术交流内容和方式等等，以便让更多的会员能参加会议，加入交流行列中。民族期刊专委会作为重要的民间机构，应在诸多方面给予期刊会员指导和帮助，包括：组织学术研究和交流、开展办刊经验交流、编辑素养专题培训等。

5.5 特色办刊，网络办刊

民族类和民族地区不同种类的科技期刊，有共性也有差异。办刊宗旨不一样、作者读者群不一样的期刊应分类别探讨特色发展之路。民族地区、民族特色应该是我们的共性和特色，但同时也因经济、文化发展滞后等因素制约了我们期刊的发展。民族期刊的发展没有榜样和模板可以模仿和复制，需要我们自己闯出一条生存之路，因此发展中要设法扬长避短，发展特色，才能避免与非民族地区的期刊雷同或同质化。

网络时代，信息科技手段引入科技期刊的出版已经不是新话题新鲜事。民族地区科技期刊编辑部应该跟紧跟上数字网络化的办刊步伐，如加快建设编辑部的投审稿系统等(需作调查统计)。

5.6 加强自身梳理，寻求地域性的政策扶持

正确评价定位期刊，才能制定符合期刊个性化发展需要的中长期发展规划。因此，梳理期刊的发展历程、分析期刊的相关指标数据、整理出版管理流程，在信息网络时期显得非常

重要。各期刊编辑部应充分利用"中国知网""维普"等数据库平台提供的数据分析,为自己"跟踪监测"和"把脉"。而编辑部内部管理水平、出版流程的运作能力、编辑队伍的素质和能力提升等等,都应涵括在期刊梳理的范畴。

受"核心期刊"等评价奖励机制、职称评定等因素影响,国内优秀稿源大量外流,严重影响了我国科技期刊质量的提升。民族地区的期刊更是"雪上加霜"。鉴于此,笔者建议民族地区制定一些区域性的政策,如"区内认定的核心期刊"政策,既扶持区内有特色的期刊,又利于课题、职称评审时的需要,是符合地区科研能力水平实际和现实需要的。

参 考 文 献

[1] 中国知网·百科·自治区.民族词典[M/OL].[2016-05-20].http://epub.cnki.net/KNS/brief/result.aspx?dbprefix=CRPD.

[2] 中国知网·百科·自治州.中华法学大辞典·宪法学卷[M/OL].[2016-05-20].http://epub.cnki.net/KNS/brief/result.aspx?dbprefix=CRPD.

[3] 中国知网·百科·自治州.中华人民共和国资料手册[M/OL].[2016-05-20].http://epub.cnki.net/KNS/brief/result.aspx?dbprefix=CRPD.

[4] 中华人民共和国教育部.2001 年教育统计数据[EB/OL].[2016-05-20].http://www.moe.gov.cn/s78/A03/moe_560/moe_567/.

[5] 谢焕忠.中国教育统计年鉴[M].北京:人民教育出版社,2010.

[6] 贺晓利,陈红亚,樊华.国内学术期刊体制改革的关键问题与对策[J].情报探索,2015(6):53-55.

[7] 龙静,孙云志.运用数据分析方法缩短科技期刊论文发表周期[J].中国科技期刊研究,2016,27(4):363-368.

[8] 贺晓利,张薇,郝艳红.国内图情类核心期刊发表时滞与作者期望的符合度研究[J].情报杂志,2014,33(12):99-102.

[9] 陈理斌,武夷山.世界学术期刊出版周期与期刊影响力关系探索[J].情报科学,2010,28(10):1554-1557.

[10] 张行勇,潘新社,南红梅,等.缩短刊期的实践与效果分析[J].中国科技期刊研究,2006,17(4):559-563.

[11] 商韵,欧阳红姿.民族地区高校学报核心竞争力的培育与可持续发展[J].黔南民族师范学院学报,2011(6):93-96.

[12] 杨光宗.地方民族高校学报可持续发展的对策与思考[J].出版科学,2009,17(4):25-28.

[13] 骆近丹.民族地区高校学报的现状扫描与发展思考[J].西南民族大学学报(人文社科版),2007(4):133-135.

[14] 邓崇亮.论民族地区高校学报特色栏目的策划[J].广西民族师范学院学报,2011,28(4):140-142.

[15] 雷文彪.民族地区高校师专学报身份认同危机与发展对策探析[J].柳州师专学报,2012,27(4):105-108.

临床试验类论文科研结果的发表和学术交流计划
——基于 GPP3 的解读与分析

倪 明

(复旦大学附属肿瘤医院抗癌协会与杂志社办公室，复旦大学上海医学院肿瘤学系，上海 200032)

摘要：第三版公司申办的临床试验发表指南(GPP3)为制药、医疗设备、诊断及生物技术等公司申办或支持的研究项目成果的发表提供了指导。文章对 GPP3 进行了解读与分析，对于科研结果发表和学术交流计划中涉及的各种问题做一介绍，帮助公司申办的临床试验明确时间进度，提前筹备资源，以确保临床试验有序进行。

关键词：临床试验；公司申办；发表计划

自 2003 年，Wager 等[1]发表了针对公司申办的临床试验发表指南(Good Publication Practice for pharmaceutical companies, GPP)后，在国际医学出版专家学会(International Society for Medical Publication Professionals, ISMPP)的支持下，分别于 2009 年更新了 GPP2[2]，2015 年更新了 GPP3[3]。GPP 指南的发布为发表制药、医疗设备、诊断及生物技术公司申办或支持的研究项目成果提供了指导意见，明确作者及作者署名，制定科研结果的发表和学术交流计划，明确时间进度，提前筹备资源，为保障公司申办的临床试验有序进行提供建议。邹强[4-5]就 GPP3 中对作者及作者署名以及编辑在临床试验类论文审查时需要注意的问题进行了梳理和解读，现就该类研究在结果发表时需要注意的问题介绍如下，希望广大科技期刊编辑在对临床试验类文章进行审稿时，针对以下问题，应重点关注。

1 科研设计及统计分析计划

GPP3 建议公司申办的临床试验的设计和结果报告均应遵从完整性(complete)、精确性(accurate)、平衡性(balanced)、透明性(transparent)和及时性(timely)原则，并且遵守当地的法律法规，如国内须遵守国家食品药品监督管理总局发布的《药品临床试验质量管理规范》(Good Clinical Practice, GCP)[6]。在报告和出版过程中应遵从 ICMJE 推荐规范[7]；为提高研究报告的质量和透明性，如为随机对照试验(randomized controlled trial, RCT)，可参照 CONSORT 声明[8]；如为诊断准确性试验可参照 STARD 声明[9]等。更多报告指南可至网站 http://www.equator-network.org 查阅。

早在 1998 年，欧盟、美国、日本共同发起的国际协调会议(International Conference on Harmonization, ICH)发布了临床试验统计分析指南 ICH E9[10]，为临床试验提供很好的统计分析指导。2005 年 3 月，我国国家食品药品监督管理局在 ICH E9 基础上，颁布了化学药物和生物制品临床试验的生物统计学技术指导原则[11]，并于 2016 年 6 月更新为药物临床试验的生物统计学指导原则[12]。上述指南均强调了，在临床试验开始之前，在明确试验计划基础上，加强统计问题的考虑，并认为有必要要求统计专家参与到临床试验的设计、实施及结果分析中[13]。统计分析计划(statistical analysis plan, SAP)一般包括，①主要目标和次要目标；②样本量、随机化和盲法；③研究对象和人群样本的入选：可评价的效果、意向性治疗(intention-to-treat, ITT)[14]、安全性和亚组等；④对于缺失数据的临时统计分析方法；⑤人口统计数据和基线数据；⑥药物或者治疗的顺应性；⑦有效性终点的分析；⑧安全性评价。

2 临床试验注册制度

多个国家及国际性指南(包括《赫尔辛基宣言》)均要求在临床试验招募受试者之前，需要到世界卫生组织临床试验注册平台认可的注册平台进行注册[15]。ICMJE 推荐[5]中建议所有的生命科学类期刊均应实施临床试验注册制度，只有在临床试验注册机构完成临床试验注册，才可作为考虑发表的条件。注册临床试验的目的是为了防止选择性发表以及选择性报告研究结果，防止不必要的重复研究，帮助患者和公众了解哪些临床试验在计划中或进行中，或许他们想参加，帮助伦理审查委员会在考虑批准新的研究项目时大致了解与他们正在审查的研究项目相关的类似研究和数据。GPP3 认为公司申办的临床试验的主办方更应该重视该注册制度，以便在后续的研究中公开必要的数据，使研究更透明。

目前，世界卫生组织(WHO)临床试验注册平台(International Clinical Trials Registry Platform, ICTRP)已有多家满足条件的注册平台，可在旗下任何一家平台注册。在国内，中国临床试验注册中心(Chinese Clinical Trial Registry, ChiCTR)为 ICTRP 认可的注册平台，网址为 http://www.chictr.org.cn。

3 药物临床试验及伦理委员会审批

2000 年，WHO 发布了《生物医学研究伦理委员会审核指南》[16]，促进了医学伦理委员会审查的规范化。2007 年，国家卫生和计划生育委员会颁布了《涉及人的生物医学研究伦理审查办法(试行)》[17]，各级医疗科研机构纷纷成立了伦理审查委员会，为保护受试者权益和安全以及指导研究方案进行的重要作用。

各国对药物临床试验均有严格的法律法规，我国国家食品药品监督管理局为保证药物临床试验过程规范，结果科学可靠，保护受试者的权益并保障其安全，根据《中华人民共和国药品管理法》《中华人民共和国药品管理法实施条例》于 2003 年参照国际公认原则制定并颁布了《药物临床试验质量管理规范》[4]。该法规是对临床试验全过程的标准规范，包括方案设计、组织实施、监查、稽查、记录分析总结和报告。

药物临床试验也涉及复杂的伦理问题，按照药物临床试验管理规范相关条例的要求，药物临床试验机构应建立伦理委员会，对所要进行的临床试验进行审批，以确保药物临床试验的科学性和可靠性以及受试者权益不受侵害。

4 临床试验资料的存档和共享

GPP3 建议临床试验的申办方有责任对临床试验项目备案，并对临床试验研究结果发表流程中的文档进行存档。包括但不限于：①所有的研究过程中的数据(文本、录音、视频等)；②

论文发表流程中与出版社签署的各种协议、往来的电子邮件、专家研讨会或电话会议等会议纪要；③论文撰写过程中对草稿讨论提出的意见、评论等；④对草稿讨论后的修改说明；⑤未满足作者署名条件的其他贡献者名单；⑥最终修改后的录用稿版本及所有作者认可后的作者清样稿；⑦署名作者的利益冲突申明及贡献申明；⑧论文投稿后，同行评议的审稿意见及各版本修改稿。

所有参与临床试验的作者应当了解该流程，并有权查阅相关数据，同时 ICMJE 也建议申办方应当妥善保管以上资料，并通过合适的方法共享发布[18]。GPP3 认为临床试验数据的共享和发布有利于推进科学事业的发展，提升临床研究的效率以及相关流程的透明度和可信度。越来越多的知名期刊为提高临床试验的透明度和可信度，已在作者稿约中要求作者共享相关的数据，如《内科年鉴》稿约[19]中指出，编辑有权利要求作者提供临床试验的原始数据和统计代码；《新英格兰杂志》稿约[20]中则要求作者以提供临床试验的统计分析计划(pdf 附件的形式)。

5　研究结果的发表和学术交流

5.1　结果的发表

所有的临床试验，无论其研究结果为阴性或阳性，均应尽量发表[21]。首选发表于同行评议的期刊。GPP3 建议，如果研究结果的科研或临床价值有限，或遭到多家期刊拒稿，可选择将结果公布在公共网站或临床试验注册中心，以供同行交流。III 期临床试验或者在临床试验中发现的重要临床意义都应当发表(也包括一些已经退市的药物研究)[22]。作者、公司申办方或者研究机构均不得在期刊论文发表前提前发布新闻稿。GPP3 建议对于已获准上市的产品，文章在研究完成后的 12 个月内投稿，文章发表前可以先进行会议报告。对于未上市的在研产品，文章应在产品获准上市后的 12 个月内或在产品研发终止后的 18 个月内投稿。

5.2　学术会议的交流

在临床试验数据正式发表之前，应重视在重要的学术会议上进行学术交流。明确相关会议的投稿截止时间(投稿时应注明临床试验注册号)，并遵循会议指南，及时将研究数据整理，撰写摘要并投稿，充分准备学术演讲，并准备学术交流中其他学者提问的应对。如果部分研究结果已于之前的其他会议中陈述过，在投稿前应说明。

在向学术会议投稿时一般都采用摘要的形式投稿，Hopewell 等[23]认为，在许多会议投稿论文的摘要质量有待提高。因此，目前 CONSORT (Consolidated Standards of Reporting Trials) 发布了针对期刊和学术会议论文摘要的扩展声明[24]，对于随机对照临床试验建议严格按该指南撰写结构式摘要，而其他类型的临床试验的摘要也可参考。

5.3　药物不良事件和危害性(harm)的报道

在 GPP3 中尚未提到使用药物后的不良事件的问题，但是笔者认为临床药物的使用会潜在地增加一些已知和未知的不良事件，特别是对新药来说，在进行临床试验时，这一问题不可避免。目前临床试验中已有的一些对于疾病转归的评估方法通常不是以患者为中心的，并不是最好方法，特别是关于药物危害性和不良反应方面的报道，往往被研究者忽视[25]。Seruga 等[26]认为在临床试验报告中危害性问题漏报主要有 3 个原因：①危害性的评估由临床医师完成，可能不能代表患者的体验；②在临床试验中检测到的危害性，可能受到公司申办方或者研究者的主观因素，不愿去报道；③短期的观察随访可能未发现药物长期的和潜在严重毒性。

因此，在进行临床试验结果的发表时，有必要在描述药物的有效性时，其带来的潜在危害性不可忽略[27]。

5.4 内容重复的发表

内容重复的发表包括一稿多投、重复发表和预先发表、可接受的再次发表、基于相同数据库的稿件等问题，在 ICMJE 推荐规范中，对于内容重复发表的问题已有明确的描述[5,28]。GPP3 认为，对于大型临床试验来说，在试验设计之初即已计划针对不同研究问题发表多篇论文，但可能会涉及相同的原始资料，这一问题属于基于相同数据库的稿件，或者是在原有数据资料的基础上的后续研究，是允许发表的。

5.5 学术不端

在科研论文中的捏造数据、篡改数据和剽窃等行为归为学术不端[25]。目前，对于这一违反学术伦理道德的问题，各国均采取了零容忍的态度。因此，在公司申办的临床试验研究结果发表时的每一位作者均需要注意这一问题。

6 利益冲突的披露

由于多数的临床试验以公司申办或者受公司商业资助的，因此潜在的利益冲突不可避免。美国医学编辑协会(WAME)建议每位作者，不管是向期刊还是会议投稿，均应在投稿时附有利益冲突申明[29]。作者应当在论文中披露所有可能被理解为对其研究存在偏见或可对其专业性判断造成影响的财务及非财务关系。GPP3 列举了如所有制药、生物制剂、医疗设备及诊断厂商的名称和与其之间的关系，其中署名作者(或其亲属)与公司存在雇佣关系、合同关系、供应商关系，或曾在商业或科研工作中进行过合作；署名作者或其亲属的持股情况、已公开的专利或申请中的专利等。ICMJE 建议,对于利益冲突披露的时间节点为论文发表前 36 个月内[30]。

7 结束语

在国内，公司申办的临床试验正在各大科研院所大量开展，新的《药物临床试验质量管理规范》修订稿也在起草中[31]，但国内尚无针对临床试验结果发表的指南可以参考。尽管临床试验的申办方在法律层面上承担着临床试验的发起、组织和监查工作[32]，但是有学者对上海市 107 家申办公司调查发现，申办方自身开展临床药物试验的能力较弱[33]。GPP3 认为临床试验结果发表时，论文的署名作者有保证临床试验的结果透明性的责任。因此，作为我们编辑有必要熟悉整个临床试验的开展，以保证临床试验的设计和结果报告应遵从完整性、精确性、平衡性、透明性和及时性的原则，提高临床试验类文章的学术把关，提升期刊学术质量。

参 考 文 献

[1] WAGER E, FIELD E A, GROSSMAN L. Good publication practice for pharmaceutical companies [J]. Curr Med Res Opin, 2003, 19(3):149-154.

[2] GRAF C, BATTISTI W P, BRIDGES D, et al. Good publication practice for communicating company sponsored medical research: the GPP2 guidelines [J]. BMJ, 2009, 339:b4330.

[3] BATTISTI W P, WAGER E, BALTZER L, et al. Good publication practice for communicating company - sponsored medical research: GPP3 [J]. Ann Intern Med, 2015, 163(6):461-464.

[4] 邹强.临床试验类研究论文中的作者及作者署名——基于 GPP3 的解读和分析[J].中华医学科研管理杂志,

2017,30(5):252-255.
[5] 邹强.临床试验类论文来稿的编辑审查[M]//学报编辑论丛(2017).上海:上海大学出版社,2017:442.
[6] 国家食品药品监督管理总局.药物临床试验质量管理规范(局令第 3 号)[EB/OL].[2018-08-08]. http://www.sfda.gov.cn/WS01/CL0053/24473.html.
[7] International Committee of Medical Journal Editors. Recommendations for the conduct, reporting, editing, and publication of scholarly work in medical journals [EB/OL]. [2018-08-22]. http://www.icmje.org/icmje-recommendations.pdf.
[8] SCHULZ K F, ALTMAN D G, MOHER D, et al. CONSORT 2010 statement: updated guidelines for reporting parallel group randomised trials [J]. PLoS Med, 2010, 7(3):e1000251.
[9] BOSSUYT P M, REITSMA J B, BRUNS D E, et al. STARD 2015: an updated list of essential items for reporting diagnostic accuracy studies [J]. BMJ, 2015, 351:h5527.
[10] International Conference on Harmonisation of Technical Requirements for Registration of pharmaceuticals for human use. E9 statistical principles for clinical trials [EB/OL]. [2018-07-18]. http://www.ich.org/fileadmin/Public_Web_Site/ICH_Products/Guidelines/Efficacy/E9/Step4/E9_Guideline.pdf.
[11] 国家食品药品监督管理总局.化学药物和生物制品临床试验的生物统计学技术指导原则[EB/OL].[2018-06-19]. http://www.sda.gov.cn/gsz05106/10.pdf.
[12] 国家食品药品监督管理总局.药物临床试验的生物统计学指导原则[EB/OL].[2018-06-19]. http://www.sfda.gov.cn/WS01/CL0087/154780.html.
[13] 姚晨,黄钦,杨志敏.我国临床试验生物统计学指导原则与国际 ICH E 比较研究[J].中国卫生统计,2012,29(4):529-534.
[14] GUPTA S K. Intention-to-treat concept: a review [J]. Perspect Clin Res, 2011, 2(3):109-112.
[15] World Medical Association. World Medical Association Declaration of Helsinki: ethical principles for medical research involving human subjects [J]. JAMA, 2013, 310(20):2191-2194.
[16] World Health Organization. Operational Guidelines for Ethics Committees That Review Biomedical Research [M/OL]. World Health Organization: Geneva, 2000 [2018-07-09]. http://www.who.int/tdr/publications/documents/ethics.pdf.
[17] 中华人民共和国国家卫生和计划生育委员会.卫生部关于印发《涉及人的生物医学研究伦理审查办法(试行)》的通知[EB/OL].[2019-06-02].http://www.moh.gov.cn/mohbgt/pw10702/200804/18816.shtml.
[18] TAICHMAN D B, BACKUS J, BAETHGE C, et al. Sharing clinical trial data: a proposal from the International Committee of Medical Journal Editors [J]. Ann Intern Med, 2016, 164(7):505-506.
[19] Annals of Internal Medicine. Information for authors [EB/OL]. [2018-08-16]. http://annals.org/public/authorsinfo.aspx.
[20] The New England Journal of Medicine. Author center: supplementary appendix [EB/OL]. [2018-08-18]. http://www.nejm.org/page/author-center/supplementary-appendix.
[21] MANSI B A, CLARK J, DAVID F S, et al. Ten recommendations for closing the credibility gap in reporting industry-sponsored clinical research: a joint journal and pharmaceutical industry perspective [J]. Mayo Clin Proc, 2012, 87(5):424-429. doi: 10.1016/j.mayocp.2012.02.009.
[22] International Federation of Pharmaceutical Manufacturers & Associations, European Federation of Pharmaceutical Industries and Associations, Japan Pharmaceutical Manufacturers Association, Pharmaceutical Research and Manufacturers of America. Joint position on the publication of clinical trial results in the scientific literature [EB/OL]. [2018-08-21]. http://www.efpia.eu/uploads/Modules/Documents/20100610_joint_position_publication_10jun2010.pdf.
[23] HOPEWELL S, CLARKE M, ASKIE L. Reporting of trials presented in conference abstracts needs to be improved [J]. J Clin Epidemiol, 2006, 59(7):681-684.

[24] HOPEWELL S, CLARKE M, MOHER D, et al. CONSORT for reporting randomised trials in journal and conference abstracts [J]. Lancet, 2008, 371(9609):281-283. doi: 10.1016/S0140-6736(07)61835-2.

[25] BASCH E. The missing voice of patients in drug-safety reporting [J]. N Engl J Med, 2010, 362(10):865-869. doi: 10.1056/NEJMp0911494.

[26] SERUGA B, TEMPLETON A J, BADILLO F E, et al. Under-reporting of harm in clinical trials [J]. Lancet Oncol, 2016, 17(5):e209-e219. doi: 10.1016/S1470-2045(16)00152-2.

[27] IOANNIDIS J P, EVANS S J, GØTZSCHE P C, et al. Better reporting of harms in randomized trials: an extension of the CONSORT statement [J]. Ann Intern Med, 2004, 141(10):781-788.

[28] 邹强,盛晓阳,曹立明.医学论文写作时应注意的伦理道德问题[J].中华医学科研管理杂志,2014,27(2):143-146.

[29] FERRIS L E, FLETCHER R H. Conflict of interest in peer-reviewed medical journals: the World Association of Medical Editors (WAME) position on a challenging problem [J]. Cardiovasc Diagn Ther, 2012, 2(3):188-191. doi: 10.3978/j.issn.2223-3652.2012.07.03.

[30] International Committee of Medical Journal Editors. ICMJE form for disclosure of potential conflicts of interest [EB/OL]. [2018-08-20]. http://icmje.org/conflicts-of-interest.

[31] 食品药品监管总局药化注册司.关于征求《药物临床试验质量管理规范》修订稿意见的通知[EB/OL].[2018-08-20].http://www.sfda.gov.cn/WS01/CL0778/113991.html.

[32] 杨帆,陶田甜,王梦媛,等.药物临床试验中申办方与其他主体的法律关系研究[J].中国新药杂志,2016,25(12):1396-1400.

[33] 王方敏,高敏洁,吴浩.药物临床试验中申办者和CRO的监管模式研究[J].上海食品药品监管情报研究,2014(1):26-36.

编者的话

华东编协创办的《学报编辑论丛》从1990年出版第1集开始，到2018年，第25集又与广大读者见面了。20多年来，伴随着高校学报的发展与壮大，《学报编辑论丛》每一集的出版都凝聚了广大编辑工作者的辛勤与努力。她不仅是一套系列参考丛书，也是华东编协成立30多年来成长的历史见证。

《学报编辑论丛(2018)》（第25集）共刊登相关论文115篇，内容包括学报创新与发展、编辑理论与实践、编辑素质与人才培养、媒体融合与新媒体技术应用以及期刊工作研究等方面。刊登的论文内容丰富，既有理论研究，又有经验交流，既有学报改革与创新等方面的宏观论述，又有稿件及编辑等工作的具体分析。随着我国报刊业的改革与发展，高校学报正面临着前所未有的机遇和挑战，体制改革、集约发展、校际联合等方面可能会有重大的突破，本书体现了对这些方面的积极探讨和研究。本书中有关编辑实践、数字出版、运作管理等方面的论文中有许多创新见解和经验体会，充分体现了本套丛书注重工作经验交流，注重实际参考价值的出版取向。

为保证本书的编辑出版质量，编委会成员对所有投稿进行了严格认真的审稿和修改，对缺乏新意或论述水准低的稿件实行了退稿处理。本书由上海大学期刊社负责征稿编排，同济大学学报编辑部协同编务，上海大学出版社出版发行。本书正式出版发行后，电子版将在中国知网、超星APP平台上发布。目前，《学报编辑论丛》第1至24集已在中国知网全文上网发布，以方便读者阅读参考。

本书献给华东编协2019年学术年会。借此机会，谨向华东编协各成员单位、作者、审稿专家、上海大学期刊社、同济大学学报编辑部、上海大学出版社，以及关心与支持本书编辑出版工作的所有人员致以衷心的感谢！

《学报编辑论丛(2018)》编委会

2018年10月

《学报编辑论丛(2019)》(第 26 集)征稿启事

经《学报编辑论丛》编委会研究决定，2019 年 10 月出版《学报编辑论丛(2019)》。该书为系列丛书《学报编辑论丛》的第 26 集，2019 年 1 月开始征稿，2019 年 8 月 15 日截止征稿。征稿范围：高校学报编辑部、期刊杂志社、出版社以及期刊管理部门等单位或个人撰写的有关高校学报和学术书刊方面的研究成果与经验交流。

《学报编辑论丛》是为高校学报、各类学术书刊编辑工作者提供业务交流的系列丛书，由《学报编辑论丛》编辑委员会组稿编辑，国内权威出版社出版发行。从 1990 年到 2018 年，《学报编辑论丛》已正式出版 25 集，刊登了 1 900 多篇探讨学报和学术书刊方面的研究论文，为促进我国高校学报和学术书刊的发展做出了重要贡献，在我国高校学报和学术书刊界有着广泛的影响。

《学报编辑论丛(2019)》将继续由上海大学出版社出版发行，论文的电子版将在中国知网、超星 APP 平台上发布。全书设立"学报创新与发展""编辑理论与实践""编辑素质与人才培养""数字化网络出版""期刊工作研究"等栏目，重点刊登对高校学报和学术书刊工作者有实用参考价值的研究论文与经验介绍。

现提供部分选题类型供投稿者参考：(1) 高校学报管理体制与运作模式的改革创新；(2) 科技期刊体制创新与文化产业发展；(3) 科技期刊的市场化与国际化；(4) 媒体融合与新媒体技术应用；(5) 编辑理论与实践；(6) 学术论文审稿方法创新；(7) 编辑素质、人才培养与管理；(8) 期刊检索系统与数据库；(9) 核心期刊与科技期刊评价；(10) 科技期刊的知识产权问题；(11) 办刊经验与经营管理。

稿件要求：正文 3 000~6 000 字，并附有中文摘要（不少于 100 字）和关键词（3~8 个）；参考文献按国标 GB/T 7714—2015 格式著录，并要求在文中标出引用之处；文末需注明第一作者的性别、出生年月、职称、学历学位、E-mail、联系电话（手机）等信息。所征稿件在 2019 年 7—8 月由《学报编辑论丛》编委会组织审稿，执行"三审制"。审稿通过的稿件在正式出版时按发排页码收取版面费 200 元/页。论丛发表后华东编协将评选优秀论文，并颁发荣誉证书。

投稿事项：请电子邮件投稿，投稿及询问信箱 hdgxxb@163.com 或 zqliu@shu.edu.cn；通信地址：上海市上大路 99 号上海大学期刊社（邮编：200444）；联系人：刘志强老师；咨询电话：021-66135003，13501876566。

《学报编辑论丛》编委会

2018 年 10 月 9 日